마음챙김과 예술치료

이론과 실제

Mindfulness and the Arts Therapies: Theory and Practice

마음챙김과 예술치료

이론과 실제

Laury Rappaport 편저
최은영 · 공마리아 · 권옥순 · 권재희 · 김수진
박지순 · 서정훈 · 손은경 · 윤현주 · 이영숙
이은혜 · 장희은 · 정명선 · 정미영 · 황은진 공역

학지사

Mindfulness and the Arts Therapies: Theory and Practice
by Laury Rappaport

First published in the UK in 2014 by Jessica Kingsley Publishers Ltd.
73 Collier Street, London, N1 9BE, UK
www.jkp.com

역자 서문

"화가 나고 고통받을 때
뒤돌아 가서 당신 인식에 있는
본질의 아주 깊은 내면을 보세요.
당신이 잘못된 지각을 제거하고 평화와 행복을
복원할 수 있다면 다른 사람을 다시 사랑할 수 있을 것입니다."

-본문 내용 중-

우리 인간은 백지처럼 모든 것을 있는 그대로 수용할 수 있는 마음을 지니고 태어났다고 한다. 그런데 여러 가지 경험으로 인해 그 마음이 조금씩 오염되거나 그 마음을 잃어 가기에 내가 경험한 것이 전부인 양 착각하게 되면서 있는 그대로의 모습으로 자신을 수용하지 못하게 된다. 또한 자신의 외상적 경험으로 위협적이지 않은 대상을 위험한 것으로 인지하기도 하고, 부정적 경험으로 인해 있는 그대로의 마음을 보지 못하기도 하며, 내 마음을 온전히 드러내기 어려워하기도 한다. 그 결과, 우리가 바라는 것과는 다르게, 자신이 느끼고 생각하는 대로 표현하지 못하기도 하고, 자기에 대한 부정적인 상을 가지게 되기도 하며, 상대방의 마음에 공감하지 못하여 사회적 관계에서 갈등을 경험하기도 한다. 그러나 우리에게는 희망이 있다. 그것은 바로 우리 깊은 내면에 이미 그 모든 것을 수용할 수 있는 마음을 지니고 있다는 것이다. 우리는 단지 그 마음을 다시 찾으면 된다.

그렇다면 어떻게 그 마음을 다시 회복할 것인가? 자신에게 문제가 있다면 그것은 지금까지의 나의 경험으로 인한 것임을 알고, 나의 한 부분으로 인정하며 조화로운 해결을 위해 나아가면 될 것이다. 이를 위해서는 나와 주변 환경에 대한 성찰이 필요한데, 마음챙김이 이를 가능하게 한다. 우리는 마음챙김을 통해 우리의 깊은 내면을 관찰할 수 있으며, 자신의 마음에 주의를 기울여 현상이 아닌 본질을 바라보게 되고 자신과 다른 사람을 사랑할 수 있게 된다. 왜냐하면 마음챙김을 통해 우리는 신체적 · 정신적 · 영적 균형을 유지하는 것이 가능하기 때문이다.

우리는 또한 예술치료에서도 이와 같은 깊은 관찰과 관조를 경험할 수 있다. 미술치료의 경우를 보면, 미술을 통해 경험을 깊이 있게 표현하며, 시각화함으로써 객관적으로 바라보게 된다. 이로써 더 깊이 자신을 바라보는 것이 가능해지고, 자신의 내면을 관찰할 수 있게 됨으로써 수용성을 증진시킬 수 있다. 또한 미술이라는 창조적 작업을 통해 이미지를 변화시켜 나가며 자신의 마음을 진정시키고, 긍정적 발견을 가능하게 하여, 타고난 본래의 진성(眞性)에 다가가게 된다. 언어적 한계를 보완하는 음악, 무용 등의 예술작업도 본래의 자기와 환경을 왜곡 없이 있는 그대로 보게 하여, 모두가 조화를 이루도록 돕는다. 이 같은 점에서 마음챙김과 예술치료의 만남은 의미 있는 일이라 생각한다. 명상과 창조적 경험은 우리를 더 심도 깊은 수준까지 나아가게 하는 힘을 가지고 있기 때문이다.

이 책은 마음챙김과 예술치료의 관계, 마음챙김과 예술치료의 역할, 마음챙김과 예술치료의 통합, 마음챙김 기반 예술치료 방법 그리고 신경과학에 대해 다루고 있다. 또한 실질적 사례를 통해 마음챙김 예술치료가 외상, 암, 청소년, 만성정신질환, 만성통증여성, 약물의존 내담자에게 임상적으로 효과가 있음을 입증하고 있다. 더 나아가 이는 가족, 개별, 집단 형태 모두에게 효과적으로 적용할 수 있다고 보고하고 있다.

역자들은 다음과 같은 점에서 이 책을 소개하는 것이 의미가 있다고 본다. 첫째, 마음챙김의 중요성이 대두되는 시점에서 마음챙김과 예술치료를 통합하고 있다는 점이다. 또한 단순히 이론적 고찰에 그치지 않고 어떻게 현장에 통합하여 적용할 수 있는지 구체적인 사례를 들어 보여 주고 있어 독자들의 이해를 도울 뿐만 아니라 이러한 통합에 관심이 있는 치료사들의 임상적 적용을 용이하게 하였다는 것이다. 둘째, 정신분석, 인지치료, 변증법적 행동치료, 수용전념치료 등 마음챙김 예술치료의 다양한 접근을 각 분야의 전문가로 활동하고 있는 저자들이 생생한 내담자의 목소리를 담아 저술하였다는 점이다. 셋째, 예술치료사 자질에 대한 중요성이 높아지고 있는 시점에서, 예술치료사 훈련 프로그램으로서의 유용성 및 슈퍼비전을 위한 활용 가능성에 대해 그 대안을 제시하고 있다는 점이다.

이 책이 마음챙김 예술치료에 관심을 가진 모든 이에게 실질적이고 유익한 정보가 되기를 기대해 본다. 또한 마음챙김 예술치료 접근법의 이해, 전문치료사의 역할/태도, 예술치료사로서의 성장, 슈퍼비전 등 마음챙김 예술치료의 다양한 활용 및 연구가 융성해지기를 바란다. 나아가 조화로운 사회와 그 구성원으로서 수용적 마음을 복원한 우리 모두의 행복한 모습을 그려 본다.

역자들은 이 자리를 빌려 마음챙김 미술치료와의 만남의 길로 안내해 주신 김보경 은사님, 故 김동연 은사님, 강위영 은사님, 故 이상복 은사님께 깊은 감사를 드린다. 그리고 출판을 믿고 맡아 주신 학지사 김진환 사장님, 세심히 주의를 기울여 주신 학지사 편집부의 박나리 선생님, 교정을 도와준 박사과정 오지은 선생님, 석사과정 노수연 선생님에게도 감사의 마음을 전한다.

역자 일동

서문

마음챙김의 기본 원리는 인간 고유의 근본적 선을 실현하고자 하는 것이다. 마음챙김은 새로운 치료 흐름과 창의적으로 합류하여 오래된 무언가에 도움과 자비를 선사하는 하나의 흐름을 제공한다. 만약 마음챙김의 새로움이 이러한 단어나 규율들을 넘어설 수 있다면, 마음챙김의 조류는 대양이 될 수 있을 것이다.

나는 Laury Rappaport의 헌신과 인류의 발전 및 치유와 관련된 미지의 작업들을 우리에게 보여 주고 연결시키고자 한 값진 노력에 감사한다. 이 책은 우리의 고유한 근본적 선함(goodness)에서 우러나온 사랑의 표현이다.

Jakusho Kwong-roshi
『No Beginning, No End: The Intimate Path of Zen』의 저자
Sonoma Mountain Zen Center-Genjoji의 공동 설립자이자 원장
캘리포니아 산타로사

서론

숨을 들이마시면서, 숨 들이마시는 것을 알아차리고

숨을 내쉬면서, 숨 내쉬는 것을 알아차린다.

–Thich Nhat Hanh이 부처의 가르침에 기초해서 주로 사용한 마음챙김 구절–

나는 마음챙김과 예술치료의 통합에 관한 저서를 출간하게 된 첫 세대가 됨을 영광으로 생각한다. 이 책의 저자들은 강력하고 혁신적인 이 두 개의 방법을 통합시키는 데 있어 새로운 사고와 창조성 그리고 임상적 접근을 시도한 선각자들이다.

지난 40년에 걸쳐 명상이나 마음챙김으로부터 나온 방법과 기법들이 심리치료와 심신의학(mind-body medicine) 분야에 적용되어 왔다. 명상이나 마음챙김 훈련은 스트레스와 우울 및 불안을 감소시키며, 삶의 질을 개선하고, 면역기능을 높이고, 혈압을 낮추며 그 외 다른 심신에 치유적인 효과(1장과 21장을 참고하라)를 제공한다는 임상적인 증거들이 계속해서 밝혀지고 있다. 과거 75년 동안 치유(healing) 영역에 미술치료, 무용/동작치료, 음악치료, 드라마치료, 사이코드라마치료, 시치료 그리고 통합표현예술치료 등의 예술적 방법들에 대한 임상적인 적용과 연구들이 확장되고 발전되어 왔다. 오늘날 신경과학자들은 명상가와 예술치료자들이 자신의 직접적인 경험과 다른 사람들과 함께한 작업을 통해 이 분야에 대해 긍정적 효과와 치유적 변화가 있음을 입증해 오고 있다. 신경과학자들은 뇌영상법, 심장 모니터링, 다른 생리학적인 측정법을 통하여 이들 방법이 효과를 드러내는 독특한 변화들을 기록으로 나타낼 수 있게 되었다(21장을 보라).

마음챙김 방법은 심리치료나 건강 관련 분야로 그 적용의 범위를 확장해 나가고 있으며, 예술치료는 여러 종류의 임상적 문제가 있는 사람들에게 긍정적인 결과를 나타내고 있다는 점에서 이 책에서는 두 접근법의 교차점을 탐색하고자 한다. 각 장에서 마음챙김과 예술치료 간의 서로 다른 점을 강조하면서도 두 지점 간의 연속선을 따라 탐색해 나갈 것이다. 예술치료가 마음챙김, 지금–순간의 알아차림, 자비 그리고 통찰을 기르게 하는 반면, 마음챙김은 삶의 창조적인 울림에 대한 알아차림을 풍성하게 하는 방법을 알 수 있게 한다는 점이 흥미롭다.

마음챙김과 예술의 상호연관성은 문화와 종교 그리고 영적 전통을 통해서도 볼 수 있다. 예를 들면, 성스러운 물건이나 그림은 치유의식이나 명상 또는 기도를 할 때 정신을 가다듬고 집중할 수 있게 하는 특성이 담겨 있다. 이러한 작품들을 만든 장인은 이들 물건이 성스러운 특성을 지니게 하기 위해 정신적 단련을 한다. 마음챙김 스승인 Thich Nhat Hanh(1991)은 서로 다른 것 안에 존재하는 이러한 방식을 '연결된 존재(interbeing)'라 불렀다.

> 만약 당신이 시인이라면, 당신은 분명히 이 종이 위에 구름이 떠다니는 것을 보게 될 것이다. 구름 없이 비는 오지 않는다. 비 없이 나무는 자라지 않는다. 나무 없이 종이를 만들 수 없다. 구름은 이 종이가 존재하기 위해 반드시 필요하다. 만약 구름이 여기에 없다면, 이 한 장의 종이 또한 여기에 있을 수 없다. 그래서 우리는 구름과 종이는 'inter-are'로 말할 수 있다. 'interbeing(연결된 존재)'은 사전에 있는 말은 아니다. 그러나 만약 우리가 접두사인 'inter-'와 동사 'to be'를 결합한다면, 우리는 새로운 동사인 'inter-be'를 가지게 된다(p. 95).

30년 전 처음으로 명상하는 법을 배웠을 때 나는 이 'interbeing'에 주목했다. 나에게 그 단어는 친숙하게 느껴졌고, 미술작업을 할 때도 이와 비슷한 느낌을 가졌다는 것을 깨달았다. 나는 드로잉을 하거나 실크 스크린을 하거나 또는 페인팅에 몰두할수록 마치 뒤로 물러나 있는 것처럼 느꼈으며, 명상하는 동안 일어나는 생각과 느낌에 주목하고, 받아들이며, 그 생각과 느낌이 나가도록 내버려 둘 때도 동일한 경험을 하고 있다는 것에 관심을 가졌다. 두 과정 안에서 나는 깊은 내적 고요와 안녕감(well-being)

을 느꼈으며, 심지어 근심에 깊이 빠져 고민하고 있는 누군가의 초상화를 그리거나 내 안에서 걱정하고 있는 생각들을 보고 있는 것처럼 느꼈다. 명상을 통하여 나는 매 순간 새로운 어떤 것이 계속해서 일어나고 이전의 것이 사라지는 것을 관조하게 된 사실에 놀랐다. 이것은 나에게 창조의 본질로 나아가는 미시적인 관점이다.

나는 나의 명상 경험을 저널에 발표하기 시작했고 미술과 글쓰기는 그 경험의 본질이 무엇인가를 파악할 수 있으며, 몸 안에서 그 경험들을 좀 더 구체적으로 느낄 수 있었다. 미술은 조형, 색깔, 재질 그리고 이미지를 통해 아주 미묘한 에너지를 표현하게 해 주었고, 저널은 내 경험을 명료하게 표현하도록 해 주었다. 후에 자세나 동작이 내가 어떤 성스러운 느낌을 표현하도록 돕고, 소리는 챈팅(chanting)처럼 미묘한 내적 에너지를 확장시키도록 돕는다는 것을 알게 되었다.

수년간 나는 마음챙김 방법들을 내담자에게 가르쳐 왔고 여기에 다양한 예술치료 방법을 적용하였다. 대개 나는 명상 후에 예술적 활동을 했지만 때로는 집중과 고요함을 높이기 위한 방법으로 명상 전에 예술 활동을 소개하기도 했다. 내담자들은 집중하고 이완하기 위한 닻(앵커, anchor)으로서 숨 쉬는 방법을 배우기 시작했다. 그들은 이후에 안전하게 돌볼 수 있는 내면의 집이 있다는 것을 알게 됨으로써 평화로운 장소와 연결되는 길을 발견하고, 그 속으로 더 깊이 들어가기 시작했다. 예술을 통해 마음챙김 훈련 경험을 표현함으로써 내담자는 이후에 그들의 작품을 회상할 기회를 가지게 된다. 그럼으로써 내담자는 경험으로부터 얻은 긍정적인 상태를 재경험해 볼 수 있는 구체적인 상기물을 제공받을 수 있다.

30년 넘게 개인적으로 경험했고 다양한 내담자들과 전문적인 작업을 해 오면서, 나는 마음챙김을 통해 내면을 바라보는 것과 예술치료를 통해 외부적으로 표현하는 것 사이의 균형감으로 충만하게 되었다. 동시에 내적 경험의 다양한 차원(느낌, 사고, 감각, 에너지)을 더 잘 알아차릴 수 있는 기술들을 개발하게 되었다. 또한 마음챙김 훈련이나 창조적인 방법을 통해 그들은 변화되고, 건설적인 방법으로 표출하며, 내면의 지혜로 들어가게 됨으로써 자신이나 다른 사람들에 대한 연민이 생겨나게 되었다. 이 책의 모든 저자는 마음챙김과 예술치료 간의 연속선상에서 다양한 접근법과 서로 다른 관점을 강조하면서 이 둘의 상호연관성을 탐색한다.

이 책의 구성

이 책은 마음챙김과 예술치료에 대한 서로 다른 관점을 다루는 총 여섯 개의 부분으로 나뉘어 있다. (1) 마음챙김과 심리치료 및 예술치료에서의 마음챙김 발달에 대한 개관, (2) 자각과 실존의 마음을 강화하는 표현예술의 역할, (3) 예술치료에 마음챙김을 적용하는 접근방법, (4) 본질적으로 마음챙김에 근거한 접근법, (5) 예술치료 훈련과 교육에 있어 마음챙김의 역할, (6) 마음챙김과 예술치료에 근거한 신경과학이다. 다수의 장들에서는 임상(실습) 사례들을 제시하였다. 내담자의 신분을 보호하기 위해 이름과 구체적인 정보는 변경해서 제시하였다(그렇지 않은 부분에 대해서는 적법한 동의를 받았다). 본문에서 성 중립을 위해 나는 단수/복수를 사용하였다(예: 내담자/그들의).

1부에서 Debra Kalmanowitz와 나는 종교적 혹은 영적인 전통을 탈피하여 마음챙김의 본질적인 정의를 제시하였다. 우리는 마음챙김에 대한 불교적 기원에 대해 잠깐 언급하고, 마음챙김이 힌두교, 기독교, 유대교 그리고 이슬람교를 포함한 전통적인 종교에서 어떻게 발견되는지에 대해 논의하였다. 서두에서는 심리치료와 스트레스 감소 프로그램에서 제공된 대중적인 방법을 포함해서 마음챙김 훈련을 위해 종교적 · 문화적으로 민감한 부분들을 알아차릴 수 있도록 시도하였다. 우리는 Sigmund Freud, Wilfred Bion, Karen Horney, Erich Fromm을 포함하는 정신분석에서 마음챙김의 초기 영향력에 대해 알아보고 그 후에 마음챙김에 근거한 인지치료, 변증법적 행동치료 그리고 수용전념치료와 같은 접근법들을 제시한다. 이 장에서는 마음챙김과 예술치료 간의 관계를 간단히 논의하고 나머지 장에서 마음챙김과 예술치료 간의 관계에 대해 좀 더 세부적으로 깊이 있게 다룰 것이다.

2부에서는 마음챙김적 알아차림과 실존을 개발하게 해 주는 예술치료의 역할을 탐색해 볼 것이다. 세계에서 처음으로 표현예술치료 프로그램을 창안한 Shaun McNiff는 마음챙김적 자각을 일깨우고 의식을 관조하도록 하는 예술치료의 역할을 30여 년의 임상 및 훈련 경험을 통해 분명하게 보여 주고 있다. 그는 창조적 공간(creative space) 사용에 대해 논하고 마음챙김적 알아차림, 수용 그리고 공감적 이해를 기르는 예술치료 훈련의 요소들을 구체적으로 제시한다. 나는 McNiff의 워크숍에 초대를 받았는데, 그곳에서 참가자들이 알아차림과 실존에 더욱 깊이 마음을 집중하기 위해 '잠시 멈춤(pause)'을 실제로 경험하고 그것을 관조했다.

오픈 스튜디오 과정(Open Studio Process: OSP)의 창시자 Pat B. Allen은 마음챙김과 의도(intention), 글쓰기(writing), 미술(art) 그리고 관조하기(witnessing)라는 OSP 실제 간의 연관성을 설명한다. 그녀는 이 과정을 청소년들에게 적용한 프로그램 사례를 제시하면서 알아차림, 관조, 그림 그리기(painting)가 마음챙김 연습으로 어떻게 활용되고 통찰과 자비로 이끄는지에 대해 설명한다.

3부는 마음챙김 훈련이 다양한 예술치료 기법과 조합되는 아홉 개의 장으로 구성되어 있다. 몇몇 작가의 작업은 Kabat-Zinn(1990)의 마음챙김 기반 스트레스 감소 프로그램(Mindfulness-Based Stress Reduction Program: MBSR)을 기반으로 한다. Caroline Peterson은 미술치료와 Kabat-Zinn의 모델을 통합해서 마음챙김 기반 미술치료(Mindfulness-Based Art Therapy: MBAT)라는 8주 프로그램을 개발하였다. Peterson과 그 동료들은 연구를 통해 암 투병을 하고 있는 사람들의 삶에 그것이 긍정적인 영향을 주었다는 것을 증명했다(Monti et al., 2006). MBAT 프로그램의 설명과 더불어, Peterson은 자연환경, 사진 그리고 콜라주를 통합한 '걷기명상(Walkabout)' 프로그램에 대해 기술한다. 이 '걷기명상' 프로그램은 참가자들이 일상생활에서 마음챙김을 실천할 수 있도록 돕는다. 오랜 기간 표현예술과 마음챙김을 통합시킨 선구자인 Patricia D. Isis 또한 지역사회 봉사활동에서 통합표현예술과 MBSR을 함께 적용한 창조적인 프로그램에 관해 기술하고 있다. 그녀는 치료사들이 다양하게 이러한 훈련들을 배우는 것이 얼마나 중요한지에 대해 강조하면서, MBSR에서 훈련을 받아야만 했던 자신의 삶에 대한 감동적인 사례를 공유한다. Daniel Herring은 Peterson의 MBAT, 통찰명상 그리고 MBSR에 영감을 받아, 심각한 만성적 정신 질환을 앓고 있는 환자들을 대상으로 마음챙김 기반 표현치료(Mindfulness-Based Expressive Therapy: MBET)를 개발했다. 그는 그 환자들과 함께 작업할 때 중요한 고려사항들뿐만 아니라 훈련자들과 표현치료사들의 도움으로 개발한 훈련방법들 또한 기술하였다.

독일 출신인 미술치료사 Jürgen Fritsche는 위빠사나 명상과 MBSR 훈련에 영감을 받아 마음챙김적 알아차림, 바디스캔과 미술치료를 통합한 접근법들에 대해 기술하고 있다. 그는 만성적 고통을 호소하는 여성들이 그림을 작게 그리든 크게 그리든 상관없이 무조건 수용되는 스튜디오 미술 환경에서 더 생기 있고 즐거움을 누리는 상태로 변화해 가는 과정을 상세히 기술하고 있다.

3부에서는 또한 마음챙김을 드라마치료, 무용/동작치료, 음악치료 그리고 창조적 예술치료와 통합된 침묵 수행에 적용한 연구를 기술한다. 드라마 치료사인 Joel Gluck는 통찰명상과 드라마치료를 통합한 솔로드라마(psolodrama)를 개발했다. 이론적인 구조를 명료화한 후에 Gluck는 마음챙김 훈련, 참동작(authentic movement) 그리고 솔로드라마에서 사용한 방법들이 통제 불능의 분노를 감소시키고, 내·외적 갈등을 해결하며, 일상의 삶 속에서 명상을 할 수 있게 한다는 것을 증명하였다. 무용/동작치료사인 Jennifer Frank Tantia는 특히 외상을 가진 사람들과 작업하는 데 도움이 되는 이론적 모델—신체적 모드에 집중하기(Csordas, 1993)—을 제안한다. 신체(body)에 집중하는 것과 신체와 함께 집중하는 것 사이의 차이를 설명한 후에, Tantia는 신체 자각과 무용/동작치료가 외상을 가진 내담자들에게 적합하다는 것을 증명했다.

오스트리아의 음악치료사인 Carolyn Van Dort와 Denise Grocke는 약물에 의존하는 사람들을 위해 음악, 이미지 그리고 마음챙김을 함께 적용한 10회기 집단프로그램을 소개한다. 그들은 프로그램 방법을 설명하고 그 프로그램의 치유적 이점을 밝힐 수 있는 사례를 소개한다. 또한 부록 2에서 이미지 작업을 위한 음악자료를 제공한다. 시 치료사 John Fox는 시 쓰기가 마음챙김과 지금-여기의 순간을 이용하기 위한 매우 강력한 도구로 사용될 수 있음을 제안한다. 또한 병원에 있는 직원들과 환자 모두를 위한 시 쓰기의 치유적 힘에 대해 설명한다.

Paola Luzzatto는 창조적 예술에 침묵과 명상을 적용한 초창기 미술치료사 중 한 명이다. 그녀와 동료들은 암 투병 환자들을 위해 이탈리아의 아시지에 창조적 침묵 수행(Silent Creative Retreat)이라는 국제적 모임을 만들었다. 그 모임에 10년 동안 가족집단을 포함하여 154명 이상이 참여하였다. 그들은 이 장에서 이와 같은 치료적 모임을 제공하기 원하는 또 다른 전문가들을 위한 안내서를 제시하여 도움을 주고자 하였다.

4부에서는 이론과 훈련을 하는 오리엔테이션에서 비판단(non-judgment), 알아차림 그리고 관조(witnessing)적 요건들을 통합한 마음챙김에 근거한 다섯 가지 예술치료

방법들을 제안한다. 참동작(Authentic Movement) 개발의 선구자인 Zoë Avstreih는 참동작으로 마음챙김 훈련을 구체화시키는 방법에 대해 설명한다. 그녀는 참동작의 근간이 되는 개발과 목적을 기술하고 동작하는 사람과 관조의 역할 및 유형 모두를 구체적으로 기술한다. Avstreih는 40년 동안의 경험에 근거하여 참동작이 지금-여기와 수용 및 자비를 높이고 마음챙김-알아차림 훈련과 연결하는 방법에 대해 증명한다.

하코미 치료(Hakomi Therapy; Kurtz, 1990)는 마음챙김과 비폭력이라는 불교 원리에 기초한 신체기반 심리치료 접근법이다. Merryl E. Rothaus는 하코미에 대해 개관하고 미술치료를 결합함으로써 상호 이점에 대해 기술한다. 그녀는 하코미와 미술치료를 결합할 때 전개되는 매 순간의 경험에 대한 풍부한 사례들을 제공한다.

홍콩 출신인 Fiona Chang은 인간중심 표현예술(무조건적 긍정적 존중과 일치성 그리고 공감)의 가치와 기초원리가 마음챙김 훈련과 어떻게 유사한지에 대해 논의한다. 그녀는 외래 암 지지 집단에서 이루어진 마음챙김 중심 표현예술의 사례들을 제공한다.

Karin von Daler와 Lori Schwanbeck은 변증법적 행동치료(DBT)와 표현예술치료를 통합한 창조적 마음챙김 프로그램을 개발했다. 그들은 DBT에 대해 개관하고 DBT와 표현예술 간의 이론적 연결고리, 임상적 적용 그리고 그들의 접근방법에 대해 설명하는 사례연구들을 제공한다. 그들은 전통적 DBT 훈련과 짝을 이루는 창조적 작업들에 관한 풍부한 자료들을 제공한다.

포커싱 기반 예술치료(Focusing-Oriented Arts Therapies: FOAT)는 두 개 장에 걸쳐 소개된다. 첫 번째는 내가 쓴 것으로 마음챙김에 대해 Thich Nhat Hanh이 가르친 것과 FOAT 간의 유사점에 대해 설명한다. FOAT의 원론적 접근방법들—예술을 통해 느낀 감각 표현하기, 예술을 활용한 공간 만들기, 주제에 따른 FOAT 그리고 포커싱 예술심리치료—에 대한 사례들이 제공된다. Emily Tara Weiner와 나는 아동 및 청소년을 대상으로 하는 마음챙김과 FOAT에 관한 장을 함께 기술했다. 그 장에서 아동 및 청소년을 대상으로 하는 마음챙김, 미술, FOAT에 관한 이론과 연구를 개관한다. 또한 마음챙김 훈련과 FOAT를 통합하는 5일 동안의 여름캠프 워크숍인 Emily의 Omega Teen Camp를 소개한다. 여기에서는 보다 어린 아동들에게 적용할 수 있는 프로그램도 포함한다.

5부에서는 예술치료사 훈련 및 마음챙김과 명상 통합의 중요성에 초점을 두었다. Michael A. Franklin은 동시대 미술치료 분야에서 혁신적 지도자이자 마음챙김 훈련이 커리큘럼의 한 부분으로 되어 있는 나로파 대학의 미술치료 프로그램 책임자이기도 하다. 그는 명상을 예술치료로 통합하는 데 있어 통찰이 중요하다는 것을 제안한다. 그리고 명상과 미술치료 간의 이론적 연결고리를 제시한다. Franklin은 상담과 미술치료 학생들에게 명상을 가르치는 것의 중요성에 대해 네 명의 나로파 교수들과 인터뷰한 내용을 제시하고, 학생들의 관점에서 명상에 미술을 적용한 사례연구 또한 제시한다.

무용/동작 치료사인 Nancy Beardall과 Stone 센터에 있는 Jean Baker Miller 훈련소 창립자인 Janet Surrey는 대인관계에서 마음챙김의 중요성을 제안한다. 그들은 무용/동작 치료사들을 훈련할 때 관계적 마음챙김, 관계적 운동, 관계적 문화이론, 통찰 대화 그리고 대인관계 신경과학에 근거한 이론적 모델과 실제적인 모델에 대해 토론하고 설명한다. 그들은 학생들이 실제 훈련에 관해 기록한 장점들을 주제별로 분석하여 제시한다.

6부에서는 전체론적 심리학(holistic psychology)의 숙련된 전문가인 Jared D. Kass와 Sidney M. Trantham이 마음챙김 훈련과 예술치료에 근거한 신경과학에 대해 분명하고 포괄적인 개관을 제공한다. 그들은 내적 평상심을 통한 탄력적 대처의 유익성과 그 방법에 대해 설명하고, 다미주 신경(polyvagal) 이론의 최첨단적 진전들, 탄력적 대처 혹은 파괴적 대처에서 애착형성의 중요성, 자율신경시스템에 의해 관리되는 마음-신체 역동, HPA 축, 그리고 뇌의 삼층구조(역자 주: triune brain, MacLean의 이론), 공감을 위한 거울뉴런의 역할, 체세포 기억에 기초한 마음-신체 기제를 통해 감지되는 통찰에 대해 기술한다. 다음으로 저자는 이러한 신경과학을 마음챙김 훈련과 연결하여 음악, 동작/무용, 미술 그리고 드라마 연기에 특별하게 적용한다. 긍정적 치료 관계를 형성하는 것이 어떻게 애착 능력을 만들어 내는가에 대한 중요성을 강조한다. 이 장에서는 앞에서 제시된 모든 장의 임상적 자료를 위한 신경과학적 토대를 제공한다. 그것은 임상가들에게 마음의 내적 평화와 탄력적 대처를 위한 도구로서 마음챙김 훈련과 예술치료 사용에 대한 이해를 높이고 재정의를 해 볼 수 있도록 도울 것이다.

마음챙김의 종소리

나는 이 책이 당신의 작업에 영감을 주고 세상 사람들에게 치유의 이점을 제공할 수 있기를 바란다. 이에 이 책에 제시된 모든 접근방법과 마음챙김에 효과적으로 도달할 수 있는 이해하기 쉬운 방법을 기술하고자 하였다. 또한 독자인 당신이 각 저자의 접근방법에서 유사점과 차이점을 발견할 수 있기를 바란다. 아마 당신이 읽게 되는 많은 방법과 기법이 숨 쉬는 것만큼 쉽게 보이고 들리게 될 것이다. 모든 저자는 수년 동안 예술 또는 마음챙김을 현장에 적용한 사람들이다. 예술과 마음챙김을 다른 사람들에게 적용하기 위해서는 적절한 훈련이 요구되지만 먼저 우리 스스로가 그것을 배울 의지가 있어야 한다. 지구상에 사는 모든 사람이 어려움과 예측하지 못한 내적 경험들을 의식적으로 흘려보내는 것처럼 마음챙김적으로 숨 쉬고 걷는 것에 대해 배울 수 있도록 탐색한다. 우리는 의식의 서로 다른 상태를 학습하고 어떻게 예술과 신체가 동시에 정서적인 재료들을 가지고 올 수 있는지에 대해 학습한다. 우리는 우리 자신을 고요하게 하고 진정시키기 위해 마음챙김과 예술을 사용하는 방법과 그것을 다양한 요구와 연령의 사람들에게 적용하는 방법을 학습한다. 이것은 마음챙김과 예술을 심리치료 작업에 적용하고자 할 때 적합한 훈련과 슈퍼비전의 중요성을 강조하기 위한 조용한 마음챙김에 대한 울림이다.

당신과 함께 이러한 관점을 공유함으로써 나는 이 책이 마음챙김과 창조성의 씨앗을 기르고 모두에게 이점이 되는 새로운 방식으로 기여하기를 바란다.

참고문헌

Csordas, T. (1993). "Somatic modes of attention." *Cultural Anthopology 8*, 2, 135-156.

Hanh, T. N. (1991). *Peace is Every Step: The Path of Mindfulness in Everyday Life.* New York: Bantam Books.

Kabat-Zinn, J. (1990). *Full Catastrophe Living: Using the Wisdom of Your Body and Mind to Face Stress, Pain, and Illness.* New York: Delacorte Press.

Kurtz, R. (1990). *Body-Centered Psychotherapy: The Hakomi Method.* Mendocino, CA: LifeRhythm.

Monti, D., Peterson, C., Shakin Kunkel, E., Hauck, W. W., et al. (2006). "A randomized, controlled trial of mindfulness-based art therapy (MBAT) for women with cancer." *Psycho-Oncology 15*, 5, 363-373.

차례

Part 2

표현예술을 통한 마음챙김적 알아차림과 현실감 배양

Part 3

마음챙김과 예술치료의 통합

Part 6

신경과학, 마음챙김과 예술치료

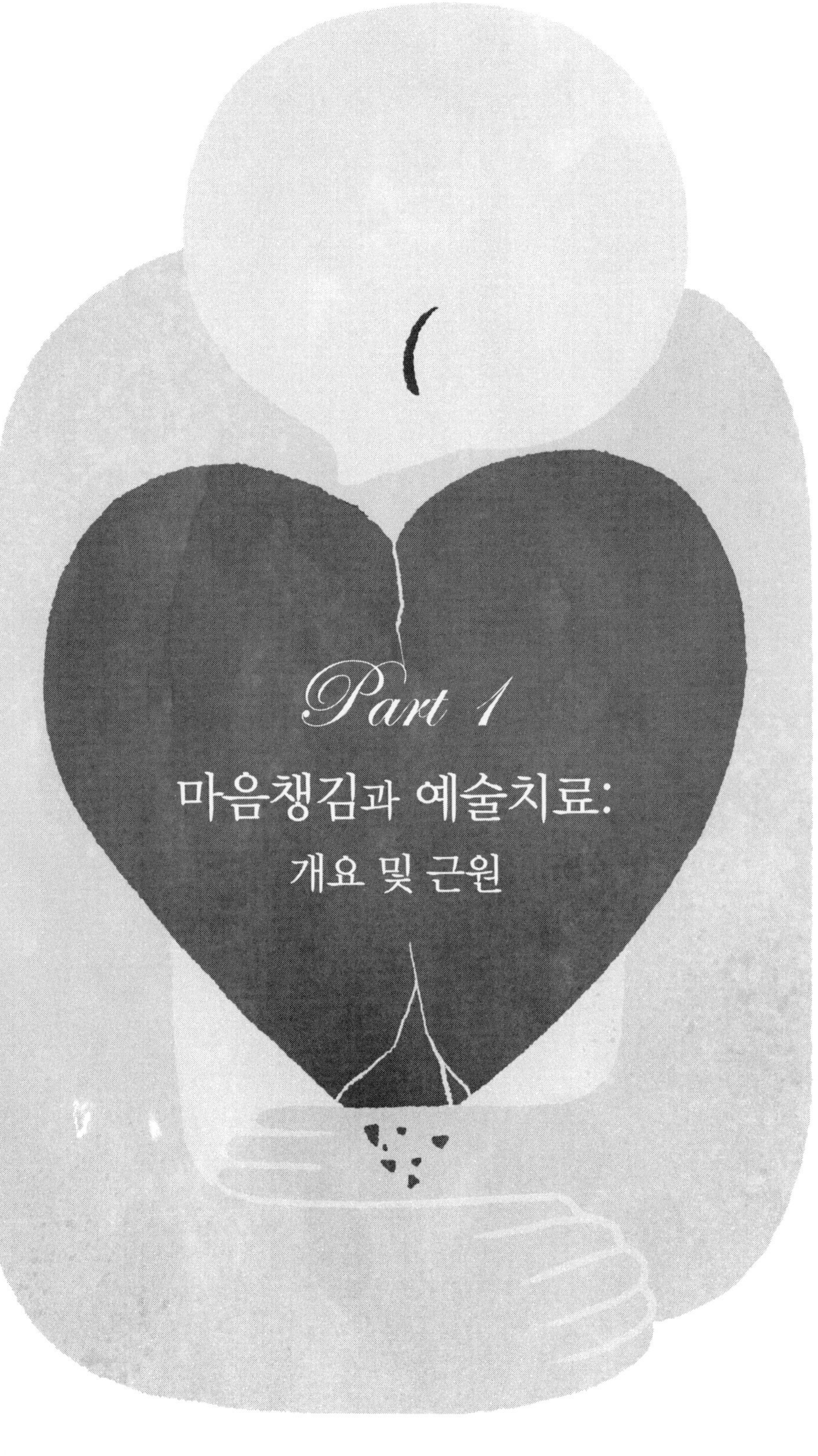

Part 1
마음챙김과 예술치료:
개요 및 근원

Chapter 01

마음챙김, 심리치료 그리고 예술치료

–Laury Rappaport & Debra Kalmanowitz

마음챙김(mindfulness)은 판단 없이 수용적 태도로 현재 순간을 알아차리는 훈련이다. 마음챙김 수행은 2,500년 전 부처의 가르침인 반야구절에서 그 대략적인 기원을 찾을 수 있다. 고대의 마음챙김 훈련은 심리, 치료, 교육, 작업환경 등과 같은 일반적인 임상현장에서 다양한 응용프로그램으로 표준화되어 사용되고 있다(Burke, 2010; Chiesa & Serretti, 2009, 2011; Fjorback et al., 2011; Hussain & Bhushan, 2010; Keng, Smoski, & Robins, 2011; Shennan, Payne, & Fenlon, 2011). Thich Nhat Hanh(2012)은 "마음챙김을 하기 위한 충분한 에너지가 있다면, 어떤 감정이라도 깊이 들여다보고 그 감정의 본질을 발견할 수 있을 것이며 그렇게만 할 수 있다면 당신의 감정을 변화시킬 수도 있다."(p. 89)라고 하였다. 그러므로 마음챙김은 내담자와 치료사 모두가 옳다고 생각하는 각자의 방식에 따라서 종교적 혹은 일상적인 환경에서도 배울 수 있는 수행법이다.

이 장에서는 먼저 어떤 종교적 혹은 영적인 것 외에 마음챙김 수행의 본질적인 면에 대해 소개하고자 한다. 다음으로는, 심리학과 현대 문명에 끼친 영적 근원과 역사적 영향에 대해 간략히 언급하고 이어서 심리치료에서 마음챙김 접근법을 응용한 프로그램, 그리고 표현예술치료와 마음챙김 간의 관련성에 대해 논의해 보고자 한다.

마음챙김의 본질

이미지나 은유를 사용하여 마음챙김의 본질을 소개하고자 한다. 폭풍을 상상해 보라. [그림 1-1]에 묘사된 폭풍을 잠시 주목해 보라.

무엇이 보이는가? 강한 바람, 비, 진눈깨비가 뒤엉켜 있는 소용돌이가 보일 것이다. 중앙에는 폭풍의 '눈'이라 부르는 곳이 있다. 폭풍의 '눈'은 잔잔하고 평화롭고 맑다. '폭풍의 눈'을 의도적으로 바라보며 있는 그대로 주의 깊게 인식하는 훈련은 폭풍을 관찰할 수 있는 부분과 연결된다. 마음챙김은 폭풍의 생각, 감정, 감각 그리고 수용한 경험의 모든 부분을 알아차리게 되어 자신 안의 중심(눈 또는 '나')을 찾을 수 있도록 도와준다.

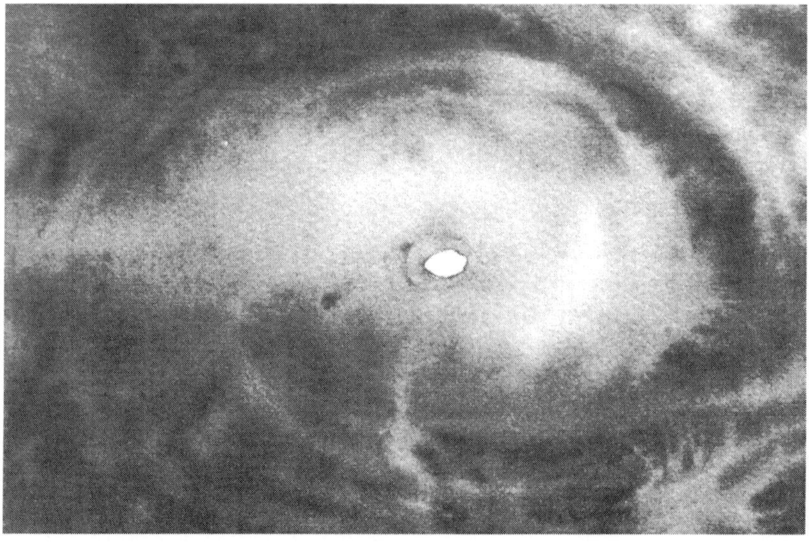

그림 1-1 폭풍의 눈

새의 두 날개: 체험과 관조

마음챙김은 새의 두 날개와 비교할 수 있다(Spring Hill, 1983). 한 날개는 우리의 경험을 의미한다. 다른 날개는 우리의 경험을 관조하고(witness), 관찰하는(observe) 능력을 나타낸다. 경험만 존재한다면, 폭풍에서 길을 잃을 수 있다. 만약 우리가 보고 있는 것에만 다가가려 한다면, 경험을 통해 얻게 되는 생생함(즐겁거나, 무섭거나, 재미있는)은 무시될 수 있다. 새가 날기 위해서 두 날개가 필요한 것처럼 우리는 마음챙김 훈련과 표현 훈련을 통해 우리의 경험을 알아차리고 그 경험을 내적으로 관조하는(inner witness) 방법을 배우게 된다.

영적 근원과 마음챙김의 적용

이 책의 범위에서 벗어나기는 하지만 마음챙김의 영적 근원을 깊이 다룬 내용을 제시하고자 한다. 대표적으로 불교, 힌두교, 기독교, 유대교, (다른 전통들만큼 인정받은) 이슬람교에서 그 근원이 어떻게 시작되었는지 찾아보려고 한다. 다양한 전통에서의 마음챙김 훈련을 통한 알아차림은 내담자와 치료자가 그들의 문화나 종교적 근원에 따른 학습 욕구를 고려한 문화적 민감성을 가지도록 할 수 있다.

불교

앞서 언급한 바와 같이, 마음챙김의 뿌리는 대부분 약 2,500년 전 부처의 가르침에 기인한 것으로 보인다. 부처의 가르침은 고통을 줄이고 더 큰 행복과 평화를 가지고 살게 하는 팔정도로 설명된다. 부처의 설법 혹은 다르마(Dharma)는 "신념을 요구하는 교리가 아니다. 행복이나 영적 자유를 추구하는 데 있어 인간성을 유지하게 하는 일련의 원칙과 훈련들이다"(Bhikku, 2011, p. 20). 팔정도의 여덟 가지 측면은 다음과 같다. (1) 정견(正見)–바른 견해, (2) 정사유(正思惟)–바른 사고, (3) 정어(正語)–바른 언어,

(4) 정업(正業)–바른 행동, (5) 정명(正命)–바른 생활, (6) 정정진(正精進)–바른 노력, (7) 정념(正念)–바른 마음챙김, (8) 정정(正定)–바른 주의집중이다. Thich Nhat Hanh (1975, 1976)은 부처의 수트라 명상에서 일곱 번째 측면을 언급했다.

> 걸을 때에, 수행자는 자신이 걷고 있음을 알아차려야 한다. 앉을 때에, 앉아 있음을 알아차려야 한다. 누워 있을 때엔, 누워 있음을 알아차려야 한다……. 어떤 자세를 취하든 그 자세를 자각해야 한다. 이렇게 훈련함으로써, 수행자는 몸에 대해 생생하면서도 변함없는 마음챙김으로 살게 된다……(p. 7).

이 인용문에서 볼 수 있듯이 마음챙김은 알아차림이다. 부처는 마음챙김의 네 가지 원리로 신체, 감정, 마음 상태와 현상에 대한 명상을 이야기했다. 마음챙김 호흡하기는 생각, 감정, 감각 그리고 현상이 계속해서 떠올랐다가 사라지는 것에 주목하도록 돕는 가장 기본적인 훈련이다. 마음챙김은 경험의 본질을 살피기 위하여 내면과 우리 자신의 더 넓은 측면에 가까이 가도록 돕는 훈련이다. 우리가 지금 경험하고 있지만 진정한 우리 자신이라고는 할 수 없는 우리의 생각, 감정, 감각의 관념을 정화하는 것, 삶에 있어서 모든 것이 일정하게 변하고 있는 것을 이해하는 것, 통찰과 자비를 얻게 되는 것 등이다.

불교의 명상은 형식을 갖춘 수행—앉아서 명상하기, 걷기명상, 바디스캔, 먹기 명상 그리고 자애명상(자신과 타인에게 친절하고 자비로워지기)—뿐 아니라 일상생활 속에서 행해지는 비정형적인 수행—설거지할 때나 빨간 신호에 멈춰 서 있을 때 혹은 전화를 받는 동안 마음챙김 호흡하기—도 포함한다. 불교의 마음챙김 수행법에는 위빠사나(Hart, 1987), 자아성찰명상(Goldstein, 1993, 2007; Kornfield, 2009; Salzberg, 2011), 티베트 불교(Chodron, 2013; Tenzin Gyatso, 1995), 선(Hanh, 1975, 1976, 1991)을 포함한 다양한 방법이 있다.

힌두교

불교보다 앞선 역사를 가진 힌두교에는 마음챙김을 달성하기 위한 많은 수행들이 있다. 기본적인 하나의 접근법으로 만트라(종교적인 단어, 호칭 또는 소리)를 반복하는 것으로 구성된 명상을 들 수 있다. 수행자는 숨을 들이마시고 내쉬는 것과 조화를 이루면서 조용히 만트라를 반복한다. 그리고 생각, 감정, 감각, 그 환경 안에서 일어나는 현상들에 주목하고 하늘의 구름처럼 그러한 것들이 지나가도록 한다. 이러한 명상 과정 동안, 만트라의 일정한 속도와 목소리의 떨림이 아무런 판단 없이 내부와 외부의 경험이 오가는 것을 주목하고자 하는 사람들의 내면을 관조하도록 돕는다(saksin). 알아차림은 수행자에게 어떠한 판단 없이 생각, 감각을 인식할 수 있게 하며 의식, 자아 또는 신과의 모든 경험으로 이어질 수 있다(Anantananda, 1996; Shantananda, 2003).

기독교

기독교 전통에서 마음챙김은 사색기도와 명상을 통해 이루어진다. Meninger, Pennington과 Keating(Keating, 2009; Pennington, 1982)은 4~5세기경 이집트 사막의 교부와 교모들이 수행한 것과 Thomas Merton(1960, 1961)으로부터 받은 영감에 근거해 향심기도를 발전시켰다. 향심기도(Centering Prayer)에서 수행자는 신이 허락한 단어 내에서, 구절 또는 신성한 상징을 고르고 조용히 앉아 눈을 감는다. 만트라를 계속 반복하는 것과는 대조적으로 수행자가 생각, 감정 그리고 집중을 방해하는 것들에서 벗어날 수 있는 신성한 단어나 상징에 주목할 때만 집중할 수 있다. 교부 Keating(2008)은 생각과 집중을 방해하는 것들을 '미소, 호의 또는 유쾌함'으로 극복했다고 기술한다. Blanton(2011)은 향심기도와 명상을 비교하면서 심리치료에서의 적용에 대해 논의하였다. Symington과 Symington(2012)은 세 가지(마음의 현존, 수용, 내면 관찰)에 기초한 기독교 명상 모델을 제안한다. 기독교 명상의 중요 관점은 신의 현존을 경험하는 것이다.

유대교

유대교의 명상 훈련은 수천 년 전으로 거슬러 올라가는데, 명상은 "스승으로부터 제자에게 직접 전수된 구전 또는 해독하기 어려운 카발라 문자(역자 주: 유대교의 신비주의적인 문자)로 전해져 그 뜻을 이해하기가 쉽지 않다"(Cooper, 2000, p. 6). 카바나(kavanah, 의도)로 진행되는 유대교 명상은 하나의 생각을 극복할 수 있는 능력으로 이해되거나, 영혼에 존재하는 것처럼 보이는 의식에 몰입하는 것이다(Kaplan, 1995). 최근에 유대교 명상과 마음챙김은 좀 더 쉽게 접할 수 있게 되었으며 많은 유대교 회당과 수행지에서 소개되고 있다(Cooper, 2000; Kaplan, 1995; Roth, 2009; Schacter-Shalomi, 2011, 2012; Slater, 2004).

유대교 부흥운동의 창시자 랍비 Zalman Schacter-Shalomi(2011, 2012)는 다양한 동양 명상의 전통에 대해 연구하였고, 유대교 명상의 일부 형태는 신의 존재를 알아차리는 개념(카바나)을 제외하고는 불교의 마음챙김과 유사한 점이 많다고 설명하였다. "……명상 중에 생각이나 느낌이 떠오르게 될 때 당신은 그것들을 신에게 돌리고 자유로워질 수 있다."(p. 45) 랍비 Schacter-Shalomi(2013)는 이에 대해 다음과 같이 덧붙여 설명했다.

> 무언가가 일어날 때, 그것은 창을 열고 신을 받아들이는 상태라 할 수 있다. 모든 것을 같은 방법으로 행하겠지만, 이 순간은 창을 열고 "신이 나와 함께 의식을 들여다본다."라고 말할 것이다. 이것은 곧 기도가 된다.

이슬람교

이슬람교의 신비주의적인 면을 수피즘(Sufism)이라 한다. 1207년에 태어난 시인이자 성자인 Rumi는 수피즘의 메블레비파(Mevlevi Order of Sufism)를 창시하였고 알아차림, 마음챙김, 자비, 신에 대한 영감을 자주 언급했다. Mirdal(2010)은 마음챙김과 수피즘의 유사성에 대해 이렇게 설명한다. "긍정적 경험과 부정적 경험의 수용과 인정, 오래된 습관 버리기, 새로운 시각으로 세상을 바라보기" (p. 1206)의 호흡명상과 걷기명상(불교에서의 방법과는 다르다), 의도, 통찰과 자비심 기르기. Mirdal은 무슬림 배경의 내담자와 함께할 때 그들의 문화에 대한 이해를 바탕으로 접근하여야 하며, 수피즘과 마음챙김을 기반으로 한 Rumi의 철학과 시를 통합해야 하는 중요성에 대해 언급했다.

이와 같이, 마음챙김은 종교와 영적 전통에 깊은 뿌리를 두고 있다. 이러한 마음챙김이 꾸준히 알려지면서 지금은 일반인들도 그것을 적용하여 훈련하고 있다. 이와 같이 마음챙김은 고대의 지혜로운 전통에서 시작되었다는 사실을 기억하는 것이 중요하다.

심리치료에서의 마음챙김

서양심리학에서 이론이나 실습에 마음챙김이 적용되는 경우가 점차적으로 증가하고 있다. 오늘날 심리치료에서 마음챙김이 발전하는 데 주도적 영향을 미친 역사적 뿌리는 정신분석학, 서양 세계의 불교나 다른 전통적 명상의 소개, 심리치료에서 인본주의적이고 자아초월적이며 명상적인 접근의 발전, 행동의학에서 찾을 수 있다.

심리치료에서 마음챙김의 역사적 근원

정신분석학

Freud로부터 시작된 **주의집중**(attention)은 정신분석학에서 핵심적인 한 부분으로 알려져 있다(Mace, 2007). Freud(1912)는 「의사들을 위한 정신분석 치료법 제안(Recommendations to physicians practicing Psychoanalysis)」에서 주의집중의 중요성을 설명했다.

> 하지만 이 기술은 단순하다……. 단순히 자신의 주의를 어떤 특정한 것에 두지 않는 데 있으며, 들을 수 있는 모든 것을 들으면서도 "균등한 주의집중 또는 균등하게 분배된 주의집중(evenly-suspended attention)" (나는 이렇게 불렀다)을 똑같이 유지하는 데 있다(p. 110).

주의집중(attention)의 특성은 현재 이 순간에 마음을 개방하는 것이다. 위빠사나 수행에서 있는 그대로의 알아차림 또는 순수한 주의(bare attention)와 유사하다. Freud는 이 방법으로 주의를 기울이지 않는다면 "분석가는 그가 이미 알고 있는 어떤 것도 결코 알아낼 수 없는" 위험에 처한다고 지적했다(Freud, 1912, p. 111). 이는 선입견, 신념, 감정을 넘어 마음챙김이나 명상의 장점과 유사하다. Freud 이후에 정신분석학의 거장으로 거론되는 Wilfred Bion 또한 주의집중의 중요성에 대해 언급하였는데, Bion(2007)은 "사람을 정확하게 관찰하기 위해 분석가는 그 사람의 생각뿐 아니라 감정에도 주목하는 것이 필요하다. 동시에 자신의 생각이나 감정은 잠시 보류해 두는 것이 필요하다."라고 주장했다.

신프로이트 학파의 Karen Horney는 선불교(Zen Buddhism)에 관심을 가지게 되면서 D. T. Suzuki(선종 학자) 그리고 일본 정신과 의사 Akihisa Kondo와 긴밀한 관계를 맺게 된다. Suzuki는 미국정신분석협회(American Institute of Psychoanalysis)에서 명상과 선문답을 포함하는 선연구집단을 이끌었다. 그리고 Horney와 Kondo는 선과 Horney의 참자기의 개념을 통합하는 것에 뜻을 같이하였다(Morvay, 1999). Horney는 선불교와 일본 문화를 공부하기 위해 일본을 방문했다. 마지막 강의 중 Horney는 동양사상에 대한 지식, 자신의 작업에 선불교를 통합한 것에 대해 강조하였다.

> 주의집중은 온 마음을 다해 열중해야 하는 것이다……. 오히려 주의집중하는 것이 어렵다는 생각이 든다……. 동양 사람들은 우리보다 훨씬 더 깊은 감정을 느낀다. 또한 우리보다 훨씬 더 훌륭한 훈련을 한다. 본질적으로 우리는 주의집중에 훈련되어 있지 않다. 동양의 수행, 힘, 호흡, 명상과 요가에 집중해야만 한다(Ingram, 1987, p. 18).

Horney는 또한 주의집중(알아차림)할 수 있는 치료사의 자질이 내담자의 알아차림에 영향을 미칠 수 있다는 것을 깨달았다(마치 선불교 교사의 상태가 학생들에게 영향을 미치는 것처럼; Ingram, 1987, p. 18).

Erich Fromm 또한 Suzuki와 가까운 관계를 맺고 있었으며, 1957년에 Horney를 멕시코 정신분석협회(Mexican Psychoanalytic Society)에서 주최하는 정신분석과 선에 대한 일주일간의 세미나에 초청하였다. 거기에서 Fromm은 「정신분석과 선(Psychoanalysis and Zen)」이라는 논문을 발표하였다. Fromm과 Suzuki의 논문들은 『정신분석학과 선불교(Psychoanalysis and Zen Buddhism)』(Fromm, Suzuki, & De Martino, 1970)로 출간되었다. Fromm은 다음과 같이 주장하였다. "선과 정신분석 둘 다 동일한 목적, 즉 인간의 본성에 대한 통찰, 자유, 행복, 사랑 그리고 억압된 에너지로부터의 자유로움을 성취하고자 한다." (Friedman, 2013, p. 167)

서양 불교와 명상의 영향

서양(특히 미국)에 미친 선불교와 다른 불교의 영향에 대한 관심은 제2차 세계대전으로 거슬러 올라갈 수 있다. 전쟁에 참가한 미국 출신의 정신과 의사들은 새로운 사상들, 일본 문화 그리고 모리타 요법(Morita Therapy), 즉 Shoma Morita에 의해 발달된 선불교를 기초로 한 심리치료의 형태(Dryden & Still, 2006; Morita, 1998)를 접한 후 일본에서 돌아왔다. 모리타식 접근법은 증상을 감소시키기 위해 적극적인 개입을 하는 전통적인 방식보다는 증상을 있는 그대로 수용하게 하고 경험하게 하는 방식을 취한다.

세계 여행의 증가로 인도, 중국, 티베트, 베트남 출신의 명상 전문가들이 서양에 그들의 가르침을 전수했고(예: Thich Nhat Hanh, Maharishi Mahesh Yogi, Chögyam Trungpa, Shunryu Suzuki Roshi), 이러한 명상 전문가들과 함께 많은 추종자가 명상을 배우고자 동양으로 건너갔다. 오늘날, 아시아에서 공부한 대다수의 사람들이 마음챙김을 주도하고 있다(Kornfield, 1993, 2009, 2011; Goldstein, 1993, 2007; Hanh, 1975, 1976, 1991, 2012; Salzberg, 2011).

인본주의적, 자아초월적 그리고 명상 심리치료

1960~1970년대 인본주의 심리학이 모든 임상 현장에서 사용되었다. 동양사상에 영향을 받은 이 접근법은 비판단적 수용과 증상에 대한 알아차림을 강조한다. 이는 "정신분석 혹은 행동치료의 환원주의에 대한 대안"이 되었다(Dryden & Still, 2006, p. 9). Carl Rogers(1951, 1961)는 무조건적인 긍정적 존중을 강조했고, Perls(1992)는 지금-여기에 중점을 두었으며, 실존주의 심리치료사들은 실존(being)과 존재에 집중했다

(Bugental, 1978; May, 1994; Yalom, 1980). 자아초월적 심리치료는 심리치료와 영성을 통합하면서 발전했고(Walsh & Vaughn, 1981; Wilber, 2001), 명상 심리치료는 심리치료에 불교와 다른 명상 훈련들을 통합시켰다(Wegela, 1994). 영성과 심리적 안녕감 간의 상호연관성이 연구되고 관찰되기 시작했다(Kass, 1995, 2007; Kass & Lennox, 2005).

행동의학

1970년대 Herbert Benson(1975)이 저술한 획기적인 책 『이완반응(Relaxation Response)』은 명상법들에 기초하여 스트레스를 감소시키며 이와 함께 이완과 치유를 촉진하는 마음의 능력에 대해 설명하고 있다. Benson은 초월 명상가들과 숙련된 명상가들(티베트 수도승들)을 연구한 결과 사람들이 신념을, 예를 들어 종교적 또는 영적 단어, 구절, 이미지 등을 사용하여 표현할 때 "최상의 건강과 안녕감 상태에 도달할 수 있도록 도움을 줄 수 있고 또 다른 내적 환경을 만들어 낼 수 있다."는 것을 발견했다(Benson, 1984, p. 5).

이후 Jon Kabat-Zinn(1990)은 저서 『혼돈으로 가득한 삶(full catastrophe living)』을 소개하면서 8주간의 마음챙김 기반 스트레스 감소(MBSR)를 설명했다. Kabat-Zinn의 MBSR은 심리치료와 다른 영역에 건강과 안녕감을 위한 마음챙김을 대중화시키는 데 혁신적인 기여를 했다. Kabat-Zinn의 작업이 진행되는 동안, Langer(1991, 2000a, 2000b)는 서양 실험심리학을 배경으로 마음챙김에 대해 저술했다.

마음챙김과 심리치료의 현재

8주로 구성된 Kabat-Zinn의 구조화된 MBSR 프로그램이 28년 동안 반복적으로 연구되면서 점점 더 발전되어 가고 있다. 전통적인 마음챙김에 일련의 기술들이 접목되면서 어떤 종교적인 믿음과 관계없이도 마음챙김을 배울 수 있게 되었으며, 마음챙김은 서양의 심리치료에서 보편적인 접근방법이 되었다(Baer, 2006). 심리치료에서 MBSR과 마음챙김을 기반으로 한 다른 접근법들에 대한 간략한 개요는 다음과 같다.

마음챙김 기반 스트레스 감소(MBSR)

Kabat-Zinn(1982)의 MBSR에 대한 초기연구는 만성 통증에 시달리는 사람들을 대상으로 시작되었다. 계속된 연구는 통증, 우울, 불안을 감소시키는 데 효과가 있음을 입증하였고, 임상 영역에서 건강과 삶의 질을 높이는 데 기여하였다. MBSR 프로그램은 집단장면에서 이루어지며, 주 1회 2시간~2시간 30분 동안 마음챙김 명상을 훈련하는 것으로 8주간 실시된다. 하루 동안 공식적 수행(바디스캔, 정좌명상, 걷기명상, 요가)과 비공식적 마음챙김 수행을 함께 훈련하여 일상생활에서 명상을 실천할 수 있도록 권장한다. 집에서 실천할 수 있는 과제로 교훈(didactic element), 공유(sharing), 자애명상(lovingkindness)도 훈련에 포함된다.

마음챙김 기반 인지치료(MBCT)

마음챙김 기반 인지치료(MBCT)는 1990년대 말에 MBSR에서 개발되었는데, 특히 우울 재발을 방지하는 데 주안점을 두었다(Segal, Williams, & Teasdale, 2013). Kabat-Zinn의 도움으로 MBCT에 대한 구조적인 접근법은 MBSR과 인지행동치료(CBT)를 통합하여 개발되었다. MBCT는 MBSR과 형식이 비슷하지만 서로 다른 점은 스트레스보다는 우울증을 이해하는 데 더 초점을 맞추고 있다는 것이다. MBCT는 임상심리학에서 증거기반 방법으로 MBSR 확장에 도움이 되었다(Dryden & Still, 2006).

변증법적 행동치료(DBT)

변증법적 행동치료(DBT)는 Marsha Linehan(1993a, 1993b)에 의해 창안되었으며 효과적인 대인관계, 정서조절, 스트레스 적응 기술을 학습할 때 마음챙김을 적용한다. 내담자는 지혜로운 마음, 합리적 마음, 정서적 마음에 대해 배우게 된다. DBT는 원래 경계선 성격장애에 대한 치료방법으로 개발되었지만 지금은 섭식장애, 외상, 약물남용, 우울증과 가족관계와 같은 문제의 치료법으로도 적용되고 있다(Dimeff & Koerner, 2007).

수용전념치료(ACT)

수용전념치료(ACT)는 Steven Hayes, Kirk Strosahl과 Kelly Wilson(1999)에 의해 개발되었으며, 심리적 유연성을 향상시키기 위해 특정 목표와 가치를 수행하는 것과 함께 수용과 마음챙김에도 집중한다. ACT는 기능적 맥락주의(functional contextualism)에 그 근원을 두고 있으며 RFT(Relational Frame Theory)를 기반으로 한다. ACT는 생각, 감정, 감각, 기억들을 더 잘 조절하도록 가르치는 CBT와는 다르다. ACT는 사람들에게 긍정적이고 부정적인 사건이나 느낌 모두를 주목하고 수용하며 기꺼이 받아들이는 방법을 가르친다(Hayes et al., 1999). ACT에서 강조하는 것은 현재 순간에 대한 알아차림으로 나아가는 데 가치를 두고 행동에 전념하는 것이다. 이는 ACT의 핵심 개념으로 개인에게 중요한 것, 기본 가치의 이해, (전념한 행동의) 가치와 동일선상에 있는 삶의 선택에 대해 알아차리는 과정을 말한다.

그 외의 마음챙김 접근법

MBSR의 변화는 마음챙김 기반 중독재발방지(MBRP; Bowen, Chawla, & Marlatt, 2010), 마음챙김 기반 섭식자각(Kristeller, Baer, & Quillian-Wolever, 2006), 마음챙김 기반 상호관계 증진(Carson et al., 2004), 마음챙김 기반 미술치료(Monti et al., 2006) 등과 같이 서로 다른 목적과 요구에 따라 프로그램을 제공할 수 있도록 발전해 왔다.

마음챙김에 근거한 치료(mindfulness-informed therapy)와 마음챙김 기반 치료(mindfulness-based therapy)라는 개념은 특정 접근법들을 분류하는 데 사용된다. Shapiro와 Carlson(2009)에 따르면, 마음챙김에 근거한 치료는 불교와 서양심리학, 마음챙김 문헌, 개인적 마음챙김 수행에서 그 개념을 가져온 것이다. 마음챙김 기반 치료는 마음챙김 명상이 치료에 중요한 요소로 명시적으로 언급된 치료법을 의미한다. 이 책에서는 '마음챙김 기반 접근법들'이란 표현(4부)이 폭넓게 사용되는데, 이것은 마음챙김적 알아차림을 훈련하는 접근방식이라는 것을 이해하는 것이 중요하다.

마음챙김과 예술치료

마음챙김과 예술치료의 기원은 치유와 변화를 증진시키기 위해 영적·종교적 의식을 수행하는 데 예술을 사용한 시대로 거슬러 올라갈 수 있다. 나머지 장에서 마음챙김과 예술치료에 관련된 그 문헌을 전반적으로 살펴볼 것이므로 여기서는 더 이상 언급하지 않는다. 그 대신, 여기서는 예술치료에서의 마음챙김에 대해 두 가지 관점에서 설명하고자 한다. (1) 지금 이 순간에 마음챙김적 알아차림을 향상시킬 수 있는 예술 과정, (2) 마음챙김 수행을 예술치료에 적용하는 과정이다.

각각의 미술 형태는 내면을 알아차리고 현재 순간의 경험 속으로 완전히 몰입하는 기회를 제공한다. 작품을 만들고 있는 예술가는 자연스럽게 몰입의 상태로 흘러들어갈 수 있다(Csikszentmihalyi, 1990). 그 과정에서 몰입되어 가는 느낌, 마음을 고요하게 하는 것, 지금 이 순간에 예술과 하나 되는 느낌, 시간 가는 것을 잊어버림 등과 같은 것을 경험할 수 있다. 어떤 시점에, 그림이나 조각을 비롯한 미술작품으로부터 한 발짝 물러서서 관찰하는 것은 내면을 들여다보게 하고, 색, 모양, 미적 균형 감각 등 작품에 무엇이 필요한지 볼 수 있게 한다.

경험에 몰입하고 내면을 들여다보는 과정은 모든 예술에 존재한다. 예를 들어, 전문 무용수는 공연을 준비하는 과정에서 느끼는 자신의 경험을 다음과 같이 기술한다.

> 연습할 때 나는 신체의 동작을 느끼고 동시에 그것이 관객들에게 어떻게 표현되는지도 알아차려야 한다. 나는 연습실 거울에 비치는 나 자신을 알아차릴 뿐만 아니라 춤추는 나 자신을 경험할 수 있다. 그리고 춤 속에 나의 경험이 어떻게 표현되는지를 관찰한다. 연습할 때 마음챙김을 더 많이 할수록 준비도 더 잘되고 공연에서 모든 무용수들이 수행하는 목표에 도달하게 된다. 이때 나는 내 마음을 고요하게 하고, 신체에 나를 맡기며, 온전히 지금 이 순간을 경험한다(Rappaport, 2013).

경험의 안과 밖에서 동시에 이루어지는 이러한 고유한 기능은 사이코드라마, 드라마치료, 글이나 음악에서 볼 수 있다. 사이코드라마에서 주인공은 다른 역할을 맡아 자아의 다른 부분을 말하게 된다. 40대 내담자인 Sarah의 예를 보면, 그녀는 낭만적인 관계 속에서 반복되는 고통을 변화시키지 못하고 그 속에서 헤어 나오지 못하고 있는 자신을 느꼈다. 치료사는 Sarah에게 '빈 의자'에 그러한 '고정된' 자신의 한 부분을 앉혀 보라고 권했다. Sarah는 힘든 감정을 느끼며 의자에 털썩 주저앉아 고정된(immobilized) 역할을 수행하였다. 또한 고정된 부분이 되어 "난 무거워. 아무것도 할 수가 없어. 우리 관계가 좋지 못한 이유가 나에게 있다는 걸 알고 있지만 난 아무런 힘도 특별한 매력도 없어."라고 말했다. 그러자 치료사는 Sarah로 하여금 빈 의자에서 물러나 한쪽으로 비켜서게 한 후, 빈 의자의 그 부분을 관찰하게 했다. 그런 후 치료사는 Sarah의 내면을 반영해 주기 위해 그녀가 했던 고정된 부분의 역할을 대신 해 주었다. 이제 Sarah는 고정된 부분을 관찰할 수 있게 되면서 그 경험을 통해 자신의 내면을 인식하게 되었다. Sarah는 목소리를 높였다. "자! 너는 자신을 잃어버렸어! 이 관계가 너의 모든 힘과 좋은 감정들을 삼켜 버렸어. 당신은 그 이상의 가치가 있어!" Sarah는 드라마를 통해 내면의 고정된 부분을 차분하게 응시하면서 자신의 중심으로 더 다가갈 수 있는 기회를 가지게 되었고, 그것을 인식하게 되면서 자신의 관점을 이동시키는 것이 가능해졌다.

작가 또한 내면을 들여다보고 경험에 직접 참여하게 된다. 이때 작가들은 어떤 의미를 가지고 말을 하는지 집중하게 되고 또는 어떻게 글이 쓰이는지를 이해하게 된다. 그 다음에, 시 또는 글을 한 걸음 물러나 생각하고, 보고, 읽고, 듣는다.

다음 장들에서 볼 수 있듯이, 예술은 새의 두 날개(경험과 관조)에 본질적으로 접근한다. 마음챙김의 수행과 마음챙김을 기반으로 한 부수적인 접근법들은 깊은 알아차림에 대한 상호보완적인 관점을 가지고 자기수용, 자기연민, 타인을 향한 자비의 자질을 고양시킨다.

이제 중요한 의미가 담긴 두 마리 개구리에 대한 선불교 이야기로 이 장을 정리하고자 한다.

두 마리 개구리 이야기

아주 뜨거웠던 지난여름, 뒷마당에 개구리 두 마리가 있었다. 목이 마른 개구리들이 우유가 든 큰 통을 발견했다. 개구리가 우유를 좋아한다는 것을 알고 있는가? 개구리들은 얼른 우유 통 안에 들어가 마시기 시작했다. 천국이었다. 그리고 아주 많이 마셔 버렸다. 잠시 후에, 둘 중 큰 개구리가 불안에 떨며 비관적으로 말했다. "이봐, 잠깐 기다려. 문제가 있어. 여기서 어떻게 나가지? 나갈 방법이 없어. 우리는 익사하고 말 거야." 작은 개구리가 말했다. "곧 알아낼 수 있을 거야. 계속 수영하고 있으면 돼." 그래서 그들은 수영을 했다. 그러나 곧 큰 개구리가 공황 상태에 빠진 목소리로 말했다. "여기서 나갈 방법이 없어. 우린 죽을 거야." 작은 개구리가 말했다. "조금만 생각하면 될 거야. 계속 수영해." 마침내 큰 개구리는 "더 이상 못하겠어. 포기할래."라고 말하면서 수영을 멈추었고 죽어 버렸다. 개굴 개굴 개굴. 작은 개구리는 계속해서 원을 그리면서 헤엄을 쳤다. 그러나 점점 더 움직이기가 어려웠다. 점점 더 점점……. 그렇게 우유가 더 빽빽해지더니 결국에는……. 버터로 변했다. 마침내 개구리는 버터 위에 그의 작은 발을 내딛고 얼른 통을 빠져나왔다(Friedman, 1987, pp. 27-28).

이 이야기는 종교적으로나 영적인 해석으로부터 마음챙김을 분리할 수도 있지만, 이러한 관점을 우리 자신에게 적용할 때 이렇게 간단하면서도 강력한 방법으로 엄청난 변화가 일어날 수 있다는 메시지를 전해 준다. 이런 수행법들을 예술치료와 통합하고자 한다면 그것이 바로 마음챙김에 대한 적합한 훈련을 받아야 하는 필연적인 이유가 된다.

참고문헌

Anantananda, S. (1996). *What's on My Mind: Becoming Inspired with New Perception.* New York: SYDA Foundation.

Baer, R. A. (2006). *Mindfulness-Based Treatment Approaches: Clinician's to Evidence Base and Applications.* Burlington, MA: Academic Press.

Benson, H. with Klipper, M. Z. (1975). *The Relaxation Response.* New York: Quill, Harper Collins Publishers.

Benson, H. (1984). *Beyond the Relaxation Response.* New York: Penguin Group.

Bhikku, B. (2011). "What does mindfulness really mean? A canonical perspective." *Contemporary Buddhism 12*, 1, 19-39.

Bion, W. (2007). (First published 1970) *Attention and Interpretation.* London: Karnac Books.

Blanton, P. G. (2011). "The other mindful practice: Centering prayer and psychotherapy." *Pastoral Psychology 60*, 1, 135-137.

Bowen, S., Chawla, N., & Marlatt, G. A. (2010). *Mindfulness-Based Relapse Prevention for Addictive Behaviors: A Clinician's Guide.* New York: Guilford Press.

Bugental, J. F. T. (1978). *Psychotherapy and Process: The Fundamentals of an Existential-Humanistic Approach.* Blacklick, OH: McGraw Hill.

Burke, C. (2010). "Mindfulness-based approaches with children and adolescents: A preliminary review of current research in an emergent field." *Journal of Child and Family Studies 19*, 2, 133-144.

Carson, J. W., Carson, K. M., Gil, K. M., & Baucom, D. H. (2004). "Mindfulness-based relationship enhancement." *Behavior Therapy 35*, 471-494.

Center for Mindfulness in Medicine, Health Care, and Society (2013). University of Massachusetts Medical Center. Available at www.umassed.edu/content.aspx?id=4246, retrieved March 5, 2013.

Chiesa, A., & Serretti, A. (2009). "Mindfulness-Based Stress Reduction for stress management in healthy people: A review and meta-analysis." *The Journal of Alternative and Complementary Medicine 15*, 5, 593-600.

Chiesa, A., & Serretti, A. (2011). "Mindfulness-based interventions for chronic pain: A systematic review of evidence." *The Journal of Alternative and Complementary Medicine 17*, 1, 83-93.

Chodron, P. (2013). *How to Meditate: A Practical Guide to Making Friends with Your Mind.* Boulder, CO: Sounds True, Inc.

Cooper, D. A., Rabbi (2000). *The Handbook of Jewish Meditation Practices: A Guide for Enriching the Sabbath and Other Days of Your Life.* Woodstock, VT: Jewish Lights Publishing.

Csikszentmihalyi, M. (1990). *Flow: The Psychology of Optimal Experience.* New York: Harper Perennial Publishers.

Dimeff, L., & Koerner, K. (2007). *Dialectical Behavior Therapy in Clinical Practice: Applications Across Disorders.* New York: Guilford Press.

Dryden, W., & Still, A. (2006). "Historical aspects of mindfulness and self-acceptance in psychotherapy." *Journal of Rational-Emotive and Cognitive-Behavioural Therapy 24*, 1, 3-28.

Fjorback, L. O., Arendt, M., Ornbol, E., Fink, P., & Walach, H. (2011). "Mindfulness-Based Stress Reduction and Mindfulness-Based Cognitive Therapy: A systematic review of randomized controlled trials." *Acta Psychiatrica Scandinavica 124*, 2, 102-119.

Freud, S. (1912). "Recommendations to Physicians Practicing Psychoanalysis." In *The Standard Edition of the Complete Psychological Works of Sigmund Freud, Vol. XII (1911-1913): The Case of Schreber, Papers on Technique and Other Works.* (Translated by J. Strachey.)

Friedman, L. (2013). *The Lives of Erich Fromm: Love's Prophet.* New York, NY: Columbia University Press.

Friedman, N. (1987). *You Cannot Stay on the Summit Forever: Talks and Stories from the Opening the Heart Workshop.* Ashby, MA: Spring Hill Press.

Fromm, E., Suzuki, D. T., & De Martino, R. (1970). *Zen Buddhism and Psychoanalysis.* New York: Harper and Row Publishing.

Goldstein, J. (1993). *Insight Meditation: The Practice of Freedom.* Boston, MA: Shambhala Publications.

Goldstein, J. (2007). *A Heart Fill of Peace*. Somerville, MA: Wisdom Publications.

Hanh, T. N. (1975, 1976). *The Miracle of Mindfulness: A Manual on Meditation*. Boston, MA: Beacon Press.

Hanh, T. N. (1991). *Peace is Every Step: The Path of Mindfulness in Everyday Life*. New York, NY: Bantam Books.

Hanh, T. N. (2012). *Fear: Essential Wisdom for Getting Through the Storm*. New York: Harper One, Harper Collins Publishers.

Hart, W. (1987). *The Art of Living: Vipassana Meditation As Taught By S.N. Goenka*. New York: Harper Collins.

Hayesm S. C., Strosahl, K., & Wilson, K. G. (1999). *Acceptance and Commitment Therapy*. New York: Guilford Press.

Hussain, D., & Bhushan, B. (2010). "Psychology of meditation and health: Present status and future direction." *International Journal of Psychology and Psychological Theory 10*, 3, 439-451.

Ingram, D. H. (ed.) (1987). *Karen Horney Final Lectures*. New York: W.W. Norton and Company.

Kabat-Zinn, J. (1982). "An outpatient program in behavioural medicine for chronic pain patients based on the practice of mindfulness meditation: Theoretical considerations and preliminary results." *General Hospital Psychiatry 4*, 33-47.

Kabat-Zinn, J. (1990). *Full Catastrophe Living: Using the Wisdom of Your Body and Mind to Face Stress, Pain, and Illness*. New York: Delacorte Press.

Kabat-Zinn, J. (1994). *Wherever You Go, There You Are: Mindfulness Meditation in Everyday Life*. New York: Hyperion.

Kaplan, A. (1995). *Jewish Meditation: A Practical Guide*. New York: Schoken Books.

Kass, J. (1995). "Contributions of Religious Experience to Psychological and Physical Well-Being: Research Evidence and an Explanatory Model." In L. VandeCreek (ed.) *Spiritual Needs and Pastoral Services: Readings in Research*. Decatur, GA: Journal of Pastoral Care Publications.

Kass, J. (2007). "Spiritual maturation: A developmental resource for resilience, well-being, and peace." *Journal of Pedagogy, Pluralism, and Practice 12*(Summer), 56-64.

Kass, J., & Lennox, S. (2005). "Emerging Models of Spiritual Development: A Foundation for Mature, Moral, and Health-Promoting Behavior." In W. R. Miller & H. Delaney (eds) *Judeo-Christian Perspectives on Psychology: Human Nature, Motivations, and Change*. Washington, DC: American Psychological Association.

Keating, Father (2008). "Thomas Keating Centering Prayer Guidelines Introduction." Available at www.youtube.com, accessed February 2, 2013.

Keating, Father (2009). *Intimacy with God: An Introduction to Centering Prayer*. New York: The Crossroad Publishing Company.

Keng, S., Smoski, M. J., & Robins, C. (2011). "Effects of mindfulness on psychological health: A review of empirical studies." *Clinical Psychology Review 31*, 6, 1041-1056.

Kornfield, J. (1993). *A Path with Heart: A Guide Through the Perils and Promises of Spiritual Life*. New York: Bantam Books.

Kornfield, J. (2009). *The Wise Heart: A Guide to the Universal Teachings of Buddhist Psychology*. New York: Bantam Books.

Kornfield, J. (2011). *Bringing Home the Dharma: Awakening Right Where You Are*. Boston, MA: Shambhala Publications.

Kristeller, J., Baer, R., & Quillian-Wolever, R. (2006). "Mindfulness-Based Approaches to Eating Disorders." In R. A. Baer (ed.) *Mindfulness-Based Treatment Approaches: Clinician's Guide to Evidence Base and Applications*. London: Academic Press, Elsevier.

Langer, E. J. (1991). *Mindfulness: Choice and Control in Everyday Life*. London: Harvill.

Langer, E. (2000a). "The construct of mindfulness." *Journal of Social Issues 56*, 1, 1-9.

Langer, E. (2000b). "Mindful learning." *Current Directions in Psychological Science 9*, 6, 220-223.

Linehan, M. M. (1993a). *Congnitive-Behavioral Treatment of Borderline personality disorder*. New York: Guilford Press.

Linehan, M. M. (1993b). *Skills Training Manual for Treating Borderline personality disorder*. New York: Guilford Press.

Mace, C. (2007). "Mindfulness in psychotherapy: An introduction." *Advances in Psychiatric Treatment 13*, 147-154.

May, R. (1994). (First published 1986) *The Discovery of Being: Writings in Existential Psychology*. New York: W.W. Norton and Company.

Merton, T. (1960). *The Wisdom of the Desert: Sayings from the Desert Fathers of the Fourth Century*. Boston, and London: Shambhala.

Merton, T. (1961). *New Seeds of Contemplation*. New York: New Directions Books.

Mirdal, G. M. (2010). "Mecalana Jalal-ad-Din Rumi and Mindfulness." *Journal of Religious Health 51*, 1202-1215 DOI: 10.1007/s10943-010-9430-z, published online November 25, 2010.

Monti, D., Peterson, C., Shakin Kunkel, E., Hauck, W. W., et al. (2006). "A randomized, controlled trial of mindfulness-based art therapy (MBAT) for women with cancer." *Psycho-Oncology 15*, 5, 363-373.

Morita, S. (1998). *Morita Therapy and the True Nature of Anxiety-Based Disorders (Shinkeishitsu)*. Translated by Akihisa Kondo. Le Vine, P. (ed.) Albany, NY: State University of Albany Press.

Morvay, Z. (1999). "Horney, Zen, and the real self: Theoretical and historical connections." *American Journal of Psychoanalysis 59*, 1, 25-35.

Penningon, M. B. (1982). *Centering Prayer: Renewing an Ancient Christian Prayer Form*. New York: Image Books, Doubleday.

Perls, F. (1992). (First published 1969) *Gestalt Therapy Verbatim*. Gouldsboro, ME: Ther Gestlt Journal Press.

Rappaport, Z. A. (2013). Personal communication.

Rogers, C. (1951). *Client-Centered Therspy: Its Current Practice, Implications, and Theory*. London: Constable and Robinson Ltd.

Rogers, C. (1961). *On Becoming a Person: A Therapist's View of Psychotherapy*. New York: Houghton Mifflin Company.

Roth, J. Rabbi (2009). *Jewish Meditation Practices for Everyday Life: Awakening Your Heart, Connecting with God*. Woodstock, VT: Jewish Lights Publishing.

Salzberg, S. (2011). *Real Happiness: The Power of Meditation*. New York, NY: Workman Publishing Company, Inc.

Schacter-Shalomi, Z. Rabbi (2011). *The Gates of Prayer: Twelve Talks of Davvenology*.

Boulder, CO: Albion-Anadalus, Inc.

Schacter-Shalomi, Z. Rabbi (2012). *Frist Steps to a New Jewish Spirit: Reb Zalmans's Guide to Capturing the Intimacy and Ecstacy in Your Relationship with God.* Woodstock, VT: Jewish Lights Publishing.

Schacter-Shalomi, Z. Rabbi (2013). Personal communication.

Segal, Z., Williams, J. M. G., & Teasdale, J. (2013). *Mindfulness-Based Cognitive Therapy for Depression: A New Approach to Preventing Relapse.* New York: Guilford Press.

Shantananda, S. (2003). *The Splendor of Recognition.* New York: SYDA Foundation.

Shapiro, S. L. (2009). "The integration of mindfulness and psychology." *Journal of Clinical Psychology 65*, 6, 555-560.

Shapiro, S. L., & Carlson, L. E. (2009). *The Arts and Science of Mindfulness: Intergrating Mindfulness: into Psychology and the Helping Professions.* Washington, DC: American Psychological Association.

Shapiro, S. L., & Carlson, L. E. (2009). "How is mindfulness helpful? Mechanisms of action." Washington, DC: American Psychological Association. DOI:10.1037/11885-007. Available at http://dx.doi.org/10.1037/11885-007, accessed April 30, 2013.

Shennan, C., Payne, S., & Fenlon, C. (2011). "What is the evidence for the use of mindfulness in cancer care? A review." *Psycho-Oncology 20*, 7, 681-697.

Slater, J. P. (2004). *Mindfulness Jewish Living: Compassionate Practice.* New York: Aviv Press.

Spring Hill (1983). Personal communication.

Symington, S. H., & Symington, M. (2012). "A Christian model of mindfulness: Using mindfulness principles to support psychological well-being, value-based behaviour, and the Christian Spiritual Journey." *Journal of Psychology and Christianity 31*, 1, 71-77.

Teasdale, Z. V., Williams, J. M. G., & Teasdale, J. D. (2013). *Mindfulness-Based Therapy for Depression.* (2nd Edition) New York: Guilford Press.

Tenzin Gyatso, the Dalai Lama (1995). *The World of Tibetan Buddhism: An Overview of Its Philosophy and Practice.* (Translated by Geshe Thupten Jinpa.) Somerville, MA: Wisdom Publications.

Walsh, R., & Vaughn, F. (eds) (1981). *Beyond Ego: Transpersonal Dimensions in Psychology*. Los Angeles, CA: Jeremy P. Tarcher Inc.

Wegela, K. K. (1994). "Contemplative psychotherapy: A path of uncovering brilliant sanity." *Journal of Contemplative Psychotherapy 9*, 27-52.

Wilber, K. (2011). (First published in 1979). *No Boundary: Eastern and Western Approaches to Personal Growth*. Boston, MA: Shambhala Publications.

Yalom, I. (1980). *Existential Psychotherapy*. New York: Basic Biiks.

Part 2
표현예술을 통한 마음챙김적 알아차림과 현실감 배양

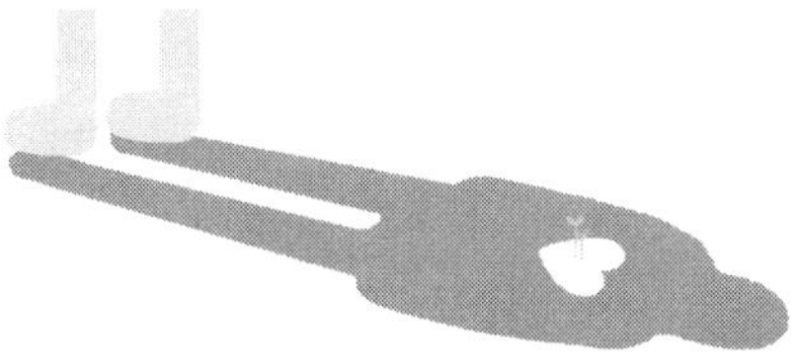

Chapter 02

예술치료 경험에서 몰입과 관조의 역할

–Shaun McNiff

현재를 여는 새로운 방식

미술작업 후 표현한 것을 타인과 나누는 것은 내가 예술치료 안에서 행하는 가장 기본적인 것이다. 그리고 전통적 명상과 관련된 글을 저술하도록 제안받은 것에 감사한다. 이 장에서는 예술치료에서 알아차림을 경험하는 그 순간에 집중하는 것이 어떻게 마음챙김을 발전시키는 데 기여할 수 있는지 설명하고자 한다.[1]

나에게 있어 집단훈련에서 관조하기(witnessing)는 현재 순간에 무엇이 일어나고 있는지에 대한 의식적 반영으로 발생하는 과정이다. 나는 이것을 '의식 관조하기(witnessing consciousness)'라고 기술한다. 왜냐하면 그것은 신체와 감각을 포함하는 신체적 행위와 우리가 흔히 마음챙김적 자각과 주의집중이라고 부르는 정신적 상태 모두를 포함하기 때문이다.

나의 작품에 내재된 철학은 우리의 경험이 보통 표면상으로는 잘 보이지 않고 인정받지 못하는 깊은 세계 속에 있다는 점이다. 마음챙김적 자각을 통해 치유를 촉진하고자 할 때 예술은 이러한 원칙들을 작동하게 만드는 효과적인 방법이 된다. 다른 집단의 참가자 및 치료사와 함께 자신을 관조하는 과정은 종합 예술을 체험할 수 있는 중요한 부분이며, 이것은 그림, 시, 무용 혹은 다른 예술적 표현을 만들거나 만드는 과정 동안 이루어진다.

설명하자면, 관조하기는 감정이입, 연민 그리고 창의적 생각을 요구한다. 이것은 일반적인 관찰의 의미보다 훨씬 더 많은 의미가 내포되어 있다. 명상은 연습과 훈련을 요구하는 활동이다. 어떤 행위를 하는 자신을 관조하는 것은 이상적인 상태임에 틀림없으며 미술과 치유경험을 심도 있게 경험하고자 할 때 우리가 원하는 쪽으로 나아가게 하는 어떤 것이다.

형성 과정

나는 어떤 심리학적 배경지식도 없이 우연히 예술치료에 입문하게 되었다. 돌이켜보면 새롭게 경험적인 방법으로 미술과 치유의 과정에 대해 연구한 것은 나에게 최고의 자산이 되었던 것 같다. 나는 주목받는 화가였고 대학에서는 인문학을 중점적으로 공부했다. 나는 세계 종교인 불교와 샤머니즘 그리고 Jung 심리학의 권위자인 Tomas Berry(1989, 1999) 그리고 Ewert Cousins(1971)와 함께 공부할 기회를 가졌다. 나는 불교와 선불교에 크게 매료되어 연구를 하였는데, 이는 현재 순간의 심미적 감상이 나 자신의 실존적 고뇌를 변화시키는 데 깊은 영향을 주었기 때문이다. 이것은 젊은 나이에 예술치료로 활동하기 시작하면서 인간의 경험과 치유에 관해 내가 알게 된 것이며 비록 그때는 이러한 것들을 별로 중요하게 인식하지 못했지만 지금 나는 표현예술치료의 모든 측면이 실제적으로 관련이 있다는 것을 알게 되었다.

내가 대학원에서 미술심리학 연구를 시작할 때 우연히 Rudolf Arnheim(1904~2007)의 가르침을 받게 되었다. 나는 그로부터 미술작업실에서 즉각적인 행동에 대한 감각과 지각을 알아차리고 그것들이 더 폭넓은 경험 속에서 어떤 효과들을 불러일으킬 수 있는지 자극을 받게 되었다. Arnheim은 고전이 된 그의 『미술과 시각적 지각(Art and Visual Perception)』(1954)을 저술한 후 일본에서 1959년 Fulbright 연수 동안 개인적인 전환기를 맞게 되었다. 그는 그의 이론적 배경인 게슈탈트 심리학과 명상 훈련 및 하이쿠 창작하기(haiku writing)를 통합했다(Arnheim, 1989). 나는 과거의 실험들이 어떤 점에서 도움이 될 수 있는지 그리고 어떨 때 도움이 되지 않는지를 배우게 되었다. 지나간 과거 사건에 많이 얽매여 있는 것은 바로 지금 우리 앞에 무엇이 놓여 있는지 자신의 능력을 올바르게 인식하지 못하게 하거나 현재의 가능성을 제한할 수 있다.

표현예술치료를 실습한 첫해, 나는 집단 심리치료와 Maxwell Jones(1968)에 의해 개발된 치료공동체모델(therapeutic community model, 1968), Carl Rogers의 지금-현재에 집중하는 방법에 끌렸다. 특히 집단지도자들이 지지와 안전감을 제공하여 참가자가 복잡하게 얽혀 있는 관계 속에서 자기 식의 길을 찾을 수 있도록 허락될 때 문제 해결 능력이 집단 과정 내에서 발생한다는 점을 인식하였다.

초기 작업-치료에서의 예술

1970년 치료에 예술을 활용하기 시작하면서, 나는 본능적으로 미술작업과 그 표현된 결과물을 반영할 수 있는 방법에 집중하였다. 그러자 나는 현재 순간에 일어나는 우리의 경험을 더 잘 알아차릴 수 있게 되었다. 이 접근법은 만성 정신과 성인 환자들의 요구에 대한 반응에서 드러났는데, 이들은 대체로 내성적이고 지각이 분열된 상태로 의욕이 없으며 대부분은 자신뿐 아니라 다른 사람들도 잘 보지 않았다. 나는 직원을 포함한 모든 참가자가 심미적인 인식을 가지고 그 순간 즉각적으로 일어나는 과정에 집중한다는 것이 얼마나 가치 있는 일인지를 관찰하였다.

내담자들이 미술도구의 매체적 특성을 생각해 보게 하고, 그것들을 (가까이에서) 자세히 보고 나서 지각한 것에 대해 설명하게 했다. 평소에 강조하던 것보다 미술작업이 '의미'하는 것에 대해 질문했다. 즉, "이 그림을 보면 무엇이 보이나요? 어떤 색과 형태에 눈길이 가나요? 거기에 처음 보거나 다른 방식으로 봤을 때 보이는 세밀한 것이나 색다른 특징이 있나요?"라고 물었다.

나는 더 깊이 있는 알아차림을 위한 행동에 다가가는 체계적인 접근법을 발견했다. 이 방법은 음악을 듣고 소리로 표현하거나, 춤과 동작, 드라마 그리고 시의 영역으로 확장되었다. 결국에는 이와 같은 주의집중이 그림을 그리거나, 색칠하거나 작품을 만드는 동안 손이 움직이는 기본적인 동작들에 집중하는 것과 같다는 것을 깨달았다. 우리는 또한 1970년대 중반부터 자신과 다른 사람들을 새롭게 지각하는 반영도구로 비디오를 사용했다(McNiff & Cook, 1975).

나는 이 방법들을 시도하면서 의식적 반영이 방해요소로 작용하기보다는 오히려 어떻게 짝이나 보조 참가자로서의 역할을 하게 되는지 보게 되었다. 감각적으로 알아차리는 이 방법은 시각적 감상능력을 향상시키고 심리학적으로 해석하려고 할 때 바로 앞에 있는 예술적 이미지에 의미를 부여할 수 있는 대안적인 방법을 제공한다. 심지어 예술작품을 끝내고 나서도 우리가 주의집중하는 것은 계속해서 움직이고 변화해 간다. 사물의 흐름과 변형에 대한 이 같은 방식은 전통적인 명상의 세계관과 가깝다.

미술치유 방법의 현재 관점

수년에 걸쳐 발전한 나의 작업 방법은 지각적인 관조 과정에 대한 끊임없는 검증을 통해 점점 더 간소화되었다. 그것은 모든 예술과 심상적 대화에 적용된다(McNiff, 1992). 게다가 나는 예술치료에 내포되어 있는 역동성과 그것이 창조적 에너지와 상상력의 순환을 증폭시킬 수 있는 능력에 대해 더 많이 인식하게 되었다. 창조적 에너지와 상상력은 차단된 에너지를 순환하게 하고 변화시키는 활동적인 치유의 힘으로서 아시아의 전통인 chi와 일치한다.

나는 chi에서 미술활동의 치유 효과를 이해할 수 있는 원형적 기초를 발견했다. 나는 미술작업이 어떻게 피할 수 없는 얽힘, 좌절과 투쟁에 맞서 자기만의 방식을 찾아내는 자동화된 지능에 관여하는지 계속해서 경험하였다. 그러면서 이 과정을 신뢰하게 되었고, 우리가 필요로 하는 곳으로 항상 데려다줄 방법임을 알게 되었다. 우리가 계속해서 사용하고 도전한다면 신뢰할 수 있다는 것을 보여 준다(McNiff, 1998).

내 경험으로 보면 미술치유는 어떤 식의 분석적인 과정(어떻게 문제가 몸과 마음 안에 형성되는지에 대한 기본적이고 역동적인 기제를 놓치게 하는 관점)을 통해 발생하는 '고정된 것'이 아니다. 우리가 예술적 행위에 몰두하며 어려움들을 우리의 삶 속 다른 곳에 두게 될 때 더 깊고, 더 복잡하고, 지속적인 어려움을 이해하고 수용하며 변화를 경험하게 된다. 이와 같은 방법으로 하는 훈련은 눈앞에 닥친 상황 속에서 움직임을 통해 이완되며 집중하고 개방적이 되도록 한다. 미술작업 상황에서 관조 과정에 보다 완전히 몰입함으로써 이러한 에너지 순환들이 향상된다.

치료사이자 지도자로서 나는 모든 환경을 지원하고, 안전함, 영감 그리고 집중을 통해 표현을 향상시키는 것에 관심을 갖는다. 창조적 과정 자체가 바로 치료이며 나의 역할은 그것을 고무하며 참가자들이 가능하면 온전히 참여하도록 돕는 것이다. 이러한 과정에 자신을 온전히 맡길 때 미술은 어려움을 창조적인 표현으로 변화시키면서 치유한다. 관조는 이 과정에서 필수적인 부분으로 이러한 마음챙김적 집중은 현 순간과 미술작품을 보완하는 결과를 가져온다.

창조적 공간과 관조의 역할

에너지를 순환시키고 예술적 에너지를 높이는 것은 창조적 공간구성이라 부르는 환경적 요소를 만드는 것에 집중하는 결과를 낳았고(McNiff, 2009), 이는 치유와 변화의 주요한 요인이 된다. 창조적 공간은 도전하고 위험을 감수할 수 있도록 서로를 지지하고 안전감을 주는 데 얼마나 집중하느냐에 따라 결정되며, 우리가 예술표현의 독특한 본질을 판단하는 것 없이 보는 방법에 따라서도 결정된다. 마음챙김의 원칙을 지킬 때 창조적 공간은 일시적이고 고정되어 있지 않다. 매번 만날 때마다 다시 구성되어야 하며 각 회기의 다양한 단계를 통합할 필요가 있다(McNiff, 출판 중). 계속해서 나가고 들어오는 호흡처럼…….

창조적 공간은 환경의 물리적 특성에 영향을 받지만(건물과 방의 긍정적이고 부정적인 부분과 질적 부분 모두—전등, 구조 설계, 심미적 분위기 등), 내 관점에서 보면 그것은 의식에 집중하는 데 매우 많은 영향을 준다. 미술치료사로 일하는 우리와 같은 사람들은 보통 물리적으로 제한된 환경에서 작업한다. 그래서 마음챙김을 통해 가능할 것 같지 않는 공간을 창조적 공간으로 바꾸는 능력은 미술치료 훈련에서 가장 핵심적인 요소다(McNiff, 2003). 보이지 않아도 느낄 수 있듯이 창조적 공간은 평범해도 누구에게나 영향을 미칠 수 있다. 창조적 공간은 안락하고 분위기 있으며 어떤 수준에 있는 사람이든, 우리 삶이 있는 곳은 어떤 곳이든 영향을 주게 된다. 이러한 점은 작은 행동이 모여 변화하는 것이라는 전통적 명상의 가르침과 나의 40년 이상의 미술치료 수행과 연구에서 얻은 경험과 일치한다. 나는 예술적 과정에서 일어나는 미세한 행동과 그것들을 관조하는 것이 어떻게 경험이나 변화를 일으키는 가장 신뢰할 만한 근거가 될 수 있는지 점점 더 깨닫게 되었다(McNiff, 2011, 2012). Thich Nhat Hanh의 『모든 발걸음마다 평화(Peace is Every Step)』(1992)처럼 창조적인 작은 행동도 한 개인 삶의 다른 측면으로 번져 나가며, 어떤 환경은 사회적 경험으로 더 넓게 확장될 수 있도록 자극할 수 있다. 마치 예술치료 환경이 세계적으로 확장되는 것을 증명하는 것처럼 말이다.

미술 과정과 마음챙김적 알아차림

10여 년간의 치료에서 예술을 적용한 경험을 통해 나는 수행의 기본으로 경험의 가장 기초적인 요소들을 강조해야 한다는 확신을 갖게 되었다. 이것은 단순함에 집중하는 것으로 인간의 복잡한 심리를 피하지 않고 그것을 미술로 다양하게 표현하는 데 집중하는 것이다. 무한한 응용이 가능한 미술은 매체를 다양하게 활용하고 개방적인 방법으로 작업할 때 더 향상되며, 이것은 매체를 사용하는 방법과 내용에 더 많은 노력을 기울이는 접근법과는 대조를 이룬다.

움직임과 표현

다양한 연령과 다양한 경험을 가진 사람들과 함께 훈련을 실시하는 모든 상황에서 모든 표현의 기본이 되는 움직임을 권장한다(McNiff, 2009). 이것은 호흡에 집중하는 좌선에 비유될 수 있다. 나는 스튜디오의 참가자들에게 다음과 같이 말한다. “당신이 움직일 수 있다면 그릴 수 있습니다. 마음속에 존재하고 있는 이전의 그림들에는 집중하지 마세요. 노련한 예술가처럼 표현한다는 것은 어렵고 불가능합니다. 단지 당신이 어떻게 붓을 움직이고 어떻게 그 그림이 당신을 움직이는지, 그리고 당신이 어떻게 그것들에 반응하는지 그 독특한 특징들에 집중해 보세요.” 다른 예술 형태들과 춤에서도 같은 원리를 적용한다.

미술 형식을 사용함에 있어 가장 기본적인 방식으로 움직이기 시작할 때 표현이 자연스럽게 흘러나온다. 또한 호흡은 자연스러운 멈춤과 움직임이 있는 운동, 특히 소리에 영향을 받는다.

반복

반복은 이완하기, 내려놓기, 다음에 무엇을 할 것인지를 생각하기보다 현재 무엇을 하고 있는가에 집중하는 것과 같은 방식으로 매 미술활동에 장려된다. 예를 들면, 그리기와 채색하기에서 나는 단순한 기호를 반복하게 하면서 모든 사람은 붓을 들고 의미 있는 뭔가를 만드는 기회를 가지기 위해 움직일 수 있다고 확신한다. “그냥 움직이기 시작하세요. 그리고 계속하세요. 작품을 만들고 창조하는 움직임을 믿으세요. 당신이 항상 했던 동작을 유지한다면 그 도움으로 방법을 찾을 수 있습니다. 통제에서 이완됨으로써 무엇이 일어나고 있는지를 더 주목해서 관찰할 수 있습니다. 가장 기본적인 움직임에 매료된다면 새로운 목표와 의미를 가지게 될 것입니다. 작품을 만드는 힘과 당신의 의식을 단순한 움직임으로 반복할 필요가 있습니다. 하기 싫거나 지루할 수 있지만, 이러한 감정들은 과정 속에서 일어나는 자연스러운 현상으로 반갑게 맞이하게 될 것입니다. 그것들을 내려놓기에 더 가까이 가도록 그리고 당신이 무엇을 하고 있는지에 더 몰두하도록 도움을 주는 짝이나 신호로 받아들이십시오.”

그림자 수용하기

신념의 이면에 있는 것, 불완전하며 정의를 내릴 수 없는 것으로 우리가 결코 드러내지 않으려고 하는 소위 마음의 그림자라고 부르는 것 또한 표면에서 혹은 표면 가까이에서 쉽게 알 수 있다. 가끔 미술작품이나 꿈에 나타나는 무서운 장면들은 악의 없이 우리 마음에 가까이 내재되어 있는 것임을 알 수 있다. 그러나 이 표현들은 주의를 끌거나 변화를 유도하기 위하여 불안이나 공포와 같은 반응을 불러일으킨다. 이와 같은 그림자 요소들은 짝이자 조력자로서, 우리는 이들을 이용해서 작업하는 방법을 배울 수 있다. 우리는 그것을 단순히 수용할 필요가 있으며, 그들의 표현에 보다 주의를 기울이고, 우리를 도와주는 역할에 더 마음을 써야 한다. 그렇게 되면, 예술은 더 깊어지고 의식적인 관조를 통해 전통적인 마음챙김 훈련이 더 확장될 것이다.

현재 순간

현재 순간이 아닌 다른 어딘가에서 그 의미의 깊이를 찾는 것은 그것의 발견을 방해할 뿐만 아니라 방어를 불러일으키고, 창조적인 행동에 다가갈 수 있도록 허락하기보다는 편견에 사로잡히게 한다. 그래서 나는 표면으로부터 그 깊이가 어떠한지 사람들이 이해할 수 있도록 도우려 한다. 그것은 우리 앞에서 인식되기를 기다린다. 무용치료사 Norma Canner는 장애물에 놓여 있는 사람들에게 따뜻한 미소를 지은 채 "어서, 서둘러요. 한번 노력해 보세요."라고 말하곤 했다.

관조자로서의 치료사

최근에 나는 치료에서의 예술(arts in therapy)을 규정짓는 특성이 개인이나 집단 치료에서 다른 사람에 의한 관조 과정을 더 많이 갖게 하는 치료사의 존재라는 것을 더욱 더 확신하게 되었다. 『미술 치유(Art Heals)』(2004)에서 내가 기술한 것처럼 명상적 미술작업과 치유는 혼자서도 수행할 수 있다. 그러나 치료는 조용한 명상적 관조를 통해 넓은 창조적 공간을 만들고 유지하는 것을 도와줄 다른 사람이 함께 존재해야 한다. 물론, 예술치료 과정에서 재치 있고 재미있는 이야기로 가득 채울 수 있고 대담한 직면을 시도할 수도 있지만 정말 독특한 요소는 안전한 공간을 유지하는 것이다. 그 장소에서는 제삼자가 지금-여기에서 마음의 복잡한 관계를 표현하고, 탐색하고, 이해할 수 있다. 치료사는 관조자의 역할을 감당해야 하고 개인과 집단에게 이러한 과정에 대한 모델이 되어야 한다.

훈련 중에 있는 치료사들은 심리적 기법을 습득하는 데 더 많이 애를 쓰기 때문에 기본적인 행동을 조용히 관찰하는 것을 어려워하는 경향이 있다. 사실상 모든 치료적 행위에서 기술되는 '개입'이라는 단어는 하나의 상황에 사람이나 물건을 의도적으로 끼워 넣는 것을 뜻한다. 그 용어는 원래 상담에서 사용되었으며, 삶을 위협하는 행동에 대처하기 위해, 때로는 당사자의 의지와 반대될 수도 있는 어떤 조취를 취할 필요가 있을 때 사용된다. 이 특별한 의미는 전문가들의 용어로 그것이 의미하는 바를 언급하지 않고 치료사들이 하는 모든 것에 무차별적으로 사용될 때 그 의미를 잃어버리거나 혼란스러울 수가 있다.

치료에서의 관계에 대한 나의 접근 방식은 가능한 한 더 세밀한 과정을 요구한다. 나는 활동하지 않는 것 혹은 '비지시적' 훈련이라 불리는 것을 온전히 사용하는 것도 지지하지 않는다. 물론 과정의 변화나 어떤 식으로든 중재가 필요하다면 상황에 개입을 할 것이다. 하지만 나의 전반적인 목표는 사람들이 창조적 과정으로 나아가도록 지지하고 돕는 것이다. D. W. Winnicott은 때때로 사람들이 자신을 어떤 틀에 끼워 맞추거나 하나의 해석을 제공함으로써 치료적 경험을 얼마나 무의미하게 만드는지를 기술하면서 사람들은 창조적인 과정을 통해 그들의 길을 자연스럽게 찾아갈 수 있다고 확신했다(1971, p. 51).

나는 훈련을 통해 정말 능동적으로 주의를 기울이는 것을 배우도록 권장한다. 이렇게 자신에게 전념하면, 그들은 다른 사람으로부터 관조되는 것과 관찰하는 것으로부터 오는 정서적 영향으로 놀라게 된다. 후자는 실존적 의식을 깊이 있게 알게 하며 전자는 자신과 과거에 장애가 된 그림자에 관여할 기회를 얻게 된다. 그 역동은 우리에게 치유할 필요가 있는 가장 핵심적 심리적 조건을 받아들이게 한다. 그래서 나는 예술과 치유가 함께 내가 하는 작업의 핵심적 요소로 관찰되거나 관찰하도록 하는 방법을 만들어 왔다. 심리치료와의 연관성 외에도 심미적이고 명상적인 경험도 핵심적인 요소임이 분명하다.

스튜디오와 훈련 적용

예술치료 경험의 모든 측면을 관조하기

나의 스튜디오에서 회기를 진행할 때, 나는 보다 창조적 공간과 이완을 촉진하기 위해 리드미컬한 음악을 연주하고 신체로 기본적인 동작을 표현할 수 있도록 한다. 미술 작업 후에 우리는 전체 활동에 대한 관조자로서 개인 짝이나 집단원과 함께 동작 표현, 심상대화, 시, 즉흥연주, 연기를 통해 작품에 반응한다.

나의 스튜디오 회기 내에서 관조란 좀 더 바라보거나 지켜보는 것 이상을 의미한다. 그것은 잘 통제되고 민감하며 그리고 더 가까이 집중해서 관찰하는 것으로 물리적인 공간 안에서 보이는 대상과 대상의 행동에 대해 공감하고 가장 우선적인 관심을 가짐으로 인해 알게 되는 정보들이다. 체현화된 현재는 느낌감각(felt sense)과 비교될 수 있다(Rappaport, 2009, pp. 28-29; Gendlin, 1981). 관조하기는 수동적이라기보다는 적극적인 활동이다. 심지어 관조자가 완전히 침묵하거나 움직임이 없다 해도 지지나 보호, 그리고 바로 그 환경에 어떤 중요한 느낌이 스며들어 있다는 의도적인 과정을 통해 상호작용적인 에너지가 전달된다.

실습에서 나는 좋은 관조하기를 위한 책임감이나 소망을 가지고 내 인생에서 특정 순간에 가장 중요한 어떤 일이 일어나고 있는지 알아보고자 노력한다. 만약 내가 다른 어떤 것에 대해 생각하거나 주의가 산만해지면 작품을 만드는 사람과 관조자 간의 공감은 깨진다. 관조자가 표현된 것과 나머지 사람 전체 존재와 조율하게 될 때(Kossak, 2009) 거기에는 몸과 마음을 연결하는 총제적인 감각이 있게 된다.

나의 스튜디오 집단에서 모든 사람들은 관조 과정에 대한 서로 다른 관점을 가지고 참여하게 된다. 우리는 사람들이 다양한 형식 안에서, 행위예술 안에서, 그리고 미술 작업이 이루어지는 과정 안에서 미술작품에 반응하는 것처럼 그들을 관조한다. 대부분의 기본적인 경험은 최근에 체계적인 방법으로 수행되고 있는 것으로, 명상 동작과 가장 유사한 것이다.

이미지에 반응하기

집단에서 나는 움직임을 통한 그림이나 다른 시각적 미술표현에 대한 그들의 반응을 묻곤 한다. "나는 당신이 말로 하는 것보다는 동작을 통해 그것들을 해석할 때 당신의 작품 또는 표현된 것들과의 관계가 훨씬 더 명료해지는 것 같습니다." 나는 사람들에게 약 2분 동안 동작을 해석하게 한다. 우리는 20~30초 동안 마지막 몸짓 혹은 편안하게 정지한 자세를 취한다. 그다음 10~20초간 휴식 상태를 유지한다. 작업을 시작할 때 예술가가 지목한 사람도 (위에 제시한) 같은 활동 순서로 그림을 동작으로 표현한다. 이러한 표현은 바로 예술가가 공유하고자 하는 것이며, 더 나아가 C. G. Jung이 말하고자 한 것처럼 경험을 이미지화하고 집단 경험을 지지하는 것이다.

참가자들은 신체로 동작하고 관조하는 것이 언어로는 도저히 불가능한 것들을 신속하고 깊이 있게 다룰 수 있는 방법에 대해 기술한다. 그들은 이러한 과정이 어떻게 기억 속에 생생하게 자리 잡고 보다 지속적인 영향을 끼치는 분명한 효과가 있는지 설명한다. 그들은 단순함의 중요성, 통제와 계획에 관여하는 부드러운 접근, 전체과정과 관련된 분명하고 신뢰할 수 있는 구조에 대한 가치와 지지, 그리고 그들이 무엇을 하고 어떤 위험을 감수하는지 입증하는 관조하기라는 방식을 강조한다.

멈추기

잠시 멈추는 것은 항상 큰 의미를 가진다. 이는 사람들에게 방금 무슨 일이 일어났는지 기억하고 반영하고 관련짓는 기회를 제공한다. 특히 현재 순간을 의식하게 한다. 나는 훈련의 모든 단계에서 이 멈추기를 사용한다. 그리고 사람들은 그것이 얼마나 중요한지 깜짝 놀라게 된다. '잠시 멈추기'라는 후렴부는 작업의 주제가 되었다.

이 단순한 행동은 대부분의 사람들에게 새로운 것이다. 모든 일상에서 우리는 모두 다음 일을 위해 바쁘게 움직이는데, 이렇게 잠시 멈추는 것은 분명히 다르게 존재하는 방식을 의미한다. 흥미롭게도, 잠시 멈추는 공간을 만들면 더 효율적으로 시간을 관리할 수 있게 된다. 모든 것이 느려지면 중요한 일들이 보이고 경험할 수 있게 된다.

관조의 도움

얼굴 표정과 신체 표현을 통해 관조하기와 관조의 도움을 경험하게 되지만, 아마 대부분은 훈련 과정이 끝난 후 조용한 공간에서 토론할 때 더 강화되고 고조된다. 우리는 의식적 관조를 위한 시간을 준다. 그 시간은 시작과 끝이 분명하게 구분된다. 왜냐하면 그것은 타인이 창조적 탐색을 할 수 있도록 공간을 만들어 주는 하나의 훈련과정이기 때문이다. 뿐만 아니라 잠시 멈추고 호흡에 집중하는 것은 다른 생각들, 두려움 그리고 현재 순간을 방해하는 것들을 내려놓을 수 있도록 돕는다.

행위 예술

1970년대 후반, 관조의 기능에 대한 나의 첫 공식적인 실험은 나의 스튜디오 집단에서 행위예술을 시작했을 때 수행되었다. 20세기 중반, 작가가 표현하는 시각예술의 전통을 바탕으로 예술적인 부분에 초점을 둔 몸과 신체 행위의 퍼포먼스를 적용시켰다(McNiff, 2009). 사람들은 8~12분간 퍼포먼스를 하고 집단의 나머지 사람들은 말없이 지켜보았다. 하나의 퍼포먼스가 완성되고 멈추면 관조한 사람들은 그 퍼포먼스에 대한 반응을 제공하였다. 참동작에서 알아차리는 지점을 자각하여야 하는 집단원들의 역할을 설명하기 위해 관조라는 용어를 사용했다(Pallaro, 1992). 퍼포먼스를 한 사람이나 관조한 사람들은 예외 없이 어떻게 시간에 대한 그들의 인식이 사라지는지에 대해 놀라워한다. 특히 그들이 하고 있는 행동에 완전히 몰입하는 전자의 사람들에게서는 더 그러하다.

나는 먼저 나의 시각적이고 지각적인 알아차림을 자세히 표현하는 방식을 유지하면서 그들이 그 행동이 일어나는 동안 무엇을 경험하고 느꼈는지를 표현해 보도록 한다. 언어적인 설명에 덧붙여, 관조자는 움직임, 목소리 또는 시적인 표현을 사용하여 예술적으로 반응할 수 있다. 관조자는 공연자들에게 질문할 수 없는데, 이는 관조하고 반응하는 과정에 몰입하는 것을 방해하기 때문이다. 5~7명의 사람에게 반응을 들은 후에, 공연자들은 자신의 경험에 대해 설명한다. 집단원 전체는 청중과 예술가로서 다음에 좀 더 도전적으로 할 수 있는 방법을 생각하면서 그 창조적인 과정에 마음챙김적 관조하기의 원칙을 설명할 수 있다.

내가 퍼포먼스로 실험을 했을 때, 공연을 지원하고, 일어나고 있는 의식의 깊이(ritual quality) 또는 존엄성을 느끼고, 집중하는 동안 창조적인 공간을 만들고 에너지를 쏟아 내는 점에서 관조의 기능이 얼마나 중요한지 분명해졌다. 관조의 역할에 대한 나의 찬사는 나의 초기 집단원 중의 한 명인 여성이 관조의 역할이 역동적이고, 규칙적이며, 공연자의 행위만큼이나 중요하다는 분명한 사실을 확고하게 표현했을 때 절정에 이르렀다.

미술작업 관조하기

퍼포먼스 참가자들은 '관조'가 혼자 할 수 없는 일을 할 수 있도록 하는 환경을 만든다고 거듭해서 말하고 있다. 심지어 단 한 사람과 작업할 때조차도 파트너십을 통해 얼마나 특별한 일이 일어나는지 말한다. 거기에는 현재 하고 있는 행동과 지켜보는 일 그리고 또 다른 사람을 위해 치료 공간을 유지시키는 것으로부터 나오는 상호 간의 에너지가 존재한다. 내 집단의 학생과 참가자들은 내가 하고 있는 작업에서 관조하기의 중요성을 알게 해 주었고 나는 그것을 좀 더 의식적으로 사용하기 시작했다.

최근까지 나는 치료사들을 위해서 나의 스튜디오와 훈련집단에서 관조하기라는 의식적인 과정을 확장시켜 왔다. 어떤 면에서 나는 시각예술치료 학생들이 퍼포먼스를 하거나 몸을 사용하는 네 있어 위험을 회피하지 않도록 하는 방법으로 이 과정을 사용하도록 힘썼다. 몇몇은 제약이 없는 공연예술의 자유로운 행위예술에 도전하는 것을 꺼렸기 때문에, 시각예술 요소가 부분적으로 들어간 간단한 몸짓(그리기, 칠하기, 조형, 떨어뜨리기, 찢기, 접기)을 요청했고 지속적으로 계속 반복하도록 했다. 그리고 나서 한 사람이 6~12분간 작품을 만드는 동안 한 사람은 그 과정을 관조하도록 했다.

항상 그렇듯이 가장 기본적인 것은 표현을 자유롭게 하는 것이다. 손으로 칠하고,

종이를 자르고 찢고, 만드는 것은 다른 사람들이 관조할 때 매혹적인 일이다. 그것은 드라마, 의식, 과학적 관찰, 명상과 기도의 조합 같은 느낌이 든다.

초반에 주저하던 학생들의 의심과 저항이 더 이상 증폭되지 않았다. 참여에 도전하면 할수록 '더 깊어진다'는 나의 신념을 확인했다. 나는 또한 기본적인 시각예술 행위를 관조하는 것이 지금 여기 현재 순간에 놓일 수 있는 몸짓들에 대해 더 많이 알게 된다는 것을 알아차리게 되었다. 나는 말없이 작품을 만드는 동안 다른 사람을 관조하고 관조되는 훈련이 얼마나 중요한지를 깨달았으며 다음 페이지에서 이야기하겠지만 미술치료의 본질적인 요소가 훈련 중에 이렇게 아주 경미한 것에도 주의를 기울이는 것임을 깨달았다. 나는 지각적 경험에 주의를 기울이는 과정에 대한 결과와 압도적인 긍정적인 반응에 깊은 인상을 받았고, 가장 최근에 미술과 치유에 대한 탐색이 내가 40년 이전에 표현예술치료사로서 했던 첫 번째 상황으로 돌아가고 있다는 것을 깨달았다.

실행의 문제 탐구하기

일단 마음챙김 관조하기가 예술치료 훈련에서 매우 큰 잠재력을 갖고 있다는 것을 분명히 알게 되었기에 우리는 그 원칙에 있어 복잡하거나 더 시도해 봐야 할 것을 탐구하기 시작했다. 비록 다른 사람을 관조하거나 관조되는 것에 있어서 편안하거나 불편한 것과 관계하여 절대적인 원칙은 없지만 대부분의 사람들은 후자(관조되는 것)의 경우에 더 불안해한다. 만약 이것이 만연해 있는 문제라면, 우리는 치료적 훈련이 함축하고 있는 의미와 훈련에 참여할 때 어떻게 문제로 드러나는지 더 깊이 있게 살펴볼 필요가 있다.

대부분 다른 사람을 지켜보는 것보다 관찰되는 것이 더 어렵다는 것을 알고는 있지만, 관조하기라는 생소한 현장에 처음 맞닥뜨리면 불편함을 느낀다. 가까운 거리에서 바라보는 것은 친밀한 행동이지만 다른 사람과 함께 조용히 있는 것은 생소한 경험으로 매우 어려울 수 있다. 우리는 이러한 새로운 역할에 더 편안하게 다가가는 가장 좋은 방법은 양자 모두를 다 경험해 보는 것이란 사실을 알았다. 관조되는 것을 학습하게 되면 더 효과적인 관조자가 될 수 있고 이와 반대로 해도 마찬가지이다.

집단에서 종종 지루함이 장애물로 나타난다. 이 지루함은 다른 사람 행동의 깊은 의미를 알 수 없는 것과 관계 있다는 것이 확실시되어 왔다. 그러나 이 지루함은 관찰하는 과정에서 더 완전하고 사심 없이 몰입할 수 있는 문이 될 수 있다. 더 깊이 있는 방식으로 보는 방법을 배우는 것, Jung이 말한 대로 보다 심미적인 감각을 가지고 심리학적으로 보기, 지루함의 책임을 관찰되는 예술가에게 돌리기보다 오히려 우리 자신 안에서 해결되어야 할 어떤 것으로 보는 것이다. 불안은 관조하기의 두 가지 측면 모두에서 나타난다. 한 학생은 다른 사람과 함께 있을 때 가장 기본적인 감정을 어떻게 알아차리도록 돕는지에 대해 설명했다. 그녀는 인내심과 보다 세심한 주의를 기울이는 것을 연습했고, 그러한 모든 것이 편안함을 가져다주었으며 자신의 감정이 그녀가 관찰되는 것에 중요한 영향을 미친다는 것을 깨달았다.

다양한 임상현장에 이러한 방법들이 어떻게 적용될 수 있을지에 대한 학생들의 궁금증과 질문에 특정한 맥락이나 상황에 따라 무한한 변용이 가능하다는 것을 확인해 주었다. 나는 학생들에게 그들이 현재 순간을 떠나기보다는 무엇을 하고 있는지로 돌아가 보도록 권했다. 이 점에 대해 나에게 이의를 제기했던 한 학생은 다음과 같이 반응하며 말했다. "나의 주의를 지금 여기로 되돌렸을 때 내 안에 뭔가가 나를 건드렸어요. 나는 이러한 본질적인 것과 연결이 끊어졌던 것 같아요."

나의 스튜디오 회기 중 하나에 참여한 한 예술가는 그녀의 그림을 가지고 "다음에 무엇을 할까요?"라는 질문에 상당히 곤혹스러워했다. 그녀가 무엇을 하기를 원하는지 그림에게 질문하는 방법이 있는지 물었다. 나는 그녀가 어떤 기술적인 측면에 대해 질문하고 있다는 것을 직감하면서 다음과 같이 말했다. "그림을 그리는 사람으로서 내 경험상, 내가 할 수 있는 모든 일은 더 잘했거나 못했거나를 결정하는 바로 그 특정 순간에 반응하는 겁니다. 만약 내가 실수한 것이 있다면 그것이 나를 돕도록 안내하는 것이라고 생각합니다."

나는 그녀가 자신의 그림과 대화하도록 도왔다. 왜냐하면 상징적 대화는 시각적 인식과 시적인 음성을 통해 마음챙김적 반영이라는 형태로 제공되기 때문이다(McNiff, 1992). 그림과의 대화를 시작하면서, 그것이 그녀에게 무엇을 해야 한다고 말해 줄 수 없다는 것을 확실히 알게 되었다. 그녀는 무엇이 필요하고 어떻게 진행해야 할지에 대한 자신의 심미적인 반응을 믿어야만 했다.

나는 그녀가 그 질문과 씨름하는 과정을 통해서 자신의 대답, 더욱 좋게는 반응을 받아들일 수 있다는 것을 보게 되었다. 그 예술가는 현재 그 순간이 아닌 다른 곳에서부터 나오는 정보나 유목화된 원리에 따라 결정하는 것과는 대조적으로 특정한 순간에 감각을 느끼고 반응하는 본능적인 행동을 만들어 낸다. 경험과 훈련은 우리의 결정을 확고하게 하지만, 그것은 현 상황을 평가할 때 항상 우선시된다.

관조되는 동안 작품을 만드는 사람들은 종종 자신없어하며, 불안해하고, 다른 사람의 견해에 신경 쓰고, 다른 사람을 즐겁게 하려고 애쓰고, 그리고 잠정적으로는 현재 순간에 완전히 몰입하지 못하게 하는 사고와 느낌, 몸 상태에 사로잡히는 경향이 있다. 대부분 이러한 경험을 하게 되며 이것은 사람들이 가진 그림자 부분이라 할 수 있다. 예술 과정이 관조하기와 연합이 되면, 그것은 우리가 좀 더 이러한 상태를 알고 그러한 것들과 보다 효과적으로 함께 살아가도록 돕는다. 마음챙김은 종종 우리가 속해 있기를 원치 않는 어둠과 장소에 한줄기 빛을 유지할 수 있게 하는 가장 효과적인 방법이다. 미술작업과 함께 짝이 된다는 것은 불안, 불완전하다는 느낌, 완벽주의, 다른 사람보다 능력이 없다는 것, 가혹한 비판이 간과되어서는 안 된다는 것을 확실히 보여준다.

관조하기의 장점

나의 스튜디오 집단에서, 참가자들은 짝이나 전체 집단과 작업을 하고 난 후에 관조하기의 효과에 대해 논의하는 시간을 가졌다. 그들은 기대하지 않았던 결과, 즉 가장 보편적인 행동이 얼마나 매력적이고 새롭게 다가왔는지에 대해 말했다. 그들은 "난 이런 것들을 당연히 받아들였습니다." "다른 사람의 행동에 관심을 두지 않았습니다." "난 그런 것이 의미없고 하찮다고 생각해서 무시했습니다. 하지만 그렇게 했을 때, 모든 것이 변했고 나에게 새로운 선물을 준 것 같았습니다."라고 말했다.

서로를 말없이 바라보는 게 분명 이상하다고 많이들 말한다. 이것은 아마도 다른 사람과 함께 있을 때 하는 일상적인 행동과는 너무 다르기 때문일 것이다. 이상하다는 느낌은 새로움에서 생겨나는 것이다. 타인을 관조함에 있어서, 우리는 자의식을 넘어 공감으로 나아가고 우리 스스로 그들에게 하는 일을 통해 타인의 예술적인 행위를 느낄 수 있는 훈련을 하게 된다. 공감이 타인과 그들의 행동에 대한 연민으로 발전됨으로써 우리가 행동하는 자신을 관조해 가는 과정에 고전적인 명상 훈련에 의해 권장되는 의식의 한 형태를 적용시키기 시작할 수 있다(Franklin, 1999).

자신에게는 냉정하나 타인에게는 공감적인 사람들에게 그들 자신의 행동을 관조해 보도록 권장한다. 그 예술가로서 자신의 행동과 몸짓, 표현매체, 물리적인 환경, 신체 감각들, 그때 마음속에 떠오르는 생각들은 조심스럽게 주의를 기울이고 지지해 주어야 하는 타인들의 것이 된다. 창조적 표현을 하고 반영하는 것을 타인의 것으로 초점을 이동시킴으로써 우리는 더 연민을 가지게 되고 호기심이 많으며, 조화롭고 수용적이며 이완되어 상상이 가능한, 개방적인 상태가 될 수 있다. 이완과 고도의 주의집중 상태는 당연히 표현의 질적 수준을 높이게 된다. 할 수 있는 한 완벽하게 마음을 집중해서 우리가 무엇을 하고 있는가에 더 관심을 가질수록 우리는 판단하는 것과 지금 상황 밖의 일에 매이는 것들에 관심을 덜 갖게 된다.

언급했듯이 우리는 자신의 미술이나 상징에 있어, 다양한 형태의 선입견에 사로잡혀 있다. 좀 더 총체적인 방식으로 개인적인 예술표현의 관조자가 되는 과정은—그렇지는 않겠지만 분리되거나 독립된 실체로서 그들을 우리와 관계 있는 것으로 보고 그들에게 공감을 하게 함으로써—가장 친숙한 것이 신비스럽고 새로운 것이라는 사실을 더 잘 알게 한다. 연민과 열린 마음을 가지고 타인을 관조하듯이 우리 자신에게도 똑같이 하도록 배우게 된다.

결론

여전히 나는 창조를 위한 신체적 과정 후 자신의 작업과 교류하는 전통적인 미술치유 방식을 고수하면서도 예술가의 표현을 지지하고 관조자에게 많은 치료적 이점을 제공할 수 있는 타인 관조하기에도 점점 더 관심을 가지게 되었다. 타인의 표현을 관조하는 행동은 신체적 · 정신적 그리고 영적으로 중요한 효과를 만들어 낼 뿐만 아니라, 미술작품을 만드는 사람이 이러한 자원들을 타인에게 제공함으로써 만족감을 경험할 수 있다. 이 점에서 예술치유라는 맥락은 의학과 서로 깊이 있게 주고받는 상호보완적인 효과가 있다.

타인 앞에서 신체 작업을 하는 것은 이러한 역동성을 위한 기본이 되며, 상호 간의 마음챙김에 초점을 둘 때 새롭고 다양한 어떤 것을 제공한다. 사람들 사이에서 일어나는 일들뿐만 아니라 예술가와 그들의 매체, 행동, 미술작품들 그리고 그들이 작업하는 공간과도 관계를 가진다. 미술치유의 맥락은 '세상 안에서'와 마찬가지로 '사람 안에서' 이루어지며, 창조하는 과정과 관조하는 과정 둘 다에 기여한다.

주

1 나의 동료 Pat Buoye Allen(2005)은 현재 순간에 관조하는 것을 그녀의 실습에 유사하게 적용한다.

참고문헌

Allen, P. B. (2005). *Art is a Spiritual Path*. Boston, MA: Shambhala Publications.

Arnheim, R. (1954). *Art and Visual Perception: A Psychology of the Creative Eye*. Berkeley and Los Angeles, CA: University of California Press.

Arnheim, R. (1989). *Parables of Sun and Light: Observations on Psychology, the Arts, and the Rest*. Berkeley and Los Angeles, CA: University of California Press.

Berry, T. (1989). *Buddhism*. New York: Columbia University Press.

Berry, T. (1999). *The Great Work: Our Way into the Future*. New York: Random House.

Cousins, E. (1971). *Process Theology: Basic Writings*. New York: Newman Press.

Franklin, M. (1999). "Becoming a student of oneself: Activating the witness in meditation and supervision." *American Journal of Art Therapy 38*, 1, 2-13.

Gendlin, E. T. (1981). *Focusing*. New York: Bantam.

Hanh, T. N. (1992). *Peace is Every Step: The Path of Mindfulness in Everyday Life*. New

York: Bantam.

Jones, M. (1968). *Beyond the Therapeutic Community: Social Learning and Social Psychiatry.* New Haven, CT: Yale University Press.

Kossak, M. (2009). "Therapeutic attunement: A transpersonal view of expressive arts therapy." *The Arts in Psychotherapy 36*, 1, 13-18.

McNiff, S. (1992). *Art as Medicine: Creating a Therapy of the Imagination.* Boston, MA: Shambhala Publications.

McNiff, S. (1998). *Trust the Process: An Artist's Guide to Letting Go.* Boston, MA: Shambhala Publications.

McNiff, S. (2004). *Art Heals: How Creativity Cures the Soul.* Boston, MA: Shambhala Publications.

McNiff, S. (2009). *Integrating the Arts in Therapy: History, Theory, and Practice.* Springfield, IL: Charles C. Thomas.

McNiff, S. (2011). "From the Studio to the World: How Expressive Arts Therapy can Help Further Social Change." In E. Levine & S. K. Levine (eds) *Art in Action: Expressive Arts and Social Change.* London: Jessica Kingsley Publishers.

McNiff, S. (2012). "Art and Change: A Process of Creative Contagion." In S. Schwartz, V. Marcow Speiser, M. Kossak, & P. Speiser (eds) *Arts and Social Change: The Lesley University Experience in Israel.* Netanya: The Arts Institute Project in Israel Press and the Academic College of Social Sciences and Arts Press.

McNiff, S. (in press). "Creative Space in Organizational Learning and Leadership: 21st century Shapeshifting." In P. Meusburger, A. Berthoin Antal, & E. Wunder (eds) *Organizational Learning, Knowledge and Space, Volume 6 of the series, Knowledge and Space.* Heidelberg and New York: Springer.

McNiff, S., & Cook, C. (1975). "Video art therapy." *Art Psychotherapy 2*, 1, 55-63.

Pallaro, P. (ed.) (1992). *Authentic movement: Essays by Mary Starks Whitehouse, Janet Adler and Joan Chodorow.* London: Jessica Kingsley Publishers.

Rappaport, L. (2009). *Focusing-Oriented Art Therapy: Accessing the Body's Wisdom and Creative Intelligence.* London: Jessica Kingsley Publishers.

Chapter 03

의도와 관조:

미술과 글쓰기에서 마음챙김을 위한 기법

-Pat B. Allen

이 장에서는 오픈 스튜디오 과정(Open Studio Process: OSP)을 소개할 것이다. 스튜디오 기반의 미술과 글쓰기 방법은 기본적인 마음챙김 도구로 의도(intention)와 관조하기(witnessing)를 사용한다. 이 작업 방식은 저자의 개인적인 미술실습으로부터 시작되었으며(Allen, 1995), 저자가 Dayna Block 및 Deborah Gadiel과 함께 1995년 일리노이주 시카고에서 창안한 지역공동체 스튜디오인 오픈 스튜디오 프로젝트에서 다른 사람들과 협업하여 재정의하고 더욱 발전시켰다. 처음에 OSP는 훈련이나 연구를 위한 장소로 제공되었으며, 그 이후에 비영리 사회적 스튜디오로 발전해 미술작품을 만들고 글 쓰는 모든 집단과 사람들에게 기회를 제공하였다. 현재 일리노이주 에반스톤에 있는 OSP는 프로그램을 진행하는 스튜디오이자 갤러리이다. 훈련 프로그램은 OSP 촉진자(facilitator)가 되고 싶은 사람을 위한 것이다(www.openstudioproject.org).

OSP의 형성배경

가톨릭계 여자 대학을 도망쳐 나온 학생인 나는 명상에 실패했다. 케임브리지의 선불교 센터, MA에서 최선을 다했지만 정좌명상에서 나의 압박감은 더 심해졌으며, 벽 앞에서 나는 나와 어린 시절의 상실로 인한 상처를 분리해 보려고 노력했다. 그러나 그때에 나는 이것에 대해 표현하지는 못했다. 법복을 입은 사람들이 평화롭고 침착한 모습으로 지나가는 것에 나에게는 완전히 생소하게 느껴졌다. 매우 바쁜 와중에도 궁지에 몰린 듯한 혼란함을 내 삶으로부터 멀리 떼어 놓는 작업을 했다. 내가 앉은 쿠션은 나의 불안한 마음을 지켜 주는 부실한 방어벽처럼 보였고 젠도(Zendo)의 고요하지만 엄격함은 안전한 공간처럼 느껴지지 않았다. 내가 가장 많은 시간을 보냈던 미술학교도 안전하지 못했다. 1970년대 초 각자 자신 있는 것만 하는 사람들에 의해 고전미술 교과과정이 폐지되었을 때만 해도 많은 가능성이 있었다. 규준이 되어 왔던 예술적 실험에서 자유로워질 때 나타나게 될지도 모르는 테러를 대비해서 안전한 컨테이너를 만들 수 있는 지침이 사라졌다.

결국 나는 Carl Jung의 분석심리학, 그중에서 특히 능동적 심상 기법을 발견하게 되었다(Jung & Chodorow, 1997). 나는 종종 Jung에게도 나타났던 이상한 심상으로 용기를 얻었고 심상을 통한 내면적 혼돈과 친구가 되고, 그것의 근원을 보고, 그것이 점차적으로 진정되면서 내가 살거나 도망치려고 하는 이야기를 이해하게 되었을 때 변화가 일어나는 것을 배우게 되었다. 고요함, 호흡하기, 몸의 감각 알아차리기에 초점을 맞추고 난 뒤 그 느낌감각(felt sense)을 초대하여(Gendlin, 1978), 종이 위에 이미지로 형태를 나타냄으로써 나는 나의 창조적인 충동과 의미와 자기이해를 통합해 갈 수 있었다. 수용에서 시작되는 미술작품 만들기와 신체에서 느껴지는 감각을 탐색하는 것은 본질적으로 마음챙김 훈련이 되며 그것은 또한 내가 전에는 느낄 수 없었던 안정감과 자발성을 인정하도록 했다. 계속해서 나타나는 이미지는 내가 알아 왔던 것에 대한 인식을 확신시켜 주고 내가 나의 가장 깊은 자아와 연결하는 감각을 회복해서 그것을 다른 사람과 공유하도록 했다.

20년 이상 예술가이자 미술치료사로서 훈련하고 가르치는 일을 수행한 후인 1995년에, 나는 옛 제자인 Dayna Block, Deborah Gadiel과 함께 훗날 OSP가 되는 새로운 작업방식에 대한 이야기를 나누기 시작했다. 우리는 연구자로서 예술에 전념할 수 있는 공간을 만들었고, 예술가로서 활발히 활동하면서 제공한 것들을 다른 사람들의 창조적 과정에 연결시킬 수 있는 방법에 대해 이해하기 시작했다. 실습경험과 연구를 통해 안전성과 도전, 자율과 규율 사이에 균형을 맞출 수 있는 작업방법을 만들었다. 이 방법은 OSP로 알려졌고, 전통에 깊이 뿌리내린 마음챙김과 함께하는 그림과 글쓰기 훈련으로 수백 명의 사람들을 가르침에 있어 성공적이었다.

이론체계

OSP의 본질

OSP는 마음챙김이 미술경험에 기여하도록 하는 두 가지 핵심 요소—의도와 관조—로 이루어진 영적 기법이다(Allen, 2005). OSP는 6주 프로그램의 개별 실습으로 많이 사용되며, 그리기, 채색하기 그리고 알루미늄 호일이나 마스킹 테이프를 이용한 간단한 조각 기술이 포함되어 있다(Seiden, 2011). 마지막 단계에서는 6주간 한 것을 모두 이미지와 글쓰기로 되돌아본다. 요가훈련이나 다른 마음챙김 유형들과 유사하게, 6회기로 진행되는 OSP는 수년 동안 매주 참여하는 참가자들에 의해 꾸준한 인기를 얻으며 진행되고 있다. OSP는 대학교 교육과정, 연구회에서도 제공된다.

이상적인 OSP는 재료를 볼 수 있고 참가자들이 쉽게 접근할 수 있는 스튜디오 작업실에서 제공된다. 그 공간에서는 음악을 사용해서 마음챙김을 수행하고, 고요하면서도 겸허한 분위기에서 조심스럽게 주의를 기울이도록 하고, 차임벨이나 그릇을 치는 소리 단서를 사용하여 한 과정이 끝나고 다른 과정으로 넘어간다는 비언어적 표시를 하여 참가자들에게 시간을 알려 주게 된다. 1시간 30분으로 이루어지는 각 과정은 두 부분으로 나뉜다. 과정에 들어가는 짧은 시간에 고요하고 개인적 주의를 집중시킨다.

그러고 난 다음에 미술작업을 하고, 쓰고 읽기를 통해 함께 공유한다. 이러한 구조화된 프로그램 형식은 참가자들이 바로 그 순간에 할 수 있는 한 깊이 있게 창조적인 과정에 들어가게 하는 안전감을 제공한다. 명상 공간이 많지만 구조가 단순할수록 서로 다른 욕구와 기능을 가진 개인들을 수용할 수 있고 동시에 경험의 공유와 깊이 있는 개인적인 경험을 제공하게 된다.

개인적 표시를 만들기 전에 의도(intension)는 예술가가 자신의 작업을 안내하기 위해 만들어진다. 촉진자는 고요함을 얻을 수 있도록 가장 먼저 현재에서 시작하도록 유도하고, 정신을 산만하게 하는 생각들을 잠재운다. 의도가 형태를 갖게 될 때까지 호흡, 명상 또는 자유롭게 글쓰기에 초점을 맞춘다. 의도는 간단히 일지에 기록되고, 언어로 명료하게 정의하며, 한 사람이 추구하는 예술경험의 경계선을 설정한다. 초보자들은 '나는 미술작업을 즐긴다.' 또는 '나를 이완해서 나 자신을 만난다.'와 같은 의도를 스스로 만드는 것이 좋다. 경험이 많은 수행자는 생활환경이나 개인적인 문제를 해결하는 방법을 물을 수 있다. 그 공간을 유지할 책임이 있는 촉진자는 개인적인 의도와 촉진자로서의 역할에 대한 의도를 만들 수 있다. 촉진자의 의도는 다음과 같다. '참석한 모든 사람에게 최적의 경험을 제공하기 위해 편안하고 온전한 장소를 유지한다.' 시간이 지날수록 의도는 이미지를 사용하는 예술가들의 관계를 발전시킨다. 의도는 이미지를 수용할 수 있도록 준비시키는 방법이며, 그 이미지는 우리가 우리 안에 있는 지식과 더 깊이 소통하는 매체이다. 일단 미술작업이 시작되면 의도는 잠시 옆으로 치워 두게 된다.

OSP의 전형적인 6주 회기에서, 첫 3주 동안에는 각 회기마다 하나의 매체가 도입된다. 그 후에 참가자들은 무엇을 사용할지 스스로 선택한다. 촉진자는 단 하나의 지시만 하는데, 자신이 원하는 대로 하도록 하는 것이다. 일반적으로 방 안에 고요한 에너지가 감돌면 말을 잘하지 않거나 확신 없는 사람들이 빨리 이완할 수 있도록 도와 그 경험을 즐길 수 있게 격려한다. 우리는 미리 결정된 결과를 따르기보다 오히려 이미지가 나타나도록 허용하면서 단순히 무엇이 오고 지나가는지 주목하기를 원한다. 만약 '장애물'이 생기면 즐거움과 휴식을 가지기를 권장한다. 참가자들은 이미 다른 사람들에 의해 만들어진 또는 영감을 위해 그 순간에 진행 중인 이미지가 있는 방을 둘러보도록 초대받는다. **참조하기**(referencing) 수행은 다른 자료들로부터 적절한 요소들을 인용하는 것으로, 모든 예술가들에게는 어떤 식으로든 허용되는 것이다. 촉진자는 역할모델과 공동참가자의 기능을 담당하고 그 창조적인 과정에 온전히 잘 참여하도록 음악 곡을 선택하며, 타이밍을 맞추어 회기가 자연스럽게 진행되도록 한다.

매체 작업에 참여하는 이 기간 후에, 혼자 작업을 하는 개인에 의해서든 또는 집단 회기에서 촉진자에 의해서든 정해진 시간 안에 이미지가 모습을 드러낸다. OSP의 다음 단계는 **관조**(witness)이다. 말로 판단하지 않고, 우리의 이미지를 연민으로 현재 상태에 머물도록 한다. 촉진자는 미술작업을 끝내야 할 시간이 거의 다 되었다고 알리고, 암묵적으로는 이미지가 '완성'되지 않았다는 것을 알고 있으면서도 각 참가자에게 멈추고 편안한 장소에 오도록 제안한다. 의도와 마찬가지로 관조도 이미지가 우리에게 말을 하고 그것의 메시지를 드러내는 장소를 만들기 위한 고요함을 필요로 한다. 관조의 각 과정은 우리가 창조 과정에서 재료들을 사용하고 몰입을 경험하면서 느꼈던 기쁨의 그 순간, 자기알아차림, 우리의 신체, 우리가 앉아 있는 의자, 미술작업을 통해 이전에 사라진 것처럼 보였던 각각의 특정한 이미지를 회상하면서 시작한다. 촉진자는 이렇게 말한다. "이 시간, 장소를 알아차리고 당신의 호흡으로 돌아가세요. 당신의 이미지와 관련된 경험이 무엇인지 보세요. 떠오르는 인식이나 그 어떤 감각들 그리고 이야기, 판단, 생각, 감정들에 주목하세요. 예를 들면, '나는 배가 고프다.' '여기는 너무 덥다.' '글쓰기를 하고 싶지 않다.' 등입니다."

다음으로 글쓰기를 한다. 일지에 떠오르는 어떤 것이든 써내려 간다. 여기에서는 장소나 재료에 대한 어떤 다른 지각이 있는지, 다른 반응이 있는지, 다른 스토리가 있는지에 따라 판단을 해도 좋다. 마지막으로 이미지와 관련된 의도나 고려할 사항들이 있는지 다시 읽어 본다. 때때로 이미지를 가지고 대화를 한다. 촉진자가 글쓰기 시간이 끝났다고 부드럽게 이야기한다. 강요하지는 않지만 집단 회기에서 의도와 관조 둘 다와 관련하여 소리 내서 읽어 보도록 요청된다.

OSP의 다른 중요한 요소는 **어떤 평가도 하지 않는 것**이다. 이것은 OSP에서 하나의 불가침한 규칙이다. 사람들은 자기가 쓴 것 모두를 읽거나 부분만 읽어도 된다. 그러나 다른 어떤 평가나 설명을 들을 필요는 없고 어떤 질문도 받지 않는다. 집단에서 어떤 말도 삼가고 듣기만 한다. 읽기를 원하는 사람이 읽게 되면 공식적인 하나의 회기가 끝나게 된다. 촉진자는 종을 울려 끝내고 모든 사람들은 마치 소리를 흡수하는 것처럼 의식 안으로 빨려들어 온 어떤 것을 듣거나 느끼는 시간을 갖는다. 이제 몇 분간 과정에 대한 일반적인 논의, 관찰, 질문들과 그 경험에 대한 설명을 할 수 있다. 참가자가 이미지에 대해 직접적으로 말하기 시작한다면 촉진자는 평가하지 않는다는 규칙을 부드럽지만 엄격하게 이야기한다. 다음 장에서는 청소년 집단에서 OSP를 사용한 예를 통해 OSP의 이러한 규칙과 중요한 측면들을 설명하겠다.

OSP와 마음챙김의 관련성

의도와 마음챙김

1980년대 이래로 스트레스 감소(Kabat-Zinn et al., 1992), 종양학(Massion et al., 1995; Saxe et al., 2001), 만성통증(Kabat-Zinn, Lipworth, & Bumey, 1985; Kabat-Zinn et al., 1986) 분야에서 마음챙김에 대한 많은 실증적인 연구들이 진행되었다. Jon Kabat-Zinn(1982; Kabat-Zinn et al., 1992)은 MBSR의 개발과 대체의학으로서 MBSR에 대한 후속 연구를 통하여 마음챙김 명상이 주류로 알려지는 데 기여했다. 이제 마음챙김은 영적인 접촉을 시도해 보지 못한 수많은 사람들에게조차도 적용되고 있다. 마음챙김의 구성요소를 정의함으로써 그것의 기제를 조사하려는 보다 최근의 연구는 효과를 증명하는 것에서 탈피하여 핵심적인 구성요소가 무엇인가를 정의하는 것에 초점을 맞추려고 한다. Shapiro 등(2006)은 OSP와 마찬가지로 구성요소가 되는 마음챙김의 몇 가지 특성들을 밝혔다. 그들은 마음챙김 명상의 세 가지 특징적인 기제(의도, 주의집중, 태도)를 밝혔다. 저자들은 의도가 서양의학 분야와 보다 균형을 맞추기 위한 훈련에서 나온 것으로 마음챙김 명상의 중요한 한 부분이라고 설명했다. 불교명상에는 항상 모든 살아 있는 것들에 대한 연민과 깨달음이라는 암묵적인 의도가 있다. 이러한 고차원적인 의도 없이도, 마음챙김적 호흡이 불안과 동요를 감소시킬 때 명상은 자기조절 기능을 제공할 수 있다. 그러나 이 훈련이 결코 변화와 초월을 위한 잠재력을 온전히 드러내게 할 수는 없을 것이다. Shapiro는 1992년 연구(Shapiro et al., 2006에서 인용)에서 "명상가들이 계속 수행을 하게 되면, 그들의 의도는 자기조절(self-regulation)에서부터 자기탐색(self-exploration)으로, 마침내는 자기해방(self-liberation)으로 이르는 연속선을 따라 움직인다." (p. 376)라고 했다.

이와 유사하게, 우리는 OSP를 경험하면서 의도란 우리의 의식에 따라 함께 발전하는 기능이라는 것을 알게 되었다. 의도는 우리가 무엇을 목표로 수행하는지, '왜' 훈련을 해야 하는지를 설명한다. 시간이 지남에 따라 우리는 우리 내면의 모순을 더 잘 알아차리게 된다. 만약 의도가 내재된 무의식적 신념과 갈등을 일으키고 있다면 분명히 드러날 수 없다. 따라서 명백해 보이지는 않지만 자각을 하기 위해 의도의 줄을 잡고 따라가야만 하고 자기제한적인 신념이 이동하고 변화하도록 허용해야만 한다. 이것은 OSP의 각 회기에서 '관조하기' 동안, 그리고 6주 회기의 각 회기 끝에 이루어지는 마지막 리뷰에서, 자신의 의도를 재검토하는 것을 통해 수행된다. 우리는 의도가 우리가 정말로 찾고 있는 것이 무엇인가를 배우는 것으로서 명료함과 판단력과 특히 마음챙김을 요하는 아주 정교하게 측정할 수 있는 도구라는 것을 알게 되었다. 각 개인은 자신의 심화된 의식에 대한 책임이 있다. 촉진자나 다른 참가자들은 서로의 관조에 따른 글쓰기에서 알아차리게 된 모순을 지적하지 않는다. 이것은 OSP 과정과 심리치료의 중요한 차이이다. 변화란 각 참가자의 수준에 적절한 속도와 깊이에 따라 항상 현재 존재하고 있는 현실에서 일어나고 있다는 믿음을 가지고 서로에 대한 우리의 역할은 다만 연민과 수용에 중점을 둔다. 만약 다른 사람에 대한 어떤 반응을 느낀다면, 그 정보를 자신의 훈련으로 초청해서 가능한 한 감사하게 자신의 문제를 바라보게 하는 거울로 받아들이면 된다.

관조와 마음챙김

마음챙김에서 **관조**는 자신의 미술과 마음의 내용에 주목하는 것을 말한다. 우리는 우리가 관조한 것을 설명할 필요성에 대해 신경을 쓰지 않는다 하더라도 다른 사람과의 관계나 그들의 창조적인 표현에 주목하게 된다.

관조적 글쓰기는 OSP의 구성요소로, 참가자들이 그들의 경험을 편집하거나 설명하는 것 없이 포괄적으로 간단하게 메모하고 기록하는 것이다. 우리가 쓴 것에 대해 다른 사람들을 이해시킬 필요는 없다. 종종 단어들이 매우 시적인 형태로 표현되기도 하는데, 말하자면 하위 인지수준에서 나타나는 일련의 개인적인 코드라고 할 수 있다. 관조적 글쓰기는 이미지로부터 나오는 경험과 미술작업에서 알게 되는 정보들, 그리고 그 경험들이 우리 삶의 흐름 속으로 재창조되고 통합되는 것들 간의 경계적 공간을 주의 깊게 관찰하게 하는 수단이다. 미술작업은 우리를 모든 가능성 있는 장소로 안내한다. 그렇지만 결국은 특정 이미지가 드러나게 된다. 그래서 우리는 알게 되고, 대화하게 되고, 우리에게 의미 있는 것을 분별하게 된다. 마음, 머리, 손 모든 것이 이러한 개입 활동을 위한 수단으로써 관조적 글쓰기로 수렴된다.

관조 의식은 개인적인 에너지보다 더 큰 어떤 것으로 OSP 과정에서 집단이 함께 작업할 때 나타난다. 서로 관계하면서 앉아 있다는 것은 판단 없는 태도로 말없이 집중하는 것인데, 이것은 말하는 사람이 방해 없이 자아의 깊은 곳에서부터 나오는 자신의 말을 들을 수 있는 공간을 만든다. 우리 각자는 진실의 한 단면만을 알 뿐이며, 더 큰 깨달음이 필요하다는 것을 알게 된다. 관조하기는 진실들이 안전하게 표현되도록 하며 획일성을 강요하지 않는 공동 공간을 만들어 내는 데 필수요소이다. 우리를 치유하는 것으로 그들을 받아들이면서 다른 사람에 대한 우리 자신의 내적 반응에 주목하고, 말없이 경청하는 훈련은 우리의 마음챙김을 더 깊게 한다(McNiff, 1992). 우리가 듣는 것을 관조할 때 '연민을 가진 무관심(compassionate disinterest)'을 훈련함으로써 실제로 우리는 바로 그 순간에 초월적인 수용을 밖으로 드러낸다. 우리는 숨을 들이마시고 내쉬기를 하면서 차분히 신체, 마음, 정신을 알아차린다. 바로 그때 전통적인 명상 훈련가들은 계속해서 그들의 훈련으로 다시 돌아갈 수 있다. 우리는 욕구나 기대 없이 우리 자신과 다른 사람들, 공간과 이미지에 집중한다. Shapiro 등(2006)은 다음과 같이 말한다.

> 마음챙김 수행에서, 주의집중은 자신의 내면과 외부에서 순간순간 경험하는 것들을 관찰하는 것이다. Husserl이 '사물 자체로 돌아가기' 위해서 제안한 것이다. 즉, 경험을 해석하는 모든 것들을 중지하고 지금 여기에서 나타나는 경험 그 자체에 집중하는 것이다. 이 방법으로 우리는 매 순간 의식의 내용에 집중하는 것을 배우게 된다. 주의집중은 심리학 분야에서 매우 중요한 치유과정이다(p. 376).

참가자들이 쓰는 노트는 계속해서 되돌아볼 수 있는 지혜 여행의 개인 기록이 된다. 다음에서 소개할 청소년들처럼 몇몇 참가자들이 노트 표지를 콜라주하는 것은 OSP 6주 과정의 첫 번째 과제로서 그리기를 대신할 수 있다. 그것은 과정을 소개하고 전체 과정을 위한 의도를 설정하기 위한 방법으로 이용된다. 잡지의 이미지를 선택하는 것은 미술작업 여행을 시작하는 쉬운 방법일 수 있고, '특별한 어떤 것을 만드는' 방법일 수도 있다(Dissanayake, 1992). 그리고 특별한 경험을 위해 학교와 관련된 일반적인 표현과는 다른 것들로 세팅하고 학업을 위한 노트보다 더 많은 것을 담을 수 있도록 준비한다.

임상 적용

청소년과의 OSP 과정

Gunaratana(2011)는 다음과 같이 제안했다.

> 우리에게 우리의 단점을 보여 주는 그 사람을 우리가 알아차리지 못하는 숨겨진 보물을 찾아 주는 사람이라고 여겨야만 한다. 왜냐하면 우리의 단점이 존재하는 것을 알게 됨으로써 우리는 자신을 보다 더 발전시킬 수 있기 때문이다(p. 42).

주로 지역 치료실에서 수년을 작업한 참가자들은 미술작업에 관심이 있는 창의적인 대학생들뿐만 아니라 자신을 알기 위해 기쁜 마음으로 자발적인 선택을 한 성인들이다. 나는 지방 공립학교에서 제적당한 청소년을 위한 프로그램을 개발해 달라는 요청을 받았다. 그 프로그램에 참여하게 되면 학생들은 학교를 졸업하기 위해 필요한 필수과목 이수시간으로 인정받게 된다. 이런 상황에서 OSP를 어떻게 이 집단에 맞게 만들어야 할까? 학생들이 OSP 작업에 기꺼이 참여할 수 있을까? 학생들이 마음챙김을 잘 관리할 수 있을까? OSP의 효과를 위한 중요한 점은 참여를 강요받지 않는 것이고, 의도는 진실되어야 한다.

나는 학생들에게 이 수업은 이제까지 해 오던 것과는 다르다고 설명했다. 그들은 자신이 원하는 대로 마음껏 자유롭게 이미지를 창조할 수 있고 자신들이 배우고 싶은 것만 배우면 된다. 단, 그 순간 그들에게 진심으로 여겨지는 의도만을 써야 한다고 주의를 준다. 즉, 나 자신이나 머릿속에 떠오르는 어떤 권위자를 위해 쓰지 않아야 한다는 것이다. 그리고 그들은 하나의 의도를 써야 하며 그 후에 관조하기를 한다. 하지만 그것을 소리 내어 읽을 필요는 없다. 만약 그들이 원하지 않는다면, 나 또한 읽을 수 없다. 자신의 이미지나 다른 사람이 만든 이미지에 대해 의견을 말하는 것도 삼가야 한다. 나 또한 학생들과 함께 참여한다. 스튜디오는 학교에서 대안학교 프로그램을 위해 빌려주었던 장소보다 훨씬 더 흥미로운 공간이 되어 학생들은 자신들의 놀이를 마음껏 수행할 수 있었다.

예상대로 학생들의 초기 의도는 "나는 이것을 통과해서, 여기를 떠나 상급학교로 진학할 거야." 또는 "나는 학점을 따기 위해 무엇이든 할 거야."와 같은 말로 표현되었다. 학생들이 그린 이미지에는 랩, 난잡하게 그려진 성 기관과 갱 기호, 단어들이 포함되어 있었다. 학생들이 앞에서 제시한 간단한 규칙을 따랐기 때문에 나는 그들이 무엇을 나타내든 연민 어린 무관심을 유지하는 데 아무런 문제가 없었다.

우리는 단순히 과정을 따라갔다. 먼저 나의 의도와 관조적 글쓰기를 크게 읽었고, 스튜디오 학생들이 만든 단어나 이미지에 대해서는 어떤 언급도 하지 않았다. 몇몇 학생들은 그들이 관조한 것을 읽었지만 몇몇은 그렇게 하지 않았다. 모든 작품은 관조 노트와 함께 개인 파일에 보관되었다. 학생들은 내가 정말로 위에 언급된 규칙을 따르고 있으며 무엇이 만들어지든 충격을 받거나 불만을 나타내지 않는다는 것을 분명히 알게 되었다. 나는 단지 동료 미술가로서 관심을 가졌다. 학생들이 표현하려는 것을 성취시키도록 필요한 도구와 재료를 제공하지만 내용을 제안하거나 방해하지는 않았다. 흥미로운 것은 관조적 글쓰기에서 정확한 철자를 쓰도록 요구하지는 않았지만 학생들은 올바른 단어, 정확한 철자를 찾기 위해 사전을 잘 활용하였다는 점이다.

과정 중에, 편안한 분위기를 더하는 방법으로 스튜디오에서 CD 음악이 연주되었다. 내 스튜디오에서 진행되었기 때문에 내가 음악을 선택하였다. OSP를 위해 내가 선택한 음악은 타악기의 음률로 이루어진 가사 없는 세계 명작 음악을 약간 변형한 것으로,

그것은 생각하는 마음을 중단하게 하고 이완감을 더해 준다. 학생들이 편안함을 느끼게 되자, 내가 선택한 음악이 시대에 뒤떨어진 구식 같다고 불평하기 시작했다. 전통적으로 참가자들은 경험의 어떤 요소들—그것이 긍정적이든 부정적이든—을 그들의 관조적 글쓰기에 사용하도록 요청받는다. 이와 같은 관조적 글쓰기 훈련 방법은 불안정한 상황에서 자신의 마음에 나타나는 경험을 인지하기 위한 것이고 안심이나 즉각적인 관심, 요청하거나 받는 것 없이 단순히 의식할 때 무엇이 일어나는지 알아차리기 위한 것이다. 나는 종종 좌절감이나 불쾌한 경험들—예를 들면, 음악이 들리지 않게 위협하는 에어컨에서 나는 시끄러운 소리—을 관조적 글쓰기에 포함시킴으로써 이 행동을 표현했다.

하지만 10대들에게는 더 많은 기회를 주어야 한다고 느꼈다. 나는 매주 그들에게 미

그림 3-1 화(종이 위에 템페라 물감, 21″×26″)

술작업 시간에 들을 수 있는 음악을 가져오도록 하면서 자발적으로 음악을 선택할 수 있도록 우선권을 주었다. 다음 주에 Kevin은 몇 개의 CD를 가져왔고, 음악을 담당했다. 처음에는 여자를 싫어하는 이미지와 가사가 가득 찬 랩 음악을 틀었다. 가사에는 비열하고 모욕적이며 불안하게 만드는 내용들이 담겨 있었다. 나는 큰 수채화 용지를 벽에 붙인 후 그 앞에 서서 빨간색과 검은색 페인트를 골라 붓 자국을 내기 시작했다([그림 3-1] 참조).

그리고 내 생각에 주목했다. '무엇을 생각하고 있는 거야? 여기는 내 스튜디오이고 나의 성소야. 어떻게 감히 Kevin은 내 공간에 이런 끔찍한 물건을 가져오지? 나는 이것을 들을 필요가 없어. 당장 그것을 꺼 버려야겠어.' 나는 화가 났고, 배신감과 멍청하다는 느낌을 받았다. 그럼 베토벤을 듣고 올 것이라 기대했나?

내가 얼마나 빨리 내가 가진 영향력을 행사하게 했는지, 얼마나 쉽게 스튜디오에서 '평등한 예술가'로서의 나의 신념을 깨뜨렸는지 내 마음을 들여다보면서 그림을 계속 그렸다. 학생들도 그림을 그렸다. 나는 내 느낌대로 그림을 그렸다. 분노를 통제하면서 날카로운 형태로 빨간색과 검은색을 함께 덧칠했다. 음악이 끝나자 Kevin은 CD를 바꿨다. '엄마에게'라는 Tupac Shakur의 축가였다. '마약중독자와 흑인여왕(crack friend and a Black queen)'을 그의 현실과 어머니로 표현한 곡이다. 이 아름다운 음악은 예술가로서의 삶에 대한 복잡함과 희망 없음—자신의 현실과 그의 어머니의 현실을 마치 날카로운 악마와 밤의 여왕으로 수용하는 것 같은—을 표현한 것이다. 첫 번째 절이 끝나자 감동으로 눈물이 났고 벽에 걸린 그림들과 나의 감정이 눈앞에서 완전히 보이지 않을 정도로 안도감을 느꼈다.

우리는 계속해서 그렸다. 나는 OSP에서 요구하는 것처럼 판단하려는 생각이 떠올랐다가 서서히 사라지는 경험을 하였고, 나의 충동성을 담을 수 있는 물감과 종이를 가지고 내 느낌을 어떤 형태로 만들 수 있는 것에 감사함을 느꼈다. 음악이 끝나고 우리는 앉아서 관조적 글쓰기를 했다. 나는 나의 경험을 언제든지 단어로 쏟아 놓을 준비가 되어 있었고 이 부분에서 주저하지 않았다. 내가 얼마나 화가 났는지, 그 첫 번째 음악을 들으면서 내 스튜디오에 청소년들을 오게 하려는 내 의지를 영원히 포기해야 할지 말지에 대해 얼마나 불확실해했는지, 왜 이런 모욕적인 음악을 참아야만 했는지에 대해 글로 적었다. 내가 개인적으로 모든 여자를 대신해서 모욕당한 느낌에 대해서도 썼다. 이 남자아이들은 어머니나 여자 형제가 없는가? 그리고 나는 Tupac의 서정시에서 내가 얼마나 감동을 받았는지도 적었다. 상반되는 느낌을 함께 보유하는 그의 능력, 그의 정직한 분노, 상실, 좌절 그리고 그의 이해심과 마침내는 진정한 사랑으로 도달하는 과정, 그리고 극단적인 면을 유지시키는 능력이 어떻게 예술을 사랑하는 것으로 옮겨 가는지에 대해, 청소년들이 이런 것들을 배우기 바라는 나의 희망에 대해서도 기술했다. 나는 Kevin에 대한 고마움과 그가 위험을 무릅쓰고 이 음악을 가져온 것에 대한 감탄과 존경에 대해서도 썼다. 그러고 난 다음 나는 나의 글을 소년들에게 큰 소리로 읽어 주었으며, 읽기를 끝냈을 때 침묵 속에 크고 놀란 눈들만 있었다. 또 다른 학생인 Peter는 다음과 같이 말했다. "정말 Tupac을 느꼈군요."

나는 머리가 희끗한 중년의 미술치료사와 10대 소년 집단이 그 공간에서 모든 것이 상반되는 서로 다른 현실을 공유할 수 있다는 것을 상상할 수 없었다. 그림은 나의 감정적인 고통에 몰입하고 그것을 보유하게 함으로써 나를 지금 현재 마음챙김에 머무르게 할 수 있었다. 그림은 첫 번째 음악을 듣고 느낀 불편한 감정을 견딜 수 있도록 충분한 즐거움을 주었다. 그때 나는 내 불편함을 끝내도록 내 힘을 사용하는 데 의지하지 않았다. 색채의 움직임 그리고 그림을 그리는 과정은 나의 정직한 그대로의 감정을 표현하도록 했고, 그림을 그리는 동안 말없이 마음챙김적으로 나의 판단과 생각 그리고 반응을 관찰하게 했다. 창조적인 작업의 힘에 대한 나의 깊은 신념이 확인되는 순간이었다.

물론, 나는 이러한 만남이 각각의 소년들의 현실세계에 어떤 영향을 미쳤는지는 알지 못한다. 그러나 그다음 주에 이 스튜디오에서 만들어진 미술작품은 아주 열심히 참여한 것으로, 도전한 것만큼 그 소년들의 현실을 정직하게 표현한 완성품이 되었다. 학기말 작업에서 관조적 글쓰기 단계와 함께 각각의 예술작품을 볼 수 있다. 부모, 교사, 촉진자들이 참여했고 이 학생들에 대한 그들의 부정적인 인식이 도전을 받았다. 내 그림은 그들의 것과 함께 전시되었으며 우리 관계의 복잡성을 함께 관조했다. 관조되는 동안 이 소년들과 똑같이 예술가나 인간으로서 나의 진실을 나타내고자 하는 나의 의도는 온전히 이루어졌다. 의도와 관조는 우리의 공유된 현실에서 보이는 복잡성에 묶이지 않고 보다 자율적이며 해방감을 만들어 준다. 그것은 또한 우리 사회의 행동적 규범에 맞지 않았던 청소년들이 들려준 빈약하고 초라한 이야기를 보다 확장하고 깊이 있게 해 준다.

결론

소년들과 함께한 작업에서 나는 내가 차이를 견뎌낼 수 있으며 연민에 대한 내 능력에 도전할 수 있고 나를 지지하는 창조적인 과정에 온전히 의존할 수 있음을 보았다. 그리고 Thich Naht Hanh(2004)이 전하는 진리를 깊이 경험했다.

> 당신이 화가 나고 고통받을 때, 뒤돌아 가서 당신이 지각한 본질의 아주 깊은 내면을 보라. 당신이 잘못된 지각을 제거하고 평화와 행복을 다시 복원할 수 있다면 다른 사람을 다시 사랑할 수 있을 것이다(p. 145).

이 방법은 모든 사람에게 적용될 수 있다. 그것은 치료의 부가적인 방법 혹은 사후 개입으로서 내담자에게 가르칠 수 있다. 치료사에게 자기돌봄(self-care), 자기감독(self-supervision)의 형태로 사용될 수도 있다. 그리고 어떤 누구에게나 어떤 문제에 대해서도 마음챙김적 예술 훈련의 형태로 제공될 수 있다.

OSP의 이러한 주장(Allen, 2001, 2005)은 만약 우리가 내면과 외면, 의식과 무의식 그리고 자기, 타인, 세계를 연결 짓는 이미지들을 미술작업을 통해 자연스럽게 나타낼 수 있다는 사실을 기억하지 않으면 과도하게 들릴 수도 있다. 의도와 관조라는 부가적인 도구를 사용할 때, 이미지는 과정을 안내할 마음챙김적 능력을 확장시키고, 치료사의 잠재적인 실수조차도 관리할 수 있도록 한다. 미술과 글쓰기를 사용하는 행동 지향적인 접근법과 자신과 다른 사람을 보다 면밀히 관찰하는 것을 결합함으로써 다양하게 적용 가능한 독특한 마음챙김 훈련을 만들어 낼 수 있다.

장기간 OSP를 경험한 명상가들은 훈련의 한 부분으로 의도와 관조가 눈에 보이도록 만드는 미술과 글쓰기라는 행위를 함으로써 마음챙김을 보다 심오한 방법으로 이해하게 된다고 보고하였다. 많은 서양인들에게는 우리 문화적 삶의 조건에 호환할 수 있는 행동 지향적 접근의 마음챙김 수행이 필요하다. 미술과 글쓰기 접근은 수행과 이미지를 통한 자각의 통합을 제공함으로써 머리와 마음, 몸, 영혼, 정신의 균형에 도움을 주고, 또한 시간이 지날수록 마음챙김적으로 성장해 갈 수 있는 능력을 가질 수 있도록 우리를 이끌 것이다.

참고문헌

Allen, P. (1995). *Art is a Way of Knowing*. Boston, MA: Shambhala Publications.

Allen, P. (2001). "Art Making as a Spiritual Path: The Open Studio Process as a Way to Practice Art Therapy." In J. Rubin (ed.) *Approaches to Art Therapy: Theory and Technique* (2nd edition). Philadelphia, PA: Brunner-Routledge.

Allen, P. (2005). *Art is a Spiritual Path*. Boston, MA: Shambhala Publications.

Dissanayake, E. (1992). *Homo Aestheticus*. New York: Free Press.

Gendlin, E. (1978). *Focusing*. New York: Bantam Publications.

Gunaratana, Bhante (2011). *Mindfulness in Plain English*. *Somerville*, MA: Wisdom Publications.

Hanh, T. N. (2004). *Taming the Tiger Within*. New York: Penguin Publishing.

Jung, C. G., & Chodorow, J. (eds) (1997). *Jung on Active Imagination*. Princeton, NJ: Princeton University Press.

Kabat-Zinn, J. (1982). "An outpatient program in Behavioral Medicine for chronic pain patients on the practice of mindfulness meditation: Theoretical considerations and preliminary results." *General Hospital Psychiatry 4*, 1, 33-47.

Kabat-Zinn, J. Lipworth, L., & Burney, R. (1985). "The clinical use of mindfulness meditation for the self-regulation of chronic pain." *Journal of Behavioral Medicine 8*, 2, 163-190.

Kabat-Zinn, J. Lipworth, L., Burney, R., & Sellers, W. (1986). "Four year follow-up of a meditation-based program for the self-regulation of chronic pain: Treatment outcomes and compliance." *Clinical Journal of Pain 2*, 159-173.

Kabat-Zinn, J., Massion, A. O., Kristeller, J., Peterson, L. G., et al. (1992). "Effectiveness of a meditation-based stress reduction program in the treatment of anxiety disorders." *American Journal of Psychiatry 149*, 7, 936-943.

Massion, A. O., Teas, J., Hebert, J. R., Wertheimer, M. D., & Kabat-Zinn, J. (1995). "Meditation, melatonin, and breast/prostrate cancer: Hypothesis and preliminary data." *Medical Hypotheses 44*, 39-46.

McNiff, S. (1992). *Art as Medicine*. Boston, MA: Shambhala Publications.

Saxe, G., Hebert, J., Carmody, J., Kabat-Zinn, J., et al. (2001). "Can diet, in conjunction with stress reduction, affect the rate of increase in prostate-specific antigen after biochemical recurrence of prostate cancer?" *Journal of Urology 166*, 6, 2202-7.

Seiden, D. (2001). *Mind over Matter: The Uses of Materials in Art, Education, and Therapy*. Chicago, IL: Magnolia Publications.

Shapiro, S., Carlson, L., Astin, J., & Freedman, B. (2006). "Mechanisms of mindfulness." *Journal of Clinical Psychology 62*, 3, 272-286.

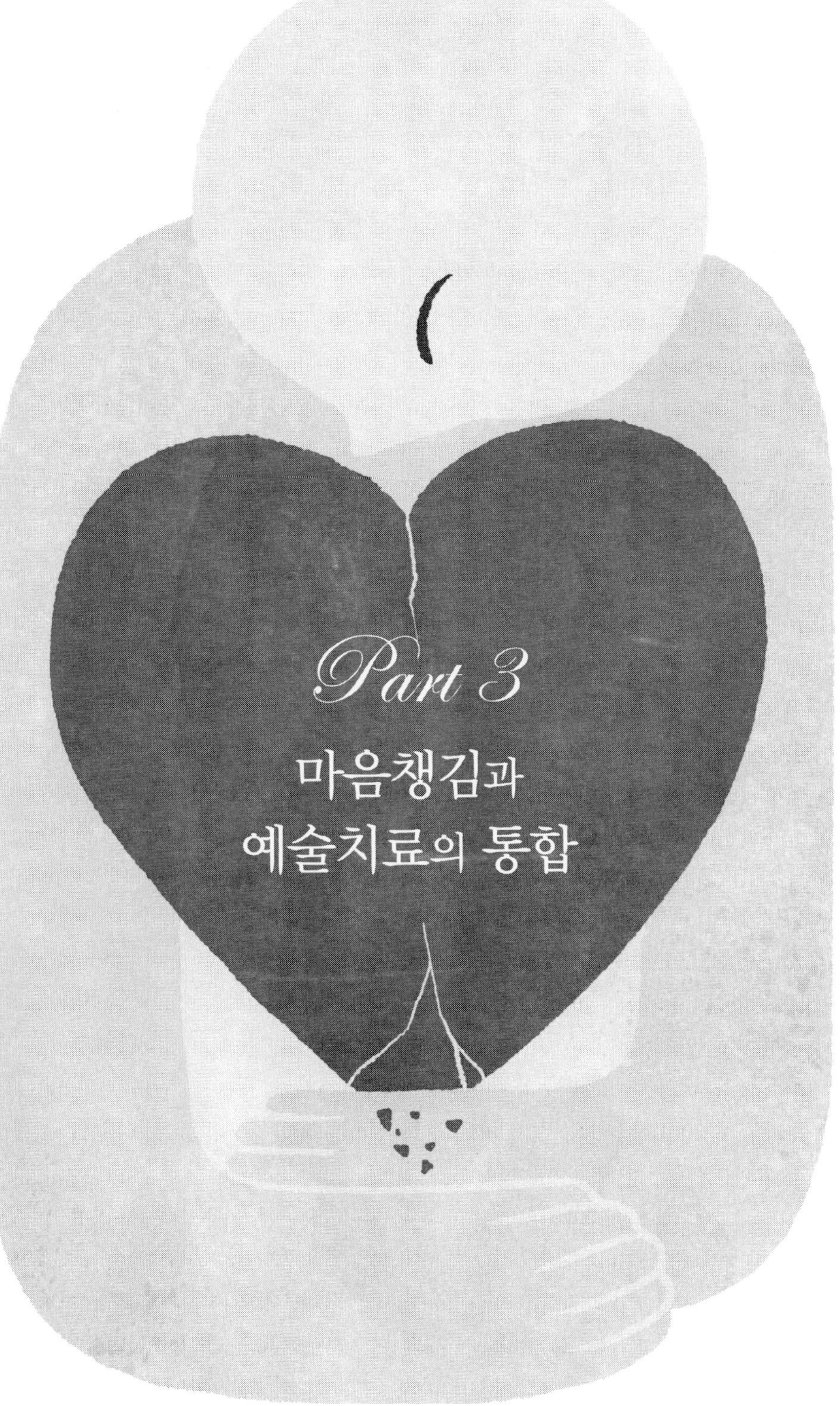

Part 3

마음챙김과 예술치료의 통합

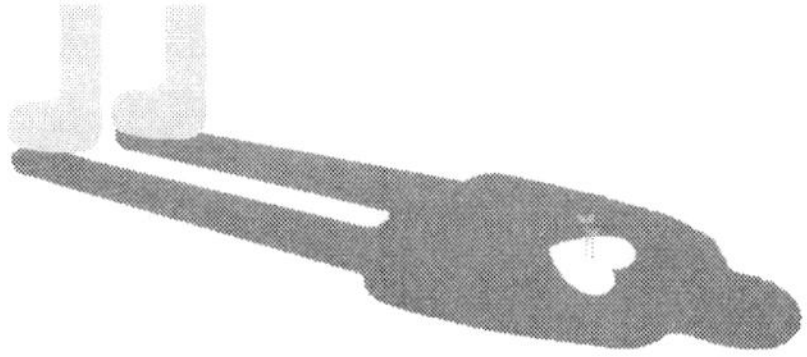

Chapter 04

마음챙김 기반 미술치료:

암 치료를 위한 응용 프로그램

–Caroline Peterson

마음챙김 기반 미술치료(Mindfulness-Based Art Therapy: MBAT)는 마음챙김 기반 스트레스 감소(MBSR) 프로그램에 미술치료 활동을 통합한 것이다. MBSR은 매사추세츠 대학 의학센터(University of Massachusetts Medical Center) 내 마음챙김 센터(Center for Mindfulness: CFM) 스트레스 감소 클리닉의 Kabat-Zinn에 의해 개발되었다. 이 장에서는 MBAT 개발에 대한 간략한 개요와 이론적 배경, 특정 MBAT 활동 및 최근 MBAT 프로그램을 소개한다. 나는 펜실베이니아 병원(Pennsylvania Hospital/Penn Medicine) 조앤 카넬 암센터(Joan Karnell Cancer Center)에서 「걷기명상, 내면과 외부 성찰(Walkabout: Looking In, Looking Out)」이라는 논문을 토대로 걷기명상을 개발하였다. 걷기명상에서 일상 속 마음챙김을 수련하기 위해 외부 환경, 사진 및 콜라주를 활용하였다.

마음챙김 기반 미술치료(MBAT) 개발

나는 1990년대 중반에 공식화된 명상 훈련을 받으면서 Kabat-Zinn(1994, 2009)의 활동을 알게 되었고 CFM에서 지원하는 MBSR 프로그램에 참여해 전문강사 훈련을 받게 되었다. 1998년 하네만 MCP 대학(지금은 드렉셀 대학으로 바뀜)의 창조적 예술치료 수업에 들어갔다. 그리고 2010년 필라델피아 토머스 제퍼슨 대학에서 논문 연구조사(Peterson, 2000)를 시작하면서 미술치료사인 나는 마음챙김과 미술작업을 통합하기 위한 목적으로 MBSR 프로그램(Kabat-Zinn, 2009)을 토대로 MBAT를 개발했다. MBSR 교육과정과 미술치료의 통합은 소위 지지적 치료집단에서 응용되었고(Peterson, 2000), 마음챙김 기반 인지치료(MBCT; Williams et al., 2000), 마음챙김 기반 섭식 자각치료(MB-EAT; Kristeller & Hallett, 1999) 외에 기존 MBSR 프로그램에서 파생된 첫 중재로서 의미가 있다.

이론체계

본질적 안녕감(natural well-being): 창조성을 가진 자기조절

마음챙김을 기반으로 한 프로그램은 질병보다는 안녕감을 위한 개인의 타고난 건강한 능력에 초점을 둔다(Antonovsky, 1996; Santorelli & Kabat-Zinn, 2004). 미술치료와 마음챙김을 통합하고자 하는 내 생각에 영향을 준 사상들은 John Dewey(1980, 1934)의 의식과 자기조절(p. 25)의 만남이 자연스럽지만 필연적으로 창조적 활동에 반영된다는 것과 Carl Rogers(1954)의 경험적 개방성, 감정 표현의 상대적 가치와 마음을 여는 즐거움이 내포된 창조적 관점이다. Rogers보다 나이 많은 동료인 Abraham Maslow(1968)는 창조는 자기실현이며, "때로는 건강한 자아와의 동의어이다."(p. 145)라고 했다.

MBAT와 암

암 진단과 치료를 위해서는 신체적 · 심리적 고통 둘 다를 다루어야 한다(Carlson et al., 2004a; Carlson, Waller, & Mitchell, 2012). 이러한 고통은 일반적으로 만성적이고 과다 각성되어 주의력과 기억력에 부정적인 영향을 미치며, 행동 통제의 어려움, 부정적인 감정, 지나친 경계 및 파괴적인 생각으로 나타날 수 있다(Britton, 2005). 그러므로 스트레스와 관련된 변수를 대상으로 하는 암 치료를 권장하게 된다(Bultz & Carlson, 2006).

암 환자를 위한 MBAT는 두 가지 방식으로 도움을 준다. 신체적 휴식 활동을 장려하는 것과 회복 시스템—신체적 · 심리적 자기조절 개발, 주의력과 기억력 및 의사결정 능력 향상, 긍정적인 정서 상태 증진 및 면역기능 향상—을 만드는 것이다(Britton, 2005). 그러한 신체 및 정신 건강의 향상을 MBSR(Carlson et al., 2004b; Hoffman et al., 2012; Witek-Janusek et al., 2008)과 미술치료(Bar-Sela et al., 2007; Geue et al., 2010; Nainis et al., 2006; Svensk et al., 2009; Wood, Molassiotis, & Payne, 2011) 및 MBAT에 참여한 암 환자로부터 잘 입증할 수 있었다.

암 환자들에 대한 MBAT 조사 연구 성과

MBAT 예비 타당성 연구에서, 각종 암 진단을 받은 일곱 명의 여성들이 8주 프로그램을 끝까지 참여하여 임상적으로 증상이 상당히 호전되었다(Peterson, 2000). Monti 등(2006)의 보고에 따르면, 미국 국립보건원(Natonal Institutes of Health)의 암 환자를 대상으로 한 MBAT 프로그램 결과, 실험집단의 심리적 고통이 상당히 감소되었을 뿐만 아니라 중재 후 건강과 관련된 삶의 질이 향상되었다. 데이터 사후 분석 결과, 연구 과정 후 프로그램을 받은 통제집단에서 비교할 만한 효과를 보였다(Peter et al., 2008). 전립선암을 가진 남성은 MBAT 프로그램 중재 후 심리적 스트레스에서 통계적으로 유의한 감소를 보였다(Monti et al., 2007).

임상 적용

MBAT 개요: MBSR과 미술치료 활동의 통합

8주 동안 주 1회, 매주 두 시간 반 동안 실시하는 MBAT 프로그램은 마음챙김을 가르치고 향상시키는 방법으로 미술치료 훈련을 통합시킨 점, 그리고 하루 종일 하는 부가적인 훈련 회기를 가지지 않는다는 점을 제외하고는 MBSR의 커리큘럼 구조와 비슷하다. 영성 훈련 기간인 7회기째의 MBAT 회기는 휴식을 목적으로 마음챙김 훈련과 자유미술작업에 똑같은 시간을 할애한다(Peterson, 2000). 마음챙김 훈련에서 주의집중(attention)은 신체 감각, 생각, 느낌을 알아차리게 한다. MBAT에서 마음챙김 명상 방법으로는 호흡 알아차리기, 바디스캔 명상, 좌선, 걷기명상, 미술재료에 대한 마음챙김적 알아차림과 명상 형식의 창조적 표현 등이 있다. 자애명상은 마음챙김 프로그램에서 중요한 훈련이다.

> 다음 주가 되면, 당신은 안전하고, 상처로부터 보호받으며, 행복하고, 평화롭고 평온해질 것이며, 또한 건강하고 강해질 수 있습니다. 아마도 기쁨으로 당신 자신을 돌볼 수 있을 것이며, 안녕감을 가질 수 있을 것입니다.

나는 생명을 위협하는 질병을 가진 사람들과 활동할 때는 MBSR에서 배운 것보다 더 빨리 이 자애명상을 소개한다. 초반에 참가자들은 비공식적으로 치유의 소망을 가지는 경험을 하게 되고, 프로그램 후반부터는 공식적으로 테이프나 CD를 활용하여 집에서 자애명상을 수행하게 된다(Peterson, 2006). MBSR(Kabat-Zinn, 2009)에 이어, 명상 CD를 사용한 자애명상 과제와 프로그램 워크시트를 사용하여 일상생활 속에서 마음챙김과 관련된 관찰일지를 작성하도록 권고한다(pp. 445-449).

MBAT 실습

나는 암 진단을 받은 여성 환자들과 입원한 중독 환자에 대한 대학원 임상 연구에서 예비연구를 위해 다음과 같은 MBAT 활동을 개발하였다(Peterson, 2000). 이러한 적용은 의료적 미술치료에만 국한되지 않으며 다른 집단 및 일반 대중 집단에도 활용될 수 있다.

마음챙김 지향

마음챙김 순간순간의 과정은 의도, 주의집중 그리고 태도로 구성된다(Shapiro et al., 2006, p. 374). 자애와 호기심을 주제로 하는 프로그램 활동들은 판단하지 않음, 인내, 초심, 믿음, 애쓰지 않음, 수용, 놓아주기/내버려 두기(letting go/letting be)와 같은 태도들로 지지받는다(Kabat-Zinn, 2009, pp. 33-40).

활용 지침

마음챙김에서 자애(kindness) 훈련은 예시를 안내 멘트로 사용한다. 참가자들은 지침대로 따르기보다는 개방적으로 참여하도록 지지받는다. 따라서 동사 형태를 명사 형태(동명사)로 바꾸어서 지시한다. 예를 들자면, '당신의 노력을 즐겁게 유지하라(keep).' 보다는 '당신의 노력을 즐겁게 유지하기(keeping)'가 훨씬 더 효과적이다.

공유, 반영 그리고 듣기

미술과정 후에 참가자들은 그들의 이미지를 공유하고 반영적 대화(reflective dialogue)에 참여한다. 반영적 대화는 마음챙김을 배우고 표현치료의 이점들을 체험함으로써 자기 자신의 내면과 타인을 더 깊이 있게 알아차리는 데 도움이 된다.

미술 재료

미술 재료로는 연필, 색연필, 마커 종이, 잉크펜, 마커, 파스텔 종이, 파스텔, 수용성 크레용, 수성 컬러펜, 템페라 물감, 다양한 모양과 크기의 종이, 색깔별 종이, 색깔별

티슈 종이, 풀, 묽은 반죽, 다양한 종류의 붓이 포함된다. 점토는 일곱 번째 회기에서 사용된다. 너무 다양한 미술 재료는 없어도 된다.

미술 매체의 마음챙김적 탐색(MEAM)

이 미술 과제는 MBAT 예비 연구를 위해 개발되었는데(Peterson, 2000, pp. 73-74), 각자가 경험하는 것을 알아차릴 수 있는 마음챙김적 주의집중 훈련 프로그램에 맞는 여러 가지 다양한 미술 재료와 종이를 사용한다([그림 4-1] 참조).

그림 4-1 미술 매체의 마음챙김적 탐색

■ MBAT 실습

서로 짝을 맞춘 미술 재료들(신문지와 연필, 화지와 색연필 등)을 가지고 약 4~6인치 종이 위에 난화를 그리면서 3~5분 정도 탐색한다. 참가자들은 그들의 신체 감각, 그때 떠오르는 생각, 유쾌하거나 불쾌한 경험에 대한 느낌 등에 대해 알아차린 내용을 이야기하거나 글로 표현한다. 나는 정확하지만 다소 빠른 속도로 가장 구조화(연필)된 것부터 가장 비구조화(수채화/물감)된 순서로 미술 재료들을 소개한다. 또한 나는 탁자에서 직접 작업하는 것을 예로 보여 준다.

MEAM을 촉진하는 데 있어, 짝지어진 요소가 감각 촉진의 목적으로 탐색된다. 탐색은 마음챙김을 학습하는 데 중요한 부분이다. MEAM을 통한 알아차림을 위해 마음챙김적 주의집중을 발전시키는 예는 다음과 같다.

> 종이를 들어 보세요. 촉감은 어때요? 그것을 빛에 가져가 보세요. 당신 눈에 어떤 것이 보여요? 연필을 당신 코에 가져가 보세요. 냄새로 당신은 무엇을 알아차릴 수 있나요? 이제 색연필 통을 열어 보세요. 당신에게 떠오르는 생각이나 느낌은 무엇입니까? 종이 위에 마커와 교차해서 컬러 잉크 브러시(ink brush color)를 움직이면 몸에서 어떤 느낌이 드나요? 미술 탁자에서 집단이 활동할 때 귀에 들리는 소리로 무엇을 경험하게 되나요?

나는 참가자들이 미술 재료를 가지고 개방적으로 참여하고, 마음챙김적 현재를 지지하면서 매체 탐색을 통해 통찰이 일어날 수 있도록 다음과 같이 지시한다.

> 당신의 손이 어떤 색을 골랐는지 알고 있다는 것을 기억하세요. 만약 당신이 강하게 또는 가볍게 누르는 경험을 하지 않았다면, 당신이 이 미술 재료로 할 수 있는 더 많은 경험을 탐색할 수 있었을까요? 당신의 그림 속 내용은 어떤 생각과 느낌들을 보여 주고 있나요? 어떤 색이 당신에게 스쳐 지나가나요? 당신은 종이에 그중의 하나를 초대할 수 있나요?(Peterson, 2000, 2008)

이 마지막 질문들은 MBSR에서 중요하다. 우리는 기호, 습관, 또는 부정적인 연상으로 무엇인가를 외면하게 된다. 아마도 이런 알아차림과 함께 우리의 내적 및 외적 경험의 무시된 부분에 관심을 돌리게 되면서 새로운 가능성을 발견하게 된다.

반영

난화 그리기를 제안하면 어떤 참가자들은 망설이기도 하고 때로는 완전히 거부할 수도 있다. 난화 그리기를 거부하는 참가자들은 7~9세 사이에 발달적으로 나타나는 기본 도식 그림을 '유치한 것'으로 생각할 수 있다. 이러한 맥락에서, 거의 대부분 학교에 입학하여 처음으로 연필과 색연필을 사용한 것으로 보고된다. 또한 몇몇 사람들은 미술 매체가 망가질 것이라는 두려움을 나타내기도 한다. 그래서 참가자들에게 그리기 매체를 쓸 때 힘을 주거나 에너지를 사용할 때 어떤 일이 일어나는지 탐색해 보도록 한다. 만약 크레용이나 연필이 부러지면 부러진 것으로써 경험되는 것을 그대로 수용하는 것이 이 작업의 핵심이다(Santorelli, 1999). MEAM을 통한 실천적이고 반영적인 탐색은 참가자들이 마음챙김적 주의집중을 배우고, 미술 매체 및 미술적 지향을 탐색하도록 하며, 미술치료사는 이 과정을 통해 각 참가자들을 더 잘 이해할 수 있게 된다.

명상으로 마음과 몸의 관계 탐구

명상 훈련 전과 후의 표현적 활동은 MBAT 발전에 중요하다(Peterson, 2000, p. 110). 두 개의 파트로 나누어진 형식은 마음과 몸을 관찰하는 기술을 향상시키고 훈련을 통해 상태를 변화시킬 수 있다(Peterson, 2008; Peterson & Monti, 2009, pp. 180-181).

▣ MBAT 실습

반영할 때, 나는 다음에 제시된 언어를 사용하여 몸과 마음에 마음챙김적 주의집중을 할 수 있도록 명상 훈련 CD를 통해 요약된 지침을 제공한다(Peterson, 2006).

> 먼저, 당신의 전체 호흡 주기에 집중하세요. 이제 천천히 당신의 신체적 경험을 관찰하면서 땅 위에 있는 당신의 두 발을 알아차리는 데 집중하세요. 어떤 감각의 알아차림, 아마도 따끔거림, 맥박, 긴장 또는 압박감, 개방성, 차가움 또는 따뜻함에 주목

하세요. 이러한 경험들이나 다른 경험들을 느껴 보세요. 이제 당신의 머리 부분을 알아차리는 데 집중하여 당신이 마음으로 경험하는 것에 주목하세요. 아마도 분주함, 혹은 느림, 닫힘, 개방, 불안함, 평온, 긴장, 또는 당신의 자각 속에 있는 다른 경험들일 것입니다.

참가자들은 이러한 자각으로 떠오른 자신의 마음을 나타내기 위해서 오려진 3개의 원들(지름 4, 5.5, 7인치) 중에 하나를 선택하고, 몸을 표현하기 위해 다른 하나를 선택한다. 그 원들을 종이 위에 올려놓도록 요청되는데, 각각의 크기, 원이 놓여 있는 위치, 두 원이 서로 가깝게 있을지 멀리 떨어져 있을지는 그 순간 자신의 마음과 신체 관계를 반영해서 나타낸다. 각각의 원을 적절하다고 생각되는 색깔로 표현한다. 이번 회기에

그림 4-2 사전 사후 변화의 탐색

서 MBSR 교육과정에 따라(Kabat-Zinn, 2009), 부드러운 하타요가(pp. 103-113) 그리고/또는 바디스캔 명상(pp. 92-93)을 30~45분 동안 실시하게 되는데, 이것이 첫 번째 탐색 과정이다. 명상 훈련 후에 위에서 한 것과 마찬가지로 원을 선택해서 똑같은 종이 위에 겹쳐지게 따라 그리기를 한다. 그런 다음 참가자들은 미술 재료를 사용해서 원 모양 안이나 밖에 마음과 신체에 대해 내적으로 알아차린 더 많은 정보를 그림으로 표현한다([그림 4-2] 참조).

반영

나는 명상 전에는 마음과 몸을 상징하는 원들이 대체로 종이 위에서 일정한 거리를 두고 있고 마음과 몸의 상태가 더 나쁠 때 크기에 있어 하나가 더 두드러지게 차이가 난다는 것에 주목하였다. 명상 후에는 원의 크기가 달라지고 마음과 몸을 나타내는 원들은 가로든 세로든 맞닿아 있는 경우가 많고 한 원이 다른 원 안에 들어가 있는 경우도 있다(Peterson, 2008).

통증과 치료에 주의집중하기

바디스캔 명상을 하면서 통증의 직접적인 경험을 탐색하도록 주의집중을 한다. MBAT에서 통증 지각과 잘 연관되어 있는 미술치료 작업은 Mari Marks Fleming과 Carol Thayer Cox(1989)에 의해 개발된 것이다.

■ MBAT 실습

Fleming과 Cox의 작업 지침에 따라(p. 172), 먼저 신체 윤곽선을 그린다. MBAT 참가자들은 '신체 경계선 안에 신체적이든, 정신적이든, 정서적이든 그 어떤 통증을 선이나 색을 사용해서' 탐색해 보도록 지시받는다([그림 4-3] (a) 참조). 그다음, 참가자들은 원래 그림과 수정된 그림을 함께 보기 위해 통증의 상징적인 표현들을 신체 윤곽선 바깥으로 이동시켜 새로운 종이에 그린다([그림 4-3] (b) 참조). 그런 다음에 치료방법

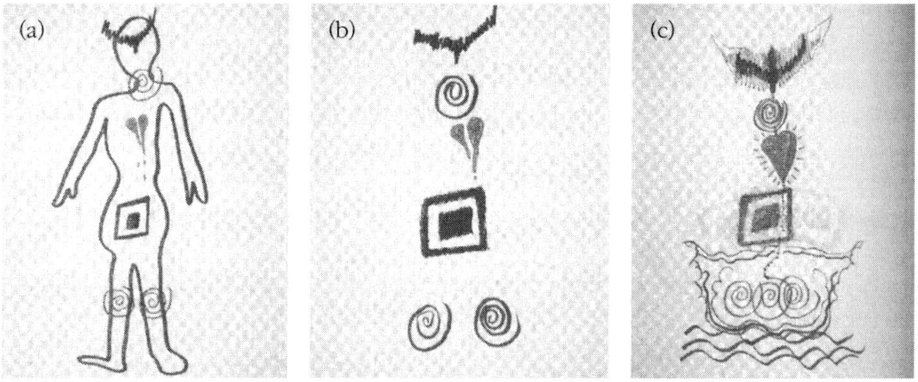

그림 4-3 (a) 신체 내부에 그린 통증, (b) 신체 외부에 그린 통증, (c) 돌봄의 제공

을 자유롭게 구상해 보고 미술 재료를 이용해서 표현해 본다([그림 4-3] (c) 참조).

> 당신이 그린 이 그림들을 열린 마음으로 한 걸음 물러서서 바라보세요. 마치 하늘의 별처럼 말이죠……. 당신의 지각과 알아차림을 감지해 보고, 치유를 위해 어떤 미술 재료라도 사용하여, 당신이 원하는 방법으로 치유 방법을 찾아보세요(Peterson, 2008).

반영

이 훈련을 통해 표현된 치료 전략은 대체로 억제하거나 확장시키거나 흘려보내는 것이다. 새로운 이미지를 이용한 해결은 악성종양으로부터 둘러싸여 있는 파랑새를 끌어내서 새로운 둥지를 만들어 주는 것, 침대나 약물 등의 실제적인 해결 등으로 나타난다. 두 번째 그림에서 나타나는 치료의 상징적인 표현은 이전에는 지각하지 못했던 내적 자원들이다. 마지막 이미지를 토대로 참가자들에게 자기 자신을 위한 자기치료 처방전을 써 보게 한다.

즐겁거나 불쾌한 사건 그림

마음챙김 기술훈련의 핵심은 유쾌하거나 불쾌한 느낌이 일어나는 것에 주의를 기울이거나, 또는 내적 혹은 외적 경험에 맞서거나 혹은 거리를 두는 것이다(Kabat-Zinn, 2009, pp. 142-143). 이러한 자동적 이동은 종종 신체 감각(이완/수축), 생각과 감정의 어조(원한다/좋아한다/그렇다; 원하지 않는다/좋아하지 않는다/아니다)들을 살펴봄으로써 마음챙김적으로 탐색된다. 회기 사이에 MBSR 주간 스케줄 달력을 사용하여 이러한 관찰들을 하도록 과제가 주어진다(pp. 445-449). 이러한 알아차림에 집중하는 것이 훨씬 더 익숙해지면, 중기 프로그램에서 스트레스와 휴식의 생리학에 대한 유익한 강의를 듣게 된다(Britton, 2005; Kabat-Zinn, 2009, pp. 235-273). 이것은 참가자들에게 주제에 대한 이미지의 토대가 되는 지각력을 강화시킨다(Peterson, 2000, pp. 110-123).

■ MBAT 실습

이러한 실습에서 나는 참가자들에게 사용 가능한 미술 재료를 가지고, 즐겁거나 불쾌했던 사건을 관찰하는 달력 과제를 하도록 한다. 이것은 즐겁거나 불쾌했던 사건이 가져다주는 감정을 이미지로 표현하기 위한 것이다([그림 4-4] (a)와 (b) 참조).

각각의 카테고리로 표현된 집단 그림들에서 일반적인 선, 모양, 색상, 내용, 감정의 변화가 관찰된다. 이러한 관찰물들은 스트레스 및 이완과 관련된 생리학 내용을 담고 있는 그래픽 모양으로 표현된다(Kabat-Zinn, 2009, pp. 235-273).

반영

2004년 마음챙김 센터(CFM) 연구 콘퍼런스에서 마음챙김 기반 미술치료(MBAT)의 첫 발표로 이러한 연구 경향을 발표하였다(Peterson, 2004). 불쾌한 그림들은 종종 투쟁-도피 자극과 관련된 신경계의 감정 변화를 설명한다. 미술작품은 슬픔, 폭풍, 분리, 박탈, 몸 크기의 왜곡, 공중에 떠 있는 표현, 반복되는 표식, 섞임, 빈약한 색 사용, 붉은색/검은색, 폭발, 장애, 분리, 최소한의 공간 사용 혹은 최대한의 공간 사용과 같

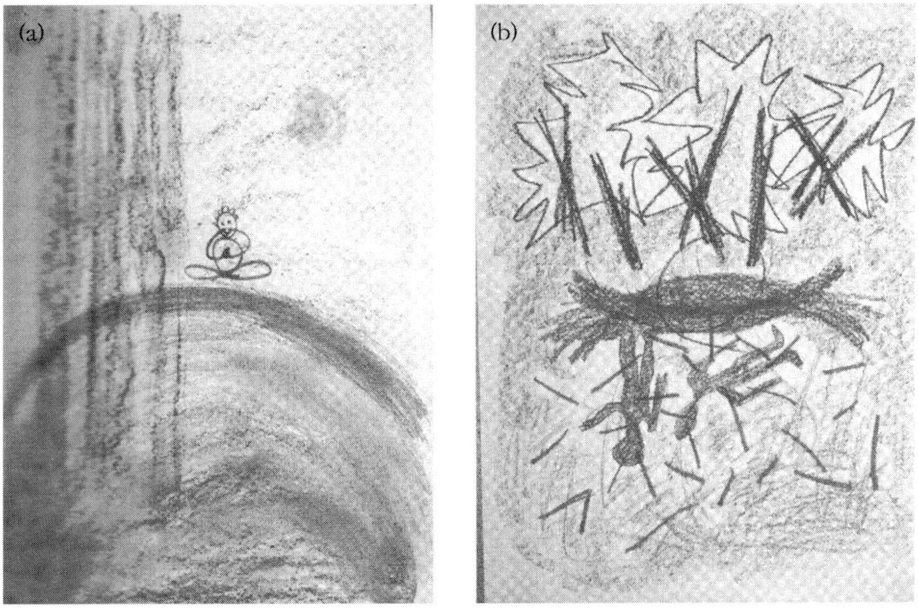

그림 4-4 (a) 즐거움: 폭포 옆에서의 휴식, (b) 불쾌함: 깨진 관계

은 주제와 색상들로 표현된다. 즐거운 사건에 대한 이미지는 주로 일반적으로 휴식과 재생 활성화와 관련된 신경계의 감정 변화를 설명한다. 이런 즐거운 사건의 이미지와 주제는 화지의 공간을 균형 있게 사용하며, 밝음, 땅, 녹색, 잔디, 물, 아름다운 자연의 세계, 평화로움, 자유, 몰입, 행복의 재현, 색의 다양성, 관계, 함께하는 사람 등으로 표현된다(Peterson & Monti, 2009, p. 185).

Peterson 마음챙김 명상 수행 경험

마음챙김 기반 스트레스 감소(MBSR) 프로그램 후반에 참가자들은 그들의 명상 경험에 대해 더 많이 이야기할 수 있다. MBAT와 함께 나는 그들에게 이미지를 사용해 보도록 권한다([그림 4-5] 참조). 그 결과들을 통해 명상 훈련에 대한 참가자들의 생각에 대해 이해할 수 있었으며, 프로그램 중간에 직접적으로 참가자들이 어떻게 수행을 경

그림 4-5 열린 마음으로 생각과 느낌의 파도 타기

험하는지를 알게 되었다(Peterson, 2000, pp. 128-129; Peterson & Monti, 2009, p. 187).

▣ MBAT 실습

몇 가지 명상 자세가 포함된, 앉아 있는 사람들이 복사된 흑백 콜라주 이미지를 제공한 다음, 다음의 지시에 따라 이미지 하나를 선택하게 한다.

> 당신이 명상하고 있을 때 당신을 가장 잘 표현한/거울에 비친 이미지를 고르세요. 그 이미지는 아마도 명상하고 있을 때 자신과 가장 비슷한 이미지일 것이며, 내 마음의 틀과 같은 느낌일 것입니다. 그다음, 당신이 편안하게 느끼는 가장 큰 종이를 고르세요. 그리고 명상 시 자신을 표현하기 위한 출발점으로 그 이미지를 종이에 붙이세요. 이제 당신이 훈련에서 경험한 것을 반영하여, 당신의 신체 감각, 생각과 감정 상태와 관련해서 무엇이 떠오르는지 알아차리면서, 미술 재료를 사용하여 이러한 것들을 탐색해 보세요.

반영

공통적인 이미지는 자연의 편안함 속에 있는 사람들을 묘사하고 있다. 이미지 속에는 평온함과 긴장감의 대조적인 이미지가 표현되어 있었다. 어떤 부분은 매우 아름답게 사건과 경험을 함께한 균형 잡힌 안정감으로 표현되어 있었다. 이 탐색은 편안함과 불편함 모두를 불러일으키면서 그 자체 모두를 수용할 수 있도록 성장시켰다. 미술작업은 또한 수행과 생활 모두에서 깊은 수준의 통찰을 가능하게 하였다. 대부분의 참가자들은 그들이 선택한 콜라주 이미지들을 종이 가장 위에 또는 상단 코너에 놓았다. 그리고 만약 타인과의 관계에서 자기를 관찰하면서 자기 자신이 경험한 것을 상징화하고자 할 때 그들의 두 번째 이미지를 첨가하게 된다. 지금 돌이켜 보면 이러한 이미지들은 그 커리큘럼에서 학습한 것들을 통합해서 가장 잘 표현해 낸 것일지도 모른다는 생각이 든다.

신체 감정 어휘

교육과정에서 학습 가능성을 발전시키기 위해 다루는 주제들은 힘든 느낌을 알아차리고 개방성을 기르는 것과 관련 있다(Kabat-Zinn, 2009, pp. 248-273). 이 훈련은 정상적인 인간의 정서들을 이해하는 범위를 넓히고 신체가 어떻게 느낌에 반응하는지에 대해 체험할 수 있는 시간이 되기도 한다.

▣ MBAT 실습

참가자들에게 표준 감정 어휘 리스트를 사용하여([그림 4-6] (a) 참조), 두 가지 종류의 감정 상태를 알아볼 것을 요청한다(Peterson, 2008). 첫 번째는 당신을 습관적으로 불쾌하게 만드는 4~6개 감정어휘를 찾는다. 아마도 당신이 경험하는 것에 반응하는 것과 관련된 감정 패턴들이거나 불편하거나 낙심되는 일이 있을 때 시간을 보내면서 머무르는 장소에서 느껴지는 감정 패턴들일 것이다.' 다음에는 '앞으로 발전시키고 싶은 4~6개의 감정들, 즉 가지고 싶은 감정 상태를 찾아본다.' 그러고 난 다음 큰 종이를

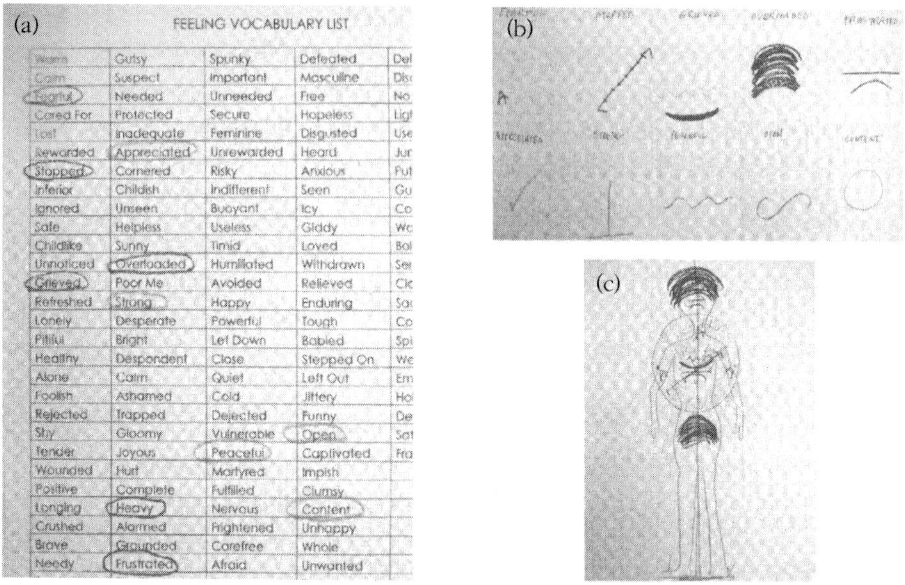
(a) FEELING VOCABULARY LIST

Warm	Gutsy	Spunky	Defeated	Del
Calm	Suspect	Important	Masculine	Dis
Fearful	Needed	Unneeded	Free	No
Cared For	Protected	Secure	Hopeless	Ligl
Lost	Inadequate	Feminine	Disgusted	Use
Rewarded	Appreciated	Unrewarded	Heard	Jur
Stopped	Cornered	Risky	Anxious	Put
Inferior	Childish	Indifferent	Seen	Gu
Ignored	Unseen	Buoyant	Icy	Co
Safe	Helpless	Useless	Giddy	Wo
Childlike	Sunny	Timid	Loved	Bol
Unnoticed	Overloaded	Humiliated	Withdrawn	Ser
Grieved	Poor Me	Avoided	Relieved	Clc
Refreshed	Strong	Happy	Enduring	Sac
Lonely	Desperate	Powerful	Tough	Co
Pitiful	Bright	Let Down	Babied	Spi
Healthy	Despondent	Close	Stepped On	We
Alone	Calm	Quiet	Left Out	Em
Foolish	Ashamed	Cold	Jittery	Hol
Rejected	Trapped	Dejected	Funny	De
Shy	Gloomy	Vulnerable	Open	Sat
Tender	Joyous	Peaceful	Captivated	Fra
Wounded	Hurt	Martyred	Impish	
Positive	Complete	Fulfilled	Clumsy	
Longing	Heavy	Nervous	Content	
Crushed	Alarmed	Frightened	Unhappy	
Brave	Grounded	Carefree	Whole	
Needy	Frustrated	Afraid	Unwanted	

그림 4-6 (a) 감정 어휘 목록, (b) 감정 상태, (c) 신체의 감정 상태

수직과 수평으로 접어서 4~6개의 칸이 두 줄 있는 격자무늬의 종이를 만든다. 각각의 칸 위에 선택한 단어들을 적고 그 밑에 선이나 모양, 색으로 '상형문자와 같은' 표시로 각 감정에 대해 묘사를 한다([그림 4-6] (b) 참조). 이 활동을 마치면 다시 큰 종이 위에 신체 윤곽선을 그리고 거기에 이러한 감정 상형문자들을 배치시키고자 하는 곳에 그리도록 한다([그림 4-6] (c) 참조). 순서는 먼저 불쾌한 감정과 유쾌한 감정 상형문자를 두 개의 가로행 격자무늬 종이에 표현하고, 그러고 난 다음 경험한 감정들을 신체 안으로 옮긴다.

반영

내 경험에 의하면, 미술표현은 억눌린 형태(불편함, 불쾌, 엄격함)에서 개방적 형태(편안함, 즐거움, 유연성)와 같이 대조를 이루는 감정의 쌍을 서로 대비시킨다. 이러한 몸짓 형태들은 종종 신체적 상태 혹은 자세들을 반영하고 불쾌한 감정들을 신체적으로 다룰 수 있다는 가능성을 제안한다. 예를 들어, '당신이 편안하지 않은 감정들을 경험하고 있을 때 당신의 몸의 자세나 형태를 바꿀 수 있는 (대안적인) 자세나 형태를 탐색해 볼 수 있는지' 물어볼 수 있다. 마음과 신체 관계에서의 통찰은 신체 윤곽선 안에 있는 감정의 공간 형태 지도로 그릴 수 있는 능력을 향상시킨다.

치유 장소

마지막 MBAT 회기는 앉아서 호흡을 알아차릴 수 있는 안전한 공간으로 안내하는 이미지 활동으로, 전통적인 마음챙김 교육과정과 차이가 난다. MBAT 예비 연구(Peterson, 2000)를 위해 개발된 이 훈련은 2000년 초 메모리얼 슬로언 케터링(Memorial Sloan Kettering, 역자 주: 미국의 유명한 암 연구소)에서 Paola Luzzatto와의 개인 인터뷰가 그 발단이 되었다. 그곳에서 그녀는 '숨겨진 씨앗(The Hidden Seed)'이라는 미술작업에 대해 언급했는데, 이 작업은 그녀의 프로그램(Luzzatto & Gabriel, 2000, p. 286)을 위해 개발한 것이었다. Luzzatto는 참가자들에게 불모지(abarren place)를 그리고 난 후, 그곳에서 무언가가 자라나고 있는 것을 표현해 보라고 요청한다.

▣ MBAT 실습

이 이미지 작업은 다음과 같이 시작한다. "당신은 집 모퉁이를 산책합니다. 익숙하지 않은 황폐한 풍경 하나를 만납니다. 그것은 수평선 밖의 생명이 없는 달 표면과 같은 것입니다." 안내는 참가자가 자신의 마음챙김 기술을 촉진하고 그들이 치유 장소를 찾을 수 있을 때까지 계속된다. "호흡을 유지하면서, 한 번에 한 걸음씩, 당신을 편안하게 하는 빛이나 공기 혹은 주위의 냄새를 맡아 보거나 소리를 들어 보세요." 여기서의 지침은 신체중심 알아차림과 치유의 통로와 같은 안전한 내적 경험에 초점을 맞춘다. 마음챙김 훈련과 달리 이런 안내된 이미지 체험은 안정감의 선호, 시각, 계절, 날씨, 생명 치유의 호흡을 하며 휴식을 취했던 개인적으로 의미 있는 상징적 환경을 불러일으키는 풍경을 회상할 수 있도록 촉진한다. 나는 자애명상으로 이 체험을 마무리한다. 참가자들이 자신이 선택한 미술 재료를 사용하여 표현한 이미지 또는 감각들을 탐

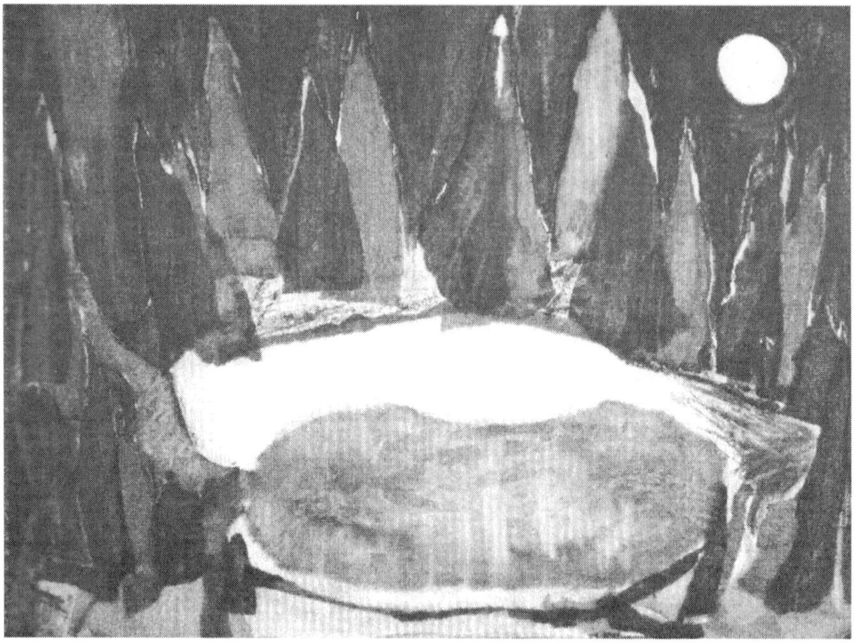

그림 4-7 포용적 달빛이 비치는 웅덩이의 흐름

색하고 더 개발하도록 권고한다([그림 4-7] 참조; Peterson & Monti, 2009, p. 193).

반영

이 훈련으로 얻게 된 이미지는 종종 논리적 구조 밖에서 지지적인 자연환경과 쉼터를 가지게 된다. 예를 들어, 콩 경작지는 해변 쪽으로 곧장 나 있고, 좋아하는 천으로 덮개를 씌운 긴 소파는 자연적 요소인 물의 가장자리에 놓여 있다. 또한 이미지들은 땅과 하늘, 컬러 필드(color fields) 사이 공간으로 혹은 원형 안으로 인도하는, 즉 열린 공간으로 이동하는 듯한 비유적 느낌으로 미묘하면서도 추상적이 된다. 안전과 치유에 초점을 둔 이 훈련은 8주간 프로그램으로 종료된다.

표준화된 MBAT 프로그램 요약

나는 표준화된 MBAT 프로그램의 결과로, 암(cancer) 상자 밖에서 훨씬 더 밝아지고 일관된 이야기를 통해 온전함에 보다 더 가까워지고 폭넓어진 정체성을 보여 주는 참가자들의 변화된 미술작품에 주목하였다. 이것은 미술치료 종양학(Reynolds & Prior, 2006) 그리고 마음챙김(Weitz, Fisher, & Lachman, 2012)에 종사하는 다른 사람들에 의해 증명된다. 특히 MBAT 임상 시도에 무작위적으로 참가한 참가자들에 의해 증명되었듯이, 이것은 사후 개입에 있어 임상적으로 상당한 발전을 의미하기 때문에, 놀라움과 큰 만족감을 가질 수 있었다(Monti et al., 2006; Peterson, 2008; Peterson et al., 2008).

걷기명상: 새로운 MBAT 개입

많은 질병과 마찬가지로 암으로 인한 스트레스로 자기만의 세계, 자기만의 자유로부터 분리되고 자연세계와 단절된다. 나는 MBAT에서 일관된 이미지에 주목하였다. 그 속에 태양이 의미심장하게 떠오르는 더 넓고 더 자연적인 세상과 관련된 치유 이미지들이 나타났다. 나는 MBAT를 더 개발하기 위해, 펜실베이니아 병원/펜 의과대학에 있는 조앤 카넬 암 센터에서 연구하게 되었으며, 그곳은 암 환자들을 위해 필라델피아에서 가장 폭넓은 지지적인 서비스를 제공하고 있다.

걷기명상: 내적 · 외적 성찰

걷기명상(walkabout)은 병원이나 임상현장과 떨어져서, 마음챙김적 걷기를 포함한 비공식적 수행에 초점을 둔 공식적인 마음챙김 수행을 소개하는 것과 결합하며, 마음챙김적 주의집중을 탐색하기 위해 디지털 사진을 사용한다. 참가자들은 그들이 불쾌함을 찾든 기쁨을 찾든, 무엇이 감각을 자극하는 통로가 되는지에 관한 알아차림을 기록하기 위해 사진을 찍는다. 그런 다음 사진을 인쇄하고 8~10장 정도의 이미지를 선택한다. 이 이미지들은 콜라주 만들기에 사용된다. 마음챙김을 기반으로 한 개입으로, 마음챙김 수행의 기본적 태도는 경험에 대한 개방성과 호기심에 대한 연구를 요구한다. 원래 육종암 진단을 받은 젊은 성인 환자를 위해 개발된 걷기명상은 2시간 반, 8회기 프로그램이며, 이제 암 환자나 그들을 돌보는 짝들을 위한 후속 조치 혹은 활동으로 성인들에게 열려 있다.

미술작업을 위한 걷기명상

첫 번째 걷기명상은 암 센터 정문에서 출발해 길을 가로질러 잔디와 멋지고 큰 나무, 벤치, 계절 분수가 있는 녹색 공간인 역사가 깊은 워싱턴 스퀘어 공원으로 들어간다. 공원은 조지 워싱턴의 혁명군을 위한 역사적 장례식 공간으로서, 그들의 용맹과 희생을 기리는 기념물로 꾸며져 있다. 산책에서 전개되는 경험을 현실화하기 위한 구조화된 작업 체계가 있다. 예를 들어, 혁명적 전사자 기념비 바라보기, 기념물의 영원한 불꽃에서 끌리는 느낌, 작은 카메라 화면에 캡처된 이미지와의 접촉 등이다.

미술작업 탁자에서 현재 순간에 경험한 것을 개방하는 과정은 바로 인쇄된 사진으로 진행되는데, 더 나아가 다른 이미지들 혹은 미술 매체를 콜라주로 결합함으로써 더 많이 탐색되고 변형되거나 수정되기도 한다. 많은 참가자들은 인간의 죽음에 대한 인식으로 기념비 외 영원한 불꽃에서 느꼈던 경험을 떠올린다. Kerrey는 중년의 걷기명상 참가자로, 항암 요법을 받은 후 암이 간으로 전이되어 수술을 기다리고 있었다. Kerrey는 '영원한 자양분'이라는 제목의 콜라주를 만들었다([그림 4-8] 참조).

Kerrey는 다음과 같이 말했다.

> 나는 요리하는 것을 좋아합니다. 그래서 공원에서 불꽃을 보았을 때, 불이 가져다주는 일상의 좋은 것들에 대해 생각했습니다. 특히 내가 암과 싸울 때 힘을 줄 수 있는 영

그림 4-8 영원한 자양분

양 가득한 음식에 대해 생각했습니다. 그리고 나는 우리 앞에 먼저 왔다 간 이들을 기리기 위해 그 앞에 서 있을 때, 암이든 전쟁이든 '잘 싸웠고' 그 불꽃은 우리가 살아온 것보다 더 오래 지속되고 영원할 것이라는 사실에 감명받았습니다. 나는 아플 때 태양을 보지 못한 날들이 얼마나 많은지 상기하게 되면서, 그림에 온화한 '태양'을 그려 넣었습니다. 하지만 태양은 우리가 보든 보지 않든 영원합니다. 나는 그림 그리기를 마쳤을 때, 무슨 일이 있더라도 삶은 계속될 것이라는 희망적인 느낌을 가질 수 있었습니다(Peterson, 2012).

Kerrey는 아홉 개의 콜라주 안에 상호작용하는 이미지를 만들 수 있었으며, 암에 대한 경험을 생각 밖으로 분리시켜 자신의 생산적인 창조성을 깊이 있게 다루게 되었다. 일반적으로 마음챙김 기반 표현치료(MBET)에서는 직접적으로 유도하지 않아도 어려움이나 도전해야 하는 과제가 생긴다. 이것은 암으로 사망할 수 있는 가능성을 수용함으로써 표현적 · 상징적으로 콜라주에 표현된다. 걷기명상에서 이런 방식의 작업은, 인간이자 죽을 수밖에 없는 삶과 관련된 인생퍼즐 게임으로 더 큰 자유를 누리며 암을 벗어나 더 넓은 세계에서 인간으로 존재하게 한다. 암 환자들은 더 큰 세상 속에서 인간 존재로서 삶을 공유하며 인간으로 살거나 영원히 살 수 없는 삶에 대한 자유를 영유한다.

결론

마음챙김은 국제적으로 치료사들의 관심 대상이 되었으며 마음챙김 기반 표현치료(MBET)는 자연스럽게 마음챙김과 함께 성장하고 있다. 마음챙김 훈련과 표현치료 사이에서 무용은 체화된 존재의 탄생, 대체기술의 발전, 진정한 의미 만들기와 주의집중 활동을 증진시키는 치유의 한 방법으로 매우 중요하다.

임상 훈련에서 마음챙김을 통합하는 것은 명상수행을 위한 무한한 에너지가 필요하며, 이 명상수행은 수년간 이루어져야 한다. 만약 우리가 할 수 없는 것을 내담자에게 하도록 강요한다면, 마음챙김을 수행하고 깊은 경험으로부터 알게 된 것을 효과적으로 표현하게 하는 MBET의 목적을 달성하는 것이 어려워질 것이다. 나는 여기에 윤리적이고 진심 어린 혼신의 영혼을 담아 발전시킨 마음챙김 기반 미술치료 접근 훈련법을 제공한다. 감사하며 건강하길 빈다.

감사의 글

나의 멘토에 대한 감사의 글을 남긴다. 암 환자를 위한 미술치료 작업에 마음챙김을 통합시켰던 미술치료사 Paola Luzzatto(1998; Luzzatto & Gabriel, 2000), 선임 CFM 강사이자 본인이 직접 암과의 사투에서 미술창작을 활용했던 Elena Rosenbaum(2007), 작업에 영감을 주고 유용한 충고를 해 준 미술치료사이자 연구자인 Linda Chapman (Chapman et al., 2001), 이론적으로 날카로운 충고를 해 준 미술치료 프로그램 지도자인 Karen Clark-Shock과 Nancy Gerber에게 감사한다. CFM에서 Jon Kabat-Zinn, Melissa Blacker, Florence Meleo-Myer, Saki Santorelli(1999)가 보내 준 사려 깊은 환영과 지속적인 격려는 내 인생과 일을 견뎌 낼 수 있게 해 준 선물이었다. 토머스 제퍼슨 대학에서 나의 MBAT 연구 동료였던 Daniel A. Monti, MD, 대표연구자이자 공동연구자였던 Elisabeth S. Kunkel, MD와 George C. Brainard, Ph.D.에게 감사를 보낸다. 그리고 무엇보다도 따뜻한 가정을 지켜 준 Michael Bergren에게도 감사를 표한다.

참고문헌

Antonovsky, A. (1996). "The salutogenic model as a theory to guide health promotion." *Health Promotion International 11*, 1, 11-18.

Bar-Sela, G., Atid, L., Danos, S., Gabay, N., & Epelbaum, R. (2007). "Art therapy improved depression and influenced fatigue levels in cancer patients on chemotherapy." *Psycho-Oncology 16*, 11, 980-984.

Britton, W. B. (2005). "The physiology of stress and depression and reversal by meditative techniques." Integrating Mindfulness-Based Interventions into Medicine, Health Care, and Society. Fourth Annual Conference for Clinicians, Researchers and Educators. Worcester, MA: Center for Mindfulness, University for Massachusetts Medical School.

Bultz, B. D., & Carlson, L. E. (2006). "Emotional distress: the sixth vital sign-future directions in cancer care." *Psycho-Oncology 15*, 2, 93-95.

Carlson, L. E., Angen, M., Cullum, J., Goodey, E., et al. (2004a). "High levels of untreated distress and fatique in cancer patients." *British Journal of Cancer 90*, 12, 2297-2304.

Carlson, L. E., Speca, M., Patel, K. D., & Goodey, E. (2004b). "Mindfulness-Based Stress Reduction in relation to quality of life, mood, symptoms of stress and levels of cortisol, dehydroepiandrosterone sulfate (DHEAS) and melatonin in breast and prostate cancer outpatients." *Psychoneuroendocrinology 29*, 4, 448-474.

Carlson, L. E., Waller, A., & Mitchell, A. J. (2012). "Screening for distress and unmet needs in patients with cancer: Review and recommendations." *Journal of Clinical Oncology 30*, 11, 1160-1177.

Chapman, L., Morabito, D., Ladakakos, C., Schreier, H., & Knudson, M. (2001). "The effectiveness of an art therapy intervention in reducing post-traumatic stress disorder (PTSD) symptoms in pediatric trauma patients." *Art Therapy: Journal of the American Art Therapy Association 18*, 2, 100-104.

Dewey, J. (1980, 1934). *Art as Experience*. New York: Minton, Balch and Company.

Fleming, M. M., & Cox, C. T. (1989). "Engaging the Somatic Patient in Healing through Art." In H. Wadeson, J. Durkin, & D. Perach (eds) *Advances in Art Therapy*. New York: John Wiley and Sons.

Geue, K., Goetze, H., Buttstaedt, M. Kleinert, E., Richter, D., & Singer, S. (2010). "An overview of art therapy interventions for cancer patients and the results of research." *Complementary Therapies in Medicine 18*, 3-4, 160-170.

Hoffman, C. J., Ersser, S. J., Hopkinson, J. B., Nicholls, P. G., Harrington, J. E., & Thomas, P. W. (2012). "Effectiveness of Mindfulness-Based Stress Reduction in mood, breast and endocrine-related quality of life, and well-being in stage 0 to III breast cancer: A randomized, controlled trial." *Journal of Clinical Oncology 30*, 12 1355-1342.

Kabat-Zinn, J. (1994). *Wherever You Go, There You Are: Mindfulness Meditation in Everyday Life*. New York: Hyperion.

Kabat-Zinn, J. (2009) (First published 1990) *Full Catastrophe Living: Using the Wisdom of Your Body and Mind to Face Stress, Pain and Illness: The Program of the Stress Reduction Clinic at the University of Massachusetts Medical Center*. New York: Delta Trade Paperback.

Kristeller, J. L., & Hallett, B. (1999). "Effects of a meditation-based intervention in the treatment of binge eating." *Journal of Health Psychology 4,* 2, 257-363.

Luzzatto, P. (1998). "From psychiatry to psycho-oncology: Personal reflections on the use of art therapy with cancer patients." In M. Pratt & M. J. M. Wood (eds) *Art Therapy in Palliative Care: The Creative Response.* London: Routledge.

Luzzatto, P., & Gabriel, B. (2000). "The creative journey: A model for short-term group art therapy with posttreatment cancer patients." *Art Therapy: Journal of the American Art Therapy Association 17,* 4, 265-269.

Maslow, A. (1968). *Toward a Psychology of Being* (Second edition). Toronto: Van Nostrand.

Monti, D. A., Gomella, L., Peterson, C., & Kunkel, E. (2007). *Preliminary Results from a Novel Psychosocial Interventions for Men with Prostate Cancer.* Orlando, FL: American Society for Clinical Oncology Prostate Cancer Symposium.

Monti, D., Peterson, C., Shakin Kunkel, E., Hauck, W. W., et al. (2006). "A randomized, controlled trial of mindfulness-based art therapy (MBAT) for women with cancer." *Psycho-Oncology 15,* 5, 363-373.

Nainis, N., Paice, J. A., Ratner, J., Wirth, J. H., Lai, J., & Shott, S. (2006). "Relieving symptoms in cancer: Innovative use of art therapy." *Journal of Pain Symptom Management 31,* 2, 162-169.

Peterson, C. (2000). *A National Institutes of Health R-21 Grant Application with Discussion: Mindfulness-Based Art Therapy for Cancer Patients.* Philadelphia, PA: MCP Hahnemann University, School of Health Professions, Department of Mental Health Sciences.

Peterson, C. (2004). "Development, innovations and outcomes: Mindfulness-Based Art Therapy for cancer patients." Worcester, MA: Integrating Mindfulness-Based Interventions into Medicine, Health Care, and Society. Third Annual Conference for Clinicians, Researchers and Educators.

Peterson, C. (2006). Mindfulness-Meditation Practice Recording.

Peterson, C. (2008). "Mindfulness and creativity: Expanding opportunities for learning and self-regulation within the MBSR curriculum." Workshop given at the Sixth Annual Conference for Clinicians, Researchers and Educators, University of Massachusetts. Integrating Mindfulness-Based Approaches and Interventions into Medicine, Health

Care and Society.

Peterson, C. (2012). Personal communication.

Peterson, C., & Monti, D. (2009). *Mindfulness-Based Art Therapy: An Intervention Manual.* Philadelphia, PA: Thomas Jefferson University. Unpublished manuscript.

Peterson, C., Moss, A., Leiby, B., Pequignot, E., & Monti, D. A. (2008). "A whole person perspective on outcomes of a clinical trial of a mindfulness-based intervention for women with cancer." Worcester, MA: Integrating Mindfulness-Based Interventions into Medicine, Health Care, and Society. Sixth Annual Conference for Clinicians, Researchers and Educators, University of Massachusetts.

Reynolds, F., & Prior, S. (2006). "The role of art-making in identity maintenance: Case studies of people living with cancer." *European Journal of Cancer 15*, 4, 333-341.

Rogers, C. R. (1954). "Toward a theory of creativity." *ETC: A Review of General Semantics 11*, 4, 350-358.

Rosenbaum, E. (2007). *Here for Now: Living Well with Cancer through Mindfulness.* Hardwick, MA: Satya House Publications.

Santorelli, S, F. (1999). *Heal Thyself: Lessons on Mindfulness in Medicine.* New York: Bell Tower.

Santorelli, S, F., & Kabat-Zinn, J. (2004). *Mindfulness-Based Stress Reduction Professional Training: Mindfulness-Based Stress Reduction Curriculum Guide and Supporting Materials.* Worcester, MA: University of Massachusetts Medical School.

Shapiro, A., Carlson, L., Astin, J., & Freedman, B. (2006). "Mechanisms of mindfulness." *Journal of Consulting Psychology 62*, 3, 373-386.

Svensk, A.-C., Öster, I., Thyme, K. E., Magnusson, E., et al. (2009). "Art therapy improves experienced quality of life among women undergoing treatment for breast cancer: A randomized controlled study." *European Journal of Cancer Care 18*, 1, 69-77.

Weitz, M. V., Fisher, K., & Lachman, V. D. (2012). "The journey of women with breast cancer who engage in Mindfulness-Based Stress Reduction." *Holistic Nursing Practice 26*, 1, 22-29.

Williams, J. M., Teasdale, J. D., Segal, Z. V., & Soulsby, J. (2000). "Mindfulness-Based Cognitive Therapy reduces overgeneral autobiographical memory in formerly depressed patients." *Journal of Abnormal Psychology 109*, 1, 150-155.

Witek-Janusek, L., Albuquerque, K., Chroniak, K. R., Chroniak, C., Durazo-Arvizu, R., & Mathews, H. L. (2008). "Effect of a mindfulness based stress reduction on immune function, quality of life, and coping in women newly diagnosed with early stage breast cancer." *Brain Behavior and Immunity 22*, 6, 969-981.

Wood, M. J. M., Molassiotis, A., & Payne, S. (2011). "What research evidence is there for the use of art therapy in the management of symptoms in adults with cancer? A systematic review." *Psycho-Oncology 20*, 2, 135-145.

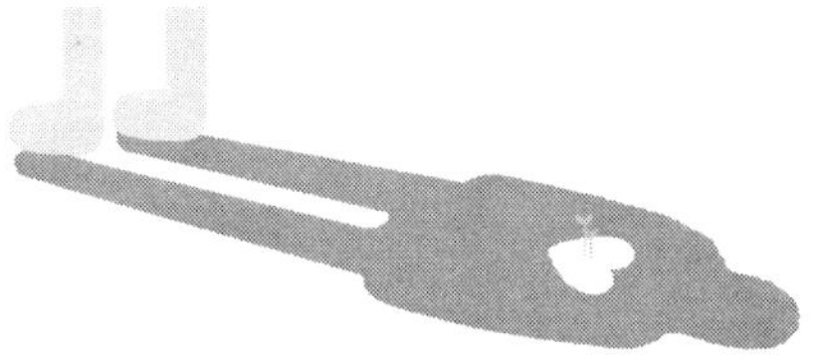

Chapter 05

만성 통증과 심신 자각 미술치료

–Jürgen Fritsche

여기에 설명된 접근방식은 위빠사나 명상(Vipassana Meditation) 사례에서 영감을 얻었으며, 만성 통증(chronic pain syndrome: CPS)을 경험하고 있는 사람들을 대상으로 한 마음챙김 미술치료이다. 명상의 이런 형태는 신체 감각을 발전시키고 유지하는 기능 훈련, 느낌, 정서 및 정신수행을 동반한다. S. N. Goenka(Hart, 1991)에 의해 전수된 위빠사나에서 명상가는 경험에 대해 판단하는 것 없이 신체 자각에 초점을 이동시킴으로써 체내의 신체 감각을 온 마음으로 관찰한다.

만성 통증 환자를 위한 독일 뮌헨 주간 클리닉(day clinic)에서 심신 자각 미술치료(Mind-Body Awareness in Art Therapy)를 개발하였다. 핵심 방법은 신체 각 부분을 알아차리는 것으로, 일방적인 판단 없이 신체 감각들을 주의 깊게 관찰하고 창조적 수단을 통해 자신의 경험을 시각적으로 표현하는 것이다. 그들은 치료사 및 집단과 자신들의 경험을 공유하기 때문에 창조적 수단은 환자들을 위한 반영 도구가 된다. 심신 자각의 경험을 통해 기억, 미래의 생각들, 자신에 대한 통찰력이 드러날 것이다. 이것들은 치료작업에 통합될 수 있다.

이 장에서는 위빠사나 명상과 마음챙김 기반 스트레스 감소(MBSR; Kabat-Zinn, 1990), 그리고 미술치료에 대한 간략한 개요를 제시한다. 뿐만 아니라 만성 통증 환자와의 미술치료 과정에서 심신 자각에 대한 개요를 소개하고, 12주 이상 된 만성 통증 환자의 사례 연구를 제시한다. 이 사례에서 알 수 있듯이, 심신 자각 및 창조적 표현의 결합은 환자가 자신의 통증 경험 정도와 전과 후의 상태를 감지하고, 근본적인 정서 문제를 해결하며, 아직까지 다루지 못한 내적 자원에 접근하는 것을 가능하게 한다. 환자가 자기 고통의 한계를 뛰어넘어 배우기 때문에, 자신에 대한 통찰, 미래에 대한 낙관적 희망 그리고 일상생활에서 능력을 키울 수 있는 감각을 얻게 된다.

이론체계

위빠사나 명상

불교 심리학에서 팔리어 용어인 'sati'는 "마음챙김" "(비개념적) 알아차림" 또는 "순수한 주의(bare attention)"를 의미한다(Henepola Gunaratana, 2002, p. 140). Sati는 위빠사나 명상 훈련에 중요한 개념이다(Gurber, 1999, pp. 38-39). 위빠사나 명상은 초기 불교 규율을 기반으로 다양한 전통의 일부로서 소승 불교(Gombrich, 2006)에 의해 전해졌다(Gurber, 1999, pp. 15-16). 서양에서는 위빠사나 명상을 종종 통찰 명상이라고 한다(Goldstein, 1993; Kornfield & Goldstein, 1987).

위빠사나에서 수행자인 S. N. Goenka(Hart, 1991)는 신체 감각이 일어나고 지나가는 것을 관찰하면서 현재 순간의 마음챙김을 발전시켰다. 지각, 정서, 심지어 생각은 모든 신체 감각과 동반되며, 그것들은 (무의식적) 마음이 즉시 반응하도록 한다(vedana). 심지어 반응이 외부현상(예: 불쾌한 소리)과 관련 있어 보인다 하더라도, 실제 반응은 신체와 동시에 발생하는 불쾌감과 관련되어 있다(여기서는 소리가 자각되는 순간이다).

'외부의 어떤 것'에 대한 반응처럼 신체 감각에 대한 반응 또한 명확하다. 마음은 끊임없이 vedana(신체 감각)에 집착하거나, 중립적 태도를 취하거나, 혹은 혐오감을 가지고 반응하기 때문에 늘 불안한 상태에 머물게 된다. 신체 감각에 반응하는 태도가 신체 감각을 차분하고 마음챙김적으로 관찰하는 훈련을 통해 서서히 수용될 때 마음의 평화는 달성될 수 있다. 수행자는 모든 현상이 결국 비인격적이고(anata) 일시적인 것(anicca)임을 경험한다. 그것은 누구에게도 속하지 않고 영원하지도 않다. 따라서 집착하거나 혐오하는 것으로는 만족할 수 없다. 이것을 이해하지 못하는 것과 반응 모드의 유지는 고통에 이르게 한다(dhukka)(Goenka & Hart, 2000).

위빠사나 수행을 통해 마음은 점점 차분해지고 신체 감각을 의식하게 된다. 이 과정은 더 복잡한 반응적 측면(sankharas)을 야기하고, 고통이나 기쁨, 감정이나 생각을 동반한 물리적 감각들을 불러일으킨다. 이런 현상들은 종종 명상가들에 의해 마음으로 온전히 차분하게 관찰되고 자연스럽게 해결된다. 수행을 계속하게 되면 심신의 복합체는 점차 집착과 혐오로 조건화된 패턴으로부터 해방된다. 명상가는 내적 과정들을 볼 수 있는 통찰력의 성장을 경험하게 되며 내부의 균형을 증가시킬 수 있게 된다(Goenka & Hart, 2000).

S. N. Goenka는 명상가들에게 호흡명상으로 시작하도록 지시한다. 눈을 감고 콧구멍 아래에 작은 영역을 통과하여 들어오고 나가는 숨의 느낌을 관찰하게 한다(Hart, 1991, pp. 72-77). 집중이 어느 정도 유지되어 위빠사나 명상에 들어가면 호흡 느낌과는 독립적으로 신체의 한 부위에 집중되는 미묘한 감각들을 느낄 수 있다. 그러면 명상가는 머리 정수리 위로 민감하게 자각을 이동시키고, 몸 전체로 자각을 체계적으로 이동하기 시작한다. 집착이나 혐오에 반응하지 않고, 매 순간에 대한 알아차림과 함께 느낄 수 있는 모든 감각을 관찰한다. 몸 전체를 통해 연속된 움직임으로, 신체의 각 부분을 순서대로 위의 과정을 계속한다(Gruber, 1999, pp. 45-51).

만성 통증, 심신 자각 그리고 미술치료

최근 연구는 만성 통증이 사회심리적 · 정서적 요소와 밀접한 관련이 있음을 보여 준다(Henningsen, 2008, p. 279). 만성 통증 환자는 처음에는 사회심리적 또는 정서적 맥락과 관계없이 대부분 신체적 경험(Henningsen, 2008, p. 280)으로 자신의 고통을 정의했다. 매사추세츠 대학 스트레스 감소 클리닉(University of Massachusetts Stress Reduction Clinic)의 연구는 마음챙김에 근거한 수행이 만성 통증으로 고생하는 사람들에게 특히 효과가 있음을 보여 주었다(Kabat-Zinn, 2011, pp. 338-385). 이 병원의 Jon Kabat-Zinn은 환자를 치료하는 접근방법으로 좌선이나 걷기명상과 함께 위빠사나 신체관찰 기술을 기반으로 한 바디스캔을 적용했다(Meribert, Michalak, & Heidenreich, 2009, pp. 141-191). 통증 평가 지수(PRI)를 사용한 마음챙김 기반 스트레스 감소 연구는 임상적으로 통증 경험 지수를 상당히 감소시켰으며, 이 프로그램이 긍정적 평가를 받을 수 있었다(Kabat-Zinn, 2011, p. 338).[1]

미술치료는 통증에 대한 깊이 있는 관찰과 고통에 대한 상징적 측면을 발견하는 데 도움을 준다(Dannecker, 2008, p. 288). 만성 통증을 가진 대부분의 사람들은 오랫동안 고통이나 갈등을 억제하였다. 그러나 창조적 행위를 통해 마침내 표현할 수 있으며 해결할 수 있게 된다. 대부분의 만성 통증 환자들은 미술치료의 창작 과정에 참여하면서 통증으로 인한 고통이 크게 감소했다고 보고하였다(Dannecker, 2008, pp. 288-289).

요약하면, 만성 통증은 신체적 · 심리적 측면을 모두 포함한다. 두 가지 측면을 모두 해결하기 위해서 미술치료의 심신 자각 접근방법은 신체 경험(통증 현상 자각)과 창조적 표현(정신적 · 정서적 의미)을 촉진한다. 이 방법은 비록 명상수행에서 영감을 얻었지만, 그 목적이 환자에게 명상을 가르치는 것은 아니다(Fleischman, 1986, pp. 13-14).

미술치료 단계에서 심신 자각

미술치료 모델에서 심신 자각은 일곱 단계—평가, 표현, 확장, 에너지 방출, 방향전환, 인식 그리고 안도(안심)—로 기록될 수 있다(〈표 5-1〉 참조). 이러한 단계는 사례 연구에서 반영된다.

표 5-1 미술치료의 심신 자각 단계

1. 신체 감각에 대한 마음챙김을 토대로 신체적 경험 평가하기: 문제가 되거나 고통스러운 영역에 초점 두기
2. 표현: 창조적 작업으로 이동
3. 확장
   (a) 마음챙김 초점을 확대: 또 무엇이 있는가?
   (b) 미술작업 확장하기: 표현을 위한 더 많은 공간 허용하기
   (c) 내적 공간 넓히기 경험
4. 에너지 방출: 이전에 간과했던 잠재적 에너지와 접속. 물리적-정서적 장벽이 드러나며, 활동 수준 증가
5. 방향 전환: 창조적이고 삶을 향상시킬 수 있는 측면으로 삶의 에너지 전환
6. 인식: 감정, 정서, 기억, 상황 또는 전기적(살아온 이야기) 요인을 의식 위로 부상. 통증 경험의 정서적/전기적(살아온 이야기) 전후사정 인식 이후 해결 가능해짐.
7. 강한 통증의 한계로부터의 안도. 낙관성, 생명력 및 자존감 증가

임상 적용

(주간) 통증 클리닉에서 미술치료

미술치료는 뮌헨 슈바빙(Munich Schwabing) 병원(독일 뮌헨) 내 통증 클리닉에서 이루어지는 종합 접근 방식이다.[2] 이 프로그램은 의사, 심리학자, 물리치료사, 펠덴크라이스 치료사(Feldenkrais-therapist), 미술치료사, 간호사 및 임상 분야 전문가들의 협력으로 이루어진다. 이 방법은 만성 통증이 생체의학, 심리정서적 그리고 사회심리적 요인의 조합된 결과임을 먼저 이해해야 접근할 수 있으며, 다양한 수준에서 해결되어야 한다(Pöhlmann et al., 2009, p. 40). 만성 통증의 치료 목적은 주관적 통증 경험의 감소를 촉진하여 고통의 만성화를 방지하고 삶의 질을 높이는 것이다.

집단미술치료

집단미술치료는 5~8명으로 구성되며, 치료기간은 10~12주이고, 주 1회 90분 회기로 실시된다.

미술치료실

치료실은 세 개의 방으로 연결되어 있다. 하나는 전체 집단의 작업 및 집단 토론을 위한 방이고 다른 방들은 창조적 활동을 위해 자유롭게 사용된다. 여러 기능으로 사용 가능한 공간은 다양한 가능성을 제공하며 창작 과정에서 최대한의 자유를 허용한다. 환자는 스튜디오 중심에서 삼차원적으로 작업할 수 있도록 테이블, 이젤, 벽, 마루에서, 그리고 입체적으로 작업할 수 있다.

미술치료 회기의 개요

시작: 원탁회의

각 회기는 원탁회의로 시작한다. 이것은 모든 환자가 자신의 치료와 개인적인 문제에 관해 현재 상황을 공유하는 데 도움이 된다. 소요시간은 약 20분에서 25분 정도이다.

준비작업

실제 작업시간은 약 40분이며 간단한 준비작업으로 시작한다. 이것은 심신 자각 운동 또는 창조적 작업을 위한 주제가 제공되기도 한다. 예를 들면, '음악 그림'으로 '듣기 쉬운' 기악의 한 부분을 들려주고 환자들에게 "음악을 듣고 즐기세요. 소리가 여러분을 따라 흐르도록 하면서, 붓이나 스펀지, 스크레이퍼(긁어내는 도구)를 사용하여 종이 위에 음악이 흐르듯이 그려 보세요. 아니면 직접 손가락으로 그림을 그려도 됩니다. 자신의 감정을 자각하고 소리와 함께 흘러가도록 해 보세요." 곧 환자들은 음악을 듣고, 감각적 차원에 참여하며, 정서적으로 반응하게 된다. 이러한 활동은 곧 시각적 표현으로 연결되어 환자는 편안하고 자연스러운 창조적 활동에 참여하면서 통증의 지배에서 잠시 벗어나게 된다.

준비작업 후, 환자는 본 프로그램을 수행할 준비를 하게 된다. 치료사가 제목을 제안하거나 작업에 필요한 것을 제공한다. 그들은 기법과 재료를 가지고 자유롭게 참여하여 개인적인 아이디어를 개발할 수 있다.

신체 소개하기: 신체 이미지 그림

나는 만성 통증 환자를 위한 미술치료 첫 번째 회기에서, 신체 이미지 그림을 만들도록 제안했다. 나는 심신 자각 훈련에서 자신의 몸이 어떻게 느끼는지 주의를 집중하게 한 후, 환자들에게 그들 자신의 신체 윤곽을 큰 종이 위에 그리게 하였다. 방법은 짝을 정하고 당사자는 큰 종이 위에 누운 후 짝이 상대의 신체 윤곽선을 따라 선으로 그리게 하는 것이다. 그런 다음 물감이나 다른 재료를 이용하여 자유롭게 윤곽선 안을 채워 넣도록 한다. 종이에 눕거나 그렇게 하는 것을 불편해하는 환자에게는 스크랩북 크기의

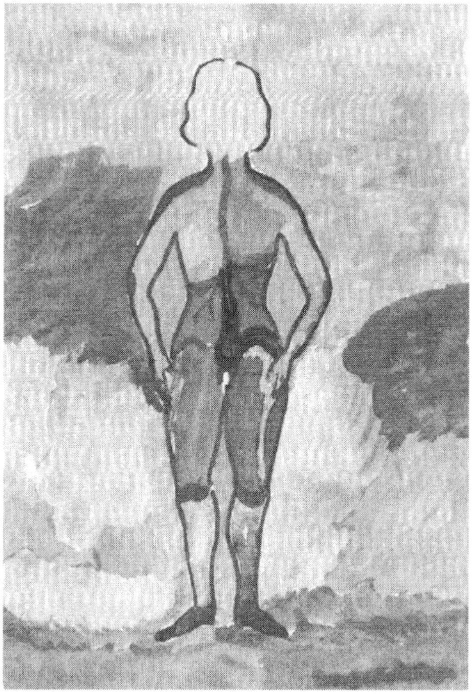

그림 5-1 신체 이미지 그림(스크랩북 크기)

용지에 미리 디자인된 신체 그림을 제공한다. 제공된 그림은 변경 가능하고, 수채화 물감, 파스텔, 연필 또는 잉크 펜으로 채워 넣을 수 있다([그림 5-1] 참조).

[그림 5-1]에서, 환자는 통증을 표현하기 위해 인물상에 빨간색을 첨가하였다. 이 과정의 두 번째 단계는 신체 이미지의 외부 공간을 생성하는 것이다. 이 신체 이미지 사진은 환자 스스로가 자신을 어떻게 보는지 나타낼 뿐만 아니라, 환자가 현재 어떤 느낌을 가지고 있는지 보여 주는 표시이다. 이것은 신체의 긴장, 압통, 또는 통증의 위치 및 통증 지각의 정도를 확인할 수 있는 유용한 '지도(map)'가 된다.

나누기

작품은 그 회기의 마지막에 집단에 공개되고, 작품을 보면서 환자들은 모두 자신들의 경험, 문제점, 통찰력을 공유하였다. 집단원들과 작품에 대한 의견을 나누면서 그들이 겪었던 고통의 경험, 의미와 통증의 역사 등 힘든 문제를 깨달으며, 통증을 조절하기 위한 의견도 나눌 수 있다. 이러한 치료 회기 과정은 때때로 매우 감정적인 상황이 되면서 환자들은 개인적인 통찰을 얻기 시작하며, 동요하는 환자들에게 좀 더 친밀감을 가지고 마음을 열기 시작한다. 미술치료사의 지지를 받으면서 환자는 점차 자신의 욕구와 갈등을 인식하고 더 나은 치유를 위한 자신만의 능력을 발견할 수 있다. 작품공유를 위해서는 약 20~25분 정도가 소요되고, 청소하고 작업한 재료들을 다시 제자리에 정리하는 데는 대체로 5~10분 정도가 소요된다.

▣ 사례 연구: Linda

Linda는 63세 여성 환자로, 근골격 통증, 섬유 근육통, 엉덩이, 하부 척추, 오른쪽 팔과 어깨에 통증을 호소하며, 손가락과 발가락 관절에 통증을 가지고 있다.

1주: 살펴보기

Linda는 심한 스트레스, 편두통, 아침에 일어나면 무기력해지는 자신에 대해 호소하였다. 나는 치료 프로그램 개발을 목적으로 몇 가지 질문을 했다. 그녀는 "나는 활력을 다시 찾고 싶고, 삶을 새롭게 설계하고, 활동을 구속하는 긴장과 억압을 덜어 내고 싫어요."라고 하였다. Linda는 단정하고 기품 있고 세련된 여성이었다. 자세는 똑바르나, 움직임과 제스처는 다소 경직되어 있고 딱딱했다. 그녀는 미술치료 집단에 참가한 다섯 명의 환자 중 한 명이었다.

나는 집단원들과 친숙해지기 위해 "자신을 나타낼 수 있도록 글을 쓰거나 상징, 아니면 그냥 좋아하는 색상을 사용하여 종이에 이름을 표현해 보세요."라고 요청했다. 그녀는 Linda라는 이름을 반듯하고 힘 있는 필체로 쓰고, 수채화 그림물감을 사용하여 화려한 꽃모양으로 장식하였다. Linda라는 이름이 어린 시절 어려운 시기를 상기시키므로, 약칭으로 자신의 이름을 집단원들에게 알려 주었다.

2주: 동기와 재료의 자유 선택

Linda는 첫 자유화에서 종이에 수채화 그림물감을 사용하고 즉흥적으로 꽃이 만발한 나무와 조화로운 풍경을 만들었다. 아마도 초기 단계에서 Linda는 불쾌한 감정이 발생하지 않도록 조화로운 동기를 선택하는 것 같았다(Dannecker, 2008, p. 288). 자연에 대한 그녀의 사랑과 여행에 대한 관심을 이야기하며, 신체적 고통의 한계 때문에 자신이 자연과 여행을 온전히 즐기지 못하고 있음을 느끼게 되었다.

3주: 신체 각 부분 알기-평가, 표현, 확장

지금까지 집단원들은 치료 상황에서 편안한 느낌을 받았다. 이 단계에서 나는 심신자각에 대해 강조했다. 나는 집단원이 편안한 자세에서 척추를 똑바로 세우도록 하고 가능하다면 눈을 감으라고 지시한다. 나는 그들에게 마음 깊이 신체의 존재를 지각하게 하고, 약 2분 동안 들어오고 나가는 숨을 자각하도록 지시한다. "들어오고 나가는 자신의 호흡을 잘 관찰하면, 어떤 생각, 감정 또는 이미지들이 나타납니다. 그들에 의해 방해받지 마시고, 그냥 어떠한 판단도 하지 않고 그저 바라보세요. 그런 후 다시 호흡에 집중하세요. 들이마시고 나가는 호흡에 집중하세요." 환자들은 곧 몸을 움직이지 않고 조용하게 집중한다.

잠시 후, 신체를 관찰하도록 지시한다. "이제 얼굴 표면에 주의를 기울이세요. 얼굴 표면을 따라 마음 가득히 무엇이 느껴지시나요? 눈, 코, 입술……. 이제 머리 전체로 확장합니다. 여러분이 느낄 수 있는 모든 신체적 감각들을 관찰하면서……." 나는 다시 그들의 신체 전체를 통해 자신을 자각하도록 한다. 머리, 어깨, 팔, 손, 목, 등 척추, 몸통, 더 아래 몸의 구석구석까지……. 그리고 의자, 무릎, 더 아래에 있는 다리, 그리고 땅과의 접촉을 느낄 수 있는 발까지.

잠시 후, 집단원들이 그들의 신체를 계속 탐색하면서 이번에는 '신체의 고통스러운 부분'에 대해 호기심과 환영하는 태도를 가지고 감각에 집중하도록 하였다.[3] 몇 분이 지나 천천히 그 경험으로부터 돌아오게 한 후, 눈을 뜨고 외부 세계의 색상, 모양, 사람을 둘러보도록 한다. 그리고 일어서서 팔과 다리를 흔들며 약간의 스트레칭과 부드러운 움직임을 한 후 이 훈련을 마친다. 이 훈련은 약 10~20분 정도 소요된다.

나는 집단에 엽서 크기의 종이를 나누어 준 후 "고통스러운 신체 영역이 어떻게 느껴졌는지를 수채화 물감, 연필이나 크레용으로 빠르게 스케치해 보세요."라고 요청한 후 2~3분이 지난 뒤 작품에 제목을 붙이도록 한다.

Linda는 스케치 종이에 빨간색, 주황색, 노란색과 검은색으로 불타는 듯한 수채화를 그렸다([그림 5-2] (a) 참조). 연필로 '불타는, 뚫는, 쏘는' 말을 썼다. 그녀는 이런 경험에 매우 만족하며 많은 관심을 보였다. Linda는 세 단어를 설명하면서, 그녀가 느끼는 통증이 정말 무덤같고 고통스럽다는 것을 강조하였다. 이후 나는 스케치에 이어, 다른 재료와 더 큰 종이에 자유로운 창작활동을 하도록 요청했다. Linda는 회기가 끝날 때까지 수채화를 사용했다. '불'의 이미지가 남아 있지만, 더 큰 크기로, 빨강, 주황,

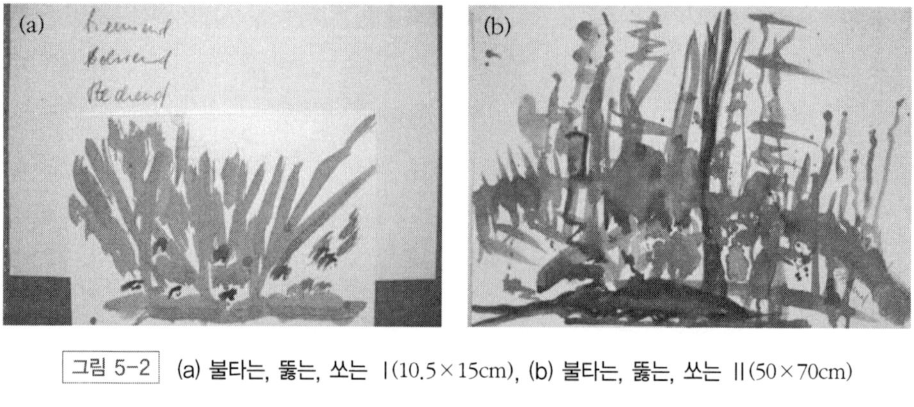

그림 5-2 (a) 불타는, 뚫는, 쏘는 I (10.5×15cm), (b) 불타는, 뚫는, 쏘는 II (50×70cm)

분홍, 검정색의 다채롭고 화려한 붓의 터치가 보인다([그림 5-2] (b) 참조).

마지막에, Linda는 불과 같은 색상과 그녀가 쓴 단어를 참조하여 다시 통증의 강도를 강조하면서 그림에 대한 열정적 경험에 대해 말했다. 그녀는 통증에 대한 경험을 표현할 수 있다는 것을 발견하면서 매우 만족해하였다.

이 회기에서 Linda는 신체 감각과 통증의 정도를 직접 접촉할 수 있었다. 연필로 쓴 단어는 경험을 정확하게 나타내고 다소 혼란한 경험들에 이름 붙이기를 함으로써, 범위를 좁혀 나갈 수 있는 표시로 작용하였다.[4] Linda가 실제 통증 감각과 접촉함으로써 마음챙김은 그녀의 창조적 표현의 원천이 되었으며, 먼저 통증을 감소하여 스케치에 집중하게 하고, 두 번째로 확대된 그림 속에서 상상이 풍부해졌다(확장).

4주: 고통의 자각과 주위 공간/생명 에너지

다음 회기에서, 집단원들은 다시 바디스캔을 지도받았다. 통증 영역에 대한 그들의 자각을 집중해서 살피도록 지시한 후에 "지금 여러분의 자각을 확장해서 통증 영역 주위를 둘러보세요. 그것을 둘러싼 주위에 다른 무엇이 있나요?" 바디스캔의 마지막 부분에서 스트레칭 및 몸을 부드럽게 움직이고 난 후, 나는 집단원들에게 고통스러운 경험을 나타내는 3차원 물체를 만들어 내고, 통증 주위를 둘러싸고 있는 것을 상징화하도록 요청했다. Linda는 통증 영역을 조각상으로 해석해서 철사, 장식 종이, 나사, 벽에 사용하는 핀, 테이프들을 모아서 종이 위에 고정했다. 결과는 이전의 수채화 그림

그림 5-3 (a) '통증' 3D의 표현, (b) 주변의 공간 추가

이미지와 유사하지만 훨씬 더 강렬한 조각상이 되었다([그림 5-3] (a) 참조). Linda는 이 작업을 즐겼다. 주변 공간을 꾸미기 위해, 그늘을 칠할 때, 파란색과 녹색, 그리고 나중에는 노란색과 주황색의 아크릴을 선택했다([그림 5-3] (b) 참조).

곧 종이 전체가 채워졌지만, Linda는 여전히 계속해서 하기 위해 많은 노력을 기울였다. "공간이 충분하지 않습니다."라고 말했다. 나는 그녀가 더 큰 종이를 사용하여 배경을 확대하고 모든 방향에서 계속 그림을 그릴 것을 제안하였다. 결과는 70×100cm의 에너지 넘치는 소용돌이 모양의 조형물이 되었으며, 철사를 결합하고, 밝은 파란색과 녹색, 노란색, 주황색으로 그늘을 표현하였다([그림 5-4] (a) 참조). 다른 집단원들이 그녀의 작품에 큰 환호로 응답하였다.

이 회기에서는 통증 경험에 대한 확장으로 나아가는 또 다른 단계를 추가했다. 전체적 구성은 더 많은 공간을 차지하였다. Linda의 작품은 동적인 선과 강렬한 색상의 풍부한 레퍼토리를 보여 주었다. Linda는 이러한 작품활동을 하는 동안, 그리는 과정에

그림 5-4 (a) 주변 공간으로의 확대, (b) 에너지 중심

완전히 몰입하면서 생생한 움직임을 보여 주었다. 그 움직임은 자연스럽고 거침없으며 활력이 넘쳐 보였다. Linda는 자신의 경험을 공유했다. "이 그림은 나에게 힘을 불어넣어 줍니다! 보통 때는 고통의 경험을 억제했지만, 오늘은 그렇지 않았습니다." 그녀는 흥분해서 계속 말했다. "나는 통증 영역에 가까이 있는 에너지의 중심을 발견했습니다. 그것은 내가 이전에 미처 몰랐던 것입니다."([그림 5-4] (b) 참조)

5주: 정서/에너지 방출

일주일 후, Linda는 피곤하고 지쳐 보였다. 처음으로 집단원들과 개인적 문제를 공유하였다. 최근까지 그녀 마음속에 내재되어 있던 삶의 고통스러운 부분, 그중 매우 힘들었던 어린 시절의 기억들에 대해 이야기하였다. "난 정말 이 기억들과 마주한 적이 없었어요." "나는 이번 주에 몇 년 동안 느낄 수 없었던 너무 많은 분노와 슬픔을 느꼈어요."라고 말했다. Linda는 자신의 감정을 다른 사람과 이야기하는 것을 피하는 성향과 다른 사람의 요구를 들어주는 것에 더 신경을 쓰고 있는 자신의 패턴에 대해 인식하게 되었다.

오늘 Linda는 "매우 큰 종이에 그림을 그리고 싶어요."라고 말했다. 그녀가 집단에서 떨어져 작업하기를 원했기 때문에, 옆방 벽에 대형 크기의 용지(1.5~2m 세로용지)를 붙여 주었다. Linda는 페인트 롤러, 스크레이퍼, 스펀지, 큰 붓을 사용하여 색상을 만들고 질감을 나타내기 위해 다양한 방법을 탐구하였다([그림 5-5] 참조). 이러한 과정에서, 그녀의 몸 전체가 움직여 어깨부터 팔까지 큰 회전을 하며 움직이게 되었다. 엉덩이와 무릎을 아래위로 구부리면서, 지속적인 표현 운동을 하며 용지 전체를 채웠다. 그 모습은 긴장과 신체적 장벽과는 관련이 없는 것처럼 보였다.

그 후, Linda는 안정되고 더 편안해 보였다. 그림을 그리는 동안 그녀를 괴롭혔던 시간, 걱정, 고통의 느낌을 완전히 지워 버릴 수 있었다. 그녀는 Csíkzentmihályi(1990; Rheinberg, 2010)의 몰입을 경험했다.

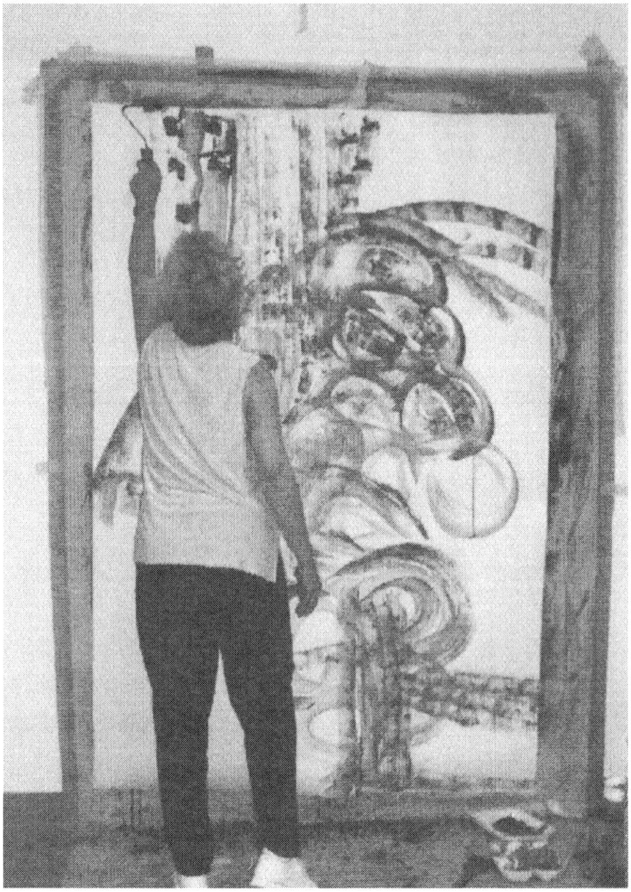

그림 5-5 Linda의 그림 그리기

6주: 분노 표현

다음 주, Linda는 큰 그림 작업을 계속했다([그림 5-6] 참조). 그 이미지들은 추상적이며, 전체적 형태는 실험적이고, 율동적이며 화려했다. 그녀는 집단에 자신의 작품을 보여 주면서 다음과 같이 말했다. "내 작품들은 사실 그림이 아니라 종이 위에 단지 색칠을 한 것뿐입니다." 또한 "큰 그림을 그리는 작업은 나에게 분노를 많이 표현할 수 있는 기회를 주었습니다." 이러한 표현은 이미지로 나타내는 것보다 표현을 위한 행동이 그녀에게 더 의미가 있는 것임을 알 수 있다.

그림 5-6 대형 사이즈 그림 작업

7주: 큰 그림 풍경화

Linda는 눈에 띄게 더 편안해 보였다. 마치 무거운 짐이 떨어져 나간 것처럼 보였다. 그녀는 강렬한 정서적 불안을 떨쳐 낸 방법을 집단원들에게 알려 주었다. 나는 2주 전에 했던 것처럼, 그녀가 원하는 방법을 결정해서 작업을 계속하도록 했다. 다시 그녀는 집단원과는 별도로, 큰 종이에 그림 그리는 것을 선택했다. 그 그림은 전면에 앙상한 나무들을 나타냄으로써 넓은 사막 같은 풍경을 나타냈다([그림 5-7] 참조).

전체적인 느낌은 훨씬 조용하고 이전 주에 비해 우울했다. 잎이 없는 덤불은 또한 잎이 없는 나무 옆에 웅크리고 있었다. 그림 중앙에는 물감에 물기가 많아 아래로 흘러내리는 효과를 나타내었다. 나에게 이 그림은 다소 슬픈 느낌을 주었다. Linda는 말했다. "나는 사막과 같이 넓은 공간이 있는 풍경을 사랑합니다." 나는 그녀가 말했던 과거 살아온 이야기를 기억했다. 그녀는 엄격한 교육을 받아야만 했고, 어린 시절 사랑과 공감을 그리워했으며 매우 중요하면서도 친밀한 관계와 관련된 복잡한 문제에 관한 이야기였다. 나는 건조한 풍경에 두 앙상한 식물이 이 이야기를 반영하고 있는지 궁금했지만,

그림 5-7 큰 사이즈의 풍경화

그녀에게 답변하도록 다그치지 않았다. Linda는 매우 만족해 보였다.

8주: 흑백: 열린 문

다음 주, Linda는 놀란 표정으로 "마지막 회기 이후, 아침마다 느껴지는 피로와 울적한 마음이 갑자기 사라졌어요."라며 차츰 긍정적인 표정을 지었다. 그녀의 육체적 고통은 더 이상 미술치료의 주된 초점이 되지 않았다. Linda는 중간 크기의 종이에 작업을 다시 시작하였고 같이 작업하던 원래 방으로 돌아갔다. 그곳 집단원들 속에서 적극적으로 작업을 계속해 나갔다. 오늘 그녀는 흑백 그림을 그려 보라는 내 제안을 받아들였다. 실제 작업이 끝난 후, 검은색을 사용하는 것이 얼마나 좋았는지 언급했다. 검은색은 이전의 그림에서 사용을 피했던 색상이었다. 그녀의 그림은 집단 구성원들에게 열린 문을 상기시켰다. Linda는 이 해석을 좋아했다.

9~11주: 낙관과 권한 부여

Linda는 마지막 2주 동안(1주일 결석했다), 큰 그림에서 개발한 실험적인 채색기법을 사용하여 열정적으로 작업을 계속하였으며, 대체적으로 행복해했고 그 전 몇 주에 비해 눈에 띄게 더 낙관적으로 보였다. 그녀의 움직임과 다른 사람과의 상호작용이 훨씬 부드럽고 더 유연하며 덜 긴장되어 보였다. Linda는 그녀의 개인적인 욕구와 한계가 그림 속에 표현되는 것만큼 그것을 인식하고 이름을 붙이면서 작업을 계속해 나갔다. 그녀는 살아온 삶과 감정을 주제로 집단 토론을 계속 유지하며, 미래에 대한 관심을 스스로 이끌어 내었다. 마지막 작품은 남쪽에 어느 빛나는 동양 도시의 이미지를 보여주었다([그림 5-8] 참조). 그녀는 말했다. "난 그냥 아름다운 곳으로 가서 나 자신을 돌보고 싶어요."

그림 5-8 흰색 도시

종결

Linda는 마지막 회기에서 다음과 같이 말했다. "나는 미술치료를 통해 엄청난 이득을 얻었습니다. 내가 고통을 경험할 때, 이제 나는 그것을 표현하면서 균형을 잡을 수 있습니다. 나는 훨씬 더 긍정적인 사람이 되었습니다. 모든 분노와 마주친 후에 기적이 일어나는 것을 느낄 수 있었습니다. 이제 내면의 더 넓은 공간과 에너지를 느낄 수 있습니다. 지금부터 나는 다른 사람에 대한 책임보다 내 자신에게 더 많은 관심을 가질 것입니다."

나는 우리가 처음 만났던 날 Linda가 했던 말을 기억한다. "나는 에너지와 기운을 다시 얻고 싶습니다. 그래서 나의 행동이 더 민첩해지고 덜 긴장하고 싶습니다." Linda는 실제로 자신의 목표에 접근하고 있었다. 그해 말에, 그녀는 남쪽 도시를 향한 그녀의 소망이 이루어지기를 바라면서 튀니지에서 다가오는 겨울을 보내기로 결정했다.

결론

미술치료에서의 심신 자각은 만성 통증을 가진 사람들이 직접 그들 자신의 신체 증상에 접근하는 데 도움을 준다. 환자가 통증 부위의 실제 감각을 살필 때 환자들은 그들의 고통에 대한 이론적 반영을 통한 것보다 더 근본적인 측면에 접근할 수 있다. 이것은 Linda의 경우를 보면 잘 알 수 있다. Linda가 창조적으로 자신의 신체적 경험을 표현했을 때, 그 이전에는 고통의 저항 속에 차단되었던 에너지가 그녀의 작품 속에 자유롭게 흐르는 것을 볼 수 있었다. 이런 에너지 흐름이 일어날 때, 환자들은 종종 활력과 기쁨이 증가하면서 통증이 완화되는 것을 경험한다. Linda가 다른 무엇이 더 있는지 확인하고자 통증 주위를 둘러싼 주변에 대한 지각으로 그녀의 초점을 확장할 때, 그녀는 작품의 크기를 확장할 수 있는 영감의 폭도 넓어짐을 알 수 있었다. 동시에, 그녀는 내부 공간의 느낌이 확장됨을 느끼기 시작했다(Franklin, 1999, p. 6).

창조적 흐름의 개방과 연결되어, 지나간 과거의 기억과 연결된 양면적 감정과 느낌들은 가끔씩 자연스럽게 부작용이 생기기도 한다. 이러한 문제 또한 치료작업에 통합될 수 있다. 환자가 마음챙김과 창조적인 관찰을 통해 고통을 수용하고, 고통을 더 잘 관리함으로써 고통은 환자를 위협하는 힘의 일부를 잃는다. 자신이 가진 자율성 확장의 속성을 강화하여, 환자는 생동감 있고 낙관적인 기분을 느낄 수 있다(Linda의 독립적인 대형 작품에서 볼 수 있다). 강한 회복력과 활력의 증가는 매일의 삶에 대한 기운과 미래에 대한 희망을 촉진할 수 있다.

미술치료에 심신 자각을 응용하는 것은 위빠사나 명상 훈련으로부터 영감을 받았지만, 이것은 전적으로 신체 감각들과 직접적으로 접촉하는 마음챙김 측면을 참조했다는 것을 명심하는 것이 중요하다. 위빠사나는 미술치료가 하는 것처럼, 표현활동을 장려하지는 않는다. 마음챙김은 공통분모인 것이다.

주

1 Michalak과 Heidenreich(2009, pp. 243-251)는 MBSR 장기 효과(2009년 이전)의 경험적 연구에 대한 양적 조사연구를 제시했다.

2 뮌헨 슈바빙 병원의 통증 주간 클리닉은 인터넷 주소 www.klinikum-muenchen.de/kliniken-zentren/schwabing/fachbereiche-ks/anaesthesiologie-operative-intensivmedizin-schmerztherapie/schmerztagesklinik-schwabing에서 찾을 수 있다. 2013년 4월 29일 접속.

3 이 같은 환영하는 태도는 내적 현상에 대한 개방성을 위한 중요한 특성이며, 포커스 기반 미술치료에서 Laury Rappaport가 설명했던 것과 같이 "안전한 내적 안아 주기 환경"을 만들어 준다(Rappaport, 2009, pp. 26-27).

4 Mahasi 전통의 위빠사나 명명하기(혹은 명명하지 않기)는 앞으로 경험하게 될 무언가에 최소한의 정신적 개념(mental concept)을 부가하는 역할을 한다(Gruber, 1999, p. 110).

참고문헌

Csíkszentmihályi, M. (1990). *Flow: The Psychology of Optimal Experience.* New York: Harper and Row.

Dannecker, K. (2008). "In tormentis pinxit Kunsttherapie mit Schmerzpatienten." In Ph. Martius, F. von Spreti, & P. Henningsen (eds) *Kunsttherapie bei psychosomatischen Störungen.* München: Elsevier.

Fleischman, P. R. (1986). "The Therapeutic Action of Vipassana." In *Samyutta Nikaya-An Anthology,* Part III, Kandau, Sri Lanka: Buddhist Publication Society.

Franklin, M. (1999). "Becoming a student of oneself: Activation the witness in meditation, art and supervision." *American Journal of Art Therapy 38*, 1, 2-13.

Goenka, S. N., & Hart, W. (2000). *Discourse Summaries: Talks from a Ten-day Course in* Vipassana *Meditationa*. Onalaska, WA: Pariatti Press.

Goldstein, J. (1993). *The Practice of Freedom*. Boston, MA: Shambhala Publications, Inc.

Gombrich, R. F. (2006). *Theravada Buddhism*. London: Routledge.

Gruber, H. (1999). *Kursbuch* Vipassana. Frankfurt: Fischer.

Hart, W. (1991) (First published 1987) *The Art of Living*. Singapore: Vipassana Publications.

Henepola Gunnaratana, B. (2002). *Mindfulness in Plain English*. Somerville, MA: Wisdom Publications.

Henningsen, P. (2008). "Schrei, wenn du kannst-Schmerzen." In Ph. Martius, F. von Spreti, & P. Henningsen (eds) *Kunsttherapie bei psychosomatischen Störungen*. München: Elsevier.

Kabat-Zinn, J. (2011). *Gesund durch Meditation*. München: O.W. Barth. (English Edition: Kabat Zinn, J. (1990) *Full Catastrophe Living*. New York: Delacourtes Press.)

Kornfield, J., & Goldstein, J. (1987). *Seeking the Heart of Wisdom: The Path of Insight Meditation*. Boston, MA: Shambhala Publications, Inc.

Meribert, P., Michalak, J., & Heidenreich, T. (2009). "Achtsamkeitsbasierte Stressredutions-Mindfulness-Based Stress Reduction (MBSR) nach Kabat-Zinn." In J. Michalak & T. Heidenreich (eds) (2009) *Achtsamkeit und Akzeptanz in der Psychotherapie. Ein Handbuch*. Tübingen: DGVT.

Pöhlmann, K., Tonhauser, T., Joraschky, P., & Arnold, B. (2009). "Die Multimodale Schmerztherapie Dachau (MSD). Daten zur Wirksamkeit eines Diagnose-un-abhängigen multimodalen Therapieptogramms bei Rückenschmerzen und anderen Schmerzen." *Der Schmerz 23*, 1, 40-46.

Rappaport, L. (2009). *Focusing-Oriented Art Therapy: Accessing the Body's Wisdom and Creative Intelligence*. London: Jessica Kingsley Publishers.

Rheinberg, F. (2010). "Intrinsic Motivation and Flow." In K. Heckhausen & H. Heckhausen (eds) *Motivation and Action*. New York: Cambridge University Press.

Chapter 06

외상을 다루기 위한 마음챙김과 무용/동작치료

-Jennifer Frank Tantia

마음챙김을 통해 현재를 자각하는 것은 세상 속에서 생동감 있는 자신의 감각을 체현화할 수 있는 시발점이 된다. 무용/동작치료(dance/movement therapy)는 마음챙김을 체현화할 수 있을 때까지 움직임을 촉진시킨다. 이때 내담자가 신체적 · 정신적 · 정서적 안녕감을 향상시킬 수 있도록 감각, 이미지, 정서, 기억과 함께 움직임으로 참여하게 돕는다. 그러나 평생 동안 끊임없이 외상을 경험한 내담자는 자신의 신체가 안전하지 않다고 지각하고 있으므로 좀 더 신중한 접근이 요구된다.

이 장은 마음챙김이 성폭행을 당한 'Hanna'의 무용/동작치료 회기와 여러 영역이 융합된 신체심리치료에 적용될 수 있는 방법인지 설명한다. 그러한 외상은 평생 동안 신체적 · 성적 학대로 억압된 기억들을 불러일으켰으며 이로 인한 기억들을 Hanna가 어떻게 해리상태에서 신체로 돌아가 자신을 안전하게 인식해 가도록 도왔는지 설명한다. Hanna는 마음챙김에 참여함으로써 머릿속으로만 생각하였던 자신으로부터 벗어나 자기 자신의 정체감을 찾게 되었고, 마침내 활기차고 강인한 여성으로서의 자신을 표현할 수 있게 된다. 이미지나 신체에 대한 자각과 움직임을 통해 창조성과 이미지를 표현함으로써 Hanna는 굳어진 해리상태로부터 체현화된 행동을 하는 생동감 있는 현장으로 나오게 된다.

이론체계

신체 모드에 주의집중하기

신체 모드에 주의집중하기(Somatic Modes of Attention; Csordas, 1993)는 인류학에서 나온 이론이다. 이 이론은 사람들이 신체'에' 주의집중하는 것과 신체'와 함께' 주의집중하는 것 간의 차이를 인식함으로써 스스로를 지각하는 방식에 대해 설명한다. 이 장의 목적을 위해 신체'에' 대한 주의집중(attention 'to' the body)은 마음챙김과 함께 다루어질 것이다. 즉, 지금 여기 이 순간에 자신의 신체적 · 정서적 · 인지적 경험을 조심스럽게 알아차리면서 자기알아차림 쪽으로 향하는 첫 단계를 시작한다. 비록 이러한 종류의 주의집중은 흔히 자신의 외부에서부터 시작되지만 이 방법은 외상을 경험한 사람들에게 안전한 공간을 제공할 수 있다. 신체'와 함께'하는 주의집중(attention 'with' the body)은 이 장에서 더 부가적으로 설명될 것이다. 예를 들면, 신체에 주의집중할 때 나타나는 자연스러운 발산, 미소, 즐거운 움직임 같은 자발적이며 활기찬 반응과 같은 것들이다.

건강한 사람들에게는 마음챙김과 체현화가 처음에 분리할 수 없는 것으로 보일 수 있다. 예를 들어, 이 문장을 읽을 때 당신의 호흡에 따로 주의를 기울이지 않는 것과 같으며, 당신이 호흡에 주의를 기울이는 순간 호흡은 더욱 활기차게 반응하게 된다. 다음으로 당신이 알 수 있는 일은 방금 일어난 깊은 호흡으로부터 기본적인 감각과 쉬고 있는 감각에 대한 자기 신체의 미묘한 감각에 대한 관심이다. 이것은 건강한 사람에게 반복해서 순환적으로 자연스럽게 발생하는 일이며, 동시에 일어나는 것처럼 느껴지는 이 일들은 너무 빠르고도 미묘하다.

그러나 복합적인 외상을 경험한 내담자들(여러 외상에 노출되었거나 장기간 극단적인 수준의 스트레스에의 노출)은 (몸과 마음의) 통합을 시도하기 이전에 먼저 몸과 마음의 명확한 분리를 잘 다루는 것이 중요하다. 외상은 몸 안에서 느껴지고 작용한다. 그러므로 외상의 어떤 부분을 '차단하거나' 회피하려는 내담자는 자신의 (체화된) 경험을 '차단하거나' 회피한다. 이러한 상황에서 몸'에' 집중하는 마음챙김은 압도당하는 듯한 느낌 또는 외상의 재경험의 가능성을 가져올 수도 있다. 이러한 내담자들에게 마음챙김을 적용할 때는 직접적인 신체의 관심에서 시작하지 말고 신체의 외부로부터 시작하기를 제안한다. 이 장에서 나는 어떻게 마음챙김이 세 가지 연속적인 주의집중 영역을 통해 지도될 수 있는지 소개하고자 한다. 이 세 가지 **주의집중 영역**은 외상을 경험한 내담자와 구체적으로 작업하기 전에 진행된다. (1) 주변 환경에 주의집중하기, (2) 신체 경계에 주의집중하기, (3) 신체 내부의 감각에 주의집중하기. 이 세 가지 영역은 사례에서 찾아볼 수 있다. 즉, 그것은 내담자의 해리상태가 체현화된 알아차림의 통합으로 나아가는 경험에서 자연스럽게 드러나게 된다.

마음챙김: 신체에 주의집중하기

마음챙김은 현재 경험에 대한 알아차림을 증가시켜 심리적 건강을 증진시키는 것으로 확인되었다(Brown & Ryan, 2003). 건강한 내담자들에게 호흡을 통한 현재에 관심갖기 연습은 살아 있다는 느낌과 안도감을 동시에 가져다주며, 무엇을 하지 않고도 무엇을 할 수 있다는 것을 깨닫게 한다. 이러한 자각의 상태는 감각의 홍수나 감각의 격리를 경험하지 않고도 감각에 대해 알고 싶어 하는 이들에게 도움을 준다.

마음챙김은 정신병리 환자들과 해리성 장애 환자들을 치료할 때 성공적으로 사용되었고(Baslet & Hill, 2011), 무용/동작치료와 통합하여 심각한 정신질환자들을 다루는 데도 사용되었으며(Barton, 2011), 학대 피해자의 회복력을 높이고(Harris, 2007), 의학적으로 설명되지 않는 증상을 가진 내담자들의 안녕감을 증진시키기도 하였다(Payne, 2009). 사고, 정서, 감각에 대한 현재의 알아차림은 압도당하는 느낌 없이 현재의 경험에서 무슨 일이 일어나고 있는지에 대한 내담자의 알아차림을 촉진할 수 있다.

마음챙김은 또한 신체심리치료(somatic psychotherapy)의 실천을 위한 기초가 된다

(Weiss, 2009). 자기 자신에게 주의집중하는 것이 어려운 내담자가 주변에 집중하게 되면 그 환경 안에서 안전감을 느낄 수 있다(Levine, 1997). 어떤 한 공간이 안전하다고 느끼면 내담자는 그 공간 속에서 자신을 알아차리기 시작한다. 외상 치료의 관점에서 지금 이 순간 충분히 안전하다는 느낌은 마음챙김적 알아차림에 대한 시작이다.

지금 이 순간 자신이 충분히 안전하다는 느낌은 자기 신체 경계에 주의집중할 기회를 부여한다. 피부로 구분되는 신체 경계선은 내담자의 외부환경과 내부세계를 분리하는 방어벽이다. 이러한 경계는 자신의 손등을 만지거나 자신의 얼굴 체온을 느껴 봄으로써 알 수 있다. 외상을 경험한 내담자와 작업할 때, 긴 시간이 필요한 단계에 이르면 치료사는 내담자가 그들의 신체 경계에 대한 탐색과 편안함을 느끼게 한 후 그들의 내적 경험을 탐색할 수 있도록 해야 한다. 내담자가 내적인 경험을 탐색하도록 돕는다는 것은 심장박동 혹은 소화와 같은 그들의 내장(viscera)에 집중하도록 하는 것을 말한다. 이와 같은 신체적 감각에 대한 주의집중은 압도당하거나 통제력을 상실하게 만들 수도 있는 정서적 알아차림보다 덜 위협적으로 느끼게 된다. 피부 경계와 그 안에서 이루어지는 신체적 경험 간의 미묘한 움직임에 대한 자각은 이 작업에서 많은 부분을 차지한다. 내부에 있는 신체 각성 안에서 안전함이 확보된다면 신체적 경험과 정서적 경험 간의 연결점을 찾을 수 있게 된다. 예를 들어, "나는 심장이 빨리 뛰는 것을 느끼고, 이것은 내가 매우 불안하다는 것을 말하고 있다."는 것은 마음챙김적 관점에서 내부 장기의 경험과 정서적 경험을 연결하는 한 예이다.

체현: 신체와 함께 집중하기

체현(embodiment)—현재 이 순간의 경험에 대한 생생하고 표현적인 반응—은 무용/동작치료의 초석이 된다. 거울 보고 따라 하기와 리드미컬한 움직임은 무용/동작치료에서 체현을 위한 두 가지 기본적인 기술이다(Levy, 2005; Sandel, 1993). 무용/동작치료사가 내담자의 율동 혹은 자세, 몸짓을 따라 하는 것은 치료관계를 발전시킨다. 거울 뉴런은 상호주관적 공감(inter-subjective empathy)의 원천이 되며(Gallese, 2003), 무용/동작치료(Berrol, 2006)에 적용함으로써 움직임으로 활성화된다(Sheets-Johnstone, 2011). 무용치료사는 내담자와 함께 움직이는 동안 내담자로 하여금 정서 상태를 알게 하거나 심지어 그 상태를 변화시킬 수 있도록 돕기 위해 내담자의 리듬을 변화시킬 수 있다. 예를 들어, 빠른 율동을 느리게 함으로써 체현화된 경험을 더 깊이 있게 다루면서 통찰과 변화의 가능성을 제공할 수 있다.

마음챙김이 신체'에' 주의집중하는 것에 제한을 두지 않는 것처럼, 체현은 신체'와 함께' 주의집중하는 것에 제한을 두지 않는다. 비록 Csordas는 무용/동작치료에서 신체'와 함께' 주의집중하기가 신체 운동이나 춤과 관련성이 있다고 하지만 신체'와 함께' 주의집중하기는 훨씬 더 깊은 의미가 있다. 호흡으로 하는 작은 동작부터 팔다리를 사용하는 큰 동작까지 무용/동작치료에서 신체'와 함께' 주의집중하기는 지금 현재 내담자가 생생하게 살아 있다는 느낌이다. 체현은 신체 감각뿐만 아니라 내담자의 모든 형태의 경험을 포함한다(Anderson, 2002). Koch와 Fuchs(2011)는 마음이 신체를 지배하지는 않지만 신체가 무의미하게 움직이지도 않는다고 하였다. 그러나 거기에는 통합된 경험이 있다고 하였다. "체현화된 자기는 인지, 지각, 정서와 행동이라는 현상을 통합시킨다."(p. 277) 무용/동작치료에서 체현은 신체와 함께 집중하는 것이며, 현재 순간에 자신에게 진정한 축하를 보내는 움직임으로부터 표현된 것이다. 체현은 마음챙김을 살아 있는 표현의 형태로 이끈다.

임상 적용

무용/동작치료에서 해리증상을 가진 내담자와 작업하기

새로운 내담자와 함께 무용/동작치료 회기를 시작할 때 나는 종종 "나는 내 몸 속으로 들어가고 싶습니다."라는 억압된 소망을 듣는다. 아이러니하게도, 대부분의 외상을 경험한 내담자들은 그들의 신체 속에 들어가기를 원하지만 동시에 신체 속이 가장 안전하지 않다고 느끼고 있다. 특히 복합적인 외상을 경험한 내담자들은 의학적으로 설명되지 않는 증상을 나타내기도 한다(Payne, 2009). 해리는 신체의(of body) 표현이라기보다는 오히려 신체로부터의(from body) 포기이다. Rothschild(2000)는 해리를 "도피가 불가능함에도 도망가려는 마음의 시도" (p. 66)로 그러한 위협이 사라진 후에도 오랫동안 내담자 삶의 일부가 된다고 설명하고 있다. 무용/동작치료의 관점에서 해리는 몸과 마음의 정신신체적 분열(psychosomatic split)이다.

해리증상을 보이는 내담자를 다룰 때, 신체에 대한(to body) 그리고 신체와 함께하는(with body) 알아차림 과정은 특별한 방법이 요구된다. 해리는 외상사건 동안 발생한 '동결반응(freeze response)'에 대한 누적효과(Rothschild, 2000; Scaer, 2005)로 강한 경직과 내담자의 몸에서 느낄 수 없는 호흡을 특징으로 한다. 동결반응은 흔히 동결몸체(frozen torso, 공포와 체념이 신체적으로 동시에 나타나는 것을 은유적으로 표현한 것)를 지칭한다. 동결몸체와 동반해서 나타나는 신체적 해리의 특징은 내담자가 내적 경험을 회피하도록 만드는 것이다(Price, 2007). 내담자의 자연스러운 움직임에 대한 결핍과 자신의 내부 상태와의 단절은 무용/동작치료사로 하여금 내담자가 보여 주는 작은 움직임조차도 더 세심하게 집중해야만 하는 특별한 도전을 요구한다. 의도적으로 더 크게 표현된 동작은 너무 압도적이거나 심지어 외상을 재경험하게 만들지도 모른다. 그때 호흡의 깊이와 리듬, 자세와 근육긴장, 또는 시선의 방향과 이동에 집중하는 것은 무용/동작치료사가 내담자의 비언어적인 경험에 맞출 수 있는 방법이 된다.

신체에 대한 직접적인 주의집중은 해리반응을 증가시킬 수 있으므로, 내담자가 그들의 신체를 느끼도록 돕는 방법을 '가르치고자' 하는 마음을 접고 오히려 내담자가 어디에 주의집중을 하고 있었는지를 알려 주는 것이 중요하다. 자신의 신체로부터 관심이 멀어지는 것은 내적인 경험으로부터 회피하고자 하는 신호이다. 많은 경우에 나는 내담자에게 "지금 당신은 당신의 경험으로부터 무엇을 알아차리고 있습니까?" 라고 내담자가 자신의 신체에 대한 알아차림을 대답해 주기를 기대하며 질문을 한다. 그러나 내담자는 방이라는 공간에 있는 '문' '시계'나 '당신의 신발'이라는 대답을 하였다. 나는 자신의 신체 밖에 있는 것으로부터 출발한 내담자의 알아차림을 따라가면서 그들의 신체로 되돌아오도록 만드는 점진적인 방법을 발견했다. 다음에 설명되는 세 가지 주의집중의 영역은 체현의 관문으로 나아가는 마음챙김에 대해 세부적으로 기술한다.

외상을 치유함에 있어 주의집중 확장하기

[그림 6-1]은 주변 환경에 주의집중하기(신체 윤곽의 주변 영역), 신체의 경계에 주의집중하기(몸을 그린 두꺼운 윤곽선) 및 내부 감각에 주의집중하기(윤곽선 안의 내부 공간)의 세 가지 주의집중의 영역을 그린 것이다. 순차적이면서 개별적으로 이들 영역에 집중함으로써 내담자는 외부로부터 내부로 접근해 들어가면서 경험을 탐색하는 안전한 방법을 발견하고 결국 체현을 위한 최상의 기회를 얻게 된다.

첫 번째 영역(주변 환경에 주의집중하기)은 내담자에게 안전감을 주기 위한 첫 번째 단계이다. 외상의 치유에서 Levine(1997)은 이것을 "지향반응(orienting response)" (p. 92)이라고 불렀다. 이것을 위해 나는 내담자에게 방에 보이는 사물의 이름을 큰 소리로 말하게 하였다. 내담자는 그를 둘러싼 공간을 둘러보면서 자신의 신체를 다루지 않고도

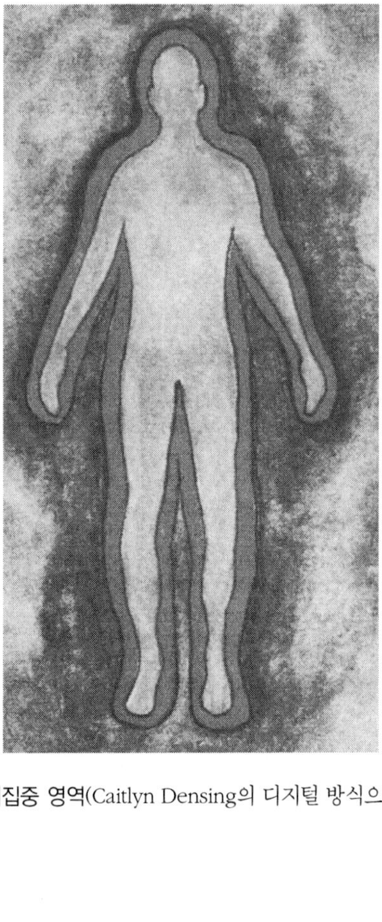

그림 6-1 주의집중 영역(Caitlyn Densing의 디지털 방식으로 개선된 수채화)

방 안에서 안전함을 판단할 수 있는 가능성을 찾기 시작한다. 내담자의 목소리와 청각의 사용을 증폭시키면, 내담자는 현재 감각을 알아차릴 수 있는 순환고리(feedback loop)를 만들게 된다.

두 번째 영역(신체 경계에 주의집중하기)은 때때로 외부자극 수용(exteroception; Fogel, 2009)으로 불리기도 하며, 그 환경 안에 있는 자신의 위치에서 감각을 재정립하고, 감각을 알아차림으로써 안전감을 느끼게 된다. 우리의 모든 감각(후각, 시각, 청각, 미각, 촉각, 아픔 등의 인식, 고유 감각)은 신체의 경계를 형성하는 데 기여하며, 신체 전체의 시작과 끝이 어디인지 알려 준다(The Foundation for Human Enrichment, 2007, p. B2. 32). 신체의 경계에 주의집중하도록 초청하는 것은 내담자가 의자에 앉는 것에 대한 알아차림과 자기 신체를 만지는 것을 통해 피부를 알아차리고 자신의 몸과 문, 벽 또는 치료사 사이의 거리를 측정하는 것들을 포함한다. 공간에서 자신의 신체에 주의집중하기라는 마음챙김적 훈련은 환경과 분리하거나 환경과 관계하는 두 가지 모두에서 그들 스스로 위치를 찾을 수 있게 도움을 줌으로써 또 다른 수준의 안전감을 만들게 한다.

마지막으로 세 번째 영역(내적 경험과 내부 감각에 주목하기)은 신체 감각이 정서와 관련되어 있다는 것을 내담자가 인식할 수 있게 만들어 준다. Gendlin(1981)은 이것을 느낌감각(p. 10)이라고 하면서 자신의 현재 내적 경험에 대한 체현화된 알아차림이라고 설명했다. 신체심리치료 훈련(Aposhyan, 2004; Barratt, 2010; Hartley, 2004; Kurtz, 2007)의 기초가 되는 감각에 대한 느낌은 외상 치료에 성공적으로 사용되었다(Levine, 1997; Ogden & Minton, 2000). 내담자는 동결상태로부터 자유로움을 느끼고 움직임으로 자신들을 표현하기 시작한다. 마음챙김적 접근방법으로서 신체에 주의집중하기는 안전함, 자기자각, 자기효능감을 증가시키고 난 후 동작에서 신체와 함께 주의집중하는 것을 강화시켜 신체와 마음이 통합되면서 건강하게 살아 있는 경험을 제공한다.

사례: 경직된 신체 이완하기

34세의 유럽계 여성인 Hanna의 삽화에는 분노의 폭발과 중간 수준의 해리상태로 고통받고 있는 모습이 그려져 있다. Hanna는 최근 그녀의 미국 약혼자와 결혼하기 위해 미국으로 이사를 왔다. 놀랍도록 아름다운 Hanna는 굵고 검은 머리카락과 완벽한 피부를 가졌으며 항상 세련되고 값비싼 보석으로 장식된 디자이너의 드레스를 입고 있었다. 자신이 좋아하는 매체로 그림을 그려 왔던 예술가인 Hanna는 최근 악화되어 통제불능 상태인 자신의 감정을 이해하기 위해 나의 사무실에 왔다. "이야기는 더 이상 도움이 되지 않습니다."라며 Hanna는 신체적인 작업을 원했다.

첫 회기 동안 Hanna는 지난해 자신이 얼마나 혼란스러웠는지 이야기했으며 뉴욕으로 이사한 그녀의 결정에 대해 확신할 수 없다고 하였다. 나는 지난해에 그녀가 결혼을 하였고, 다른 나라로 이사를 왔으며, 1년간 실직상태인 것 이외에 다른 어떤 일을 겪었는지 물었다. 그녀는 지난여름 두 명의 남자로부터 데이트 신청을 받게 되었고, 약에 취한 상태에서 강간을 당한 사실을 털어놓았다. 그리고 그녀의 삶 전반에 걸쳐 여러 명의 남자로부터 성폭행을 당했다는 것도 알게 되었다. 두 번째 회기에 Hanna는 그녀의 남편과 종종 몸싸움을 한다고 밝혔지만 더 이상의 이야기는 하지 않았다.

Hanna의 외모는 아름다웠지만 그녀의 무신경과 긴장된 신체는 바로 그녀의 고통을 나타내고 있었다. 그녀는 앞으로 구부정한 자세로 얇은 다리를 두 번 꼬고 가만히 앉아 있었다. 오른쪽 무릎이 왼쪽 무릎을 덮고 다시 오른쪽 발을 왼쪽 발목 뒤로 꼬아 마치 안전을 위해 이중 잠금을 한 것 같았다. 그녀는 얼굴을 앞으로 내밀어 아주 조금 눈 깜박임을 하면서 눈 맞춤을 하고자 하였다. 자동차 헤드라이트 앞에 서 있는 얼어붙은 사슴 같은 그녀는 다른 부분은 무시하고 오로지 그녀의 얼굴만을 바라봐 주기를 원했다. 그녀의 오랜 시선은 회기를 지배하는 듯했고, 조심스럽게 그녀의 시선을 따라가 보면 종종 이 공간으로부터 벗어나 있는 것을 알 수 있었다(멍하니 있었다). 그녀가 '다른 곳'에 있는 것처럼 보인다고 하면 현실로 '즉시 돌아왔으며', 벽의 그림을 갑자기 알아차리고 그림에 대한 이야기로 주제를 바꾸기도 하고, 내가 입고 있는 옷을 칭찬하기도 하였다. 그녀는 자기도 모르게 자신의 안전구역, 즉 신체 외부에 주의집중하기 영역을 내게 가르쳐 주고 있었다. Hanna는 '신체작업(신체에 주의집중하기)'을 하고 싶은 욕망에도 불구하고 그것을 할 수 있을 만큼 충분히 안전하다는 것을 확신하지 못하였다.

그녀의 '얼어붙은 듯' 웅크린 자세는 약 6주간 지속되었다. 내가 불편해서 그녀에게

"지금 편안한가요?" 라고 물으면 굳어 있는 몸과는 달리 "전 괜찮아요." 라고 대답했다. 그동안 그녀의 몸과 말의 불일치로 인해 나의 내부의 알람은 큰 소리로 비명을 지르는 듯했다. Hanna의 자세는 말로 표현해 낼 수 없는 심한 공포와 부끄러움을 반영한 것이다. 그녀는 여러 겹의 옷으로 멍든 유령 같은 피부를 감추고 있었다. 그녀는 먹지 않음으로써 자신의 욕구를 부정하였다. 더욱이 그녀는 자신의 신체 경계에 대한 감촉이 느껴지게 되면 스트레스를 받았는데, 이러한 상태가 되면 벽에 기대어 자신의 머리를 벽에 부딪치거나 스스로를 물어뜯는 의식적인 나쁜 행동을 보였다.

그녀는 우는 것은 시간낭비이고 아무것도 변화시키지 못한다고 말하면서 자신의 감정을 최소화시켰다. 이러한 관점은 어린 시절로부터 학습된 것이다. 그녀는 바이올린 연습시간을 다 채우지 못하는 것과 같은 아주 사소한 잘못에도 자신의 아버지가 벨트로 그녀를 때렸던 것을 회상하였다. 그녀는 종종 "그것은 재미있었어요." 라고 말하며 그녀의 경험과는 동떨어진 반응을 했지만 더 이상의 통찰은 없었다. 내가 Hanna에게 신체에서 무엇이 느껴지냐고 물을 때마다 자신의 신체에서 무엇인가를 기대하는 것처럼 턱을 당기고 가슴과 팔을 내려다보았다. 그럴 때마다 나는 매번 놀랐지만 그녀가 자신의 내적 감각을 가지고 있지 않음을 깨닫기 시작했다. 우리의 초기 작업은 그녀가 방안이 안전하다고 느끼게 하는 데 초점을 맞추었다.

주변 환경에 주의집중하기

처음에 Hanna가 자신의 경험에서 무슨 일이 있었는지 주목하도록 했을 때, 그녀는 비정상적인 반응을 보였다. "만약 당신이 잠시 살펴볼 시간이 있다면 당신이 지금 경험하고 있는 것이 무엇이든 그 경험을 하고 있는 당신을 보세요. 만약 당신이 주의집중할 수 있다면 무슨 일이 일어나고 있는지 보세요." 라고 제안했을 때, 그녀는 '저 그림' (눈으로 벽의 그림을 응시하며), '당신의 의자' (눈 맞춤을 피하며), '시계' (방을 왼쪽부터 오른쪽으로 훑어보며) 등 방 안의 사물들을 말하였다. 그녀의 관심 영역은 신체의 외부에 있는 주변 환경이었다. 나는 그녀에게 방 안에서 관심 있는 다른 면을 탐색해 보도록 요청했다. Hanna는 환경에 대한 관심 갖기로 현재 순간에 대한 안전을 평가하였으며 환경이 안전하다고 느끼지 않는다 하여도 스스로 조절하기 시작하였다.

몇 달 후 Hanna는 색상, 모양 및 질감과 같은 상징으로 자신의 신체에 대한 느낌을 알아 가기 시작하였고, 신체의 '특정 지점(point)'을 식별하였다. 이것은 그녀의 시각이 환경에서 자신의 신체로 옮겨 왔음을 나타낸다. 가끔 Hanna는 그것이 마치 우연히 발생한 것처럼 직감적으로 알아채기도 했다. 그런 순간에는 즉시 제자리로 돌아와 그러한 감정들을 떨쳐 버리려고 하였다. 그녀는 앞으로 몸을 숙인 후 팔을 교차시켜 포갠 무릎에 놓은 채, "그것은 아주 흥미로워요."라고 말하며 주제를 바꾸었다. 그녀가 관찰한 흥미로운 것이 무엇인지 물었을 때 "잘 모르겠어요. 그냥 흥미로웠어요."라고 대답하였다. 나는 이것이 그녀가 그 순간을 충분히 탐색했다는 것을 내게 말하는 그녀의 방식이라는 것을 알아차렸다.

어느 날 Hanna는 그녀의 위장에서 무엇인가 맺힌 것(매듭)이 등허리 쪽으로 '잡아당김'을 느꼈다. 이러한 감각에 놀란 그녀는 이러한 감각이 '역겨운' 것임을 알아채고 주제를 변경하려고 하였다. 나는 이때 그러한 느낌에 저항하기보다는 그러한 느낌을 통해 무엇인가 새로운 발견을 할 수 있도록 하는 것이 좋을 것이라고 제안하였다. "이러한 경험 속에 머물러 있도록 노력하세요. 그냥 그것을 느끼세요. 그것으로부터 도망치기보다 차라리 충분한 거리를 두세요." 그녀는 잠시 동안 앉아 있은 후 '잡아당김'과 '역겨움'의 느낌이 그녀가 부모를 볼 때 느끼는 감정과 관련이 있다고 하였다. Hanna는 "이것이 정말 싫어요. 이것을 없애 버리고 싶어요."라고 말했다. 신체에 대한 이해를 포함한 그녀의 경험을 지지하기 위해 자신의 손으로 자신을 만지는 작업을 시작하였다. 그녀의 '위장 속에 있는 맺힌 것'을 '밖으로' 끄집어내는 듯한 행위를 하게 하였다. 그녀는 얼굴에 익살맞은 웃음을 띠며 위장 속에 있는 상상된 맺힘을 손으로 잡아 밖으로 내던졌다.

내가 그녀에게 그것이 무엇을 닮았는지 물었고, 그녀는 눈물이 고인 채 웃었다. 그녀는 그것이 우리에 갇힌 고릴라라고 대답하였으며, '바보' 이미지라고 불렀다. 그것이 무엇을 하고 있었는지를 물으니 "그는 외로워요."라고 말했으며, 잠시 후 "그는 놀고 싶어요."라고 하였다. 그리고 그녀는 조심스럽게 고릴라에게 무언가를 던졌다. "저기, 공을 가지고 놀라고 고릴라에게 주었어요." 고릴라 이미지에 오랫동안 조용히 관심을 가진 후 가벼운 미소로 "그가 배고파요."라고 말했다. 그에게 음식을 조금 줄 수 있냐고 물었을 때 "그는 약간의 빵을 먹을 수 있어요."라고 말했으며, 그녀의 고릴라에게 상상의 빵을 던져 주었다. 마지막으로 그녀는 조용히 앉아 "그는 자고 싶어요."라고 말했다. 그가 편안히 잠잘 수 있도록 무언가를 해 줘야 하는지에 대해 물었을 때 그녀는 "그는 괜찮아요."라고 대답했다. 무용/동작치료에서 상상하기는 때때로 움직이는 것보다 먼저 일어나고, 특히 해리로 '동결(freeze)' 된 상태인 내담자의 경우는 더욱 그렇다. 상상하기에 대한 Hanna의 성향은 시각예술가로서 활동한 그녀의 직업에서 강화되었을 것이다. Hanna는 창조적인 정신역동적 방법을 통해 자신을 돌아보는 것을 정당화하기 위해 고릴라로 자신을 객관화했다. 그녀는 고릴라를 양육하는 과정을 '행동화' 하면서 현재 순간에서 활기를 경험했다. 그녀는 키워 주고 싶은 욕망과 자신을 키우고 싶은 욕망을 모두 체현하였다. 그녀는 고릴라를 물리적으로 양육하는 것이 아니라 단지 그러한 생각을 하는 방식으로 먹고 자고 노는 것에 대한 기본적인 항상성 욕구를 해결하였다.

이와 같은 깊은 경험을 한 후 Hanna는 더 이상의 통찰 없이 "그것은 재미있었어요."라는 진술로 다시 방어적이 되었다. 그러나 나는 Hanna의 자율신경계(ANS)가 조절되고 있음을 알아차렸다.[1] 놀이는 신경계 내부에서 공감반응을 활성화시키며, 먹고 휴식하는 동안에 부교감신경계의 조절활동이 일어난다. Hanna는 상징적인 이미지를 사용하여 건강한 신경계의 기능을 설명하기보다는 동결상태에 있는 모든 것이 활성화되는 것을 보여 주었다. 고릴라 이미지의 사용으로 Hanna는 아직 자신에게 줄 수 없었던 연민을 표현화할 수 있게 되었다.

신체 경계에 주의집중하기

어느 날 Hanna는 치료실에 들어와서 눈물을 와락 터뜨렸다. 그녀는 밤새 두려움 때문에 깨어 있었으며, 온몸이 붉은색으로 칠해져 있는 바로 그 느낌만 들었다고 말했다. 그녀는 그러한 생각이 미친 짓인 줄 알지만 정말 그렇게 느껴졌다고 말했다. 나는 그녀 스스로를 진정시키기 위한 몸짓이 무엇인지 알아보기 위해 그림을 그리도록 하였다.

그녀는 자기를 비하하는 대신 그 그림이 유치하다고 말하였다. 붉은색으로 칠해진 신체의 표면이 어떤 느낌인지, 온도는 어느 정도인지 물었다. 신체심리치료에서의 피부 식별을 통한 무용/동작치료에서 다른 사람과 접근할 때 자신의 신체를 인식하는 것은 분리된 자아감을 촉진한다. 이러한 것은 엄마와 유아의 상징적 양자관계에서 자율성을 가지는 쪽으로 변화하게 한다. Hanna는 자신의 몸속에서 뜨거운 부분과 손가락에서 팔꿈치 및 발가락으로부터 무릎까지의 차가운 부분을 식별하였다. 그런 후 '그림'이라고 편안히 불렀다. 나는 그녀의 이미지/감각이 제공해 준 편안함을 느껴 보도록 격려하였다. 그녀는 평온함을 느낀다고 말하고 '붉은 그림' 안에 있는 그녀의 존재를 느낄 수 있었다.

바로 다음 회기에서 나는 Hanna가 신체 경계에서 더욱 편안함을 느낄 수 있도록 운동을 제안하였다. 오른쪽 손가락으로 왼쪽 손등을 부드럽게 만지도록 하였고, 오른손 손가락의 진동에 의한 느낌을 감지하는 것과 같이 왼손도 감지하도록 하였다. Hanna는 이 작업을 꽤 오랫동안 하였으며 나는 조용히 지켜보았다. 얼마 후 Hanna는 "나는 이것이 정말 좋아요. 너무 부드러워요."라고 하였다. Chodorow(1999)는 무용/동작치료에서 자기 만지기를 할 때 "손은 자신의 울룩불룩하며 단단한 뼈와 부드러운 육체의 모양을 느끼는데 이것은 자기를 인식하는 데 깊은 의미가 있다. 처음 자기와의 만남에서." (p. 292)라고 주장했다. Hanna는 자신의 신체와의 만남을 통해 자신을 찾기 시작하였다.

내부 경험에 주의집중하기

몇 주 후 Hanna의 '역겨운 맺힘(매듭, disgusting knot)'은 '황금 개구리(golden frog)'로 바뀌었는데, Hanna는 개구리를 설명하면서 마치 그것을 비난하는 데 어려움이 있는 것처럼 어색한 미소를 보였지만 동시에 그것을 기뻐하고 있었다. 요약하면, Hanna의 자기 자신에 대한 인식은 자연스러운 치유 과정을 촉진하였다. 비록 자신의 경험을 자세하게 설명하는 데 어려움을 갖고 있었지만 Hanna는 황금 개구리를 좋아하며, 그 개구리를 보호해야 한다고 하였다. 몇 개월 조용하게 진행되던 우리의 회기에 황금 개구리가 다시 나타남으로써 예상치 못한 일이 발생했다. 어느 날 개구리 문제를 해결하기 위해 그녀의 배를 만지고 있는데 갑자기 그녀는 요정공주처럼 작은 소녀를 회상하였다. 그 공주는 마법의 지팡이 대신 칼을 쥐고 있었다. Hanna는 즉시 바보 같은 상상이라고 판단하고 '치료에서' 그런 유치한 생각을 하게 된 자신을 꾸짖었다. 그녀는 숨을 들이쉬고 그러한 방어를 어떻게 사용하게 되었는지 말했는데, 그녀의 그러한 사고과정이 나를 놀라게 하였다. 그녀는 공중에 손으로 원호(arc)를 그리며 움직이는 동작에서 이러한 생각이 나타났다고 하였다.

갑작스러운 움직임에 놀라 나는 나의 신체로 그녀의 행동을 반복하기보다는 언어적으로 그녀의 행동을 흉내 내기를 선택했다. 회기 초반에 내가 너무 많은 신체적 표현을 하는 것은 그녀를 침묵하게 만드는 것이라는 점을 알고 있었다. 나는 "나는 당신이 말을 할 때 조금 밝아지는 듯한 모습을 보인 것에 주목했고, 마치 무지개처럼 당신이 팔을 벌려 강하게 원을 그리는 행동을 보았어요. 당신도 그것을 알고 있었나요?" 라고 반영했다. Hanna는 미심쩍어하며, 당황한 듯 움찔해 보였지만 곧바로 그녀도 자신의 움직임에 주목했다고 말하였다. 그녀는 자신의 습관화된 행동에 갈등하는 것처럼 보였다. 나는 그녀에게 자신의 신체 움직임을 살펴보도록 부드럽게 요청하였고, 그녀는 조심스럽게 동의하였다.

신체 '에' 주의집중하기와 신체 '와 함께' 주의집중하기의 통합

이번에는 천천히 동작을 반복하면 어떨지 Hanna에게 물었다. 느린 동작은 자신의 현재 감정과 신체에 대한 알아차림을 증가시킨다. 그녀는 비록 동작을 하였다 하더라도 그것이 어떻게 허공에서 이루어졌는지 혼란스러워하였다(자아에 대한 인식 부족은 흔히 고유 감각의 결핍을 동반한다). 그녀가 매체로 그림을 그리는 예술가가 된 이후에 그녀에게 벽에서 움직이는 그림을 상상할 수 있는지 물었다. 그녀의 동작을 내가 똑같이 따라 함으로써 내가 그녀와 같이 할 수 있는지 물었고, 나는 내가 있다는 것이 그녀에게 지지가 되어 주는 동안 그녀 자신의 움직임을 느끼도록 시각적으로 연결시켜 줄 수 있었다.

그림 6-2 '원호' 펜싱의 '방어' 동작

그녀의 움직임을 그림자처럼 따라 하면서 허공에 움직이는 그녀의 자발적인 동작을 지지하기 위해 그녀가 이끄는 대로 조심스럽게 따라갔다. 이때 그녀는 팔 전체를 사용하여 커다란 원호를 그렸으며, 이것은 펜싱에서 '패리(Parry)'로 알려진 플뢰레(fleuret)의 방어동작과 유사하였다([그림 6-2] 참조).

그녀는 헐떡거리며 웃기 시작하였다. 그녀의 눈이 커지며 외쳤다. "어떻게 이런 일이 일어났나요? 정말 좋은 느낌이었어요. 정말 이상해. 우리가 여기서 무슨 일을 했는지 누구에게도 결코 말할 수 없어요." "그렇게 했을 때 당신의 몸 안에서는 어떤 느낌이 일어났나요?"라고 묻자 그녀는 '믿을 수 없는 에너지'가 몸 전체에 갑자기 넘쳐났는데, 좋은 느낌이었다고 설명하였다. 그녀는 활기차고 보호받는 느낌이라고 말했다(그녀의 단어 선택이 흥미로운 점은 희생자가 아닌 '보호자'라는 점이다). Hanna는 그림에 보라색을 추가하였는데 그것이 그녀를 유쾌하게 만들었지만 그 이유를 몰랐다.

'보호자'라고 식별한 느낌이 어떤 종류의 명명인지 알아보기 위해, 필요하다면 몇 번 더 동작을 해 보라고 하였다. 그녀는 웃으며 그림에 패리를 계속 그렸다([그림 6-2] 참조). 나는 그녀와 함께 동작의 레퍼토리를 넓히기 위하여 스트로크(원호)의 크기를 다르게 해 보기를 권했지만 얼마 후 그녀는 자신만의 움직임 작업을 하고 있음을 발견하였기 때문에 나는 나의 움직임을 천천히 멈추었다.

Hanna는 보라색으로만 자발적인 움직임으로 그렸으며, 그리기에서 그녀의 검(칼)은 자기를 보호해 주는 자기효능감의 자발적인 표현이었다. 비록 그녀는 자신의 감각에 대한 느낌을 통하여 자신의 감정을 알아 가기 시작했지만, 그녀는 환경의 희생자가 아닌 우아한 공주이며, 성숙한 예술가이자 자신을 보호할 능력을 지닌 숙련된 검객으로서 자신의 움직임에 대한 믿음으로 도약하는 계기를 만들었다. 이러한 Hanna의 경험은 체현화 능력과 회복성의 감각을 촉진시켰다. 이 회기 이후에 Hanna는 나와 함께 신체적인 작업으로 나아갈 수 있었으며 결국에는 강간으로 남아 있었던 상처의 찌꺼기를 몸 밖으로 방출할 수 있었다. 마침내 우리는 그녀의 감정과 남편과의 관계가 유년기 아버지와의 관계와 연결되어 있음을 알게 되었다. 한 회기에서 그녀는 눈물을 흘렸다. 그때 나는 그녀에게 그것을 이야기해 주었고, 그녀는 눈물을 흘리며, "오, 맞아요. 저는 이제 이해할 수 있어요. 눈물은 감정을 신체로부터 씻어 주는 한 방법이군요."라고 말했다.

결론

이 장에서 다룬 사례를 통한 설명과 같이 마음챙김은 내담자가 자신의 신체에 직접적으로 참여할 준비가 되어 있지 않을 때 체현화하기 위한 유용한 방법이다. Hanna가 자신의 환경을 염두에 두었을 때 공간 속에 있는 자신의 안전수준을 평가할 수 있었고 현재에 머무를 수 있었다. 그녀는 자신의 손으로 자신의 신체가 가지는 경계를 만져 봄으로써 신체적 존재로 인식할 수 있었고 자기 존재에 대한 알아차림을 증가시킬 수 있었다. 결국 Hanna는 내적 감각에 주의를 기울임으로써 활기찬 통합의 의미를 알았으며 그녀의 창조성은 자기효능감을 높일 수 있는 도구가 되었다. 그녀의 '동화'와 관련된 상상하기는 식별을 가능하게 하였다. 칼을 들고 있는 공주와 개구리 및 고릴라는 Hanna의 분열된 자신을 통합하여 문제를 해결하기 시작하도록 하였다. 결국 Hanna가 자신만의 '안전한' 방법으로 자신을 표현하도록 한 것은 자발적인 동작이었으며 이전에 경험한 학대와 억압에 직면한 표현이기도 하였다. 마음챙김을 통하여 Hanna는 내적인 자신의 안정을 확신할 수 있었고 활기찬 통합의 '스트로크(원호 그리기)'를 이용하여 체현화 능력을 키울 수 있었다.

주

1 ANS 조절은 활성화의 두 분절 상호 간의 호혜성을 제시한다. 여기에서 말하는 활성화의 두 분절 중 하나는 교감신경계로 신체적 각성이나 활동의 증가 동안 활성화되며, 다른 하나는 부교감신경계로 휴식이나 소화와 같은 활동 중에 활성화된다.

참고문헌

Anderson, R. (2002). "Embodied writing: Presencing the body in somatic research, Part I." *Somatics,* Aatumn/Winter, 40-44.

Aposhyan, S. (2004). *Body-Mind Psychotherapy.* New York: W.W. Norton and Company.

Barratt, B. B. (2010). *The Emergence of Somatic Psychology and Bodymind Therapy: Critical Theory and Practice in Psychology and the Human Sciences.* London: Palgrave Macmillan.

Barton, E. (2011). "Movement and mindfulness: A formative evaluation of a dance/movement and yoga therapy program with participants experiencing severe mental illness." *American Journal of Dance Therapy 33,* 2, 157-181. DOI: 10.1007/sl0465-011-9121-7.

Baslet, G., & Hill, J. (2011). "Case report: Brief mindfulness-based psychotherapeutic intervention during inpatient hospitalization in a patient with conversion and dissociation." *Clinical Case Studies 10,* 2, 95-109. DOI: 10.1177/1534650110396359.

Berrol, C. (2006). "Neuroscience meets dance/movement therapy: Mirror neurons, the therapeutic process and empathy." *The Arts in Psychotherapy 33*, 4, 302-315.

Brown, K. W., & Ryan, R. N. (2003). "The benefits of being present: Mindfulness and its role in psychological well-being." *Journal of Personality and Social Psychology 84,* 4, 822-848.

Chodorow, J. (1999). "The Body as Symbol." In P. Patrizio (ed.) *Authentic movement:*

Essays by Mary Starks Whitehouse, Janet Adler and Joan Chodorow. London: Jessica Kingsley Publishers.

Csordas, T. (1993). "Somatic modes of attention." *Cultural Anthropology 8*, 2, 135-156.

Fogel, A. (2009). *The Psychophysiology of Self-Awareness: Rediscovering the Lost Art of Body Sense*. New York: W.W.Norton.

Gallese, V. (2003). "The roots of empathy: the shared manifold hypothesis and the neural basis of intersubjectivity." *Psychopathology 36*, 4, 171-180. DOI: 10.1159/000072786.

Gendlin, E. (1981). *Focusing*. New York: Bantam.

Harris, D. A. (2007). "Dance/movement therapy approaches to fostering resilience and recovery among African adolescent torture survivors." *Torture 17*, 2, 134-155.

Hartley, L. (2004). *Somatic Psychology: Body, Mind and Meaning*. London: Whurr Publishers.

Koch, S., & Fuchs, T. (2011). "Embodied arts therapies." *The Arts in Psychotherapy 38*, 4, 276-280.

Kurtz, R. (2007). *Body-Centered Psychotherapy: The Hakomi Method*. Mendicino, CA: LifeRhythm.

Levine, P. (1997). *Waking the Tiger: Healing Trauma*, Berkeley, CA: North Atlantic Books.

Levy, F. (2005). *Dance/movement therapy: A Healing Art* (Second edition). Reston, VA: National Dance Association.

Ogden, P., & Minton, K. (2000). "Sensorimotor psychotherapy: one method for processing traumatic memory." *Traumatology 6*, 3, Article 3.

Payne, H. (2009). "Pilot study to evaluate Dance Movement Psychotherapy (the Body Mind Approach) in patients with medically unexplained symptoms: Participant and facilitator perceptions and a summary discussion." *Body Movement and Dance in Psychotherapy 4*, 2, 77-94.

Price, C. (2007). "Dissociation reduction in body therapy during sexual abuse recovery." *Complementary Therapy in Clinical Practice 13*, 2, 116-128.

Rothschild, B. (2000). *The Body Remembers: The Psychophysiology of Trauma and Trauma Treatment*. New York: Norton.

Sandel, S. (1993). "The Process of Empathic Reflection in Dance Therapy." In S. Sandel,

S. Chaiklin, & A. Lohn (eds) *Foundations of Dance/movement therapy: The Life and Work of Marian Chace*. Columbia, MD: American Dance Therapy Association.

Scaer, R. (2005). *The Trauma Spectrum: Hidden Wounds and Human Resiliency*. New York: Norton.

Sheets-Johnstone, M. (2011). "Movement and mirror neurons: A challenging and choice conversation." *Phenomenology and the Cognitive Sciences*. First published online: December 1, 2011. DOI: 10.1007/s11097-011-9243-x.

The Foundation for Human Enrichment (2007). *Somiantic Experiencing: Healing Trauma*. Boulder, CO: The Foundation for Human Enrichment.

Weiss, H. (2009). "The use of mindfulness in psychodynamic and body oriented psychotherapy." *Body, Mind and Dance in Psychotherapy 4*, 1, 5-16.

Chapter 07

마음챙김과 드라마치료:

즉흥적 통찰과 분노의 전환

-Joel Gluck

나는 지난 몇 년 동안 드라마치료(drama therapy)에 마음챙김과 명상을 결합해서 사용하였고, 그 결과 둘 사이에 서로 강력한 상호 보완성이 있음을 발견했다. 명상/마음챙김은 내면을 향하며 사색적이지만, 드라마치료는 외면을 지향하며 표현적인 경향이 있다. 인간 존재로서 우리는 건강한 발달과 학습뿐만 아니라 삶의 질을 균형 잡기 위해 이 두 가지 모두를 필요로 한다. 치료에서 이 둘을 접목하면 정서적 표현과 내면 탐색이 가능해진다. 이 둘은 통찰, 카타르시스 그리고 변화를 위한 매개체가 된다.

마음챙김/명상은 드라마치료 작업을 보완해 주는데, 명상 자체는 하나의 훈련으로, 그리고 마음챙김은 개인의 삶을 활기차게 해 주는 접근방법으로 일상생활에서 적용할 수 있는 일련의 기술과 방법을 제공한다. 명상 훈련을 통해 배운 기술이나 발달된 자질(주의집중과 개방, 수용, 자비심을 포함)은 드라마치료 작업의 능률을 높이고 치료 전반에 효과를 가져다준다.

이 장에서는 마음챙김과 명상의 드라마치료와 사이코드라마와의 관련성을 탐색해 보고자 한다. 또한 마음챙김이 왜 드라마치료에 본질적으로 유용한지, 마음챙김과 명상 및 동양철학에서 중요하다고 인정하는 드라마치료 접근법에 대한 조사 및 즉흥적 통찰에 대한 소개, 마음챙김과 명상을 드라마치료에 통합하는 드라마치료 접근법에 대해 알아보고자 한다. 이 장에서 다루는 사례는 분노 통제가 되지 않는 내담자에게 명상과 함께 드라마치료를 적용한 것이다.

이론체계

드라마치료 분야에서 마음챙김

드라마치료는 '치료적인 목적달성을 위하여 드라마 및/혹은 극장의 프로세스를 의도적으로 사용하는 것'이라고 정의되었다(National Association for Drama Therapy, 2012). 드라마치료의 많은 유형들 중(통상적으로 수십 회 이상 사용된 접근법들; Johnson & Emunah, 2009) 대부분은 사이코드라마의 창시자인 Jacob Moreno의 작업에 영향을 받았다(Blatner, 2000).

드라마치료의 본질로서 마음챙김

어떤 의미에서 마음챙김(넓은 의미로 정의할 때 마음챙김은 "무엇인가를 지각하고 의식하기 시작할 때의 상태나 질"; Oxford Dictionaries Online, 2013, para. 1)은 본질적으로 모든 드라마치료 방법들과 유사하다. 드라마에서 배우가 정신적 · 신체적 · 음성적 및 정서적으로 자신의 역할에 몰입하는 것처럼 드라마치료에서 내담자도 같은 방법으로 온전히 치료 과정에 참여하게 된다. 전문 배우는 매 순간 자신의 감각, 다른 배우와의 연관성, 목소리, 신체 및 의도 등에 대해 자각할 수 있도록 훈련받는다. 비슷한 방법으로, 드라마치료 회기 매 순간 의식적 알아차림을 통해 현 순간에 존재하거나 현재 순간으로 돌아오게 초대할 수 있다. 특히 그것은 전 회기에 적용되는데, 예를 들어 내담자가 치료사와 함께 즉흥적으로 무엇인가를 하는 드라마치료의 한 형태인 발달적 장면

전환(Developmental Transformation; Johnson, 2009)에서 일련의 전환되는 장면의 새로운 역할을 수행하거나 연극을 끝낸다. 상호작용을 통한 즉흥성은 내담자가 기억과 공상을 탐색하고 느낌을 표현하게 해 주며, 그것들은 말로써 하는 것이 아니라 현재의 드라마 장면에 펼쳐진 극적인 상호작용을 통해 알아차리고 현재를 인식하는 데 유용하다.

마음챙김 훈련과 드라마치료의 통합

그러나 일부 드라마치료에서는 임상적 의미로의 마음챙김을 직접적으로 참조하거나 사용한다. "정신 상태는 현재 순간에 집중함으로써 알아차림을 얻게 되고, 느낌·생각과 신체 감각을 차분하게 인정하고 수용하면서 그것을 치료기법으로 사용한다." (Oxford Dictionaries Online, 2013, para. 2) 예를 들면, 오메가 트랜스퍼스널 드라마치료(Omega Transpersonal Drama Therapy) 접근법(Linden, 2009)은 마음에 집중하는 능력을 제공하는 것으로, 특히 "우리의 생각에 마음챙김적으로 주의를 기울이는 것에 숙달되도록 훈련하기"와 같은 특별한 능력을 핵심 내용으로 한다(p. 216). 사티테라피(Sati-therapy; Frýba, 1989)는 불교 수도승이 된 체코의 명상 강사에 의해 개발된 시스템으로 집중이나 명상처럼 서로 다른 마음챙김 훈련을 사이코드라마와 통합한 것이다. 즉흥적 통찰력(Gluck, 2007)은 서양에 통찰명상으로 알려진 상좌부(소승, Theravadan) 불교명상 가르침의 마음챙김 원리를 기반으로 한다.

즉흥적 통찰: 마음챙김 기반 드라마치료

즉흥적 통찰의 발달

1990년대 초반에, 나는 Grotowski의 폴란드 실험극장 선생님이 제공한 드라마 워크숍에서 명상 훈련을 처음 접하였다. 오픈 시어터의 전문 극작가 중의 한 명인 Jean Claude van Itallie가 제공하는 프로그램에서 명상 훈련을 접할 수 있게 되었다. 그 무렵 나는 Arnold Mindell과 과정중심 심리학(Process-Oriented Psychology)뿐만 아니라 Yvonne Agazarian의 체계중심 치료(Systems-Centered Therapy)를 공부하고 있었다. 체계중심 치료는 신체, 감각, 정서, 내적 심상에 귀 기울이는 치료 접근법이다.

몇 년 후, 1997년에 나는 매일 명상 훈련으로 하루를 시작하였으며 매사추세츠 바(Barre)에 있는 통찰명상협회(Insight Meditation Society)에서 처음으로 일주일간 침묵수행을 하였다. 배우로서 나는 나의 극장에서 똑똑해지거나 창의적이 되는 것이 아니라 대신 내부의 소리를 바탕으로 하는 즉흥적 방식의 작업에 대해 집중적으로 실험하였다. 나는 참동작 집단에 합류하였고 신체와 신체의 욕구에 깊이 귀 기울이는 즉흥적 형식의 동작을 정기적으로 훈련하면서, 그 과정에서 다른 사람을 관조할 때 지지적이고 비판단적이 되는 방법을 배울 수 있었다.

외적 영향과 내적 추구로 인한 많은 걱정들로 이루어진 일상주제들을 마음챙김적 알아차림과 동시에 체현화하고 표현할 수 있는 훈련방법을 개발하기 시작했다. 1999년 '마음챙김과 무선택: 수행의 자유(Mindfulness and choicelessness: Freedom in Performance)'가 나의 첫 번째 프로그램이다. 2001년 무렵, 동료인 Nat Warren-White가 드라마치료를 소개해 주었을 때, 나는 이미 나만의 접근법을 발달시키기 시작하였음을 알았고 나의 드라마치료 연구 전체에 나만의 방법을 지속적으로 확장하였으며, 마침내 즉흥적 통찰이라 부르는 것에 대한 나의 석사학위 논문(Gluck, 2005b)을 작성하였는데, 통찰명상법에 심리치료와 즉흥적 드라마를 통합하여 즉흥적 통찰이라 불렀다.

실천적 마음과 현존하는 마음

즉흥적 통찰치료 회기에서 내담자는 배우처럼 연기를 하지는 못한다. 즉흥적 통찰에서 "실천적 마음"과 "현존하는 마음"을 먼저 구분짓는다(Gluck, 2005b, pp. 59-62). 실천적 마음은 우리가 무대 위 관객 앞에 서 있을 때 재치 있게 관객들을 즐겁고 기쁘게 해 주어야 한다는 요구를 충족시켜 주어야 하는 공연에서 습관적으로 느끼게 되는 어떤 긴장상태를 말한다. 현존하는 마음은 자신의 신체와 감각, 느낌, 정서, 자신을 둘러싼 환경, 타인 등에게 선사하는 이완과 알아차림의 상태를 의미한다. 이러한 알아차림을 통해 지각에서 정보와 영감을 얻음으로써 자발적인 창작과 표현을 하게 된다. 모든 즉흥적인 통찰방법은 현존하는 마음 상태를 키우도록 설계되어 있다. 예를 들어, 눈을 감음으로써—이러한 접근법은 참동작에서 차용한 것으로 다양한 즉흥적 통찰 훈련에 적용되었다—내담자가 연기를 해야 한다는 긴장감과 압박감으로부터 벗어나는데 도움을 받는다.

공으로 들어가기

현존하는 마음과 관련한 즉흥적 통찰의 또 다른 차이는 "공으로 들어가기(entering empty)"의 개념이다(Gluck, 2005b, p. 69). 예를 들어, 내담자들은 감독이 역할극을 통해 문제를 탐색하도록 조력하기 전에 그들의 문제를 먼저 공유하는 사이코드라마와는 다르게 즉흥적 통찰에서 내담자들은 문제를 공유하고 확인한 후 그들이 제시한 문제들을 놓아 버리고 대신 선입관 없이 명상, 동작 그리고 즉흥적인 비움으로 들어오도록 초대받는다. 전통적으로 다루기를 원하는 문제를 가지고 명상에 들어오지 않는 것과 같은 방식으로(또는 참동작에서는 주제나 목적이 정해져 행해짐) 즉흥적 통찰에서 내담자는 자신의 몸과 감각, 생각, 느낌, 내적 표상, 역할 및 기타 여러 원천들을 즉흥적으로 들을 뿐이며 무언가가 일어나기를 기대하지 않는다. 결과는 매우 깊이 있고 상징적인 솔로 즉흥극으로 나타난다. 그것은 원형적인 역할에 접근하며 내담자의 현재 문제와 관련이 있는 근본적인(때로는 존재론적) 문제들이 표면화되지만 현재 문제를 수준별로 나누고 그것에 정보를 제공한다. 즉흥적 통찰이 사이코드라마나 다른 방법들에 비해 더 즉흥적이라고 말할 수는 없다. 하지만 즉흥적 통찰에서 내담자는 순간순간의 자극들을 따르며, 그것을 의식적인 의사결정에 의해 안다기보다, 매 순간 끊임없이 올라오거나 스쳐 가는 내적 · 외적 자극에 몰입함으로써 더 많이 깨닫게 되는 경향이 있다.

세 종류의 명상적 알아차림

즉흥적 통찰은 전통적인 소승 불교에서 가르치는 세 종류의 알아차림에 기반을 둔다. 이러한 가르침은 인도에서 기원하여 태국, 미얀마, 스리랑카 등 주변 지역으로 퍼져 나갔다(Kornfield, 2010). 알아차림의 세 종류는 다음과 같다.

• 마음챙김: 앞서 설명한 바와 같이 수식관(anapanasati, 호흡으로 마음챙김) 같은 삼

매(samadhi, 정신집중)에서 발전했다(Kornfield, 2010, pp. 303-306).

- 무선택: 위빠사나(Vipassana, 통찰명상으로 서구에 알려져 있음) 수련에서 발달하였다. 개방적 알아차림, 마음은 물론 오감을 모두 사용한다(Goldstein, 2003).
- 자애(자비): 자신과 타인을 배려하고 사랑하는 것, 메따(metta, 역자 주: 태국어로 자비심을 뜻함) 훈련에서 발달하였다. 사물에 대한 자애심으로 명상에 집중하는 수련 형태(Salzberg, 2002)이다.

이러한 유형의 알아차림은 구조화된 수련이지만(사마띠, 위빠사나, 그리고/또는 메따는 내담자가 치료사의 안내를 받는 좌선임) 각기 즉흥적인 통찰활동에 대한 정보를 제공한다. 예를 들어, 참동작과 사이코드라마를 결합한 즉흥적 통찰방법인 솔로드라마(psolodrama) 훈련을 위해 마음챙김의 태도를 갖는 것, 현재의 순간으로 돌아가는 것(현재의 생각을 버리기보다는), 그리고 신체와 감각, 내적 이미지에 개방적인 것 등이 매우 도움이 된다. 또한 자애와 알아차림의 태도를 키우는 것— 예를 들면, 내적 관조(또는 내적 비평) 태도, 의식적인 자기 사랑과 지지—도 유용한데, 특히 자신감이 결여된 사람에 대해서는 더욱 그러하다.

즉흥적 통찰: 형식과 치료과정

시작하기

치료사가 내담자와 즉흥적 통찰을 실시할 때 이야기치료, 내담자에 대한 이해, 치료 목적과 배경들로 절차를 시작한다.

명상

과정이 진행될 때 내담자의 요구에 따라, 치료사는 좌선의 몇 가지 형태(사마띠, 위빠사나, 메따)를 간략하게 소개할 수 있으며, 치료 회기에서 그것들을 다루어 볼 충분한 시간을 준다. 또한 내담자가 집에서 훈련할 수 있도록 유도하며 명상 안내서를 제공해 준다(부록 1 참조).

즉흥적 통찰을 하는 많은 내담자는 매일의 명상 훈련을 강화하거나 발전시킴으로써 마음챙김의 많은 혜택을 얻을 수 있다(이 책의 다른 부분에서 논의됨; Kornfield, 2010, pp. 13-14 참조).

활동적인 연습

처음에 치료사는 명상적 알아차림 지침에 따라 구성된 간단한 활동을 알려 주고, 신체와 목소리를 사용하기 시작한다. 치료사는 명상적 연극 연습을 위하여 간단한 활동의 명상에서부터 고급 드라마치료의 형태에 이르는 즉흥적 통찰 시스템(Gluck, 2005b)의 50개 이상의 다양한 체험활동을 알려 줄 수 있다.

시간이 지남에 따라 내담자는 더욱 세련되고 깊이 있는 체험활동을 할 준비가 된다. 궁극적으로는 내담자들이 명상의 표준적인 진행에 익숙해져 더 이상 그들을 지도할 필요가 없게 하는 것이다. 이후 치료사는 관조자와 그들의 체험을 반영해 주는 짝의 역할을 한다. 연습은 다음과 같다.

참동작

참동작은 Mary Whitehouse가 개발한 무용/동작치료의 한 형태이다(Pallaro, 2000). 내담자는 눈을 감고 그들의 몸이 움직이는 대로 따라간다. 참동작은 마음챙김적 알아차림의 상태로 자연스럽게 유도한다. 치료사는 감각, 정서, 내적 이미지, 기억 등에 집중할 수 있도록 안내해 줄 수 있다.

위빠사나 공유

내담자는 동작을 계속하며 감각과 생각, 느낌, 내적 이미지 등을 알아차리면 큰 소리로 “공유하기” 시작한다(Gluck, 2007, p. 193). 공유의 효과와 목적은 움직이고 있는 사람의 마음챙김적 알아차림과 현재 어떤 일이 일어나고 있는지에 대한 몰입을 더 높이는 것이다. 이것은 연극이 아니며 움직이는 사람이 무엇을 경험하고 있는지 치료사에게 명확히 보여 주기 위해 무언가를 만들어 낼 필요가 없다. 치료사가 무엇인가를 명확히 하고자 하는 경우, 그들은 다음의 진행과정에서 그 작업을 공유할 수 있다.

역할 흐름

계속 눈을 감고 동작하는 내담자는 그들의 동작에서 어떤 역할이나 특성이 있는지 또는 그들에게 떠오르는 신체 자세에 주목한다(Gluck, 2005a). 그들은 역할을 체현화할 수 있고, 소리를 내면서 역할을 말할 수도 있다. 그들은 언제든지 역할에 빠져들 수 있고 참동작이나 위빠사나 공유로 돌아올 수 있으며, 그들의 동작이 새로운 역할로 옮겨지는 것도 발견할 수 있다. 떠오르는 역할은 사람이나 동물, 무생물 또는 완전히 상상에 의한 것일 수 있다. 어떤 역할이든 내담자가 그 역할에서 흔히 경험한 느낌을 큰 소리로 말하는 것을 권장한다. 그 캐릭터의 생각들을 큰 소리로 말할 때 내담자는 즉흥적인 흐름에 더욱 빠져들 수 있다.

장면 흐름

내담자는 동작을 통해 하나 이상의 역할을 발견할 수 있으며, 그 역할과 상호작용을 할 수 있고 자발적으로 대화, 장면, (모든 부분을 수행할 수 있는) 이야기를 만들 수 있도록 한다(Gluck, 2011). 항상 중요한 것은 내담자가 치료사나 관조자를 위해 '연기' 하는 것이 아니라는 것이다. 대신, 내담자들이 행동화하는 장면은 그들의 내적 상태를 탐색하고 표현하기 위한 것이다.

솔로드라마

내담자들은 현재 장면에서 발생하는 주제나 갈등, 문제를 주목하기 시작하고 사이코드라마의 다섯 가지 역할(주인공, 보조자아, 대역, 감독, 관객)을 통하여 갈등을 고조시키고/또는 의미를 파악하여 문제나 갈등을 '요리'하기 시작한다(Gluck, 2011). 솔로드라마(psolodrama)는 여러 개의 장면으로 구성될 수 있다. 장면에서의 역할은 현실(예: 내담자가 아버지를 직면하고 있는 것과 같은 실제적인 또는 상상적인 장면) 또는 상상적/은유적(전투에서 거인을 직면하고 있는 어린왕자와 같은)이 될 수도 있다. 앞서 서술한 참동작으로부터 솔로드라마까지의 각 진행단계는 마음챙김적 연습 그 자체라고 할 수 있다. 즉, 내담자의 모든 능력을 명상하기에 쏟는 것이다.

임상 적용

▣ 사례 연구: 분노 조절이 되지 않는 Jake와 작업하기

Jake는 26세로 공항에서 근무한다. 그는 자신의 분노와 짜증이 일과 생활을 방해하는 것 때문에 나에게 왔다. 그는 트럭을 운전하는데 하루에 세 번 또는 그 이상 트럭 안에서 분노가 폭발했다고 하였다. 그는 트럭 안에서 큰 소리가 날 정도로 벽이나 창문을 때렸고 적어도 한 번 이상은 창문이 깨지는 등 재산상의 손해를 입었다. 그는 다른 운전자가 끼어들거나 단지 천천히 달리는 일 같은 사소한 것에도 화를 내었다. 또한 여자 친구와도 자주 싸웠으며 다른 사람과의 관계에 있어서도 자주 위협을 가했다. Jake의 자기진술은 DSM-IV(American Psychiatric Association, 2000, pp. 663-667)의 간헐적 폭발성 장애의 기준을 충족시켰다.

Jake는 어려운 가정환경에서 자랐다. 어렸을 때, 그의 아버지가 직장에서 돌아오면 그를 벽과 방에 집어 던지는 것이 인사였다. 그의 어린 시절은 부모로부터의 언어적·신체적·정서적 학대에 의한 비명과 매질로 채워졌다.

사춘기에 그의 아버지가 젊은 여성 때문에 어머니를 떠나는 것에서 배신감을 느꼈으며, 이후 Jake의 대학 등록금에 대한 약속을 어긴 것에 낙심하였다. 현재 그는 공항에서 일을 하는데, 그의 어머니는 끊임없이 그가 열심히 일하면 언젠가는 관리자로 승진할 수 있을 것이라고 잔소리를 한다. Jake는 이 일이 정말 그가 하고 싶었던 일인지 고민하고 있으며, 음악이나 다른 것에 더 관심이 있다고 하였다.

치료과정에서 발췌

2회기

Jake의 분노는 스트레스가 많은 상태에서 다른 사람과의 상호작용에 의해 촉발되며, 그가 스트레스에 대해 어떻게 대처해야 하는지 모른다는 것을 알 수 있다. 2회기에서 나는 그에게 명상을 소개해 주었으며, 단순히 자신의 호흡에 집중하게 하였다(부록 1 참조).

Jake는 명상 호흡을 연습하며 어디에 집중하고 호흡의 감각으로 무엇을 알아차려야 할지를 조금 알게 되었다. 나는 그에게 매일 명상하도록 숙제를 주었으며, 일상생활에 마음챙김을 어떻게 이용하는지에 대해 서술된 Thich Nhat Hanh(1992)의 『모든 발걸음마다 평화(Peace is Every Step)』라는 책을 읽게 하였다. 회기가 진행됨에 따라 나는 다른 종류의 명상법을 알려 주었고 그는 매일 그러한 명상법을 혼합하여 연습하였다. 그가 명상에 대한 안내서를 요구하였기에 나는 문서와 음성녹음으로 그에게 안내서를 만들어 주었다(부록 1 참조).

이후 Jake에게 내가 '커플치료' 또는 '가족치료'—내담자가 자신의 짝이나 가족 중 한 명을 선택하여 치료 회기에 나와 함께 치료작업을 할 수 있도록 가상으로 초대하기—라고 부르는 단순한 연습법을 알려 주고 Jake가 두 가지의 역할(나는 커플치료사 혹은 가족치료사의 역할을 수행)을 모두 수행하도록 하였다. Jake는 자주 다투었지만 지금은 만나지 않고 있는 누나를 선택하였다. 그는 그녀에게 사과하는 것으로 역할극을 시작하였고 얼마 후 울음을 터뜨렸다. Jake는 청소년기(10대)를 거치며 자신이 경험하였던 실제 감정을 공유하면서 두 남매 사이에 아주 진솔한 대화가 이루어졌다. 그가 누나의 역할을 했을 때 그녀는 아버지로부터 깊은 상처를 받은 누군가였으며, Jake에게 배신감을 느끼고 있었지만 Jake의 말을 기꺼이 들어 주었다. 회기 끝에 그들은 서로 용서하였다.

회기 끝에 Jake의 반응은 매우 긍정적이었으며 처음에는 몰랐던 묵힌 감정이 드러났다. 나는 그에게 그의 누나를 만나 실제로 대화하기를 제안하였다.

6회기

Jake는 규칙적으로 명상을 해 왔고 자신의 분노에 대해 보고하였다. 그는 "지금은 아침에 명상을 하는 것이 좋아요."라고 언급하였고, Thich Nhat Hanh의 책을 즐겨 읽고 있었으며, 먹는 것에 집중하기 같은 일상생활에서 마음챙김하는 것을 배우는 데 Thich Nhat Hanh의 방법을 적용하기 시작했다.

명상: 호흡에 주의집중하는 명상을 검토한 후 위빠사나 명상을 소개해 주었다. 우리는 육감[오감 더하기 마음의 대상(생각)]의 문을 각각 방문하였으며, 선택 없는 알아차림

을 시작하였고, 매 순간 감각의 문으로 무엇이 들어가는지를 알아보았으며, 마음챙김을 발전시키고 감각인식의 반응을 수용하였다(부록 1 참조).

명상이 끝난 후 Jake는 말했다. "나는 자주 긴장했어요. 하지만 지금은 깃털처럼 가벼움을 느껴요. 연못 속에 있는 돌 같은 나 자신을 볼 수 있어요." 이전 회기에 사용되었던 나의 이미지와 비교할 때 "정말 좋고 자유로운 느낌이 들어요."라고 하였다.

참동작: 연결활동(bridging activity)으로 참동작을 소개하였으며, 쿠션을 떠다니게 하는 동작 동안에도 명상적 알아차림을 유지하게 하였다.

나는 Jake에게 단계별로 안내하였다.

> 방에서 앉을 자리를 찾아서 정하세요. 편안한 자세를 취하세요. 눈을 감고 잠시 가만히 있다가 당신의 호흡과 당신의 몸을 자각하고 지금 당신이 어떻게 느끼는지를 알아차려 보세요. 당신의 몸에서 맥박, 호흡, 근육의 움직임뿐만 아니라 충동이 일어나는 것이 느껴지기 시작합니다. 눈을 감은 채 몸이 움직이는 대로 따라 움직이세요.
>
> 이 연습을 하는 도중에는 언제든지 당신이 빠르게 움직이거나 또는 공간을 이동하는 경우 방 안에 있는 물체와 부딪히지 않도록 약간 눈을 뜨고 있으세요. 당신의 몸이 움직일 때 당신의 마음이 지켜보게 하세요. 어떻게 움직이고 싶은지에 대한 상상이나 절묘한 생각이 있다면 그렇게 하세요. 몸이 이끄는 대로 놓아두고 몸이 어떤 움직임을 원하는지 알아보세요.

Jake는 우선 눈을 감고 시험적으로 움직이기 시작했지만, 곧 몸을 쭉 펴고 이완시켰으며 공간을 사용하기 시작하였다.

위빠사나 공유: 다음으로 위빠사나 공유를 알려 주었다. Jake가 동작을 계속 하도록 했으며 육감의 문을 통하여 들어온 것이 무엇인지 알아차린 것을 큰 소리로 말하게 하였다. 그는 몸의 감각, 들리는 소리 그리고 생각들을 알아차리기 시작했다.

역할 흐름: 다음으로 나는 새로운 지시를 하였다. "당신이 동작하는 동안의 신체 자세나 위치는 당신 자신의 역할이나 성격을 나타냅니다. 그러한 역할이나 성격들을 편

안하게 여기세요. 역할에 들어가면 역할의 성격처럼 움직이고, 소리를 내고 큰 소리로 말하세요."

Jake는 이미 준비가 되어 있었던 것처럼 동작을 크게 하여 방을 분주히 움직이며 주먹을 쥐고 허공에 날렸다. 그는 "나는 권투선수야……. 나는 이 아이를 찢어 버릴 거야……."라고 말했다.

그러고는 바닥에 미끄러져 쉭쉭거리는 목소리로 말했다. "나는 뱀이야……. 쥐가 지나가기를 기다리고 있는……. 나는 풀밭에 앉아 있어……. 거기에 있는 것은……."

Jake가 갑자기 자신의 손을 내밀고는 '쥐'를 잡았다고 하였다. Jake는 멈춘 채로 말했다. "내가 어렸을 적에…… 하늘의 별을 보며…… 내 주위의 키 큰 잔디……. 소녀는 나와 함께 있었고…… 나는 영원히 여기에 앉아 있었고…… 당신과 가까이……. 해는 지고…… 꿈같이. 떠나지마……."

정지 상태 후 Jake는 눈을 뜨고 내게 말했다. "Jessica는 고등학교 1학년 때 나의 첫 번째 진짜 여자 친구였어요. 나는 매일 그녀를 생각했어요. 그게 내가 마지막으로 행복했던 때였어요."

회기가 끝날 무렵, Jake는 우리가 했던 작업의 효과를 인정하였다. "우리가 했던 명상법(위빠사나)—그것은 신선함을 유지시켜 주므로—이 좋아요. 그것을 좀 더 배우고 싶어요. 처음에 나는 드라마치료에 대해서 회의적이었어요. 처음에는 억지로 했어요. 이후 뭔가 아름다운 마법 같은 일이 일어났어요. 그것이 해결책이라고 판단하지는 않아요. 현재 Jessica와 관련된 모든 일을 더욱 잘 이해할 수 있어 기뻐요."

치료사 회고: 회기가 끝나고 나중에 회고해 보았을 때, "이 아이를 찢어 버릴 거야."라는 말에서 권투선수는 Jake의 아버지 역할이었던 것 같다. 뱀은 Jake 자신의 설정으로 쥐가 앞을 지나가는 일이 일어나기 전까지는 상당히 평화로웠지만 이후 분노가 폭발하였다. 이러한 역할은 Jake의 남자 가족 중 아버지나 할아버지 같은 누군가로, Jake의 아버지나 형제를 끔찍하게 때리거나 걷어차는 신체적 학대에 의한 것일 수 있다. Jake는 자신의 첫 여자 친구와 함께하는 장면을 통해 매우 다른 감정 상태를 느낄 수 있었다. 억압적인 가족의 분위기를 벗어난 거리에서 그는 진정한 행복의 시간을 가질 수 있었다.

7회기

메따 실행: 다음 회기에서 나는 Jake에게 명상/자각의 세 번째 형태인 메따(metta) 또는 자애에 대하여 소개하였다(부록 1 참조). 전통적으로 메따는 자신에 대한 자비와 타인에 대한 자비 및 모든 존재하는 것에 대한 자비의 세 가지 영역이 포함되어 있다. 자신에게 자비를 보낸다는 생각이 Jake에게는 생소하게 느껴졌다. 그가 가지고 있는 자기 이미지는 사랑받을 가치가 없다기보다는 자기처벌과 학대로 형성되어 있었다. Jake가 매일 실행하는 명상에 메따를 추가하였다.

회기가 진행됨에 따라 우리는 간단한 지침에 의한 명상, 참동작 따라 하기, 위빠사나 공유, 역할 흐름, 장면 흐름 등의 체험 작업을 일정한 형태로 사용하기 시작하였다. 그리고 치료사의 필요에 따라 지시를 통한 솔로드라마를 실행하였다.

8회기

솔로드라마에서 Jake는 강가에서 개구리를 잡는 소년이 되었다. 그의 아버지가 너무 비열한 역할이 되지 않게 주의하면서 그를 드라마치료 작업에 처음으로 등장시켰다. Jake가 소년의 내면에서 일어나는 생각과 감정을 표현하는 '이중' 역할을 잘할 수 있도록 격려하였다. 이중 역할에서 Jake는 더 나은 아들이 되지 못했음을 아버지에게 사과하였고, 그를 용서하였다. "당신은 최선을 다했어요. 당신은 좋은 아버지예요. 나는……." Jake가 그의 아버지 역할을 하였고 그가 Jake를 어떻게 대했는지에 대해 사과하였다. Jake는 울었다.

Jake는 울음이 진정되자 그의 소년 시절에 대한 다른 경험을 이야기하였다. Jake는 자신을 어머니와 가족들 속에서 온갖 고통을 경험하도록 내버려 둔 아버지에 대한 저주로 분노가 폭발하였다. "당신은 정말 나를 엿먹였어……. 당신은 ……하기보다 야구 방망이로 내 얼굴을 100번 때리는 것이 나았어……. 당신이 누구든 당신을 밖으로 걷어차 버릴 거야……."

회기가 끝날 무렵 Jake는 "나는 이전에 이런 것을 한 번도 느껴 본 적이 없어요. 두 번이나 울었어요. 드라마치료는 나를 위해 무언가를 열어 주는 것 같아요."라고 말하였다. 다음 회기에서 그는 "나는 내가 아버지를 화나게 했는지를 몰랐어요. 나는 그에게 한 번도 이것을 말한 적이 없어요."라고 덧붙였다.

9~20회기

다음의 12회기 동안에 Jake에게 아버지 역할이 나타난 것은 5번 이상이었다. 각 솔로드라마에서 Jake는 아버지에게 점점 더 자신의 진심을 말하였다. 마지막 장면에서 언어적인 싸움 후 그들은 포옹으로 화해를 하였다. Jake의 울음은 아버지와 화해하고 아버지를 받아들이는 것처럼 보였다.

Jake: 죄송합니다. 당신이 보고 싶었어요. 나는 진정으로 당신이 나의 자랑이길 원했어요. 당신에게 내가 나빴어요. 그게 오히려 잘된 거예요. 죄송함을 느낍니다.

아버지: 괜찮아, 나는 알고 있어. 다 괜찮다고 이 친구야…….

Jake: 아버지, 나는 당신을 비난할 수 없어요. 무엇이든 하시고 싶은 대로 하세요……. 나는 당신을 응원할 겁니다. 당신은 나의 아버지이니까요.

아버지: 나는 언제나 너의 아버지야.

두 회기 이후 Jake는 실제로 그의 아버지와 대화를 나누었다고 보고하였다. "나는 내가 치료에서 무엇을 하는지 아버지에게 말했어요. 이전에는 그와 한 번도 지금처럼 말해 본 적이 없어요."

치료성과

공동 작업 과정이 끝난 후, Jake는 분노 조절 능력이 증가하였으며, 자신의 행동을 잘 알아차릴 수 있었다. Jake가 가끔 이전의 오랜 습관으로 되돌아간다는 보고가 있었고, 비록 그 과정이 순탄치는 않았지만 짜증을 내는 횟수는 점차로 감소하였다.

Jake는 간단하게 시작했다가 시간을 넘기기도 하였지만 명상수행은 매일 발전하였다. 명상수행을 최고로 할 때는 하루에 3번 혹은 그 이상 아침저녁으로 하였으며, 적어도 한 번은 그의 트럭에서 하였는데, 특히 울화가 치밀어 오르는 충동이 생기면 그렇게 하였다.

Jake는 가족 구성원들을 포함하여 주변 사람들과 새로운 관계를 맺기 시작하였다. 우리의 치료작업이 진행되던 중간의 어느 시점에 Jake는 돈을 아끼기 위해 치료나 음악 수업 중 하나를 포기해야겠다고 어머니에게 이야기하였으며, 어머니는 그에게 "네가 어떻게 하든 괜찮지만, 효과가 있으니 치료를 중단하지 않았으면 좋겠다."라고 말했다.

결국 우리는 15개월을 함께 작업하였으며, 하루에 서너 번씩 나타나던 Jake의 짜증이 한 달에 한 번 정도로 줄었다. 마지막 회기가 끝난 지 적어도 2년이 지난 오늘도 Jake는 자신의 분노 조절을 개선시키고 있으며 명상 훈련도 계속하고 있다.

결론

즉흥적 통찰과 다른 치료 접근법으로 진행되는 드라마치료에 마음챙김적 알아차림을 적용하는 것은 내담자들이 그들의 심상을 이용하고 그것을 표현하는 동안 이완된 상태를 유지하는 데 도움이 된다. 내담자의 작업은 고요함(또는 움직임) 가운데 표면에 드러난 생각보다 오히려 몸과 정서 그리고 심상이라는 가장 내면적인 메시지에 주의 깊게 귀를 기울여 들을 수 있을 때 더 깊어진다.

나는 내담자들이 사전에 주어진 특정한 주제나 테마를 사용하는 방법보다는 명상법을 사용하거나 참동작, 위빠사나 공유 등과 같은 마음챙김적 알아차림을 통해 나타나는 유기적 주제와 관련하여 과정을 진행할 때 그들이 자신을 확실히 통제하는 것을 알 수 있었다. 마찬가지로 치료사는 단지 필요한 경우에만 외부적으로 지도할 뿐이며 그들의 주요한 역할은 지켜보는 것이다. 뿐만 아니라 사용되는 방법들도 사실상 모두 같은 맥락으로 볼 수 있는, 자연스럽고 유기적으로 연결되어 나타나는 감정들이다.

나는 많은 드라마치료사나 일반적으로 창조적 예술치료사로 알려진 치료사들을 만나, 그들의 작업에서 마음챙김을 결합하고 내담자들에게 명상법을 알려 주기를 원한다. 세상을 살다가 자극이 사방에서 일어나는 지나치게 드라마틱한 때에는 우리와 내담자 모두 고요함과 중심성, 평화의 장소로 되돌아올 기회를 가질 필요가 있으며, 우리의 삶과 일에서 균형을 이루게 만들어 주는 알아차림의 기회를 가질 필요가 있다.

참고문헌

American Psychiatric Association (2000). *Diagnostic and Statistical Manual of Mental Disorders* (Fourth edition, text revision). Washington, DC: American Psychiatric Association.

Blatner, A. (2000). *Foundations of Psychodrama: History, Theory, and Practice* (Fourth edition). New York: Springer.

Frýba, M. (1989). *The Art of Happiness: Teachings of Buddhist Psychology.* (Translated by M.K. Kohn.) Boston, MA: Shambhala.

Gluck, J. (2005a). *The Role Stream.* Available at http://www.insightimprov.org/Resources_files/role-stream_autumn_2005.pdf, accessed on January 27, 2013.

Gluck, J. (2005b). *Insight Improvisation in Context: Antecedents in Meditation, Theater, and Therapy; Individual and Group Experience.* Master's treatise, Lesley University, Graduate School of Arts and Sciences. Available at http://www.insightimprov.org/Resources_files/ii_treatise_web.pdf. accessed on January 27, 2013.

Gluck, J. (2007). "Insight Improvisation: Integrating Meditation, Theater, and Drama Therapy." In A. Blatner & D. J. Wiener (eds) *Interactive and Improvisational Drama.* Lincoln, NE: iUniverse.

Gluck, J. (2011). *Psolodrama in Brief.* Available at www.insightimprov.org/Resources_files/psolodrama_ in_brief.pdf, accessed on January 27, 2013.

Goldstein, J. (2003). *Insight Meditation: The Practice of Freedom.* Boston, MA: Shambhala.

Hanh, T. N. (1992). *Peace is Every Step: The Path of Mindfulness in Everyday Life.* New York: Bantam.

Johnson, D. R. (2009). "Developmental Transformations: Toward the Body as Presence." In D. R. Johnson & R. Emunah (eds) *Current Approaches in Drama Therapy.* Springfield, IL: Charles C. Thomas.

Johnson, D. R., & Emunah, R. (eds) (2009). *Current Approaches in Drama Therapy* (Second edition). Springfield, IL: Charles C. Thomas.

Kornfield, J. (2010). *Living Dbarma: Teachings of Twelve Buddhist Masters* (Second edition). Boston, MA: Shambhala.

Linden, S. (2009). "Omega Transpersonal Approach to Drama Therapy." In D. R. Johnson & R. Emunah (eds) *Current Approaches in Drama Therapy.* Springfield, IL: Charles C. Thomas.

National Association for Drama Therapy (2012). *What is Drama Therapy?* Available at www.nadt.org/what-is-drama-therapy.html, accessed on May 2, 2013.

Oxford Dictionaries Online (2013). Definition of "Mindfulness." Available at http://oxforddictionaries.com/definition/mindfulness, accessed on January 27, 2013.

Pallaro, P. (ed.) (2000). *Authentic movement: Essays by Mary Starks Whitehouse, Janet Adler and Joan Cbodorow* (Second edition). London: Jessica Kingsley Publishers.

Salzberg, S. (2002). *Lovingkindness: The Revolutionary Art of Happiness.* Boston, MA: Shambhala.

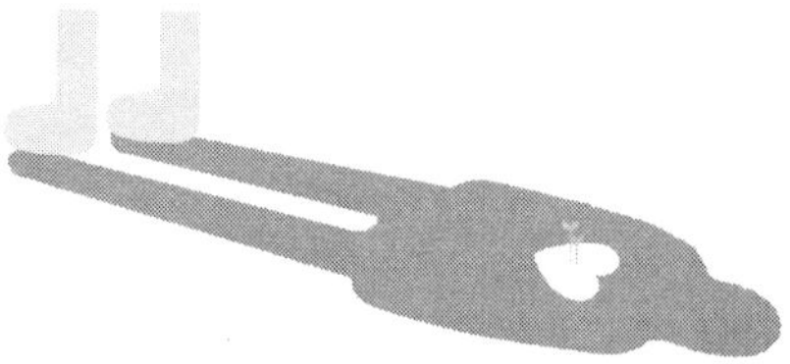

Chapter 08

약물의존에 대한 음악과 심상 그리고 마음챙김

–Carolyn Van Dort & Denise Grocke

음악과 심상(Music and Imagery: MI)은 내담자가 기분 조절, 고통이나 불안 완화 또는 개인의 성장과 같은 치료적 목적으로 음악을 듣는 음악치료의 수용적 형태이다(Grocke & Wigram, 2007). MI는 또한 심상유도음악(Bonny, 2002)의 하위 영역이며, 개인과 집단에 활용된다(Bruscia & Grocke, 2002).

음악과 심상 그리고 마음챙김의 집단 회기는 약물이나 알코올 중독자들에게 효과적이다. 참가자들은 심상에 집중할 수 있는 아주 잔잔한 음악을 들으며 마음챙김 호흡을 증진시킴으로써 감정 조절을 배울 수 있다. 이완을 돕거나 마음 상태에 맞춰진 음악을 들을 때 심상은 음악을 듣는 사람의 마음에서 자연스럽게 일어난다. 이러한 심상은 음악 또는 음악이 떠올린 직접적인 기억들이거나, 음악을 듣는 사람의 신체 내부에서 긴장이 풀리는 것 같은 신체적인 반응들과 함께 시각적으로 연상될 수 있다. 마음챙김적 듣기는 소리에 대한 알아차림을 증진시켜 일상에서도 듣는 사람이 자연의 소리를 인식할 수 있도록 하여 현재의 순간을 좀 더 알아차리게 된다. 또한 음악, 듣기, 마음챙김은 더 넓은 자기수용과 통찰로 이어질 수 있다.

이 장은 약물과 알코올 의존으로 외래진료를 받는 내담자 집단의 10회기 사례에서 사용된 음악과 심상 그리고 마음챙김에 대한 이론적 개요를 포함한다. 또한 음악 선택 시 유의사항에 대한 논의와 음악에 대한 정보 및 목록을 제시한다(부록 1 참조).

이론체계

음악과 심상 그리고 마음챙김

음악과 심상, 마음챙김을 적용할 때 알아차림은 현재 순간에 신중하게 선택한 음악의 특징에 주의집중하는 것으로부터 발생한다. 음악은 내담자가 경험에서 집중하도록 도와준다. 즉, 멜로디와 리듬은 사람을 내면에 주의집중하게 하며, 화음, 악기 그리고 역동성은 청중의 관심을 유지하는 역할을 한다. 음악과 심상, 마음챙김의 의도는 음악에 대한 반응을 알아차리는 것이지만, 그것들에 압도되지 않도록 하여야 한다. Thich Nhat Hanh(1975, 1976)은 "당신의 마음을 잘 통제하고 마음챙김 연습을 해야 한다. 당신은 당신에게 일어나는 모든 생각과 감정의 존재를 알아차리고 관찰하는 법을 알아야 한다."(p. 37)라고 언급하였다. 음악은 이해와 통찰을 촉진시키는 행위로 느낌과 또 다른 지각을 알아차릴 수 있도록 듣기 경험을 제공한다.

음악과 심상은 마음챙김을 훈련하는 데 적합하다. 마음챙김과 같이 음악과 심상이 의도하는 것은 음악에 대한 반응을 주목하고 알아차리고 관찰하는 자기 자신의 그 부분을 이해하는 것과 이러한 반응들을 개인의 삶의 맥락 안으로 통합하도록 발전시키는 것이다. 내담자가 그들의 호흡을 알아차리도록 초대하는 것은 그 관찰자를 자기 자신의 한 부분으로 활성화시킬 수 있다. 즉, 심상 경험 안에서 내담자를 지지하는 역할을 하는 조력자, 닻(앵커, anchor) 또는 도구로서의 역할을 하도록 한다(Körlin, 2007-2008). 호흡을 알아차리는 것은 또한 중독 행동 및 외상과 학대에서 회복 중인 내담자와 작업할 때 특히 중요하다(Blake, 1994; Blake & Bishop, 1994; Skaggs, 1997).

집단에서 치료사들은 음악과 심상 경험을 위한 주제를 정하기 위해 토론을 독려할 수 있다. Kabat-Zinn(2005, p. 105)은 집단을 위한 주제나 초점을 맞추기 위해서 의도적으로 계획된 마음챙김에 대해 언급한다. 자연스러운 마음챙김은 MI 과정의 훈련에 따라 자발적으로 일어난다.

마음챙김에서, 마음의 대상은 다섯 가지로 분류된다(Hanh, 1975, 1976, p. 46).

1. 신체적 및 물리적 형태(bodily and physical forms)
2. 감정(feelings)
3. 지각(perceptions)
4. 정신적 기능(mental functioning)
5. 의식(consciousness)

음악과 심상 그리고 마음챙김에서, 심상 경험은 이러한 집합체 중 하나 이상을 포함할 수 있다. 예를 들어, 선별된 음악에 대한 반응으로 내담자는 가벼움과 무거움 또는 팽창되는 것 같은 신체 감각을 느낄 수 있을 것이다. 이러한 감각들은 중요하며, 반응에는 시각적 이미지, 소리, 맛, 냄새 또는 접촉이 포함된다. 이러한 것들은 마음과 감각 사이의 상호작용을 통해 알 수 있다. 음악은 또한 감정을 불러일으키고, 그것이 심상으로 떠오르게 되면 색상, 형태, 모양에 대한 인식을 높이게 된다. 그것은 미학적으로 혹은 상징적으로 경험될 수 있다. 예를 들어, 나무는 색이나 형태로 경험될 수도 있으며, 생명의 나무로 인식될 수도 있다(Grocke, 2009).

음악 자체는 다섯 가지 청사진을 포함한다(Bonny, 2002; Grocke & Wigram, 2007).

1. 식별할 수 있는 형태와 구조를 가진다.
2. 구성된 형식을 통해 감정을 전달한다.
3. 지각을 향상시킨다.
4. 조직화된 비구어적 언어는 듣는 사람에 의해 자유롭게 해석될 수 있다.
5. 현재의 순간에서 들으면 완전히 하나가 된다.

Goldberg(2002)는 음악과 심상에 대해 "자기(self)는 원리를 조직하고 중심화하며, 자신만의 개인 계층을 통해 무엇을 필요로 하고, 구하고 찾는지를 알아 가는 총체적인 의식의 한 부분이다."(p. 369)라고 언급하였다. 자기(self)는 분리된 개체에 대한 이해와 통합의 과정에서 서로 다른 의식수준으로 인해 소용돌이칠 수 있다. 관조자와 관찰자 또는 원격 자기(distal self) 존재는 반영적 거리를 두게 되고 자아와 자기 개념으로부터 탈동일시될 수 있다(Goldberg, 2002, p. 369).

마음챙김을 위한 음악 선택

회기에 적합하거나 신체에 대한 마음챙김적 알아차림을 증진시키는 것이 음악의 목적이라면, 마음챙김을 위한 가장 효과적인 음악은 안정된 맥박, 조용한 분위기와 작은 역동적 변화까지도 예상할 수 있는 음악이어야 한다. 선율은 완만한 형태와 짧은 간격 등(보통 단계적으로 진행된다) 예상 가능해야만 한다. 멜로디 마디들은 들숨과 날숨으로 서로 매치된다. 화음구조는 일련의 예측 가능한 코드나 불완전한 화음을 해결할 수 있는 전형적인 음조와 화음(consonant)으로 이루어진다. 연주는 현악기와 목관악기를 사용하고 금관악기와 타악기를 제외하는 경향이 있다. 반복은 마음챙김을 높이는 음악의 핵심적인 특징이다. 그래서 마음챙김적 뇌(mindful brain)는 과정에서 필요한 새로운 소리나 패턴에 의해 자극되지 않는다. 무엇보다도 가장 적합한 음악은 예측 가능한 멜로디, 리듬, 화음적 요소이다(Grocke & Wigram, 2007).

임상 적용

약물중독과 알코올 재활시설의 외래환자 집단에서의 음악과 심상 그리고 마음챙김

음악과 심상 그리고 마음챙김 집단을 위해 약물중독 환자와 알코올 재활시설의 외래환자들을 총 10회기 동안 2주 간격으로 만났다. 각각의 회기 전에 치료사들은 직원과 함께 다룰 주제에 대해 논의하였다. 마음챙김의 원리는 다른 집단의 직원들에 의해 외래환자들에게 제공되었다. 따라서 마음챙김 훈련은 집단 참가자들에게 친숙하였다. 주제는 진정한 자신이 되는 자기 알아차림, 개인적 가치 체계와 본래의 지혜를 습득하는 데 초점을 두었다.

집단 구조

매 회기는 정확히 90분씩 진행되고, 7부분으로 구성된다.

1. 참가자들은 원 안에 앉아 가능한 주제에 대해 논의하거나 음악과 심상 부분 이미지에 초점을 맞춘다(20분).
2. 참가자들은 눈을 감고 마룻바닥 위의 매트에 눕는다.
3. 치료사는 집단에게 이미지와 주제를 연결해 주는 음악으로 마음챙김 이완활동을 유도한다(〈글상자 8-1〉 참조).
4. 집단원들은 그들 마음을 반영하는 심상을 떠올릴 수 있도록 조용히 이완된 상태로 음악을 듣는다.
5. 음악이 끝나면, 치료사는 눈을 뜨고 자세를 바로잡도록 하면서 집단원들을 깨어 있는 상태로 돌아오게 한다. "음악이 끝났습니다. 당신이 눈을 감았을 때 떠오른 이미지들을 받아들이세요……. (2~3분 동안 침묵) 이제, 당신이 누워 있을 때처럼 당신 신체와 이 방을 자각해 보세요……. (침묵) 당신이 일어나 앉을 준비가 되었을 때 당신의 몸이 깨어날 수 있도록 단계적으로 당신의 손가락과 발가락을 움직여 보세요."
6. 집단원들은 종이 중앙에 원을 기준점으로 하여 사용한 만다라와 같은 창조적인 그림을 그리거나 자신의 경험에 대해 비판이나 평가없이 글을 쓸 수도 있다.
7. 집단원들은 그들의 심상 경험을 공유한다.

글상자 8-1 심상과 주제로 마음챙김 이완 유도

코로 들어오는 숨, 당신 가슴이 올라갔다 내려갔다 하는 것과 코나 입을 통해 나가는 숨에 주목하면서 당신이 호흡하고 있는 것을 알아차리세요.

공기가 들어올 때, 숨은 차갑고 몸에서 나갈 때 따뜻하다는 것을 알아차리세요……. 호흡의 리듬을 알아차리세요. 때때로 '들어오는' 숨이 '나가는' 숨보다 깁니다. 간단히 말해, 호흡을 따르면서 차이를 주목해 주세요……. 들어오는 숨을 쉬고 나가는 숨을 쉴 때의 순간을 자각하세요.

가슴 쪽의 숨을 따르세요……. 당신의 가슴속으로 들어오고 나가는 숨에 주목하고 거기에서 느낄 수 있는 것에 주목하세요……. 다음으로 당신의 가슴 쪽에서 '나가는' 숨을 알아차리면서 어깨로 알아차림을 옮겨 가 보세요……. 당신이 어깨에서 인식할 수 있고 알아차릴 수 있는 것에 주목하세요.

이제 당신의 어깨로 숨을 쉴 수 있다는 것을 이미지화해 보세요……. (팔, 손, 손가락, 목, 얼굴, 머리, 배, 엉덩이, 다리, 발과 발가락의 서로 다른 신체 부분을 이용하여 이와 같은 방법으로 움직임을 계속 진행한다. 다른 개념을 소개하는 것은 혼란의 원인이 될 것이므로 다른 개념을 소개하지 않고 이완을 위해서는 똑같은 단어를 사용해야 하는 점이 매우 중요하다.)

(심상이나 주제를 소개한다.) 이제 심상이나 주제에 대한 초점을 알아차리도록 하세요(아래의 회기를 보라). 당신에게 맞는다면 어떠한 방식으로든 공유할 수 있으며 이러한 심상을 탐색할 때 당신은 음악과 함께할 수도 있습니다.

10회기 집단 구성

1회기

- 토론: 공상(백일몽)에 대해 토론하였고, 그것은 음악과 심상 그리고 마음챙김에 대한 이해에 도움이 되었다. 공상은 종종 현재의 순간에서 탈출하여, 삶의 역할이 사라진 다른 곳 어딘가에서 그 혹은 그녀 자신이 되기를 바라는 것을 희망하기도 한다. 음악과 심상 과정에 대한 설명은 그것이 어떻게 마음챙김 훈련을 지지하는지 나타낸다.
- 마음챙김 이완 유도(〈글상자 8-1〉 참조)

- 포커스 이미지: 물이 있는 자연
- 음악: Tchaikovsky의 안단테 칸타빌레 작품번호 11(Andante Cantabile op.11). 이 음악은 스트링 오케스트라를 위해 작곡된 곡으로 중간 부분에서 소리의 질감(sound texture)에 변주가 있는 선율의 곡이다.
- 나누기: 대부분의 집단원은 '물가에 있는' '해변을 걷고 있는' '부두' '강에서 낚시하는' 이미지를 떠올렸다. '자연에 가까운(close to nature)' 이미지를 떠올린 경우도 있었다. 모든 참가자들은 심상을 자각한 채 그들의 경험 속으로 침투해 온 원치 않는 생각들과 이미지들을 알아차렸다. Eve는 '고요함'을 좋아하지 않는다는 것을 깨달았다. Vera는 '바다 근처에 있는' 것에 만족해했지만 파도가 모래를 무너트리자 '불편함을 느꼈다'. 모두 '말로 표현할 수 없는 경험'에 대해 이야기하였다.
- 마음챙김: 이렇게 포커스 이미지에 주의를 기울이는 것은 참가자들에게 반영하기, 경험과 즐거운 활동뿐만 아니라 그들의 통제를 벗어나 원치 않게 파고든 생각들조차도 인정할 수 있는 기회를 제공해 주었다.

2회기

- 토론: 참가자들 중 몇몇은 그들이 매우 바쁜 일상을 보내고 있다고 설명하였다. George는 "삶이 나를 데리고 갑니다. 무엇인가를 하는 것이, 바쁜 것이 더 나은 것처럼 느껴져요."라고 느낌을 나누었다. 대부분의 참가자들도 동의했다. 느긋해지고 이완되는 것이 편하지가 않았다. 집단원들에게 "어떻게 여러분의 마음을 설명할 수 있을까요?"라고 물어보았다. 그들은 다음과 같은 느낌을 나누었다. '흩어진' '하나의 생각에서 또 다른 생각으로 도약' '내 마음에는 기억과 주의집중에 영향을 미치는 구멍이 있다.' '내 마음은 항상 쉬지 않고 움직인다.' 등이다. 집단원들은 '호흡 이미지'에 초점 두기를 선택했다.
- 마음챙김 이완 유도
- 포커스 이미지: 호흡
- 음악: Vaughan-Williams의 Rhosymedre. 이 곡의 선율은 숨을 들이마쉬고 내쉬는 것을 돕는다. 첼로의 선율은 몸속으로 울려 퍼지고 참가자들에게 그들의 마음

을 지배하며 신체로 들어가는 호흡을 알아차릴 기회를 준다.

- 나누기: Eve는 자신의 호흡에 집중했지만, '음악으로 떠올려진 기억'들도 있음을 알아차렸다. George는 '상체의 호흡'만을 자각했다. 다른 참가자들 역시 음악과 함께 떠오른 시각적 이미지를 알아차렸다.
- 마음챙김: 각자 자신의 호흡이나 자신의 신체 또는 심상과 기억들에 집중했다. 그들은 자신의 기억이나 심상과 잘 융합하지 못했다고 설명했다. 그 이후에 사람들은 그들의 경험과 관련하여 매우 명확하게 기억할 수 있었다.

3회기

- 토론: 치료사는 다양한 상징물들—피규어, 동물들, 원석들, 바위, 조개껍질, 씨앗, 미니어처 장난감들—을 탁자 위에 무작위로 배치했다. 토론은 상징물의 의미에 초점이 맞춰졌고, 참가자들은 그것들이 가지는 개인적인 의미와 가치에 집중하였다. 참가자들은 각자 상징을 선택했고 첫 번째 사람은 그것을 사용하여 설명하였다. Vera는 자수정의 원석 조각을 선택하고 "나는 성실하고 충성스럽습니다."라고 했다. Michael은 저금통을 선택하고 "나는 저금통을 좋아합니다……. 항상 나눠 주고, 나는 지금 아무것도 없습니다." 투사할 수 있는 상징물은 객관성이 있어서 집단원들이 그들 자신에 대해 설명할 수 있도록 도울 수 있었다.
- 마음챙김 이완 유도
- 포커스: 자기이해
- 음악: Massenet의 성모의 마지막 안식(The Last Sleep). 이 음악은 중간 부분에 대조되는 짧은 악구와 호흡을 지지하기에 적합한 구절이 있다.
- 나누기: Vera는 자수정 조각을 선택했고 "거짓된 느낌을 알아차렸어요. 내가 살아가는 이유가 무엇인지 확실하지가 않습니다."라고 하였다. George는 잃어버린 개를 찾기 위해 잃어버린 개집 안에 있는 자신을 경험하였다. 그가 잠시 잃어버렸던 것은 그의 '신뢰할 수 있고 충성스러운' 자신의 한 측면이었다는 것을 알아차린 걸까? Michael은 그가 깨닫지 못했던 저금통이 가지는 '미덕과 가치'를 알아차렸다. "그것은 폭풍과 눈을 견뎌 내고 역경에 처할 때 강한 힘을 낼 수 있어요.

그리고 그것은 처음에 보인 것보다 더 많은 것을 담고 있습니다." Sally는 그녀의 상징으로 일기장을 선택했고 "나는 정리되어 있으며, 그것은 약속을 위한 장소로 딱 맞는 크기입니다."라고 말했다. 그녀는 자신의 경험에서 일기장을 누군가의 삶으로 들어가는 '열림'이자 '성스러운 경전'으로 자각하였다. Eve는 그녀의 상징으로 자신의 반지를 선택했다. "나는 다이아몬드로 둘러싸인 검정색 다이아몬드입니다. 나에게는 검은 심연이 있어요."라고 했다. 그녀의 경험에서 그녀는 할머니를 기억했고 할머니로부터 반지를 받았다. 그녀는 "어린 시절에 고통스러운 기억이 있고 나는 할머니가 무엇을 말하고자 하셨는지 궁금합니다."라고 했다.

- 마음챙김: 떠올린 경험들은 유쾌한 것과 유쾌하지 않은 이미지들이 섞여 있었다. 참가자들은 대답할 수 없는 질문은 남겨 둔 채 판단하지 않고 그들의 경험들을 받아들였다.

4회기

- 토론: 참가자들은 중요한 사람들이 그들에게 말했던 긍정적인 말을 서로 공유했다. Sally는 그녀의 오빠가 그녀에게 '강한 사람'이라고 한 말을 떠올렸다. George는 그의 어머니가 말한 "의지할 수 있는, 너는 나의 바위야."라고 한 말을 떠올렸다. Michael은 자신의 내면에 숨겨진 '부드러움'을 알아차렸다. Vera의 직장동료는 그녀에게 "당신은 믿을 수 있습니다."라고 하였고, Eve는 관계가 깨어지는 것을 경험하고 있었다. 그녀는 '감정에 복받쳐서' 자신에 대한 부정적인 생각으로 혼란에 빠져 있었다. 모든 참가자들은 자신의 성격에 대하여 자원과 취약점 그리고 완벽하지 않음을 받아들였고 이번 회기에서는 여기에 초점을 맞추었다.
- 포커스: 자기이해
- 마음챙김 이완 유도
- 음악: Elgar의 현을 위한 세레나데(Serenade for Strings), 약간 느리게. 음악은 부드러우며 긴 구절이나 화음의 긴장이 없다.
- 나누기: Sally는 음악이 자신의 부정적인 감정과 융화되지 않도록 그녀를 도왔다는 것을 알아차렸다. 그녀는 자신에게 '보살핌이 필요하다는 것'을 자각하였고,

그래서 그녀의 삶에서 관계를 돌볼 수 있게 되었다. George는 그가 '의지할 수 있고 믿을 수 있는' 직장동료라는 것을 깨달았다. Michael은 '이러한 내면의 부드러움을 허용할 수 있다는 것을 깨달았다. 그는 '마초(macho)'의 남성적인 이미지를 버리고 적절하게 '감정 표현하는 것'을 배울 수 있었다. Vera는 최악의 시기이지만 자신을 '신뢰할 수 있다는' 것을 깨달았다. 그녀는 최근에 술 마시는 것을 중단하였고, 자기연민의 감정에 빠져 있었다. "음악에 대한 몰입이 이러한 것을 알아차리도록 하며 나를 움직였으며 나의 이성이 그것을 객관적으로 볼 수 있도록 했습니다." Eve는 '암흑'을 표현했지만 음악이 끝날 무렵 고요와 행복함을 느꼈다. 그녀는 암흑에 '용해(fuse)' 되지 않았다.

- 마음챙김: 집단원들은 자신의 취약점을 좀 더 수용할 수 있고, 그들의 강점을 포용할 수 있었다.

5회기

- 토론: 가족 가치관은 참가자들에게 매우 중요하다. 참가자들은 각자 가족들, 동반자들, 친구들과 함께 보냈던 '사랑, 지지, 친밀한 관계'에 대해서 이야기했다. 참가자들은 구체적으로 집중할 수 있는 심상을 결정할 수가 없었다. 이러한 것은 드문 경우가 아니다. 참가자들이 음악과 심상 과정에 익숙해지면, 그들은 음악이 가족의 가치와 관련한 중요한 무엇인가에 대한 자각을 불러일으킬 수 있다는 것을 믿을 수 있게 된다.
- 마음챙김 이완 유도: 음악이 시작되기 바로 전에 참가자들은 그들의 손에 담긴 빛나는 공을 잡고 있는데 그것을 열 때 '그들을 위한 선물이 나타날 것'이라는 장면을 상상해 보라는 요청을 받는다.
- 음악: Dvorak의 체코 스위트 로맨스(Czech Suite, Romance). 초반에 들었던 경쾌한 플루트 독주는 빛나는 공의 이미지를 나타낸다.
- 나누기: George는 그의 3대 가족 모두 '빛나는 빛에 휩싸인 것'을 이미지화했다. Vera는 '이미 거기에 존재하면서 보이는 모든 것들을 감싸고 있는 음악에 접촉하면서 그녀를 감싸고 있는 빛'을 이미지화했다. Eve는 '음악과 미술 그리고 시의

아름다움으로 빛나고 있는' 빛의 감각을 떠올렸다. 창조적인 예술이 그녀에게 매우 특별했던 어린 시절을 떠올리게 했다. 그녀의 이루지 못한 작가로서의 꿈을 깨달았을 때 그녀는 '상실감'을 느꼈다. "조심해서 걸어 가세요. 그렇지 않으면 당신은 나의 꿈을 밟게 될 것입니다." Michael은 공(ball)으로부터 '한 무리의 나비들과 사랑'이 흘러나오는 것을 알아차렸다. 그는 '내면의 선함'을 자각했고 이것이 자신의 아이들과의 관계에서 어떻게 영향을 주는지 깨달았다. Sally는 '나는 젊지만 내 몸은 늙었다는 실망감'을 느꼈다. 그녀는 집단 내에서 체험하는 모든 것에 가치를 두었지만, 아직까지 두 걸음 전진 후 한 걸음 후퇴하는 느낌이었다.

- 마음챙김: 이러한 반응들은 손쉬운 마음챙김의 예들에 관한 것으로 자연스럽게 일어나는 경험들이다. 이번 사례는 선물이 들어 있는 빛나는 공을 열어 보도록 한 제안에 대한 그들의 반응이다.

다음의 4회기는 인간과 자아를 초월하는 데 초점을 맞추었다.

6회기

- 토론: 이번 회기에는 시간에 대한 알아차림에 초점을 맞추었다. 주제들은 순차적 시간 또는 표준적 시간, 기억과 경험을 담은 다차원의 시간, 우주와 영원의 광대함과 같은 무한함 등이다. 이번 토론에서는 '잃어버린 시간' '한가로운 시간에 대한 소망' '계속되는 시간' '협상하는 시간' '좋은 시간들' '그저 그런 시간들'을 포함하여 이야기를 나눈다.
- 포커스 이미지: 관심 있는 시간의 어떤 측면
- 마음챙김 이완 유도
- 음악: Vaughan-Williams의 음악을 위한 세레나데(Serenade to Music). 이 음악은 감미로운 구조로 이루어져 있다. 조화로운 악기 소리는 순간에 경험하는 시간을 깊이 있게 음미할 수 있도록 한다.
- 나누기: George는 그와 그의 아내가 함께 일을 계획했던 '평화롭고 행복한 시간'을 회상했다. 그는 다시 그렇게 될 수 있다는 것을 깨달았다. Vera는 자신을 위해 "앞

으로 보낼 시간을 기대해요."라고 말했다. 그녀는 시간과 '협상'하고 '시간을 되돌릴 수 있는 희망'과 그녀를 위한 '시간 만들기'를 지금 작업하고 있다. Michael은 '시간 되돌리기'와 그의 슬픔으로 '허비된 시간'을 깨달았다. Sally는 그리니치 표준시에서 강조하는 '표준'을 깨달았다. 그녀는 '사라져 가는 시간'을 경험했고 그것에 대해 불안해했다. Eve는 그녀를 위한 '계절에 따른 시간'을 알아차리고 견뎌 내었다. 그녀는 바람을 '느끼면서' 새처럼 자유롭게 날고 있는 것을 자각했다.

- 마음챙김: 과거, 현재, 미래와 관련된 현재 순간의 의미들

7회기

- 토론: 영성 또는 삶에 의미를 부여하는 것. 참가자들은 자기발견의 어떤 형태가 영적 감각을 포함하여 '의식을 확장'시키는 알아차림으로 이끈다는 것을 알게 되었다. '영적 알아차림으로 나아가는 것'과 마찬가지로, 영성은 외부의 영향으로부터 '강요'될 수 없다. 그것은 '내적 과정으로서 느끼고, 경험하고 이해하는 것'이다. 그들은 영성을 다음과 같이 요약했다. 머나먼 수평선—무한의 감각, 영혼에 대한 깊이 있는 이해와 삶에 의미를 부여하는 영성
- 마음챙김 이완 유도
- 포커스 이미지: 양치식물의 길게 갈라진 잎에 대한 이미지; 잎과 공간 내부를 자세히 바라보기(이러한 포커스 이미지는 영원의 깊이를 제시하고자 하는 치료사들에 의해 결정된다.)
- 음악: Grieg의 마지막 봄(Last Spring). 이 음악의 선율은 느리게 연주된다. 부드러우면서 역동적인 선율(소리가 점점 커지다가 작아진다)과 조화로운 화음이 서로 번갈아 가며 긴 구를 이룬다.
- 나누기: George는 "죽고 나면 어떤 일이 일어날까요? 공간 저 너머 당신의 영혼을 위한 장소가 틀림없이 존재할 거예요."라고 회상했다. Eve는 따뜻함을 경험했는데 "음악은 한숨과 따뜻함을 가지고 있었어요. 나는 잠시 동안 느껴 보지 못했던 무언가를 경험한 듯 편안했습니다."라고 했다. Sally는 슬픔과 편안함을 느꼈다. "나는 나의 존재가 끝나는 것 같아서 슬퍼요." "내 안의 깊은 곳에 자신이 있어

요. 나는 나로 존재하는 것 외에 다른 어떤 것으로도 존재할 수 없습니다."라고 말했다. Michael은 나뭇잎과 가지들의 재순환과정과 흙이 서로 밀접하게 연관되어 있다는 것을 알아차렸다. "그러자 나는 자연스럽게 감각이 풀리고, 평화를 느끼며 우주의 영역으로 떠나는 느낌을 받았습니다."라고 했다. Vera는 그 경험의 기간 동안 알아차림에 대한 준비를 하게 되었다.

8회기

- 토론: 자기가치는 행함이나 존재에서 찾을 수 있는가? 자기가치가 행함과 성취를 기반으로 한다면, 자아 또는 자기는 얽매이게 된다. 그러면 불안과 고통이 나타나게 된다. 도교(Taoism)의 관점에서 행함은 노력이 필요 없고, 무조건적이며, 창조적이고, 자유롭다. 불교에서는 무아에서 나오는 행동은 자연스럽고, 유용하며, 관대하다. 행함의 부정적인 측면에 대해 참가자들은 "호수 위에 물결 같아요."라고 설명하였다.
- 포커스 이미지: 물결 효과는 행함에서 생겨난다.
- 마음챙김 이완 유도
- 음악: Liadov의 매혹의 호수(The Enchanted Lake). 이 음악은 초반에 외부의 불안한 움직임에 의한 잔물결과 고요한 수면에 혼란을 야기하는 것을 음악적으로 상징화하기 위해 저음의 현악기(첼로와 더블베이스)를 사용하여 이러한 동적인 느낌을 전한다.
- 토론: Michael은 호수의 고요한 아름다움을 알아차렸다. 그는 '폭풍의 피해, 산사태와 침식'의 영향이 이러한 평온함을 깬다는 것을 알았지만, 그런데도 그것의 존재를 부인하지 않았다. 그는 이것을 '울퉁불퉁한 아름다움'이라고 말했다. George는 마치 그가 호수 옆에서 산책하고 있는 것처럼 호수 위에서 수영하고 있는 백조와 오리를 자각하였다. 그는 그들과 싸움을 하려는 호수 속의 뱀을 알아차렸다. 그는 "호수는 나의 마음과 영혼을 시험했습니다."라고 이야기했다. Vera는 고요한 연못을 자각하였다. "물결은 나의 존재로 인해 일어나게 되었어요. 그들은 연못의 이미지를 왜곡하고 멈추지 않았습니다." Sally는 그녀의 잔잔한 호수에 나

타나는 파장이 단지 표면적인 것만은 아니라는 것을 자각했다. "호수 전체는 매우 불안정하며 그 충격은 매우 깊습니다." Eve는 마음챙김으로 접근하는 것을 허락했음에도 그녀의 경험을 공유하지 않았다.

9회기

- 토론: 집단은 내적 지혜의 가치를 논의했다. 집단원들은 인생이 개인과 사회의 역사가 '복잡하게 얽혀 있다'는 것에 동의했다. 이러한 복잡성을 수용하고 인간이 되어 가는 한 부분으로서 불완전성, 결점 그리고 지나침을 인지하는 것이 가능할까? 더 이상 유용한 목적으로 기여하지 않고 지나가게 내버려 둘 수 있게 하는 것은 무엇일까?
- 포커스 이미지: 가방을 옮기고 있는 자기 자신의 이미지화. 이 가방은 얼마나 무거울까? 그 안에 무엇을 옮기고 있으며, 걸어가는 데 어떻게 영향을 미치는가?
- 마음챙김 이완 유도
- 음악: Albinoni의 아다지오(Adagio). 이 음악은 부드러운 보행속도를 제안하듯이 느리면서도 규칙적인 박자로 구성되어 있다. 박자가 멈추고 다시 시작하기 전에 회상할 수 있는 공간들이 있다.
- 나누기: Vera는 삶의 각 단계를 통과하여 걸음을 걸을 때, 작고 사소하지만 바라는 것들이 다르다는 것을 자각하였다. "음주는 나에게 자신감을 주었습니다. 나는 점점 더 나의 가방을 던질 수 있는 절벽 지점에 도착하고 있습니다." Sally는 여러 개의 가방을 가지고 있다는 것을 알게 되었다. 그 가방들은 모두 그녀의 것이 아니었다. 그녀는 자신의 내부를 들여다보기 전에 그 가방들을 주인에게 되돌려 주어야만 했다. Eve는 다음과 같은 경험과 싸우고 있다. 그녀는 제1차 세계대전에 상영된 영화에서 연주되었던 음악을 연상하였다. 그녀는 정서적인 혼란에 사로잡혔다. 그녀는 영화 속 군인과 같은 '처참함'과 '살육감'을 느꼈다. 그녀는 '부정, 전쟁의 황폐화와 인간의 몰인정'에 대한 카타르시스적인 언어적 표출로 정서적 가방에서 무언가를 버렸다. Michael은 그의 가방에서 '가득함과 무거움'을 경험하였다. 그는 걷기 위해 '투쟁'하였고, 길은 '무너졌고' '가방의 무게는 그를 아래로

당겼다.' 그는 가방을 비우기 위해 여러 번 멈추었으나 거기에는 '아무것도 없었다'. 그는 "당신이 찾는 곳은 없어요. 그것은 당신의 여정입니다."라고 말을 하는 사원 밖에 있는 수도승을 자각하였다. George는 그의 경험에 대해 다음과 같이 썼다.

사람들이 하는 것처럼
도시의 거리를 걷는 동안
나의 마음은 방황하기 시작한다.
모든 경이로움에서 삶의 풍경과 소리
시가지 광장 구석에서 있는 숨이 찬 설교자
지역신문을 판매하는 노숙자
급하게 달리는 사람들, 사람들의 이야기,
사람들이 하는 것처럼

나는 지금 외곽지를 걷고 있다.
모든 장소는 집이라고 부를 수 있다.
누군가에게 소중하고 사랑하는 어떤 장소는 사랑하는 집이라고 불릴 수 있다.
다른 것은 단지 피 묻은 상자이다.
그들은 존중하지 않고, 신경 쓰지도 않는다.
단지 사람들이 살아가는 삶
사람들이 하는 것처럼

나는 나 자신을 위해 단지 몇 분 동안 걷는다.
외곽지에서 얻는 모든 것은 위대한 것이다.
그러나 무엇보다도 나는 나 자신 안에 평화가 있다.
나의 손자들, 나의 가족에 대한 생각과 나의 분별력
이런 하나님의 은혜를 나에게 준다.
사람들이 하는 것처럼

10회기

이 회기에서는 전 과정을 되돌아보고 MI 경험을 포함하지 않았다. 참가자들은 과정들을 회상하였다. Vera는 자신에 대해 처음으로 이야기하였다. “다양한 본질을 가진 더욱 깊이 있는 내가 있었습니다. 내가 알고 있던 바로 그 사람이 될 수 있음을 느꼈어요. 내가 되어 가는 과정에 있습니다.” Michael은 “그 과정들을 내가 알아차리기 시작하는 그곳에 풍요로움이 있으며, 지금의 나보다 더 큰 어떤 것의 한 부분이 될 수 있는 충만함으로 경험하였습니다.”라고 하였다. Eve는 미술, 시, 음악이 그녀와 깊은 연관성을 갖고 있다는 것을 깨달았다. 그녀는 이러한 것들을 자신의 삶으로 천천히 가져가서 그것들이 가지고 있는 정서적인 표현을 가치롭게 만들 수 있다고 느꼈다. Sally는 다른 참가자들과 깊은 유대감을 알아차렸다. “그들의 존재와 경험은 나 자신의 이면을 볼 수 있게 도와주었습니다. 나는 알아 갈 만한 가치가 있는 사람이에요.”라고 그녀는 말했다. George는 자신에 대해 다음과 같은 글로 표현하였다.

흐름

오래전 타이밍과 비트(beat)가 썰물이 되어 나에게 왔다.
그러나 시간이 흐르자, 나는 나의 영혼, 나의 사랑, 나의 삶, 나의 발자취를 잃어버렸다.
그리고 지금 나는 리듬의 파괴와 하모니, 밀물과 썰물
음악과 함께하는 삶
가르침의 지혜와 삶이 펼쳐지는 것을 느낀다.

결론

10회기 집단 참가자들은 마음챙김적 관점에서 음악과 심상 과정을 탐구했다. Thich Nhat Hanh(1975, 1976)은 “당신에게 일어나는 모든 생각과 감정의 존재를 관찰하고 자각하는 법을 알아야 한다.”(p. 37)라고 하였다. 특히 서양의 고전 음악은 우아하고 고상하며 깊이 있는 멜로디를 가지고 있다. 예를 들면, 5회기에서 Eve는 음악, 미술과 시의 아름다움으로 빛나는 빛을 알아차렸다. Vera는 음악이 그녀의 영혼을 어루만져 주는 것을 알아차렸다. 그리고 George는 그의 가족이 빛에 휩싸인 것을 깨달았다.

음악의 기본적 파동이나 리듬은 천천히 걷거나 소중한 것을 잡는 것과 같이 심상 경험에서 움직임의 감각이 중요하다. 예를 들어, Vera는 1회기에서 해변을 따라 걷는 것을 경험했고, 모든 참가자는 9회기에서 걷기를 경험했다. 7회기에서 Eve는 음악에서 '한숨과 따뜻함'을 경험했던 것을 알아차렸고, George는 '그의 영혼을 위한 장소'를 자각했다.

마음챙김의 관점에서 참가자들은 음악과 심상이라는 새로운 경험을 접했다. 그들은 그들의 경험을 안내하고 지지하는 음악에 대해 언급했다. 때때로 자신의 경험을 이해할 수 없을 때, 이러한 것들은 친숙한 느낌과 그들 삶의 맥락 안에 있을 수 있다는 것을 알아차리게 되었다. 예를 들어, 3회기에서 Eve는 자신 안에 있는 '검은 심연'을 묘사했다. 그녀는 몇 회기 동안 노력했고, 이를 통해 창조적 미술과 같이 가치 있는 어떤 것을 잃어버렸던 것을 깨닫게 되었다. 9회기에 그녀는 음악과 관련하여 강하게 반응했지만 안전한 환경에서 이러한 반응을 다룰 수 있었다. Michael의 경험은 자신을 한 사람으로서 새롭게 이해하는 것을 보여 주었다. 그는 깊은 통찰력으로 자신의 경험을 받아들였다. George는 창의적인 글을 통해 새로운 자신감을 되찾게 되었다. Sally와 Vera 역시 집단 내에서 존중받음으로써 좀 더 깊이 있고 좀 더 개인적인 자질을 깨달을 수 있게 되었다.

이것은 풍부하고 정서적이며 특권을 누리게 했던 개인적인 경험들이며, 음악과 심상 과정 안에서 특히 마음챙김적 알아차림을 입증한 것이다.

참고문헌

Blake, R. (1994). "Vietnam veterans with Post-Traumatic Stress Disorder: Findings from a music and imagery project." *Journal of the Association for Music and Imagery 3,* 5-17.

Blake, R., & Bishop, S. (1994). "The Bonny Method of Guided Imagery and Music (GIM) in the treatment of Post-Traumatic Stress Disorder (PTSD) with adults in the psychiatric setting." *Music Therapy Perspectives 12,* 2, 125-129.

Bonny, H. (2002). *Music and Consciousness.* Gilsum, NH: Barcelona Publishers.

Bruscia, K., & Grocke, D. (eds) (2002). *Guided Imagery and Music: The Bonny Method and Beyond.* Gilsum, NH: Barcelona Publishers.

Goldberg, F. (2002). "A Holographic Field Theory Model of the Bonny Method of Guided Imagery and Music" In K. E. Bruscia & D. E. Grocke (eds) *Guided Imagery and Music: The Bonny Method and Beyond.* Gilsum, NH: Barcelona Publishers.

Grocke, D. (2009). "Guided Imagery and Music (the Bonny Method) as psychotherapy" *Psychotherapy in Australia IS,* 3, 64-71.

Grocke, D., & Wigram, T. (2007). *Receptive Methods in Music Therapy.* London: Jessica Kingsley Publishers.

Hanh, T. N. (1975, 1976). *The Miracle of Mindfulness: A Manual on Meditation.* Boston, MA: Beacon Press.

Kabat-Zinn, J. (2005). *Coming To Our Senses.* New York: Hyperion.

Korlin, D. (2007-2008). "Music breathing: Breath control and modulation of the Bonny Method of Guided Imagery and Music (BMGIM): Theory, method, and consecutive cases." *Journal of the Associdtion for Music and Imagery 11,* 79-109.

Skaggs, R. (1997). *Finishing Strong: Treating Chemical Addictions with Music and Imagery.* St Louis, MO: MMB Music.

Chapter 09

시치료, 창조성, 마음챙김 훈련

-John Fox

> 잠시 멈춤으로써, 시는 우리에게 우리가 살아가는 곳에서 인간다운 것과 우리가 서로에게 어떤 의미인지를 스스로 생각해 볼 수 있는 기회를 제공한다.
>
> -Rita Dove(Moyers, 1995, p. 112)

이 장에서 나는 시와 시 짓기가 어떻게 마음챙김 연습을 향상시키고 더 깊은 체험이 될 수 있게 하는지, 어떻게 마음챙김이 시치료(poetry therapy)의 가장 좋은 방법으로 필수적인지를 탐색한다. 시는 이미 창작된 시를 사용한다(Mazza, 1999). 시는 집단 참가자들의 욕구에 의해 의도적으로 선택될 때 치유의 여정에서 카타르시스적이며, 즉각적이며, 기준이 되고, 긍정적으로 사용될 수 있다. '시 짓기'는 변화를 위한, 다시 말하면 영감이나 자극 또는 내적 · 외적 변화를 위한 반응으로 그들 자신만의 시를 쓰는 사람들에 의한 표현적이고 창조적인 활동이다(Fox, 1995). 시는 비평 및 평가를 위해 또는 출판을 목적으로 쓰는 글쓰기가 아니다.

마음챙김 훈련을 통해 시치료사는 자각과 통찰의 발달에서 균형을 유지한다. 그러한 균형을 맞추는 감각은 반영, 분별력과 충분한 배려라는 실로 성스럽고 안전한 공간을 만드는 데 도움을 준다.

나는 '마음챙김'이라는 단어를 사용할 때는 하나의 정의로만 사용하지 않는다. 여기에는 일련의 실제적이고 이론적인 정의들이 있다(Didonna, 2009). 이러한 정의의 다양한 강조점과 마음챙김이 모든 사람의 시치료에서 특별히 중요한 실제에 어떻게 적용하는지가 이 장에서 내가 다룰 중요한 초점이다.

나는 시와 시 창작이 어떻게 '치료적인 것'과 치유의 '변형된' 한 방법 간의 사이를 조정하고 연결하는 데 적용될 수 있는지에 대해 글을 쓰고자 한다. 나는 이러한 치유적인 행동들(Shieman, 1985)을 치료적인 것과 치료적 변형이라는 연속선 안에서 발생하는 것으로 본다. 치료적인 의미로서 다음과 같이 시치료를 사용할 수 있다.

- 단순히 진실을 말함으로써 상처를 인정하고 상처에 이름을 붙인다.
- 고통 완화: 통증과 외상에서 벗어나도록 고무한다.
- 자신과 타인, 공동체 그리고 자연계가 건강하게 연결될 수 있도록 사람을 지지한다.
- 자기인식과 자기돌봄 증가: 탄력성과 신뢰를 강화한다.

Allen Ginsberg(in Carter, 2001)는 다음과 같이 단언하였다. "세상을 구할 수 있는 유일한 방법은 세계에 대한 자각의 전환이다. 즉, 시가 하는 일이다."(p. 273)

'변형된' 치료라는 측면에서, 이러한 표현 방법은 다음과 같이 개인과 집단원을 도울 수 있다.

- 조건에 상관없이 모든 사람에게 개방적이 되는 것으로, 주로 인간의 목소리 안에 담겨 있는 풍부한 감동을 일깨우고, 핵심적이고 본질적인 깊은 감각을 되찾는다.
- 내적 성장에 영양분을 공급하고 의식을 확장하는 것은 인생을 선택하게 만든다. 즉, 죽음과 정체성에 관한 실존적인 질문들을 구하고 의미를 탐구한다.
- 삶의 영적인 차원에 개방적이 되는 것이다.

시치료사는 개인이나 집단원이 글쓰기 작업을 함으로써 그들만의 의미를 추구하는 것을 도울 수 있도록 훈련받은 사람이다. 우리는 시가 우리에게 감정적인 고통, 외상, 신체적 질병, 괴로움 그리고 행복에 대한 우리의 의지와 관련하여 (정신과 마음챙김의 훈련에서) 또 다른 방법을 제공해 준다고 믿는다(Fox, 1997).

단어의 마술은 사람에게 새롭고 창의적인 관점을 가질 수 있는 통로를 제공한다. 이것은 이성적으로는 알 수 없지만 우리가 본질적으로 인식하고 느끼며 이해하는 무엇인가를 연결하여 우리에게 통찰의 길을 열어 준다.

고통과 슬픔을 다루는 사람, 그러한 내담자나 환자를 다루는 전문가들에게 있어, 그 사람의 한 부분에 대한 이와 같은 인식의 순간을 이해하는 것은 내담자와 치료사 간, 환자와 의사 간 그들의 관계 안에서 모든 변화를 만들 수 있는 치료적 환경을 조성함으로써 공감적 울림을 시작하게 한다.

이론체계

마음챙김과 시치료

나는 시와 마음챙김을 적용하기 위해 시라는 표현예술이 어떻게 깊이 있는 치료적 작업과 변화를 위한 매개 도구가 되는지 탐색하였다. 우리가 고찰하게 될 마음챙김을 위한 두 가지 방식은 다음의 인용구와 같다. "자신의 매 순간을 기반으로 하는 현재 경험에 완전히 집중하기"(Marlatt & Kristeller, 1999, p. 68)와 "마음챙김에 대한 적합한 정의는 우리 존재의 핵심과 특정한 종류의 친밀함을 기르는 것이다."(Kabat-Zinn, 2005, 927)

이러한 두 가지 개념은 다음과 같은 것들에 초점을 맞춘다.

- 친밀감과 주의집중
- 현재 경험과 현재에 있기

• 순수한 관심(또는 주의집중)과 존재에 대한 자애

이렇게 마음챙김은 내 · 외적인 측면을 가지고 있다. 여기에 치료사가 시에 대해 생각하는 두 가지 방식이 있다.

> 시는 실제적 힘이며, 인간 마법의 행동이며, 우리의 삶을 보는 방식을 변화시켜 우리를 변하게 한다(Morrison, 1978, p. 97).

> ……단지 은유는 상당히 구체적이며, 충분히 연상할 수 있으며, 동시에 완전히 일상적이며 신비스러울 수 있다(Behn & Twichell, 1992, p. 49).

Morrison은 치료와 변형된 방법을 시도하기 위한 시의 전반적인 잠재 가능성을 말하고 있다. 이러한 이유로 시에는 마술적이고 역동적인 힘이 있다고 할 수 있다. 시에는 개인의 한계를 초월한 특성이 있음을 강하게 느낄 수 있다. Broughton(Behn & Twichell, 1992에서 인용)은 어떻게 은유가 일상적인 것과 신비스러운 것을 연결하는지 설명한다. 은유는 유용한 도구인 동시에 변화의 촉매제로 작용한다.

어떻게 시가 자기표현을 강화시키는 도구가 되는가

비록 우리가 표현예술의 실제에 있어 비평과 규칙들에 관심을 갖지 않는다 하더라도, 시를 짓는 것은 어떤 종류의 작품을 만드는 것이다. 작품을 만드는 것은 한 사람이 자신만의 방식으로 독특한 표현을 만드는 것이다. '시'라는 단어는 그리스어의 'poesis'이며, 이는 '만든다'라는 뜻을 의미한다.

이것은 친숙하게 사용할 수 있는 전문가의 어떤 시적인 '도구박스'를 기초로 한다. 사람은 이들 도구를 가지고 치유와 성장을 위한 시 짓기의 예술에 적용하는 방법을 배울 수 있다.

시를 짓기 위한 기본 재료는 다음과 같다.

- 비유
- 은유
- 심상
- 행 바꾸기
- 단어 선택

시치료사들은 이러한 요소들의 예를 보여 준다. 이러한 예들은 내담자나 환자에게 그들이 영어시간에 기억했던 것들을 다시 경험할 필요 없이 정보를 제공해 줄 것이다. 나는 '만지작거리며 시간 보내기'와 같은 것으로 이러한 요소들을 제공하는 것을 좋아한다. 이러한 도구는 어렵게 배울 필요가 없다. 나는 글쓰기 과정을 통해 사람들이 자연스럽게 시의 이러한 기본적이고 필수적인 요소가 무엇인지와 그것들이 어떻게 작용하는지 발견하게 될 것이라는 것을 알고 있다. 우리는 또한 집단에서 함께 작업을 하고 다른 사람의 시를 보며 서로 배우기도 한다.

열쇠(key)는 바로 이것인데, 즉 이러한 시적 요소의 핵심은 사람에게 권한을 준다는 것이다. 시적 요소들은 내면의 창의적인 번뜩임과 연결되고 공급된다. 마치 불을 발견하거나 바퀴를 만들어 내는 것처럼, 은유의 사용에 힘을 실어 주게 된다. 바퀴와 불이 그러하듯이 은유는 인간의 경험을 변화시킨다.

왜냐하면 창조적 표현은 치료사의 전문지식으로부터 피상적 대답을 구하는 것보다 개인의 의지를 강조하기 때문에 협력적인 치료관계를 강화할 수 있다. 창조적 과정의 한 부분에서 자기를 발견하게 되면, 그 사람은 놀라움(불)과 움직임(바퀴)의 감정으로 가득 채워질 수 있다. 놀라움과 움직임은 우리의 내적 삶에 번뜩임과 호흡을 주는 것과 같다. 자기역량 강화에 대한 강조는 창조적 표현예술이 제공하는 고유한 능력이다.

허용과 재미: 아이의 목소리를 위한 공간 만들기

특히 시 창작을 시작하는 데 있어서, 우리는 선입견이 없는 개방적 태도로 방해받지 않고 표현하고 싶은 대로 그 페이지에 쓸 수 있다. 이를 촉진시키기 위해서, 시치료사들은 훈련을 위한 공간과 심상, 단어, 감정의 흐름을 신뢰하도록 권장한다.

'신성한 공간'을 가지기 위한 '마음챙김'의 질은 단지 현재 순간에 철저한 주의를 기울이는 것으로 획득되는 것이 아니다. 나는 사람이 과거에 기인한 생생한 감각 경험의 출현과 기억을 떠올리고 떠오른 것을 신뢰하고 반추하며 걷는 것을 허용하는 것에 관심을 가지고 있다. 나는 이것을 방해하지 않도록 최선을 다한다.

나는 새로운 자각을 환영한다. 환영이란? 나의 경우에 이것은 존중, 믿음, 개방적 의사소통을 의미한다. 나는 그 사람이 쓴, 페이지에 있는 것을 발견하기를 바란다. 새로운 자각이란? 창조적 표현은 심지어 '마음에 둔' 것이라고 할지라도 습관적인 사고 패턴의 변화를 도울 수 있다. 시를 짓는 것은 우리에게 살아 있는 감정을 일깨워 줄 수 있다. 당신은 9세 때 당신의 가장 멋진 토요일 아침이 어땠는지 기억하여 상상할 수 있다.

그러나 어른이 그렇게 다시 흥미진진한 시절로 되돌아가기란 쉽지 않다. 그래서 나는 신선한 자각의 느낌과 감각을 전하기 위해 아동이 쓴 시를 인용하기를 좋아하며 그렇게 함으로써 우리 사이에 신뢰를 구축한다. 놀이와 즐거움을 글쓰기 체험으로 이끌어 내는 것 또한 중요하다. 놀이와 즐거움은 아동의 시를 통해 얻게 된다. 성인들은 더 큰 감사와 즐거움으로 아동의 시를 받아들일 수 있다. 시를 통해 일반적으로 방어는 해제된다. 나는 아동의 시가 성인 안에 있는 아이의 목소리를 깨운다고 믿는다.

Alice Miller(1990)는 이것을 적절하게 묘사한다. "오직 내 안에 어린아이의 목소리를 위한 방을 만들 경우에만 나는 진정한 창의적 감정을 느낀다." (p. 2) 이 사실은 D. W. Winnicott(1990)이 다른 시선으로 이해하고 표현하였다. "창의성은 놀이에 내재된 것 말고는 다른 데서는 찾을 수 없다." (p. 64)

게다가 나는 아동의 시 제목을 사용하기도 한다. 〈있는 그대로(As They Are)〉는 Barbara McEnerney(1998)가 썼다. 이 시는 성인의 사랑과 보호본능을 불러일으켜 깊은 감동을 불러일으킨다. 이 시는 자기신뢰감을 높이고 자신을 통제하며 장난기를 발동시키는 데 유용하다.

있는 그대로

(As They Are)

내 말들,
내 어설픈 시들이
아이들이어서, 아장아장 걷는 아기들이어서
첫 걸음마를 떼고,
뒹굴고, 무릎이 까지고,
기쁨에 들떠 소리를 지르고,
흙탕물을 튀기며
난장판을 만들어
자신을 찾는 거라면?

나는 그들을 꽉 붙잡아
멀리 밀쳐 두고
상관없다고 숨기고
그러면 짐작컨대
남들은 결국
그들이 별 볼 일 없다
생각하게 될까?

그렇게 하는 것이
보호가 될까?
방패를 두르고, 비밀에 부치는 것이 가능할까?
어린아이들도 그 아귀 맞지 않음을 알고
비웃을 것이다.

차라리 내버려 두고
그들이 잡초 무성한 길을 따라
어슬렁어슬렁 자신들만 아는 길을
거닐게 할까?
몸을 숙여 귀 기울여
그들이 속삭이는 비밀을 엿듣고
내게 구하는 것이 무엇인지 알까?
생긴 그대로 그들을 사랑하고
여지를 주어
자라나고
빛을 발할 기회를 줄까?

〈있는 그대로〉는 자유롭게 놀고 있는 어린이에 대한 이미지와 같다. 이것은 글쓰기를 시작함으로써 어른들이 심지어 고통스러운 것에 대해서 통합할 수 있기 바라는 은유이기도 하다. 이것은 왜 우리가 자신을 편안하게 표현할 수 없는지 또는 우리의 창작품에 대해 두려움과 당황스러움을 느끼는지에 대한 이유이기도 하다. 혼란스러움이나 생동감이 넘치는 기쁨조차도 어른들이 철회할 수 있는 이유가 될 수 있다.

왜 그럴까? Barbara McEnerney의 시에서 용감하게 놀고 싶은 성인들의 욕구도 인정하지만 그녀 스스로 자기보호가 필요하며 존경과 탐구가 가치 있다는 것도 알고 있다. 성인이 그들의 방어를 완화할 때, '부드러운 배(soften the belly)' (Levine, 1982)를 가지게 되고, 시가 속삭이는 비밀을 좀 더 잘 들을 수 있게 된다. 나에게 '비밀'이란 말할 수 없는 것을 의미하는 것이 아니라 형언하기 힘들고, 숨겨져 있으며, 또한 단순하게 간과되었던 것을 말한다.

우리는 시가 마음챙김의 강력한 행위가 되며 강한 영향을 미친다는 것을 보여 줄 수 있다.

이 시와 관계성을 만들어 나가기 위해서 (어떠한 시라도) 나는 사람들에게 시의 구절을 명명하거나 혹은 숨은 뜻을 찾아보도록 부탁한다. 물론 15년 동안 나는 Barbara의 시의 모든 부분에서 사람과 그들의 경험에 대해 말하는 것을 발견할 수 있었다. 〈있는 그대로〉는 사람들이 그 과정을 시도할 만한 능력이 있다고 신뢰하게 된다. Barbara의 은유는 바로 그 작업을 한다!

나는 또 다른 은유 시인 Charles Olson(1997)의 〈이러한 날에(These Days)〉를 찾았다. 이 시는 자기허용을 고무시키고 누군가의 신뢰를 얻는 데 매우 유용하다.

이러한 날에

(These Days)

네가 무얼 말하든
그 뿌리는 내버려 두라
그냥 매달려 있게 두라

그리고 그 흙은

다만 어디서 왔는지
분명히 해 두라

여기에서, Olson은 자기를 뿌리와 흙으로 비유하여 표현한다. 이것은 놀라울 정도로 다양하고 생산적인 가능성을 제공하는 훌륭한 은유이다. 내가 진행하는 집단 워크숍에서 사람들은 이 시가 불러일으키는 이미지에 대해 매우 다양하게 표현한다. 그들은 말한다.

- '잘하는 것'을 내려놓기
- 꾸밈없이 있는 그대로 이야기하기
- 유산을 기억하기
- 어두운 곳에 깊이 간직하고 있는 미지의 것들을 허용하기
- 나를 만족시키는 것을 늘 가까이하기

지난 몇 년 동안 나는 이 시에 대한 수백 개의 다양한 반응들을 들었다.

치료적이며 변화시키는 경로

나는 누군가의 성장을 도울 수 있는 시치료의 독특한 접근방식을 존중하기 때문에 '치료적인 것'과 '변형적인 것'을 삶의 다른 차원으로 분리하여 시작한다. 나는 치유자로서 시를 주어진 환경에서 적절하게 적용할 수 있는 방법을 소중하게 생각한다.

그러나 나는 치료적인 것과 변형적인 것이 사실 깊게 들어가면 분리되어 있다고 믿지 않는다. 내가 말했듯이, 나는 그것들이 연속선상에서 발생하고 있다는 것을 안다. 오히려, 나는 (예술/시치료 훈련법으로 소개되는) 마음챙김이 치료적이고 변형적인 것을 정신, 아름다움, 상호의존과 같은 것으로 서로 분리하지 않는 재조명된 심리학(revived psychology) 안에서 좀 더 가까이서 성장시키도록 도울 수 있는 방법을 탐색하기 원한다.

나는 시와 시쓰기를 통해 치료적이며 변형적인 것이 서로에게 정보를 알려 주고, 그래서 우리의 삶을 전체적인 시각으로 볼 수 있게 돕는 방식으로 이해될 수 있기를 원한다.

창의적 표현으로 인간과 영원성을 잇기

인간과 영원 모두에서 무언가는 창조적 표현에 관여한다. '영원'이란 말은 무엇을 뜻하는가? 신학에서는 '영원'을 종교의 영역으로 주장하고 있지만 심리학에서는 무한을 전적으로 무시한다. 우리는 '단순하게 호기심과 놀라움으로 지금 이 순간 본질적으로 마음에 두고 느꼈던 영원'이라는 말에 접근할 수 있을 것이다.

우리는 인간과 영원 사이의 엄격한 분리를 어떻게 좀 더 완화시킬 수 있을까? 심리학과 영적 부분은? 어떻게 이 둘 사이의 창문을 열 수 있을까? 나는 인류가 이미 그 창을 들어 올려 사용하고 있다고 말하고 싶다. 이것은 창조적인 표현과 시를 쓰는 것에도 필수적이다. 우리는 위대한 의식의 윤활유를 은유적으로 사용하여 이것을 실행한다!

은유는 쉽게 마음과 가슴, 영혼과 실제 신체 사이의 창을 연다. 의식을 확대하고 서로 다른 현실을 연결하는 우리의 시도는 우리가 학교에 가야만 할 수 있는 어떤 것이 아니다. 예술적 표현은 지금까지 우리가 학교에서 배운 것을 넘어서게 하는 하나의 자극제가 된다. 불행하게도, 자주 우리는 유치원과 초등학교에서 독특한 예술적 표현에 상처를 입었다. 우리는 타고난 권리뿐만 아니라 영혼의 특성에 관한 것들에 접촉할 많은 기회를 잃었다.

내 책의 편집자인 Laura Golden Bellotti는 나에게 창조적 표현에 관한 달콤한 이야기를 들려주었다. Laura의 조카인 Ian은 두 시간 반 동안 그의 엄마(Laura의 동생)가 운전하는 차를 함께 타고 갔다. 갑자기 Ian은 창밖을 가리키며, "저기 봐! 구름이 으깬 감자 같아!"라고 소리쳤다.

Ian은 비유를 배우지 않았으며 '같이'와 '처럼'의 단어를 사용하여 비유를 만드는 것도 모르고 있었다. 그러나 Ian은 솜털 구름이 쌓여 있는 것을 보았고, 그의 저녁 식탁에 오른 으깬 감자를 잘 알고 있었으며 그것은 즉시 비유/은유의 자각에 도달했다. Ian의 표현을 T. Alan Broughton(Behn & Twichell, 1992에서 인용)은 다음과 같이 묘사했다. "오직 은유는 정확하게 구체적이거나 풍부한 암시를 나타낼 수 있거나, 동시에 완전히 평범하거나 신비스러울 수 있다." (p. 49) Ian은 삶을 창조적이고 경이로우며 연속적이고 의미심장하게 표현하며, 확장하고 관계하며 즐거움을 창조하는 것을 현실적으로 인식하는 방법을 찾았다. 이러한 긍정적인 이점들로 인해 치유와 치유과정에서 은유의 사용은 매우 유용하다.

마음챙김의 두 가지 표현: 순수한 주의집중과 자애로운 현존

순수한 주의집중과 자애로운 현존은 인간과 영원이 서로 가까이 있으면서 함께 살고 숨 쉬는 것을 말해 주는 또 다른 방식이다. 나는 이 장의 도입부에 Marlatt와 Kristeller가 제시했던 정의—순간순간에 집중하는 것 같은 순수한 주의집중—와 자애로운 현존이 함께 중요한 핵심인 친밀함을 개발시킨다는 Kabat-Zinn의 정의를 평행선으로 나타내었다.

무엇이 실제로 보이는가? 자애로움과 주의집중이 어떤 역할을 하는가? 치료방법, 즉 치유적 방법으로 어떻게 우리는 사람을 돌볼 수 있으며, 그렇게 해서 마치 모래의 알갱이나 저 야생화와 같이 어떤 것을 보다 전체적으로 그리고 사람 안에 있는 신비로움을 볼 수 있는가? 쿠바 속담에 의하면, "듣는 것은 쉬워 보이지만 단순하지 않다. 모든 말에는 나름의 뜻이 있다." 이 말은 모래 한 알에서 세상을 보는 것과 다르지 않다는 말이다.

만약 우리가 느긋해지지 못하면, 순수한 주의집중과 자애로운 현존을 기르고 연습하기는 어렵다. 사람들은 서로 다른 방식으로 느긋해진다. 어떤 사람은 명상을 통해 느긋해지는 것을 알아차릴 수 있는 민감성을 키우고자 한다. 또 다른 사람들은 고요히 그리고 천천히 기도와 긍정을 반복하기도 한다. 천천히 시간을 갖는 것은 또한 정원을 가꾸거나 산책을 하는 활동에서도 찾을 수 있다.

임상 적용

병원의 활동 공간에서 30분 동안의 마음챙김

2010년 3월, 나는 뉴저지 의과 및 치과대학교와 뉴어크 대학병원에서 발표를 위해 초대받았다. 나를 초대한 사람은 선견지명이 있는 정신과 의사 Diana Kaufman이다. Kaufman 박사는 병원과 의대에서 표현예술 프로그램을 후원하고 빛과 치유적인 힘을 지도하고 있다. 병원은 Kaufman 박사에게 사무실을 내주었고 그 사무실은 초라하거나 궁색한 곳이 아니었다.

내가 방문했던 기간 동안 나는 의대 학생들과 소아정신과 의사, 환자서비스 관리자, 대기실에서 기다리는 사람과 병원 복도에 있는 환자들에게 프로그램을 소개하였다. 병원에 입원한 환자들의 나이는 20세부터 70세까지 다양하였다. 우리의 다세대 집단원에는 가족과 간호사 그리고 의사도 있었다.

사람들과 자리에 앉아 인사를 나누고 몇 분 동안 나는 나 자신에게 집중하였고, 그러고 나서 성서에 나오는 다윗의 시편을 바탕으로 쓰인 시를 읽으며 회기를 시작하기로 결정했다. 이러한 시편과 같은 시는 Roberta de Kay(1997)가 매우 심각한 암과 싸우며 살고 있는 동안 썼다. 나는 Roberta의 시가 나의 청중과 관련 있으며, 그녀가 절망에 처해 있을 때 도움을 준 이 주제는 이러한 상황에 있는 환자들에게 실질적으로 다가갈 것이라고 생각했다.

시편 13장

(PSALM 13)

오 주님, 저는 절망에 빠져
당신이 저를 영영 잊으셨을까 두려워합니다.
언제까지 제 마음을 혼란스럽게 하고
언제까지 비탄에 젖게 하시렵니까?
제게로 돌이키소서,
어머니처럼 보살피시는 치유자시여,
빛을 주시어
제 마음이 완전히 닫히기 전에
절망에서 벗어나게 하소서.
부드럽게 다가와 치유의 손을 내미시어
제가 알기도 전에 제 마음에 필요한 것을 채우소서.
주님의 자비를 믿어 제 마음을 열게 하시고
다시금 주님의 은총을 깨닫게 하소서.
저는 풍성히 새로워졌으니
주님의 자비는 제 절망보다 깊습니다(de Kay, 1997, p. 177).

이 시를 읽은 후에 나는 사람들을 조용히 하게 했다. 그리고 그들을 자극했던 Roberta의 시의 단어나 행을 원 안에서 말로 해 보도록 하였다. 매우 천천히 진행하였지만 지루하지 않았다. 사람들은 신중하게 반응하였다.

언제까지 제 마음을 혼란스럽게 하고 언제까지 비탄에 젖게 하시렵니까?

나는 간호사들이 그들의 '보살피고 치유하는' 본능의 감정을 그렸고 표현했다고 생각했다.

> 제게로 돌이키소서, 어머니처럼 보살피시는 치유자시여, 빛을 주시어

우리는 서두르지 않고 천천히 했다. 나는 느긋해지는 것의 중요성을 과장할 수 없었다. 치유로서 시와 함께한 이번 작업에서 각 사람 안에 있는 바로 그 순간 내면의 깊은 느낌을 자각한다. 우리가 증언해야 할 많은 것들이 바로 우리 각 개인 안에 있는 내면성이다. 뭔가 고요하고 보이지 않는 신성한 것에 고개 숙여 인사를 한 것만 같았다. 사람은 '본 것'을 느낀다.

나는 시와 시를 짓는 것은 기도와 유사하거나, 원시인들의 치유적 노래와 같다고 믿는다. 시는 종종 기술적으로 밀집된 환경에서 잊히고 무시된 우리의 영적 자기와 영혼의 언어와 관련된 의학적 측면을 복원할 수 있다.

대학병원의 원으로 다시 돌아가 보자. 점차적으로 사람들은 단어들과 행의 마지막 각운을 반영한다. 우리는 주의산만한 잡담이나 종이에 적는 질문의 형태가 아니라 보살핌과 주의집중을 해서 서로의 말을 경청한다.

> 주님의 자비를 믿어 제 마음을 열게 하시고
> 주님의 자비는 내 절망보다 깊습니다.

고요함은 이러한 친밀한 침묵을 만들어 내고, 함께 있으며 경청하는 것으로 가득 채운다. 죽을 것처럼 답답함으로 고통받거나 병원을 방문하는 것처럼 지루함이 있는 침묵이 아니다. 이것은 소중한 관심의 침묵이다. 생각의 초록잎들 사이에서 휴식을 취하는 우아한 공간을 가진 침묵 또는 잔잔한 물결을 일으키는 고요함은 생각의 파도가 마음이라는 해변으로부터 물러난 이후에 감지된다. 의식적인 존중은 다른 사람을 위해 단순히 듣는 것만으로도 표현된다. 나는 그들의 신뢰를 어느 정도 얻었고, 우리는 함께 치료 환경을 만들기 시작했다.

우리의 이야기와 침묵 후에, 나는 깊이 경청하는 것에 대한 시를 읽는다.

누군가 당신에게 깊이 귀 기울일 때

(When Someone Deeply Listen to You)

누군가 당신을 깊이 들어 줄 때
그것은 어릴 적부터 지녔던 찌그러진 컵에
차갑고 신선한 물이 가득 채워지는 것을
보는 것과 같다.

물이 컵 가장자리까지 찰랑거릴 때
당신은 이해받았으며
물이 넘쳐흘러 피부를 적실 때
당신은 사랑받았다.

누군가 당신을 깊이 들어 줄 때
당신이 머무는 방에서
새로운 삶이 시작되고
당신이 글을 쓰는 자리에서
첫 시가 마음의 눈에서 반짝거리기 시작한다.

누군가 당신을 깊이 들어 줄 때
당신은 맨발로 땅을 딛고
멀게만 보였던 소중한 땅이
이제는 내 안에 자리를 잡는다.

나는 사람들에게 물었다. "환자든, 사람으로든, 당신에게 경청하면 무엇이 좋습니까? 이 시는 당신에게 무엇을 떠올리게 합니까? 만약 당신이 경청에 관하여 반영할 수 있는 한 단어 혹은 두 단어로 말할 수 있다면, 당신의 단어는 무엇입니까?"

내 왼쪽에 앉은, 회색 수염을 깔끔하게 정리한 흑인 노인은 그때까지 정신이 딴 데 팔린 것 같았으며 슬프고 거리감이 있어 보였다. 그는 조용히 목소리를 높였다. 나는 이 신사에게 "조용히 더 크게 말씀하세요."라고 모순된 말을 했다. 실제로 그의 조용하고 단순한 말은 우리 모두에게 뭔가를 불러일으켰다. 그의 단어는 깊은 의도를 가지고 있었으며 의미가 가진 감각은 풍부했고, 비록 그가 선언하듯 말하지는 않았지만, 그는 큰 소리로 한 단어를 말했다. "깨우침."

그러고 나서 그는 잠시 쉬었다 말했다. "……그리고 그 '깨달음'은 다양한 방법으로 장소나 물건, 사람에 의해 당신에게 전달될 수 있습니다."

그가 숨을 쌕쌕거리며 쉬었기 때문에 그의 폐활량에 문제가 있는 것처럼 들렸다. 그러나 나는 그의 목소리와 단어에서 오해의 여지가 없는 분명함, 존엄성, 단순명쾌함을 느꼈다. 그는 우리 모두가 그에게 배울 수 있고 우리에게 영향을 미치는 방식으로 말했다. 우리는 그의 존재를 좀 더 잘 알게 되었다.

다음은 젊은 라틴계 여성으로 아마도 20대 중반쯤으로 보였으며, 정중하고 조용히 앉아 있었다. 그녀는 젊은 남자의 방문객(여동생이거나 여자 친구)으로 그 남자가 대머리인 것으로 보아 그는 항암 화학요법으로 고통을 겪고 있는 것으로 보였다. 강한 목소리로 그녀는 말했다. "경청하지 않는 것은 마치 내가 존재하지 않는 것처럼, 내가 눈에 보이지 않게 느끼게 한다." 그리고 시를 듣고 있으니 그녀에게 '소속감(belonging)'이 느껴진다고 말했다.

그녀는 마치 종을 울리는 듯한 목소리로 자신감을 가지고 침착하게 이야기했다. 치유로서의 시와 함께한 우리 회기는 이 젊은 여성이 들을 수 있고 말할 수 있는 기회를 주었다. 그녀의 목소리는 중요했다.

그리고 아직 우리의 원 안에 함께하지는 않지만, 방 구석에 자리 잡고 팔에는 정맥주사를 맞고 있는 중년 남성은 이 시가 그에게 '보살핌'과 '편안함'을 불러일으킨다고 말했다. Darryl(가명)은 조용히 말했다. 그는 수줍어하며 들어왔다. 그가 수줍어한다는 것을 인식했음에도 불구하고 나는 Darryl에게 질문하였고, 그의 목소리는 아름다운 재질의 풍나무처럼 들렸기 때문에 이 병원에서 인식되지 않는 것처럼 느꼈다. 나는 그에게 큰 소리로 시를 읽어 달라고 요청했다. 그는 얼굴을 붉히며, 깊은 숨을 쉬며 읽었다. 그의 방식으로 시를 읽는 것을 사람들은 분명 즐기고 있었다. 나는 그가 우리의 감사를 받아들이는 것으로 느껴졌다.

간호사들이 함께 하자고 말하는 정도가 중요하다. 그들은 환자들의 말을 듣기 위해 무릎 위로 팔꿈치를 구부렸다. Darryl이 단어를 편하게 사용하도록 하기 위해서 그들은 편안한 분위기를 만들었다. 그들은 마음으로부터 진심을 다해 듣기 시작했고, 간호사들과 보살핌에 대한 축복은 참석한 사람들이 가까이에서 문제에 집중할 수 있게 해 주었다.

곧 이번 회기는 종결되었다. 두 시간이 지난 후 원 안에 있던 간호사 중 한 명인 한 간호사를 통해서 '수줍어하는' 사람으로 불리던 Darryl이 쓴 시를 전달받았다. 나는 그가 우리의 회기가 끝난 후 곧바로 이 시를 썼다고 간호사로부터 전해 들었다.

사람의 마음
(Our Human Heart)

왜 사람들은 말하지 않을까?
감정을 나누고 생각을 전하지 않는 걸까?
왜 사람들은 듣지 않을까?
가슴에 있는 인간의 보물을 듣지 않을까?
왜 느끼고 사랑하고 상처받고 치유받지 않는 걸까?
왜 사람들은 자신에 귀 기울이지 않을까?
이게 우리에게 필요한 것이고
이것이 인생이니!
그저 한 사람
왜 우리가 느끼는지
무엇이 우리 안에서 북소리를 내는지 말해 주고
무엇이 들리는지 물어 줄 한 사람

Darryl은 결국 어떻게 전 세계가, 모든 사람들이 '당신의 방식대로' 당신이 느낀 이유를 듣고, 이야기를 들어 준 '한 사람'에 의해 변화될 수 있는 이유를 알게 되었다.

Darryl은 내면의 목소리가 주장하는 실존적인 질문을 하고 있다. 진정한 의미의 삶을 살면서, 우리는 자신의 심도 깊은 질문을 가지고 살 수 있으며(Rilke, 1986), 내면에서부터 들려오는 목소리 자극에 따라 행동할 수 있다.

결론

무엇이 마음챙김 훈련과 치료 목적 및 치유를 위한 시의 사용을 격려하고, 보살피고 용이하게 하는가?

- **자신에게 주의집중하는 훈련**

내 호흡에 주의집중할 때 내가 느낄 수 있는 나 자신의 추선(錘線, plumb-line)이 있다. 이러한 훈련은 나에게 주의집중하게 한다. 내 신체에서 일어나는 그 추선은 내 마음을 고요히 하고 내 마음을 열리게 한다.

- **고요와 침묵의 숙련된 사용과 사랑하기**

말을 하기 전에 마음의 침묵을 방으로 가져가서 단순하면서도 사려 깊은 멈춤에 의해 표현된 시는 깊은 존경심을 느끼게 한다. 이것은 안전과 신뢰를 구축한다. 모든 것은 차례로 좀 더 많은 감정을 위한 방을 만든다. 이런 종류의 듣기는 고요함을 나타낸다. 이것은 치료적 관계에서 느긋해지는 것과 치료적 관계에서 실내 공간을 만드는 것으로 직접적인 방법이라고 할 수 있다.

- **상징적이고 의도적으로 소리 내어 시 읽기**

시는 신체와 같이 치수—깊이와 너비—를 가진다. 살아 있는 유기체처럼, 그들은 호흡, 움직임, 감정, 생각과 의식을 표현한다. 이 모든 것을 그리기와 같은 방식으로 시를 읽는 것은 치료적 능력을 강화하고 창의성을 위한 촉매제 역할을 한다.

• 사람이나 사람을 위한 존중, 개방과 주의집중

이 세 가지 조합은 참된 듣기(real listening)를 위해 필요하다. 각 개인의 고유한 본성, 창의성과 진실성에 대한 존경, 표현되는 것이 무엇이든 그것에 대한 민감한 개방성이다. 그러한 표현의 정확한 세부 사항과 전체적인 범주에 대한 순수한 주의집중, 이것은 신성한 저장 공간을 만들고 내적인 삶을 받아들인다.

• 무조건적인 수용과 판단하지 않음

자신에게 집중하는 추선의 훈련을 기억하는 것으로 나는 객관성과 이원론으로 부터 좀 더 자유로운 사람이 된다. Charles Olson의 시를 기억하기 위해 흙과 먼지는 남겨 두었다. Barbara McEnerney의 시를 기억하기 위해 시와 사람, 있는 그대로를 수용했다. 그들은 '비밀을 속삭이고' 내담자는 '나에게서 그들에게 필요한 것을 배울 수' 있다.

• 호기심, 창조적인 공동 작업, 약속, 사랑과 배려

이 무조건적인 수용의 기초는 Martin Buber의 '나와 너는'으로 표현되었다. "세상에 태어난 모든 사람은 이전에 존재하지 않았던, 뭔가 새로운, 원래의 독특한 무언가를 나타낸다. 만약 이 세상에 그녀와 같은 사람이 있다면, 그녀를 위해 태어날 필요는 없을 것이다." (Buber in Diamond, 2003, p. 78)

우리는 마음챙김과 함께 시를 듣거나 읽고, 우리는 마음챙김과 함께 그 시에 응답하거나 시를 쓸 때 느긋해진다. 우리는 마음속에 살아 있고 존재하는 것을 통합시키기 위해서 종이 위에 쓴 것을 회상할 수 있다.

우리는 이러한 치유적 환경인 여백의 신성한 공간으로 흘러들어간다. 문자, 단어, 잠시 멈춤, 리듬, '지금 이것으로 충분해.'라는 소리이다. 그것은 우리가 지금 옳은 것을 하고 있다는 진정한 목소리를 내는 것이다. 우리는 드러낸 경험, 우리가 발견한 통찰, 우리가 치료한 흉터, 우리가 명명한 상처들과 그렇게 우리는 우리 자신으로부터 자유로워지기 시작한다.

시적인 언어, 풍부한 은유, 심상과 상징은 다양하고 역설적이며 활기찬 유기체적인 인간의 성장과 투쟁, 아픔과 치유, 삶과 죽음, 슬픔과 기쁨을 표현하게 할 수 있다.

참고문헌

Behn, R., & Twichell, C. (1992). *The Practice of Poetry: Writing Exercises from Poets Who Teach.* New York: Harper Perennial.

Carter, D. (2001). *Spontaneous Mind: Selected Interviews 1958-1996.* New York: Harper Collins.

de Kay, R. (1997). "Psalm 13." In J. Fox *Poetic Medicine: The Healing Art of Poem-Making.* New York: Jeremy P. Tarcher Inc.

Diamond, J. (2003). *Narrative Means to Sober Ends: Treating Addiction and Its Aftermath.* New York: Guilford Press.

Didonna, F. (ed.) (2009). *Clinical Handbook of Mindfulness.* New York: Springer Science and Business Media.

Fox, J. (1995). *Finding What You Did Not Lose: Expressing Your Truth and Creativity Through Poem-Making.* New York: Jeremy P. Tarcher, Inc.

Fox, J. (1997). *Poetic Medicine: The Healing Art of poem-Making.* New York: Jeremy P. Tarcher Inc.

Kabat-Zinn, J. (2005). *Coming to Our Senses.* Talk at UC San Diego Medical Center.

Levins, S. (1982). *Who Dies? An Investigation of Conscious Living and Conscious Dying.* New York: Anchor Books.

Marlatt, G. A., & Kristeller, J. L. (1999). "Mindfulness and meditation." In W. R. Miller (ed.) *Integrating Spirituality into Treatment: Resources for Practitioners.* Washington, DC: American Psychological Association.

Mazza, N. (1999). *Poetry Therapy: Interface of the Arts and Psychotherapy.* New York: CRC Press, Taylor and Francis Group.

McEnerney, B. (1998). "As They Are." Personal communication.

Miller, A. (1990). *For Your Own Good: Hidden Cruelty in Child-Rearing and the Roots of Violence*. (Translated by Hildegarde and Hunter Hannum.) New York: Farrar, Straus, and Grioux. Original publication in German: *Am Anfang war Erzehung*© Sukrkamp Verlag Frankfurt an Main (1980).

Morrison, M. R. (1978). "The use of poetry in the treatment of emotional dysfunction" *Arts and Psychotherapy* 5, 2, 93–98.

Moyers, B. (1995). *The Language of Life: A Festival of Poets*. New York: Doubleday.

Olson, C. (1997). "These Days." In Butterick *The Collected Poems of Charles Olson*. Berkeley, CA: University of California Press.

Rilke, R. M. (1986). *Letters to a Young Poet*. (Translated by Stephen Mitchell.) New York: Random House.

Shieman, J. (1985). Personal communication.

Winnicott, D. W. (1990). *Home Is Where We Start From: Essays by a Psychoanalyst*. New York: W. W. Norton and Company.

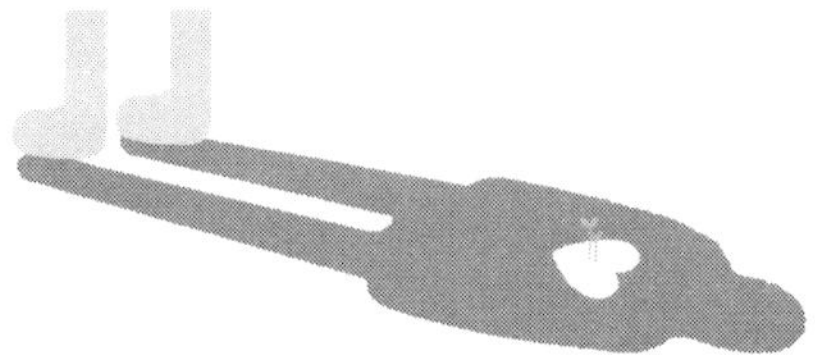

Chapter 10

암 환자들을 위한 창의적 침묵 수행:
전문가들을 위한 아시지 모델(Assisi Model)

-Paola Luzzatto, David Payne, Bonnie Gabriel, Anna Lagomaggiore,
Lucia Minerbi, Gabriella Ventrella, Gemma Oldrini, Ellen Mullin

침묵의 하루는
자기 내부를 순례하는 기회가 될 수 있다.
-Hafiz(1315~1390)

창의적 침묵 수행(Silent Creative Retreat)은 정신종양학(Psycho-Oncology) 영역에서, 깊은 침묵 속에서 마음챙김 명상과 창의적 치료 워크숍을 통합한 지지적 개입이다. 침묵은 모든 활동을 담는 그릇 역할을 한다. 이것은 자아성찰적 접근을 용이하게 하며 명상과 창의성의 경험을 통해 더 심도 깊은 수준까지 이를 수 있도록 한다. 이러한 침묵의 목적은 환자들이 그들의 내적 강인함과 접촉할 수 있도록 도와 그것을 미래의 자원으로 활용할 수 있도록 하는 것이다.

이 장에서는 암의 외상적 영향을 간단하게 훑어본 뒤, 우리 팀이 수행 전, 수행 기간 중, 수행 후 경험한 것과 그때 이루어졌던 수많은 토론을 중심으로 2001년부터 2010년까지 진행된 창의적 침묵 수행에 대한 설명을 제공할 것이다. 이 장에서는 독자가 쉽게 이해할 수 있도록 아시지 모델(Assisi Model)을 단계적으로 하나씩 기술하는 것을 목표로 하였다.

이론체계

암과 외상

암 환자들은 정신적 외상, 즉 트라우마의 영향으로부터 치료되어야 한다(Helgeson, 2005; Holland & Lewis, 2001; Kangas, Henry, & Bryant, 2007). 암 진단으로 인한 외상과 치료에 대한 반응은 암 환자들의 성격과 사회 · 문화적 환경에 따라 다양하다. 환자들은 종종 믿음, 안전, 희망, 자아 그리고 자신감 등에서 손상을 보이며 생물학적 · 심리적 · 사회적 혹은 영적 수준까지 영향받을 수 있다(Van der Kolk, McFarlane, & Weisaeth, 1996). 환자들의 다양한 욕구들이 그들에게 제공되는 다양한 지지 집단에 반영된다(Cooper & Watson 1991; Spira, 1997). 어떤 집단은 신체에 집중하며, 또 다른 집단은 교육적 문제에 대해 탐구하거나, 사회적 연대를 활성화하거나, 예술적 기술을 개발하거나, 내적 평온을 찾는 등 다양한 지원들이 있다. 어떤 환자들은 기억되기를 원하고, 어떤 환자는 이해받기를 원한다. 또 다른 환자들은 새로운 마음상태와 인생에 대한 접근방법을 원한다.

창의적 침묵 수행의 역사와 발전

1998년 뉴욕의 메모리얼 슬로언 케터링 암 센터(Memorial Sloan Kettering Cancer Center)의 정신종양학 업무에서 일하고 있던 세 명의 저자는 그들의 환자들에게 필요한 것에 대해 함께 논의하기 위해 모였다. 그들은 침묵을 근본적인 치료 도구로 사용한 서로 다른 개입방법들을 제공하였다. 심리학자 David Payne은 명상 집단을 지원하고 있었으며, 미술치료사인 Paola Luzzatto와 Bonnie Gabriel은 드롭인 오픈 미술치료 스튜디오(Drop-In Art Therapy Open Studio)—전통적으로 자유로운 이미지 만들기에 기반하며, 환자들 사이의 언어적 상호작용이 배제됨—와 언어적 상호작용이 의도적으로 최소로 유지되는 미술치료 집단들을 이끌고 있었다. 환자들은 자신의 사생활을 지키면서 자기 자신을 상징적으로 표현할 수 있는 이러한 미술치료 개입에 고마워했다(Luzzatto & Gabriel, 2000). 몇몇 환자들이 더 많은 침묵의 필요성을 표현하자, David Payne, Paola Luzzatto 그리고 Bonnie Gabriel은 서로 협업하여 혁신적인 개입을 제공하기로 결정했다. 그들은 한 달에 한 번 '침묵 수행의 날'—명상과 미술작품 만들기 그리고 창의적 글쓰기를 포함하는 완전한 침묵의 날로 하루의 마지막에는 짧은 대화를 나눔—을 지정했다. 이 하루 동안의 경험은 오랜 시간 주거를 요하는 암 환자들을 위한 조용한 창의적 도피로 호평을 받았다. 침묵이라는 요소는 다른 나라에서 온 환자들과 다른 언어를 구사하는 암 환자들의 참여를 가능하게 했기 때문에, 이 프로젝트는 곧 국제적 규모로 발전하였고 2000년에 개최된 국제정신종양학회(International Society for Psycho-Oncology)의 멤버른 콘퍼런스에서 지지를 받게 되었다.

국제 팀의 발달

우리는 다른 미술치료사와 무용/동작치료사 및 창의적 글쓰기 전문가를 구했다. 또한 우리는 행정적 업무와 함께 수행 전, 중간, 후에 환자들과 연락을 취할 수 있는 사람이 필요했다. 가장 중요한 것은 팀 내부의 결속력이었다. 우리는 모두 침묵 수행에 대해 약간의 경험이 있거나 명상적이고 주의 깊은 접근에 특별한 관심을 가지고 있었다. 그러기에 수도원을 적합한 장소로 고려하였는데, 그 이유는 수도원이 보통 조용한 환경과 훌륭한 자연경관 그리고 작은 방이 많았기 때문이다. 우리는 이탈리아 아시지에 있는 수도원을 영성을 위한 국제 센터로 선택했다.

2001년 9월, 우리 팀은 첫 번째로 열리는 5일 동안의 국제적인 창의적 침묵 수행을 준비했다. 환자들은 다양한 나라에서 왔으며, 다양한 언어를 구사했고, 연령 및 질병의 진행 상태 또한 다양하였다. 10년 동안 우리는 이러한 수행을 8번 제공했다. 각각의 수행에는 16~20여 명이 참가했으며, 총 154명의 인원이 참여했다(세계의 다양한 곳에서 온 암 환자 136명, 친지 6명, 전문가 12명이 바로 그들이다). 많은 참가자들이 수행 경험을 두세 번 반복했으며, 그들 중 몇몇은 여덟 번의 모든 수행에 참석하기도 했다. 수행 이후 나눈 피드백에서 몇몇 참가자들은 침묵이 그들을 아주 긴밀하게 연결시켜 주는 것 같은 느낌을 주었다고 표현했고, 또 몇몇은 수행기간이 더 길었으면 좋았을 것이라고 언급했다.

침묵 수행의 개요

창의적 침묵 수행의 기본 개념은 다음과 같다. (1) 침묵의 치료적 사용과 (2) 명상 훈련과 예술치료, 창의적 글쓰기를 통합한 종합적 접근이 바로 그것이다.

침묵의 치료적 사용

침묵 수행은 환자들의 정신적 자원이자 내면의 회복력으로 그들 스스로 교육의 정신적 공간과 접촉하는 것을 목적으로 한다. 이것은 그들이 미래에 자기관리와 건강을 위해 그들 내부의 자원과 연마해 왔던 것들을 어느 때나 사용할 수 있을 것이라는 희망에서 출발한다. 그렇기 때문에 개인의 정신적 공간과 관련하여 우리가 가지고 있는 신념은 누구나 암 환자들을 위해 침묵 수행을 준비하고 있는 이들이라면 이러한 정신적 공간이 선행조건이라는 점이다.

우리 팀은 수행이 치료에 기여할 수 있는 공간과 시간을 정하는 데 목표를 두고 매우 긴밀하게 작업하였다. 창의적 침묵 수행이 마음챙김 명상과 창의적 예술치료와 결합된 이래로 실존적이고 영적인 욕구를 다루는 지지 집단(Breitbart, 2000; Smith, 1995)과 창의적 표현을 독려하는 지지 집단이 긴밀한 관계를 맺게 되었다(Klagsbrun et al., 2005).

이러한 개입의 가장 큰 특징은 침묵을 강조하는 것이다. 모든 참가자들은 수행의 전 과정에 있어 침묵으로 일관하며, 이는 식사시간과 그들의 자유시간도 모두 포함된다. 침묵은 컨테이너 역할과 연결, 보호 그리고 완화하는 요소로서의 역할을 하기도 하지만 내적 수행에 강하게 몰입하도록 하기 때문에 참가자들이 적극적으로 참여할 수 있도록 한다. 침묵을 통한 마음챙김은 지금-여기에서 수용적 태도로 자기를 알아차리고 자기와 타인에 대한 개방적이고 무비판적인 태도를 강조한다.

침묵 속에서, 참가자들은 움직이고, 쓰고, 그림을 그리고, 명상하고, 자신을 표현하고, 원으로 둘러앉아 의식을 행하고, 식사를 하고, 정원에서 쉬며, 밤에는 그들의 침실로 이동했다가 아침이 되면 다시 나타난다. 침묵의 부정성(예를 들어, 생각을 심란하게 하거나 방해하는 요소)에서 건강하고 자아의 자원적 요소들로의 접근을 가능케 하는 긍정성으로의 변화는 목적이기도 하며 도전이기도 하다. 환자들은 다양한 종류의 침묵을 경험한다. 예를 들어, 자유시간 동안의 개인적 침묵은 마음챙김 수행 동안의 침묵과 다르고, 창의적 활동 동안의 침묵은 식사시간 동안의 침묵과 다르며, 또 모든 것은 저녁 만남 시간 동안 촛불 앞에 앉아 침묵을 유지하는 것과도 다르다. 다양한 종류의 침묵 경험을 통해 수행 참가자들은 침묵을 치료적 도구로 사용하는 것에 익숙해지게 된다. 근본적으로 침묵은 그들에게 탈출구 또는 어떤 것이 부족하거나 없는 것으로서가 아니라 개인적이고 정신적인 자아를 강화하고, 풍부하게 하고, '만들기'까지 하는 방법으로 인식될 것이다(Maitland, 2008; Storr, 1994).

다학제적 접근: 명상 훈련, 예술치료 그리고 창의적 글쓰기

수행 일정은 매우 구조적이며 아침 활동을 포함하여 앉거나 걸으면서 하는 명상, 미술치료, 무용/동작치료 그리고 창의적 글쓰기가 이에 속한다. 이 모든 활동은 매일 그날의 특정한 주제를 중심으로 이루어진다.

우리는 종종 세 가지 주제를 선택하는데, 바로 정체성, 상상력 그리고 통합이다. 이들은 외상을 경험한 개인들을 위한 심리치료적 활동의 세 가지 기본적 요소를 반영하고 있다(Hurlbut, 2004). 우리는 3일 동안 중요한 이 주제들을 다룬다. 첫째 날에, 우리는 자기 '정체성'을 자유롭고 진솔하게 표출할 수 있도록 한다. 둘째 날에는 '상상력'의 사용과 핵심적인 긍정적 자기상에 대한 인식에 집중한다. 셋째 날에는 신체적 · 정서적 · 정신적 경험의 통합은 물론 긍정과 부정의 '통합'을 강조한다. 수행의 전 과정에서, 참가자들은 자기의 일관성과 연속성에 주의를 집중할 수 있도록 도움받는다. 따라서 종종 질병으로부터 유발되는 분열을 치료할 수 있는 경험을 하게 된다(Malchiodi, 1999).

예술치료에서, 치료를 위한 주요 도구는 연속체의 한 끝에서 이루어지는 창의적 과정과 다른 한편으로는 자아성찰을 위해 한 발짝 뒤로 물러서서 보는 것이다(Appleton, 2001; Chapman et al., 2001; Lahad et al., 2010; McNiff, 1998). 두 가지 모두 집단의 지지와 함께 침묵으로 수행할 때 특히 효과적이다. 하나의 창조적 형식에서 또 다른 형식으로의 이동(예를 들어, 미술에서 창의적 글쓰기로, 창의적 글쓰기에서 동작으로, 그리고 동작에서 다시 미술로 이동하는 것)을 가능하게 하여 현재 참가자에게 영향을 미치는 일과 기분을 다른 여러 방법으로 해석해 보고, 영향을 미치는 일과 그 기분에 대한 인식의 폭을 더 넓힐 수 있게 된다.

명상 수행은 Kabat-Zinn(1990)의 마음챙김 기반 스트레스 감소(MBSR)를 위한 접근방법을 따르는데, 이는 원래 부처의 가르침을 따르긴 하지만 명백하게 어떤 종교적 전통과도 관련되어 있지 않다. 특정한 호흡법과 정신적 기술을 통한 암 치료에 대한 MBSR 접근은 환자들이 스트레스와 불안함 그리고 우울한 기분에서 더 잘 회복하고 안정적이며, 평온한 깊은 자기의 감각으로 나아갈 수 있게 해 준다. 침묵은 환자들이 주의를 집중하여, 듣고, 보고, 느끼고, 생각하는 것을 도와주는 역할을 한다(Bloom, 2006; Luzzatto, 2005; Monti et al., 2006).

창의적 침묵 수행

환자들이 도착하기 전 준비해야 할 것

팀은 하루 먼저 수행 장소에서 만난다. 준비 작업은 많은 에너지와 시간을 필요로 하는데, 다음과 같은 일을 수행하게 된다. 응집력 있는 팀을 만들고, 환경을 조성하고, 모든 워크숍 진행을 위한 형식과 내용을 공유하고 토론해야 하며, 체계적으로 다양한 세부 내용들을 다루어야 한다.

팀원 중 두 명은 참가자들과의 소통을 담당한다. 수행이 무엇을 제공할 수 있는가(즉, 그저 '미술작품을 만들'거나 '사교'하는 것과는 다를뿐더러 더 심오한 것)에 대한 질문에 답을 하는 최초의 만남에서부터, 참가자들의 의료적 · 심리적 욕구에 대해 특별한 관심을 기울이는 것까지 포함한다. 그들은 또한 참가자들이 도착하는 날 각 참가자들을 환영하고, 수도원의 담당자와 연락을 취하며 혹시나 수행 과정 동안 불편함을 느끼거나 잘 지내지 못하는 참가자들을 위해 대기한다. 어떤 환자들의 예약 과정은 별문제 없이 순조롭게 진행되지만 어떤 환자에게는 그들의 바람만큼이나 불안이 높아 수행에 참여하기 전 시간이 필요하며 신뢰와 지지를 필요로 한다.

공간과 재료의 준비

팀은 수행 과정에 사용될 공간을 마련하기 위해 협력한다.

- 침실: 침묵을 용이하게 하기 위해 참가자들은 각자의 방에서 지낸다. 우리는 문에 이름표를 달아 놓고(성이 아닌 이름만), 방에는 환영 편지를 놓아둔다.
- 활동을 위한 방: 참가자들에게 워크숍 동안 그들의 그림과 단어들을 전시할 두꺼운 판지로 만들어진 개별 화판(1×1.5m)을 제공한다([그림 10-1] 참조).

  또한 그들은 게시판에서 떼어 낸 그림들을 보관하기 위한 개별 폴더(A3 사이즈)를 받게 된다. 무용/동작치료를 위해서는 화려한 스카프를 준비해 두는 것이 좋으

그림 10-1 개별 화판과 워크숍 방

며(한 명당 한 개), 참가자들이 방을 떠나기 전에 기분이나 생각을 공유할 수 있도록 간단히 글을 쓸 크고 하얀 종이를 벽에 붙여 놓으면 좋다.

- 명상 수행과 저녁 만남: 명상 수행과 저녁 만남을 같은 방에서 진행할 수 있다. 우리는 촛불로 원을 만들어 앉는데, 중간에 촛불 한 개를 세워 놓고 그 주변을 참가자 한 명씩 하나의 작은 촛불을 가지고 둘러앉는다([그림 10-2] 참조).
- 식당과 '침묵 바구니(Silence Basket)': 몇몇 참가자들에게는 식사시간 도중에 침묵하는 것이 어려울 수 있다. 이럴 때에는 침묵에 관한 인용구(시인이나 작가, 철학자, 신학자로부터)를 제공하면 좋다. 그것들을 종이에 적고 접어서 식당 입구의 바구니에 놓아둔다. 각자 하나씩 뽑을 수 있으며, 식사 도중 조용히 읽어 볼 수 있다.
- 외부 공간: 외부 공간(정원이나 들판)은 작더라도 움직임이나 아침에 걸으면서 하는 명상과 개개인의 조용한 자유시간을 위해 필수적이다.
- 질문과 의견(Q와 C) 상자: 펜과 종이를 담고 있는 작은 상자는 활동하는 방 가까이 배치되어야 한다. 참가자들은 하루 중 어느 때라도 그들의 개인적인 질문과 의견을 제시할 수 있다. 팀은 저녁식사 전에 그것을 회수하여 어떻게 답변할지에 대해

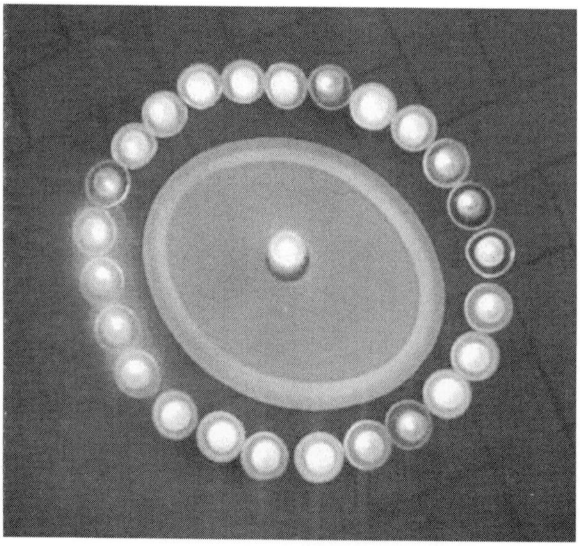

그림 10-2 각 구성원을 위한 촛불

논의한다. 저녁 만남 도중에, 한 팀의 구성원이 집단 구성원에게 의견을 읽어 주고 그 질문에 대한 답을 한다.

도착하는 날

이 수행은 국제적으로 행해지며 많은 참가자들이 해외에서 출발하기 때문에, 일반적으로 도착하는 날 오후 다섯 시에 첫 만남을 가진다. 먼저, 우리는 우리 팀과 각 조력자의 역할에 대해 소개한다. 참가자들은 단지 그들의 이름과 그들이 사는 도시만 소개한다. 또한 참가자들이 명찰을 만들 수 있도록 종이와 파스텔을 제공한다. 우리는 참가자들에게 색과 모양으로 자신을 표현하라고 제안한다.

우리는 수행에 대한 두 가지 기본 개념인 침묵과 창조성에 대해 이야기한다. 우리는 참가자들에게 침묵과 창조성이 그들에게 무엇을 의미하는지에 대해 함께 나누도록 한다. 우리는 그들에게 마음챙김적 접근으로 그들이 침묵과 자기만의 고유한 형태의 창조성이라는 긍정적 경험에 도달할 수 있도록 돕게 될 것을 약속한다. 우리는 하루의 일정을 같이 읽고, 질문에 대답한다.

도착하는 첫날 저녁식사부터 '침묵 체험(experiment in silence)'이 시작된다. 우리는 참가자들에게 식사하는 동안 침묵하면서 그들의 마음 상태를 관찰해 보라고 권유한다. 저녁 만남에서 우리는 침묵의 저녁식사 경험에 대해 토론하고 질문을 위해 더 많은 시간을 갖는다. 이 만남은 참가자들이 이 수행 공동체가 안전한 컨테이너라고 느낄 수 있도록, 그리고 그들이 침묵으로 자기를 향해 나아가는 것에 자신감을 가질 수 있도록 도와주는 의식으로 마무리한다(Hammerschlag & Silverman, 1997; Pugh, 2004).

우리는 원으로 둘러서서 각자 바구니에서 작은 초를 꺼내든다. 각 참가자는 왼쪽에 있는 사람부터 초에 불을 옮겨 받아 촛불에 불을 붙이며, 그 순간 개인적으로 의미 있는 하나의 단어를 큰 소리로 말한다. 그러고 나서 우리는 각자 작은 초들을 중앙에 있는 초 주변 바닥에 세워 놓는다. 짧은 명상 후에 우리는 방을 나간다. 침묵은 그 짧은 순간 시작된다.

일정과 수행하는 날에 대한 설명

우리는 3일 간의 수행기간 동안 비슷한 하루 일과를 보내지만 매일 다른 주제를 다루게 된다. 다음에 제시되는 하루의 일정 동안 '정체성'이라는 주제에 대해 다룬다.

6:30AM: 티베트식 종/기상

이날 하루는 티베트식 종소리로 시작한다. 한 팀의 구성원이 함께 복도를 따라 걸으며 모든 문 앞에서 종을 부드럽게 울린다. 이 종에서 전해지는 울림은 좋은 생각을 떠올리게 하고 참가자들이 오늘에 집중하고 자기를 인식하며 발견할 수 있도록 도와준다. 한 명의 인도자가 하루 동안 행해지는 각 활동 5분 전에 같은 종을 울린다.

7:30~7:45AM: 자연 속 아침 동작

이 동작들은 대지, 물, 불, 하늘, 별, 태양 및 달과 같은 자연요소와 인간의 관계를 상징한다. 이 동작은 야외에서, 참가자들이 원을 만들어 인도자의 동작을 따라 반복하는 것으로 진행된다. 하나의 동작은 호흡법의 도움을 받아 그다음 동작으로 이어지고, 각 참가자가 표현하는 동작으로 발전되어 하나의 춤으로 완성된다. 순서는 따라 하기 쉬우며 동작이 점점 더 커지는 방식으로 진행된다. 시간이 지나면서 이 춤은 개인의 몸과 마음에 대한 인식과 집단에 대한 인식 그리고 자연과의 연결을 용이하게 하는 아침 의식이 된다.

7:45~8:00AM: 걷기명상

춤-동작 의식 직후, 명상 인도자는 집단에게 마음챙김적 걷기에 대해 가르친다. 수행에서 행해지는 명상에 대한 이 접근은 마음챙김이라는 개념을 기반으로 한다. 인도자는 참가자들이 그들의 몸에 집중하게 함으로써 움직일 수 있도록 돕고, 그 순간 걷기와 같은 일반적인 활동을 집중적이고 비판단적 인식으로 확장시킬 수 있도록 돕는다.

8:00AM: 아침식사

9:00~10:00AM: 미술치료 워크숍-나에 대한 것

참가자들은 콜라주의 기본 원리에 대한 설명을 듣게 된다(Landgarten, 1993). 그들이 콜라주 활동을 위해 선택하는 잡지의 이미지들은 개인적이고 상징적인 의미를 가진다. 참가자들은 그들에게 관심 있는 12개의 그림을 고르도록 요구되는데, 이는 그것들이 그들에 대한 무언가를 이야기한다고 보기 때문이다. 그들은 이미지들을 오리고, 종이 위에 다양한 배치를 고려해 본 다음 그것들을 조합해 콜라주를 만드는데, 이는 상징적인 자기표현의 형태로 거듭난다. 그들은 최종 결과물에 제목을 붙이고 개별 화판에 콜라주를 부착한다. 마지막 15분 동안은 침묵 속에서 걸으며 같은 집단의 다른 참가자들이 만든 각각의 콜라주들을 집중해서 관심을 가지고 관찰한다.

10:15~10:45AM: 마음챙김 명상-현재에 머무르기 호흡법

마음챙김 명상을 위한 기본 요소들이 설명되고 실행된다. 신체와 감각을 느끼고, 호흡에 주의집중하며, 생각을 호흡으로 되돌리기 위해 혼란한 마음에 집중한다. 인도자는 하루 동안 참가자들에게 호흡을 현재에 정박할 수 있는 닻으로서 사용하길 독려하며, 개인의 경험을 현실로 받아들이는 방법으로서의 명상에 집중한다.

11:00AM~12:00PM: 창의적 글쓰기-자원으로서의 기억

인도자는 집단원들에게 글쓰기의 풍부한 원천이 되는 기억에 대해 이야기한다(Bradbury, 1992). 옛 기억이나 최근의 기억들은 개인의 정체성을 나타내며 특별한 기술(기법)을 통해 접근할 수 있다. 종이의 맨 윗부분에, 참가자들은 '나는 기억한다.'라고 쓰고, 이어서 자연스럽게 흘러가는 대로 기억들을 쓰면 된다. 또한 참가자들은 바깥에 나가 자연과 접촉하며 쓰는 것도 무방하다. 모든 사람이 방으로 돌아온 후에, 그들이 쓴 것을 다시 읽고, 특히 의미 있는 문장에 줄을 긋고, 그것을 다른 종이에 적은 후 그들의 개별 화판에 붙인다. 마지막 15분 동안 침묵 속에서 방을 돌며, 집중해서 판단을 배제한 채 다른 참가자들이 선택한 문장들을 본다.

12:30PM: 점심식사

1:00~3:00PM: 침묵의 개인 자유시간

자유시간 동안, 참가자들은 그들의 침실에서 쉬어도 되고, 정원을 산책하거나 드롭인 오픈 스튜디오(Open Studio)에 참석해도 된다.

드롭인 오픈 스튜디오: 표현의 자유

오픈 스튜디오는 자유롭고 편안한 분위기와 창의성을 촉진한다. 참가자들은 그 어떤 미술재료를 사용해도 좋으며 그들이 머무르고 싶은 만큼 머물러도 된다. 그들은 구체적인 목표 없이 작업하거나, 의도적으로 기분이나 꿈, 기억을 시각화해도 된다. 그들은 밖으로 나가 자연을 그려도 좋다. 그 후에 다시 미술실에 돌아와 이미지를 완성하거나 변형해도 된다. 참가자들은 오픈 스튜디오를 안전한 공간으로서, 그저 미술실에 '머물기(be)' 위한 곳으로 사용해도 좋다.

3:00~4:00PM: 무용/동작치료: 나를 위한 공간

인도자는 칠판에 다음과 같은 글을 적는다. '어떤 공간-나의 공간-새로운 무언가가 나타날 수 있는 어떤 공간.' 이 워크숍은 세 단계로 구성되어 있다.

1. 참가자들은 처음 15분을 워밍업 단계로 사용하는데, 방을 돌아다니며 그들 자신과 다른 사람들 그리고 방 그 자체를 인식하게 된다.
2. 그들은 방이라는 공간에서 주의집중과 수용을 염두에 두고, 자신에 대한 판단을 배제한 개인적 공간으로 안내된다.
3. 그들 자신의 개인적 공간으로 이동한 다음에, 멈춰 서서 자신들의 신체와 심장소리를 들으며 그들 삶의 중심을 인식하며 신체동작을 만든다. 그러고 나서 둥글게 모인 다음 차례차례 개인적으로 의미 있는 활동을 집단에게 선보인다. 다른 사람들은 그 동작을 따라 하고, 각 개인은 이해받고 인정받는다고 느낀다(Adler, 2002).

4:15~4:45PM: 명상 수행: 산명상

산의 이미지에 집중하는 고전적인 명상(Kabat-Zinn, 1990, pp. 126-127)은 참가자들이 중심에 있는 안정적 자기를 인식하도록 돕는다. 이것은 특히 암 환자들에게 중요하다. 이것은 그들에게 그들의 감정적 폭풍과 혼란이 산의 날씨와 너무나 비슷하다는 것을 볼 수 있게 해 준다. 우리 삶의 날씨를 무시하거나 부정해서는 안 된다. 우리는 이것에 맞서고 존중하면서 그것이 무엇인가에 대해 느끼고 알아야 한다. 산의 이미지를 떠올리면서 우리는 폭풍 속에서 더 깊은 침묵과 고요, 지혜를 배울 수 있게 된다. 명상 인도자는 참가자들이 외적 상황에도 불구하고 강력하고 지속적으로 남아 있는 그들 성격상의 흔들림 없는 요인들을 찾아 강화할 수 있도록 돕는다.

5:00~6:00PM: 창의력 워크숍-나의 나무

인도자는 집단에게 예술가들이 어떻게 감동적인 풍경 및 나무 그리고 그것들의 뿌리, 기둥, 껍질, 가지, 잎, 열매, 색, 냄새, 소리를 포함한 모든 것들과 관계를 맺는지 설명하면서 여러 개의 나무 사진과 그림들을 보여 준다. 인도자는 참가자들에게 그들 '개인의' 나무를 상상하도록 제안하며, 나무와 그 주위에서 무슨 일이 일어나는지 묘사하도록 한다. 이러한 여유로운 이미지 만들기 과정에서 그 나무는 참가자들의 생각, 기억, 감정 그리고 희망의 상징적 대체물이 된다. 그들 작품에 제목을 정한 후, 이 특별한 나무가 되어 보는 것에 대한 느낌을 써 보도록 고무된다. 자연과의 관계를 깊이 있게 다룬 후 참가자들은 더 깊은 통찰력과 더 강해진 자신을 느낄 수 있는 기회를 얻게 된다([그림 10-3] 참조).

8:00PM: 저녁식사

9:30PM: 저녁 만남/명상 종료

우리는 촛불 속에서 둥글게 배치된 의자에 앉는다. 팀은 Q와 C 상자를 열고, 우리는 의견을 읽은 후 질문에 대답한다. 의견과 질문들의 내용과 형식은 기본적인 사안에 대한 개인적 의견(예를 들어, 음식이나 잠 등), 하루 일과나 활동에 대한 개선점 제안, 침묵

그림 10-3 개인의 나무

과 창의력의 효과적인 사용법에 대한 조언과 요청, 철학적 주제에 관한 것들(예를 들어, 명상과 신비주의) 등 매우 다양하게 나타난다.

이 만남은 안내되는 명상에 의해 종료되는데, 참가자들은 호흡에 주의집중하여 그들의 평화와 기운의 원천에 접촉하도록 도움받는다. 그런 후 우리는 티베트식 종을 울리고 잘 자라는 인사를 나눈다. 참가자들 중 누구라도 침묵 속에서 촛불 주변에 더 머물러 있기를 원한다면, 한 명의 스태프가 모든 이들이 나갈 때까지 남아 있을 것이라는 공지를 듣게 된다. 사람들은 천천히 그리고 각자가 원하는 서로 다른 시간에 방을 떠난다.

수행 마지막 날

마지막 수행의 날(다음 날 아침 출발 전)은 각 참가자들이 수행 경험의 마무리를 용이하게 하기 위해 서로 다른 일정을 따른다.

9:00AM~12:00PM

아침에 각 참가자는 그들의 수행 중 경험한 모든 것을 돌아보고, 그것들을 최종 제목과 함께 하나의 시각적 작품으로 통합시킬 수 있는 공간과 시간을 가진다([그림 10-4] 참조). 이것은 세 시간 동안 편안하지만 집중적인 신체적 · 정신적 그리고 심리적 몰입을 요한다. 다음에 제시된 시각적 이미지에 대한 참가자들의 제목들은 수행을 통해 얻은 풍부한 의미들을 반영하고 있다. 눈물을 통한 희망; 나는 기지개를 켠다; 모르는 이를 믿는 것; 답은 내 안에 있다; 내가 숨 쉬고 사는 동안; 나 자신을 찾기 위해; 이것이 나다; 나는 나의 촛불이다; 당신의 가면을 벗어라; 포용하라; 매우 화려한 나비들; 멈추고, 내면을 향하라; 믿어라; 당신의 다양한 색들을 사용하라, 그리고…… 가라!

2:00~5:00PM

이날 오후, 참가자들은 다른 참가자들의 작품에 집중할 수 있는 세 시간의 마음챙김 시간을 가진다. 우리는 각 참가자들에게 주위를 돌아다니며 마지막 작품들을 보고 피드백을 글로 적어 달라고 요청한다. 피드백의 의미와 방법은 다음과 같은 개인적 반응으로 설명된다. '내가 이 작품을 보면서 무엇을 느끼는가, 또는 내 마음속에 무엇이 떠오르는가?' 사람들은 각자 개별 작품 가까이에 놓여 있는 흰색의 유선 종이에 한 문장씩 쓴다. 각 사람들의 작품을 관람하고 상호작용하는 이 특별한 시간은 수행을 끝내고 떠나기 전에 인정받고, 존중받으며, 응답받을 수 있는 기회를 제공한다.

그림 10-4 마지막 통합 미술작업과 제목

5:00PM: 침묵 깨기

우리는 모두 둥글게 둘러앉는다. 모두는 개인적 피드백—언제나 풍성한 경험을 제공하는—을 읽고 도움이 된다고 생각되는 한 문장을 고른 뒤 집단을 향해 소리 내어 읽는다. 그 후, 수행 경험을 평가하기 위해 익명의 설문지를 작성할 수 있도록 약간의 시간이 주어진다. 저녁식사 시간 동안 참가자들은 서로 대화하고 즐기며, 지금까지 다른 사람들도 그랬던 것처럼 그들이 이미 서로를 굉장히 잘 알고 있다고 느낀다는 사실에 놀라게 된다.

저녁 만남 종료

저녁 만남 초반에, 좀 더 개인적인 생각을 더 많이 공유할 수 있는 시간을 가진다. 그러고 나서 우리는 둥글게 둘러선 후 각자 '지금 그리고 여기'라는 인식을 한 단어로 표현하면서 첫날 저녁의 촛불 의식을 반복한다. 이 저녁 만남은 참가자들이 함께한 침묵의 경험을 가져갈 수 있도록 돕기 위해 인도자가 안내하는 명상과 촛불 주위에서 침묵 시간을 가지며 끝을 맺는다.

결론

작성된 설문의 질적 분석 결과는 참가자들이 수행 경험을 그들의 내적 자원과 접촉하고, 미래에 대한 새로운 희망의 의미와 함께 현재에 존재하는 것에 대한 새로운 자각에 이르는 것에 사용했음을 보여 주었다. 참가자들은 암으로부터 겪은 그들의 부정적 경험을 극복하는 데 다음과 같은 도움을 느꼈다.

- 나는 마비되는 것만 같은 기분에서 해방됨을 느꼈다.
- 매일 우리는 우리 자신과 우리의 고통을 다양한 시각에서 바라보았다.
- 나는 나의 부정적 측면과 접촉하게 되었고, 그것을 바라보고 그 경계를 보게 되었다.
- 나는 피해자가 된 것 같은 기분을 느끼곤 했지만, 여기서는 그 악순환에서 벗어날 수 있었다.
- 우리는 자기 이야기를 피했는데, 상징적 형상화가 더 강력함을 느꼈다.

참가자들은 그들의 긍정적 측면을 강화하는 것에 도움을 받았다고 느꼈다.

- 나는 기분이 더 좋아졌고, 내가 살아 있고 변화하고 있음을 느꼈다.
- 침묵은 이제 내 기운의 깊은 자원으로서 나의 내부로 옮겨 왔다.
- 침묵 속에서 우리는 모두 같다!
- 첫 번째 수행을 통해 나는 자유로움을 느꼈지만, 이번에는 내 자신의 더 깊은 내부로 들어갈 수 있었다.
- 나는 즐거움과 신뢰 그리고 에너지를 경험했다.

이러한 수행을 주도한 경험을 통해 우리는 종종 암 환자들이 치료 후기에 언급하는 것처럼 침묵이 치유의 중요한 씨앗일 수 있음을 확신할 수 있었다. 우리는 치유 형태의 중요한 씨앗이 될 수 있는 침묵의 필요성을 확신하는 다른 전문가가 우리의 모델에 의해 영감받기를 희망한다.

감사의 글

우리는 뉴욕의 메모리얼 슬로언 케터링 암 센터(Memorial Sloan Kettering Cancer Center) 정신과의 장을 지냈으며, 의학박사인 Jimmie Holland에게 그녀의 인상적인 리더십에 대해, 그리고 초반부터 이번 개입을 지원하여 준 점에 대해 감사한다. Marcia Plevin(무용/동작치료사)과 Birgitta Englung(미술치료사)에게는 그들의 시간과 전문적 지원을 선뜻 내어준 것, 그리고 아시지와 플로렌스 수도원의 간호사들의 협조에 존경과 감사를 전한다. 특히 우리는 수행에 참여한 모든 참가자들에게 그들의 참여와 사려 깊은 피드백에 감사한다.

참고문헌

Adler, J. (2002). *Offering from the Conscious Body: The Discipline of Authentic movement*. Rochester, VT: Inner Traditions.

Appleton, V. (2001). "Avenues of hope: Art therapy and the resolution of trauma." *Art Therapy 18*, 1, 6-13.

Bloom, K. (2006). *The Embodied Self: Movement and Psychoanalysis*. New York: Karnac Books.

Bradbury, R. (1992). *Zen in the Art of Writing*. New York: Bantam.

Breitbart, W. (2000). "Spirituality and meaning in supportive care: Spirituality and meaning-centered group psychotherapy intervention in advanced cancer." *Support Care Cancer 10*, 4, 272-278.

Chapman, L., Morabito, D., Ladakakos, C., Schreier H., & Kundson, M. (2001). "The effectiveness of art therapy interventions in reducing post traumatic stress disorder

(PTSD) symptoms in pediatric trauma patients." *Art Therapy 18*, 2, 100-104.

Cooper, C., & Watson, M. (eds) (1991). *Cancer and Stress: Psychological, Biological and Coping Studies*. New York: Wiley and Sons.

Hammerschlag, C. A., & Silverman, H. D. (1997). *Healing Ceremonies: Creating Personal Rituals for Spiritual, Emotional, Physical and Mental Health*. New York: The Berkley Publishing Group.

Helgeson, V. (2005). "Recent advances in psychosocial oncology." *Journal of Consulting and Clinical Psychology 73*, 2, 268-271.

Holland, J., & Lewis, S. (2001). *The Human Side of Cancer: Living with Hope, Coping with Uncertainty*. New York: Harper.

Hurlbut, G. (2004). "Healing and Art: Personal Expression, Resolution of Emotional Traumas, and Growth." In H. Thomashoff & N. Sartotious (eds) *Art against Stigma: A Historical Perspective*. New York: Schattauer.

Kabat-Zinn, J. (1990). *Full Catastrophe Living, Using the Wisdom of Your Body and Mind to Face Stress, Pain and Illness: The Program of the Stress Reduction Clinic at the University of Massachusetts Medical Center*. New York: Delta.

Kangas, M., Henry, J. L., & Bryant, R. A. (2007). "Correlates of acute stress disorder in cancer patients." *Journal of Traumatic Stress 20*, 3, 325-334.

Klagsbrun, J., Rappaport, L., Marcow-Speiser, V., Post, P., Stepakoff, S., & Karman, S. (2005). "Focusing and expressive arts therapy as a complementary treatment for women with breast cancer." *Journal of Creativity and Mental Health 1*, 1, 107-137.

Lahad, M., Farhi, M., Leykin, D., & Kaplansky, N. (2010). "Preliminary study of a new integrative approach in treating post-traumatic stress disorder." *The Arts in Psychotherapy 37*, 5, 391-399.

Landgarte, H. (1993). *Magazine Photo Collage: A Multicultural Assessment and Treatment Technique*. New York: Brunner/Mazel.

Luzzatto, P. (2005). "Musing with Death." In D. Waller & C. Sibbett (eds) *Art Therapy and Cancer Care*. New York and London: McGraw Hill.

Luzzatto, P., & Gabriel, B. (2000). "The Creative Journey: A model for short-term group art therapy with post treatment cancer patients." *Art Therapy 17*, 4, 265-269.

Maitland, S. (2008). *A Book of Silence: A Journey in Search of the Pleasures and Powers of Silence*. London: Granta.

Malchiodi, C. A. (ed.) (1999). *Medical Art Therapy with Adults*. London: Jessica Kingsley Publishers.

McNiff, S. (1998). *Trust the Process: An Artist's Guide to Letting Go*. Boston, MA: Shambhala.

Miccinesi, G. (2011). "La riabilitazione psico-oncologica in un'ottica multi-disciplinare. Il Ce.Ri.On. di Firenze." *Il Giornale Italiano di Psico-Oncologia 13*, 1, 41-47.

Monti, D., Peterson, C., Shakin Kunkel, E., & Hauck, W. W. et al. (2006). "A randomized, controlled trial of mindfulness-based art therapy (MBAT) for women with cancer." *Psycho-Oncology 15*, 5, 363-373.

Paugh, M. (2004). "Transpersonal Approach to Trauma." Paper presented at the AATA Conference, San Diego, CA.

Smith, C. M. (1995). *Psychotherapy and the Sacred: Religious Experience and Religious Resources in Psychotherapy*. Chicago, IL: Center for the Scientific Study of Religion.

Spira, J. (ed.) (1997). *Group Therapy for Medically Ill Patients*. New York: Guilford Press.

Storr, A. (1994). *The School for Genius*. London: Harper Collins.

Van der Kolk, B. A., McFarlane, A. C., & Weisaeth, L. (eds) (1996). *Traumatic Stress: The Effects of Overwhelming Experience on Mind, Body and Society*. New York: Guilford Press.

Chapter 11

병원 기반 지역사회 공헌 프로그램에서 사용하는 마음챙김 기반 스트레스 감소와 표현예술치료

-Patricia D. Isis

마음챙김 기반 스트레스 감소(MBSR)는 좌선, 바디스캔, 요가 같은 공식적 명상훈련과 알아차림을 향상시키기 위해 개발된 비공식적 훈련 기법들(Kabat-Zinn, 1994, 2005)을 통합한 8주 프로그램이다. 2000년 이후로, 나는 어느 한 지역사회 공헌 프로그램의 MBSR을 보다 더 큰 도시 공동체의 병원 시스템에 맞게 표현예술을 적용해서 발전시켰다. 여기서 표현예술은 자기발견, 수용 그리고 공감을 증대시키기 위한 부가적인 도구로 사용되었다.

MBSR 강사가 되고자 희망하는 자는 우선 참가자로 MBSR 과정에 참여해야 하고, 마음챙김 연습에 전념해야 한다. 임상가로 마음챙김을 지도하기 위해서 우리는 자기 자신의 고통에 대해 자비를 가지고 이해하고 수용할 필요가 있다. 이 장에서는 명상의 치유적 측면과 MBSR에 대한 깨우침 및 MBSR에 표현예술을 통합할 계기가 된 개인적 경험담에 대해 짧게 언급한다. 그러고 나서 한 지역 공동체에서 볼 수 있었던 MBSR과 표현예술의 중요한 치료 효과들, 외지인들이 모인 지역 병원의 환자 집단에게 내가 적용한 8주 프로그램에 대해 제시한다.

개인적 의미

내가 처음 명상을 접했을 때는 위기에 봉착해 있는 상태였다. 1979년, 나의 어머니가 결장암 판정을 받으셨던 것이다. 암은 4개월 만에 어머니의 간까지 전이되었다. 어머니는 마이애미에, 나는 표현예술 박사학위 과정을 밟기 위해 보스턴에 있었지만 어머니와 나의 사이는 매우 각별했다. 나는 곧장 마이애미로 돌아가 어머니를 간호하기 시작했다. 어머니를 간호하면서 암을 치료할 다른 방안들을 조사하고 있던 나는 종양학자 Carl Simonton(1974) 박사가 명상과 심상을 암 치료법에 접목시켜 만든 치료법 연구에 대해 알게 되었다. 2년 이상 152명의 환자들을 연구한 결과, Simonton 박사는 긍정적 태도 및 규칙적인 이미지화 연습이 암 치료 효과를 증대시키는 것과 직접적으로 연관되어 있다는 것을 밝혀내었다. 이 기술은 말기 암조차 놀라운 속도로 이겨 내게끔 도와주었다고 보고되었다. 이 연구에 따르면, 사람이 자신의 질병을 인식하는 태도는 몸의 기능에 영향을 끼친다는 믿음이 환자의 투병 능력을 나타내는 척도라고 하였다.

이러한 개념들을 발견한 다음에, 나는 날마다 명상과 기도를 하면서 나 자신과 어머니가 치료되는 내적 이미지를 머릿속에 그렸다. 머릿속으로만 이미지를 그릴 뿐 아니라 물감, 파스텔로도 표현하였으며, 이 같은 치료법에 활용될 다른 도구들도 찾아보았다. 한번은 소금물과 수채화 물감을 해초와 함께 섞어서 어머니가 투병하시는 모습을 어머니의 고향인 Maine 해변의 바다를 파도가 휩쓸면서 암도 함께 쓸어 가는 모습으로 표현해 보기도 하였다([그림 11-1] 참조).

이 기간 동안 나는 매주 의식의 자각과 영혼의 믿음을 함께 불러일으켜 정서적으로 혹은 신체적으로 아픈 소중한 사람들을 위해 치유력을 높이고자 하는 명상 모임에 참석하기도 했다. 이 모임에서 소중한 사람들이 먼 곳에 있든 가까운 곳에 있든 거리는 상관없었다. 또 불특정 다수에게 개방된 사이코드라마 모임에 주기적으로 참석하기도 하였다. 이 같은 사이코드라마에 주인공으로 참여하게 된 경험은 슬픔에 빠져 있던 나

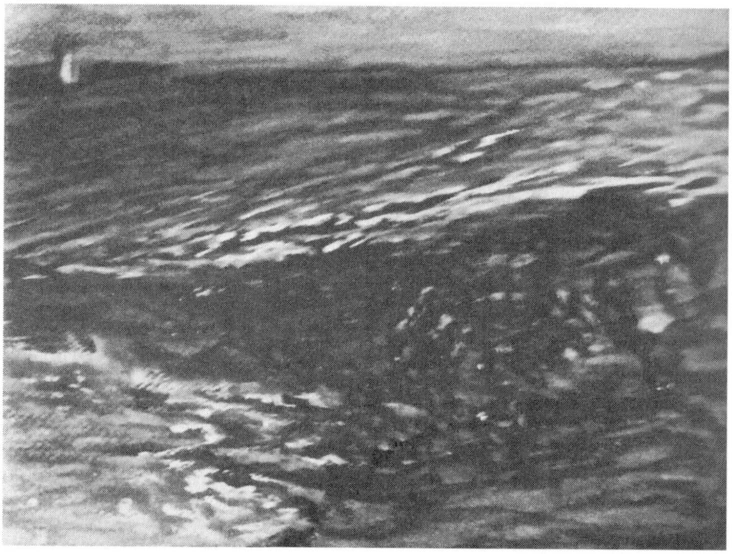

그림 11-1 어머니의 암이 쓸려 가는 모습을 형상화한 것

에게 하나의 전환점이 되었다. 이 연극에서 나는 어머니 장례식을 치렀다. 이 연극을 통해 나는 어머니의 죽음을 살짝 엿보게 되었으며 어머니의 죽음에 대한 수용적인 태도를 견지할 수 있게 되었다. 나는 스스로에게 가족들과 어머니의 죽음에 대해 어떻게 반응을 보일지 연습하고 거기서 힘을 얻었으며, 특히 함께 연극에 참여했던 사람들로부터 비슷한 경험담을 듣고 더욱 수용적이 될 수 있었다. 연극은 한마디로 어머니가 계시지 않는 삶과 타협하고 현실을 받아들일 수 있게 나를 도와준 결정적인 요인 중 하나였다.

어머니가 메모리얼 데이(Memorial Day, 역자 주: 한국의 현충일과 같은 미국의 기념일)에 돌아가시기 직전 아직 의식이 또렷하셨을 때, 어머니는 나에게 당신이 살아생전 하고 싶으셨던 일들은 모두 해 보았노라고 말씀하셨다. 아직 53세밖에 안 되신 분이셨는데! 처음엔 놀라고 화가 났지만, 나는 곧 이 말씀은 나를 위한 선물이었다는 것을 깨달을 수 있었다. 우리 모두는 우리 삶의 한 순간 한 순간을 즐길 권리가 있다. 앞으로 우리가 얼마나 더 살지 알 수 없기 때문이다. 지금까지 나의 예술과 명상 치료법은 기쁘기도 하고 슬프기도 했던 수많은 인생 경험들에 다가가고 받아들이는 법을 계속 상기시켜 주고 있다.

2000년, 나는 Jon Kabat-Zinn과 Saki Santorelli(1999)와 함께 전문 건강관리사들을 위한 MBSR을 공부할 특권을 얻게 되었다. Saki Santorelli는 현재 매사추세츠 대학 의학센터에서 우리가 함께 참여했던 교육 프로그램의 간부직을 맡고 있다. 이 교육과정을 마친 이후, 나는 한 병원의 지역사회 공헌 프로그램에서 운 좋게 MBSR을 지도할 기회를 얻게 되어 지금까지도 그 병원에서 일하고 있다. 사실, 내가 현재 일하고 있는 이 병원은 나의 어머니가 암 화학치료를 받았던 바로 그 병원이다! 과거의 그 인연이 이 병원에 명상과 표현예술을 통합시킨 새로운 치료법을 소개해 도움을 주고자 하는 내 의지에 결정적인 기름을 부었다고 할 수 있다.

이론체계

병원 기반 지역사회 공헌 프로그램에 접목된 MBSR과 표현예술

병원 기반 지역사회 공헌 프로그램(Hospital-Based Outreach Program)에서 MBSR 치료를 시행한다는 것은 정신적 · 정서적으로 큰 도전을 요한다는 점에서 매력적이다. 이 프로그램에 참여하는 환자들 중에는 만성 통증으로 괴로워하거나 불임 문제, 공황 발작, 복합적인 우울증 그리고 부신피로증후군 등으로 고통을 겪고 있어 참여를 결심한 이들도 있다. 어떤 환자들은 단순하게 신년계획으로 '더 나은_______이 되자.'의 빈칸을 채우기 위해 (더 나은 사람, 더 나은 배우자, 더 나은 직원, 더 나은 엄마 등등) 찾아오기도 하였다. 사람마다 MBSR 프로그램에 참여하고자 하는 이유는 다양하다. 내가 보기에, 상황이 절박하고 위태로울수록 마음챙김 치료법에 더욱 의지하고 치료법을 수행하는 데 꼭 필요한 자세를 취하게 되는 것 같다. 분명 나의 어머니 질병은 나로 하여금 마음챙김 수행에 집중하고 그 수행법을 익힐 수 있도록 이끌어 준 강한 원동력이 되었다.

다양한 대상과 다양한 조건에서 MBSR의 효과를 증명한 연구는 수없이 많다(Davis &

Kurzban, 2012; Denton & Sears, 2009; Kabat-Zinn, 1990; Mars & Abbey, 2010). 특히 스트레스, 우울, 불안 극복과 심리 상태 개선에 대한 수많은 연구들도 있으며 이 같은 연구들은 지역 공동체 병원에도 적용되었다(Carmody et al., 2009). Chaskalson(2011)에 의하면, "MBSR 지도는…… 대인관계를 증진시키며…… 정서지능을 발달시키고, 회복력을 향상시키고, 도전성과 창의성을 증진시키며, 주의력을 높여 준다" (p. 5).

표현예술

이처럼 MBSR 모델의 효과에 대해 증명하는 근거기반 연구들로부터 추진력을 얻어서, MBSR과 표현예술치료의 통합을 통해 치료 참가자들은 더 깊이 있는 창의적 경험을 하게 되고, 이를 통해 보다 깊은 자아성찰, 정서조절, 자비, 공감, 자기존중 및 사회존중을 하게 된다. Kabat-Zinn(1990)은 이 마음챙김적 알아차림과 시를 통한 마음챙김적 알아차림을 표현하고자 하는 행위 사이의 연관성을 다음과 같이 설명한다.

> 마음챙김은 인생 전반에 걸쳐 나아가야 할 여행이다. 이 여행의 길은 그 어디로도 향해 있지 않으며, 그저 자기 자신이 누구인지만 가르쳐 줄 뿐이다. 알아차림의 길은 매 순간 언제나 여기 있으며, 언제나 당신에게 열려 있다. 모든 것이 설명되고 행동으로 옮겨질 때, 어쩌면 그 말과 행동의 핵심은 시와, 당신의 마음 및 신체의 평화로부터 나오는 침묵으로만 붙잡을 수 있는 것인지도 모른다(p. 443).

모든 종류의 표현예술은 우리로 하여금 순간과 순간 사이를 스쳐 지나가면서 우리의 진정한 자아를 보고, 듣고, 냄새 맡고, 느끼고, 만지고, 맛보게 한다. 그리고 우리가 그 감각을 표현할 수 있도록 바퀴를 달아 준다. Langer(2005)에 따르면, "……스스로를 자각하고 큰 보람을 느끼는 삶은, 손익을 옆으로 치워 둔 채 새롭고 창조적인 노력에 열중하는 이들 모두에게 언제나 즉각적으로 열려 있다" (p. xxi).

나는 기존의 MBSR 훈련에 표현예술치료를 접목함으로써 영감을 주고, 자신을 허용하고, 유쾌한/불쾌한 생각과 감정, 습관을 통합할 수 있게끔 도와주는 방식으로 치료법을 발전시켰다. MBSR 프로그램에 표현예술치료를 접목하는 것은 환자들에게 자기와 사회적 알아차림을 키울 수 있는 많은 기회를 제공해 준다. 표현예술로 유발된 재미있고 창조적 경험으로 많은 환자가 높은 주의집중과 높은 동기부여를 나타내었으며, 결과적으로 정기적 참석과 가정기반 훈련(home-based practice)을 이끌어 낼 수 있었다.

표현예술은 외면(outer form)의 창조(Levine & Levine, 1999)를 통해 내면의 알아차림을 이끌어 내도록 영감을 준다. 미술은 우리로 하여금 내면의 힘을 매 순간 느낄 수 있도록 도와주는 가치로운 것이다(Allen, 1995, 2005; Langer, 2005; Rubin, 1984). 즉, 예술은 알아차림을 형상화하고 내적 경험과 외적 경험을 입증하는 데 매우 효과적인 자연적 힘이다.

임상 적용

MBSR과 표현예술 커리큘럼

개요

일반적으로 MBSR 집단은 매주 등받이가 곧은 의자 가장자리나 쿠션에 앉아서 하는 좌식명상으로 시작한다. 참가자들은 자기가 내뱉는 호흡 하나하나에 따뜻하고 호기심 어린 관심을 쏟도록 유도된다. "숨을 깊게 들이마시세요……. 공기가 몸속으로 들어오고 나가는 것을 느끼세요……. 그냥 느끼고, 관심을 가지세요. 판단하지 마세요." 이 같은 공인된 실습 과정을 거치면, 참가자들은 간단한 미술도구들(마커펜이나 크레파스들)을 이용해 좌선을 하고 있을 때 경험한 호흡을 예술적으로 표현할 시간을 갖는다.

Maggie가 다른 환자들이 볼 수 있게 자신의 호흡 그림([그림 11-2] 참조)을 제시하였을 때, 수많은 색의 선들과 이 선들의 집합이 움직이는 모양이 얼마나 다양한지를 보고 스스로 무척 놀라워했다.

Maggie는 "호흡 하나하나가 이렇게 독특할 수 있을 줄 몰랐어요!"라고 말했다. 미

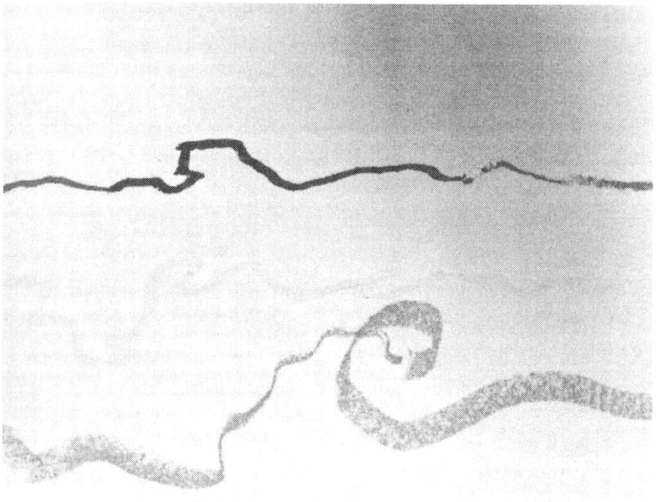

그림 11-2 호흡 그림

술작품을 만드는 경험을 하면서, 그림을 창조하고 감상하는 행위는 환자들이 평소 의식하지 않았던 호흡 하나하나의 근원적이고 독특한 특징을 강화시킬 수 있게 도와주었다. 이는 환자로 하여금 자신의 생각이 어떻게 호흡과 몸이 느끼는 것에 영향을 끼칠 수 있는지를 알아차릴 수 있게 도와주는 것이다. 우리는 자주, 스트레스를 유발하는 상황에 대해 습관적인 반응을 보인다는 것을 깨닫지 못할 때가 있다.

그림을 완성하고 나서, 참가자들은 자신들의 작품과 느낌을 서로 공유한다. 처음에는 둘씩 짝지어서, 그다음에는 집단원 전체와 함께 공유하였다. 참가자들은 다른 참가자들의 그림을 보면서 타인의 호흡 경험을 판단하지 않고 수용하는 기회를 가졌다. 수업 후반부에, 좀 더 깊은 알아차림을 위해 환자들로 하여금 호흡 그림을 그리고 난 후 현재 그들이 직면하고 있는 삶의 문제들에 대해 한번 생각해 보도록 권했다. Laura는 자신의 호흡에 집중하는 동시에 당시 그녀의 삶을 힘들게 하는 스트레스 유발 요소를 시각화하였다([그림 11-3] 참조). 그녀가 그린 배와 파도는 호흡을 나타냄과 동시에 삶의 지침과 생명력도 상징화하였다.

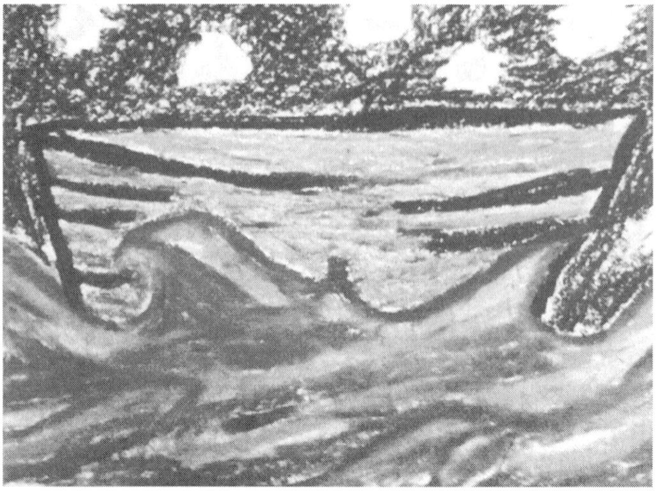

그림 11-3 도전적인 사건의 호흡 그림

8주간의 MBSR 그리고 표현예술 회기

집단을 시작할 때 매 회기 좌선 연습과 호흡 그림을 실시한 후, 8주간의 커리큘럼을 실시하는 동안 보다 큰 알아차림, 자비심 그리고 기술 향상을 위해 창조적 수단인 표현예술을 통합시켰다. 다음 절에서 나는 Kabat-Zinn의 각 회기별 주제와 관련하여 8주 커리큘럼을 소개할 예정이다. 매주 다루어진 표현예술치료와 그 목표 또한 함께 제시하였다.

지도자를 위한 지침

지도자들이 반드시 기억해야 할 것은 MBSR에 참여하는 환자들이 이 치료 과정을 통해 배우는 상당 부분은 지도자들이 훈련시키는 마음챙김을 경험하는 것에서 시작된다는 점이다. 결과적으로, MBSR을 환자들에게 가장 효과적이고 안전하게 적용하고자 한다면, MBSR 지도자들이 끊임없이 마음챙김 연습을 하고, MBSR식대로 훈련하고, 폭넓은 임상치료 및 표현예술치료 훈련하기를 권장한다. 지역 공동체에 오는 환자들은 흔히 심각한 신체적 · 정신적 그리고 정서적 스트레스를 받아 위태로운 상태에 놓여 있을 때가 많기 때문이다.

따라서 MBSR 지도자들은 친절하고, 개방적이며, 진정한 존재감을 가진 수용적인 태도를 견지해야 한다. 마음챙김을 촉진시키기 위해서는 "고쳐라." 혹은 "좀 더 다듬어 봐라."와 같은 지시적인 태도보다 '있는 그대로' 수용할 수 있는 능력이 필요하다. 예를 들어, 최근 내가 진행하는 회기에서 한 여성이 좌식 명상법을 따라가기 힘들다고 어려움을 토로한 적이 있다. 그 여성이 좌식 명상법을 좀 더 편하게 경험할 수 있도록 돕기 위해 나는 그녀의 몸 어디가 어떻게 느껴지는지 묘사해 달라고 요청하였다. "색깔을 보았나요? 무슨 소리를 들었나요? 냄새를 맡았나요? 무슨 맛이 났나요? 혹은 어떤 질감이 만져졌나요?" 이런 질문을 했던 이유는 그녀가 직면한 어려움에 대해 호기심과 친숙함을 불러일으키고, 문제와 그녀의 관계, 그리고 문제를 받아들이는 그녀의 생각에 변화를 일으키기 위해서였다. 개인의 고통을 줄여 주고자 할 때, 이 같은 접근은 모든 사람에게 적합한 것이 아니므로 꽤 숙련된 기술과 상당한 유연함이 요구된다. MBSR 진행자들이 환자들에게 표현예술치료를 실시하기 전에 자신이 먼저 경험해야 한다는 것도 매우 중요하다. 이와 같은 방식대로라면, 진행자는 회기에서 환자들의 작업방식들을 공유하기 전에 개인적으로 그 가치와 가능성을 체험할 기회를 얻을 수 있을 것이다.

다음 절에서는 회기를 진행할 때 필요한 작업방식들을 언급하는데, 이는 각 개인의 다양한 선호도에 맞추기 위한 것이다. 신체적 · 정서적 그리고 심리적 요구에 따른 주제에 의해 좌우되는 각 집단의 구성은 특정한 분위기를 형성한다는 점을 명심해야 한다. 다음 절에 소개된, 표현예술을 MBSR에 접목시킨 각 회기 목표와 진행자의 지도는 집단지향적이고 상황에 따라 변할 수 있는 여지가 충분한데, 이것은 환자들을 하나의 집단으로 다루는 것과 동시에 치료의 안전성과 진위성을 확보하기 위해서이다. 기존의 MBSR 프로그램을 기반으로 한 이 표현예술의 통합은 검증된 커리큘럼 허용 범위 안에서 이루어진 것이다.

커리큘럼

1주: 당신은 잘못한 것보다 잘한 것이 더 많다

- 목적: 자기 스스로 '점검'하며, 모든 내적·외적 알아차림을 허용하기
- 표현예술: 스펙토그램(spectogram), 소시오드라마(sociodrama)
- 작업방식: 심리에서 차용한 연기방법

촉진자들은 참가자들에게 상상하며 선 하나를 그려 보라고 지시하고, 촉진자의 질문이나 대화 주제에 대해 느끼는 감정에 따라서 선 위에 자리를 잡아 보도록 유도한다. 다음 예시에서 참가자들은 스트레스에 대한 자신들의 반응을 탐색하게 된다.

> 방 건너편 선 끝에 조용히 서 있는 것을 선택한 분들은 극심한 스트레스를 겪고 있다는 뜻이고, 그 반대 끝에 서 있다는 것은 스트레스가 적다는 것을 의미합니다. 어디에 서 있는지 선택하느냐에 따라, 여러분 스스로가 당신의 몸과 일상에 가해지는 스트레스 단계를 어떻게 평가하고 있는가를 반영하고 있습니다. 선에 자리를 잡았으면, 조용히 여러분의 내면을 한번 들여다보세요……. 만약 여러분의 스트레스 수준이 내면에서 시작된 것이라면 조용히 오른손을 드십시오. 하지만 만약 그게 외적 요인에서 시작된 것이라면, 왼손, 혹은 그것도 아니라면 두 손을 다 들어 주십시오.

2주: 당신은 어떻게 보는가 혹은 무엇을 보지 않는가(현재 순간 알아차리기)

- 목적: 호흡을 감정에 이입해서 알아차리기 시작하는 순간, 감각을 통해 어떻게 우리 삶의 매 순간순간을 느낄 수 있게 되는지 경험하기
- 표현예술: 호흡 그리기
- 작업방식: 미술, 동작, 소리

간단한 좌식명상 다음, 참가자들이 호흡 그리기에 참여하도록 한다([그림 11-2]에서 예시를 들었던 것처럼). 그리고 한 개에서 세 개 사이의 호흡 그림을 흉내 내어 보도록 하며 이때 움직임이나 소리를 사용할 것을 권장한다. 숨을 깊이 들이마셨을 때와 숨을 깊이 내쉬었을 때를 표현하게 한다.

- 나누기: 이 같은 활동을 하고 난 뒤의 나누기는 처음에는 둘씩 나중에 집단 전체가 함께 공유하도록 한다.

호흡에 대한 경험을 서로 나누고 이미지(미술), 동작 혹은 소리로 구체화하는 것은 경험을 기록하고 참가자들로 하여금 서로에게 보다 더 깊은 유대감을 느끼게끔 유도하는 데 그 목적이 있다.

3주: 평상심 기르기-유쾌한, 불쾌한 그리고 중립적인 감정

- 목적: 참가자들에게 몸 안팎의 유쾌한 감정, 불쾌한 감정 그리고 중립적인 감정을 자각하게 한다. 우리가 살면서 유쾌한 일과 불쾌한 일에 어떠한 방식으로 반응하는가는 스트레스 수준에 큰 영향을 미친다.
- 표현예술: 긍정적인 경험의 호흡 그리기와 부정적인 경험의 호흡 그리기
- 작업방식: 시각화 및 미술

촉진자는 다음과 같이 말한다.

> 지금부터 당신은 현재 이 순간에 행복한 것들을 상상해 보세요. 모든 감각을 극대화하고, 마음에 선명한 이미지를 떠올려 보세요. 지금 숨 쉬고 있는 것을 느껴 보세요. 준비됐다고 느껴지면 선, 모양, 색깔(크레파스, 마커펜, 색연필)로 숨 쉬면서 느껴 본 경험이 어떤지 그려 보세요. 종이 반대편에도 그림을 그리는데, 그 전에 먼저 여러분들의 삶에서 불쾌했던 순간을 떠올려 보세요. 온몸으로 그 순간들을 느껴 보세요. 준

비되면, 불쾌했던 순간을 떠올리면서 숨을 쉬었을 때 숨 쉬는 것이 어떻게 느껴졌는지 위와 같이 그림으로 표현해 보세요.

- 나누기: 참가자들로 하여금 본인들의 그림과 경험을 둘씩 짝지어 이야기해 보다가, 나중에 집단 전체와 함께 이야기해 보도록 한다. 이는 유쾌한, 불쾌한 그리고 중립적인 감정들에 대한 자신들의 반응을 자각하고, 타인과 자기 자신을 판단하지 않고 수용하기 위한 것이다.

4주: 스트레스 반응(stress reactivity)과 스트레스 내성(stress hardiness)

- 목적: 참가자들이 유쾌하거나 불쾌한 사건을 알아차리고, 그런 일들을 있는 그대

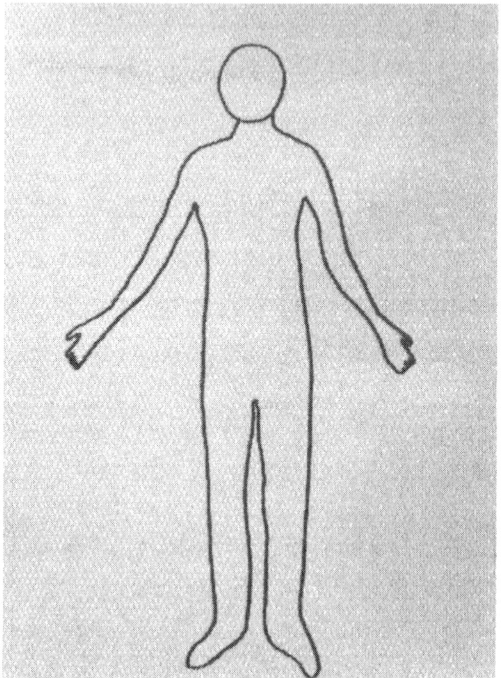

그림 11-4 신체 윤곽

로 받아들이며 그로 인해 일어나는 생각이나 감정 그리고 자신의 반응이나 대응 방식에 대해 깨닫기

- 표현예술: 바디스캔, 자각 그림과 반응
- 작업방식: 시각화 및 미술

바디스캔 명상(부록 1에 나와 있는 공인된 치료법에 대한 글에 바디스캔 관련 설명이 기술되어 있다)을 한 후에 참가자들에게 미리 신체 윤곽이 그려진 종이([그림 11-4] 참조)와 마커펜 혹은 크레파스를 준다.

촉진자는 다음과 같이 지시한다.

> 조금 전 바디스캔 명상을 하면서 여러분의 몸에서 무엇을 느꼈는지 종이에 표현해 주세요. 선, 모양, 색깔, 크기를 이용하시면 됩니다([그림 11-5] (a) 참조).

첫 번째 그림을 그린 다음, 촉진자들은 참가자들에게 빈 종이를 나눠 준다. 그리고 이번에는 참가자들에게 신체 윤곽 밑그림이 없는 빈 종이에 이전에 그렸던 그림을 똑같이 표현해 보도록 한다([그림 11-5] (b) 참조). 그리고 다음과 같이 지시한다.

> 자, 여러분들이 그린 그림을 보세요. 판단이나 자신의 가치관을 개입시키지 말고, 여러분 내면을 믿고 지금 그린 그림을 더 좋게 만들기 위해서 어떤 선, 도형, 색, 모양이 필요한지 생각한 다음 그려 보세요. 지금 이 이미지에 필요한 것은 무엇인가요?

Stephanie는 바디스캔 명상을 하면서 느꼈던 감각들과 감정들을 얘기하면서([그림 11-5] (a) 참조) 빈 종이에 첫 번째로 그렸던 그림을 나비 모양으로 바꾸었다([그림 11-5] (b) 참조). Stephanie는 집단 참가자들에게 이 나비가 치료받기 전에 겪었던 자신의 나쁜 경험에 대한 부정적 판단으로부터 자유로워지고자 하는 힘과 회복력을 상징한다고 하였고, 스스로 자기 자신을 받아들이는 한편, 독립심을 기르는 기회도 가질 수 있었다.

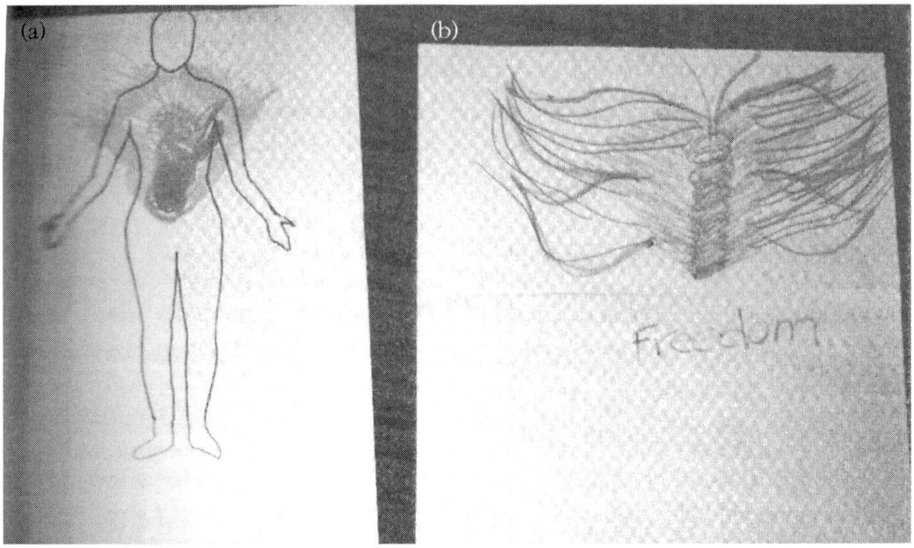

그림 11-5 (a) 바디스캔 감각, (b) 이미지 돌보기

- 나누기: 참가자들은 둘씩 짝을 지어 경험을 함께 나누다가 전체 집단원과 함께 공유하고, 자신의 내면과 외면에 존재하는 것들을 자각하고 받아들이는 일에 집중한다. 진행자들은 참가자들이 스트레스를 다루는 법 및 스스로를 돌보는 법과 관련하여 자신의 습관을 정확히 인식하고, 자기 자신 혹은 타인에 대한 신뢰도를 높일 수 있도록 그들이 그린 그림과 일치하는 실제적인 현실을 자각하고 있는지 참가자들에게 물어볼 수 있다.

5주: 일상생활 스트레스, 인생을 바꾼 사건 그리고 건강과의 관계

- 목적: 스트레스 요인에 대한 대처방식과 그 방식의 패턴 자각하기
- 표현예술: 돈 존스 사정(Don Jones Assessment)
- 작업방식: 미술

이 활동은 심리학자 Carl Jung의 이론을 따르고, 미술치료의 선구자인 Don Jones

(Jones, Vinton, & Wernick, 1999)에 의해 개발된 사정 도구를 기반으로 하고 있다. 집단원에게 네 가지 다른 모험 이야기를 들려준다. 각 모험 이야기들은 우리가 날마다 살면서 겪는 어려움들을 상징한다. 모든 모험 이야기에 대한 참가자들의 느낌을 그림으로 표현하게 한다. 참가자들의 반응은 삶의 도전에 대한 각자의 대처방식을 나타낸다.

- 재료: 화지, 연필 혹은 마커 중 선택한다. 반으로 접은 종이, 지도자들은 참가자들에게 종이 맨 앞에 1, 종이를 펼친 안쪽 왼쪽에 2, 안쪽 오른쪽에 3, 바깥쪽 맨 뒤에 4라고 페이지 번호를 적도록 한다.
- 이야기(각 네 부분의 종이마다 일정 시간을 할당한다).
  - 그림 1: 여러분은 여행을 떠납니다. 숲 속으로 난 길을 따라 여행을 떠나지요. 그러다가 물살이 센 강을 만났습니다. 여러분은 반드시 강을 건너서 여행을 계속해야 합니다. 1번 페이지에, 여러분이 어떻게 강을 건널 것인지 그려 보세요.
  - 그림 2: 자, 이제 여행길에 다시 올라서 숲을 벗어났다고 상상해 봅시다. 여러분은 이제 산을 오르기 시작했어요. 길은 비탈 때문에 자꾸 이리저리 구부러져 있습니다. 여러분은 잠시 멈춰서 숨을 고르고 있어요……. 그러다 야생동물이 가까이 오는 것을 보았지요. 2번 페이지에는, 여러분이 어떻게 이 야생동물 앞을 지나갈 것인지 그려 보세요.
  - 그림 3: 여러분이 다시 산길을 오르기 시작해서 엄청난 우박을 만났다고 합시다. 여러분은 우박을 피할 장소를 찾아야 해요……. 그러다 동굴을 하나 발견했지요. 그런데 동굴 입구 양 옆에는 괴물이 한 마리씩 있어요. 3번 페이지에는 어떻게 동굴 속에 들어갈 것인지 한번 그려 보세요.
  - 그림 4: 동굴에 들어가서 여러분은 몹시 지쳐서 쉬어야 해요. 근데 눈을 막 감으려는 순간, 여러분은 무슨 소리를 듣고 동굴에 여러분만 있는 게 아니라는 것을 깨달았어요. 누가 또 동굴 속에 있었던 거예요. 4번 페이지에는 동굴 안에서 여러분이 경험하게 될 일과 어떻게 이야기가 끝날지 그려 보세요.
- 나누기: 참가자들이 처음에는 둘씩 짝지어서, 나중에는 집단 전체와 함께 이야기를 나눈다.

이 같은 활동은 참가자들에게 위기대처 방식을 알아차릴 수 있도록 도와 준다. 첫 번째 모험은 혼자서 해결할 수 있거나 혹은 남의 도움을 받아서 해결할 수 있다. 이것은 사람이 인생의 걸림돌을 어떻게 다루는지 보여 준다. 두 번째 상황은 문제와의 대면(야생동물에 의한)을 보여 준다. 사람들은 보통 두 번째 상황에 네 가지 해결방식 중 하나로 대처한다. 회피하거나, 공격적으로 돌변하거나, 수동적이 되거나, 혹은 수동공격적이 된다. 세 번째 상황에 대한 대처방식도 마찬가지로 이 네 가지 행동양식 중 하나를 선택하게 된다. 그러나 세 번째 상황의 경우, 참가자는 (위기를 해결하는 것이 아니라) 위기(우박)에 대처하는 데 필요한 자원(동굴)에 접근해야만 한다. 네 번째 그림은 참가자들이 참가자들 자신과 다른 사람들 사이의 관계를 은유적으로 나타낸다.

6주: 스트레스를 유발하는 의사소통 인식하기

- 목적: 갈등의 원인과 대처방식 알아보기
- 표현예술: 갈등 관리를 위한 전략
- 작업방식: 사회관계측정 기법(sociometry)

촉진자는 참가자들에게 원 안에 서 있게 한다. 한 사람씩 원 한가운데에 서서 자신들은 어떻게 갈등을 해결하는지 털어놓게 한다. 예를 들어, 한 참가자에게 원 한가운데에서 있게 한 다음 "난 갈등이 생기면 도망쳐요."라고 말하게 하는 식이다. 그러면 자신도 갈등이 생기면 도망치는 방식으로 해결한다고 생각하는 사람들은 똑같이 원 안으로 들어가는 것이다. 그러면 진행자들은 원 한가운데에 있는 사람으로 하여금 어떻게 갈등으로부터 도망치는지 간단하게 말하게 한다. 예를 들어, "갈등이 생기면 그걸 두고 떠난다는 것인가요? 아니면 갈등을 무시하는 것인가요? 아니면 대화 주제를 바꾼다는 것인가요?" 하고 묻는 것이다. 또 진행자는 참가자들에게 누구로부터 그와 같은 갈등 대응방식을 배웠는지 고민해 보게끔 한다. 다른 참가자들 또한 도움을 받고 타인과 공감을 하면서 자신들의 갈등 대응방식을 자각할 수 있도록 진행자가 도와주어야 한다.

- 나누기: 참가자들은 집단 안에서 자신들의 활동과 느낀 점을 여러 사람과 나눈다. 진행자는 참가자들에게 충고를 해서는 안 된다. 충고를 하기보다는, 참가자들이 비슷한 경험담을 듣는 활동을 통해서 어려운 상황이 닥쳤을 때 스스로의 행동 습관을 알아차릴 수 있는 능력을 기를 수 있도록 서로 돕게 한다. 자발적으로 건강한 갈등해결 방법을 소개하는 참가자들로 인해 깊이 있는 토론이 이루어지기도 한다.

7주: 소중한 관계와 사회적 지지 알아차리기

- 목적: 자신이 선택한 관계와 그 패턴에 대해 책임지기
- 표현예술: 사회적 원자(social atom)
- 작업방식: 미술과 사회관계측정 기법(sociometry)

사회적 원자는 사이코드라마의 시초인 Jacob Moreno(1972)가 개발한 개념으로, 한 개인의 인생에 중요한 대인관계를 지도처럼 표현하는 방식을 말한다.

- 재료: 화지, 크레파스, 연필, 마카펜

촉진자는 다음과 같이 지시한다.

> 지금 현재 인생에 대해 생각해 보고, 자신에게 소중한 관계에 대해 생각해 보세요. 여러분은 이제 자신에게 가장 중요한 대인관계 지도를 그려 볼 것입니다. 지도 안에는 여러분도 포함되어야만 합니다. 여자는 동그라미, 남자는 세모로 그려 주세요. 종이에 여러분을 나타내는 세모나 동그라미를 그릴 때에는, 여러분 인생에서 여러분이 어느 지점에 서 있나 생각해 보고 그려 주시길 바랍니다(예를 들어, 내 인생에서 내가 한가운데 있다면 종이 한가운데에, 혹은 가운데에서 약간 벗어난 아래에, 중심으로부터 위에 등). 또한 여러분이 스스로를 얼마나 크게 혹은 작게 느끼고 있는지도 같이 표현해

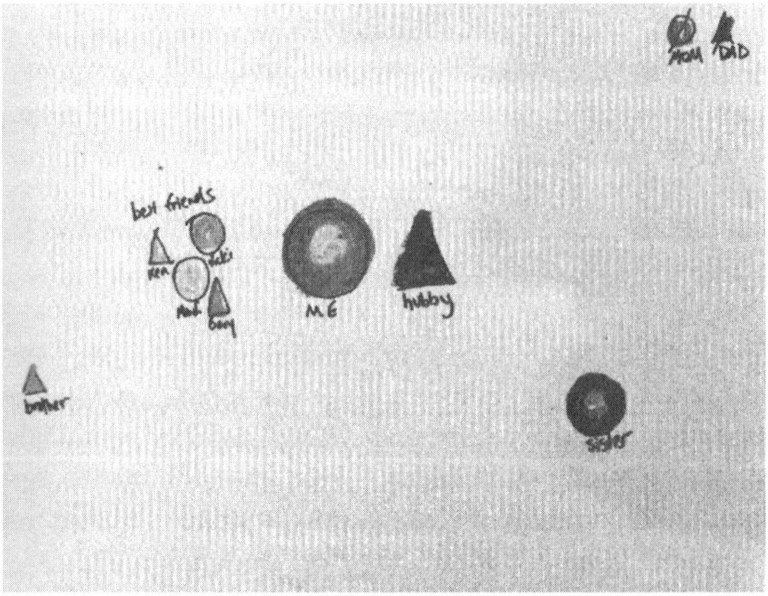

그림 11-6 사회적 원자

주세요. 대인관계가 여러분한테 어떤 의미를 갖고 있는지 색깔로 표현해야 합니다. 여러분을 나타내는 동그라미나 세모 밑에는 '나'라고 적어 주세요. 동그라미, 세모 그리고 색깔들을 이용해서 여러분 주위의 중요 인물들을 표현하고, 그 사람과 얼마나 멀고 가까운지, 그 사람을 어떻게 생각하는지를 여러분과 다른 사람을 나타내는 기호 사이의 거리, 크기, 넓이 등으로 나타내 주세요([그림 11-6] 참조). 애완동물이나 이미 돌아가신 분들을 포함시켜도 좋습니다. 돌아가신 분을 나타내는 기호 위에는 빗금을 쳐서 돌아가셨다고 표시해 주세요.

- 나누기: 참가자들은 처음에는 둘씩 짝지어 그다음에는 집단 전체와 활동에 대한 감상을 공유한다. 촉진자들은 참가자들이 서로 판단하는 것 없이 그들이 그린 대인관계 그림을 감상하도록 한다. "많이 무서운가요? 아니면 외로운가요? 만약 당신이 원하는 대로 관계를 이끌 수 있다면, 그림이 어떻게 그려질 것 같나요?" 이와 같은 활동은 현재 참가자 자신을 도와줄 수 있는 주변 사람을 인식하게 해 주고 그

들이 격렬한 감정의 동요 없이 바라볼 수 있도록 도와준다. 가장 필요한 사회적 도움을 받기 위해 무엇이 필요한지 서로 토론하는 것도 좋다.

8주: 자기주장 훈련(Claiming the Practice as Your Own)

- 목적: 치료 과정에서 습득한 방법과 기술들을 일상에 적용하기
- 표현예술: 저기에서 여기로(there to here)
- 작업방식: 움직임, 연극, 소리 그리고 몸짓

촉진자는 참가자들에게 다음과 같이 지시한다.

방의 저쪽 끝엔 '저기'가 있고, 이쪽 끝엔 '여기'가 있다고 가정해 봅시다. '저기'는 우리가 함께했던 첫 MBSR 수업을 의미하고, '여기'는 마지막 시간(혹은 이제 남은 여러분 인생의 첫 번째 시간)을 의미하는 거예요. 여러분들은 한 명씩 순서를 정해서, 저기에서 여기까지 이동하며 MBSR과 표현예술 회기 동안 어떻게 느꼈는지 표현해 보세요. 움직임, 소리, 몸짓, 그 무엇이든 여러분의 경험을 표현하기 위해 자유롭게 사용해도 좋습니다.

그러고 나서 참가자들은 서로 판단하지 않고 각자의 경험들을 관조한다.

- 나누기: 처음에는 둘씩 짝지어 그다음에는 집단 전체와 함께, 각자의 동작 표현이 어떤 인상을 주었는지, 집단 전체를 '하나'로 경험했을 때 어떠했는지 서로 이야기한다. 또 앞으로 이 경험들을 일상 속에서 어떻게 적용할 것인지에 대해 이야기를 나누도록 하는 것이 좋다.

결론

8주로 구성된 MBSR과 표현예술치료는 다양한 방법으로 응용될 수 있다. 내가 12년 동안 지도하면서 알게된 것은, 각 집단의 구성원들은 자신들의 독특한 특성에 따라 공동체에 영향을 주었다는 것이다. 어떤 집단들은 치료 과정을 잘 따라왔지만, 어떤 집단들은 치료를 진행하는 데 훨씬 더 많은 시간을 요하기도 했다. MBSR 교육과정은 Kabat-Zinn이 세운 기준을 벗어나서는 안 되고, 그 기준은 존중되어야 한다. 그러나 표현예술치료를 여기에 적용하게 되면 참가자들의 필요에 따라 치료법을 변경할 수 있는 여지가 생기게 된다. 이 같은 활동들은 주의를 환기시키고 영감을 주기에 매우 좋다. MBSR 진행자들은 필요할 때마다 도움이나 상담을 요청하는 것이 중요하다. 호흡 그리기, 미술활동 그리고 사회극은 내재되어 있는 정서적 어려움들을 이끌어 내어 통찰력을 키우고 사람을 변화시킬 수 있다.

매일 명상을 위해 일정한 시간을 가지는 것은, 몸과 마음에 미치는 긍정적 효과를 위해 매우 중요하다. 이와 마찬가지로 자아탐색과 자기확신감을 갖기 위해 주기적으로 표현예술을 활용할 수 있다. 지역사회의 이름 있는 병원에서 제공하는 자원과 함께 MBSR과 표현예술치료법을 진행하는 것은 이제 건강과 예방을 위해 마음챙김과 예술이 중요하다는 것을 보여 주는 것이다.

참고문헌

Allen, P. B. (1995). *Art is a Way of Knowing.* Boston, MA: Shambhala.

Allen, P. B. (2005). *Art as a Spiritual Path.* Boston, MA: Shambhala.

Carmody, J., Baer, R. A., Lykins, E. L., & Olendzki, N. (2009). "An empirical study of the mechanisms of mindfulness in a Mindfulness-Based Stress Reduction program." *Journal of Clinical Psychology 65*, 6, 613-626.

Chaskalson, M. (2011). *The Mindful Workplace.* West Sussex, UK: Wiley-Blackwell.

Davis, L., & Kurzbam, S. (2012). "Mindfulness-based treatment for people with severe mental illness: A literature review." *American Journal of Psychiatric Rehabilitation 15*, 2, 202-232.

Denton, R., & Sears, R. (2009). "The Clinical Uses of Mindfulness." In J. Allen, E. Wolf, & L. VandeCreek (eds) *Innovations in Clinical Practice*. Srasota, FL: Professional Resource Press.

Jones, D., Vinton, M., & Wernick, W. (1999). Panel presentation, American Art Therapy Association Conference, November 21, Orlando, FL.

Kabat-Zinn, J. (1990). *Full Catastrophe Living*. New York: Dell Publishing.

Kabat-Zinn, J. (1994). *Wherever You Go, There You Are*. New York: Hyperion.

Kabat-Zinn, J. (2005). *Coming to Our Senses*. New York: Hyperion.

Langer, E. (2005). *On Becoming an Artist*. New York: Ballantine Books.

Levins, S. K., & Levine, E. G. (eds) (1999). *Foundations of Expressive Arts Therapy*. London: Jessica Kingsley Publishers.

Mars, T. S., & Abbey, H. (2010). "Mindfulness meditation practice as a healthcare intervention: A systematic review." *International Journal of Osteopathic Medicine 13*, 2, 56-66.

Moreno, J. L. (1972). *Psychodrama*. McLean, VA: American Society of Group Psychotherapy and Psychodrama.

Rubin, J. A. (1984). *Child Art Therapy*. New York: Van Nostrand Reinhold.

Santorelli, S. (1999). *Heal Thy Self*. New York, NY: Bell Tower.

Simonton, C. O. (1974). "Management of the emotional aspects of malignancy." Lecture delivered at the University of Florida, Gainesville, FL. Reprint.

Chapter 12

중증 및 만성 정신장애인을 위한 마음챙김 기반 표현치료

–Daniel Herring

마음챙김 기반 표현치료(Mindfulness-Based Expressive Therapy: MBET)는 다양한 표현과 예술적 양식을 활용하여 마음챙김을 가르치는 접근방법이다. 이 접근방법은 중증 및 만성 정신장애(severe and persistent mental illness: SPMI) 성인을 위한 심리사회적 재활 주간치료 프로그램을 통해 개발되었다. 이 장에서는 SPMI에 대한 마음챙김 기반 접근에 대해 개관하고, MBET의 흐름과 그 효용성에 대해서 논의하며, 개별적 요구에 따른 프로그램 과정의 도입을 강조하는 MBET 활동과 임상적 삽화를 중요하게 다룰 것이다.

이론체계

주간치료 프로그램의 주된 환자는 기분장애, 정신장애, 성격장애, 중증 불안장애,

중독으로 진단된 이들이다(Herring, 2005). 마음챙김 기반의 몇몇 치료 과정들은 특히 앞서 언급한 진단 및 문제들과 관련되어 개발되고 연구되었지만, 현재 주간 치료 시설에서 진행되고 있는 연구에 대해서는 아직 알려진 바가 없다. 변증법적 행동치료(Dialectical Behavior Therapy: DBT; Linehan, 1995)는 경계선 성격장애 진단을 받은 사람들을 대상으로 개발되고 타당화되었으며, 후에 물질남용장애 환자에게도 적용되었다(Davis & Payne, 2003; Dimeff & Linehan, 2011). Marlatt 등(2004)은 물질남용장애 치료에 효과적인 마음챙김 기반 과정을 개발하였다. 우울증에 대한 마음챙김 기반 인지치료(Mindfulness-Based Cognitive Therapy for Depression; Segal, 2002; Ma & Teasdale, 2004; Segal, Williams, & Teasdale, 2002)는 세 번 이상의 주요우울 삽화를 경험한 사람들의 우울증 재발을 감소시키는 것으로 나타났다. 수용전념치료(Acceptance and Commitment Therapy: ACT; Bach & Hayes, 2002)는 정신장애를 가진 사람들의 입원기간을 감소시키는 효과가 있는 것으로 나타났다. 또한 마음챙김에 입각한 인지행동치료(Mindfulness-informed Cognitive Behavioral Therapy: MiCBT; Cayoun, 2011)는 정신장애 진단을 받은 환자 치료에 그 효과성이 입증되었다. 게다가 심신의학(Benson, 1976)과 마음챙김 기반 스트레스 감소(MBSR; Kabat-Zinn, 1990)는 불안과 그에 따른 공병의학적 문제를 다루는 데 효과가 있는 것으로 나타났다.

이러한 모든 접근들은 SPMI에 대한 마음챙김 기반 치료의 잠재적 효율성을 암시하고 있기 때문에, 나는 주간 치료프로그램에서 마음챙김을 훈련하는 16주간의 과정을 개발하였고, 프로그램 내에서 일상생활의 일부분으로 명상, 마음챙김적 움직임과 같은 마음챙김 활동을 소개하였다. 이 과정은 위빠사나(통찰명상)와 『부처님의 중간담론(The Middle Length Discourses of the Buddha)』(Bodhi & Nanamoli, 1995)에 포함된 명상 가르침이 나의 훈련에 기반이 되며, 이는 대부분 MBSR(Kabat-Zinn, 1990)에 기초를 두고 있는 내용이다.

주간 치료 프로그램에서의 마음챙김 훈련 효과

16주의 마음챙김 과정은 행동건강연구소(Behavioral Health Laboratories)에서 개발한 '처치 결과 패키지(Treatment Outcome Package)' 또는 'TOP'라고 부르는 시스템을 활용하는 서로 다른 두 기관의 주간 치료센터에서 검증되었다. 프로그램은 먼저 첫 번째 센터(기존에 모든 참가자들에게 어느 정도의 마음챙김 훈련을 시행하고 있었음)의 통상 치료군(treatment as usual: TAU)에서 32% 이상 증상이 감소하였으며, 두 번째 센터에서는 72%의 감소를 나타냈다. 두 번째 센터에서는 16회기 과정을 소개받기 전에는 마음챙김 프로그램을 접한 적이 없었다. 기존 프로그램에서 삶의 질 지표를 측정하기 위해 고안된 설문지에서, 마음챙김 집단은 삶의 질에서 괄목할 만한 향상을 보였다(Herring, 2005). 이러한 연구 이후, Luanne Davis와 동료들은 리처드 L. 루드부시 재향군인회 의학센터(Richard L. Roudebush Veterans Administration Medical Center)에서 조현병으로 진단받은 사람들에게 마음챙김을 적용해 보는 것에 대해 연구했고, 다음과 같은 결론을 내렸다.

> 마음챙김 기반 중재는 적용 가능하고, 증상을 안정화시키고, 인지적 변화를 촉발하며, 이완을 통해 스트레스를 관리하도록 하는 효과를 가지고 있는 것으로 볼 수 있다. 반응은 일반적으로 긍정적이었으며, 명상이나 마음챙김 훈련의 결과로 악화되는 정신의학적 증상을 보고하는 경우는 없었다(Brown et al., 2010, p. 241).

MBET의 발달

MBET의 개념은 레슬리 대학 대학원생 인턴 두 명의 논의에서 시작되었으며(Ben Fox & Stephanie Sordillo Ryan), 이후에 Caroline Peterson이 여성 암 환자를 위한 마음챙김 기반 미술치료(MBAT)를 개발하는 데 영감을 주었다(Monti et al., 2005).

우리는 16주 동안 알아차림 과정에 어려움을 겪는 내담자들에게 마음챙김을 소개하고 마음챙김의 과정을 숙달해 가는 과정 중 초기 단계에 있는 사람들이 마음챙김을 이해하고 향상시킬 수 있는 다양한 미술 활용에 대해 논의하였다. Fox와 Sordillo가 성공적으로 몇몇의 초기 회기들에 적용하였고 많은 인턴과 임상가들이 함께 수년간 조력한 끝에, 나는 16주간의 MBET 과정을 개발할 수 있었다. 이 과정은 기존의 16주 마음챙김 과정에 보충적으로 활용할 수도 있고, 이를 대체하기 위해 사용될 수도 있으며 전문 명상가나 초보 명상가 모두 사용할 수 있다. 마음챙김에 표현예술을 더하는 것은 내담자가 과잉동일시나 반응 없이 그들의 마음이나 감정을 관찰하고 학습할 수 있도록 하는 보다 쉬운 길을 제공한다.

마음챙김이 본질적으로 지시적이고 재지시적인 주의집중(directing and redirecting attention)이기 때문에, 이는 기본적 관리기능을 향상시키고, 고통스러운 피드백 순환에 안정감을 제공할 수 있다(Segal et al., 2002). SPMI를 가진 사람들은 종종 이러한 순환에 사로잡히게 된다. 마음챙김은 참가자들에게 그들의 감각과 정신적 경험 사이의 관계를 변화시켜서 두려움, 고착, 반응을 더 의식적으로 인내하여 수용적인 것으로 변화시킬 수 있도록 돕는다(Hayes, Strosahl, & Wilson, 1999). MBET는 이 모든 것을 촉진하는 데 효과적인 도구가 될 수 있다.

임상 적용

MBET 과정

회기별 한 시간씩 총 16회기로 매주 진행한다. 참가자는 8~10명 정도의 SPMI와 관련된 다양한 진단을 받은 사람으로 구성된다. 최소한 1명의 공동진행자가 항상 있어야 한다.

처치를 시작하기 전에, 참가자에게 예술적 작품을 만들어 내는 것이 최종 목표가 아니며, 어떤 미술적 작품을 위한 '재능'도 필요 없을 뿐만 아니라 그런 기대를 하지 않는다고 말해 둔다. 우리는 각 회기에서 참가자들과 먼저 명상을 하고, 명상적 마음을 유지한 채 최소한의 의사소통(특히 언어적 의사소통)을 하도록 한다. 이는 내적 혼란이나 산만함을 감소시켜 준다. 우리는 흥미나 개방성과 관련된 표현적 활동의 접근에 대해 깊이 있는 이야기를 나눈다.

혼란을 최소화하며 현재의 순간에 주의집중하기 위해, 우리는 각 참가자들에게 개별적으로 미술재료를 제공한다. 만약 활동에 미술재료와 종이가 사용된다면, 재료는 명상을 하기 전에 제공하고, 참가자들에게 개인적으로 제공된 재료를 사용하라는 지시를 하기 전까지 기다리게 한다.

MBET 집단활동

이 장에서 모두 기술하기에 한계가 있기 때문에, 나는 MBET 과정에서 강조하는 몇 가지 활동만을 설명하고자 한다.[1]

먼저, 마음챙김 활동은 초기에 가장 약한 불안에서 시작하여 점점 더 강한 불안을 야기하는 활동으로 나아가도록 자극하고 이동해 간다. 활동은 명백하게 드러나는 '외적인' 대상(시각적 또는 청각적 대상)에 주의를 기울이는 것으로 시작해서, 내적 대상(졸림, 무기력과 같은 감각이나 마음 상태)으로 옮겨 가고, 다시 심적 대상(사고나 내적 심상)으로 옮겨 간 뒤, 마지막으로 각 대상과 우리의 상호작용에 대한 마음챙김으로 옮겨 간다.

각 집단은 마음챙김 호흡법으로 시작한다.

> 호흡의 감각을 느껴 보세요. 각 들숨과 날숨에 정신을 집중해 보세요. 호흡은 자연스럽게 일어나며, 우리는 이를 바꾸거나 통제할 필요가 없습니다. 우리의 주의는 종잡을 수 없는 것이 정상입니다. 우리는 이런 현상이 일어났을 때, 단지 다시 호흡을 알아차리는 것으로 돌아오면 됩니다. 만약 우리가 다른 생각이나 소음, 감각 또는 기타 다른 것들을 의식하더라도 괜찮습니다. 우리는 단지 부드럽고 자연스럽게 우리의 호흡에 대한 감각으로 돌아오기만 하면 되고, 우리의 경험은 있는 그대로 두고 이를 알아차리고 수용하면 됩니다.

■ MBET 활동 1: 소개/매체 탐색

목표

관찰, 비판단적, 다양한 매체와 친숙해지기, 자발성, 오리엔테이션과 작품에 대한

과정 소개

재료

개인 미술재료, 다용도 용지

명상

마음챙김 호흡법

표현예술

명상 후에, 참가자들은 각각의 매체를 순서대로 탐색해 보고 무엇이 다르며, 각각의 매체에서 어떤 느낌[끌리는지(attraction) 또는 혐오하는지(aversion)]이 드는지, 어떤 형태나 질감, 색깔에 끌리는지 탐색한다. 진행자는 매체의 순서를 결정하고 각 매체 사이에 3분 정도의 시간을 정해 명상을 시행한다.

나누기

처음에는 집단원들이 종이를 들고 단순히 바라보며 서로의 작업을 '이해'하는 시간을 가진다. 다른 방법으로는, 각 집단원이 자신의 작품을 벽에 붙이고 다른 집단원들이 조용히 그림을 볼 수 있게 하거나, 작품을 테이블 위에 그냥 두고 집단원들이 천천히 테이블 주위를 걸으면서 작품을 보도록 할 수도 있다. 그 후에, 진행자는 집단원이 의식적이고 비판단적인 언어로 나누는 시간을 가지게 한다.

> 시간을 가지고 천천히 서로의 작품을 보세요. 표현된 형태, 색, 질감, 양식의 유사점과 차이점을 인식하세요. 마음에서 반응하는 모든 감정을 인식하세요. 다른 사람의 작품에 대해 '좋은' 또는 '나쁜' 판단이나 평가 없이 당신의 경험을 설명하면서 비판단적 관점을 활용하는 연습을 하세요. 그들의 작품을 보고 당신이 경험한 것을 설명하세요. 이는 연습이 필요한 과정이니 제가 중간에 자주 이를 떠올릴 수 있도록 언급하는 것에 대해 이해해 주세요.

▣ MBET 활동 2: 시각적 대상 관찰하고 묘사하기

목표

감각 대상에 대한 직접적 경험, 시각적 대상에 대한 경험과 그에 대한 생각 구분하기, 관찰하기, 비반응성

재료

미술재료, 다용도 종이

논의

명상에 앞서, 집단원과 감각 알아차리기에 대해 대화한다. 무언가를 알아차리는 것과 그것에 대해 생각하는 것은 차이가 있음을 인식한다(Herring, 2005). 참가자들이 '볼 수 있는 것(예: 형태, 색, 질감, 빛, 그림자, 선, 공간 등)'의 리스트를 만들 수 있도록 한다. 보는 것과 본 것에 대해 생각하는 것 사이에 차이가 있다는 것을 강조한다. 보통 우리는 "저것은 그릇이다." 또는 "저 색깔 마음에 들어/들지 않아."와 같이 보는 것에 대한 경험을 놓치고 단지 우리가 본 것에 대한 생각만을 인식하는 경우가 많다.

명상

5분 마음챙김 호흡 명상

표현예술

대상[싱잉볼(singing bowl), 쿠션, 자명종(striker)]을 테이블 위에 놓는다. 참가자들이 대상을 관찰하고, 색깔, 형태, 질감, 빛, 그림자, 양식을 이해할 수 있는 시간을 가진다(3~5분).

참가자들이 대상을 보면서 그 색이나 형태, 질감, 빛, 그림자, 양식을 다시 그릴 수 있게 한다. 이러한 과정은 정지된 일상이 아니며, 목표는 대상에 대한 세밀한 해석을 하지 않는 것임을 강조한다. 목적은 참가자들이 다양한 시각적 특성을 탐색하고, 이를

인식하고 경험하는 것이다. “당신은 본질적으로 싱잉볼을 분석합니다. 싱잉볼을 다양한 시각적 요소로 나누어서 붉은 삼각형, 금색 원, 완만한 곡선, 빛나는 검은 사각형 등으로 봅니다.”

나누기

활동 1과 같은 방식으로 나눈다.

▣ MBET 활동 3: 청각적 대상 관찰하고 묘사하기

목표

직접적인 감각 경험, 듣는 것에 대한 온전한 경험, 들은 것을 명료화하기 위해 시각적 심상 사용, 들은 것과 시각적 표상 사이의 유사성 확인

재료

징, 싱잉볼, 레인 스틱(rain stick, 역자 주: 안데스 지역에서 쓰던 비를 부르는 피리), 소형 타악기(hand-held percussion instruments), 소리를 낼 수 있는 다른 악기들; 미술재료; 다용도 종이

명상

마음챙김 호흡으로 시작해서 점점 소리에 대해 인식할 수 있도록 하며, 소리가 명상의 대상이 된다.

논의

한 주 전의 시각적 감각 관찰 활동을 회상하고, 참가자들이 감각에 생각이나 판단을 덧붙이지 않는 경험에 대한 가치를 떠올릴 수 있도록 한다. 무언가를 인식하는 것과 그에 대해 생각하는 것의 차이를 회상해 본다. 지난주에 실행한 예시 몇 가지를 언급한다. 어쩌면 들은 것의 음량, 음률, 음질, 음운 등에 대한 목록을 만들 수도 있다. 미술재

료를 제시하고, 징, 싱잉볼, 레인 스틱, 다른 소리 나는 악기들을 사용해 본다. 악기 수만큼의 종이를 제시한다. 참가자들이 각각의 종이에 번호를 쓰고 당신이 각각의 소리를 바꿀 때마다 종이를 바꾼다. 그렇게 함으로써 당신이 나중에 시각적 형태를 볼 때 그들이 어떤 소리에 반응한 것인지 알 수 있을 것이다.

명상

2분간의 마음챙김 명상 후, 5분간 소리에 대한 마음챙김을 실시한다. 참가자들에게 당신이 소리를 만들면 그 소리를 가능한 한 직접적이고 알아차림의 방식으로 경험해 보라고 이야기한다. 악기 중 하나를 사용해서 일련의 소리를 만들어 본다.

표현예술

참가자들에게 선택한 매체를 가지고 그들이 들은 소리의 표상을 다양한 색깔의 선, 형태, 양식으로 표현하도록 한다. 참가자들이 작품을 끝내면 다시 마음챙김 호흡으로 돌아가도록 한다. 그 뒤에 위의 활동을 반복하여 모든 악기를 다 사용할 수 있도록 하고, 각 소리에 대한 시각적 표상을 만들어 본다.

사람들이 그림 그리기를 끝내면, 1~2분 정도 알아차림 호흡에 머무를 수 있도록 한다. 때때로 사람들에게 "60초 정도 여러분만의 시간을 가진 후에, 당신의 그림을 마무리하세요. 그리고 징 소리를 들으면 다시 마음챙김 호흡으로 돌아오도록 하세요."라고 말함으로써 마무리를 위한 신호로 삼는 것도 필요하다.

마음챙김 호흡 후, 다음 소리를 제시한다. 위와 같이 반복한다. 모든 소리에 대해 각 참가자가 시각적 표상을 만들 때까지 위의 과정을 계속한다.

나누기

각 참가자가 순서대로 그림을 보여 주면, 해당하는 소리를 반복해서 제시한다. 언어적 나누기는 선택사항이며, 시각적 표상을 보는 것이 매우 강력한 효과가 있기 때문에 이 활동에 대한 언어적 나누기는 최소화하는 것이 좋다. 이는 너무 많은 언어적 나누기는 효과를 감소시킬 수 있기 때문이다.

나누기 후에, 회기를 마무리하는 좋은 방법은 악기를 참가자들에게 건네주고 잠시 그들이 직접 소리를 내어 보고 난 뒤에 다 같이 연주해 보는 것이다. 나는 한 사람이 연주를 시작하고 다른 사람들이 차례로 합류하는 것을 좋아한다. 처음 시작한 사람은 점점 소리를 줄이고 다른 사람들도 합류한 순서대로 소리를 줄인다. 이러한 활동은 높은 수준의 경청을 요구하며 집단을 즐겁고 안정된 분위기 속에서 종료할 수 있도록 한다.

▣ MBET 활동 4: 신체에 대한 마음챙김

목표

신체 감각에 대한 알아차림, '체계화'된 감각의 발달, 신체 감각에 대한 관심 향상과 반응성 감소, 향상된 안녕감으로 이끌기, 표현과 의사소통 수단으로서의 신체에 대한 즐거움

재료

참가자들이 일어서서 자유롭게 움직일 수 있을 만큼 충분한 크기의 방과 그 방 안에 원 모양으로 놓은 여러 개의 의자

명상

능동적 바디스캔 후에 마음챙김 호흡

표현예술

몇 분간의 마음챙김 호흡 후에, 참가자들은 신체의 특정 부위를 움직이거나 두드리거나 흔들거나 문지르는 활동을 시작하고, 이 활동은 발끝부터 시작해서 머리 정수리 위로 올라가며 시행한다. 그들이 각 신체부위에 대한 움직임 활동을 한 후에는 잠시 멈춰서 각 신체의 움직임에서 경험한 것을 느끼도록 한다. 나는 보통 앉아서 하는 활동과 서서 하는 활동을 번갈아 가며 제시하여, 앉아 있는 자세에 대한 피로나 활동에 저항이

있는 참가자들이 지나치게 피곤해하거나 의지가 꺾이지 않도록 한다. 이 활동의 의도는 신체에 대한 감각을 체계적으로 다루거나 또는 각 신체에 결핍된 감각을 다루는 것이다. 가능하다면, 나는 각 신체적 움직임을 시행할 때 밝고 재미있는 분위기로 소개하여 즐거움과 쾌활함을 느낄 수 있도록 한다.

나누기

일반적인 진행 과정 대신, 참가자들은 둥글게 원으로 둘러서서 각자의 움직임을 전달하면 서로 일치되게 반응하여 조금 더 마음챙김적으로 상호작용을 할 수 있게 된다. 한 사람이 한 동작을 만들면 집단은 반복적으로 그 동작을 따라 한다. 동작에 소리를 추가할 수도 있고 참가자가 느끼는 장난스러움, 바보같은 행동, 부끄러움 등의 어떤 감정이나 충동이라도 표현할 수 있도록 허용한다. 이는 마음챙김에 대한 인식, 비판단성, 확신성, 자발성을 촉진시킨다.

▣ MBET 활동 5: 마음챙김적 먹기

목표

음식에 대한 반응을 알아차리는 능력과 편안함 향상시키기, 천천히 먹는 능력을 향상시키고 먹는 과정의 각 단계 경험하기, 음식에 대한 격렬한 갈망 또는 양가적 관계를 호기심과 즐거움으로 변화시키기

재료

종이와 연필, 펜, 음식 한 접시(과일, 채소, 작고 쉽게 먹을 수 있는 다른 음식들)

명상

마음챙김 호흡에서 마음챙김 먹기로 옮겨 가기. 5분간의 명상 후에 접시를 꺼내고, 참가자들에게 다음과 같이 지시한다.

접시에 담긴 내용물들을 관찰하세요. 당신의 반응들에 주목하세요. 아마도 당신은 기대와 함께 불안, 판단, 갈망, 혼란 또는 혐오를 경험하고 있을 것입니다. 만약 당신이 할 수 있다면, 그저 이러한 느낌과 함께 앉아서 몇 분간 그러한 감정을 개방적이고 친숙한 공간 안에 머무르도록 하세요. 만약 그렇게 할 수 없다면, 그러한 반응이 일어나는 공간에 대해 인식해 보세요.

표현예술

참가자들에게 다음과 같이 계속 안내한다.

만약 당신이 원한다면 현재 당신의 반응을 자유롭게 나누어 보세요……. 몇 분 후…… 접시에서 음식 하나를 골라서 당신 앞의 종이접시나 냅킨에 놓으세요. 그러나 아직 그것으로 무언가를 하지는 마세요. 당신 앞에 놓인 음식을 보세요……. 15초 정도 후…… 음식의 시각적 모습을 묘사할 단어를 기술할 시간을 가지세요. 이제 음식을 만져 보고 어떠한 느낌들인지 단어로 써 보세요……. 음식을 가져와서 코로 냄새를 맡아 보세요……. 만약 음식의 냄새를 설명할 만한 단어를 찾았다면, 그것을 써 보세요……. 준비가 되었다면 음식을 입으로 가져가 보세요. 그러나 아직 씹지는 마세요. 음식이 입 안에 들어갔을 때, 이에 대한 감각과 당신 신체(특히 입)에서 일어난 반응 모두를 설명하는 단어를 적어 보세요. 이제 음식을 씹지만 삼키지 않을 수 있다면 그렇게 해 보세요. 만약 그렇게 할 수 있다면, 삼키기 전의 씹는 과정을 설명할 단어를 적어 보세요. 삼킨 후에 당신의 경험을 인식하고, 이를 설명할 수 있는 단어를 적어 보세요.

당신이 방금 겪었던 먹기의 경험을 생각해 보세요……. 그리고 당신 앞에 쓰여 있는 단어를 보세요. 당신이 원한다면 그 단어들을 사용하거나 다른 단어를 사용해서 당신이 방금 완료한 음식을 먹은 과정을 묘사해 보세요. 어떤 사람들은 각 목록(또는 음식 섭취의 단계)에 나타난 단어를 활용해서 시작하면 더 쉽게 느끼기도 합니다. 당신의 글쓰기는 시 또는 산문의 형태가 될 수 있습니다. 당신은 직접 경험한 것을 표현하거나 다른 사람이 그 느낌을 느낄 수 있도록 표현하기 위해 노력할 것입니다. 만약 당신

표 12-1 글쓰기 예시

주름진 갈색	먹고 싶어!
끈적끈적함	먹기 싫어!
달콤한 냄새	나에게 줘!
입 속을 간지럽힘	저리 치워!
달고 수분이 많음	더는 못먹겠어.
기다릴 수 없음	쩝쩝쩝
삼키기	

이 하이쿠(Haiku, 역자 주: 일본 전통 단시)에 익숙하다면, 그 형태를 시도할 수도 있고, 당신이 원한다면 당신만의 글쓰기 형태를 취할 수도 있습니다(〈표 12-1〉 참조).

나누기

참가자들이 원하는 경우 그들의 글을 나눌 수 있도록 한다. 언어적 과정에 대해 충분한 시간을 제공한다.

▣ MBET 활동 6: 정서와 마음 상태 관찰하기

목표

마음상태가 어떻게 우리의 지각에 영향을 미치는지 이해하기, 우리가 마음 상태의 영향하에 있는 순간 알아차리기, 마음상태의 불영속성 알아차리기, 우리가 순간순간 느끼는 것에 따라 행동할 필요가 없다는 사실 알아차리기

재료

미술재료, 큰 다용도 종이

명상

마음상태 관찰을 추가한 마음챙김 호흡

논의

마음상태는 우리의 사고와 지각이 일어나는 환경이 되는 마음의 보편적 상태를 말한다. 우리가 감정으로 충만할 때 감정은 마음상태가 될 수 있다. 예를 들어, 우리는 우리를 화나게 만드는 무언가가 생겨났을 때에도 행복을 느낄 수 있다. 분노는 빠르게 지나가고 우리가 행복의 상태로 돌아올 수 있도록 한다. 만약 우리가 분노에 머무르고 분노의 기억과 심상이 자라나도록 둔다면, 분노는 더 만연하여 우리의 지각에 영향을 끼치기 시작할 수 있다. 이러한 상태에서는 우리가 분노 외에는 아무것도 느끼지 못하고, 언제나 분노만을 느끼게 될 것이다. 이것이 분노의 마음상태이다.

마음상태에 대해 생각하는 또 다른 방법은 우리 마음을 날씨로 생각해 보는 것이다. 세상은 해가 떴을 때와 구름이 끼었을 때 서로 다른 모습으로 보인다. 빗방울은 작지만 비바람은 그냥 지나치지 못하는 힘을 가지고 있다.

마음상태는 졸음, 안절부절못함, 갈망, 의심, 동요와 같은 상황이 될 수도 있다. 이러한 상황 이면에 특정한 감정은 없을 것이며, 이러한 상황을 일으키는 원인은 수면 부족 또는 약물 부작용과 같은 물리적인 원인일 수 있다.

우리는 마음상태를 기분으로 생각할 수도 있다. 기분은 우리 주변을 완전히 감싸고 있기 때문에 우리가 이를 벗어나서 바라보기란 쉽지가 않다. 그러나 주의 깊게 본다면, 당신은 우울(예를 들어)이 항상 작동하고 있지 않다는 것을 볼 수 있다. 깊은 우울감을 경험하는 수많은 상황에도 유머, 편안함, 만족, 기쁨이 있다.

마음상태가 실제 모습보다 덜 실질적이라는 것을 알기 위해서, 우리는 먼저 마음상태를 알아야 하고 마음상태가 우리 마음의 주변 환경에서 어떻게 작동하는지 지켜봐야 한다.

명상

참가자에게 다음과 같이 지시한다.

> 우리가 마음챙김 호흡에 들어가면서, 나는 여러분이 호흡을 지각하고 있는 환경을 알아차리도록 권유하고 싶습니다. 당신 마음의 날씨는 어떠한가요? 밝고 활기찬가요?

아니면 침체되고 황량한가요? 맑은가요? 구름이 끼었나요? 당신의 생각에 지속적으로 떠오르는 주제가 있나요? 당신의 생각과 몸의 느낌 사이의 관계는 무엇인가요? 마음은 바쁘고 활동적인가요? 또는 조용하고 침착한가요? 잠시 우리가 마음을 경험할 수 있도록 하는 모든 다양한 방법에 대해 생각해 보고, 만약 오늘 당신의 마음이 그러한 경험을 한다면 그 경험을 알아차리도록 하세요.

표현예술

명상이 끝나면, 각 참가자들이 마음상태 또는 명상 중에 경험한 상태를 풍경, 기상도 또는 추상적인 형태로 그릴 수 있도록 권유한다. 활동 1과 유사한 나누기와 과정을 진행한다. 참가자들이 그린 마음상태를 설명하게 하고 그것이 명상 동안 어떤 영향을 미쳤는지 논의한다. 특히 명상 중에 변화가 있었거나 마음상태의 그림에 모순점이 있다면 이를 알아차리고, 이러한 점이 앞서 언급한 마음상태는 굳고 영속적인 것이 아니라는 것을 설명해 준다.

▣ MBET 활동 7: 시각적 동작 반영하기(미러링하기, Mirroring Visual Movements)

목표

타인에 대한 주의집중과 조화, 동작에 대한 편안함, 집중, 일어나는 사건을 보면서 보다 높은 수용력과 자발성으로 활동에 참여하기

재료

각 집단원이 앉을 수 있는 의자가 준비된 넓은 방

명상

마음챙김 호흡

표현예술

집단원들은 두 명씩 짝을 짓고, 서로 마주보고 앉는다. 그들은 서로 약 1.5m 정도 떨어져 앉고 다른 짝 집단으로부터 1.5m 정도 떨어져 앉는다. 5분간 마음챙김 명상을 하게 한다. 명상이 끝나면, 참가자들은 그들의 짝과 눈맞춤을 한다. 두 명 중 한 명이 먼저 천천히 움직인다. 이 사람은 '리더'라고 부른다. 이 활동에서 '리더'라는 용어는 항상 그들의 움직임을 반영하여 다른 사람이 따라 하도록 하는 참가자를 가리킨다. 다른 참가자는 그 움직임을 반영하며 따라간다. 따라 하는 사람을 '추종자'라고 부른다. 추종자는 리더를 관찰하고 리더의 움직임을 모방한다. 동시에 추종자가 움직임을 따라 할 수 있는 방식으로 움직이는 것은 리더의 책임이라고 할 수 있다. 잠시 뒤에, 집단 촉진자(facilitator)는 표정 등 다른 행동을 반영해 보도록 제안할 수도 있다. 짝 집단은 일어서서 활동할 수도 있지만, 이는 다소 안정감이 떨어질 수 있기 때문에 진행자는 안전에 대한 요구를 조율하는 것이 중요하다.

몇 분 뒤, 짝 집단은 리더와 추종자를 바꾼다. 앞서 설명한 활동을 반복한다. 지시에 따라 다시 리더와 추종자를 바꿀 수 있다. 필요한 경우 시간을 정해 실시할 수도 있다. 그 뒤 참가자들이 리더를 정하지 않고도 서로를 반영할 수 있는지 물어본다.

집단 반영하기

참가자들은 둥글게 원을 만들어 선다. 리더의 순서를 정하고, 다른 집단원들은 추종자가 된다. 지목된 리더 없이 서로를 반영하는 연습을 한다. 나는 진행자 없이 집단을 반영하는 것이 궁극적으로 마음챙김 활동이라고 생각한다. 이 활동은 서로 어떤 행동이 나타날지 주목하며 기다리는 동안에 깨어 있는 상태를 유지하고, 개방적이며, 수용적인 태도를 요구한다. 이것이 진정한 마음챙김의 자세이다. 그 뒤에는 앉아서 언어적으로 활동을 되짚어 본다.

임상적 고려사항

마음챙김을 훈련하는 모든 사람들에게 정신과 정서의 다양한 상태를 알아차리는 과정에서 몇 가지 도전 과제가 나타날 수 있다. SPMI를 가진 사람들과의 치료 환경에서, 집단 구성원 개인의 요구에 맞는 MBET 과정을 개별화하는 것은 필수적인 일이다. 다음 삽화는 정서조절을 지원하도록 조정된 MBET의 방식에 대한 간략한 사례를 제시한다.

개별 구성원들에게 더 적합한 구조화와 추가 시간을 제공하라

35세 여성인 Mary는 분열정동장애(schizoaffective disorder)를 진단받았다. 또한 그녀는 언어발달 전에 심각한 전언어적(pre-verbal) 성적 학대를 겪었다. 그녀는 훌륭한 화가로, 쾌활한 유머감각과 아름답고 밝은 성격을 소유하였다. Mary는 종종 복잡한 과제에 쉽게 압도되어 휴식을 필요로 한다. 그녀가 압도되었을 때, 그녀는 그 자리에 굳어져서 울거나 과제를 수행할 수 없는 상태에 빠졌다. 빠르게 전환하는 것은 그녀에게 어려운 일이었다. 몇 가지 과제들(활동 3에서의 페이지 숫자 적기와 같은)은 그녀에게 혼란과 고통을 야기했다. 이러한 경우, 공동진행자가 그녀를 돕거나 활동 전에 미리 번호가 적힌 페이지를 준비하는 방식으로 개선할 수 있다. 우리는 Mary가 원하는 만큼 오랫동안 활동할 수 있도록 했다. 가령, 수업이 끝난 후에라도 그릴 수 있도록 했다.

내담자의 고충을 듣기 위한 안전한 공간을 제공하라

Tom은 55세로 우울증을 겪고 있으며, 현재는 나아지고 있지만, 오랜 기간의 알코올 의존을 가지고 있다. 그의 신경심리학적 검사에서는 치매의 징후가 나타났다. Tom과 Mary 모두 활동 2에서 정지된 상태의 그릇을 그리는 데 좌절을 경험하며 어려움을 느꼈다. Tom은 대상을 정확하게 묘사하는 데 필요한 숙련도가 부족했고, Mary는 마무리할 시간이 부족했기 때문이다. 일단 그들이 좌절을 언어적으로 표현할 수 있게 되고, 집단원으로부터 지지를 받기 시작하자 그들이 본 것을 그려 낼 수 있었고, 생각하는 과정으로부터 보는 과정을 명백하게 구분해 냄으로써 이 활동의 목표를 달성했다.

활동에서 선택사항을 제공하라, 내담자의 경험을 인정하라

Susan은 37세로 성적 외상과 섭식장애, 양극성장애의 진단과 경계선 성격장애 이력을 가지고 있었다. 그녀는 매우 똑똑하고 에너지가 넘치는 여성으로 다소 변덕스러운 정서를 가지고 있었다. 먹는 활동은 그녀에게 꽤 어려운 일이었다. 그녀는 노출되는 것에 대해 불편함을 느끼고 있었다. 진행 과정에 대해 선택권을 주는 것, 그녀의 정서적 반응을 인정해 주는 것, 활동의 목적을 설명하는 것은 그녀가 활동 장소에 머무를 수 있게 하였으며, 훈련 이외의 효과도 얻을 수 있었다. 그녀는 혼자 있을 때에도 목적에 맞게 행동할 수 있다고 기대하게 되었다.

Susan은 또한 신체활동을 통해 스스로 통제할 수 있는 능력을 갖게 되었으며, 그녀는 활동 장소에 머무르며 고통을 참아 낼 수 있게 되고, 훈련 효과를 충분히 누릴 만큼 참여할 수 있게 되었다.

결론

마음챙김 훈련이 치료사가 활용할 수 있는 도구의 범위에 포함되기 시작하면서, MBET는 마음챙김을 단순한 활동의 영역에서 상호작용의 영역으로까지 끌어올리는 데 중요한 역할을 할 수 있었다. MBET 참가자들은 서로 다투고, 배우고 승리하는 모습을 지켜본다. 그들은 언어적 의사소통에서 자주 발생하는 오해와 판단보다 영향을 덜 받을 수 있는 활동을 통해 서로 주의 깊게 관여한다. 개방성과 의식의 공간에서는 자발적인 친절함과 연민으로 서로에게 반응하는 경향이 있다. 마음챙김 훈련은 우리의 경험뿐만 아니라 우리 자신에 대해서도 덜 비판적이고 평가절하하지 않으며, 더 친절하고 연민적인 관계로 변화시킬 수 있는 특성으로 인해 중요한 가치를 지닌다. MBET는 우리의 변화를 촉진하며, 또한 우리의 의사소통과 관계를 학습하도록 변화시키는 것을 돕는다. Steven Hayes가 말한 대로 만약 알아차림이 "CBT의 제3의 물결"이라면(Hayes, Follette, Linehan et al., 2004, pp. 5-6), MBET, MBAT 그리고 예술기반 마음챙김 접근은 아마도 마음챙김 기반 치료의 그다음 물결일 것이다.

감사의 글

많은 표현치료사와 표현치료 인턴이 이 과정에 참여했고, 이들의 도움에 대해 깊은 감사를 전하는 바이다. 특히 Ben Fox, Stephanie (Sordillo) Ryan, Marika Shimkus, Fiona Logusch, Bev Thurkelsen, Un Chu Lee Hoyle, Naomi Altman에게 감사를 표한다. 나는 또한 2005년에 매사추세츠 대학교 의과대학에서의 Annual Symposium 마음챙김 센터에서 MBET를 시작할 수 있도록 영감을 주고 활동 1에 큰 영향을 주며 도움을 준 Caroline Peterson에게도 감사를 전하고 싶다.

주

1 전체 과정은 Herring(2005)의 연구에 강조되어 있으며, 이 내용은 www.mindfullyunfolding.com에서 확인할 수 있다(2013년 5월 1일 접속).

참고문헌

Bach, P., & Hayes, S. (2002). "The use of acceptance and commitment therapy to prevent rehospitalization of psychotic patients: A randomized clinical trial." *Journal of Counselling and Clinical Psychology 70*, 5, 1129-1139.

Benson, H. (1976). *The Relaxation Response*. New York: Hearst Books.

Bodhi, B., & Nanamoli, B. (1995). *The Majjhima Nikaya: The Middle Length Discourses of the Buddha*. Boston, MA: Wisdom Publications.

Brown, L. F., Davis, L. W., LaRocco, V. A., & Strasburger, A. (2010). "Participant perspectives on mindfulness meditation training for anxiety in schizophrenia." *American Journal of Psychiatric Rehabilitation 13*, 224-242.

Cayoun, B. (2011). *Mindfulness Integrated CBT*. Chichester: Wiley-Blackwell.

Davis, G., & Payne, A. (2003). *Dialectical Behavior Therapy for Substance Abusers*. Workshop Presentation. Seattle, WA: Behavioral Tech LLC.

Dimeff, L. A., & Linehan, M. M. (2011). *Dialectical Behavior Therapy for Substance Abusers*. (Kindle edition).

Hayes, S. C., Follette, V. M., & Linehan, M. M. (eds) (2004). *Mindfulness and Acceptance: Expanding the Cognitive-Behavioral Tradition*. New York: Guilford Press.

Hayes, S. C., Strosahl, K. D., & Wilson, K. G. (1999). *Acceptance and Commitment Therapy: An Experiential Approach to Behavior Change*. New York: Guilford Press.

Herring, D. (2005). *The Mindfulness Workbook for the Treatment of Severe and Persistent Mental Illness*. Unpublished manuscript. Available via www.mindfullyunfolding.com, accessed May 1, 2013.

Kabat-Zinn, J. (1990). *Full Catastrophe Living: Using the Wisdom of Your Body and Mind to Face Stress, Pain, and Illness*. New York: Dell Publishing.

Linehan, M. M. (1995). *Treating Borderline personality disorder: The Dialectic Approach*. New York: Guilford Press.

Ma, S. H., & Teasdale, J. D. (2004). "Mindfulness-based cognitive therapy for depression: Replication and exploration of differential relapse prevention effects." *Journal of Consulting and Clinical Psychology 72*, 1, 31-40.

Marlatt, G. A. Witkewitz, K., Dillworth, T. M., Bowen, S. W., et al. (2004). "Vipassana meditation as a treatment protocol for alcohol and frug use disorders." In S. C. Hayes, V. M. Follette, & M. M. Linehan (eds) *Mindfulness and Acceptance: Expanding the Cognitive-Behavioral Tradition*. New York: Guilford Press.

Monti, D., Peterson, C., Shakin Kunkel, E., Hauck, W. W., et al. (2006). "A randomized, controlled trial of mindfulness-based art therapy (MBAT) for women with cancer." *Psycho-Oncology 15*, 5, 363-373.

Segal, Z. V., Williams, J. M. G., & Teasdale, J. D. (2002). *Mindfulness-Based Cognitive Behavioral Therapy for Depression: A New Approach to Preventing Relapse*. New York: Guilford Press.

Teasdale, J. D., Segal, Z. V., Ridgeway, V. A., Soulsby, J. M., et al. (2000). "Prevention of relapse/occurrence in major depression by Mindfulness-Based Cognitive Therapy." *Journal of Consulting Psychology 68*, 4, 615-623.

p. 83

[그림 3-1] 화(종이 위에 템페라 물감 21″×26″)

p. 111

[그림 4-8] 영원한 자양분

p. 130

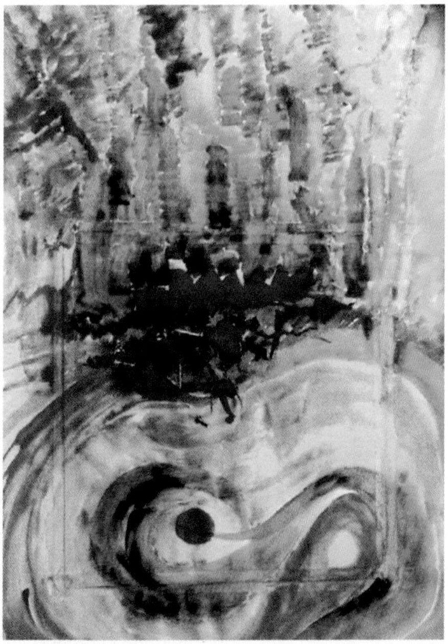

[그림 5-4] (a) 주변 공간으로의 확대

p. 230

[그림 10-3] 개인의 나무

p. 239

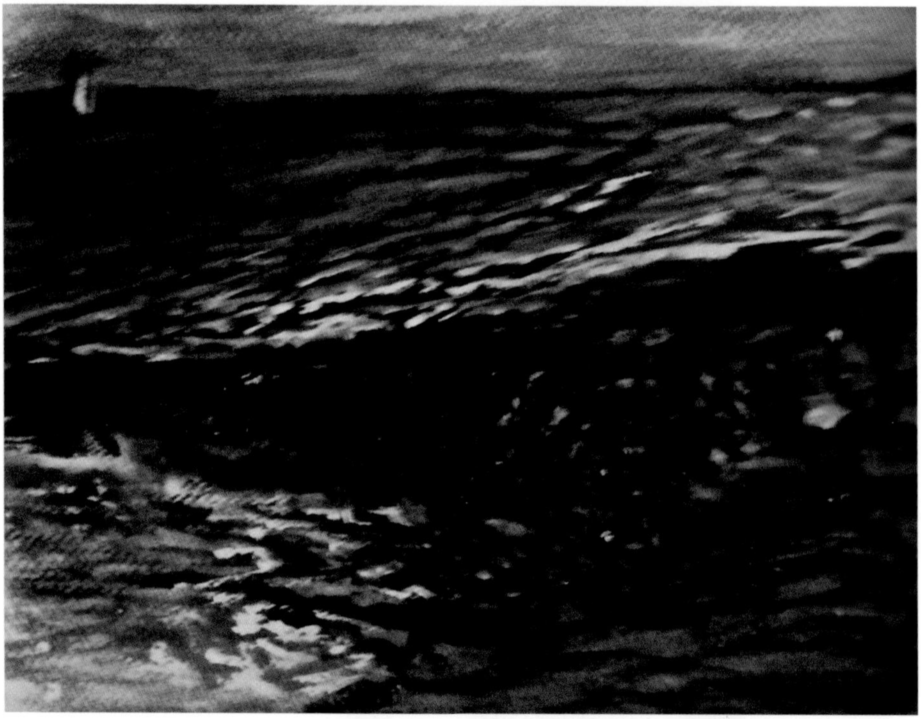

[그림 11-1] 어머니의 암이 쓸려 가는 모습을 형상화한 것

p. 320

[그림 14-6] 그것은 무엇을 필요로 하는가

p. 336

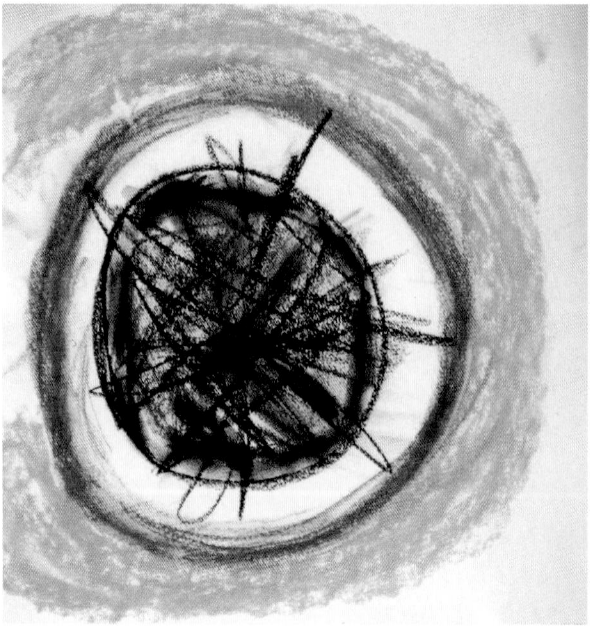

[그림 15-2] Nick의 둘러싸인 구

p. 358

[그림 16-9] 나의 반쪽 가면(half-mask)으로부터의 목소리

p. 400

[그림 18-5] 기원 깃발: 나는 무엇을 가져가고 싶은가

[그림 19-1] 불안한 생각을 그린 학생의 그림

Part 4
마음챙김 기반 예술치료 접근법

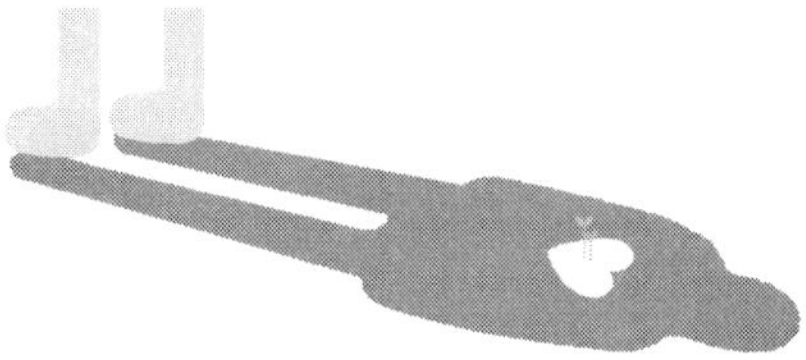

Chapter 13

참동작과 마음챙김:

체현화된 알아차림과 표현예술의 치유적 특성

-Zoë Avstreih

참동작(Authentic Movement)은 사람들이 지켜보는 가운데 한 명 또는 여러 명이 동작하는 자기지시적 동작 훈련이다. 눈을 감은 상태에서, 동작하는 사람은 자신의 내면에 주의집중한다. 감각, 충동, 심상, 느낌이 의식에 떠오르는 그 순간을 집중한다. 눈을 뜨고 있는 관조자(witness)는 동작하는 사람이 신체가 말하는 지혜를 깊이 있게 들을 수 있는 안전한 공간을 만들어 주기 위해 가장자리에 앉는다.

호기심과 수용성 그리고 개방성을 가지고 즉각적인 경험에 개인의 주의집중을 유지시키는 연습인 마음챙김은 참동작에 매우 필수적인 요소이다. 개인의 신체에 대한 직접적 경험은 지혜의 근원이며 '내적 가르침'의 목소리로 향하는 문이라는 믿음을 기반으로 한다. 각각의 체현화된 순간을 펼치도록 하는 것은 공간적 개방성의 특성, 자발성, 비판단적 수용성에 따라 일어나는 모든 것을 인식하도록 해 주며, 자기와 타인에 대한 연민의 능력을 기르는 연습이 된다.

이 장에서는 참동작과 치료 과정과 관련하여 내적 관조를 기르고, 우리 삶의 각 순간에 온전하게 깊이 있게 다가가는 능력이 향상됨에 따라 생겨나는 안녕감에 대해 논의하게 된다.

이론체계

참동작

참동작은 무용/동작치료 분야의 초창기 선구자 중 한 명인 Mary Starks Whitehouse의 작업에 기초하고 있다(Chodorow, 2007; Levy, 2005; Lowell, 2007). 그녀의 작업은 그녀에게 토대가 되는 경험과 Jung 분석가로 경험한 것이 서로 교차되는지점에서 출발되었다. 이것은 "심리학에 대한 깊이 있는 이해와 무용에 대한 완전한 이해"의 결합이다(Chodorow, 2007, p. 33). 이 활동은 동작에 대한 능동적 심상의 형태이며, '충동과 무의식에 대한 심상'에 대해 내적으로 관여하는 동시에 자기반영적 자세를 유지하는 데 주의를 기울이는 과정이며(Chodorow, 1997), 우리 안의 무의식적 측면을 우리 삶에서 체현화시키고 통합시키는 방법을 제공한다. 능동적 심상은 무의식의 강력한 에너지와 직접적으로 접촉하기 때문에, Jung은 이 작업이 심리적으로 성숙한 개인이 자아를 강하게 하고 자기반성 능력을 향상시키는 데 가장 적합하다고 보았다(Chodorow, 1997).

Whitehouse는 그녀가 느끼기에 동작하는 사람의 진실하고 순수한 동작을 설명하기 위해 '참된(authentic)'이라는 단어를 사용했다. 그녀는 다음과 같이 말했다.

> 동작이 단순하면서도 필연적이고, 어떠한 제한과 불완전함도 문제가 되지 않고 변하지 않을 때, 그것은 내가 말하는 '진정한' 것이 된다. 이는 진실한 것이며 그 사람만의 것이 된다. 진정하다는 것은 내가 진실성—학습되지 않는 종류의 진실성—을 설명할 때 생각할 수 있는 유일한 단어이다(Whitehouse, 1979, pp. 81-82).

이러한 '참'동작은 개별화 과정(process of individuation)에 기여한다. 이 과정은 Whitehouse가 "이미 존재하는 전체성에 대한 느린 개방(slow unfolding of a wholeness already there)"이라고 불렀다(Whitehouse, 1979, p. 78).

사람들이 지켜보는 가운데 이루어지는 정형화된 동작활동을 설명하기 위해 '참동작'이라는 단어를 처음 사용한 사람은 Mary의 학생 중 한 명인 Janet Adler였다(Lowell, 2007, p. 54). 참동작은 매우 간단한 과정이다. 외적 구조는 동작하는 사람과 관찰하는 사람 두 가지 역할이 있다. 그리고 그들 사이에 관계가 존재한다. 동작하는 사람과 관찰하는 사람 모두에게 참동작 작업은 "의식의 발달에 대한 이해를 돕는 방법 중 하나로 내적 관조자(inner witness)를 발달시키는 데 중심적 역할"을 한다(Adler, 2002, p. xvi). 이러한 내적 관조 수련은 참동작을 하나의 훈련으로 정의하고, 이것을 마음챙김 자각 훈련의 전통과 연결한다.

참동작: 형태

활동은 보통 짝집단으로 시작하며, 한 명의 동작하는 사람과 훈련된 관조자로 구성된다. 이 구성은 세 명이나 그 이상의 구성원을 포함하는 집단 형태로 발전할 수도 있다. 초기에, 동작하는 시간은 10분 정도가 적당하다. 동작하는 사람의 내적 관조가 발전하면서, 현재에 머무르는 능력과 동작의 경험을 개방하려는 의식이 커질수록 동작하는 시간이 점차적으로 늘어날 수 있다. 동작하는 사람과 관조 경험이 있는 집단의 경우에는 동작하는 시간이 40분이나 그 이상 지속될 수도 있다. 동작이 끝난 후에 직접 경험한 내용을 의식에 통합하는 것을 돕기 위해 쓰기, 그리기, 말하기의 시간을 갖는다.

동작하는 사람

동작하는 사람에 대한 지시는 아주 단순하다. 동작하는 사람이 신체의 장(the school of the body)에 들어와서 진정한 내적 스승을 만날 수 있도록 돕는다. 지시는 개인과 집단 그리고 지금 여기에서 체현화된 경험과 직접적으로 접촉하는 능력 또는 편안함에 따라 다양할 수 있다. 나는 스승 또는 관조자로서 다음과 같이 말할 것이다. "당신이 공간에 들어서면, 당신은 눈을 뜨고 방 안을 걸어 다니며 이 공간에 친숙하고 편안해지도록 하세요. 이제 천천히 당신의 내면에 집중하도록 하세요. 여기에서는 눈을 감는 것이 도움이 될 수 있습니다. 지금 당신의 몸에서 어떤 일이 일어나는지, 감각, 충동, 지금 여기의 에너지 흐름, 동작의 욕구를 경청해 보세요. 신체는 당신을 안내할 수 있는 지혜를 가지고 있다고 믿으세요. 기억하세요. 당신의 동작에 대한 옳고 그름은 없으며 어떤 기준도 없습니다. 지금 이 순간에 일어나는 감각, 충동, 몸짓, 이미지, 정서를 통해 이야기하는 당신 자신의 가르침에 대해 충분히 열린 마음을 가지도록 하세요."

일부 사람들은 다른 사람보다 더 쉽게 자신만의 방법을 찾기도 한다. 어떤 사람들에게는 약간의 구조화가 도움이 된다. 나는 그들 신체에 대한 양극단의 동작을 탐색하면서 시작하기를 권장한다. 예를 들어, 바닥에 누운 후에 '열림과 '닫힘'을 탐색하는 것이다. "이 단어를 지금 순간에 느껴 보고, 지금 '열림'이라는 형태를 당신의 몸으로 가져가 보세요. 당신이 지금 순간 진정 열린 느낌을 받았다면, 이제 당신은 '닫힘'을 느껴 보고 이를 표현하는 방법을 찾아보세요. 표현은 당신 몸 전체로 표현할 수도 있고, 손가락 하나로도 나타낼 수 있습니다. 또한 다른 볼 수 있는 외적 형태이거나 그렇지 않을 수도 있습니다. 여기에 정해진 방법은 없다는 것을 기억하세요. 당신은 지금 순간 당신에게서 부정할 수 없는 진실을 경청하는 것입니다."

종종 이러한 탐색을 하는 동안, 동작하는 사람은 동작을 지시하는 어떤 감각이나 충동을 듣고 이를 따르기 시작할 수도 있다. 이들은 개인의 신체 동작을 경험하는 것에 대한 기술적 용어인 동적 감각(kinesthetic sense)을 경청하고 이에 안내받는 더 깊은 능력을 개발시키는 길로 들어서게 된다. Mary Whitehouse는 다음과 같이 말했다.

> 동적 감각은 모든 종류의 동작을 활용함으로써 인식되고 발달할 수 있지만, 나는 오직 내적, 즉 내성적 연결이 발견될 때에만 의식화된다고 믿는다……. 이는 개인이 소유한 만족스러운 동작의 행위에 대한 구체적이고 특별한 알아차림이다(Whitehouse, 1958, p. 46).

동작하는 사람은 세 가지 엇갈리는 마음챙김의 순간순간마다 밀접하게 연결되어 있는 세 가지 측면인 의도, 주의집중, 태도를 반복하면서(Shapiro & Carlson, 2009), 현재에 머물고자 하는 의도로 떠오르는 심상, 단어, 느낌, 그리고 기억에 마음을 비워 두면서 동작 경험이 주는 특별함에 주의를 집중한다.

관조자

참동작 작업의 핵심은 관계에 뿌리를 두는 것이다. 동작하는 사람과 외적 관조자의 관계; 동작하는 자기와 내적 관조자의 관계; 개인과 집단; 개인과 삶 자체의 위대한 수수께끼(Adler, 1992, 1995, 2002; Avstreih, 2005, 2007, 2008).

외적 관조자

외적 관조자는 눈을 뜨고 동작하는 공간 한쪽에 앉아서, 처음에는 의식화에 대한 큰 책임감을 가진다. 조용하고 비침습적인 존재로서 관조자는 동작자가 그 과정으로 들어가서 내면의 소리를 들을 수 있는 안전한 공간을 만들고, 감각 · 충동 · 심상 · 느낌이 의식으로 떠오르도록 함으로써 외적 관조자에게 보이든 보이지 않든 그것이 동작으로 나타나도록 한다. 몇 년간의 연습을 통해, 외적 관조자는 깊이 있는 내적 관조자와 동작하는 사람의 감각, 충동, 심상, 느낌, 기억, 사고를 포함한 그들의 체현화된 경험을 추적하는 능력을 기른다.

> 관조자는 현재에 머무르는 것, 수용적 태도를 갖는 것, 판단 없이 관찰하는 것, 아는 것과 정의하는 것에 대한 요구로부터 자유로워지는 것에 자발적으로 동참한다. 가장 중요한 것은, 관조자가 무엇이 떠오르든 그것으로부터 배우려고 하고, 대답하기를 포기하며, 현재의 순간에 완전히 집중하도록 하는 것이다. 관조하기는 마음챙김의 행위이며, 다르게 말하면 비판단적으로 현재에 머무르는 것이다. 관조하는 것과 관조되는 것 사이에는 밀접한 관련이 있다. 보는 것과 보이는 것은 치유를 불러일으키는 진실한 현재의 관계이다(Avstreih, 2007, p. 272).

내적 관조자

참동작 훈련에서 '내적 관조자'라는 용어는 마음챙김의 인식에 대한 내재적 능력을 설명하는 데 사용된다. 마음챙김은 일어나는 모든 것에 대한 개방적 수용으로 바로 그 순간의 직접적인 경험에 주의를 집중시키는 훈련으로 내적 관조를 수련하고 동작자와 관조자 모두 내적 관조의 수련에 초점을 두게 되는데, 이 때문에 참동작이 체현화된 마음챙김 자각 훈련으로 정의된다.

동작하는 사람과 관조자의 관계

훈련의 핵심은 보는 것과 보이는 것을 경험하는 것, 즉 우리는 서로의 조율된 존재를 통해 온전함을 가진 존재로 태어났다는 역설을 반영한다. 초기 양육자는 아이의 거울과 같이 행동하며, "아기에게 자신을 보여 주는 역할"을 한다(Winnicott, 1964: Philips, 1988, p. 128에서 재인용). 관조자의 개방적이고 수용적이며 비판단적 태도는 안아 주기(holding) 환경을 제공하는데, 이는 안전과 신뢰감을 제공해 주는 정서적으로 조화된 관계적 영역에 대한 은유적 표현이다. 이러한 환경은 동작하는 사람이 가장 깊은 수준의 동적 현실성을 나타낼 수 있도록 하고, 타인의 존재 안에서 진실을 알도록 하며, 투사하지 않고 이를 받아들이도록 지원한다.

동작하는 시간은 일반적으로 동작하는 사람과 관찰하는 사람이 말하는 시간에 따라 달라진다. 이때 외적 관조자의 훈련은 동작하는 사람을 무의식적 관조로부터 보호하는 데 아주 중요하다. Adler(1994)는 "관조자는 보는 방법을 연습한다."(p. 194)라고 진술하였는데, 이는 단순히 동작하는 사람을 '보는 것'이 아니라 동작하는 사람에 반응하며 그들의 경험에 함께 참여하고 조화를 이루는 것을 말한다. 참동작은 타인을 관조하는 과정(대인적 조화) 동안 자신을 관찰하는(내성적 조화) 능력을 높이도록 훈련시킨다. "내적 조화를 연습하는 것은 우리가 타인을 더 잘 공감할 수 있도록 해 준다."(Siegel, 2012, p. 23)

Adler는 판단, 해석, 투사로부터 자유롭게 관조할 수 있도록 하는 나누기 과정을 위해 '나'라는 대명사를 사용하는 '지각 언어'(percept language; Weir, 1975) 개념을 소개했다(Adler, 2002). 예를 들어, 관조하는 사람은 동작하는 사람이 손으로 바닥에 부드럽게 원을 그리는 모습을 보고 아이가 모래를 가지고 노는 모습을 마음에 떠올릴 수도 있다. 관조하는 사람은 거기에 대해 슬픈 감정을 느끼고 해변과 슬픔이 연관된 특별한 경험에 관한 기억을 떠올릴 수 있다. 관조하는 사람은 "당신이 바닥에 부드럽게 원을 그리며 앉아 있는 모습을 보니까, 나는 내 안에서 나의 삶 중 초기 기억과 관련된 슬픔이 떠오르는 것을 느꼈습니다."라고 표현할 수 있다. 이때 관조하는 사람은 동작하는 사람 역시 슬픔을 경험했다고 가정해서는 안 된다. 관조자로서 말을 할 때 조심스럽게 주의를 기울이는 것은 표현과 존재의 통합과 진정성을 길러 주고 보호하는 것을 향상시키는 훈련을 하는 데 있어 아주 중요한 측면이다.

참동작이 심리치료사들에게 이상적인 훈련 양식이 되는 것은 이러한 관조와 말하기의 명확성에 대한 강조에 의한 것이며, 이는 Silverberg(1988)가 말한 수용성, 개방성, 평온한 집중에 뿌리를 두고 타인과 '함께 존재'하는 "치료적 공명(therapeutic resonance)"을 촉진한다(p. 25).

체현화된 마음챙김 훈련으로서 참동작

참동작 훈련의 핵심은 변화가 신체에 뿌리를 두어야 한다는 것을 이해하는 것이다. 신체는 미지로 나아가는 관문인 동시에 현재 순간에 닻을 내리는 것이라고 할 수 있다. "비록 동작에 대한 충동이 무의식적 근원에 따라 나타나기는 하지만, 그 충동을 나타내 보이는 신체는 자신 존재에 대한 사실에 단단히 뿌리를 내리고 있다."(Chodorow, 1978, p. 246)

삶의 순간에 대한 직접적이고 전상징적(pre-symbolic) 경험인 마음챙김은 "본질적으로 존재의 방식이며, 개인의 신체, 마음, 순간의 경험 안에 머무는 방식이다"(Shapiro & Carlson, 2009, p. 5). 이러한 비개념적인 알아차림 또는 '순수한 주의집중(bare attention)' (Gunaratana, 2011)은 거울과 같으며, 개방적이고 세심하며, 비판단적이고, 현재 순간을 있는 그대로 보도록 한다. 이것은 참동작 훈련이 처음부터 제공했던 제안이다. Mary Whitehouse가 공연이 아닌 재활과 치료로서 무용에 흥미를 가졌던 UCLA 학생들에게 그녀의 작업을 소개했을 때, 그녀는 자신의 지시 없이 어떻게 연습할 것인지를 물어보며 강연을 시작했다.

> 나의 감상은 대부분 활동과 동작에 따른 것이지만, 개인적인 것, 반영적인 것, 발견된 것 또는 자발적인 것은 아니다. 모두 학습된 것이다. 나는 그들에게 다리를 꼬고 앉아서 눈을 감고 있도록 하였다. 나는 어떤 것이 일어날 수 있는 빈 공간으로서 몸에 귀를 기울이는 개방적 기다림을 설명했다. 당신은 어떤 변화, 즉 신체가 가라앉거나 기울어지기 시작할 때, 머리가 천천히 떨어지거나 한쪽으로 쓰러지는 변화가느껴질 때까지 기다려야 한다. 느껴지기 시작한다면, 당신은 마치 당신의 발자국을 따라 열리는 길을 따라가듯이 그대로 따라가면 된다……. 자아는 천천히 동작이 무엇을 원하는지 알아가는 태도를 학습할 것이다(Whitehouse, 1987, pp. 52-53).

깊은 직관적 지혜와 날카로운 관찰력, 개방적 호기심에 관심을 갖게 된 Whitehouse는 마음챙김에 대한 고대의 지혜를 참동작이라고 불리는 체현화된 형태로 만들어 냈다. 훈련의 핵심은 지금 바로 여기에 주의를 기울이며 깊게 경청하는 것이며, 외부 관조자에게 눈에 보이거나 보이지 않는 동작으로 들어가는 감각과 충동으로서 의식에 떠오르는 그대로의 내적 가르침의 지혜에 마음을 개방하는 것이다.

Jon Kabat-Zinn(2005)은 이러한 고대의 본질적 지혜를 다음과 같이 설명하였다.

> 우리는 모두 마음 깊숙한 곳에 내적 평화와 안녕을 유지하고자 하는 능력을 가지고 있으며, 단순한 개념적 평화를 넘어설 수 있는 본태적 지혜를 가지고 있다……. 우리는 우리가 어디에 있든지 바로 여기에서 이를 위한 접근을 시도할 수 있으며, 그 시기는 우리가 언제나 마주하고 있는 바로 지금이다(pp. 7-8).

이는 참동작의 본질이다. 우리는 바로 이 순간에 신체의 직접적인 경험을 가지고 시작한다.

임상 및 훈련 적용

신체의 장: 내적 가르침의 지혜

나는 치료사이자 교사로서 40년간 참동작 훈련에 참여해 왔고, 심층적인 개별치료와 집단치료의 형태 그리고 다양한 이론적 방향을 가지고 학부와 대학원 과정의 치료사 훈련에서 이를 활용하였다. 내담자나 치료사가 되기 위한 학생들 모두에게 참동작은 내적 가르침이 신체를 통해 그들이 따라야 할 '가르침'을 알려 주는 지혜에 기초를 둔 교육임을 알려 준다.

제1과: 현재에 머무르고 이를 환영하기

참동작은 명상과 마찬가지로 내려놓음과 훈련을 요구한다. 여기에서는 충동, 감각, 심상, 느낌에 대한 완전한 집중을 요구하며, 알아차림에 따라 무엇이 나타나며 이것이 어떻게 행동으로 옮겨 가는지에 대해 주의를 기울여야 한다. 50대 중반 여성인 Joyce는 대학원 심리학 프로그램에서 요구하는 사항에 따라 신체 알아차림 과정을 이수하기 위해 나의 참동작 수업에 등록하였으며, 이 과정에서 처음 느낀 경험과 후에 나타난 치유적 변화를 다음과 같이 설명하였다.

> 동작하는 사람으로서 첫 경험 동안, 나는 지금 여기에서 내 신체에 무엇이 일어나는지 귀를 기울였다. 나는 오른쪽 등 위에 자리 잡은 고통을 알아차렸다. 나는 어딘가로 움직이겠다는 느낌보다는 묶여 있던 매듭을 잘라 내는 듯한 느낌으로 동작을 계속하였다. 오른쪽과 마찬가지로 왼쪽 측면도 무뎌지고 움직이지 않았으며, 특히 내 오른쪽 등 윗부분과 팔은 꼬이고 버둥거렸다. 동시에 나는 누군가 내 오른쪽 팔을 잡아당기는 듯한 느낌을 받았다. 이러한 패턴은 몇 주간 계속 나타났다.
>
> 세 번째 회기 즈음에 나는 다소 이완할 수 있었고, 이에 따라 오른쪽의 불편함과 싸

우기보다는 이 불편함 안에 머무를 수 있게 되었다. 다음 동작 시간에 나는 글쓰는 시간을 가졌다. 다음은 내 오른쪽 팔이 했을 것 같은 말들이다.

> 나는 바빠, 바빠. 나는 차갑지만 부드러운 나무 바닥을 느끼고 있어. 그러나 나는 너무 바쁘고 쉴 틈이 없어. 이제 나는 꿰매기 시작했어. 나는 오래된 상처들을 노란색 실로 꿰매고 있어. 나는 꿰매고 꿰매고 꿰매고 있어……. 너무 바빠. 여기저기를 꿰매고, 상체, 팔, 목, 머리. 눈이 너무 아파. 원운동을 하고 머리를 위아래로 움직여 봐야겠어. 그래, 그래. 나는 바쁘고 늙은 할멈이야. 아무도 내가 이 상처들을 꿰맬 수 있다고 믿지 않지. 그러나 내 마음 속 영혼의 조각을 봤고 나는 그것들을 꿰맬 수 있어. 그게 내가 가진 기술이고, 매우 능숙하고, 매우 바쁘지.

> 다음 회기에, 나는 등을 대고 누웠지만, 이번에는 내 몸 전체가 깨어나고 활동적이었으며, 마치 늙은 할멈이 몸의 양쪽을 잘 꿰맨 것처럼 전체성을 느낄 수 있었다. 나는 내 몸 안쪽과 바깥쪽 모두를 동시에 감지할 수 있었다. 내 몸의 반쪽이 다른 반쪽을 만나고 서로 어루만지고 있었다. 한쪽 발은 다른 쪽 발을 어루만졌다. 한쪽 팔은 다른 쪽 팔을 휘감았다. 그렇게 하나의 전체 또는 하나의 존재가 만나게 되었다. 나는 이러한 만남을 내적 감각과 동시에 외적으로도 경험하였다. 내 얼굴을 느끼며, 오뚝한 코와 부드러운 눈꺼풀의 감각, 올이 성긴 머리카락을 만졌다. 내 손가락과 손에 의해서 내 머리카락은 외적으로 어떻게 느끼는지, 내 머리는 내 손에 의해 부드럽게 당겨진 머리카락을 내적으로 어떻게 느끼는지 인식하였다.

동작하는 사람은 이 회기가 자신의 진정한 동적 감각을 일깨워 주었으며, 자신의 신체 동작에 대한 직접적이고 객관적인 연결을 보여 줌으로써 그녀로 하여금 새로운 안전함과 편안함을 느끼게 했다고 보고하였다. 그녀가 현재의 신체 감각에 머무르는 동안, '오래된 상처를 꿰매는 것'은 치유와 통합, 안전과 신뢰감으로의 길을 열어 주었다.

제2과: 돌아보기

감각은 내적 가르침의 지혜에 대한 지침 또는 출입구가 된다. 우리가 개방적이고 수용적인 태도로 현재에 머무르는 능력을 발달시키면, 신체는 우리의 경험을 제한했던 고정된 패턴을 드러내기 시작할 것이다. "즐겁든 즐겁지 않든 현재의 순간을 있는 그대로 알아차리는 것이 현실과 현실에 대한 우리의 관계를 변하게 하는 첫 단계가 된다."(Kabat-Zinn, 1993: Christopher et al., 2006, p. 497에서 재인용) 참동작은 이러한 압축된 패턴이 의식에 나타나, 자연스럽게 유기적으로 풀어지도록 하는 안전한 틀을 제공한다. 인생 전환점의 한가운데인 40대로 접어든 남성은 동작하는 사람으로서 참동작에 대해 다음과 같이 날카롭게 설명했다.

> 나는 공간에 들어선 뒤 경련이나 자극, 감각들을 있는 그대로 받아들이며, 내 몸에 어떤 일이 일어날지에 대해 개방적이고 수용적인 태도로 기다렸다. 나는 초조함을 느꼈고 오른쪽 어깨가 뒤로 당겨지고 머리는 앞으로 돌아가며, 오른쪽 손이 가볍게 왼쪽 손목을 움켜쥐는 것을 느꼈다. 이 자세는 내가 하루에도 몇 번씩 취하는 오래된 편안한 자세이다. 동작은 마치 그들 스스로 의도가 있는 것처럼 나타났다 사라지기를 반복했다. 그러고 난 후 내 오른손은 마치 매달리기라도 하듯이 절박하게 왼쪽 손목을 더 꽉 잡았고, 오른쪽 어깨는 더 꼬여 갔다. 갑자기 내 오른팔이 자유로워지면서 뒤쪽에서 나를 막아 주려는 것처럼 뒤로 흔들렸다. 나는 이러한 동작이 왼손을 편안하게 하는 것이 아니라 흔들리지 않도록 막아 주며 소중한 삶을 이어 나갈 수 있도록 하는 것이라고 느꼈다.

> 나는 야생동물에게 쫓기는 어린 시절의 반복적 악몽을 기억해 내고 난 후, 수십 년 만에 처음으로 손에 가죽 벨트를 들고 나를 때리려고 하는 술 취한 아버지가 집 주변에서 나를 쫓아왔던 것을 기억해 냈다. 나는 땀이 났고, 내 등 뒤에서 지속적인 팔의 동작과 내 몸의 리드미컬한 뒤틀림이 이러한 동작을 받쳐 주었다. 놀랍게도 갑자기 나는 고개를 돌려 뒤를 바라보았다. 뒤틀리던 어깨와 팔, 목이 이완되었다. 나는 바닥을 밟고 있는 내 발이 느껴졌다. 나는 내 발과 다리, 엉덩이의 힘과 팔의 자유로움을 살펴보

았다. 나는 내 안에서부터 "굴욕 또는 모욕, 어느 쪽을 선택할 것인가?" 라는 소리를 들었다. 나는 그것이 정확하게 무슨 의미인지는 모르겠다.

이번 활동시간 이후로, 습관적인 자세는 거의 완전히 사라져 버렸다. 이 자세가 다시 나타날 때, 나는 그것을 인식할 수 있고 즉각적 상황에서 거의 항상 두려움을 느끼게 하는 무언가를 찾을 수 있었다. 인식은 새로운 방식으로 반응하도록 하는 선택과 기회를 가져왔다. 나는 더 이상 인생에는 굴욕과 모욕이라는 두 가지 가능성만이 존재한다는 오래된 신념으로부터 자유롭게 되었다.

신체와 직접적인 연결을 취하는 능력이 사례에서 개방성과 수용성을 가지고 보게 되고, 친숙한 자세를 탐색하는 것은 동작자로 하여금 무의식적인 반응을 하기보다는 선택에 근거한 가능성을 만들어 내면서 새로운 방식으로 삶에 개방적으로 다가가도록 돕는다.

제3과: 자신에 대한 자비심 발달시키기

참동작의 본질은 우리가 현실을 개방적으로 바라볼 수 있도록 하는 자비심과 풍부한 내적 성찰의 수련이다. "우리는 인생에 껍데기를 씌우지 않고 개방적으로 바라보는 능력을 신뢰하게 된다." (Kornfield, 2009, p. 31) 질병이 마음챙김을 만나게 되면 자신에 대한 자비심을 수련하는 데 비옥한 토양이 될 수 있으며, 이는 심리치료사가 되기 위해 훈련 중인 30대 남자가 동작하는 사람이 되어 설명한 것에 잘 나타나 있다.

라임병(Lyme disease)을 진단받고 난 후, 나는 내 신체에 대해 끊임없이 생각해 왔다. 역설적이게도, 내 신체에 대한 이런 모든 집중은 신체에 대한 실제 경험을 일으키지는 않았다. 대신 나는 질병의 고통에 대한 두려움으로 내 신체의 반응을 무시했다. 참동작 훈련을 통해, 나는 더 깊이 있게 내 신체와 관계하는 방법을 배웠다. 동작 회기에서, 나는 바닥에 누워서 달래는 듯한 동작으로 내 다리와 엉덩이를 흔들었다. 나는 내 신체의 고통에 스며들며 이를 경청하였다. 이 고통은 내가 무시하려고 노력하던 것으로, 나는 동작 회기를 마치고 다음과 같은 글을 썼다.

> 나의 동작들은 내 엉덩이나 무릎, 등, 어깨, 손목, 발목 그리고 마음 깊숙이 있는 고통을 진정시키기 위한 것이다. 7년 동안 앓았던 병은 소리 없는 신체적 고통으로 나를 몰아넣었다. 나의 동작들은 나의 상처와 짐들을 수용하도록 하고, 나의 마음과 영혼, 심장을 진정시키며, 내 속을 진정시키기 위한 것이다. 내 가족들을 진정시키고, 나의 눈, 얼굴, 어깨, 가슴을 진정시킨다. 나의 다리를 진정시킨다. 이제 나는 키가 크고, 곧게 서 있고 개방적이다. 이제 나는 세상과 직면할 수 있다.
>
> 지금 이 시간은 진정으로 내 신체와 대면했던 길고 긴 시간 중 처음으로 있는 일이다. 그 효과로 나는 더 깊은 수준에서 고통 아래의 나 자신을 느낄 수 있다(Avstreih, 2008, p. 217).

여기에서 고통을 뛰어넘어 현재에 머무르도록 하는 내적 성찰의 직접적 경험으로 이끄는 연습은 "우리 중심에서 우리가 누구인지에 대한 깊고 신성한 감각에 접근"할 수 있는 가능성을 제공한다(Wallin, 2007, p. 165).

제4과: 관조적 태도(bearing witness): 자비심을 타인에게 확장하기

내적 관조가 안정감 있게 발달하면, 타인을 관조할 준비가 되고 이를 간절히 바라보는 시기가 오게 된다. 바라보다 보면, 타인을 바라보고자 하는 열망과 능력이 생기게 된다.

> 동작하는 사람과 관조자의 관계는 미묘하면서도 복잡하다. 비록 관조자는 그들 개인의 경험에 동참하지 않더라도, 그들 안에 존재하는 동작하는 사람은 생동하고 공명하며, 타인과 직접적으로 경험하도록 하는 잠재능력과 타인에 맞추어 공감적으로 조화를 이루는 능력을 기르도록 한다……. 자기와 타인 사이의 망상적 경계가 해제되면, 오직 자비로운 관찰만이 존재하게 된다(Avstreih, 2008, pp. 218-219).

다음은 동작하는 사람의 집단을 앉아서 관조한 경험이 있는 학생의 글이다.

> 나는 가장자리에 앉아 있었고, 동작하는 사람들과 친밀하게 연결되어 있다고 느꼈다. 나는 한 사람이 배를 대고 누워서 손은 머리에 대고, 손가락으로 머리카락을 부드럽게 어루만지는 것을 보았다. 나는 부드러움과 보살핌의 감각이 충만해졌다. 방의 다른 쪽에서 나는 다른 사람이 머리에 손을 대고 있는 것을 보았다. 이 사람은 꽉 끼는 공안에서 몸을 말고 있었으며, 손은 꽉 낀 채 정수리 위에 대고 있었다. 나는 두려움, 슬픔, 극심한 외로움을 느꼈다. 나의 마음은 양쪽 모두에 열려 있었다. 나는 두 사람과 깊게 연결되었고 공유된 인간 존재의 보편성을 깨달았다. 나는 나 자신의 뿌리가 확고함을 느낀 동시에 더 큰 무언가와 연결됨을 느꼈다.

참동작은 타인을 관조함으로써 자신을 관조하는 능력을 수련하도록 한다. '자기이해 알아차림'은 타인과 공명하는 능력을 향상시키고 스스로에 대한 구분된 자기감을 유지하도록 하며, 공감적 접촉을 형성하는 능력을 지원함으로써 고통에 빠진 타인이 현실에 머무르도록 하는 데 필수적인 평형상태와 치료적 기술을 유지하도록 한다(Siegel, 2012, pp. 22-23).

결론: 전체 순환의 도래

참동작은 우리를 신체의 학습장으로 초대한다. 여기에서 우리는 "대상이 실제로 어떻게 흘러가는지에 대한 친숙함"을 수련하고(Kabat-Zinn, 2005, p. 545) "인간 삶의 거대한 선물"에 대한 깨달음의 기회를 가진다(Kabat-Zinn, 2005, p. 608). 이는 치유의 첫 단계이며 의식과 자비심, 마음챙김적 알아차림으로 완전한 삶을 살아가며 우리의 생득적 완전성을 개성화하고 실현하기 위한 초대이다. Jung이 말했듯이, "개성화는 한 사람을 세상에서 단절시키는 것이 아니라 세상을 한 사람의 자기 안에 집중시킨다"(Jung: Preece, 2006, p. 74에서 재인용). 개별성은 상호 연결 안에서 꽃핀다. 우리는 우리 자신과 세상에 대해 완전한 존재로서 '춤을 춘다'.

참고문헌

Adler, J. (1992). "Body and Soul." In P. Pallaro (ed.) (1999) *Authentic movement: Essays by Mary Starks Whitehouse, Janet Adler and Joan Chodorow*. London and Philadelphia, PA: Jessica Kingsley Publishers.

Adler, J. (1994). "The Collective Body." In P. Pallaro (ed.) (1999) *Authentic movement: Essays by Mary Starks Whitehouse, Janet Adler and Joan Chodorow*. London and Philadelphia, PA: Jessica Kingsley Publishers.

Adler, J. (1995). *Arching Backward*. Rochester, VT: Inner Traditions.

Adler, J. (2002). *Offering from the Conscious Body: The Discipline of Authentic movement*. Rochester, VT: Inner Traditions.

Avestreih, Z. (2005). "Authentic movement and Buddhism." *A Moving Journal 13*, 3, 8-10.

Avestreih, Z. (2007). "Achieving Body Permanence: Authentic movement and the Paradox of Healing." In P. Pallaro (ed.) (2007) *Authentic movement: Moving the Body, Moving the Self, Being Moved*. London and Philadelphia, PA: Jessica Kingsley Publishers.

Avstreih, Z. (2008). "The Body in Psychotherapy: Dancing with the Paradox." In F. Kaklasuskas, S. Nimanheminda, L. Hoffman, & M. Jack (eds) *Brilliant Sanity: Buddhist Approaches to Psychotherapy*. Colorado Springs. CO: University of the Rockies Press.

Chodorow, J. (1978). "Dance Therapy and the Transcendent Function." In P. Pallaro (ed.) (1999). *Authentic movement: Essays by Mary Starks Whitehouse, Janet Adler and Joan Chodorow*. London and Philadelphia, PA: Jessica Kingsley Publishers.

Chodorow, J. (ed.) (1997). *Jung on Active Imagination*. Princeton, NJ: Princeton University Press.

Chodorow, J. (2007). "Inner-Directed Movement in Analysis: Early Beginning." In P. Pallaro (ed.) (2007) *Authentic movement: Moving the Body, Moving the Self, Being Moved*. London and Philadelphia: Jessica Kingsley Publishers.

Christopher, J. C., Christopher, S. E., Dunnagan, T., & Schure, M. (2006). "Teaching self care through mindfulness practices: The application of yoga, meditation, and qiqong to counselor training." *Journal of Humanistic Psychology 46*, 494-509.

Gunaratana, B. (2011). (First published 1991) *Mindfulness in Plain English*. Boston, MA: Wisdom Publications.

Jung, C. G. (1969). "The Structure and Dynamics of the Psyche." In *The Collecte Works of C. G. Jung*. Vol. 8. London: Routledge and Kegan Paul.

Kabat-Zinn, J. (1993). "Mindfulness Meditation: Health Benefits of an Ancient Buddhist Practice." In D. Goleman & J. Gurin (eds) *Mind/body Medicine*. New York: Consumer Reports Books.

Kabat-Zinn, J. (2005). *Coming to Our Senses: Healing Ourselves and the World Through Mindfulness*. New York: Hyperion.

Kornfield, J. (2009). *The Wise Heart: A Guide to the Universal Teachings of Buddhist Psychology*. New York: Bantam Books.

Levy, F. (2005). *Dance/movement therapy: A Healing Art*. Reston, VA: American Alliance for Health, Physical Education, Recreation and Dance.

Lowell, D. (2007). "Authentic movement." In P. Pallaro (ed.) (2007) *Authentic movement: Moving the Body, Moving the Self, Being Moved*. London and Philadelphia, PA: Jessica Kingsley Publishers.

Philips, A. (1988). *Winnicott*. Cambridge, MA: Harvard University Press.

Preece, R. (2006). *The Wisdom of Imperfection: The Challenge of Individuation in Buddhist Life*. Ithaca, NY: Snow Lion Publications.

Shapiro, S. L., & Carlson, L. E. (2009). *The Art and Science of Mindfulness: Integrating Mindfulness into Psychology and the Helping Professions*. Washington, DC: American Psychological Association.

Siegel, D. (2012). *Pocket Guide to Interpersonal Neurobiology: An Integrative Handbook of the Mind*. New York and London: W.W. Norton and Company.

Silverberg, F. (1988). "Therapeutic resonance." *Journal of Contemplative Psychotherapy 5*, 25-42.

Wallin, D. (2007). *Attachment in Psychotherapy*. New York and London: The Guilford Press.

Weir, J. (1975). "The Personal Growth Laboratory." In K. D. Benne, L. P. Bradford, J. R. Gibb, & R. O. Lippitt (eds) *The Laboratory Method of Changing and Learning: Theory and Application*. Palo Alto, CA: Science Behavior Books.

Whitehouse, M. S. (1958). "The Tao of the Body." In P. Pallaro (ed.) (1999) *Authentic movement: Essays by Mary Starks Whitehouse, Janet Adler and Joan Chodorow*. London and Philadelphia: Jessica Kingsley Publishers.

Whitehouse, M. S. (1979). "C. J. Jung and Dance Therapy: Two Major Principles." In P. Pallaro (ed.) (1999) *Authentic movement: Essays by Mary Starks Whitehouse, Janet Adler and Joan Chodorow*. London and Philadelphia, PA: Jessica Kingsley Publishers.

Whitehouse, M. S. (1987). "Physical Movement and Personality" In P. Pallaro (ed.) (1999) *Authentic movement: Essays by Mary Starks Whitehouse, Janet Adler and Joan Chodorow*. London and Philadelphia, PA: Jessica Kingsley Publishers.

Winnicott, D. W. (1964). "Mirror-Role." In *The Family and Individual Development*. London: Tavistock.

Winnicott, D. W. (1965). "The Theory of the Parent-Infant Relationship." In *The Maturational Processes and the Facilitating Environment*. London: Hogarth Press.

Chapter 14

포커싱 기반 예술치료:
마음챙김과 연민 함양 및 내적 지혜에 대한 접근

-Laury Rappaport

포커싱 기반 예술치료(Focusing-Oriented Arts Therapy: FOAT)는 Eugene Gendlin의 포커싱(Focusing, 초점부여)을 예술치료와 통합하여 마음챙김을 기반으로 하는 접근법이다(Rappaport, 2014, 2013, 2012, 2010, 2009, 2008). 포커싱은 표현예술치료에 마음챙김 측면을 더하여, 신체 경험을 바탕으로 내담자의 내적 깨달음에 접근하고, 더 큰 연민을 기르며, 내담자가 경험하는 과정에서 순간순간 펼쳐지는 것에 적절히 대응하는 기술을 향상시키기 위한 것이다. Rome과 Martin(2010)은 "세 가지 필수적인 내면의 기술, 즉 자기인식(self-knowing), 현존의 돌봄(caring presence), 직관적 통찰(intuitive insight)을 함양하는 서양철학 및 심리학에서 가져온 명상 훈련"(p. 60)으로 포커싱을 설명한다. 그 밖에도 포커싱 전문가들은 포커싱과 불교, 다른 종교적 전통 간의 유사점에 대해 기술하기도 하였다(Chutroo, 2003; Focusing Institute, 2013).

이론체계

마음챙김 기반 접근으로서의 포커싱 기반 예술치료(FOAT)

포커싱 기반 예술치료의 발달 및 개관

나는 개인, 커플, 가족, 집단 및 조직과 같은 다양한 장면에서의 광범위한 임상 집단을 대상으로 한 30년 동안의 경험을 바탕으로 표현예술치료에 포커싱을 적용한 포커싱 기반 예술치료(FOAT)를 개발하였다. 포커싱 기반 예술치료는 Eugene Gendlin (1981, 1996)이 사람들에게 포커싱을 가르치기 위해 개발한 최초의 6단계 방법과 포커싱 기반 예술치료 훈련에 근거를 두고 있다. 포커싱 기반 예술치료는 일련의 기초 원리와 네 가지 주요 접근법인 포커싱 기반 예술치료 체크인(FOAT Check-In), 예술을 활용한 공간 만들기(Clearing a Space with the Arts: CAS-Arts), 주제지향 포커싱 기반 예술치료(Theme-Directed FOAT), 포커싱 기반 예술심리치료(Focusing-Oriented Arts

표 14-1 포커싱 기반 예술치료와 마음챙김 사이의 상호연관성

포커싱 기반 예술치료	마음챙김
기본 원리: 현존(presence), 안전감 구축하기(grounding), 느낌감각(felt sense), 포커싱적 태도(Focusing Attitude), 임상적 고려사항(clinical sensitivity), 경청(listening)/반영(reflection)	마음챙김 확립, 깊은 경청
포커싱 기반 예술치료 체크인(FOAT Check-In)	마음챙김적 알아차림(mindful awareness) 함양, 연민과 통찰(지혜)
예술을 활용한 공간 만들기(CAS-Arts)	동일시하지 않으면서 기분과 체험에 대해 명명하기, 마음챙김의 질에 접근하기
주제지향 포커싱 기반 예술치료(Theme-Directed FOAT)	마음챙김, 연민 및 통찰(지혜) 함양
포커싱 기반 예술심리치료(Focusing-Oriented Arts Psycho-therapy)	마음챙김, 연민 및 통찰(지혜) 함양
감정 전환: 네 가지 포커싱 기반 예술치료(FOAT) 접근법의 임상 및 훈련 적용 참조(pp. 308-320)	Thich Nhat Hanh의 감정 전환 5단계 참조(p. 307)

Psychotherapy)로 구성되어 있다.

포커싱 기반 예술치료와 마음챙김이 서로 어떻게 연결되어 있는지 〈표 14-1〉에 요약하여 제시하였다.

포커싱 기반 예술치료의 기본 원리: 마음챙김 확립

포커싱 기반 예술치료의 기본 원리인 현존(presence), 안전감 구축(grounding), 포커싱적 태도(Focusing Attitude), 경청과 반영(listening and reflection), 임상적 민감성(clinical sensitivity)은 마음챙김을 확립하도록 하며, 모든 치료 단계에서 내담자를 존중하고 안정을 보장하도록 설계되어 있다.

현존

마음챙김적 알아차림은 치료사의 다음과 같은 존재 감각에서 시작된다. "당신은 여기에 존재하고 내담자를 받아들일 준비가 되어 있습니까? 당신은 자신의 신체와 감각, 마음, 영혼 속에 존재합니까? 당신은 연민을 가지고 경청할 준비가 되어 있습니까? 당신은 자신의 문제를 깨닫고 있으며, 그 문제들을 지금 여기에서 분리할 수 있습니까?" 즉, 포커싱 기반 예술치료에서 현존은 현재 이 순간에 자비로운 수용을 통해 알아차리는 마음챙김과 유사하다.

포커싱적 태도

포커싱적 태도는 수용, 무비판 그리고 내적 느낌감각을 반기는 '친절하게 대하기'로 특징지을 수 있으며 이는 자기연민을 함양한다. Rome(2004)은 포커싱적 태도에 대해 "주인(maître)이라 불리는 불교의 덕, 즉 자애 또는 스스로를 향한 친절과 같다. 그것은 자기 자신과 친구가 되는 강력하고 때로는 꽤 신비한 힘을 가진 것이다."(p. 63)라고 기술하고 있다.

안전감 구축하기

포커싱을 하는 동안 예기치 않은 감정이나 문제가 올라올 수 있다. 포커싱 전에 치료사가 내담자에게 안전감 구축하기나 중심화 훈련, 즉 마음챙김 호흡, 땅을 밟고 있는 발에 대한 신체 자각과 같은 훈련이 도움된다. Thich Nhat Hanh(1991, 2001, 2012)은 강력한 감정을 다루기 전에 먼저 몸과 마음을 차분하게 만드는 마음챙김의 호흡이 중요하다고 기술하고 있다.

경청과 반영

포커싱 기반 예술치료에서 치료사는 체험적 경청, 예술적 반영, 비언어적 의사소통(예: 몸짓, 에너지, 동작)을 통해 연민적 이해를 나타낸다. 깊은 경청은 마음챙김에서 가장 기본이 되는 것이다. Hanh(2001)은 "연민을 가지고 경청하는 것은 다른 사람의 고통을 덜어 줄 수 있다……. 연민을 갖고 듣는 것은 매우 심오한 훈련이다."(p. 4)라고 말하고 있다.

임상적 고려사항

내담자 각각의 욕구나 취약점, 강점에 마음을 기울이고, 이에 따라 포커싱 기반 예술치료를 적용하는 것이 중요하다. 예를 들어, 포커싱과 마음챙김은 종종 눈을 감은 상태에서 이루어진다. 그러나 외상 초기 단계에 있는 내담자 또는 중증 정신질환 급성 단계에 있는 환자의 경우 눈을 감은 상태에서는 편안함을 느끼지 못할 수 있다(Rappaport, 2009, 2010). 이러한 경우, 포커싱 기반 예술치료와 마음챙김 모두 내담자로 하여금 집단을 향해 시선을 유지하고 부드럽게 응시하도록 요청하는 등 눈을 뜨고 실시할 수도 있다.

포커싱 기반 예술치료 접근법과 마음챙김의 상호연관성

포커싱 기반 예술치료(FOAT)의 네 가지 접근법은 독특한 방식으로 마음챙김을 함양하게 한다.

포커싱 기반 예술치료 체크인: 포커싱 태도 및 느낌감각

포커싱 기반 예술치료 체크인(FOAT Check-In)은 내담자로 하여금 잠시 멈출 기회(마음챙김적 알아차림과 자신의 체험에 대한 느낌감각에 '친절'해지는 포커싱적 태도를 가져오도록 하는)를 제공한다. 느낌감각(felt sense)은 경험이나 감정 혹은 문제에 대한 그 사람 내면의 신체적 감각이다. 시간이 지나 포커서(초점을 맞추는 사람)는 느낌감각에 맞는 '상징/명칭'—단어, 어구, 이미지, 몸짓 또는 소리—이 있다면 그것을 보도록 요청받는다. 포커서는 정확한 감각을 확인하거나 '상기한다(resonates)'. 그다음 포커서는 표현예술을 통해 느낌감각에 대한 명칭/상징을 표현한다.

느낌감각에서 찾아낸 단어나 어구는 자연스럽게 글이나 시, 미술 속 이미지, 동작 또는 무용 속 제스처, 음악 · 목소리 · 소리 탐색을 통한 소리로 나타난다. 예술적 표현 없이도 포커서는 간단하게 포커싱 기반 예술치료 체크인을 할 수 있다. 포커싱 기반 예술치료 체크인의 목적은 "명상에는 두 가지 측면이 있는데, 멈추기(stopping)와 평정심(calming)이 그 첫 번째요, 깊이 들여다보기(looking deeply)가 두 번째이다." (p. 89)라는 Thich Nhat Hanh(1991)의 명상에 관한 설명과 유사하다.

예술을 활용한 공간 만들기

예술을 활용한 공간 만들기(CAS-Arts)에서 포커서는 바로 지금 '모두 좋다' 또는 현존을 느끼는 데 걸림돌이 되는 것[일생 동안의 모든 문제 또는 스트레스 요인이 아니라 현 순간 자신의 안녕감(well-being)에 영향을 미치는 약 3개에서 6개 정도의 문제 또는 스트레스 요인]에 대한 목록을 작성한다. 각각의 스트레스 요인이 발생할 때 그것은 운동감각적으로 감지되는데, 이때 포커서는 그러한 스트레스 요인을 몸의 외부, 즉 괜찮다고 느껴지는 거리에 상징적으로 옮겨 놓는 데 예술을 이용하거나 또는 그렇게 하는 모습을 상상해 본다. 즉, 표현예술은 스트레스 요인을 신체 밖에 위치시킬 수 있도록 구체화한다.

스트레스 요인을 신체 외부에 두는 것(상상을 통해서든 혹은 예술을 활용하든)은 포커서가 그것(스트레스원)과 탈동일시하는 것을 돕는다. 포커서는 그러한 스트레스 요인과는 별개의 '나'를 인식하게 되는 것이다. 일단 문제를 분리하게 되면, 포커서는 '최상의(All Fine)' 내면의 장소를 깨닫게 되고, '최상의 장소(All Fine Place)'와 일치하는 명칭/상징을 찾을 수 있도록 안내받는다. 이는 포커서가 고요한 자기의 온전한 면에 접근하여 뿌리내릴 수 있도록 도와준다(Castailia, 2010; Lee, 2011; Rappaport, 2009; Weiland, 2011; Weiner, 2012).

Thich Nhat Hanh(1991)이 말했듯이, "화, 슬픔, 기쁨 또는 행복처럼 감정에 이름을 붙여 부르는 것은 우리가 그것을 분명히 확인하고 보다 깊이 깨닫도록 한다"(p. 51). 예술을 활용한 공간 만들기는 각각의 문제에 이름을 붙이도록 도와주며, 흔히 평화롭고 고요하며 광대하다고 표현될 정도로 우리의 안녕감에 내재하는, 고유한 장소에 접근할 수 있도록 도와준다. 예술을 활용한 공간 만들기에는 내담자의 다양한 욕구를 충족할 수 있는 네 가지 방법이 있다. 비지시적 접근법, 지시적 접근법, 구체적 접근법, 하이브리드 접근법(구체적 접근법과 비지시적 또는 지시적 접근법의 결합)이 그것이다. 구체적 공간 만들기(CAS)는 눈을 뜨고 실시하는 반면, 비지시적 접근법과 지시적 접근법은 흔히 눈을 감고 실시한다(자세한 기술은 Rappaport, 2009를 참조하라).

주제지향 포커싱 기반 예술치료

집단이 초점을 가질 수 있도록 연민, 감사, 용서, 관용 등과 같은 마음챙김 주제를 제공한다. 예를 들어, 포커서는 자신의 삶에서 연민의 스승이 되었던 무엇인가를 인식하게 될 것이다. 그것은 아마 사람, 애완동물, 영적 원천 또는 자연의 무엇일 수 있다. 포커서는 호기심을 갖고 친절한 태도로 신체 안에서 일어나는 마음챙김을 알아차리고, 연민의 스승이 주는 감각을 느낄 수 있도록 지도받는다. 다음으로, 포커서는 느낌감각과 일치하는 상징(단어, 어구, 이미지, 몸짓 또는 소리)이 있는지 살펴보고, 이것을 예술로 표현한다.

주제지향 포커싱 기반 예술치료에서 나는 종종 마음챙김 훈련[마음챙김 호흡, 마음챙김 걷기, (Thich Nhat Hanh의 가르침에 근거한) 조약돌 명상(Pebble Meditation)]을 가르치고, 이어서 포커싱과 표현예술을 실시한다(부록 1 및 Rappaport, 2009 참조).

포커싱 기반 예술심리치료

포커싱 기반 예술심리치료에서 포커싱, 경청 및 표현예술은 심리치료 전개 과정 전반에 걸쳐 서로 밀접한 연관성을 가진다. 포커싱적 태도는 내담자가 문제나 상황, 경험에 대한 느낌감각을 체험함과 동시에 자기 자신을 관조하며 접촉할 수 있도록 한다. 이것은 특히 감정에 압도되어 있을 때나 강렬한 감정을 다루는 데 유용하다. 포커싱적 태도는 Thich Nhat Hanh(1991)이 다음과 같이 기술한 마음챙김적 관찰 그리고 감정에 압도되지 않는 능력을 기르는 데 좋다.

> 마음챙김적 관찰은 '불이(不二, non-duality)'의 원리에 기초한다. 우리의 감정은 우리로부터 분리되지 않거니와 한낱 우리 밖의 무언가로 인해 생기지도 않는다. 우리의 감정이 바로 우리이며, 지금 이 순간 우리가 그 감정이다. 우리는 그 감정에 빠지거나 위협받지 않으며, 그것을 거부하지도 않는다(p. 52).

표현예술은 느낌감각 체험에 관여하면서도 고요한 중심에 접근하는 능력을 강화시킬 수 있는 도구를 제공한다.

감정 전환: 마음챙김과 포커싱 기반 예술치료

Thich Nhat Hanh은 감정 전환을 위한 마음챙김의 다섯 단계를 제시하였다. (1) 감정 인식하기, (2) 감정과 하나 되기, (3) 감정을 고요하게 하기, (4) 감정 내려놓기 그리고 (5) 깊이 들여다보기가 그것이다. Thich Nhat Hanh은 2단계 감정과 '하나 되기'를 다음과 같이 명확히 설명하였는데, 이는 포커싱적 태도나 느낌감각과 유사하다.

> "두려움아, 멀리 가 버려. 나는 네가 싫어. 너는 내가 아니야."라고 말하지 않는 것이 가장 좋다. "두려움아, 안녕. 오늘은 어때?"라고 말하는 것이 훨씬 더 효과적이다. 그러면 당신은 자신의 두 가지 측면인 마음챙김과 두려움을 불러와 친구처럼 악수하고 하나가 될 수 있다(pp. 53-54).

그는 '감정을 깊이 들여다보기(looking deeply)'에 대해 다음과 같이 상세히 기술하였다. "고요하게 하고 놓아 버리는 것(calming and releasing)은 증상에 대한 단순한 처방에 불과하다……. 들여다보기를 통해 당신의 감정이 변화하도록 도울 수 있다(p. 55)." 예술치료는 깊이 들여다보는 방법을 제공한다.

Thich Nhat Hanh의 감정 전환 5단계는 다음의 네 가지 포커싱 기반 예술치료 접근법의 임상 및 훈련 사례에 반영되었다.

임상 및 훈련 적용

포커싱은 마음챙김과 마찬가지로 시간이 지남에 따라 깊어지는 훈련이다. 그것은 심리치료에 적용하는 단순한 기법 이상의 것으로, 오히려 더 큰 연민과 지혜로 살아가는 삶의 기술이라고 할 수 있다. 포커싱 또는 포커싱 기반 예술치료 전문가가 되기 위한 훈련은 내면을 외부로 이끌어 내는 방법을 포함한다. 여기에 제시된 경험과 사례는 치료사의 훈련 및 내담자와의 작업에 사용하였다.

포커싱 기반 예술치료 체크인: 포커싱적 태도 및 느낌감각

포커싱 기반 예술치료 체크인은 내담자가 지금 현재 어떠한 상태인지 마음챙김을 할 수 있도록 하는 회기 초반부, 신체적 느낌감각을 얻기 위해 감정에 완전히 집중해야 하는 회기, 표현예술 개입 전후, 회기 마무리에 시행할 수 있다.

▣ 사례: Heather

Heather가 만성 통증 및 허약성, 다른 많은 증상으로 희귀병 진단을 받은 것은 20대

> **글상자 14-1** 포커싱 기반 예술치료 체크인 연습
>
> 몸 안으로 몇 차례 깊은 숨을 들이마십니다. 숨이 당신의 몸으로 들어오고 빠져나가는 것에 집중하면서, 무엇이든 당신이 앉아 있는 여기 모든 것의 지지…… 땅의 지지…… 하늘의 지지를 느껴 보세요. 이제 준비가 되었으면, 당신의 신체 내부에 부드럽게 귀 기울여 보세요. 당신의 감각, 에너지, 감정 등에서 바로 지금 당신이 어떠한지 그저 알아차리기만 합니다. 무엇이든 지금 발견한 것에 집중하면서…… 친근하게 맞이합니다(잠시 멈춤). 내면의 느낌감각과 일치하는 단어, 어구, 이미지, 몸짓 또는 소리가 있는지 찾아보세요. 그것이 알맞은 것인지 살펴보세요. 알맞은 것을 찾았다면 느낌감각을 예술방식으로 표현해 보세요.

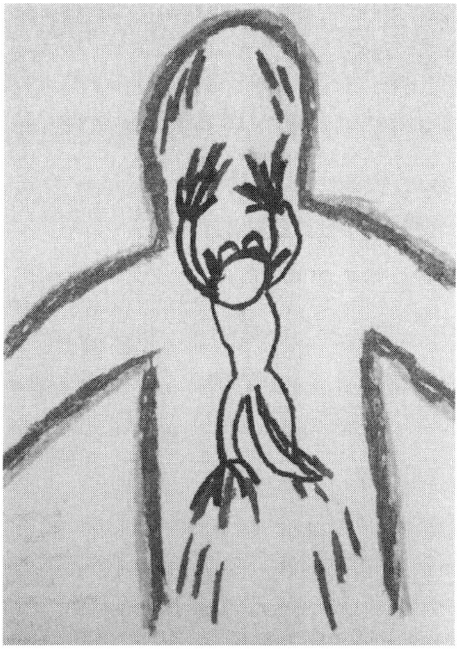

그림 14-1 포커싱 기반 예술치료 체크인

후반이었다. 그녀는 이 질병을 극복하기 위해 수많은 약을 복용하고 항암 화학요법을 받아야만 했다. 집단 훈련 동안, 나는 이 집단에 포커싱 기반 예술치료 체크인 방식으로 접근하였다.

Heather는 빨간색 윤곽선으로 신체 이미지를 그렸는데, 신체 내부에는 작은 검정색 형체가 몸을 할퀴고 있었다([그림 14-1] 참조).

그녀는 그 느낌을 다음과 같이 공유했다.

미술로 포커싱을 하기 전에, 나는 증오심에 가득 찬 내 고통과 분노에 대해 생각했습니다. 질병은 빨간색으로 된 사람 안에 있는 검은색 발톱이라는 생명체로 상징화하였습니다.

그 생명체는 몸 안에서 피 묻은 빨간 상처를 내며 할퀴고 긁고 있었습니다.

이후 Heather는 계속 포커싱적 태도로 작업하였다. 그녀는 '이 질병을 더 받아들이는 건 어떨까, 어떤 기분일까?'라고 상상하며 신체 감각에 집중하였다. 이번에는 Heather의 느낌감각 상징이 작고 밝은 노란색 빛으로 둘러싸인 파란색 형체로 나타났다([그림 14-2] 참조).

그녀는 그 느낌을 다음과 같이 공유했다.

> 내가 그것에 대해 '친절한' 태도를 보이자, 나는 그 생물체가 갇혀 있고 무서운 데다 혼란스럽기 때문에 몸 안에서 할퀴고 긁고 있다는 것을 알게 되었습니다. 그것은 꼭 나쁜 것은 아니었고 악의는 없었습니다. 그것은 순수했고 자유로워지려고 노력하고 있었습니다.

> 이제 그 형체는 노란색 빛으로 둘러싸인 파란색이며…… 지금 그 생물체를 부드럽게 안고 있어요. 지금 팔에 파묻혀 고이 자고 있네요. 나의 고통이 순수하고 겁에 질려

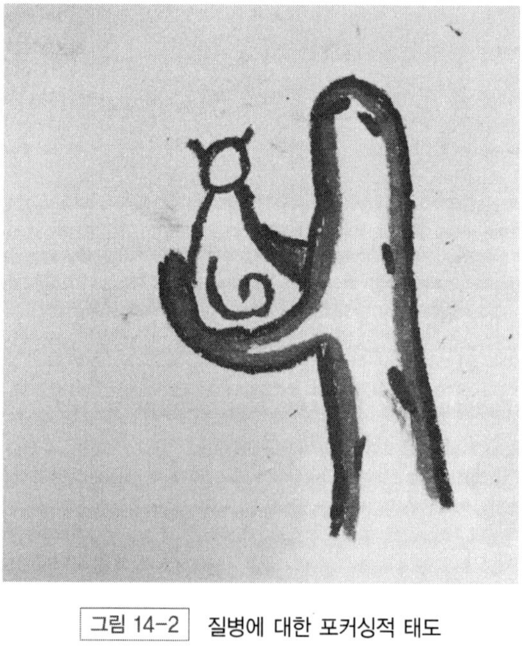

그림 14-2 질병에 대한 포커싱적 태도

> 있는 모습을 보며 나 자신에게 더 큰 연민을 가지게 되었습니다. 생물체를 부드럽게 안고 있는 모습에서, 나는 실제로 두렵고 상처 난 나의 취약한 부분을 부드럽게 안고 있었습니다. 아직은 그 형체 안에서 발톱 자국을 볼 수 있어요……. 그러나 지금 그 자국들은 빨간색이 아닌 검은색이고…… 새로운 상처라기보다는 흉터의 치유를 상징합니다(Rappaport, 2013, pp. 229-230).

이 사례에서 우리는 Thich Nhat Hanh의 감정 전환 단계를 모두 볼 수 있다. 포커싱을 통해 마음챙김적 알아차림을 자신의 몸 안으로 가져옴으로써, Heather는 우선 자신의 감정을 인식할 수 있었다. 다음으로 느낌감각을 찾는 시간을 가짐으로써 그 느낌과 하나가 될 수 있었다. '친절하게' 대하는 포커싱적 태도는 그녀의 감정을 고요하게 하는 데 도움이 되었다. 그리고 Heather는 표현예술을 통해 그 감정을 놓아 버릴 수 있었다. 포커싱과 미술 모두 그녀가 깊이 들여다보도록 도왔는데, 우선 그 생물체가 무서워하고 있고 악의는 없다는 것을 알아차리게 하였다. 또한 질병을 좀 더 받아들이자 자신의 약한 부분에 대해 자기연민이라는 내적 감각을 취할 수 있었다. 포커싱 기반 예술치료에서 감각 변화(felt shift) 또는 전환(Gendlin, 1981)은 미술과 신체 체험 모두에서 살펴볼 수 있다.

예술을 활용한 공간 만들기(CAS-Arts)

예술을 활용한 공간 만들기는 스트레스 감소, 감정조절, 그리고 우리 각자가 가진 내면의 편안하고 고요한 중심과의 연결을 강화하는 데 유익하다. 이 활동은 매일 일상적 연습이 가능하고 치료사와 내담자의 자기치유에도 유용하다.

▣ 사례: Indra

Indra는 훈련 집단의 학생이었다. 나는 (비지시적) 예술을 활용한 공간 만들기에서 이 집단을 이끌었다.

글상자 14-2 예술을 활용한 공간 만들기 연습

몸 안으로 깊은 호흡을 몇 번 하면서…… 지금 안에서 무슨 일이 일어나든 친절하게 맞이합니다. 편안한 장소에 있는 자기 자신을 상상합니다. 준비가 되면, "나와 '모두 좋다'는 느낌 사이를 방해하고 있는 것은 무엇이 있는가?"라고 질문해 봅니다. 각각의 근심이 다가오면, 그것에 깊이 들어가지 말고 그냥 알기만 하십시오. 그 문제를 당신의 몸 밖으로, 당신과 떨어진 곳에 둘 방법을 상상합니다. 걱정을 꽁꽁 싸서 당신에게서 멀리 분리시키기, 근처 공원 벤치에 놓거나 당신이 상상하는 어떤 이미지라도 좋습니다. 각 문제를 분리시킬 때, 내적으로 어떻게 느끼는지 감지하십시오. 다시 확인하세요……. 그 모든 것이 없으면, 나는 '모두 좋은가?' 그리고 다른 무슨 일이 생기는지 살펴보세요.

근심이나 스트레스 요인을 분리시킬 때, 당신의 내면이 어떠한지 주목합니다.

'최상의 장소(All Fine Place)'에 대한 당신의 내적 느낌감각과 일치하는 이미지가 있는지 찾아보세요. 준비가 되면, 예술을 활용해서 당신의 경험을 표현하세요. 어떤 사람들은 '최상의 장소'만 만들기도 하고, 반면 다른 사람들은 분리한 스트레스 요인과 '최상의 장소'를 포함하는 것을 좋아하기도 합니다. 당신에게 적합하다는 것을 믿으세요.

포커싱을 안내받은 후, Indra는 자신의 경험에 대해 다음과 같이 공유하였다([그림 14-3] 참조).

> 각각의 문제를 자각하게 되면서, 나는 그것을 한 꾸러미씩 싸는 모습을 상상했습니다. 먼저, 내 상사에 대한 분노를 주황색 포장지 위에 두는 것을 상상했습니다. 그것을 거기에 놓으면서, 나는 가벼운 안도의 한숨과 함께 보다 깊이 심호흡하고 있는 자신을 발견했습니다. 다음으로, 모든 인스턴트 음식을 먹어 왔던 '나'를 택해 갈색 종이봉투에 쌌습니다. 나는 강 건너로 그것을 던져 버리는 상상을 했습니다. 내 몸속으로 엄청나게 가벼운 감각이 들어오는 것이 느껴졌습니다. 나는 또한 다른 사람들이 나에 대해 어떻게 생각할지, 충분히 연습하지 않는다고 생각하는 것은 아닌지 걱정하는 불안을 포장했습니다. "그 모든 것이 없다면, 나는 모두 좋은가?"라고 마음속으로 자문해 보라고 치료사가 말했을 때, 나는 내게 의미 있는 일을 찾는 것이 얼마나 힘든지 떠올리

그림 14-3 예술을 활용한 공간 만들기

며 슬퍼졌습니다. 나는 그것을 보라색 포장지에 싸고는 나에게서 너무 멀리 떨어지지는 않은 곳에 놓는 상상을 했습니다.

그 모든 것을 분리시켜 놓은 후, 나는 지지받고 있다는 느낌과 함께 내 몸에서 따뜻한 공간을 찾아냈습니다. 찾아낸 느낌감각과 일치하는 이미지는 해나 달 같은 원 안에 있는 나 자신의 모습이었습니다. 나는 나를 둘러싼 꽃이 핀 들판에서 쉬고 있는 것처럼 몸을 맡기는 느낌을 받았습니다. 예술을 활용한 공간 만들기는 내가 무언가 평화롭고 한층 더 편안하게 접촉할 수 있도록 도와주었습니다. 그리고 내가 그것을 다룰 준비가 되었다고 느낄 때, 내가 문제를 선택할 수 있다는 것을 느끼게 되었습니다.

Indra의 사례는 예술을 활용한 공간 만들기를 통한 감정 전환을 잘 보여 주고 있다. '모두 좋다'는 감정을 방해하는 것에 대한 자각은 느낌을 알아차리는 데 도움이 되었다. 그녀는 각 문제를 자각함으로써 각각의 느낌과 '하나'가 되고, 그것을 수용함으로써 그 감정을 '고요하게' 할 수 있었다. Indra는 그 느낌을(예술을 활용한 외현화 작업을 통해) 떨어지게 둠으로써 '놓아 버릴 수' 있었다. 또한 '깊이 들여다보면서', Indra는 자신이 준비되었다고 느낄 때 각 문제를 보고 다룰 수 있는 평온하고 고요한 자신의 중심을 찾을 수 있었다.

주제지향 포커싱 기반 예술치료

주제지향 포커싱 기반 예술치료에서는 내담자 또는 집단의 요구에 적절한 주제가 제시되고, 이후 포커싱과 표현예술이 이어진다. 이 사례에서는 마음챙김적 호흡이 주제로 주어졌다.

▣ 사례: Rita

Rita는 어린 시절 아동학대를 겪은 50대 생존자였다. Rita는 외상에 대해 충분히 작업한 후에도 여전히 반복적으로 분노와 불신에 빠지곤 했다. 그녀는 마음챙김에 관심이 있었기 때문에, 나는 마음챙김 호흡을 통해 그녀의 참된 평화(peaceful center)와 연결될 수 있도록 도왔다.

마음챙김 호흡

우리는 종소리와 함께 매 회기를 시작하였다. 나는 Rita에게 "종소리를 들으면서 당신의 호흡을 즐겨 보세요. 숨을 들이쉬면, 내가 숨을 들이쉰다는 것을 압니다. 숨을 내쉬면, 내가 숨을 내쉰다는 것을 압니다. 몸 안으로 들이쉬고 몸 밖으로 내쉬는 호흡을 알아차리면서, 생각이나 감정, 감각이 하늘의 구름처럼 스쳐 지나가는 것을 바라봅니다."라고 안내하였다.

"침착하게 숨을 들이쉬고, 편안하게 숨을 내쉽니다."와 같은 단어나 문구를 추가하거나 대체할 수도 있다. 또한 Thich Nhat Hanh(2001)은 힘든 정서를 다루는 방법에 대해 다음과 같이 가르치고 있다. "숨을 들이쉬며, 나는 화가 났음을 안다. 숨을 내쉬며, 화가 아직도 있구나." 나는 내담자 요구에 따라 이러한 가타*(gathas, 짧은 문구)를 적절히 조절하여 사용하였다.

포커싱 기반 예술치료

나는 5~20분 후에 Rita가 마음챙김 호흡에서 느낌감각을 찾아내고, 그러한 느낌감각과 일치하는 단어, 어구, 이미지, 몸짓 또는 소리가 있는지 살펴보도록 하였다(〈글상자 14-3〉 참조). Rita는 콜라주([그림 14-4] 참조)로 마음챙김 호흡에서 얻은 느낌감각을 표현하였다. 그녀는 마음챙김, 포커싱 및 표현예술을 통한 연습을 매일 계속해 나갔다.

글상자 14-3 느낌감각에 접근하기

이제, 당신이 몸의 안과 밖으로 호흡이 움직이는 것을 아는 것처럼 당신 몸의 감각을 알아차립니다……. 바로 지금 당신의 내면이 어떠한지 집중하면서…… 지금 그것을 어떻게든 환영하고 친근하게 맞이합니다. 내적 느낌감각과 일치하는 단어나 어구, 이미지, 몸짓, 소리가 있다면 찾아봅니다(잠시 멈춤). 떠올린 것이 내면의 느낌과 잘 맞는지 당신의 몸을 확인합니다. 잘 맞아떨어질 때, 당신의 느낌감각을 예술적 표현을 통해(어떤 방식으로든) 상징적으로 표현합니다.

Rita는 표현예술과 글쓰기가 명상 경험을 계속 유지하는 데 도움이 된다는 것을 발견하였다. 시간이 흐르면서 Rita는 자신의 과거 외상이 촉발되는 때를 보다 잘 알게 되었고, 분노와 두려움의 감정 발생을 더 잘 알아차리고, 고요한 내면의 장소에 뿌리를 두고 머물기 위해 마음챙김 호흡과 표현예술을 더 잘 활용할 수 있게 되었다.

* 역자 주: 일반적으로 운문체의 가요 · 성가 · 시구 · 게문(偈文) · 송문(頌文) 등을 가리키는 말이다.

그림 14-4 느낌감각 마음챙김 호흡 콜라주

포커싱 기반 예술심리치료

포커싱 기반 예술심리치료에서 내담자는 (흔히 포커싱 기반 예술치료 체크인에서 시작하는) 주의집중을 요하는 문제에 관심을 갖는 경우가 많다. 회기는 포커싱적 태도, 경청하고 반영하기, 내담자의 체험 과정에 적절한 표현예술 적용을 순간순간 배치하여 진행된다.

▣ 사례: Kristie

Kristie는 남자 친구와 교통사고 경험이 있는 30대 내담자였다. 그녀는 가벼운 부상을 입은 반면, 남자 친구는 그 사고로 인해 사망하였다. 그녀는 혼자 살아남았다는 죄책감과 남자 친구를 잃은 상실감으로 압도적인 슬픔을 가지고 있었다.

나는 현존, 공감적 경청(empathic listening) 및 안전감 구축하기를 통해 안전감을 확립한 후, 포커싱 기반 예술치료 체크인(check-in)으로 Kristie를 지도하였다(p. 308

〈글상자 14-1〉 참조).

Kristie(K): 크고 끈적거리는 타르 같은 물질이…… 여기 앉은…… 내 가슴에…… 내 심장을 뚫고 들어와요(느낌감각과 이름 붙이기/상징).

치료사(T): 가슴에 있는 타르 같은 큰 끈끈한 물질이 당신의 심장을 뚫고 들어온다고요(경청하고 반영하기).

K: 하지만 너무 무서워요……. 그건 너무 빽빽하고 어둡고 무거워요.

T: 당신이 그것에 대해 궁금하다면…… 한번 살펴볼 수 있겠어요? 오, 그것은 흥미롭군요……. 그것에 좀 더 친근하게 조금씩 다가갈 수 있을 거예요(포커싱적 태도).

K: (감각을 느끼면서)…… 좀 더 쉬워지는 것 같아요……. 작은 부분이지만 그것 옆에, 그것과 함께 나의 일부가 같이 있어요.

T: 아, 그럼 당신과 내가 여기 앉아서 그것과 함께 있을 수 있겠어요?

여기서 나는 Kristie가 현재의 그 느낌에 압도되지 않고 조금이나마 균형을 유지할 수 있도록 돕기 위해 포커싱적 태도를 강화했다. 매우 취약한 부분이라면, 내담자가 그 강한 느낌과 친해질 수 있도록 조력하는 것이 유용하다.

K: (Kristie는 한동안 조용히 있었다. 그녀의 얼굴은 좀 더 느긋해 보였고, 나는 Kristie가 타르 같은 물질에 보다 더 침착함을 가지게 되었다는 것을 느낄 수 있었다.)

T: 때때로 느낌감각 이미지를 예술로 표현하는 것이 도움이 된답니다. 해 보시겠어요?

Kristie는 스펀지를 검은색 먹(Sumi ink)에 적시고 큰 종이 위에 놓더니, 검은색 잉크를 더 부은 다음 그림을 그려 나갔다. 그녀는 종이 전체에 물감을 밀어서 두껍고 끈적이게 만들었다([그림 14-5] 참조). 그녀가 색칠을 멈추었을 때, 우리는 같이 그 미술작품을 보았다. 내가 "같이 나누고 싶은 것이 있나요?"라고 묻자, Kristie는 "이것은 내 내면이 느끼고 있는 거예요. 무거워서 꼼짝할 수 없고, 빽빽하고 끈적거려요. 내가 보고 느끼는 모든 것입니다."라고 말했다.

그림 14-5 Kristie의 느낌감각

T: 안의 여기저기 모두 무겁고 꼼짝 못하고 끈적거리면서 빽빽하게 느껴지는군요(반영하기).

K: 네.

T: 잠깐 안으로 들어가서 뭔가 물어보는 건 어떨까요, 괜찮겠어요? (K가 고개를 끄덕인다.)

'질문하기(asking)'는 포커싱 용어로, 포커서가 느낌감각과 함께하면서 그것에게 무엇인가를 물어보는 것을 뜻한다. 즉, 포커서는 느낌감각과 내적 대화를 나누게 된다. '수용하기(receiving)'는 느낌감각이 주는 것을 자연스럽게 수용하는 포커싱 용어이다.

T: 그것 바로 옆에 앉아 "무엇이 그것을 무겁고 꼼짝 못하고 끈적거리면서 빽빽하게 해?"라고 묻는다고 상상해 보세요. 그냥 들으세요……. 그것이 하는 말을 듣기만 하세요.

K: (오열한다.) 그것은 "정말 무서웠어. 나는 내가 죽을 거라 생각했어. 그때 나는 괜찮았지만, 남자 친구 Ian은 죽었어. 모든 것이 암흑이 되었어. 죽음은 내 안에 있어." 라고 말해요.

T: 네……. 정말 끔찍했군요. 또 당신은 죽는 줄 알고 두려웠군요. 그런데 당신은 죽지 않고 Ian이 죽는 걸 보았습니다. 그 순간 세상은 암흑처럼 변했고, 이제는 죽음이 당신 안에 갇혀 있다고 생각하는군요(경청하고 반영하기).

K: 네, 정확해요. 어떻게 이것과 같이 살아야 할지 모르겠어요.

T: 이 깊은 외상적 상실을 안고 어떻게 삶을 살아 나가야 할지 모르겠다는 거군요(반영하기).

K: 네.

T: 그럼 잠깐 안으로 다시 들어가서 한 가지 더 물어보는 시간을 가질까요? (질문하기) (Kristie가 알았다고 고개를 끄덕인다.) 몇 번 몸속 깊이 심호흡을 합니다. 계속 호흡을 하면서, 당신이 어떻게 같이 살아갈지 알 수 없는 그 내면의 장소 옆에 앉습니다. 준비가 되면 "너에게 필요한 것이 뭐야?" 하고 물어보십시오. 신체 감각에서 대답이 올 때까지 기다리세요. 대답은 단어, 이미지, 몸짓 또는 소리로 올 수 있습니다. 당신이 친절하게 맞이할 수 있는지, 오는 답을 받아들일 수 있는지 보세요(수용하기).

K: 이미지를 찾았어요.

Kristie는 손을 뻗쳐 파스텔을 잡았다. 먼저, 그녀는 검은색 그림과 스펀지 주위에 노란색 원을 그렸다. 그런 다음 Kristie는 다른 종이에 포옹하고 있는 검은색 형상의 사람을 그렸다. 그리고 그 검정색 형상에 닿도록 심장을 그려 넣었다([그림 14-6] 참조).

Kristie는 다음과 같이 공유하였다. "내가 무엇이 필요하냐고 물었을 때, 나는 내 중심의 온기가 어둠을 감싸는 것을 느꼈습니다. 내가 그것과 같이 앉았을 때, 나는 그 암흑을 붙잡고 있는 나 자신을 보았습니다. 나는 '그것은 끔찍하지만 나는 여기에 있어. Ian은 너도 죽는 것을 원하지 않아. 그는 너와 여기에 있어. 그는 네 마음속에 너와 함께 있어. 네가 살아 있는 것이 중요한 거야.'라는 말을 들었습니다."

포커싱 기반 예술심리치료에서 치료사는 미묘한 체험 과정에서 매 순간 조심스러운

그림 14-6 그것은 무엇을 필요로 하는가

태도를 견지하는 것이 필요하다. 포커싱, 경청하고 반영하기 및 표현예술은 종종 상황에 따라 선택적으로 사용된다. Thich Nhat Hanh의 감정 전환 5단계는 Kristie의 사례 전반에서 반복적으로 살펴볼 수 있는데, 끈적이는 타르 같은 물질을 알아차리기, 포커싱과 미술제작을 활용해 그것과 하나되기, 포커싱 태도로 침착해지기, 미술을 통해 떠나 보내기, 그리고 포커싱과 표현예술을 활용하여 감정 들여다보기가 그것이다. Kristie는 내적 앎에 접근하여 따스한 치유의 빛을 찾을 수 있었으며, 슬픔을 안고 있는 그림에서 남자 친구의 소원을 전하는 그녀 마음의 메시지를 들을 수 있었다.

결론

이미 살펴보았듯이, 포커싱 기반 예술치료와 마음챙김 사이에는 차이점도 있지만 몇 가지 유사점이 존재한다. 포커싱적 태도는 마음챙김의 요소를 더하고 자기연민을 심화하며 폭풍의 눈을 고요하게 하도록 돕는 데 매우 중요하다. 숙련된 경청하기는 타인에 대한 연민을 품게 한다. 예술을 활용한 공간 만들기는 문제로부터 탈동일시(dis-identify)하고 우리 각자의 내면에 있는 광대하고 편안한 알아차림에 접근하는 방식을 가르쳐 준다. 주제지향 포커싱 기반 예술치료를 통해 마음챙김의 특성을 통합하면, 도전의 순간에 자원이 될 긍정의 씨앗에 물을 주고 안녕감을 확장할 수 있다. 포커싱 기반 예술심리치료에서 치료사는 각 내담자에 맞추어 현존할 수 있도록 돕고, 연민을 가지며, 창조적으로 매 순간 적용할 수 있게 도전받는다. 포커싱 기반 예술치료와 마음챙김 모두 내담자가 그들 내면의 지혜에 접근할 수 있도록 도와준다. Thich Nhat Hanh (2012)은 다음과 같이 단언하고 있다. "당신이 마음챙김적 에너지를 충분히 가질 때, 어떤 감정이든 깊이 들여다보고 그 정서의 본질을 발견할 수 있다. 그것을 할 수 있다면, 당신은 그 감정을 변화시킬 수 있을 것이다."(p. 89)

참고문헌

Castalia, A. (2010). "The effect of Clearing a Space with Art on stress reduction in sign language interpreters." (Unpublished Master's thesis.) Notre Dame De Namur University: Art Therapy.

Chutroo, B. (2003). "On Focusing and Buddhism." Available at www.focusing.org/spirituality/chutroo_buddhism.html, accessed May 1, 2013.

Focusing Institute (2013). "Focusing into spirituality." Available at www.focusing.org/spirituality.html, accessed on May 1, 2013.

Gendlin, E. T. (1981). *Focusing*. New York: Bantam Books.

Gendlin, E. T. (1996). *Focusing-Oriented Psychotherapy: A Manual for the Experiential*

Method. New York: Guilford Press.

Hanh, T. N. (1991). *Peace is Every Step: The Path of Mindfulness in Everyday Life*. New York: Bantam Books.

Hanh, T. N. (2001). *Anger: Wisdom for Cooling the Flames*. New York: The Berkley Publishing Group.

Hanh, T. N. (2012). *Fear: Essential Wisdom on Getting through the Storm*. New York: Harper One.

Lee, H. (2011). "Focusing-Oriented Art Therapy and bookmaking to promote protective resiliency of children living in a homeless shelter." (Unpublished Master's thesis.) Notre Dame De Namur University: Art Therapy Department, Belmont, CA.

Rappaport, L. (2014). "Focusing-Oriented Arts Therapy: Working on the Avenues." In Madison, G. (ed.) *Theory and Practice of Psychotherapy: Beyond the Talking Cure*. London: Jessica Kingsley Publishers.

Rappaport, L. (2008). "Focusing-Oriented Art Therapy." *The Folio 21*, 1, 139-155.

Rappaport, L. (2009). *Focusing-Oriented Art Therapy: Accessing the Body's Wisdom and Creative Intelligence*. London: Jessica Kingsley Publishers.

Rappaport, L. (2013). "Focusing-oriented art therapy with people who have chronic illness." In C. A. Malchiodi (ed.) *Art Therapy and Health Care*. New York: Guilford Press.

Rappaport, L. (2010). "Focusing-oriented art therapy with trauma." *Journal of Person-Centered and Experiential Psychotherapy 9*, 2, 128-142.

Rappaport, L., Ikemi, A., & Miyake, M. (2012). "Focusing-oriented art therapy and experiential collage work: History and Development in Japan." In D. Kalmanowitz, J. S. Potash, & S. M. Chan (eds). *Art Therapy in Asia: To the Bone or Wrapped in Silk*. London: Jessica Kingsley Publishers.

Rome, D. (2004). *"Searching for the truth that is far below the search." Shambhala Sun*, 60-63 and 91-93.

Rome, D., & Martin, H. (2010). "Are you listening?" *Shambhala Sun*, July, 56-61.

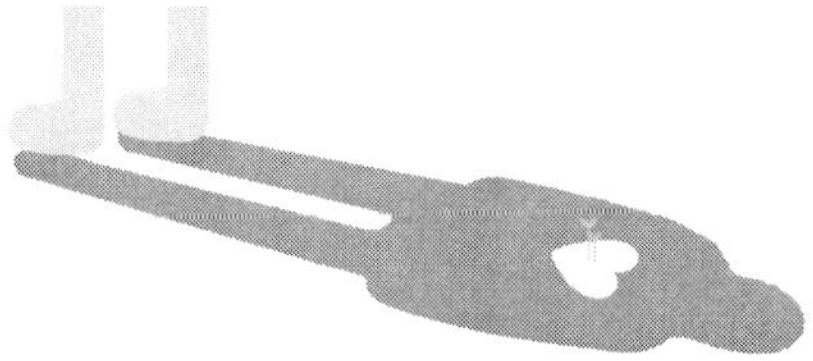

Chapter 15
하코미와 미술치료

-Merryl E. Rothaus

'하코미(Hakomi)'는 미국 원주민 호피족의 언어에서 따온 단어로, "이 복잡한 세계와 당신은 어떤 관계를 맺고 있는가?" 또는 단순하게 "당신은 누구인가?"라는 의미이다(Kurtz, 1990, p. i). 하코미 경험적 심리치료는 마음챙김 기반의 신체중심 심리치료로서 신체적 자각과 경험적 기법을 강조하며(Mischke Reeds & Perrin, 2011), 치유의 목적은 무의식적인 핵심 요소를 온화하고 안전하게 표면화하도록 돕는 것이다. 하코미에 대한 영감은 불교나 도교에서 일부 유래하였으며, 마음챙김과 비폭력, 자비, 영성적 존재, 상호관계를 강조한다(Mischke Reeds & Perrin, 2011). 하코미의 창시자인 Ron Kurtz(1990)에 따르면, 하코미는 Reich(역자 주: 신체중심 심리치료를 제안한 학자), 생물에너지학, 포커싱, 신경언어 프로그램, 게슈탈트, 에릭소니언 최면과 Feldenkrais의 측면들을 통합한다. 마음챙김과 신체, 창조적 경험을 강조하는 하코미는 독특한 치료기법으로 분류되며, 신체에 대한 다양한 방법으로 마음챙김을 통한 지혜와 창의성을 결합시킬 수 있다.

개인적 의미와 영향

미술치료 전공 대학원생으로서 첫 일 년 동안, 나는 과연 '올바른' 직업을 선택했는가에 대한 의문으로 갈등하는 시간을 보냈다. 미술치료에 대한 나의 사랑은 무용치료와 동작치료에 대한 나의 사랑과 필적하는 것이었다. 나는 둘 다 공부하고 싶었지만 특성화된 대학원 과정 프로그램으로 인해 이 두 분야를 아우르는 것은 불가능했다. 이러한 사실은 나로 하여금 내가 좋아하는 이 두 개의 영역에 다리를 놓을 수 있을지에 대한 질문을 가지게 하였다. 나는 크고 두꺼운 검은색 타르지에 흰색 오일 크레파스(oil stick)를 천천히 부드럽게 칠하고 난 후 내 몸이 심상 안에서 선과 도형, 색, 질감으로 춤을 추기 시작하자 그 리듬에 주목하면서 따라갔던 기억을 떠올려 보았다. 동시에 나는 내면에서 오일 크레파스의 매끄럽고 부드러운 감촉을 느꼈으며, 이것은 마치 내면의 모난 부분을 부드럽게 다듬어 주는 것처럼 느꼈다. 이 순간 나는 나의 몸과 미술, 그리고 고요한 내적 과정에 깊게 동조되었다. 나는 이 순간을 구체화된 마음챙김의 순간으로 정했다.

같은 시기에, 나는 미술치료의 창시자 중 한 명인 Florence Cane(1951)을 만났다. 시대를 잘못 타고났던 그녀는 화가이자 미술교육자였고 '진정한 미술 표현'은 "신체를 이용해 자유롭게 리듬을 타면서 창의력을 표현"하는 것이 필요하다고 이야기하였다(p. 37). Cane은 또한 창의적인 과정에는 "능동적이면서도 반응적인 상태" 모두 필요하다고 강조했으며(p. 21), 이를 통해 화가는 휴식, 반영, 심상에 대한 비시각적 주의집중을 위해 내부로 돌아오거나 심상을 외적으로 표현하는 것 사이를 왔다 갔다 할 수 있다고 보았다. 이는 후퇴와 진취(surrender and initiative; McNiff, 1998) 또는 행동하기와 반영하기(Rubin, 2011)로 일컬어지기도 한다.

Cane과 다른 연구자들은 신체와 미술치료 그리고 마음챙김에 대한 나의 흥미와 관련된 요인들을 강조했다. 그리고 나는 그 이상을 원했다. 이론적으로 또 실제적으로 부족한 부분을 메우기 위해 게슈탈트 치료를 훈련했고, 이는 나를 한발 더 나아갈 수 있도록 했다. 몇 년 후에 실제 임상현장에서 일하는 치료사로서, 나는 경험적 심리치료인 하코미 기법을 훈련하면서 내 안에 있던 퍼즐들이 맞추어지며 완성되어 가는 것을 느꼈다.

이 장에서는 하코미의 기본 원리와 마음챙김이 중요한 역할을 하는 하코미에 대한 개관적 소개와 설명을 다루고 있다. 또한 하코미와 미술치료를 통합하는 것에 대한 장점을 다루면서 전통적인 하코미 회기의 흐름을 설명할 것이다. 개별 회기를 진행했던 한 젊은 남성에 대한 사례 연구에서는 마음챙김 기반 미술치료로서 하코미의 적용에 대해 설명한다. 이 장은 하코미와 미술치료, 마음챙김의 중요성을 비교하면서 끝을 맺는다.

이론체계

경험적 심리치료로서 하코미 기법: 개관

경험적 심리치료로서의 하코미 기법은 미국의 Ron Kurtz(1990)와 그의 동료들이 1970년대 중반에 개발한 신체중심 심리치료와 함께 발전하였다. 하코미는 신체를 "사람들이 생성해 낸 조형적 기억과 핵심 신념을 반영하고 보존하며, 핵심 요소로 통하는 '관문'을 제공하는 근원"으로 보았다(Barstow & Johanson, 2007, p. 79). 추가적으로, 하코미는 치료사가 내담자에게 교감적이고 치료적인 접촉을 활용하도록 하거나 또는 단순히 내담자가 순간순간 그들의 신체에 일어나고 있는 일에 접근할 수 있도록 도울 수도 있다. 마음챙김은 하코미를 완성시키는 데 중요한 역할을 담당하며, 이후의 장에서 다루어질 내용의 전반적인 영역에서 중요하게 활용될 것이다.

하코미의 원리는 동시대의 과학철학과 종교적 전통(Barstow & Johanson, 2007, p. 78)에서 번안된 "기본적이고 기초적인 가정"이며, 이 원리는 하코미의 치료적 작업에서 모든 측면의 지침을 제공한다. 이 원리들은 유기성, 마음챙김, 비폭력, 마음-신체-영성의 전체성, 통합성을 말한다(Kurtz, 1990).

하코미의 원리

유기성: 생명 체계(시스템)

'생명체계로서의 유기성'의 원리는 회복을 위한 내담자의 생득적 지식과 능력을 존중하며, 여기에는 성장을 위해 무엇이 필요한가에 대한 내적 지식까지도 포함된다. 치료사는 내담자의 진정성 있는 작업과정들을 존중하고 따라가야 한다. Kurtz(1990)는 생명체계를 "개인의 자유에 대한 강건한 주장과 모든 생명에 대한 자연적 지식"이며 자연은 "스스로 조직화되고, 스스로 창조하여, 스스로 지속하며…… 진화의 방향을 결정하는" 창의성을 지닌다고 묘사하였다(p. 26).

마음챙김

하코미에서 마음챙김은 실험적이고 경험적인 것에 기반을 둔 광범위한 치료를 말한다. 동시에 "의식적 상태와는 구분되는 이완된 마음으로 특징지어지며, 현재 일어나는 일에 투쟁하지 않고, 내적으로 부드럽고 지속적인 주의집중을 유지하며, 민감성과 의식상의 내용들을 관찰하고 인식하는 능력을 향상시키는 것"이다(Kurtz, 1990, p. 3). 이는 개인의 주의집중을 내면으로 향하도록 하고 신체의 마음챙김 자기훈련으로 나아가도록 하는 현재 순간에 대한 자각이다.

Kurtz(1990)는 또한 하코미에서의 마음챙김이 "지원받은(assisted) 명상"(p. 27)이라고 하면서, 치료사의 도움에 따라 내담자는 천천히 그들 자신을 판단하지 않고 현상학적인 방식으로 바라볼 수 있도록 한다고 보았다(Keller, 2005). 마음챙김을 통해 한 개인의 체계를 느리고 고요하게 만듦으로써, 표면 아래에 잠재해 있던 무의식적 핵심 요소(Mischke Reeds & Perrin, 2011)가 천천히 부드럽게 의식적 자각으로 떠오르게 된다.

비폭력주의: 생명에 대한 경외감

비폭력주의는 유기성과 밀접한 관련이 있으며, 내담자의 치료적 과정을 자연스러운 리듬 그대로 방해하지 않고 드러내는 것이다. Kurtz(1990)는 비폭력주의를 다음과 같이 설명하였다. "비폭력주의는 사건을 있는 그대로 드러내는 수용의 태도와 능동적 주의의 발현이다. 이는 마음챙김과 어우러져 작용하며 우리가 방해 없이 이해할 수 있도록 돕는다. 이는 습득하는 데 많은 시간이 걸린다." (p. 29)

치료사는 절대적으로 치료 계획이나 결정된 방향에 내담자를 일치시키는 것이 아니라 치료의 방향에 대해 가벼운 접촉이나 관망하는 자세를 유지한다. 치료사는 내담자의 순간순간 표현에 대해 현재에 머무르며 주의를 기울여 존중하는 자세를 가져야 한다.

마음-신체-영성의 전체성

통합의 원리와 함께, 마음-신체-영성의 전체성에 대한 원리는 이 세 가지 가치가 끊임없이 서로 에너지를 주고받으며 영향을 주고, 또한 자기와 타인, 세상에 대한 개인의 믿음을 반영한다는 것을 의미한다.

통합성: 우주의 관계

'통합성'의 원리는 모든 것이 연계되어 있다는 믿음을 강조한다. 이러한 원리는 "내담자의 경험에 대한 치료사의 무언의 이해를 통해 표현되며…… 이는 고통의 공유와 즐거움에 대한 공감이다. 이 원리는 통합되지 않았거나 갈등에 놓인 개인이나 타인에게 협동과 친밀감을 창출하는 능력으로 나타난다" (Kurtz, 1990, p. 33: Myullerup-Brookhuis, 2008, p. 74에서 재인용).

하코미 회기의 진행

하코미의 원리에 따라, 하코미 회기는 전형적인 단계의 순서 또는 흐름이 존재한다. 접촉(contact), 접근(accessing), 과정(processing), 통합(integration)이 그것이다(Mischke Reeds & Perrin, 2011). 이러한 단계와 개념에 대한 간단한 개관은 다음에 소개될 것이며 추후의 장에서는 임상적 사례 연구가 소개될 것이다.

접촉

접촉은 치료사와 내담자 사이에서 치료의 장을 형성하여 안전과 신뢰를 촉진하는 이상적이고 애정이 깃든 환경을 만들고 유지하는 것으로 치료사에 의해 만들어진다. 접촉은 마음챙김을 확립하는 데 필수적이며, 마음챙김 도중에 종종 나타나는 안전과 관계 형성의 어려움, 미약한 심신과 위기에 노출되는 위험한 상태가 발생하지 않도록 한다. 치료사는 접촉 단계에서 내담자의 현재 경험에 대해 비해석적이고 직접적인 사실을 언급한다(Kurtz, 1990). 접촉 단계에서의 예시는 다음과 같다. "당신의 미간에 주름지는 것이 보이네요." 또는 "슬픔이 많나요?"

접근

접촉이 이루어지면, 접근 단계에서는 현재의 경험을 학습하고 핵심 요소로 깊이 있게 파고들어 무의식적 요소가 의식적 알아차림으로 옮겨 가도록 마음챙김을 활용한다. 예를 들어, 치료사는 "눈을 감고 당신의 주의를 내면으로 향하게 하여 그것을 경험해 보세요. 무엇이 일어나고 있는지를 그대로 느껴 보세요."라고 말할 수 있다. 내담자의 신체가 마음챙김으로 고요하게 이완되면, 그들은 현재의 경험을 인식하고 주의를 집중할 준비가 된다. 즉, 마음에서 무엇이 일어나는지 주의집중하고 이를 판단하지 않고 현상학적으로 학습한다. 안전한 공간 안에서, 내담자는 현재의 상태를 주의 깊게 알아차릴 수 있는 용기를 가지고, 방어가 감소하면서 취약하고 민감한 영역에 대해서도 알아차릴 수 있게 된다(Kurtz, 1995). 치료사는 애정을 가지고 머무르며 접촉을 유지하고 내담자가 그들의 현재-순간의 알아차림을 표현하고 공유하고자 할 때 내담자가 가는 그 길을 주의 깊게 관찰하고 따라간다. "할 수 있는 한 오랫동안 무엇이 일어나는지를 인식하며 머무르세요……. 그리고 내가 당신을 따라갈 수 있도록 나에게 무엇이 일어나고 있는지 알려 주세요."

내담자의 현재 생활 상황에 대한 생각이나 믿음을 추가적으로 탐색하기 위해(Kurtz, 2007), 하코미 치료사는 내담자의 동의에 따라 주의 깊은 탐색을 활용하는 '실험'을 실시하여 "경험을 불러일으킬 수 있다"(Kurtz, 1990, p. 72). 예를 들어, 치료사는 촉진적 표현으로 '탐사(probe)'를 제안할 수 있다. 이 '탐사'는 내담자가 어떻게 특정한 믿음이나 개념을 체계화해 나가는가에 대한 반응을 보여 준다(Kurtz, 1990). 예를 들어, "당신이 '이제 긴장을 풀 수 있습니다.'라는 목소리를 들었을 때 무엇이 일어나는지에 대해 주목해 보세요."라고 할 수 있다. 종종 실험을 통해 기억, 신체 감각, 정서 또는 심상이 일어나고 난 뒤, 이러한 내용들을 연구해 볼 수 있다. 또 다른 형태의 실험은 내담자가 미술작품을 만드는 활동에 참여하는 것이다(Mischke Reeds & Perrin, 2011).

과정

과정 단계 동안, 내담자와 치료사는 다양한 실험에 대한 반응을 탐구한다. 이때 성장과 만족의 장애물들이 탐색된다. 예를 들면, 앞서 언급한 탐사에 대한 반응으로 '이제 긴장을 풀 수 있습니다.'라는 반응이 나타나면, 내담자는 이 말을 믿을 수 없다고 인식할 수도 있다. 그 과정으로, 이 투쟁 과정이 탐색될 수 있다. 치료사의 애정과 내담자의 만족으로 가는 길(예: 이완하기)을 방해하는 믿음과 반응에 대한 추적은 내담자의 잃어버린 경험을 보충하고 성장을 촉진하는 개인적 변화를 불러일으키는 데 도움을 줄 수 있다. 치료사는 회기 중에 내담자가 이완을 체험하도록 도울 수 있다. 이것은 구체적 단계를 통해 치료 회기 밖에서도 적용될 수 있게 된다. 이렇게 과정 단계는 변형과 변화를 이끌어 낸다.

통합

마지막으로, 통합의 단계에서 치료사는 내담자가 회기 동안 일어났던 다양한 주제들을 함께 엮음으로써 회기 동안 다루었던 내용들을 의미 있게 완성하도록 돕는다. 이 과정은 눈을 뜨고 시행하도록 하는 경우가 많다.

하코미와 미술치료 통합의 장점

미술치료와 하코미를 통합하는 것은 몇 가지 장점이 있다. 하코미는 미술치료가 마음챙김적 알아차림과 민감하게 신체에 반응할 수 있도록 하며, 이때 미술치료는 내담자의 내적 경험을 외현화하고, 수용하며 구체적인 표현을 통해 창의적으로 관찰할 수 있는 수단을 제공한다.

마음챙김을 강조하는 하코미는 미술치료에 중요한 공헌을 하였다. 하코미 회기의 특징인 마음챙김적 자기학습은 깊고 풍부한 특성을 지닌다. 의도적으로 일어나고 있는 일에 주의를 기울이도록 학습하는 것은, 비록 그 일이 불쾌한 것이라 할지라도 하코미의 마음챙김 과정에 포함된다. 이러한 방식으로 주의를 기울이고 경청하며 따르고 머무는 것은 자애로움의 내적 작용이다. 이러한 자비로운 가치를 미술치료에 도입하는 것은 내담자가 떠오른 심상에 천천히 머무르며 주의 깊게 그 메시지와 의미, 영향을 탐구하게 함으로써 한 개인과 개인의 심상에 신성성과 경외감을 부여할 수 있다. Franklin(2012)이 언급했듯이, 좌선과 마찬가지로 불쾌한 생각이 떠오르면 목표는 현재에 머무르고 그 내용을 관찰하고 옮겨 가는 것으로, 이는 미술의 경우에도 마찬가지이다. 즉, 현재에 머무르며 "신선하고 개방적인 조망을 가지고 심상으로 옮겨 가는 것"이다(p. 90).

미술치료에 하코미를 더하는 것은 마음챙김을 하는 동안 신체나 마음속에서 일어난 것을 심상으로 남기고 확장하는 것을 도울 수 있으며, 이는 치유를 깊이 있게 한다. Morgan(2006)이 언급한 바와 같이 "마음챙김으로 유발되는 최면적 특성은 고조된 정신적 심상으로 나타난다"(p. 17). 하코미는 주의 깊은 자기학습을 지원하는 부드러운 느림을 제공한다. 이것은 고요한 내적 공간으로부터 심상이 떠오르고 이러한 심상을 내담자가 표현할 수 있도록 한다. 미술치료는 미술 매체의 사용을 통해 하코미에 "상상을 현실화"할 수 있는 도구상자를 제공한다(Riley, 2004, p. 184). 이렇게 함으로써 마음챙김 동안 경험한 통찰들을 통합할 수 있다(Lo, 2011). 하코미와 미술치료의 통합은 순환의 고리를 가진다. 자기에서 심상, 심상에서 미술작품으로 변한 뒤 다시 미술작품은 자기와 심상으로 변화하며, 이것이 다시 미술작품으로 나타난다. 미술치료사 Bruce Moon(2009)은 "미술 표현은 마음챙김으로 이끌며, 마음챙김은 창조적 불안으로 이끈다. 이는 다시 마음챙김을 더 깊게 해 줄 수 있는 표현의 촉진을 위한 변화/행동으로 이끈다."(p. 11)라고 썼다. Kurtz(2010)는 또한 심상은 억압 없이 극단으로 치닫지 않고도 표현될 수 있다고 언급하였다.

임상 적용

■ 사례 연구: Nick

Nick은 21세로 피어싱과 문신을 했고 나의 맞은편에 다리를 꼬고 편안한 자세로 앉아 있었다. 우리는 이미 2년간 함께 작업했고 친밀감과 라포를 형성한 상태였다. 그는 마음챙김으로 들어가기 위한 신호에 따라 회기를 시작할 준비를 이미 마친 상태였다. "Nick, 마음을 안정시키기 위한 준비를 하세요." 이는 그를 치료적 공간에 도달할 수 있도록 하고 그의 신체와 현재 순간, 진정한 경험에 더 깊이 빠질 수 있도록 돕는다. Nick은 마음챙김적 자기학습에 들어갈 때 의례적으로 눈을 감는다. 그렇게 하는 것은 그의 산만함을 감소시키고 마음을 이완하며 내적 경험과 신체에서 일어나는 일을 주의 깊게 살펴볼 수 있도록 한다.

부드러운 목소리와 느린 속도로 천천히 접근하면서, 나는 그가 자신의 신체적 경험과 신체 안에서 일어나는 일들을 탐구해 보도록 격려하였다. "Nick, 당신의 주의를 신체와 그 안에 집중하여 무엇이 일어나고 있는지 보세요. 시간을 가지고, 단지 무엇이 일어나고 있는지만 알아차리세요." 우리 사이에 공간과 어떤 침묵이 존재하였지만, Nick은 그가 경험한 것을 탐구했고, 나는 가까이에서 그의 신체적 움직임을 추적했다. 나는 그의 호흡이 느려지는 것을 알아차렸다. 어깨도 이완되었다. Nick이 마음챙김의 상태에 머무르면서, 나는 그에게 그가 인식하고 있는 것이 무엇인지 선택할 수 있는 일종의 '선택지'(DelPrince, 2006)를 제시했다. "Nick, 지금 당신이 인식하고 있는 것을 느껴 보세요. 어떤 감각이든 느낌이든, 충동, 기억, 심상도 좋습니다." 미술치료사로서, 나는 '여기에서' 형상화되는 개인적 심상에 가장 큰 흥미를 느낀다. Nick은 눈썹을 찌푸리며 검은 갈색의 형태가 느껴진다고 설명하면서 그것이 빙빙 돌아가고 있는 것을 보고 있다고 했다.

나는 이 '지표' 또는 무의식적 신체적 신호에 접촉하였다(Kurtz, 2010). "당신의 눈썹이 찌푸려졌네요." 그는 "예."라고 응답하고는 '날카로운 고통'이라고 했다. 하코미의 실험적 태도와 호기심에 대한 정신에 입각하여, 나는 그에게 계속해서 탐구를 더 하고 싶은지 물었다. 그는 고개를 끄덕이며 '그렇다'고 답했다.

유기성(organicity)의 원리를 적용하여, 나는 Nick에게 돌아가고 있는 형태를 있는 그대로 바라보고 그것이 신체의 다른 영역에 영향을 주는지 인식하도록 격려하였다. 그의 눈썹이 더 일그러졌다. "윽. 메스꺼운 느낌이 들어요." 나는 그에게 그대로 머무르는 것이 괜찮은지 물었다. 나는 그가 언제든 그 경험이 불편해지면 그 스스로 멈추는 것을 선택할 수 있다는 것을 확실하게 알려 주고자 하였다. 하코미 원칙인 비폭력주의에 따라, Nick이 스스로 책임을 진다. 그는 고개를 끄덕이며 "그래요."라고 답했다. 애정 어린 신체 접촉에 대한 하코미의 믿음을 확장시켜서, 나는 Nick이 그의 손을 이마에 대며 "윽."이라고 말한 것에 접촉해 보도록 제안했다. 나는 Nick이 자신과 세계에 대한 믿음을 바라볼 수 있도록 도움을 줄 수 있는 창의적 실험을 통해 그의 경험을 심도 있게 다루는 작업을 시행하였다(Kurtz, 1995).

Nick은 그의 오른손을 이마에 대며 크게 한숨을 쉬었다. 눈물을 터뜨렸다. 나는 온화한 태도로 접촉하며 내가 보고 있는 것들을 지지했다. "큰 한숨과 눈물. 그래요. 그대로 받아들이세요." 이런 마음챙김 접근으로, Nick의 방어가 부드러워졌다. 현재 일어나고 있는 것에 대한 나의 격려가 촉진제 역할을 함으로써, 표현이 풍부해졌다. Nick은 더 격렬하게 울기 시작했다. 나는 그와 함께 있다는 것을 그에게 알려 주었다. 나는 그가 경험하고 있는 것을 충분히 다룰 수 있는 시간과 공간을 주었고, 그에게 "Nick, 준비가 되면 지금 당신에게 일어나고 있는 일을 나에게 알려 주세요. 내가 당신과 함께할 수 있도록."이라고 말하였다. 눈물 속에 담긴 내용을 이야기하며, Nick은 7세 때 경험을 공유하길 원했다. 그의 부모는 서로 소리를 질렀고, 이것은 Nick에게 모든 것을 다 끝내 버리고 집을 떠나고 싶다는 마음을 가지게 하였다. 이전에는 Nick의 표면 의식 아래에 존재했던 이 핵심 기제가 이제는 안전하게 그의 의식으로 옮겨 왔다. 그는 몸을 구부렸다. 현재 순간을 따라가며, 나는 Nick이 주의 깊게 그의 구부러진 몸을 탐색하도록 하였다. 그의 부모가 서로 싸우는 동안 커피탁자 아래로 숨어들어 갔던 기억이 나타났다. 선택의 순간에 다다랐다. 나는 그 기억을 따라가며 그 안에 있는 작은 소년과 접촉할 수도 있고, 또는 신체와 접촉할 수도 있다. 둘 다 적절한 방법이다. 나는 신체에 접촉하는 방법을 선택했다. 나는 Nick에게 "신체에 머무르면서 무엇을 알아차렸나요?"라고 물었고 그는 "마치 보호받는 느낌이었어요."라고 답했다. 나는 그가 그러한 느낌을 더 탐색해 보도록 격려하였다. 나는 그가 느끼는 장벽이나 "감각과 만족을 얻는 일반적인 유기적 과정을 방해하는 신념"을 추적했다(Barstow & Johanson, 2007, p. 77). Nick은 몸을 구부린 채로 있는 것이 어떻게 느껴지는지 탐색하고 나서 '두려움'의 감정이 느껴진다고 보고하였다. 그의 경험을 더 심화하고자 하는 또 다른 실험으로서, 나는 면밀한 탐사를 제안했다. "내가 당신에게 글을 하나 읽어 드릴게요. 이 내용을 믿거나 말거나 상관은 없어요. 그저 이 내용을 읽는 목소리를 들었을 때 당신 안에서 무엇이 일어나는지를 알아차리세요. Nick 당신은 여기에서 안전합니다." 나는 Nick이 반응할 수 있는 공간을 제공하였다. 그는 깊은 한숨을 내쉬었다. 그에게 "당신의 어깨와 얼굴을 조금 들어 올렸네요."라고 알려 주며 접촉을 시도하자, 그는 바로 몸을 약간 일으켜 세웠다. 그의 삶에 강한 영향을 미친 이 기억으로, 그는 방금 한 말에 대해서 반은 믿고 반은 그렇지 않다고 이야기하였다. 우리는 이제 과정 단계에 들어섰다. 나는 우리가 이 두 가지 반응을 모두 탐색해 보아야 한다고 제안했고, 먼저 이 내용이 사실이라고 믿지 않는 부분부터 시작해 보기로 했다. 우리는 간단하게 이 부분을 탐색했지만 별 내용이 없었고, Nick은 "여기에 흥미를 느끼지 못해요."라고 표현하였다. 이러한 그의 태도는 습관처럼 보였다. 금방 치워 버리고자 하는 거미줄과도 같았다. 나는 그에게 "당신의 신체에서는 어떤 일이 일어나고 있나요?"라고 물으면서 "나는 당신이 허리를 구부리고 있다가 이제는 똑바로 앉아 있고, 더 이상 눈썹도 찌푸리지 않는 것을 보고 있어요."라고 알려 주었다. 그의 호흡은 느리고 안정적이었다. 나는 여기에서 다시 면밀한 탐사를 해 보도록 제안하였다. "Nick, 당신은 여기에서 안전합니다." 그는 "그래요?"라고 말하며 고개를 끄덕였다. 나는 그에게 "지금 안전함을 어떻게 느끼고 있나요? 안전하다는 것은 당신의 신체에서 어떤 느낌인가요?"라고 물었고, 그는 복부에 따뜻한 느낌이 들고 아까 언급한 형태가 여전히 거기에 있지만 '더 좋은 느낌으로 보라색에 둘러싸인' 다른 형태도 있다고 보고하였다. 그는 그의 왼손을 복부에 올려 두었다. 나는 그에게 심상과 신체 감각이 그의 나머지 경험들을 따라올 수 있는 시간을 주기 위해서 더 천천히 그 과정을 진행하였다.

이 회기에서는 미술치료로의 전환에 따른 효과를 발휘할 수 있는 다양한 요소가 존재했다. 또한 하코미 회기의 실험적 태도에 따라 많은 선택점이 존재했기 때문에 나는 '옳은' 또는 '틀린' 방법은 없다라는 점을 굳게 믿었다. 나는 과정을 절대적으로 신뢰한다. 미술치료를 통한 탐색을 허용하기 위해서는 지금이 바로 하코미의 구조에서 벗어날 완벽한 시기로 느껴졌다. 그의 앞에는 다양한 미술 매체(분필과 오일 파스텔, 오일 스틱, 수채화 물감, 색연필)가 놓여 있었다. Nick은 형태를 표현하기에 가장 좋으면서도 그의 신체와 비슷한 감각을 느끼게 하는 매체를 선택할 수 있었다. 그는 검은색과 갈색의 분필을 선택하고 질감이 있는 수채화 종이에 형태를 그리기 시작했다.

그가 그림을 그리고 있을 때, 나는 "당신이 종이 위에서 파스텔의 움직임을 어떻게 느끼고 있는지 알아차리세요."와 같은 말을 촉구하여 순간의 경험에 대한 마음챙김을 불러일으켰다. 또는 내가 보는 것과의 접촉을 시도하기도 하였다. "당신이 손에 쥔 분필의 움직임을 부드럽게 할수록 호흡이 더 깊어지네요." 나는 또한 Nick이 주기적으로 눈을 감고 그의 신체와 심상을 되짚어 볼 수 있도록 제안하였고, 그 뒤에 다시 그의 내적 경험을 미술 심상을 통해 표현하도록 하였다. "Nick, 당신이 신체의 형태를 되짚어 보는 동안 무엇이 일어났는지 보세요. 종이 위의 심상이 어떻게 나타났나요?" 창의적 과정 중에 나는 Nick이 능동적 상태와 수용적 상태 사이를 옮겨 다닐 수 있도록 도왔다(Cane, 1951). 그 뒤 나는 그가 '면밀한 탐색'의 실험 후에 느낀 안전함의 반응으로 언급했던 보라색 영역에 대한 질문을 했다. 그는 보라색 파스텔을 집어 들고 형태 주변에 원을 그리며 부드럽게 파스텔을 칠했다. 그의 호흡은 깊어졌다. 조용한 작업 뒤에, Nick은 그의 그림을 완성하였다([그림 15-1] 참조). 나는 이 회기의 요점들을 통합하였다. 여기까지 하루 회기가 마무리되었다.

이제 다음 회기이다. 마음챙김 활동 후에, 나는 그림을 벽에 걸었다. 나는 그 그림과 현재의 관련성에 대해서 확신이 없었다. 만약 이 그림이 현재를 표현한 것이 아니라면, 나는 그것을 밀어붙이지는 않을 것이다. Nick은 호기심과 웃음으로 이를 탐구했다. 그가 탐구하는 동안, 나는 그의 신체에 마음챙김을 적용하였다. "당신은 현재 그림을 보면서 신체나 감각 또는 다른 무언가에서 느껴지는 것이 있나요?" 그는 '깊은 내면의 평화'를 느낀다고 말하였다. 나는 Nick이 눈을 감고 그의 깊은 평화로움을 내현화해 보도록 하였고, 그가 미술을 통해 만들어 낸 것들을 받아들일 수 있도록 하였다. "스스

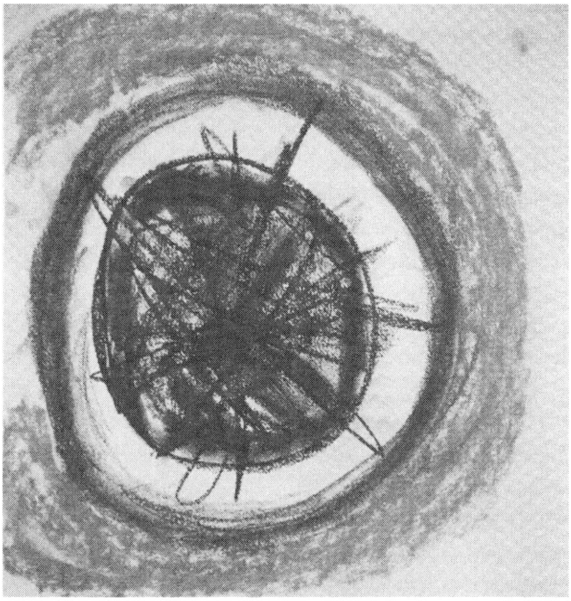

그림 15-1 Nick의 구

로 심상의 평화로움을 받아들이세요. 그 자체를 느껴 보고 신체 안에서 느껴 보세요. 그 특성, 질감…….” 그의 손이 복부로 옮겨졌고 그는 숨을 깊게 쉬었다. 그는 눈을 감았다가 그림을 보았다가를 반복하며 순간순간 주의 깊게 그의 내적 경험을 추적해 나갔다. 주의 깊은 하코미 탐구의 특징인 개방적 마음과 실험적 태도의 범위 안에서, 나는 Nick이 신체에 대한 심상의 내적 탐색과 외적 탐색을 왔다 갔다 할 수 있도록 도왔다. 우리는 형상화된 심상을 신체로 끌어와서 여기에서 무엇이 일어났는지 주의 깊게 탐구하고, 다시 이를 바라보는 ‘지그재그’의 선후행을 계속했다(Rappaport, 2012). 그의 손은 여전히 복부에 올려져 있었고, 그는 양육하는 듯한 행동으로 아랫배를 문지르기 시작했다. 나는 접촉의 말을 전했다. “아랫배를 문지르니 기분이 좋죠, 음?” 나는 Nick이 이러한 감각 경험을 그의 심상에 추가할 수 있도록 했다. 그는 청록색 분필을 집어 들었다. 나는 그가 배를 문지르는 리드미컬한 동작과 같은 방식으로 분필을 사용해 보도록 했다. 나는 그가 눈을 감고 또 눈을 뜨고도 연습해 보도록 했고, 다음에는 안에서 바깥으로 향하도록 해 보았다. 그는 깊은 숨을 쉬었고 종이에 분필을 양옆으로

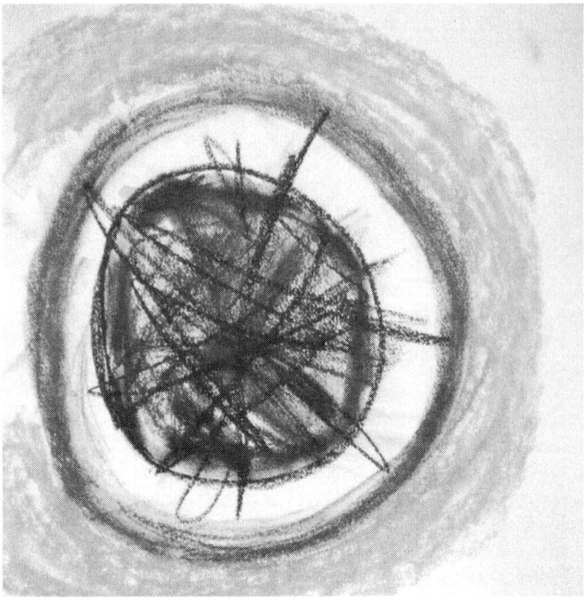

그림 15-2 Nick의 둘러싸인 구

움직이자 그의 몸은 부드럽게 흔들렸으며 그의 손가락은 선을 부드럽게 이어 갔다. 그리고 그는 심상을 완성하였다([그림 15-2] 참조).

Nick이 이러한 치유에 더 오래 머무르도록 하기 위해, 나는 그에게 심상과의 대화(McNiff, 1992)와 관찰과 기록(witness-writing; Allen, 1995)과 같은 다양한 미술치료 기법을 제안함으로써 그가 심상을 더 탐색하고 그 의미에 접근할 수 있도록 도왔다. 나는 우리가 시작한 지점이 어디이며 무엇이 일어났고 현재 어디에 있는지에 대해 다시 한번 마무리 지음으로써 경험을 통합했다. 나는 Nick과 함께 그의 어린 시절 기억과 현재 어떻게 행동하고 있는지에 대해 확인했다. Nick은 '정말로 좋은' 기분을 느끼고 있다고 보고했고, 나는 그가 형태의 심상을 그의 집 벽에 걸어 두고 생활할 것을 제안했다. 나는 또한 그가 심상을 보고 그것을 신체로 주의 깊게 받아들이는 선후행을 계속 연습하고 심상과 대화하거나 거기에 대해 글을 써 보는 것을 계속해 볼 수도 있다고 이야기해 주었다.

이 사례 연구는 미술치료와 통합된 하코미의 원리와 절차의 적용에 대한 유용성을 보여 주고 있다. Nick과의 작업에서, 하코미와 미술치료가 Nick 속에 잠재된 성장 가능성과 성취감을 촉진시킨다는 것을 명백하게 알 수 있다. 하코미와 미술치료의 조합은 그가 '강력하고 평화롭다'는 신체적 느낌으로 보고한 것과 같이 신체적 감각을 느낄 수 있는 수준의 작업까지 이끌었다. 추가적으로 이러한 조합은 강력하고 평화로운 신체 경험으로 발현된 구체화된 심상의 창조를 통해 외현화 작업으로까지 발전하였다. 현재 부적(talisman)과 같은 역할을 하는 심상(Schaverien, 1992)은 Nick이 단순히 그것을 바라보는 것만으로도 그 치유적 속성을 경험하도록 그의 내적 신체 감각으로 흘러 들어 갔다. 본질적으로, 이 작업은 Nick의 정서적 · 정신적 · 신체적 · 영성적 치유와 성장을 야기하였다.

결론

사례 연구에서 보았듯이, 하코미와 미술치료의 통합적 치료는 "상호 보완적 참조 구조"의 균형을 이루고 있으며(Rubin, 2011, p. 288), 마음챙김에 대한 보완적이고 공유된 측면을 통해 "서로 에너지를 내고 형태를 구체화하도록" 할 수 있다(McNiff, 1997, p. 37). 마음챙김은 Nick의 신경체계를 이완할 수 있도록 하여 핵심 기제를 인식하고 "통합되고 구체화된 지식"(Rappaport, 2009, p. 23) 또는 지각된 감각(Gendlin, 1981)에 주의를 집중할 수 있도록 해 주었다. 이는 그가 현재로 조용히 나아가 거기에서 민감한 감각으로 함께 머무를 수 있도록 해 주었다. 이렇게 함으로써 그 안에 나타난 심상에 반응할 수 있도록 하는 중요한 의미나 통찰로 그를 안내할 수 있었다(Gendlin: Myullerup-Brockhuis, 2008에서 재인용). 하코미 구조를 통해, Nick의 심상 과정을 심화하기 위해 언어적으로 또는 신체적으로 다루어지고 탐색되었다. 두 방식 모두 심상의 치유적 이점을 인정하고 있으며, 심상 세계 고유의 지식과 치유적 잠재력을 활용하고 있다(Bachelard, 1971; Hillman, 1979; Jung, 1961; Kurtz, 1990; McConeghey, 2003; McNiff, 1992).

마음챙김을 통해, Nick은 "과정을 신뢰"하고 그의 "창의적 지능"을 유기적으로 펼칠 수 있었다(McNiff, 1998, pp. 2-3). 경험에 따라 현재에 머무르면서, Nick의 마음에 진정한 심상이 나타났으며(McNiff, 1998), Nick이 강력하고 구체화된 경험을 표현하고 수용할 수 있는 수단을 제공했다. 전체적으로 보았을 때, 협력적 분야로서의 하코미와 미술치료는 진정한 "창의적 과정의 기초"라고 할 수 있다(McNiff, 1997, p. 37).

참고문헌

Allen, P. (1995). *Art is a Way of Knowing*. Boston, MA: Shambhala.

Bachelard, G. (1971). *On Poetic Imagination and Reverie*. New York: G.P. Putnam's Sons.

Barstow, C., & Johanson, G. (2007). "Glossary of Hakomi therapy terms." *Hakomi Forum 18*, 77-79.

Cane, F. (1951). *The Artist in Each of Us*. London: Thames and Hudson.

DelPrince, P. (2006). Personal communication.

Franklin, M. (2012). "Know thyself: Awakening self-referential awareness through art-based research." *Journal of Applied Arts and Health 3*, 1, 87-96.

Gendlin, E. T. (1981). "Movement therapy, objectification, and focusing." *The Focusing Folio 1*, 2, 35-37.

Hillman, J. (1979). "Image-sense." *Spring*, 130-143.

Jung, G. (1961). *Memories, Dreams, Reflections*. New York: Pantheon.

Keller, R. (2005). "Hakomi simplified: A new view of Ron Kurtz's mindfulness-based psychotherapy." *Hakomi Forum* 14-15, 5-18.

Kurtz, R. (1990). *Body-Centered Psychotherapy: The Hakomi Method*. Mendocino, CA: LifeRhythm.

Kurtz, R. (1995). "The origins of the Hakomi method." *Hakomi Forum 11*, 23-28.

Kurtz, R. (2007). "Three recent essays." *Hakomi Forum 18*, 5-10.

Kurtz, R. (2010). Personal communication (April).

Lo, Pui Yin (2011). "A heuristic and art-based inquiry: The experience of combining mindfulness practice and art-making." *Australian and New Zealand Journal of Art Therapy 6*, 1, 51-67.

McConeghey, H. (2003). *Art and Soul.* Dallas, TX: Spring Publications.

McNiff, S. (1992). *Art as Medicine: Creating a Therapy of the Imagination.* Boston, MA: Shambhala.

McNiff, S. (1997). "Art therapy: A spectrum of partnerships." *The Arts in Psychotherapy 24*, 1, 37-44.

McNiff, S. (1998). *Trust the Process: An Artist's Guide to Letting Go.* Boston, MA: Shambhala.

Mischake Reeds, M. & Perrin, J. (2011). *Training Manual for the Comprehensive Training in the Hakomi Method.* Sydney: Lorella Ricci Marriott.

Moon, B. (2009). (First published 1997) *Existential Art Therapy: The Canvas Mirror.* Springfield, IL: Charles C. Thomas.

Morgan, M. (2006). "Neuroscience and psychotherapy." *Hakomi Forum 15-17*, 9-22.

Myullerup-Brookhuis, I. (2008). "The principles of Hakomi." *Hakomi Forum 19-21*, 69-83.

Rappaport, L. (2009). *Focusing-Oriented Art Therapy: Accessing the Body's Wisdom and Creative Intelligence.* London and Philadelphia, PA: Jessica Kingsley Publishers.

Rappaport, L. (2012). Personal communication (July).

Riley S. (2004). "The creative mind." *The American Journal of Art Therapy 21*, 4, 184-190.

Rubin, J. (2011). (First published 1984) *The Art of Art Therapy.* London: Routledge.

Schaverien, J. (1992). *The Revealing Image; Analytical Art Psychotherapy on Theory and Practice.* London and Philadelphia, PA: Jessica Kingsley Publishers.

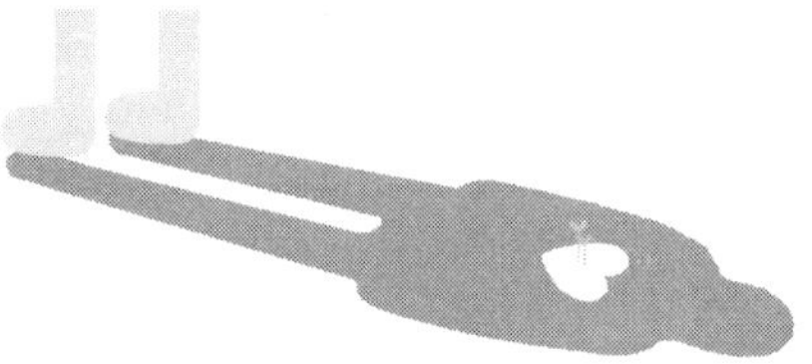

Chapter 16

마음챙김과 인간중심 표현예술치료

–Fiona Chang

Natalie Rogers(1993, 2011)에 의해 개발된 '인간중심 표현예술치료(Person-Centered Expressive Arts Therapy: PCEAT)'는 인간중심치료(Rogers, C., 1951, 1980)와 표현예술을 통합한 것이다. 인간중심 접근의 핵심 조건—무조건적 긍정적 존중, 일치(성), 공감—은 마음챙김 원리들과 일치하는 부분이 많다. 인간중심 표현예술치료에서 안전하고 지지적이며 비판적이지 않은 환경은 사람들이 창조적인 작업을 통해 완전히 자신의 신체, 감정, 생각과 영혼을 통합할 수 있는 분위기를 조성할 수 있도록 돕는다. 인간중심 표현예술치료는 현재의 순간에 자신 및 타인과 함께 진정성과 연민을 기르기 위해 존재하기, 경청, 일치성 그리고 예술을 통합한다. 인간중심 표현예술치료는 심리치료, 개인의 성장과 사회 변화에 적용된다.

이 장에서는 인간중심 표현예술치료와 마음챙김의 통합에 대한 개요를 소개하고 암 환자 집단을 대상으로 한 마음챙김과 인간중심 표현예술치료의 임상 사례를 다루고자 한다.

이론체계

인간중심 표현예술치료(PCEAT)와 마음챙김: 상호관계

비록 수행 및 접근 방법이 다르지만, 인간중심 표현예술치료와 마음챙김은 비슷한 특성을 보이는데, 그것은 지금-여기에, 경청과 비판단에 대한 알아차림이다. 〈표 16-1〉은 주의집중, 경청, 개방성, 연민, 일치성의 특징을 소개한다. 다음 절에서, 인간중심 표현예술치료의 원리와 마음챙김이 어떻게 서로 통합되는지에 대해 논의할 것이다.

현재 순간에의 주의집중

인간중심 표현예술치료에서는 마음을 편안하게 하고, 자신에게 주의집중하며, 내면의 메시지를 듣고, 더 높은 자아성장을 위해 명상을 한다(Rogers, N., 1993). 우리는 열린 마음으로 명상을 시작하게 된다(Hanson, 2009).

> 몸에 깊은 호흡을 불어넣으세요……. 지금 이 순간을 자각하면서……. 양쪽 어깨를 편안히 하고…… 그곳에 있는 생각, 감각, 소리, 이미지, 감정을 느껴 보세요. 단지 그대로 따르면서…… 그것을 수용하고 판단으로부터 자유로워지세요.

표 16-1 마음챙김과 인간중심 표현예술치료 실제 비교

실행과제	마음챙김 실행	인간중심 표현예술치료 실행
주의집중	지금 이 순간에 주의집중하기	각 개인과 표현예술 과정에 온전히 존재하기
경청	자신, 타인과 환경에 경청하기	사람, 표현예술 과정과 예술적 창조에 대한 공감적 이해하기
개방성	초심자의 마음-매 순간에 새로운 무엇이든 포용하기	무조건적 긍정적 존중 경험에 대한 개방성 갖기
연민	인자함, 존재의 고통에 대한 관심 갖기	돌보는 마음으로 공감적 이해하기
일치성	자신에게 솔직하기	진실하기

명상은 마음챙김 수행이며 창조적 표현을 자극하는 데 도움이 된다. 오랫동안 명상 상태에 주의집중하기 어려운 사람에게는 평화로운 음악을 들려줌으로써 상상과 창조의 공간에서 명상의 세계로 가까이 다가갈 수 있도록 도울 수 있다.

경청

인간중심 표현예술치료에서 적극적 경청은 핵심적인 훈련이다. 우리는 자신의 마음을 듣고, 어떤 사람이 우리와 공유한 그 무엇의 본질에 대해 친근하게 다시 말한다. 한자 '聽'(듣다)는 적극적 경청의 본질을 나타내고 있다. 그것은 6개의 한자—귀(耳), 왕(王), 열 개의 눈과 하나의 마음(十目一心)—를 포함한다. 이 글자는 우리가 사람들의 말을 관심 어린 마음으로 잘 듣고, 그들을 왕처럼 존중하라는 의미가 내포되어 있다([그림 16-1] 참조).

우리는 단어 이면의 것을 초월하여 듣는다. 눈은 언어적이고 비언어적인 모든 신호를 본다. 진실된 마음, 주의집중과 무조건적 존중으로 우리는 깊이, 다른 사람들과 자기 자신 그리고 알 수 없는 것들에게도 귀 기울인다. 승려이자 마음챙김 훈련가인 Thich Nhat Hanh(2009)은 적극적 경청을 수행에 포함시키면서 다음과 같이 말한다. "관심 어린 듣기

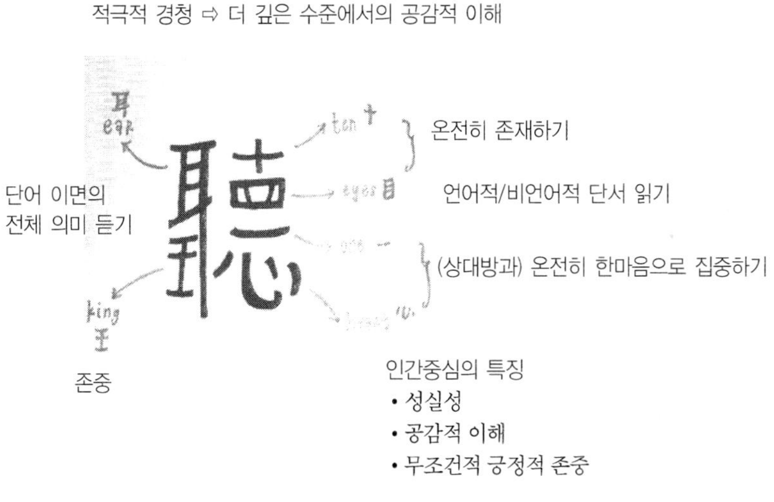

그림 16-1 한자 '들을 청'

는 치유를 제공한다. 10분의 적극적 경청은 우리를 변화시키고 웃게 할 수 있다."(p. 149)

개방성

인간중심 표현예술치료의 인본주의 원칙은 비판단적인 렌즈를 통해 삶과 경험 바라보기를 강조하는 것이다. 우리가 알고 있는 진실에 대해 강요하고 싶은 욕구를 내려놓을 때, 문제의 본질을 볼 수 있고 문제 해결을 달성하기 위해 노력하게 된다(Rogers, N., 2011). 그 순간에 나타나는 것에 무엇이든 긍정적이고 수용적인 태도를 견지할 때, 치료적 변화가 일어날 가능성이 있다(Rogers, C., 1980).

마음챙김 수행은 매 순간 수용적 마음으로 우리가 알지 못하는 것에 계속해서 개방적인 태도를 가질 수 있도록 가르치는 데 도움이 된다. 아이의 눈과 초심자의 마음으로, 우리는 가능성, 감수성, 배우고자 하는 호기심 그리고 개방된 마음으로 사물을 관찰해야 한다(Goodman, 2005; Suzuki, 1987). 이를 통해 새로운 관점으로 사물을 명확하게 볼 수 있게 된다.

연민

인간중심 표현예술치료에서 우리는 자신과 타인에 대한 이해, 민감성, 수용과 용서를 기르는 데 도움을 주는 사랑하는 자가 된다. 우리가 공감하며 들음으로써, 매 순간 온전한 사람으로 자유를 누리고 일치감을 얻는 내적 경험의 몰입을 더 잘 이해할 수 있게 된다(Rogers, C., 1980). 우리는 치료적으로 관조하고 심미적으로 반응하면서 연민을 표현한다. 우리는 사람들이 창조적인 과정에서 가지게 되는 느낌과 개인적인 의미를 정확히 알고, 창조적인 수단을 통해 이러한 이해를 표현하려고 한다(Rogers, C., 1980; Rogers, N., 1993). 예술은 또한 연민 가득한 청취자로서의 역할을 한다. 우리 존재는 창조적 행위가 있는 그곳에 속하고 반영되며 우리의 사고와 정서에 관여한다(Knill, Barba, & Fuchs, 1995). 동시에 우리는 그들의 메시지를 듣고, 예술에 귀를 기울인다(McNiff, 2009; Rogers, 1993).

마음챙김에서 현재 순간에 대한 비판단적 알아차림 훈련은 우리를 환영해 주는 우리 안의 모든 것을 위한 공간을 허용하면서 연민이라는 자질을 기르도록 돕는다.

일치성

일치성은 진실되고 참된 자아와 부합된다(McCown, Reibel, & Micozzi, 2010). Bolton(1979)은 진정성이 세 가지 요소—자기표현, 자기자각, 자기수용—로 구성된다고 하였다. 자기표현을 위한 예술작업을 통해 미적이며 재미있고 새로운 자신을 만나게 될 때, 우리 안의 진정한 자아를 더 잘 알게 되고 자신을 수용하게 된다. 예술에 내재되어 있는 치료적 특성은 우리 자신의 신체적 · 정서적 · 지적 · 영적 측면을 자극하고, 우리의 내부와 외부 현실을 통합하도록 돕는다. 이 창조적인 변화 과정을 통해 자신에 대해 좀 더 일치감을 가지게 된다. 또한 마음챙김은 내면의 진정한 자아를 더 잘 알아차리고 일치하도록 돕는다.

임상 적용

다음의 예는 성인 암 환자 집단을 대상으로 한 것이다. 이 집단의 임상 적용 과정에서 인간중심 표현예술치료와 마음챙김을 통합적으로 적용하였다.

마음챙김 기반 인간중심 표현예술치료의 치료적 목표

1. 신체-마음-영적 안녕감을 향상시키기 위해 자기 내면의 자기치유력과 숨어 있는 창조성 활용하기
2. 걱정과 억압된 감정을 안전하게 해소하기
3. 전체 자기를 탐구하고, 이해하며, 포용하고 수용하기

기본 태도

우리는 집단에 대한 지침으로 다음과 같은 기본 안내서를 제시한다(〈글상자 16-1〉 참조). 이것은 핵심 태도와 인간중심 표현예술치료의 원리(Rogers, N., 1993) 및 마음챙김 실행의 원칙에 기초한다(Kabat-Zinn, 1990).

글상자 16-1 인간중심 표현예술치료와 마음챙김 훈련 지침

1. 자신의 몸을 알아차리고 자신을 돌보세요.
2. 모든 지침이 초대/제안된 것입니다. 당신이 따라 할 수 없는 옵션이 있을 수 있습니다. 여기에서 자기 자신의 주인이 되어 보세요.
3. 표현예술의 경험은 내면의 감정을 자극할 수 있습니다. 슬픔, 행복, 알고 있거나 알지 못한 감정이 발생할 수 있습니다. 자기 자신을 경험에 개방시키고, 예술이라는 안전한 환경 안에서 마음속에 일어나는 일들을 충분히 표현해 보세요.
4. 창조의 에너지원으로 자신의 감정을 자각해 보세요. 이미지나 단어, 큰 소리, 극적인 행동과 눈물은 지금 이 순간 자연스럽게 나타나는 창조적 표현의 징후가 될 수 있습니다.
5. 연민과 동정심을 가지고 들어 보세요. 자신의 내부와 다른 사람의 감정으로부터 자신의 몸-마음-영적 경험에 주목하세요.
6. 무한한 가능성을 받아들이고 창조해 내려는 열려 있는 초심자의 마음을 유지하세요.
7. 비판적 시각을 버리세요. 개방적 태도로 자신과 타인을 진정으로 받아들이세요.
8. 만약 당신이 관찰하기로 선택했다면, 현재 당신의 감정에 주목하세요. 집단의 역동, 주변 환경과 다른 사람의 경험을 존중하세요.
9. 개인적 비밀을 지켜 주세요. 집단 밖에서 이름을 언급하지 않고, 개인 정보를 공개하지 않으면서 활동을 공유할 수 있도록 감정으로부터 자유로워지세요.

우리를 신뢰하고 존중해 주셔서 감사합니다.

준비하기

악기, 기본 재료, 촉감이 있는 물건, 이미지, 노래 그리고 자신의 감정을 나타내는 단어들을 준비한다.

마음챙김 기반 인간중심 표현예술치료 활동

차 명상

첫 의식으로 차 명상(Plum Village, 2010, p. 12)을 한다. 차 명상 수행은 슬픔과 걱정에도 불구하고 지금 이 순간에 행복하기 위해, 차와 친구와 함께 있는 그대로 존재하는 것이다. 표현예술은 명상 경험을 풍부하게 하는 데 도움이 된다. 답례로 차 명상은 새로운 알아차림을 경험하고, 마음챙김적으로 창조적 과정을 체험하게 하기 위해 영혼과 만나게 한다.

참가자는 흰 종이컵에 자신의 이름을 쓰고, 자신이 나타내고 싶은 것을 창조적으로 표현한다. 종이컵에 차를 붓고 두 손으로 온도를 느껴 본다. 맛을 즐긴다. 한 모금 한 모금, 모든 감각으로 맛을 알아차리고 향을 만끽한다. 차의 따뜻함이 우리 몸을 가득 채우는 것을 느낀다. 미술, 차 그리고 명상은 우리 자신에 대해 감사할 수 있는 좋은 종합선물(amalgam)이 된다.

또는 빈 종이컵으로도 차 명상을 시작할 수 있다. 개방적 태도로 관찰한다. 그 과정에서 나타나는 것은 무엇이든 수용하고 창조적으로 표현해 본다. 그리기, 쓰기, 콧노래 부르기와 우리 몸의 움직임을 통해 내면에서 느껴지는 감각을 구체화할 수 있다. 때때로 몸과 마음을 진정시키기 위해 부드러운 음악을 연주한다. 악기 연주는 자아를 진정시키고 더 편안하게 한다. 가끔 내면의 감각을 따라서 즉석에서 음악을 연주한다. 이때 영혼과 연결됨을 느낄 수 있다. 영혼이 깨어난다. 차 명상은 우리의 마음을 맑게 하는 마무리 의식이 될 수 있다. 마지막에 예술작업을 통해 차 명상에서 얻게 된 것을 표현할 수 있다.

■ 사례 연구: Ah Wah와 Mei Fung

Ah Wah(여자, 50세)는 차 명상으로 인한 기쁨을 초원에서 웃는 얼굴로 휴식하는 모습으로 표현했다([그림 16-2] 참조).

Mei Fung(여자, 45세)은 자신을 스스로 돌보고자 하는 의지를 표현했다. 암 환자 집단의 참가자들은 자연의 이미지를 통해 질병으로부터 자유로워지고 싶은 희망을 표현

그림 16-2 컵에 그려진 차 명상에 대한 모습

했다. 참가자들은 창조적인 차 명상을 즐겼으며 이 과정에 몰입하고 있는 자신을 알아차릴 수 있었다. 때로는 예술 경험이 없는 사람들은 저항하기도 한다. 창조적인 차 명상활동은 자신의 몸을 조절하고, 차를 함께 마시면서 다른 사람과 연결됨을 느끼고, 이완되면서 그러한 저항이 사라지도록 한다. 그것은 또한 창조적인 과정에 보다 자유롭게 참여하도록 돕는다.

알아차림 탐색-자기, 타인 그리고 맥락(일치성)

Virginia Satir는 원으로 일치감을 나타냈다. 그 원에는 자기, 타인 그리고 맥락([그림 16-3] 참조)이 모두 표현되어 있다(Satir et al., 1991).

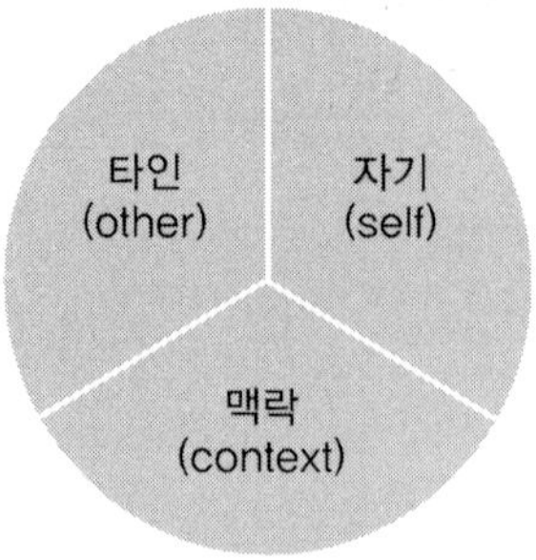

그림 16-3 일치성: 자기, 타인 그리고 맥락

출처: Satir et al., 1991.

우리가 있는 그대로를 알아차릴 때, 내면과 외적 환경 모두에서 무슨 일이 일어나고 있는지 느낄 수 있다(Kyle, 1998, p. 173).

마음챙김에서 자기와 타인 그리고 맥락과의 관계를 관찰한다. Michael Franklin (2012)의 연구에서 영감을 얻어 우리는 참가자들에게 자기, 타인 그리고 맥락에 대한 마음챙김적 관찰을 유도한다. 먼저, 짝과 마음챙김 관찰 훈련으로 시작한다. 두 사람이 짝이 되어 서로 마주 앉는다. 서로 침묵 속에서 자기, 타인, 맥락에 집중한다. 그러고 나서 그들의 경험을 예술로 표현한다.

▣ 사례 연구: Mei Ling

Mei Ling(여자, 48세)은 주위 환경을 지나치게 의식하고 경계하고 있으며([그림 16-4]에서 보라색으로 채색된 원의 3/4), 그다음 타인을 의식하고(복숭아색, 원의 1/4) 있고, 자신에 대해서는 거의 관심을 갖지 못하고 있는 것(원 안에 있는 노란색 선)을 보여 주었다. Mei Ling은 그녀의 감정이 타인과 사회 환경에 쉽게 영향을 받는다는 것을 알았다. 짝을 지어 하는 명상에서, 그녀는 자신에게 더 많은 집중을 하고 주변에 대한 기대는 조금 더 낮추어야 함을 알아차리게 되었다.

그림 16-4 Mei Ling의 '자기, 타인 및 맥락' 관찰

■ 사례 연구: Siu Man

Siu Man(여자, 56세)은 이 세 영역에서 좀 더 균형을 잘 이루고 있었다([그림 16-5] 참조). 그녀는 웃는 얼굴로 내면의 평온을 유지하면서 자신과 타인을 관찰하고 있었다. 주위를 둘러보고 있는 짝(빨간색 원에서 위쪽 상단의 붉은색으로 표시)의 불안을 알아차리고, 자신을 긴장(검은 점들)으로부터 분리시켰다. 그녀는 환경을 희망이 가득한 것으로 인식하여 노란색으로 표현하고(원의 왼쪽 아래 음영 부분), 비 오는 날이었기 때문에 회색 구름을 추가했다.

참가자들은 이러한 훈련이 자기, 타인 그리고 맥락을 포함한 다른 것을 알아차림으로써 경험적이고 시각적인 것을 함께 이해하는 데 도움이 된다는 것을 알게 된다. 그것은 모든 존재, 연민과 일치성을 위한 마음챙김적 수행이다. 우리는 있는 그대로의 자신의 존재를 마음으로 조용히 듣는다. 자신의 진정한 자기와 연결된 '내면의 소리'(McCown et al., 2010)가 무엇을 말하는지 듣게 한다. 이때 타인의 말에 연민을 갖고 들으며, 사람들을 존중하는 자세로 대한다(Plum Village, 2010).

그림 16-5 Siu Man의 균형 잡힌 관찰

바디스캔 초상화

신체 건강에 대한 마음챙김의 장점(Langer, 1989)과 여성 암 환자의 삶의 질을 향상시키기 위한 마음챙김 기반 미술치료(MBAT) 효과에 대한 초창기 연구라는 관점에서, 우리는 알아차림의 삼각구도(신체 감각, 사고, 감정)를 탐색하기 위해 마음챙김 바디스캔과 초상화 그리기를 연합하였다([그림 16-6] 참조; McCown et al., 2010).

참가자는 신체 감각, 감정, 생각을 매 순간 알아차릴 수 있도록 바디스캔 방법을 안내받는다.

> 몸 깊숙이 심호흡을 하세요. 천천히 머리끝에서 아래 발가락까지 무엇이 있는지 주목해 보세요……. 어떠한 판단도 하지 말고 그저 주목해 보세요. 감각에 집중해 보세요……. 당신의 마음속에 있는 생각들에 집중해 보세요……. 그리고 지금 이 순간에 느껴지는 감정들에 주목해 보세요.

그림 16-6 바디스캔 및 초상화를 통한 알아차림의 삼각구도

바디스캔 후, 참가자들은 자신의 경험을 시각적 형태인 신체 초상화 그리기로 표현한다. 그들은 있는 그대로의 경험을 표현하거나 계속해서 창조적인 탐색을 할 수 있도록 허용된다. 때로 바디스캔은 좀 더 구조화된 지침에 따라 다양하게 활용된다. 예컨대, (1) 불쾌하거나 유쾌한 신체 부위에 주목하기, (2) 이러한 신체 부위에 억제되어 있는 다른 감정들 알아차리기, (3) 긍정 또는 부정적인 생각 듣기, (4) 우리 안에 있는 영적 근원 알아차리기 등이다. 각각의 탐색 과정 후 예술작업을 통해 이러한 것들을 창조적으로 표현해 본다.

■ 사례 연구: Sin Yuet

Sin Yuet(여자, 46세)은 계절의 변화로 충만함을 느끼고, 계절의 변화와 삶의 흐름이 함께 가는 것을 즐겼다. 바디스캔을 통해, 그녀는 신체로부터 격려의 메시지를 받았고, 모험, 호기심, 살아 있음에 대한 감각을 신체가 따뜻하게 수용해 줌을 느꼈다(Kabat-Zinn, 1990). 그녀는 눈물과 웃음 모두를 찾았으며, 고통과 평화 또한 발견했다. Sin Yuet은 예술 표현의 유동적이고 창조적인 과정을 즐겼으며, 깊은 호흡과 마음챙김을 통해 복합된 감정 상태에 머물 수 있었다. 그녀는 음악 없이 조용한 상태에서 하는 예술작업을 더 선호하였으며, 그렇게 함으로써 그녀의 몸과 마음에 마음챙김의 에너지가 흐르도록 하여(Plum Village, 2010) 기쁘거나 고통스러운 경험 모두를 받아들일 수 있었다.

감정 풍경화

Suzuki Roshi의 책 『선심 초심(Zen Mind, Beginner's Mind)』에서 그는 우리가 의도적으로 마음을 비울 수 있도록 몇 장의 빈 공간을 남겨 두었다. 빈 공간을 표현하기 위해, 우리는 큰 두루마리 형태의 선지(xuan paper, 중국의 회화 용지)를 사용하여 '감정 풍경화' 그림을 그린다. 그림을 그리기 전, 각 참가자는 벽에 선지를 고정시킨다.

먼저, 간단한 마음챙김 수행을 시작한다. 명상은 순수한 마음을 유지하도록 도움을 준다. 종이와 함께 침묵의 시간을 가진 후, 참가자는 긍정적이고 부정적인 감정들이 종이 위에서 마음껏 표현되도록 열린 마음 상태를 유지하는 것이 좋다. 우리는 색상, 선,

도형 및 이미지를 통해 감정의 변화를 표현한다. 선지는 잉크, 페인트와 스트로크의 움직임을 완벽하게 표현해 주는 흡수력으로 인해, 감정을 담는 멋진 용지가 될 수 있다. 용지의 길이는 표현하고자 하는 양만큼 제공할 수 있다.

▣ 사례 연구: K. S.

K. S.(남자, 61세)는 내적 비평가의 통제와 판단으로부터 자유로워지자 자발적으로 편안하게 예술작업을 즐겼다. 그는 처음 그리는 것처럼 몰입하여 그림을 그렸다([그림 16-7] 참조).

이것은 순간순간을 연습하는 방법이다(Suzuki, 1987). 평소에 K. S.는 집중하는 것을 어려워했으나, 이번에는 온전히 집중할 수 있었다. 그는 그림 그리는 것을 멈출 수 없었다. 그는 미술작품에서 시각적인 형태로 표현된 슬픔, 죄의식, 두려움, 행복, 감사와

그림 16-7 나의 감정 풍경화

희망을 보고 기뻐했으며 자신의 감정을 개방하고 그것이 수용되는 과정을 즐겼다. 우리의 감정과 느낌은 창의성과 변화를 위한 에너지원이다(Rogers, N., 1993). K. S.는 미술을 통해 충만한 자기를 구현할 수 있었으며, 자신의 감정을 치유 에너지로 전환할 수 있음을 알게 되었다.

붓다 보드판

티벳 명상 마스터 Yongyey Mingyur Rinpoche(2007: Gilbert & Tirch, 2009, p. 102에서 재인용)는 마음챙김에 대해 "핵심은, 불교 실천의 방법으로 생각, 감정, 그리고 자각이 일어나는 그대로를 알아차리면서 휴식하는 상태이다."라고 묘사했다. '붓다 보드판'(Buddha Board, www.buddhaboard.com 참조)은 보드의 표면에 물을 칠함으로써 어두운 색으로 삶의 이미지가 표현된 후 점차 사라져 감을 볼 수 있는 매체이다. 그것은 우리가 매 순간에 대한 알아차림을 유지하도록 돕는다. 우리는 보드판에 그림을 그릴 수 있고, 그 순간을 즐기고 관찰할 수 있다. 보드판에서의 작업은 현재의 순간과 무상 생활의 선(禪) 개념을 기반으로 한다. 지금 이 순간을 감상하고, 있는 그대로 보게 하며, 우리의 마음을 정화시키는 치료 과정을 포함한다. 이것은 영원한 것은 아무것도 없으며 끊임없이 변화되어 간다는 것을 알려 주는 도구이다.

▣ 사례 연구: Star

Star(여자, 53세)는 붓다 보드판을 사용하여, 그녀가 좋아하는 음식과 함께 그녀의 어머니를 그렸다([그림 16-8] (a) 참조). Star의 어머니는 일주일 전에 돌아가셨다. Star는 물을 사용하여 어머니와 자신의 이미지를 그렸으며 점점 희미해져 가는 이미지를 보며 묵상하고, 어머니에게 작별 인사를 고했다([그림 16-8] (b) 참조).

Star는 어머니가 얼마나 빨리 돌아가셨는지 깨달았다. 이 과정에서, Star는 몇 년 동안이나 어머니를 돌보아 온 자신의 인내와 회복력을 알게 되었다.

(a) (b)

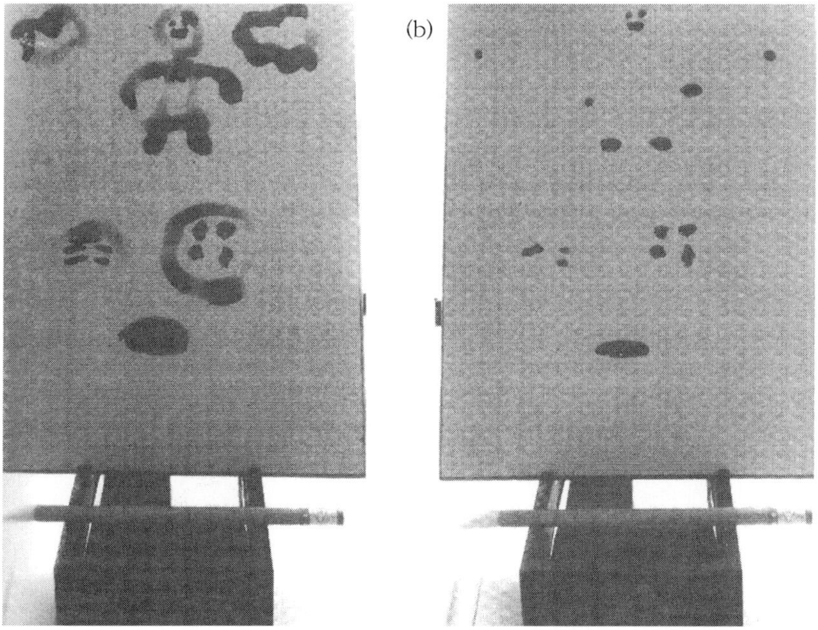

그림 16-8 (a) 붓다 보드판, (b) 떠나보내기와 우리 자신을 용서하기

거울을 통한 마음챙김적 자기 탐색, 가면 만들기와 참동작

가면은 우리의 숨겨져 있는 페르소나—그림자와 마찬가지로 외부적으로 존재하는 자기—를 상징화하며 있는 그대로의 참된 자기를 온전히 수용하는 데 도움을 준다. 마음챙김 훈련은 우리가 내면의 여행을 명상하고 고요함을 유지하여 주의집중하도록 도움을 준다. 가면 만들기를 하기 전, 우리는 현상학적으로 자아를 관찰하고 변화될 수 있는 마음의 자비로운 공간을 찾기 위해, 다음의 지시에 따라 거울에 비추어진 나의 얼굴을 신중히 관찰한다(〈글상자 16-2〉 참조).

글상자 16-2 안내 지침: 마음챙김 가면

편안한 자세로, 척추를 똑바로 세워 유지하며, 천천히 호흡해 보세요.
심리적 · 신체적인 당신의 짐을 내려놓으세요.
당신의 몸을 이완해 보세요. 어깨를 편안하게 해 보세요.
당신의 내면이 내적 자아와 접촉하는 이 소중한 순간을 즐겨 보세요…….
당신 앞에 거울을 놓습니다…….
반사된 얼굴 이미지에 호기심을 가지고, 어떤 판단도 하지 않고 관찰하고 탐구하세요.
단지 이 익숙한 이미지와 함께하며,
숨을 들이마시며, 내가 숨을 들이마시고 있다는 것을 인식하세요…….
숨을 내쉬며, 내가 숨을 내쉬고 있다는 것을 인식하세요…….
단지 당신의 호흡을 깊이 느껴 보세요…….
당신의 마음이 멀리 방황하고 있음을 발견하면,
조심스럽게 거울에 비친 당신의 이미지에 주의를 집중하세요.
자신의 감정을 알아보세요. 다소 이상하고, 익숙하지 않은 감정을 느낄 수 있습니다.
하지만 이것들은 당신이 현재 이 순간에 자신이 가지고 있는 느낌입니다.
그냥 부드럽게 받아들이고 함께하세요…….
있는 그대로의 감정을 받아들일 수 있습니다.

당신이 할 수 있는 최선은 이 이미지에 집중하고,
그것들과 친구가 되어 보는 것입니다. 그것을 좋아하거나 싫어하는지는 중요하지 않습니다.
이 이미지에 대한 당신의 감각과 감정을 알아차려 보세요…….
천천히 이 익숙한 얼굴에 있는 머리카락, 눈, 코, 귀, 입에 모든 주의를 기울여 보세요…….
숨을 들이마시고…… 내쉽니다…….
당신이 이 얼굴과 가까이 하기를 원한다면, 보고, 듣고, 냄새와 맛을 통해 접촉해 보세요…….
당신이 원한다면, 당신은 점점 더 많이 알게 됩니다.
서두르지 말고 당신의 속도에 따르세요…….
숨을 들이마시고…… 내쉽니다…….
당신은 당신의 감각을 사용하여 거울 속 사람이 느끼는 감정을 경험할 수 있습니다.
무엇이 느껴지는지 살펴보세요…….

현재 이 순간에 느껴지는 당신의 감정을 알아차려 보세요.
이러한 느낌들은 행복, 슬픔, 걱정, 희망, 죄책감, 기쁨일 수 있습니다…….
이러한 감정이 무엇인지 탐색하고, 그것에 반응하지 않고 함께 있기 위해서는
당신의 호흡과 함께 지켜보세요…….
숨을 들이마시며, 내가 숨을 들이마시고 있다는 것을 인식하세요…….
숨을 내쉬며, 내가 숨을 내쉬고 있다는 것을 인식하세요…….
거울 속 얼굴이 당신과 이야기하기를 원할지도 모릅니다. 당신은 마음을 이완하고
오직 당신의 마음으로 들으세요……. 어떻게 느껴지나요? 어떤 생각이 드나요?
가만히 귀 기울이며, 현재 순간에 이 얼굴을 이해하려고 해 보세요…….
느낌은 느낌일 뿐이며, 그것은 오고 가는 것이며, 옳고 그름이 아닙니다.
당신이 이러한 감정의 주인입니다. 당신은 당신의 감정을 소유하고 있습니다.
당신이 원한다면, 당신 손으로 얼굴을 만져 보며 탐색할 수 있습니다…….
당신의 눈, 귀, 코, 입, 입술과 목을 느껴 보세요…….
부드럽게, 손을 사용하여 몸 전체를 느껴 보세요…….
숨을 들이마시고…… 내쉽니다…….
당신이 찾은 느낌들에서 발견한 것이 있습니까?
당신은 2분 동안 자유롭게 탐색할 수 있습니다…….
이런 탐색의 과정을 통해,
당신은 자신에게 더 가까이 다가설 수 있으며, 몇 가지를 발견할 수 있습니다.
당신이 조금 더 탐색하고 싶다면, 그렇게 해도 됩니다.
준비가 되면, 당신은 가면을 만들면서 마음의 경험을 더 많이 탐색할 수 있고 이 과정을 글로 표현할 수 있습니다.

얼굴에 대한 마음챙김 탐색 후, 대부분의 참가자들은 자신이 느낀 경험을 가면으로 표현하였다. 가면과 대화하면서 그들은 단어, 색상, 문자, 이미지 그리고 아이디어로 가면을 장식했다. 그러고 난 다음 테이블 위에 올려놓고 새로운 관점에서 자신의 가면을 관찰하였고 이를 자유롭게 설명했다.

다음으로, 가면을 쓰고 가면의 감정과 생각을 들었다. 가면과 대화를 하는 과정에서, 참가자들은 자신의 감정과 생각을 들여다볼 수 있다. 이때 내면의 자기 목소리를

들을 수 있도록 음악을 사용하였다. 어떤 참가자들은 내면에서 일어나고 있는 일을 느끼기 위해 자신의 몸을 움직이기도 했다(참동작). 치료사는, 참가자의 자발적인 표현을 위해, 개방적이면서 안전한 공간이 되도록 한다. 참가자들은 그 과정에서 열린 마음으로, 마음 가득히 연민을 가지고, 자신의 소리를 듣는다. 참가자들은 매 순간 경험한 내용을 통합하기 위해 기록을 한다. 참가자들은 가면에 대한 짧은 문장을 쓰며 회기를 마친다. 그 문장은 이렇게 시작한다. "가면, 고맙습니다. 당신에게서 _____을 배웠습니다."

■ 사례 연구: Fong

Fong(여자, 38세)은 그녀의 모든 감각을 이용하여 마음챙김적으로 자신을 탐색할 수 있는 유익한 경험을 하였다. 그녀는 자신의 약점을 드러낼 것인지에 대해 깊이 고민했다. 그녀는 사회적 가면 속에서 진정한 목소리를 잃고 있는 자신에 대해 슬픔을 느꼈다([그림 16-9] 참조).

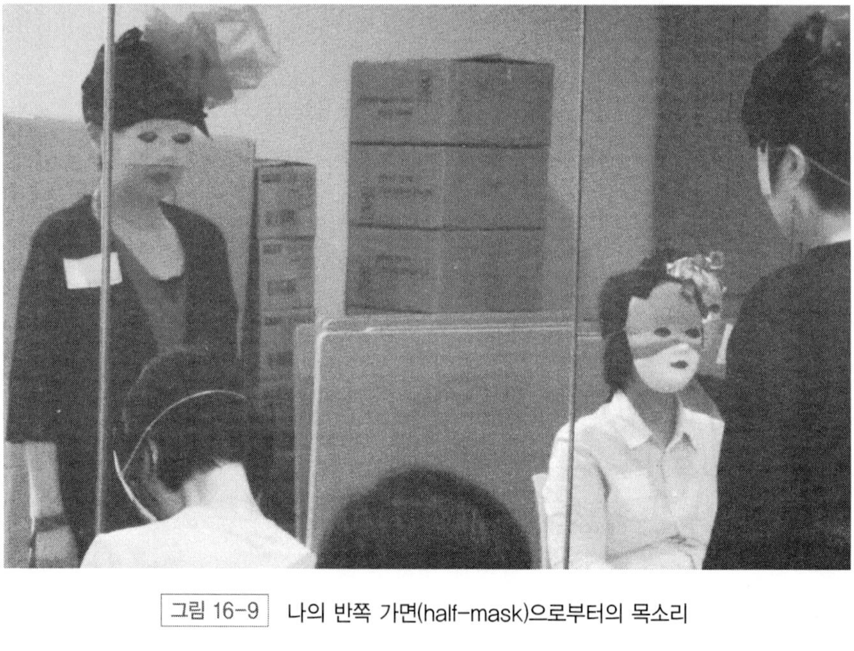

그림 16-9 나의 반쪽 가면(half-mask)으로부터의 목소리

Fong은 자신의 입을 보여 주기 위해 가면을 반으로 자르고, 내면의 목소리를 따라갔다. 이러한 창조적인 탐색을 통해, 이야기할 수 있는 자유를 경험했다. 그녀가 용기를 내어 큰 소리로 〈오페라의 유령〉을 부르는 것이 돌파구가 되었으며, Fong은 자신의 감각들을 더 잘 알게 되자 내면에 더 가까이 접근하고 친밀하게 자신을 받아들였다.

반영 및 결론

마음챙김 기반 표현예술 과정에서, 우리는 인간중심 표현예술치료의 네 가지 요소—사람(참가자와 치료사), 과정, 맥락 및 창조—에 개방, 수용, 연민을 온전하게 표현할 수 있어야 한다. 이러한 요소들은 서로 상호작용한다([그림 16-10] 참조).

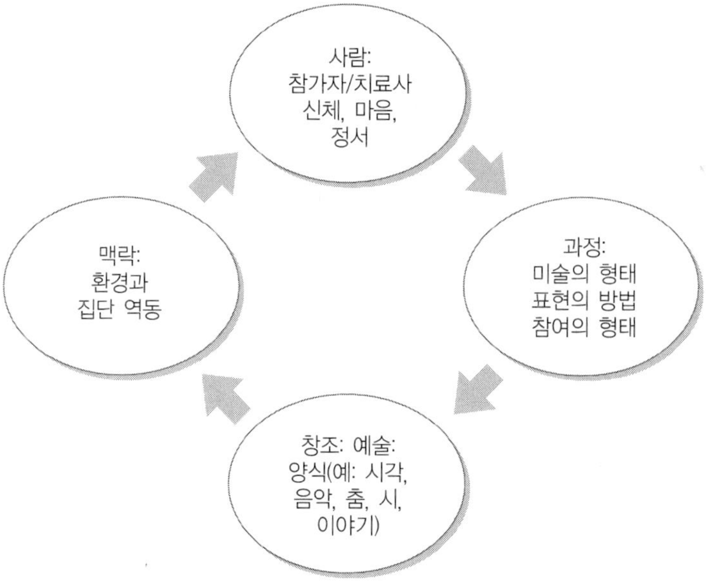

그림 16-10 인간중심 표현예술치료의 네 가지 요소

사람들

마음챙김 훈련과 함께하는 인간중심 표현예술치료는 그 과정에 관련된 사람들과 협력해서 발전되어 왔다. 경외할 만한 이러한 능력은 또한 Thich Nhat Hanh 스님의 마음챙김 공동체에서 훈련받을 수 있다(Hanh, 2000). 특히 진실성, 연민, 무조건적인 긍정과 조화는 인지적 기술로 배울 수 있는 것이 아니다. 그것은 진정 '나와 너'의 관계(Ryback, 2006)이며 존재방식이다. 우리는 우리 삶의 과제, 마음챙김, 예술과 인간중심적 존재(person-centered being)를 살펴봄으로써 명료함과 연민을 가진 마음을 실천할 수 있다.

과정

몇몇 참가자는 미리 준비되어 있는 방법과 단계별 계획서에 대해 의문을 제기할 수 있다. 실행자로서, 우리는 항상 개방적 태도로 지금 이 순간에 집단 참가자들의 말을 귀 기울여 듣고 그들의 요구에 가장 부합하는 표현예술을 적용하고자 한다.

맥락

마음챙김과 인간중심 표현예술치료를 실시하는 것은 단지 작품을 제작하기 위한 것이 아니라 우리 삶에서 실천하기 위한 것이다. 작품으로 우리의 전문기술을 입증하고자 하는 것이 아니다. 개인의 성장과 사회 변화에 대한 자각, 창조성과 치유의 잠재력을 실현하고자 하는 것이 우리가 의도하는 것이다. Suzuki Roshi(일본 선 마스터)에 의해 공유된 것처럼, "초심자의 마음에는 많은 가능성이 있지만, 전문가의 마음에는 가능성이 많지 않다"(Kabat-Zinn, 2012, p. 9에서 재인용). 이곳에서 공유된 우리의 경험이 당신의 훈련에 더 많은 가능성을 열어 주길 기대한다.

창조

마음챙김과 인간중심 표현예술치료 모두 심리치료의 한 방법일 뿐만 아니라 타인 및 세계와 관계하는 방식이다. 그것은 협력하고, 연민을 가지고 듣고, 억압된 것을 드러내고, 우리의 마음을 평화롭게 하며, 영적-영혼-신체-마음을 연결하는 삶을 위한 유익한 수행방법이다. 마음챙김은 창조적 연결(Creative Connection) 과정에서 우리의 알아차림과 존재를 강화한다. 동시에, 표현예술의 치유적 속성은 우리를 내부로 안내해서 무의식으로부터 무슨 일이 일어나고 있는지 깨닫게 한다.

마음챙김과 인간중심 표현예술치료의 상호작용 효과는 자기자각과 치유를 촉진하며, 참가자들뿐만 아니라 치료사들에게도 같은 효과를 제공한다. 선심(Zen mind)은 지혜를 추구하는 지혜이다(Suzuki, 1987, p. xxi). 이 장에서, 우리(동료 Josephine Cheng과 나)는 마음챙김과 인간중심 표현예술치료를 통합하는 데 있어 점점 더 발전된 지식들을 공유했다. 우리는 매일 초심자의 마음으로 매 순간 훈련을 통해 배운다. 우리는 마음챙김, 표현예술과 개방성이라는 훈련을 통해 겸손함으로 지혜를 구하고자 하는 여행을 계속할 것이다.

감사의 글

이 장을 통해서 나는 나의 동료인 Josephine Cheng에게 깊은 감사를 전한다. 우리는 1994년부터 표현예술을 해 왔다. 그녀와 나의 지지자 Gregg Kerlin은 나의 훈련에 마음챙김과 선불교(Zen Buddhism)를 연결할 수 있는 방법을 지도해 주었다. 나는 스승인 Natalie Rogers에게 열정적으로 인간중심 표현예술치료를 가르쳐 주심에 말로 형언할 수 없는 감사를 전한다. 나의 지도교수 Jack Weller, Anin Utigaard와 나의 조언자 Kate Donohue, Benedikte Scheiby, Christine Evans, Laury Rappaport에게도 감사를 표한다. Jack은 항상 나의 표현예술이라는 여정에 온 마음을 다해 내 손을 잡아 주었다. 또한 무조건적 긍정적 존중을 보내 준 우리 엄마, William, Celina, Helena 그리고 나의 강아지 Chips와 Fries에게도 감사를 표한다.

별칭을 사용하는 전통적 방법으로 그들의 이야기를 들려주는 것에 동의해 준 개인 참가자에게 감사를 표한다.

참고문헌

Bolton, R. (1979). *People Skill: How to Assert Yourself, Listen to Others, and Resolve Conflicts*. New York: Simon and Schuster, Inc.

Franklin, M. (2012). Personal Communication.

Gilbert, P., & Tirch, D. (2009). "Emotional Memory, Mindfulness and Compassion." In F. Didonna (ed.) (2009). *Clinical Handbook of Mindfulness*. New York: Springer.

Goodman, T. A. (2005). "Working with Children: Beginner's Mind." In C. K. Germer, R. D. Siegel, & P. R. Fulton (eds) (2005). *Mindfulness and Psychotherapy*. New York: The Guilford Press.

Hanh, T. N. (2002). *Friends on the Path: Living in Spiritual Communities*. Berkeley, CA: Parallax Press.

Hanh, T. N. (2009). *Happiness: Essential Mindfulness Practices*. Berkeley, CA: Parallax Press.

Hanson, R. (2009). *Buddha's Brain: The Practical Neuroscience of Happiness, Love, and Wisdom*. Oakland, CA: New Harbinger Publications, Inc.

Kabat-Zinn, J. (1990). *Full Catastrophe Living: Using the Wisdom of Your Body and Mind to Face Stress, Pain, and Illness*. New York: Bantam Dell(a division of Random House, Inc).

Kabat-Zinn, J. (2012). *Mindfulness for Beginners: Reclaiming the Present Moment—and Your Life*. Boulder, CO: Sounds True, Inc.

Knill, P. J. Barba, H. N., & Fuchs, M. N. (1995). *Minstrels of Soul: Intermodal Expressive Therapy*. Toronto: Palmerston Press.

Kyle, D. T. (1998). *The Four Powers of Leadership: Presence, Attention, Wisdom and Compassion*. Deerfield Beach, FL: Health Communications, Inc.

Langer, E. J. (1989). "Mining Matters: The Consequences of Mindfulness-Mindfulness." In L. Berkowitz (ed.) (1989). *Advances in Experimental Social Psychology, Vol. 22.* Cambridge, MA: Academic Press Inc.

McCown, D., Reibel, D., & Micozzi, M. S. (2010). *Teaching Mindfulness: A Practical Guide for Clinicians and Educators.* New York: Springer Press.

McNiff, S. (2009). *Integrating the Arts in Therapy: History, Theory and Practice.* Springfield; IL: Charles Thomas Publisher Ltd.

Monti, D., Peterson, C., Shakin Kunkel, E., Hauck, W. W., et al. (2006). "A randomized, controlled trial of mindfulness-based art therapy (MBAT) for women with cancer." *Psycholo-Oncology 15*, 5, 363-373.

Plum Village, The (2010). *Practice from the Heart: Zen Master Thich Nhat Hanh in Hong-Kong 2010.* Awaken to Joy at Mindfulness Retreat, Hong Kong.

Rogers, C. R. (1951). *Client-Centered Therapy: Its Current Practice, Implications and Theory.* Boston, MA: Houghton Mifflin.

Rogers, C. R. (1980). *A Way of Being.* New York: Houghton Mifflin Company.

Roger, N. (1993). *The Creative Connection: Expressive Arts as Healing.* Palo Alto, CA: Science and Behavior Books.

Rogers, N. (2011). *The Creative Connection for Groups: Person-Centered Expressive Arts for Healing and Social Change.* Palo Alto, CA: Science and Behavior Books.

Ryback, D. (2006). "Self-determination and the neurology of mindfulness." *Journal of Humanistic Psychology 46*, 4, 474-493.

Satir, V., Banmen, J., Gerder, J., & Gomori, M. (1991). *The Satir Model Family Therapy and Beyond.* Palo Alto, CA: Science and Behaviour Books.

Suzuki, S. (1987). *Zen Mind, Beginner's Mind: 40th Anniversary Edition.* Boston, MA: Shambhala Publications, Inc.

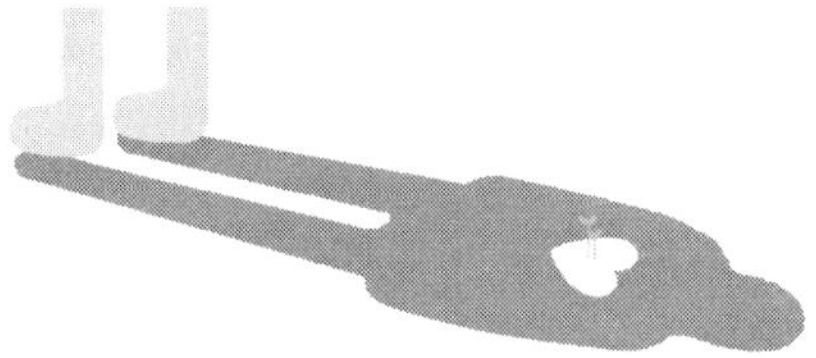

Chapter 17

창조적 마음챙김:

변증법적 행동치료와 표현예술치료

–Karin von Daler & Lori Schwanbeck

창조적 마음챙김(Creative Mindfulness)은 표현예술치료와 변증법적 행동치료(Dialectical Behavior Therapy: DBT)를 결합한 것이다. 이 모형은 2004년에 필자들이 표현예술치료의 자기표현과 학습에 있어서의 창조적이고 감각적인 양식을 변증법적 행동치료(DBT)의 효과성과 통합하기 위하여 개발되었다. 우리는 정서적 취약성과 자해충동을 보이는 과잉반응성(highly reactive) 내담자와 창조적이고 효과적으로 작업하기 위해 이것을 만들었다. 우리는 표현예술치료에 대한 열정을 보다 구조화된 변증법적 행동치료에 적용함으로써 내담자로부터 긍정적 결과를 이끌어 내었으며, 비표현적 예술(non-expressive arts)을 지향하는 치료사로 하여금 임상작업에서 창조력을 발휘하도록 영감을 주었다.

일부 임상가들이 경험한 바대로 생존 자체와 기본적 안녕을 위해 즉각적인 행동 및 인지 변화를 요하는 심각한 정서조절불능 내담자(highly emotionally dysregulated clients)와 작업할 때에 기존의 창조적 방법으로는 한계가 있다. 예를 들어, 내담자의 상상이나 자유동작을 그대로 따라가면 정서적 범람이나 외상의 재경험을 일으킬 수 있다. 이때 내담자와 치료사 모두 감정에 압도되거나 당황할 수 있다. 구조화되지 않은 창조적 표현이 정서적 카타르시스를 유발한다고 할지라도, 새로운 행동이나 기술에 대한 학습이 이루어지지 않는 것이다. 결과적으로 그것은 정서적 촉발인자가 치료적 성장을 불안정하게 위협하는 데 이용될 수 있다. Huckvale과 Learmonth(2009)는 "혼란이나 깊은 고통, 급성장애, 목전의 생명을 위협하는 위험에 처한 사람과 작업하기 위해서는 구조화가 필요하다……. 미술에 기반을 둔 접근법 역시 미술창작 행위의 유기적 · 비지시적 · 자발적 요소를 강조하는 경향이 있다."(p. 62)라고 지적하고 있다.

연속선상의 치료 한쪽 끝에는 정신건강 장면에서 종종 사용하고 있는 변증법적 행동치료(DBT)와 같은 구조화된 증거기반 치료가 있는데, 이는 자원이나 연결, 체화된 학습(embodied learning)을 경험할 수 있는 감각적 · 창조적 · 상상적 요소를 배제하고 인지적인 면에 주력한다. 표현예술과 변증법적 행동치료를 통합한 창조적 마음챙김은 변증법적 행동치료만큼이나 구조적이면서, 표현예술과 같이 창조적이고 체화 가능하며 다중감각적인 치료적 작업방식을 제시한다.

이론체계

변증법적 행동치료

Marcia Linehan(1993a)이 자살경향성(suicidality)을 가진 경계선 성격장애(borderline personality disorder)를 치료하기 위해 변증법적 행동치료(DBT)를 개발하였다(Linehan, 1993a). 또한 DBT는 중독, 섭식장애, 기분장애, 정서적 취약성의 치료에도 효과적인 것으로 입증되었다(Telch, Agras, & Linehan, 2001). 정서적 취약성은 앞서 언급한 장애로 고통받고 있거나 부적절한 분노, 관계문제, 외상후 스트레스 장애(post traumatic stress disorder)를 나타내는 내담자에게서 흔히 관찰된다. DBT는 행동주의적 마음챙김 기반 심리치료로, 내담자에게 생활기술을 가르친다(Safer, Telch, & Chen,

2009).

DBT는 자해 및 중독을 포함한 충동행동이 정서조절 체계의 결함과 부적응적인 정서불안 관리의 결과로 야기된다고 보고 있다. 정서조절 체계는 초기 환경, 특히 무력화시키는 환경에 의해 부정적으로 형성될 수 있다(Linehan, 1993a). 이러한 환경은 정서를 느끼고 표현하는 것이 적절하거나 안전한지에 대한 혼란을 일으키며, 자극에 과잉 반응하도록 하고, 한번 각성되면 효과적으로 자신을 진정시킬 수 없게 만든다.

DBT 이론은 절단 또는 그 밖의 자기파괴적 행동과 같은 자해행위가 견디기 힘든 정서에 대한 학습된 대처전략이라고 가정한다. DBT는 정서적 민감성을 감소시키고 표출된 정서를 보다 효과적으로 다루는 방법을 가르침으로써 심각한 정서조절불능을 겪는 사람들을 지원하고 있다.

DBT 기술

DBT에는 핵심 마음챙김(Core Mindfulness), 정서조절(Emotion Regulation), 스트레스 적응(Distress Tolerance), 대인관계 효율성(Interpersonal Effectiveness)의 네 가지 모듈이 있다. DBT는 정서적 균형을 유지하기 위해 이러한 중요한 삶의 기술을 학습하고 의식적으로 훈련해야 한다고 가정한다. 발달 과정 속에서 이러한 기술을 자연스럽게 학습하는 사람이 있는가 하면 그렇지 못한 사람도 있다. DBT는 심리교육 집단장면과 개인치료에서 적극적인 기술 함양에 초점을 두고 있다.

핵심 마음챙김 기술

마음챙김은 판단하고자 하는 의도가 아닌 개방성과 호기심으로 알아차리고자 하는 의도로 주의를 기울이는 것이다. 순간에 대한 알아차림이 증가하면 반응의 유연성을 높이기 때문에, 마음챙김 기술은 DBT 기술의 핵심으로 볼 수 있다. 마음챙김은 수용과 더불어 지금 이 순간에 대한 알아차림을 가능하게 하고, 생각이나 감정, 촉발인자를 사실로 받아들이기보다는 사건으로 보며 그것과 건강한 거리를 둘 수 있도록 관찰자적 관점을 제공한다. 이로써 그 순간에 대한 단순한 반응 대신 공간 및 시간의 순간에 대해 평가하고 대응하도록 한다.

정서조절 기술

이 기술은 내담자가 부정적 정서 상태를 보다 효율적으로 관리할 수 있도록 적응적 기술을 개발하고, 긍정적 정서 경험을 위한 더 큰 역량을 기르도록 돕는다(Linehan, 1993b). 심각한 정서적 무력화를 경험한 사람들의 경우, 정서란 문제가 되는 것이고, 이해하기 힘들며, 위험한 것으로 볼 수 있다. 정서는 자극에 대한 자연스러운 반응이며, 우리의 몸과 마음, 행동에 영향을 미치고, 상황에 대처하도록 한다는 점에서 기능적임을 가르치는 것이 중요하다. 정서조절의 목적은 부정적이고 불쾌한 정서를 제거하는 데 있는 것이 아니고, 일단 정서가 발생하면 그것을 조절하지 못하거나 과잉 반응하는 데서 오는 고통, 또는 그러한 정서를 부인하는 데서 오는 괴로움을 줄이는 데 있다(Linehan, 1993b).

스트레스 적응 기술

우리 모두는 삶에서 아픔을 경험한다. 고통에 대한 일부 반응들은 스트레스를 짧은 시간 내에 완화하는 반면, 더한 스트레스를 유발하는 원인이 될 수 있다. 자해행위나 중독은 고통을 무감각하게 하거나 누그러뜨릴 수 있지만 적응적인 대처기술은 아니다. 스트레스 적응 기술은 즉시 변화시킬 수 없는 괴로움이나 어려움, 스트레스를 경험하는 현 순간에 사용할 수 있는 다양한 전략을 내담자에게 제공한다(Linehan, 1993b). 스트레스 적응 기술의 핵심은 어려운 상황에 대응할 수 있도록 인내, 적응, 평정을 배우는 것이다(Linehan, 1993b).

대인관계 효율성

타인과의 상호작용은 정서적 안녕감뿐만 아니라 고통을 가져다주는 가장 중요한 원천 중 하나라고 볼 수 있다(Siegel, 2007). 따라서 효율적인 관계를 유지하는 방법을 배우는 것이 꼭 필요하다. 대인관계 효율성 기술은 자기주장, 경계 설정, 연결 구축, 건강한 관계 평가하기 그리고 해로운 관계를 단절하고자 할 때 유용하다(Linehan, 1993b).

창조적 마음챙김: DBT와 표현예술 통합

창조적 마음챙김을 개발하기에 앞서 DBT 기술을 가르치면서, 우리는 이 기술이 사람들의 삶에서 긍정적인 변화를 돕는 데 매우 효과적이라는 것을 발견했지만 여전히 표현예술치료에서 발견한 창조성이라든가 감각적 참여도 포함하기를 바랐다. 내담자의 행동 변화, 정서조절, 가치 있는 삶의 창조를 돕는 데 있어 DBT만큼이나 효율적이기에, 우리는 감각적 참여, 상상력, 표현예술의 창조성에서 나오는 풍부한 가능성—더 큰 성장을 돕고 더 깊은 참여 및 변화를 가능하게 하는—을 통합하고자 하였다.

또한 우리는 개념적으로 마음챙김이 온전히 정교하게 감각에 초점을 두는 것과 표현예술이 '표면에 머물기(staying on the surface)' 식으로 접근하는 것(Knill, Barba, & Fuchs, 1995) 사이에 긴밀한 유사성(family resemblance; Wittgenstein, 1998)이 있을 것이라고 생각하였다. 게다가 최근 신경생물학적 연구결과는 다중감각 학습의 이점을 지적하고 있다(Ackerman, 2004).

DBT를 표현예술과 통합하는 것은 우리가 하고 있는 기술훈련 회기에서 일종의 창조적인 실험이었다. 여기서 한 집단은 경계선 성격장애, 조울증 및 기타 진단을 받은 사람들로 정서조절불능과 자해충동을 다루고 있었고, 다른 집단은 섭식장애의 치유에 주력하고 있었다. 체계적이지는 않았지만 통합의 첫 번째 시도에서, 통합이 효과적이라는 것은 바로 짐작할 수 있었다. 내담자들은 회기 내에서의 학습과 회기 밖에서의 실제 적용에 긍정적으로 참여하였다. 우리는 기술에 대한 개념적 교수법에 풍부하고 창조적이며 체화된 몰입을 확대하여 학습을 향상시켰다. 예컨대, 우리는 현명한 마음(Wise Mind; Linehan, 1993b)에 대해 가르칠 때, 많은 내담자가 개념은 이해하지만 그 상태에는 접근하지 못한다는 것을 발견하였다. 우리는 내담자가 그러한 자원에 접근하기 위해서는 체험적이고 상상적인 영역이 필요하다는 가설을 세웠다.

또한 우리는 창조성을 사용하여 학습하는 것이 활기를 띠게 하고 매력적인 일임을 발견하였다. 감각 자극의 개입과 그 참신함은 새로운 개념을 탐구하는 데 더 많은 흥미와 즐거움, 개방성을 불러일으킨다. 놀이는 고집이나 절망으로 대응하는 내담자의 방어와 저항을 약화시킨다(Nachmanovitch, 1990).

집단 구성원 중 한 명은 "그런 기술은 나한테 소용이 없을 거예요."라고 말하며, 자기진정하기 기술(self-soothing skills)을 적용하는 데 계속 저항해 왔다. 우리의 설득도 아무런 소용이 없었다. 그녀는 한 회기에서 점토 작업을 하는 동안 자기 자신을 진정시킬 수 있다는 것을 경험하였다. 그녀의 성장 능력에 대한 증거로 점토조각에 대해 다시 언급하자, 그녀는 회기 밖에서도 감각을 사용하여 자기진정하기를 하는 데 필요한 학습 과정을 시작할 수 있었다. 이러한 방식으로 새로운 기술을 시연할 수 있었으며, 그렇게 함으로써 단지 이론이 아닌 실제적인 학습이 가능했고 치료실이라는 대인관계 장면에서 강화되었다.

학습이 향상되었고 그 기술이 내담자의 삶에 보다 쉽게 통합된다는 점은 명백해졌다. 한 주간의 기술점검을 하는 동안, 내담자들은 평소보다 더 많은 기술을 사용했다고 보고하였다. 창조적 마음챙김을 개발한 이후 우리는 임상작업에서 이 방법을 체계적이고 일관적으로 사용함으로써 우리의 초기 연구결과에 대해 실질적 경험과 지지를 얻을 수 있었다.

행동 및 신경학적 변화 원리

우리가 목격했던 변화는 뇌 연구의 발전을 통해 입증되었다. 신경가소성(Hebb, 1949)이라는 개념은 경험이 우리의 현실을 어떻게 형상화하는지 보여 준다. 뇌 회로는 각각의 경험과 함께 변화하며, 신경 연결은 뇌 활동의 모든 계열 간에 형성된다(Siegel, 2007). 모든 행동, 생각, 감각, 기억 및 정서는 다른 동시적인 신경 사건(neural events)과 연결되며, 자극과 반응 정형화(patterning)의 네트워크를 만든다. 즉, 우리가 특정 자극에 이어서 특정 반응을 하면 할수록 둘 사이의 신경 연결은 더욱 강력해진다. 만약 어떤 사람이 외로움의 정서를 가질 때마다 이를 달래기 위해 음식에 의지한다면, 외로움과 섭식 사이의 연결이 강화되고 이러한 반응은 점점 자동화된다. 이것은 오래된 정서적 반응 패턴의 변화가 어렵다는 것을 보여 주는 좋은 설명이기도 하지만, 스트레스를 주는 생각이나 정서에 대해 의도적으로 적응적인 반응을 만들고, 시간을 통해 이것들을 강화함으로써 우리가 뇌 회로를 재구축할 능력이 있다는 것을 시사한다.

다른 연구에서는 새로운 반응이 다중감각적일 때(Kabat-Zinn, 2005), 우리는 반응을 하면서 뇌의 더 많은 부분을 사용하고 있고, 따라서 신경망에서 새로운 반응을 강화하는 다양한 연결 또는 연합을 만드는 것으로 나타났다. 이것은 더 많은 감각적 출입구 또는 새로운 반응에 대한 알림신호를 생성한다. 예를 들어, 외로움이 밀려올 경우 내담자는 먹는 것보다는 점토작업과 같이 자기진정 행동을 선택하도록 배우게 될 것이다. 그렇게 함으로써 내담자는 체성감각피질(somato-sensory cortex)과 연관을 가지고, 외로움이라는 느낌과 점토를 사용한 촉각적 참여라는 적응적 반응 간에 신체적인 연합을 생성하게 된다. 색, 냄새, 시각, 느낌 등과 같은 점토를 통한 감각 경험의 전 영역은 숙련된 행동에 접근할 수 있도록 돕는 신체적 표식으로 기능할 수 있다.

또한 이 연구는 덜 적응적이기는 하나 강력했던 과거의 반응만큼 새로운 반응이 보다 쉽게 일어날 수 있도록 강화되어야 한다고 제안한다(Hanson, 2009). 변화는 하룻밤 사이에 생기지 않으며, 반응에 실패한 방식은 약화시키고 새로운 방식을 강화하기 위한 검증과 반복을 통해 새로운 반응에 강화되어야 한다.

임상 적용

창조적 마음챙김의 임상모형

신경생물학적 연구결과들에 따라, 우리는 치료를 3단계로 구조화하였다.

1. 주의환기

부정적 자극에 대한 새로운 반응을 구축하는 데 있어 초기의 초점은 부정적 행동 및 생각에 대한 내담자의 습관적 패턴에서 주의를 돌려놓는 것이다.

2. 새로운 경험 만들기

새로운 경험 시 감각을 통한 몰입을 하며, 더 잘 조절할 수 있고 적응적인 경험에 초점을 맞춘다.

3. 내담자의 삶에 새로운 기술 적용하기

주의를 다시 집중하고 감정을 조절하는 단계 후, 적응적인 반응에 닻(앵커, anchor) 작업을 하여 덜 적응적이었던 과거의 반응만큼이나 설득력 있고 선택하기 쉽다는 것을 알 수 있는 강화가 필요하다.

DBT와 표현예술 간의 관계 및 핵심 개념

실제로 우리는 이러한 단계가 DBT와 표현예술(Expressive Arts: EXA) 모두에서 고유한 용어로 설명 가능하다는 사실을 발견하였다(Knill et al., 1995)(〈표 17-1〉 참조).

표 17-1 변증법적 행동치료(DBT)와 표현예술치료(EXA)

변증법적 행동치료(DBT)	표현예술치료(EXA)
주의환기(Distraction)	탈중심화(Decentering)
새로운 경험 만들기(Creating a new experience)	놀이의 범위(Range of play)
적용(Application)	시연 및 실행(Rehearsal and performance)

1. 주의환기-탈중심화

DBT에서 주의환기는 고통스러운 경험에서 주의를 의도적으로 돌려 전환하는 것을 말한다. 주의에 다시 집중하는 것은 반추(rumination)와 강박적 사고(obsession)의 고리를 끊도록 도와준다. 표현예술치료(EXA) 용어로 볼 때, 우리는 내담자가 '탈중심(de-center)' 하도록 도와주고 있다. Knill, Levine과 Levine(2005)에 따르면, "탈중심화 활동은 예기치 않은 놀라운 기회를 마련해 주며, 종종 자발성(spontaneity) 또는 직관(intuition)을 획득하도록 한다. 그것들은 거리두기 효과(distancing effect)를 통해 대안적인 경험 세계의 방향으로 향한다"(p. 64). 즉, 내담자의 미술작품에 나타난 문제에 초점을 맞추는 대신 다른 영역으로 주의를 돌린다.

2. 새로운 경험 만들기—놀이 범위

DBT에서 새롭게 긍정적인 경험이나 조절 경험을 구축하는 것은 의도적으로 긍정적 감정을 늘리거나 부정적 감정의 강도를 줄이려는 시도를 말한다. 이는 보다 폭넓은 미적 레퍼토리를 제공하고 상상력을 키우며, 그렇게 함으로써 유연성, 창조성, 반응의 새로운 관점이나 방식과 같은 자원에 대한 접근성을 높여 나가는 표현예술치료(EXA) 전략인 '놀이의 범위'를 확대해 나가는 것과 유사하다.

3. 적용—시연 및 실행

3단계는 내담자의 삶에 새로운 기술을 적용하는 것으로, DBT에서는 이것을 주간 기술 확인을 통해 관찰한다. 표현예술치료 용어로 볼 때, 회기에서 만들어진 미술작품은 일어난 학습에 대한 유형의 감각적 표현이다. 회기 밖에서 미술작품을 행하고 만지거나 듣고 보는 것은 그것을 만들 때 일어나는 느낌감각과 신념을 재활성화한다.

메타이론적 차원에서 DBT와 표현예술치료에 접근하는 것은 변증법과 창조적 갈등을 나란히 비교하여 보는 경우와 유사하다. 변증법적 관점은 현실이 고정적이거나 안정적이 아니라 내적으로 대립하는 힘을 함께 포함한다는 입장이다(Linehan, 1993b). 마찬가지로 미술이라는 구체적 유형물로 표현된 창조적 상상력은 해결할 수 없는 문제일 때조차도 삶에 내재하는 긴장과 갈등을 더 잘 견딜 수 있도록 한다(Levine, 1995).

DBT 기술훈련의 전반적인 목표는 '살아갈 가치가 있는 삶을 창출하는 것'이다(Linehan, 1993b). 이것은 병리학/치유 패러다임에서 작용하는 치료모형과는 대조적인 것으로, 자원과 창조성에 초점을 두고 있는 표현예술치료와 유사하다. 창조적 마음챙김은 창조라는 궁극적 행위가 살아갈 가치가 있는 삶을 만들어 낸다고 말한다. 우리의 목표는 내담자가 여러 가지 생활기술을 늘려 갈 수 있도록 지지하는 것이다.

■ 사례 연구: 현명한 마음에 대한 접근 및 구체화

25세 여성인 Cindy는 고통스러운 대인관계 후에 잦은 폭식과 간헐적 절단행동으로 어려움을 겪고 있었다. 그녀는 이러한 행동을 하는 자기 자신에 대해 비판하며, 주체할 수 없는 죄책감과 수치심을 느꼈다. 그녀의 부정적 자기비판은 자신의 행동이 절대로 변화하지도 기분이 나아지지도 않을 것이라는 절망과 의심만 강화하였다. 그녀는 자기 자신에게 '치료 저항자(treatment resistant)'라는 꼬리표를 붙였다. Cindy는 변화하려고 수년간 노력하였지만 치료에 회의적이었고, 자신의 도전을 '내 인생의 길을 가로막는 극복할 수 없는 바위'로 묘사하였다.

우리는 초기에 논의를 하면서 현명한 마음(Wise Mind)이라는 기술을 소개하였다. Cindy는 개념은 이해하였지만 "내가 만약 그랬다면 왜 아직도 여기서 이 모든 것을 하고 있는 거지요?"라고 말하며 이러한 현명한 길잡이가 되는 내면의 목소리에 접근할 필요가 없다는 입장을 강경히 내비쳤다. Cindy가 말한 바위라는 심상을 다루기 위해 우리는 그녀에게 바위를 시각적 표상으로 창작하도록 요청하였다. 우리는 그녀가 바위라는 심상의 언어 내에 머물 수 있도록 일종의 조형물을 적용하였는데, 그녀에게 바위를 나타낼 수 있도록 방 주위에 베개와 의자를 배치하도록 제안하였다. 그리고 Cindy에게 현명한 마음은 바위와 어떻게 상호작용할 것 같은지 상상해 보라고 청하였다. 얼마간 망설이더니, Cindy는 현명한 마음이 바위 주위를 흐르는 물줄기 같다고 상상하였다. 그녀가 바위에 접근하는 이러한 새로운 방식을 연습하고 구체화하는 것을 돕기 위해 그것이 간단한 동작으로는 어떤 식으로 보일 수 있는지 질문하였다.

Cindy는 '바위' 베개와 만난 후에 그 베개 주위를 돌아다니면서 방에서 움직이기 시작하였다. 이러한 새로운 동작 패턴을 몇 분간 연습한 후, 우리는 "Cindy, 나는 당신이 방과 바위 주위를 이런 식으로 움직이는 것이 당신에게 어떠한지 알기를 바랍니다. 지금 이 순간 당신 안에 어떤 생각, 느낌 또는 감각이 느껴지나요?"라고 물으며 그녀의 현재 경험에 대한 알아차림을 보다 깊이 이끌었다. Cindy는 약간 자신감이 생겼고 바위에 대해 좀 더 개방적이 되었다고 보고하였다. 이 느낌의 상태를 강화하기 위해, 우리는 Cindy에게 "당신이 자신감을 느끼고 좀 더 개방적이 될 때 당신의 몸 안에서 무슨 일이 일어나고 있는지 알아차리도록 합니다."라고 하면서 그녀가 마음챙김에 보다

가까이 다가갈 수 있도록 하였다. Cindy는 자신의 팔과 다리에서 좀 더 강한 힘이 느껴지고, 이 느낌감각은 실제로 내면의 현명한 마음에 접근할 수 있을지도 모른다는 것을 깨닫게 했다고 말했다. 이 새로운 경험이 보다 단단하게 닻을 내릴 수 있도록, 우리는 그녀의 시각적 감각에 개입하여 방에서 이 새로운 경험을 나타내는 대상을 선택하도록 요청하였다. 그녀는 짙은 청록색 스카프를 집어 들었으며, 그 회기의 남은 시간 동안 지니고 있었다.

다음 주에 Cindy는 가족 모임에 갔다고 보고하였다. 그녀의 경험은 가족 가까이 가면 자신의 고통과 두려움을 덜기 위해 폭식할 것이고, 그 결과 수치심과 죄책감만 생긴다는 것이었다. 상호작용의 어려움에 대한 예측과 뒤이어 나타나는 고통이라는 '바위'가 결합한 Cindy의 불안은 자동적으로 식당의 뷔페 음식을 생각나게 하였다.

그러나 Cindy는 식당 저쪽 편에 짙은 청록색 스카프를 매고 있는 여인을 주목하였다. 즉시 Cindy는 장애물 주위로 흐르는 현명한 마음의 물줄기에 대한 경험을 회상하였다. 색으로 촉발된 이 기억은 힘, 개방감 그리고 흐름의 느낌을 다시 가져왔다. 현명한 마음이라는 자질과 연결되어 있는 이러한 느낌은 Cindy가 폭식 대신 신선한 공기를 마시러 밖으로 나가는 것을 선택하도록 도움을 주었다. 가족 모임에 다시 들어왔을 때, 그녀는 그 순간 가족과의 접촉과 폭식하지 않은 순간에 대해 보다 개방적이고 호기심을 가지고 머무를 수 있었다. 파란색은 Cindy가 힘과 내면의 길잡이에 접근하기 위해 계속해서 사용하는 자원이 되었다.

창조적 마음챙김 훈련

다음은 우리의 기술훈련 집단에서 사용하고 있는 창조적 마음챙김 훈련의 일부이다. 가벼운 적응 문제를 가진 개인 내담자에게 대부분 사용 가능하다. 이것은 DBT 단위에 따라 핵심 마음챙김, 정서조절, 스트레스 적응 기술, 대인관계 효율성의 네 가지 기술로 분류한다. 각각의 기술에 대한 정의 후, 우리는 특정 기술을 가르치기 위해 표현예술치료를 통합하는 방식을 제시하였다.

핵심 마음챙김 기술

현명한 마음

현명한 마음은 이성적 마음과 감정적 마음 사이의 만남의 장이다. 그것은 직관 또는 무엇이 올바른 행동인지 알도록 하는 장소이다.

- 조형물/드라마: 당신의 '현명한 마음'이 여기 이 방에 있다면 어떤 모습일지 상상해 보십시오. 당신의 현명한 마음은 어떤 자세를 가지고 있습니까? 그것은 어떻게 움직입니까? 그것은 어떻게 들립니까?
- 콜라주: 지혜와 균형을 나타내는 이미지의 콜라주를 만들어 보세요.

관찰하기

시시각각의 외적 경험과 내적 경험의 알아차림

- 동작: 내담자가 천천히 방을 돌아다니면서, 몸의 동작에 대한 감각을 알아차리기
- 시각미술: 내담자 또는 동료 집단 구성원이 만든 심상의 색상을 관찰하기(단, 한 번에 한 가지 색상과 모양으로)

기술하기 또는 묘사하기

자신의 경험을 가능한 한 객관적이고 사실적으로 감각 언어를 사용하여 말하는 것

- 회화/조형물: 내담자에게 이전 연습에서 관찰한 것을 미술로 표현하거나 묘사해 달라고 요청한다. 이것은 거리에서 들리는 소리, 자신의 배에서 느껴지는 따뜻한 감각, 색칠한 심상에서의 형태 등이 될 수 있다.
- 동작/조형물: 내담자가 눈을 감고 손을 벌려 당신이 건네주는 물건을 느끼게 한다. 그 물건이 손에 닿을 때의 경험을 말하게 한다(단단하다/부드럽다, 둥글다/날카롭다, 따뜻하다/차갑다 등).

비판단적 태도

감수성을 열기, 현상을 판단하거나 평가하지 않기, 또는 순간을 좋은 것 또는 나쁜 것으로 경험하지 않기

- 시각미술: 예컨대, "나는 작은 갈색 점들로 둘러싸인 파란색 모양이 보입니다."와 같이 내담자가 짝을 지어 서로의 예술작품을 객관적 특성에 주목하여 비판단적으로 기술하도록 요청한다.
- 시각미술: 내담자가 눈을 감고 그들의 손가락을 사용하여 그리도록 한다. 눈을 뜨고 판단한 다음, 그들의 작품에 대해 비판단적으로 말하도록 연습한다.

하나씩 마음 챙기기-현 순간에서(one-mindfully-in the moment)

완전한 알아차림으로 한 번에 한 가지를 하기

- 조형물: 내담자에게 그들의 모든 감각을 동원하여 점토 덩이를 경험하게 하고, 그들이 그 경험에 완전히 몰두하도록 한다.
- 음악: 다양한 음악을 튼다. 내담자가 그 소리에 완전히 머물 수 있도록 하고 마음이 산만해지면 그 음악으로 돌아오도록 한다.

효과적으로

당신이 생각하는 것이 '옳다' 또는 '정당하다'보다는 장기적인 목표를 명심하고 매 순간에 하고 있는 일에 초점을 맞춘다.

- 조형물: 집단 구성원에게 재료(종이, 풀, 점토, 아이스크림 막대기 등)를 고르지 않게 나누어 준다(즉, 한 사람에게는 다른 사람보다 종이를 더 많이 주는 식으로). 각자에게 주어진 재료로 탑(또는 다른 형태)을 만들라고 요청한다.
- 시각미술: '집단화'를 한 명씩 칠한다. 색칠하기는 한 사람씩 차례대로 돌아가며 하게 되고, 각자가 영감을 받은 대로 색칠을 더해 가도록 지시한다.

정서조절 기술

긍정적 경험

긍정적인 정서의 유발 가능성을 높이기 위해 의도적으로 즐거운 활동을 추구하기

- 다양한 미술형식: 매주 내담자가 가장 좋아하는 창조적 과정에 참여하는 주간 체계를 만든다. 내담자로 하여금 '관찰하고 기술하기'를 사용하여 자신의 기분에 미치는 영향에 대해서 일지를 쓰게 한다.

정서에 상반되는 행동

정서의 존재나 강도를 줄이기 위해 정서충동의 반대 방식으로 행동하기

- 동작: 내담자에게 슬픔을 나타내는 신체의 자세를 찾아 유지한 다음, 기쁨을 나타내는 자세로 바꾸도록 지시한다. '관찰하기 및 기술하기 또는 묘사하기'를 사용하여 신체의 각 자세에서 느껴지는 기분과 에너지의 차이를 알아차린다.
- 드라마: 내담자로 하여금 그들의 기분에 따라 행동하여 부정적 결과를 가져왔던 삶 속의 한 장면을 극적으로 표현하도록 한다. 이러한 행동이 자신과 다른 사람(들)에게 준 영향에 대해 기술한다. 그들이 다른 대체행동을 선택하도록 하는 대안적인 '대본(script)'을 만든다. 예를 들어, 소리를 지르는 대신 멈추거나, 잠시 쉬거나, 의사소통 기술을 연습할 수 있을 것이다. 새 대본은 여러 번 시연한다.

스트레스 적응 기술

주의환기

감정에 압도되는 것을 막기 위해 고통스러운 생각이나 정서로부터 주의를 전환하기

• 음악: 감정적 상태를 변화시키는 음악을 듣거나 만든다. '하나씩 마음 챙기기(one-mindfully)' 기술을 사용하여 주의를 음악에 고정하도록 한다.
• 동작: 춤추게 만드는 음악에 맞춰 열정적으로 움직이게 함으로써, 주의를 부정적 사고에서 몸으로 전환한다.

자기진정하기
의도적으로 자기 자신을 향한 편안함과 애정 어린 돌봄, 친절한 행동에 참여하기

• 음악: 차분한 음악을 듣는다. 내담자에게 그들이 가장 좋아하는 음악을 모은 테이프를 준비하도록 하고, 진정이 필요할 때마다 그것을 듣고 자신을 격려할 수 있도록 한다.
• 동작: 흔들거나, 가볍게 토닥이거나, 자신의 몸을 부드럽게 껴안아 주면서 부드럽고 리드미컬하게 움직인다.

그 순간을 향상시키기
의도적으로 더 나아지게 하여 어려운 순간에서 벗어나기

이미지화를 향상시키기(Improve stands for Imagery): 편안한 장면이나 일이 잘 되어 가고 있는 모습 상상하기
의미 만들기(Meaning): 경험에서 목적이나 의미 찾기
기도하기(Prayer): 숭배하는 누구에게든 기도하거나 개인적 만트라(mantra)를 외우기
이완하기(Relaxation): 근육의 긴장을 풀고 심호흡하기
현 순간에서 하나씩(One thing in the moment): 모든 주의를 지금 이 순간 하고 있는 한 가지에 집중하기
휴식(Vacation): 모두 그만두고 잠시 쉬기
격려하기(Encouragement): "너는 해낼 수 있어."와 같이 자기 자신을 응원하기

- 시각미술: 내담자에게 지금 이 순간에 온전히 머무는 연습을 하도록 요청한다. 빠르게 대충 그림을 그린 후, 그것을 좀 더 나아지게 하려면 색상이나 모양 면에서 다른 무엇이 '필요한지' 질문한다.
- 모든 감각을 동원한 유도심상: 내담자를 기쁘게 하는 색상, 이미지, 모양, 몸의 감각, 소리를 체험하도록 안내한다.

장단점

충동성과 반응성을 억제하는 행동의 잠재적인 긍정적 결과 및 부정적 결과 평가하기

- 동작/조형물: 각각의 선택을 신체를 통해 체험함으로써 여러 가지 선택의 결과를 숙고하도록 한다. 각기 다른 선택을 나타낼 수 있도록 다양한 색상의 스카프로 방 안에 '섬'을 만든다. 내담자에게 첫 번째 섬에 오르게 하고 이 상징을 선택한 것이 어떠한지 관찰하고 기술하도록 한 다음, 또 다른 섬에 올라가 양자 간의 차이점을 살펴보도록 요청한다. 내담자가 모든 선택에 방문한 후, 잠시 거리를 두고 물러나 그들에 대해 알게 된 것을 숙고하게 한다.

완전한 수용 또는 근본적 수용

좋아하거나 동의 여부에 관계없이 상황을 있는 그대로 수용하기

- 시각미술: 그것이 얼마나 바라던 바인지, 얼마나 나쁜지가 아니라 경험을 있는 그대로 색과 형태로 그리거나 색칠하도록 한다.
- 동작: 내담자로 하여금 떨어지는 나뭇잎을 받는 담요가 되어 보게 하거나, 이 느낌 또는 상황을 있는 그대로 춤이나 동작으로 옮겨 보도록 한다.

효율적 대인관계 기술

DEARMAN

효과적으로 의사소통하고 다른 사람과의 문제를 다루는 단계는 다음과 같다.

D(Describe the facts of a situation): 상황을 사실적으로 기술하기

E(Express how you feel): 어떻게 느끼는지 표현하기

A(Ask for what you want): 원하는 것을 요청하기

R(Reinforce the benefits to the other person): 상대방의 장점을 강화하기

M(Stay mindful and on topic): 마음챙김을 유지하며 주제에 머물기

A(Appear confident): 자신감 나타내기

N(Negotiate): 협상하기, 모두 동의할 수 있는 해결책 세우기

- 드라마: DEARMAN 단계를 이용하여, 내담자가 짝을 이뤄 역할극을 하게 되는데, 먼저 비효율적으로 의사소통 한 다음에 효율적 의사소통을 하게 한다. 단계를 진행하면서 적절한 목소리 톤, 자세, 얼굴표정을 찾을 수 있도록 강조하고 실험하며, 내담자의 몸에서 각자 무엇이 느껴지는지 추적한다. 일부 집단 구성원의 경우 장면을 연출하고 피드백을 통해 도움을 주기도 한다.
- 동작: 상기 드라마에서 제시한 것과 같은 단계를 진행한다. 단, 이번에는 말없이 동작만을 사용하여, 새로운 경험이 신체에 비언어적으로 닻을 내릴 수 있도록 한다.

효율적 관계(GIVE)

관계유지가 우선사항일 때 사용하는 의사소통 도구는 다음과 같다.

G(Be gentle): 온화하게, 공손하게

I(Be interested in their point of view): 그들의 관점에 관심을 가지면서

V(Validate): 입증하라. 상대방의 감정을 당신이 이해하고 있다는 것을 그 사람이 알

게 하라.

E(Easy manner): 가벼운 마음으로, 너무 진지해지지 말고 적절한 경우 유머를 사용하라.

• 드라마: 내담자는 요청하기, 그들에게 맞는 음성과 신체 자세를 찾는 역할극을 하고, 그들의 친절함, 관심, 입증 그리고 가벼운 마음을 표현하는 연습을 한다. 내담자에게 그들이 연습하고 있을 때 내면 상태가 어떻게 변화하는지 주의해서 살펴볼 수 있도록 요청한다.

효율적 관계(FAST)

자기존중감을 높이기 위한 의사소통 도구는 다음과 같다.

F(Be fair to yourself and the other person): 자기 자신과 상대방에게 공정하기, 판단하지 않기

A(No apologies if you tend to over-apologize): 지나치게 사과하는 경향이 있다면 사과하지 않기

S(Stick to your values): 가치관 지키기. 상대방을 행복하게 만들려고 당신의 정서 바꾸지 않기

T(Be truthful): 진솔해지기. 자기 자신이나 상대방에게 거짓말하지 않기

• 드라마: 내담자가 짝을 지어, 도전을 받을 때 자신의 입장을 지키는 역할극을 한다. 예를 들어, A라는 사람은 B에게 돈을 빌리고 싶어 한다. 이때 B의 과제는 A가 무슨 말을 하든 관계없이 그 요청에 대해 "안 돼요(no)."라고 말하며 끝까지 주장하는 것이다. 내담자로 하여금 위의 네 개의 글자에 따라 과정을 진행해 나갈 때 그 경계를 관찰하면서 자신의 중심에 대한 신체적 자각을 유지하도록 안내한다.
• 동작: FAST라는 두음문자의 특성을 반영하는 자세를 몸으로 표현한다.

결론

창조적 마음챙김은 변증법적 행동치료(DBT) 기술과 표현예술치료라는 재미있는, 그러나 체계적인 실험을 통해 개발되었다. 우리는 임상작업을 통해 방법을 개발하고 연습함은 물론 다른 임상가의 훈련을 통해 실질적인 경험을 얻었다. 우리는 이 방법을 사용하는 것이 정서적 취약성과 자해충동을 지닌 내담자에게 유의미한 긍정적 변화를 가져오는 것을 보고 고무되었다. 그들은 부적응 행동의 감소, 스트레스 적응 기술의 확장, 긍정적 기분의 증가에 관해 보고하였다. 또한 창조적 마음챙김을 개발하고 사용하는 것은 까다로운 내담자와의 치료 과정에 활기를 불어넣었다. 신경생물학 분야의 연구, 마음챙김과 핵심 표현예술치료 원리는 우리 작업을 지지한다. 그러나 창조적 마음챙김의 효능성이나 유용성을 보다 확고히 규명하기 위해서는 경험적인 질적 연구뿐만 아니라 다른 임상가에 의한 추가적 검증이 필요하다.

참고문헌

Ackerman, D. (2004). *An Alchemy of Mind*. New York: Scribner.

Hanson, R. (2009). *Buddha's Brain*. Oakland, Ca: New Harbinger Publications.

Hebb, D. O. (1949). *The Organization of Behavior*. New York: Wiley and Sons.

Huckvale, K., & Learmonth, M. (2009). "A case example of art therapy in relation to dialectical behavior therapy." *International Journal of Art Therapy 14*, 2, 52-63.

Kabat-Zinn, J. (2005). *Coming to our Senses*. New York: Hyperion.

Knill, P., Barba, H., & Fuchs, M. (1995). *Minstrels of Soul*. Ontario: Palmerston Press.

Knill, P., Levine, E., & Levine, S. (2005). *Principles and Practice of Expressive Arts Therapy*. London: Jessica Kingsley Publishers.

Levine, E. (1995). *Tending the Fire: Studies in Art, Therapy and Creativity*. Ontario: Palmerston Press.

Linehan, M. (1993a). *Cognitive Behavioral Treatment of Borderline personality disorder*.

New York: Guilford Press.

Linehan, M. (1993b). *Skills Training Manual for Treating Borderline personality disorder.* New York: Guilford Press.

Nachmanovitch, S. (1990). *Free Play.* New York: Tarcher Penguin.

Safer, D., Telch, C., & Chen, E. (2009). *Dialectical Behavior Therapy for Binge Eating and Bulimia.* New York: Guilford Press.

Siegel, D. (2007). *The Mindful Brain.* New York: W.W. Norton and Company.

Telch, C. F., Agaras, W. S., & Linehan, M. M. (2001). "Dialectical behavior therapy for binge eating disorder." *Journal of Consulting and Clinical Psychology 69*, 6, 1061-1065.

Wittgenstein, L. (1998). Culture and Value. Revised Edition. (Edited by Henrik von Wright.) London: Wiley-Blackwell.

Chapter 18

아동 및 청소년과 함께하는 마음챙김과 포커싱 기반 예술치료

-Emily Tara Weiner & Laury Rappaport

오늘날 마음챙김 훈련은 아동을 대상으로 학교기반 프로그램, 여름캠프, 명상 프로그램 및 가정생활에서 이루어지고 있다. 예술은 아동과 청소년에게 마음챙김을 가르치기 위한 고무적인 수단으로 사용될 수 있다(Coholic, 2010, 2011; Saltzman & Goldin, 2008). 많은 아동이 좌선과 걷기명상과 같은 공식화된 마음챙김 훈련을 학습하는 반면, 예술은 마음챙김을 훈련하고 그것을 표현하는 데 즐거움과 실제적인 경험을 제공한다. 예를 들어, 아동은 들숨과 조화를 이루는 색을 선택하여 선을 그릴 수 있고, 이어서 날숨을 다른 선으로 표현할 수 있다. 아동은 마음챙김 호흡 후에 자신의 몸에서 느껴지는 그 느낌을 신체 윤곽선 위에 그리거나 컷아웃 피규어(cut-out figure)로 표현할 수 있다.

포커싱 기반 예술치료(Focusing-Oriented Arts Therapy: FOAT; Rappaport, 2009)—표현예술과 Gendlin(1981, 1996)의 포커싱을 통합한 마음챙김 기반 접근법—는 마음챙김을 깊이 있게 경험하는 데 유용하다. 마음챙김을 토대로 하는 포커싱 기반 예술치료의 핵심 요소는 내적 경험을 기쁘고 '친근하게(friendly)' 받아들이는 '포커싱 태도'와 스트레스원을 분리시킨 후 '최상의(All Fine)' 내면의 장소에 놓도록 함으로써 스트레스원과 분리하는 '예술을 활용한 공간 만들기'가 있다. 마음챙김 기반 관점에서 보면, 사고와 정서로부터 건강하게 거리를 두고 현재를 목격하는 것은 매우 중요하며, 포커싱 과정에 미술을 접목함으로써 정서를 외현화(externalization)하고 구체적으로 표현할 수 있게 된다. 마음챙김 훈련과 포커싱 기반 예술치료(Rappaport, 2009)의 통합은 아동 및 청소년이 자신의 내적 경험을 보다 잘 수용하고, 자신의 정서와 건강한 관계를 발전시키며, 온전한 공간(place of wholeness)으로 인도하고, 타인과 자신에 대한 연민을 함양하는 기본 마음챙김 기술을 배울 수 있는 방법을 제공한다.

아동에게 마음챙김을 가르치기 위해서는 먼저 우리 자신이 마음챙김 훈련을 경험하는 것이 중요하다. Thich Nhat Hanh(2011)은 아동을 대상으로 마음챙김을 가르칠 때 그 중요성을 다음과 같이 기술하고 있다.

> 나는 우리의 존재방식을 아동에게 전하는 것이 가장 중요한 일이라는 것을 배웠다……. 그래서 우리의 현존, 평정심, 온화함, 평화로움은 우리가 아동에게 줄 수 있는 가장 중요한 것이다. 따라서 우리는 이러한 것을 아동에게 전수하기 위해 진정으로 연습할 필요가 있다(p. 37).

이 장에서는 아동 및 청소년을 대상으로 한 마음챙김 연구에 대한 개관, 청년을 대상으로 한 미술과 마음챙김의 통합적 접근에 대한 개요, 뉴욕 소재 영성교육센터인 오메가 기관(Omega Institute)에서 실시된 청소년 캠프에서 마음챙김과 포커싱 기반 예술치료를 통합하여 실시한 1주간의 마음챙김 미술 프로그램(Mindful Art Program)에 대해 간략히 서술하고자 한다(Weiner, 2012).

이론체계

아동 및 청소년을 대상으로 하는 마음챙김과 미술

아동 및 청소년을 대상으로 한 마음챙김의 이점들을 입증하는 증거는 점점 늘고 있다. 아동 및 청소년과의 마음챙김 훈련은 인지적 주의력 및 학습(Biegel & Brown, 2011; Flook et al., 2010; Siegel & Bryson, 2011), 사회적 및 정서적 학습(Lantieri, 2008), 정서적 자기조절(Coholic, 2011; Flook et al., 2010; Saltzman & Goldin, 2008), 회복력 및 대처 기술(Coholic, 2011), 전반적인 심리적 안녕감(Huppert & Johnson, 2010)을 증진시키고, 스트레스와 불안을 감소시킨다는(Biegel et al., 2009; Burke, 2010; Ryan, 2012; Semple et al., 2010; Sibinga et al., 2011; Thompson & Gauntlett-Gilbert, 2008) 연구결과들이 보고되고 있다.

미술과 마음챙김의 통합에 대한 긍정적인 결과를 입증하는 보고들 또한 입증되고 있다. Saltzman과 Goldin(2008)은 마음챙김 기반 스트레스 감소(MBSR) 프로그램의 아동용 표준교육과정(MBSR-C)에 미술을 통합하였다. 그들은 아동의 경우 은유(metaphors)와 미술 사용이 마음챙김 훈련을 보다 더 재미있게 하고 참여율을 높인다는 것을 발견하였다. Coholic(2010, 2011)은 아동을 대상으로 미술을 적용한 마음챙김 집단을 진행하였는데, 학교 및 가정에서 자기자각, 감정수용, 정서조절, 문제해결, 대처기술과 사회적 기술, 회복력이 증가하는 것을 발견하였다. 또한 Coholic(2011)은 미술을 기반으로 마음챙김을 가르치는 것이 마음챙김 훈련만 단독으로 하는 것보다 더 재미있고 참여적이며 효과적임을 알게 되었다.

아동 및 청소년과 함께하는 포커싱 기반 예술치료(FOAT)

Rappaport(2009)가 개발한 포커싱 기반 예술치료는 최근 아동 및 청소년 수준에 맞게 수정되었다. Lee(2011)는 노숙자 쉼터 아동을 대상으로 포커싱 기반 예술치료와 긍정심리학을 활용한 연구를 수행했으며, Weiner(2012)는 4~5학년 학생을 대상으로 마음챙김과 포커싱 기반 예술치료 프로그램을 고안하여 연구 보조금을 설정하였다. 그 밖에 다른 포커싱 훈련자들도 아동 및 청소년을 대상으로 포커싱과 미술을 통합하였다(Marder, 1997; Merkur, 1997; Murayama & Yuba, 1988; Neagu, 1988; Novek, 2009; Santen, 1990, 1999, 2007; Stapert, 1997a, 1997b; Stapert & Verliefde, 2008).

임상 적용

10대 청소년을 대상으로 한 마음챙김 미술 프로그램

Laury Rappaport 박사의 협조와 지도로, 나(Emily)는 마음챙김 훈련을 포커싱 기반 예술치료와 통합한 아동 및 청소년 대상 마음챙김 미술 프로그램(Mindful Art Program)을 개발하였다. 이 프로그램은 포커싱 기반 예술치료와 샌프란시스코 만(灣) 지역 비영리 기관인 마음챙김 학교(Mindful Schools)의 교육과정 양자 모두에 기반을 두고 있는데, 이 학교의 경우 마음챙김을 교육적으로 훈련하기 위해 전문 훈련과 교실 내 수업, 기타 자원을 제공하고 있다. 마음챙김 미술 프로그램은 스트레스 감소, 이완, 자기 자신 및 타인에 대한 연민을 가르치기 위한 정신건강 및 예방 모형으로 만들어졌다. 또한 마음챙김 미술 프로그램은 거의 마음챙김과 자기연민의 기술을 통합하는(Neff & Gerner, 2013) 마음챙김적 자기연민 센터(Center for Mindful Self-Compassion)와 손을 잡고 추진되고 있다. 이 프로그램은 2012년 여름, 뉴욕 라인벡의 오메가 청소년 캠프(Omega Teen Camp)에서 추진되었다. 청소년 7명(14~17세)이 참여하였고, 하루에 1시간 30분씩 5일 연속 실시하였다.

마음챙김 미술 프로그램의 전체 구조

마음챙김과 포커싱 기반 예술치료 훈련은 5일간의 모든 일정에 포함되었다. 우리는 5분간 좌선으로 의식(儀式, ritual)을 시작하였다. 이 프로그램에 참여한 청소년들은 이미 명상을 경험한 적이 있기 때문에 이 시간 동안 명상이 가능하였다. 그러나 명상이나 마음챙김을 처음 접하는 집단의 경우, 1~2분간의 마음챙김 훈련으로 시작하여 그 시간을 차츰 늘려 가는 것이 필요하다. 매일 일정 마지막에는 10~15분간 미술을 통한 나눔의 시간으로 종결 의식을 가졌다. 이때 청소년은 미술작업을 통해 집단과 공유하고 싶은 어떤 것이든 함께 나누는 시간을 갖게 되며, 물론 나누고 싶지 않는 경우 '통과'할 수 있는 선택권도 있다.

마음챙김 미술 프로그램 주간 일정

1일: 마음챙김 기본 원칙

- 포커싱 기반 예술치료 훈련: 미술을 활용한 공간 만들기
- '최상의 장소(All Fine Place)' 일지 표지

2일: 마음챙김 기본 원칙(계속)

- 포커싱 기반 예술치료 훈련: 미술을 활용한 공간 만들기
- 일지 표지 완성하기

3일: 자기 자신에 대한 포커싱적 태도

- 자기연민 명상 및 만다라

4일: 타인에 대한 포커싱적 태도

- 자기연민의 만다라 및 집단 시 짓기

5일: 포커싱 기반 예술치료 훈련: 미래로 나아가기(Carrying It Forward)

- 기원(소원) 깃발(prayer flags) 만들기

주제와 훈련에 대한 설명

1~2일: 마음챙김 기본 원칙과 포커싱 기반 예술치료

- 목표: 안전감 제공하기, 소개, 마음챙김-자신의 경험을 범주화하고, 주의집중해서 관조하기 위한 마음챙김 기술 배우기, 포커싱 기반 예술치료-스트레스 감소, 감정을 건강하게 분리하기, 안녕감의 내적 장소로 가까이 다가갈 수 있는 방법으로 미술을 활용한 공간 만들기
- 재료: 티베트 종, 일지 작성을 위한 공책, 미리 잘라 놓은 편안한 느낌의 잡지 사진, 자극 단어/인용문, 펜, 스크랩북용 종이, 막대 풀, 글루건, 반짝이 막대풀, 가위 등

마음챙김 훈련: 닻(앵커, anchor)

우리를 소개하고 프로그램의 의도에 관해 공유한 후, 나는 여러 가지 마음챙김 훈련으로(Mindful Schools, 2010) 10대 청소년을 지도하였다. 지금 이 순간에 대한 '닻(앵커, anchor)' 개념을 소개하였다. '닻'은 (배가 선착장을 떠나지 못하게 고정하는 것처럼) 지금 이 순간 마음이 멀리 이동하지 못하게 주의를 돕는 대상물을 말한다. 10대 청소년이 처음 이틀 동안 훈련한 세 가지 닻—소리, 호흡, 신체—의 감각에 대해 가르쳤다.

- 소리(마음챙김적 경청): "배의 닻이 하는 일은 무엇입니까? 닻은 배가 있어야 할 곳에 정박하게 해 줍니다. 그렇죠? 배가 떠내려가기 시작하면 닻은 다시 배를 당깁니다. 마찬가지로 소리는 지금 이 순간 여러분 마음의 닻이 될 수 있습니다. 여러분의 마음이 생각 속에서 표류하기 시작하면, 종소리나 주변에서 나는 소리가 여러분의 마음을 지금 이 순간으로 되돌려 집중하도록 도움을 줄 수 있습니다. 마음을 다해 종소리를 들어 보세요. 종소리를 듣는 첫 순간부터 종소리가 여러분에게 전혀 들리지 않을 때까지 종소리에 주의를 기울여 보세요. 더 이상 종소리가 들리지 않을 때 손을 드십시오." [티베트 명상 싱잉볼 또는 종을 울린다] 여러 번 종을 울려

마음챙김적 경청을 훈련하고 난 후 이에 대한 경험을 나눈다.

- 호흡: "여러분의 호흡은 마음에 대한 또 하나의 닻이 될 수 있습니다. 호흡은 여러분의 마음을 현 순간에 머물 수 있게 도와줄 것입니다. 콧구멍 가까이서 여러분이 숨 쉬는 걸 느껴 보세요. 어떤 것이 느껴지나요? 차갑습니까? 따뜻한가요? 혹은 어떠한가요? 다음으로 당신의 가슴에서 호흡을 느껴 보세요. 거기서는 어떻게 느껴지나요? 갑갑한가요? 편안한가요? 이제 여러분의 배로 내려가서 당신의 호흡을 느낄 수 있는지 살펴봅니다. 거기에는 어떤 감각이 있습니까? 바로 지금 어떤 것이 느껴지는지, 관심을 기울이고 받아들이도록 노력하십시오(숨을 들이쉬고/내쉬고). 호흡이 완전히 한 바퀴 도는 동안, 여러분의 호흡에 집중할 수 있는지 보십시오. 마음이 왔다 갔다 할 때, 여러분의 호흡으로 주의를 되돌려 보세요. 마음은 생각하기를 좋아하고 생각을 하고 싶어 합니다. 이것은 아무런 문제가 없습니다. 사실 이것은 원래 마음의 일이지요! 그러나 가끔 마음에게도 쉴 수 있는 휴식을 주는 것이 좋습니다! 기억하세요. 목표는 생각을 멈추게 하는 것이 아닙니다. 단순히 여러분의 마음이 생각하고 있을 때를 알아차리고, 부드럽게 여러분의 호흡에 다시 주의를 되돌리는 것입니다."

- 신체의 감각 또는 바디스캔(주의집중 전등): "여러분이 전등을 가지고 있다고 상상해 보십시오. 전등으로 여러분의 몸을 비추어 보세요. 우선, 뒤로 물러서서…… 전등의 렌즈를 넓게 열고, 전등을 여러분의 몸 전체에 비추어 보세요. 몸 전체를 한꺼번에 느낄 수 있는지 보십시오. 그다음으로, 좀 더 가까이 다가가서…… 렌즈를 좁힌 다음, 전등으로 몸의 서로 다른 부분들을 비추어 보세요. 여러분의 발에 불을 비추어 보세요. 발에서 여러분은 무엇이 느껴지나요? 뜨거운가요? 차갑습니까? 이제 전등으로 당신의 발목을 비추어 보세요." 몸 전체(즉, 종아리, 무릎, 허벅지, 허리, 엉덩이, 등, 배, 가슴, 어깨, 팔, 손가락, 목, 머리 등)를 아래에서 위로 스캔하면서 몸의 각 부분에 그것을 반복한다.

나누기

훈련 후, 청소년들이 경험한 것에 대한 느낌을 나누도록 하였다. 나는 그들에게 이 훈련의 목표는 특정 유형의 경험을 하는 것이 아니라 현재 경험이 무엇이든 단지 알아차리고 받아들이는 것임을 상기시켰다. 이러한 마음챙김의 기본 원칙은 마음챙김 기반 포커싱 기반 예술치료 훈련에 더욱 깊이 들어가기 위한 기반을 다지는 데 도움이 되었다.

포커싱 기반 예술치료 연습: 미술을 활용한 공간 만들기

미술을 활용한 공간 만들기(Cleaning a Space)는 (비유적으로) 스트레스원을 몸 밖에 두는 방법과 항상 내면에 있는 전체성(Whole) 또는 '최상의(All Fine)' 내면의 장소를 깨닫도록 가르친다(Rappaport, 2009). 나는 공간 만들기와 관련한 사례에서 이미 제시되었던 지시문에 따라(14장, p. 312 참조) 10대 청소년을 지도했다. 청소년에게 그들의 문제를 '떨쳐 내거나' '없애 버리는' 것이 아니라, 그 문제와 건강한 거리를 두기 위해 당분간 부드럽고 친절하게 한쪽으로 치워 두는 것임을 다시 한 번 알려 주었다. 나는 청소년에게 인생의 큰 문제보다는 4~5개의 가벼운 문제에 초점을 두도록 하였는데, 왜냐하면 이것은 캠프 프로그램이지 치료 장면이 아니기 때문이다. 포커싱 지시의 마지막에는 청소년에게 '최상의 장소'에 관해 기록할 일지 표지를 만들 것을 제안했다. 또한 청소년들이 혹시 훈련의 마지막에 '최상의' 내면의 장소를 편안하게 느끼지 못했더라도 괜찮으며, 미술을 통해 그들이 느낀 어떤 감정이라도 표현할 수 있다는 것을 상기시켰다.

나누기

Mollie라는 청소년은 흥분하면서 공간 만들기 과정 동안의 경험을 다음과 같이 나누었다. "내가 가고 싶은 호수 근처의 편안한 장소에 앉아 있는 나를 상상했습니다. 문제를 한 쪽으로 제쳐 놓자, 산들바람이 지나가는 것 같고, 한기를 느꼈습니다……. 그리고 내 몸에서 긴장이 풀리는 느낌이 들었습니다." 나는 이것이 바로 포커싱에서 '느낌 변화(felt shift)'라고 설명하고, 그녀에게 이완으로 인한 느낌 변화를 일지에 그림이나 글을 통해 표현해 보도록 하였다.

그림 18-1 '최상의 장소' 일지의 표지

Ria는 자신에게 '최상의 장소'를 그림으로 그렸는데, 그것은 푸른 하늘, 폭포 그리고 그 위를 맴도는 불그스름한 푸른색 벌새가 있는 아름다운 풍경이었다([그림 18-1] 참조).

Ria는 일지에 자신의 '최상의 장소'를 그리고 나자 그것이 '더 사실적으로' 느껴졌다고 이야기하였다. 이는 포커싱과 함께하는 예술의 힘이다. 미술은 신체 느낌감각을 구체화하며, 그것이 '활기를 띠고' 보다 생생해질 수 있도록 도와준다. 이러한 미술을 활용한 일지는 Ria의 내적 경험을 상기시키는 암시로서 내적 경험의 반영이자 실재하는 유형의 참조점으로 기능한다.

Liza는 '최상의 장소'로 그녀 뒤로 무지개빛이 돌고 푸른빛의 번쩍하는 번개를 만지고 있는 그녀 자신을 그렸다([그림 18-2] 참조).

그녀는 다음과 같이 느낌을 나누었다. "여기 온 첫날 밤, 우리 오두막은 벼락을 맞았고 모두가 우리에겐 수호천사가 있을 거라고 말했는데, 그 말은 나를 약간 놀라게 했습니다. 그러나 그것을 종이에 그림으로 옮기자 덜 무서워졌습니다. 우리에게는 보호자가 있었다는 것을 알 수 있었습니다……. 그리고 그것을 그린 후에 긴장감이 사라지는

그림 18-2 '최상의 장소': 보호자

것을 느꼈습니다." 미술작품을 만드는 행위는 Liza가 보호자를 가지는 경험을 구체화하는 데 도움이 되었으며, 그 경험을 보다 잘 다룰 수 있다고 느끼게 하였고, 그녀가 이완하는 것을 도왔다. 미술을 활용한 공간 만들기는 Liza가 경험과 두려움으로부터 건강한 거리를 두는 데 도움이 되었다.

Mikhail은 자신의 '최상의 장소'를 평화로운 자연 풍경의 콜라주를 포함하여 그렸다. 이 콜라주 위에 그는 '집, 그러나 전혀 다른 세상에서'라는 글을 썼다. Mikhail은 '집'이라는 단어에 그가 어떻게 '이름 붙이기(handle)'하였는지 말하였다. 즉, 그 단어는 '최상의 장소'에 대한 자신의 느낌감각과 잘 맞아떨어지지만 그의 실제 집과는 달랐다. '최상의 장소'를 찾는 것은 청소년으로 하여금 자신의 몸을 집에 오게 하고 자기 자신 안에서 정신적인 집을 발견할 수 있도록 한다. 그들은 원래 거기에 있었지만 알지 못했던 '고유의 전체성(inherent wholeness)' (Rappaport, 2009) 또는 '본질적 긍정주의(fundamental okayness)' (Ferraro, 2012)의 장소를 그들 자신 내에서 체험할 수 있다.

3일: 자신에 대한 '포커싱적 태도'

- 목표: 더 넓은 자기수용과 자기연민 기르기
- 재료: 티베트 종, 일지, 만다라를 위한 색지, 마커, 오일 파스텔 등

마음챙김 훈련

나는 모임 시작 5분간 마음챙김 훈련에서 10대 청소년을 지도하였다. 그들에게 가장 큰 느낌을 준 하나의 닻을 선택하도록 하여, 이 모임을 상기시키는 신호로 그것을 사용하도록 계속 훈련하였다.

포커싱 기반 예술치료 연습: (글쓰기를 통한) 자기감사 또는 자기친절 일지, 자기연민 명상과 포커싱, (미술을 통한) 자기연민 만다라

청소년으로 하여금 자신에게 고마운 일 세 가지 또는 자신에게 친절을 베풀 수 있는 방식 세 가지를 매일 글로 쓰는 훈련을 시작하게 하였다. Mollie는 '나의 창조성, 열린 마음, 개방적 시각에 감사합니다.'라고 썼다. Liza는 '1. 알맞게 먹는다. 2. 자신을 진정으로 받아들인다. 3. 이 모습 그대로 사랑받을 것을 안다.'라고 썼다. 일지를 쓴 후, 나는 청소년에게 포커싱과 함께 자기연민 명상을 지도하였다.

자기연민 명상 및 포커싱

지금 여러분의 삶에서 정기적으로 만날 수 있는, 살아 있는[1] 누군가를 상상해 보세요. 여러분이 사랑한다는 생각과 감정을 쉽게 가질 수 있는 사람, 여러분이 사랑받고 있다는 것을 느낄 수 있게 도와주는 어떤 사람을 상상해 보세요. 이 사람이 여러분 앞에 서 있다고 상상할 때, 어떤 느낌인지 여러분의 몸으로 느껴 보세요. 이 사람이 여러분에게 사랑스러운 이야기를 하고, 여러분을 보며 웃거나 포옹한다고 상상해 보세요 (약 30초 동안 멈춤). 이제 이 사람이 여러분을 사랑하는 방식으로 자기 자신을 사랑하는 모습을 상상합니다. 여러분 자신에게 이와 같이 상냥하고 사랑스러운 이야기를 할 수 있는지 살펴보세요. 여러분 자신을 사랑스럽게 포옹하고 미소 지을 수 있는지 살펴

보십시오. 많은 사람은 종종 자기 자신에게 사랑을 느끼고 주는 것이 다른 사람에게 하는 것보다 더 어렵다고 합니다. 자신에 대한 사랑의 감정을 기르는 데는 시간이 걸릴 수 있습니다. 너무 조급해하지 말고 온화해지세요. 여러분이 자신을 사랑할 수 없을 때조차도, 사랑하기 어렵다고 생각하는 부분을 사랑할 방법을 찾을 수 있는지 보세요. 그리고 사랑할 방법을 배울 수 있는지 보세요. 지금 당장 자신에게 연민을 느끼지 않더라도 좋습니다. 여러분이 무엇을 느끼든 다 좋습니다……. 그저 알고 받아들이면 됩니다. 바로 지금 여러분의 몸속에서 무엇이 느껴지는지 알아차리고, 여러분의 느낌감각과 일치하는 이미지나 단어, 문구가 있는지 찾아보세요.

이후 청소년으로 하여금 자기연민 만다라를 제작함으로써 자기연민 명상에서 얻은 자신의 느낌감각을 미술로 상징화할 수 있도록 하였다(만다라는 제4일에도 사용하였다).

나누기

청소년은 자기연민 명상 또는 만다라 작업 동안 자신 경험에 대해 그 느낌을 나누었다.

4일: 다른 사람에 대한 '포커싱적 태도' –자기연민 시 짓기

- 목표: 타인에 대한 친절과 연민 함양하기
- 재료: 티베트 종, 이전 회기의 만다라, 길쭉한 종이 띠, 펜, 사인펜(마커)

마음챙김 연습

이전 회기와 마찬가지로, 모임 시작 5분간 실시하였다.

포커싱 기반 예술치료 연습: 자기연민의 만다라 집단 시 창작하기

작고 긴 종이 띠를 집단 구성원에게 나누어 주었는데, 한 장은 집단을 위한 것이었고, 다른 한 장은 자기 자신을 위한 것이다. 만다라를 방에 배치하여 집단 구성원이 걸어 다니면서 서로의 만다라 앞에 설 수 있도록 하였다. 나는 청소년에게 다음과 같이 안내하였다. "여러분이 각각의 만다라를 보면서, 만다라에서 어떤 감각이 특별히 느껴지는지 보십시오. 여러분의 몸에서 느껴지는 느낌감각에 주목하세요. 만다라를 보고 있을 때 여러분의 느낌감각과 일치하는 단어나 문구를 종이 띠에 적으세요. 그리고 그것을 자신의 만다라도 포함해서 만다라를 만든 사람을 위한 선물로 남겨 두세요. 선물은 긍정적 메시지만 써야 한다는 것을 기억하세요."

이후 청소년은 이 선물을 받기 위해 자신의 만다라 앞으로 돌아왔다. 나는 그들에게 다음과 같이 지시했다. "다른 사람과 자기 자신에게 이 선물을 받았을 때 여러분의 몸에서 일어난 느낌감각에 집중하세요. 선물로 받은 종이 띠에 적힌 단어/문구를 사용하여 시를 짓습니다. 종이 띠의 실제 단어/문구를 사용해도 좋고, 그 일부만 쓸 수도 있으며, 문구의 일부를 쓰거나 전혀 사용하지 않아도 좋습니다. 자신이 생각한 단어나 문구를 새로 추가해도 좋습니다."

나누기

상당수의 자기연민 만다라와 그에 따른 시의 주제가 평화, 사랑, 상호관계, 삶의 여러 측면과 모든 정서의 수용에 집중되어 있었다([그림 18-3] [그림 18-4]와 시 참조).

자기연민의 시: 사랑과 빛의 파도

당신의 마음을 물같이 흐르게 하라

사랑과 빛의 파도 중심에서
고요하고 평화롭게
편안하게
풍요로운 에너지와 삶-넘쳐나는 힘
자유

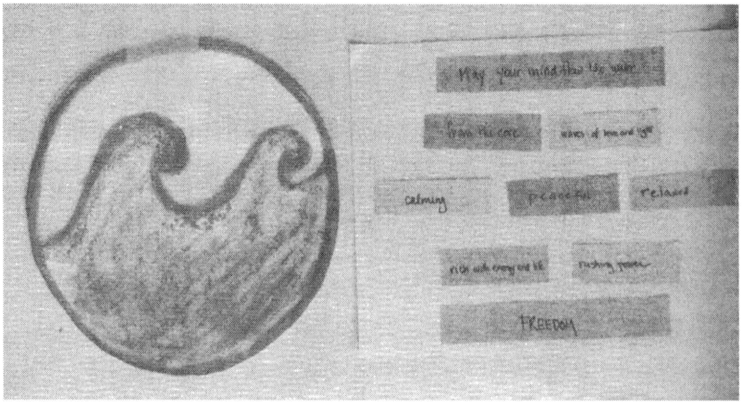

그림 18-3 자기연민 만다라: 사랑과 빛의 파도

자기연민의 시: 진심 어린 생명 망(그물)

기쁨에 차서, 그녀는 색채가 풍부한 생명 망을 통해 존재의 여러 측면을 항해한다.

그녀의 잔잔한 환상, 그녀 곁에 존재하는 감각은

당신에게 에너지, 힘, 내적 평화라는 여행을 선물한다.

당신의 우아함과 함께라면

그저 무한하고 진심될 뿐이다.

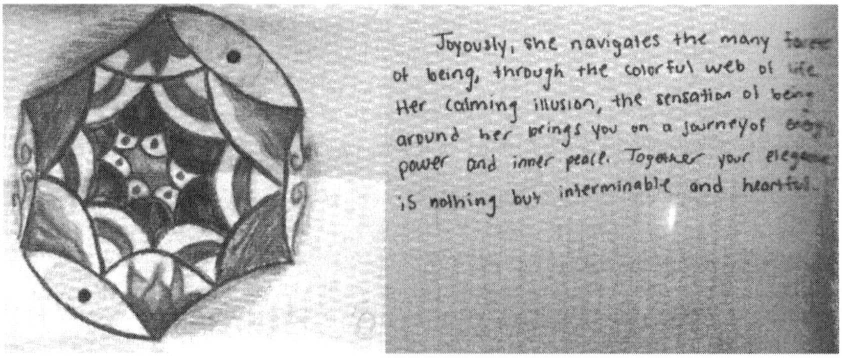

그림 18-4 자기연민 만다라: 진심 어린 생명 망

5일: 종결 의식: '내가 가져가기 원하는 것' 을 담은 기원(소원) 깃발

- 목표: 그동안의 경험을 통합하고 일상생활로 가지고 갈 도구 찾기
- 재료: 티베트 종, 작고 네모난 천 조각, 끈, 글루건, 반짝이 글루건 막대(심), 장신구, 마커, 가위 등

마음챙김 연습

이번에도 모임 시작 5분간 마음챙김 훈련을 진행하였다.

포커싱 기반 예술치료 훈련: 미래로 가져가기

나는 청소년을 다음과 같이 지도하였다.

> 우리가 함께한 모든 시간을 생각해 보고 느껴 봅니다. 여기 처음 올 때를 기억하고…… 우리가 한 주 동안 했던 마음챙김과 미술활동 모두를 기억해 보세요. 그리고 여러분의 내면에 물어보세요. "나는 마음챙김 미술 프로그램을 통해 내 인생에 무엇을 가져가기 원하는가?" 여러분 몸 안의 느낌감각을 경청하고 무엇이 다가오는지 느껴 보세요. 그 느낌감각에 일치하거나 여러분이 가져가고 싶은 무언가를 나타내는 단어나 문구 또는 이미지가 있는지 살펴보세요.

포커싱 후 청소년에게 기원(소원) 깃발에 자신의 느낌을 단어나 문구 또는 이미지로 표현하도록 하였고, 우리는 그것을 끈으로 묶어 하나로 길게 이어 매달았다([그림 18-5] 참조).

그림 18-5 기원 깃발: 나는 무엇을 가져가고 싶은가

나누기

많은 청소년이 '내면의 평화' 그리고 '평화의 동그라미'와 같이, '평화'라는 단어에 다양한 변화를 주어 사용하였다. 또 다른 10대 청소년 Madilynn은 (자기연민 만다라에서도 그렸던) 소망의 꽃을 그렸고, 자기 소원은 '모든 사람이 평화를 찾는 것'이라고 다른 사람들과 공유하였다.

마음챙김 미술치료 프로그램 결과

프로그램에 대한 평가에서, 거의 모든 10대 청소년이 마음챙김 미술 프로그램은 스트레스 감소, 이완 증가, 자기연민 및 타인연민 증가에 도움이 되었다고 보고하였다. 6명 중 5명(한 명은 일찍 떠났기에)의 청소년이 프로그램에 대한 평가를 하였고, 모두 마음챙김 미술 프로그램이 스트레스 수준을 줄이는 데 도움이 되었다고 보고하였다. 그들은 또한 이 프로그램이 자기연민 및 타인에 대한 연민을 높였다고 보고하였다. 한 청소년은 "일주일 동안 나의 스트레스 수준은 아주 많이 내려갔고 명상도 훨씬 쉬워졌습니다. 이 수업은 나를 다른 시각으로 보도록 하는 데 도움이 되었고, 내 자신과 타인에 대한 연민을 높였습니다."라고 보고하였다. 두 명의 청소년은 이 수업 후 더 '고요하고 분명해진' 느낌에 대해 다음과 같이 기술하였다. "나는 수업을 시작하기 전 5분 동안 명상한 것이 좋았습니다. 고요함을 느꼈기 때문입니다. 나는 또 일지를 쓰고 만드는 것이 좋았습니다……. 내가 압박감을 느낄 때 몇 분간 명상하거나 내 마음을 정리하면 기분이 나아지고 더 편안해지는 것을 느낄 수 있었습니다." 또 다른 청소년은 "나의 스트레스 수준은 처음에 매우 낮았지만, 지금 나의 마음은 깨끗해졌습니다."라고 보고하였다. 이 외에도 세 명의 청소년은 판단을 덜 하게 된 것 같고, 자신이 한 미술활동이나 동료의 미술작품을 더 잘 수용하게 되었다고 보고하였다. 한 청소년은 "나 자신을 구박하거나 너무 심하게 대하지 말라는 것을 배웠습니다."라고 보고했다. 또 한 명은 "누구의 미술도 완벽하지 않지만 나는 그것을 받아들이는 것을 배웠습니다."라고 하였으며, 다른 한 명의 경우 "나는 나 자신과 나의 미술을 비웃지 않았습니다."라고 보고하였다.

10대 초반 아동 및 청소년(11~17세)을 위한 추가 제안

마음챙김 학교의 교육과정과 마음챙김이 연간 교육인증에 구성되도록 도움을 준 Daniel Rechtschaffen(2012)은 다음과 같이 제안하고 있다.

- '상담 실습(Counsel Practice)': 청소년을 소집단으로 나눌 수 있으며, 각 집단은 특정 주제, 인용문, 시, 문구, 질문에 대한 반응을 공유한다. 미국 원주민 전통에서 가져온 상담 실습에서, 청소년은 정해진 시간 동안 서로 다른 사람의 방해를 받지 않고 함께 나눈다. 청소년은 서로 나눈 것에 대해 반응하지 않고, 마음챙김적인 깊은 경청을 실습하고 존재의 관조자가 되도록 훈련한다.
- 태극권 및 요가(Tai Chi and Yoga): 마음챙김적 동작 실습은 앉아서 마음챙김과 미술활동을 하는 동안 균형을 유지하는 것이다. 미술, 음악, 소리, 제스처와 같은 표현예술 형태들은 모두 동작을 포함하는 방식을 취하고 있으며, 비언어적이고, 재미있으며, 새로운 동작을 관조할 수 있는 적극적인 방식을 제공한다.

아동(5~10세)의 적용

- 마음챙김과 미술활동의 시간단위 단축
- 구체적이고 지시적인 미술활동이다. 예를 들어, 아동이 물건을 이용하여 자신의 스트레스원을 상징화하고 그것을 통 안에 집어넣는 것과 같이 구체적인 공간 만들기(Rappaport, 2009)를 요한다.
- 마음챙김 비유를 활용한 동작활동 및 게임이다. 예컨대 그물 안의 나비 같은 생각 붙잡기, 병 안의 반짝이처럼 소용돌이치는 생각, 퍼레이드의 장식수레나 강물의 나뭇가지처럼 스쳐 지나가는 생각을 포함할 수 있다.
- 부모/보호자 참여 및 가정훈련[2]

결론

어린 아동과 10대 청소년이 마음챙김 및 포커싱 기반 예술치료 기술을 배우고 그것을 가능한 일찍 뇌의 신경연결 통로에 강화할수록, 그들이 나중에 인생에서 그것을 사용하고자 할 때 더 쉽게 접근할 수 있게 된다(Siegel & Bryson, 2011). Thich Nhat Hanh (2011)은 "우리 각자는 마음챙김이라는 씨앗을 가지고 있지만, 보통 우리는 그것에 물주는 것을 잊어버리곤 한다."(p. 16)라고 가르침을 주고 있다. 이와 같은 프로그램은 아동과 청소년에게 마음챙김, 사회정서적 학습, 연민, 평화의 씨앗을 심고 물을 주는 것이다. "씨앗은 이미 거기에 있다. 훌륭한 교사는 씨앗을 건드려 그것이 깨어나 싹을 틔우고 자라날 수 있도록 한다."(p. 15) 마음챙김을 실천하는 것은 우선 우리 자신 속에서, 그런 다음 우리가 만나는 아동과 청소년의 삶에서, 무조건적 존재라는 타고난 씨앗이 뿌리를 내리고 성장하도록 도울 수 있다. 이 무조건적 존재란 함께 존재하는 방식으로, 지금 여기에 있는 것이 무엇이든 친근하게 그저 같이 있는 것이다. 비교적 인생 초기에 이러한 씨앗을 가지게 되고, 그들의 삶에서 성인으로부터 이러한 존재의 자질을 물려받고, 자신의 존재를 친절하게 대하는 법을 배우게 된 아동 및 청소년은 기쁨을 만끽하고 연민을 가진 성인으로 성장할 가능성이 높다.

주

1 이 프로그램은 단 일주일간 진행되고 정기적인 추수지도가 없었기 때문에, 나는 죽은 사람에 대한 미해결 감정이 남아 있는 생존한 10대 아동에 초점을 두기로 결정하였다.

2 학교기반 프로그램으로 적용하기 위해서는(예: '명상'보다는 '마음챙김 훈련'으로, 티베트 종보다는 비브라톤 종의 사용 등) 비종교적 내용이나 언어를 사용할 필요가 있다.

참고문헌

Biegel, G. M., Brown, K. W., Shapiro, S. L., & Schubert, C. M. (2009). "Mindfulness-Based Stress Reduction for the treatment of adolescent psychiatric outpatients: A randomized clinical trial." *Journal of Consulting and Clinical Psychology 77*, 5, 855-866.

Biegel, G. M., & Brown, K. W. (2011). *Assessing the Efficacy of an Adapted In-Class Mindfulness-Based Training Program for School-Age Children: A Pilot Study.* Available at www.mindfulschools.org/aboutmindfulness/research, accessed May 9, 2013.

Burke, C. A. (2010). "Mindfulness-based approaches with children and adolescents: A preliminary review of current research in an emergent field." *Journal of Child and Family Studies 19*, 133-144.

Coholic, D. (2010). *Arts Activities for Children and Young People in Meed: Helping Children to Develop Mindfulness, Spiritual Awareness and Self-Esteem.* Philadelphia, PA: Jessica Kingsley Publishers.

Coholic, D. (2011). "Exploring the feasibility and benefits of arts-based mindfulness-based practices with young people in need: Aiming to improve aspects of self-awareness and resilience." *Child Youth Care Forum 40*, 4, 303-317.

Ferraro, V. (2012). Personal communication, Mindful Schools.

Flook, L. Smalley, S. L., Kitil, M., Galla, J., et al. (2010). "Effects of Mindful Awareness Practices on executive functions in elementary school children." *Journal of Applied*

School Psychology 26, 1, 70-95.

Gendlin, E. T. (1981). *Focusing*. New York: Bantam.

Gendlin, E. T. (1996). *Focusing-Oriented Psychotherapy: The Experimental Method*. NY: Guilford Press.

Hanh, T. N. (2011). *Planting Seeds: Practicing Mindfulness with Children*. Berkeley, CA: Parallax Press.

Huppert, F. A., & Johnson, D. M. (2010). "A controlled trial of mindfulness training in schools: The importance of practice for an impact on well-being." *The Journal of Positive Psychology 5*, 4, 264-274.

Lantieri, L. (2008). *Building Emotional Intelligence: Techniques to Cultivate Inner Strength in Children*. Boulder, CO: Sounds True.

Lee, H. (2011). "Focusing-Oriented Art Therapy and bookmaking to promote protective resiliency of children living in a homeless shelter." (Unpublished Master's thesis.) Notre Dame De Namur University: Art Therapy Department, Belmont, CA. Available at www.focusingarts.com.

Marder, D. (1997). "Sarah: Focusing and play therapy with a six-year-old child." *The Focusing Folio 16*, 1-2, 51-54. Available at www.focusing.org/chfc/article_index.html, accessed May 9, 2013.

Merkur, B. (1997). "Focusing using art with adolescents." *The Folio 16*, 1-2, 51-55. Available at www.focusing.org/chfc/article_index.html, accessed May 9, 2013.

Mindful Schools (2010). *Level II Curriculum Training: August 21-22*. Oakland, CA. Available at www.mindfulschools.org, accessed May 9, 2013.

Murayama, S., & Yuba, N. (1988). "Clearing a Space with drawing in play therapy." *The Folio 7*, 1. Available at www.focusing.org/chfc/article_index.html, accessed May 9, 2013.

Neagu, G. (1988). "The Focusing Technique with children and adolescents." *The Focusing Folio 7*, 4. Available at www.focusing.org/chfc/article_index.html, accessed May 9, 2013.

Neff, K. D., & Germer, C. K. (2013). "A Pilot Study and randomizes controlled trial of the mindful self-compassion program." *Journal of Clinical Psychology 69*, 28-44.

Available at www.centerformsc.org.

Novek, M. (2009). "An after school program: the inside space explorers club." April 21 to June 9, 2009, at the 14th Street Y of the Educational Alliance, New York City. Available at www.focusing.org/chfc/article_index.html, accessed May 9, 2013.

Rappaport, L. (2009). *Focusing-Oriented Art Therapy: Accessing the Body's Wisdom and Creative Intelligence*. Philadelphia, PA: Jessica Kingsley Publishers.

Rechstchaffen, D. (2012). Personal Communication. Contact at www.mindfulchildren.com.

Ryan, T. (2012). *A Mindful Nation: How a Simple Practice Can Help Us Reduce Stress, Improve Performance, and Recapture the American Spirit*. New York: Hay House.

Saltzman, A., & Goldin, P. (2008). "Mindfulness-Based Stress Reduction for School-Age Children." In L. Greco & S. Hayes (eds) *Acceptance and Mindfulness Treatments for Children and Adolescents*. Oakland, CA: New Harbinger Publications.

Santen, B. (1990). "Beyond good and evil: Focusing with early traumatized children and adolescents." Leuven University Press. Available at www.focusing.org/chfc/article_index.html, accessed on May 9, 2013.

Santen, B. (1999). "Focusing as a therapeutic technique with children and adolescents." In Charles E. Schaefer (ed.) *Innovative Psychotherapy Techniques in Child and Adolescent Therapy*. New York: Wiley and Sons, Inc. Available at www.focusing.org/chfc/article_index.html, accessed on May 9, 2013.

Santen, B. (2007). "Into the fear factory: Treating children of trauma with body maps." *The Folio 20*, 1, 60-78.

Semple, R. J., Lee, J., Rosa, D., & Miller, L. F. (2010). "A randomized trial of Mindfulness-Based Cognitive Therapy for children: Promoting mindful attention to enhance social-emotional resiliency in children." *Journal of Child and Family Studies 19*, 2, 218-229.

Sibinga, E. M., Kerrigan, D., Stewart, M., Johnson, K., Magyari, T., & Ellen, J. M. (2011). "Mindfulness-Based Stress Reduction for urban youth." *Journal of Alternative and Complementary Medicine 17*, 3, 213-218.

Siegel, D., & Bryson, T. (2011). *The Whole-Brain Child: 12 Revolutionary Strategies to Nurture Your Child's Developing Brain*. New York: Delacorte Press.

Stapert, M. (1997a). "Focusing in school: Reader from Children's Focusing Corner." *The Folio 16*, 1-2.

Stapert, M. (1997b). "Children Focusing: Guiding and teaching children to Focus." Reader from Children's Focusing Corner. Available at www.focusing.org/chfc/article_index.html, accessed May 9, 2013.

Stapert, M., & Verliefde, E. (2008). *Focusing with Children: The Art of Communicating with Children at School and at Home*. Ross-on-Wye: PCCS Books.

Thompson, M., & Gauntlett-Gilbert, J. (2008). "Mindfulness with children and adolescents: Effective clinical application." *Clinical Child Psychology and Psychiatry 13*, 3, 395-407.

Weiner, E. T. (2012). "A Mindful Art Program: Using mindfulness and Focusing-Oriented Art Therapy with children and adolescents to decrease stress and in crease self-compassion." (Unpublished master's thesis.) Notre Dame De Namur University: Art Therapy Department, Belmont, CA. Available at www.mindfulartprogram.com and www.focusingarts.com.

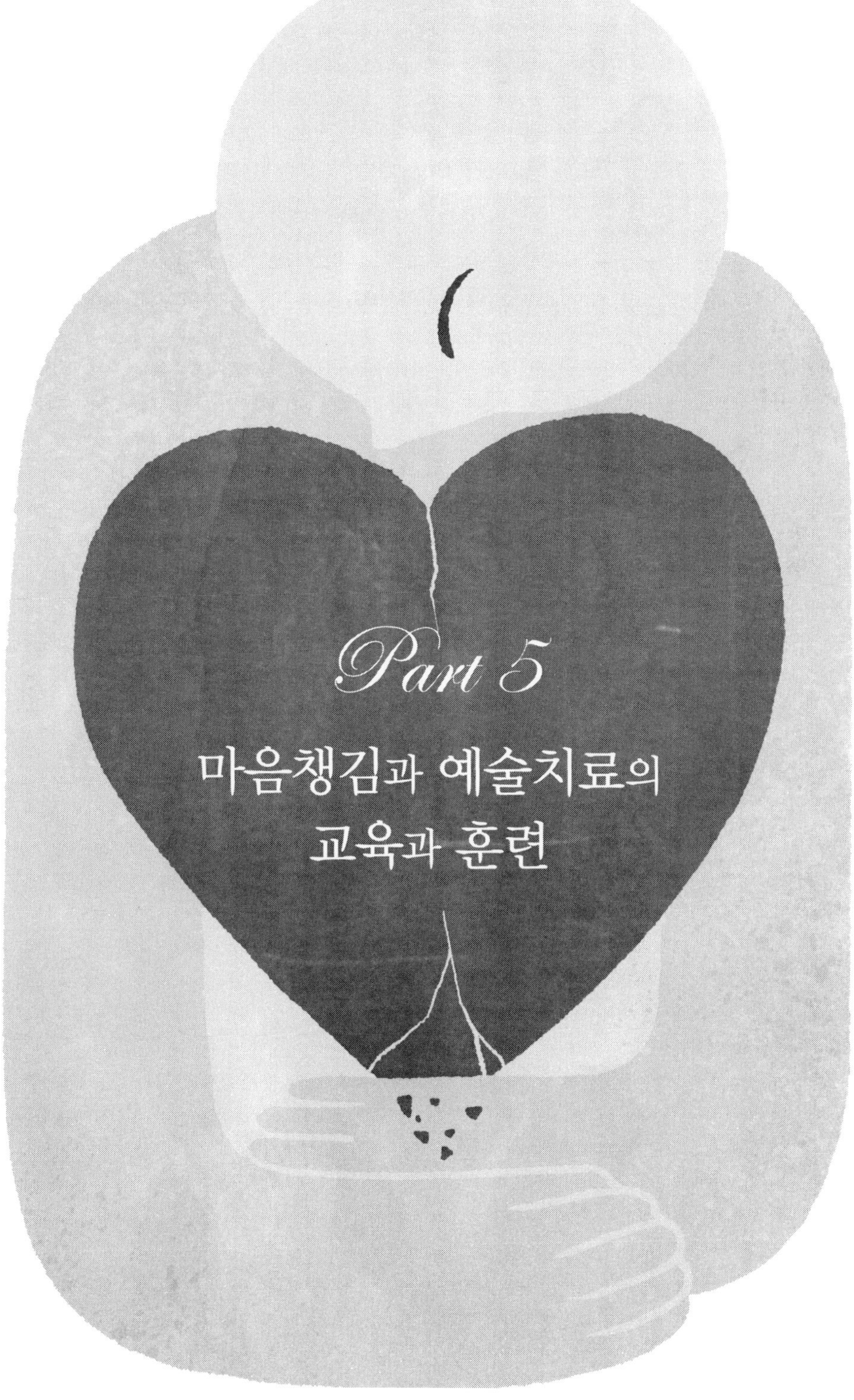

Part 5

마음챙김과 예술치료의 교육과 훈련

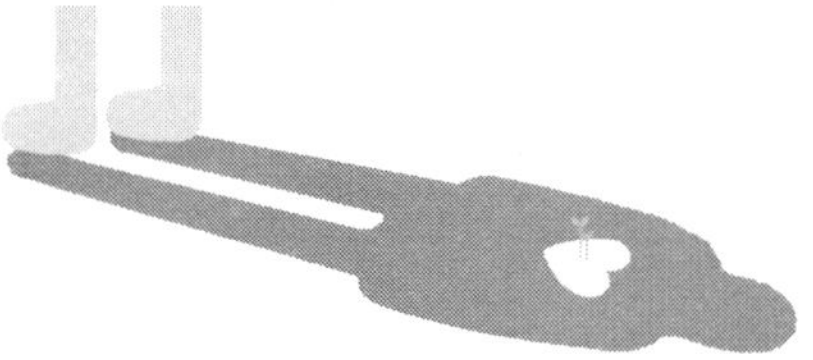

Chapter 19

미술치료사 훈련을 위한 마음챙김적 고찰:
내적 친밀감과 외적 전문성

-Michael A. Franklin

1992년 8월부터 나로파 대학교는 미술치료 대학원 프로그램의 핵심 교과과정으로 마음챙김 명상을 포함시켰다. 내가 아는 바로는, 다른 어떤 미술치료 대학원 프로그램도 이러한 명상을 학습프로그램에 그렇게 완전히 포함시킨 전례는 없었다. 이러한 교육적 · 제도적 핵심 가치는 나로파 대학의 설립자인 Chögyam Trungpa로부터 시작되었다. Trungpa Rinpoche는 모든 사람에게 존재하는 선한 본성과 인간 내면의 건강에 대한 '온전한 마음(brilliant sanity)'에 대해 가르치고, 많은 연구를 한 학자이며 근대 티베트 불교의 선구자이다(Fabrice, 2004). Trungpa는 '온전한 마음(brilliant sanity)'이라는 말을 만들었으며, 그것은 다음의 세 가지 정신의 타고난 선천적인 특성을 나타내고 있다. 무한함[spaciousness, 무(emptiness)], 명료성[clarity, 지혜 wisdom)], 측은지심[compassion, 명료성+온정과 공감(clarity+warmth and empathy)]이 그것이다(Wegela, 2010). 그에게 있어 명상은 일상생활로 녹아들 수 있는 온전한 마음 상태를 자각하면서 미술과 함께 연마해 나가는 한 방법이다(Trungpa, 1996).

시간을 더 거슬러 올라가 보면, 우리 학교와 이름이 같은 11세기 위대한 현자인 Naropa는 뛰어난 학자이자 인도의 유명한 나란다 대학에서 밀교(tantric Buddhism)를 가르친 교육자였다. 내가 이 장의 도입부에서 이러한 간략한 역사적 관점을 언급하는 이유는, 이 정보가 우리의 미술치료 프로그램뿐만 아니라 나로파 대학에 영향을 끼친 명상적 교육 계보에 관한 사실을 알려 주기 때문이다.

이 장에서는, 상담과 미술치료 교육과정을 결합하고자 할 때 마음챙김 명상을 통합하려는 분명한 이유를 살펴보고자 한다. 간단히 말해, 치료사로서 다른 사람과 마주하기 전에, 우리는 먼저 우리 자신과 마주하는 방법을 알아야 할 필요가 있다. 특히 우리의 마음이 스트레스를 받거나 안정되어 있지 않은 경우에 더욱 그러하다. 내담자에게 무조건적 긍정적 수용을 보이기에 앞서, 있는 그대로의 자신과 만나는 것이 중요하다.

명상과 임상 훈련을 결합함으로써, 우리 학생들과 교수들은 치료에서 나타나는 예측 가능한 사건뿐만 아니라 예기치 않은 사건에도 마음의 평정을 유지할 수 있는 방법을 배울 수 있다. 전문적 임상 훈련과 결합된 마음챙김 명상은 학생들이 치료에서 특정한 인식기술을 적용할 수 있도록 도와준다. 기존의 상담 환경이든, 지역사회 기반의 미술 스튜디오이든, 명상 훈련을 상담이나 미술치료 교과과정에 포함시키는 것은 실용적인 방법이라 할 수 있다.

이 장의 전반에서 상담을 위한 명상적 접근법은 일반적으로 현존중심의 알아차림을 기르고, 참여하게 하고, 유지하게 하는 마음챙김적 적용(Baer et al., 2006; Germer, Siegel, & Fulton 2005; Kabat-Zinn, 1990; Siegel, 2007)과 미술과 미술치료(Farrelly-Hansen, 2001; Franklin, 1999a, 1999b, 2010b; Franklin et al., 2000; Rappaport, 2009)에서 볼 수 있다. 근본적으로 수용적이고 자연스러운 감각 속에서 드러난 생각들과 '매 순간 알아차림(moment-to-moment awareness)'을 포함하는 마음챙김은 긴장을 푸는, 유연성 있는 '자기성찰(reflective self)'의 몰입 상태로 정의할 수 있다(Davis & Hayes, 2011, p. 198).

마음챙김과 명상에 대한 개요에서, 미술치료사들을 위한 상담교육과 관련하여 몇 가지 의문점이 생긴다. 왜 임상 훈련에서 마음챙김 명상과 다른 명상적 방법들을 필수적으로 배워야만 하는가? 어떻게 마음챙김 명상이 미술치료를 배우는 학생들에게 그들 자신과 내담자 관계에서 신뢰감을 얻는 데 도움을 줄 수 있는가? 어떻게 마음챙김 명상 훈련이 명확하지 않은 임상적·문화적·지적 과정의 자료들을 해석하는 데 도움이 될 수 있을까? 이 장에서 이러한 의문점들을 집중적으로 다루어 나갈 것이다. 이것은 특히 명상과 미술이 알아차림의 다양한 형태를 구별할 수 있는 훈련의 한 쌍으로 볼 수 있기 때문이다. 예를 들어, 지각적 각성, 순간에의 몰입, 깨달을 수 있는 공간의 확보와 내적 이야기에 대한 향상된 알아차림은 모두 미술과 마음챙김 훈련의 결과들이다.

이 장은 명상과 미술치료 사이의 이론적 연관성을 간략하게 서술하면서 결합된 미술치료 상담훈련 프로그램 내에서 명상의 통합에 대해 논할 것이다. 이 장에서는 또한 마음챙김 명상과 상담훈련 통합에 대한 효과를 다룬 진보적인 나로파 대학의 명상 교수들의 반응들도 포함하고 있다. 끝으로, 스튜디오 수업시간 동안 마음챙김적 미술을 활용한 경험에 대해 설명한 학생의 사례로 마무리할 것이다. 최종 결론에서는 이 장 전체에서 계속 강조하는 주요 요점들을 요약할 것이다.

이론체계

체계, 자유, 명상

Rubin(2009)은 간결하고 명쾌하게 자유를 위한 체계(framework)를 제시하기 위해 미술치료의 훈련에 대해 요약했다. 아포리즘과 같은 이 격언은 미술치료에서 마음챙김의 실효성을 보여 주기 시작했다. 우리가 비디오로 치료를 하건, 찰흙으로 치료를 하건 간에, 각각의 표현수단은 정서적인 억제와 표현의 자유를 동시에 준다. 이와 유사하게, 명상과 같은 사색적 훈련을 통해 우리는 원칙과 구조[자세와 초점 주의(focused attention)]가 어떻게 자유의 각 단계로 나아갈 수 있도록 개방성을 지지해 주는지 배우게 된다. 바꿔 말해, 명상은 시시각각으로 만나게 되는 경험들을 자유롭게 충족시키기 위해서 다양한 체계들을 포함한다.

Chögyam Trungpa(1976)는 명상에서 마음챙김과 알아차림 그리고 불안한 생각들

주위로 공간을 창조하는 것에 대한 중요성을 언급하며 다음과 같이 말했다. "명상이란 넓고 아주 부드러운 초원을 불안정한 소에게 주는 것이다." (p. 49) 동요(restlessness)는 주위에 공간이 있을 때 안정된다. 드넓은 초원에 있는 불안정한 소는 자유를 위한 체계(틀)를 설명한 Rubin의 생각과 일치하는 또 다른 맥락 중의 하나이다. 명상과 같이 미술에서는 사물과 배경의 기본 요소에 대한 쓰임을 함께 배운다. 사물은 생각과 같은 것이고 배경은 그 생각을 부드럽게 담아내는 공간과 같은 것이다. 문제는 힘든 생각이 떠올랐을 때, 우리는 불안으로 공간 만드는 것을 자주 잊어버린다는 것이다. 이러한 상황에서 배경/공간이 도외시되는 동안 사물/생각은 두드러지게 된다. 이런 경우, 의도적으로 불안정한 생각 주위에 공간을 둠으로써 꽉 막힌 마음에 숨구멍을 열어 줄 수 있게 된다. 고요함을 유지하는 동안, 그런 불안정한 생각이 덜 방해되고 폐쇄공포도 감소되게 된다는 것이다. 미술과 명상에서 사물/생각과 공간/배경 사이에는 역동적인 관계가 존재한다. 그러므로 우리는 이 두 가지를 항상 같이 결합한다.

마음챙김 명상과 집중명상 훈련에 대한 정의

일반적으로 명상은 주의집중을 통해 '심리적 사건'에 영향을 미치는 방식으로 "심신을 스스로 조절하는" 훈련들로 구성되어 있다(Cahn & Polich, 2006, p. 180). 명상의 많은 접근법 중에서는 만트라 암송(Feuerstein, 2003), 얀트라 보기(Khanna, 1979), 마음챙김 실천(Baer et al., 2006; Germer et al., 2005; Kabat-Zinn, 1990; Siegel, 2007), 요가와 탄트라 전통에서 실천하는 것들이 있다(Feuerstein, 2001, 2003; Yogananda, 2003).

표현치료에 대한 명상 훈련법이 있다는 사실은 흥미로운 부분이다. 예로, 음악치료와 관련하여 보면, 소리는 만트라와 염불을 외는 것과 연관되어 사용된다. 신들의 그림은 얀트라와 만다라 보기에서 사용된다. 움직임은 걷기명상과 하타요가에 포함되며, 쓰기는 사색하는 자아탐색 훈련을 돕는다. 보통, 표현치료와 전통적인 명상 간에 연관성이 아주 많은 것을 볼 수 있다(Franklin, 2010b).

Walsh와 Shapiro(2006)는 명상에 대해 함축적으로 정의하였다. 그들은 명상에 대해 "자기통제 실천은 더 나은 자기규제라는 상황에서 심리작용을 하게 하고, 그럼으로써 일반적인 정신적 행복과 발전을 지키게 하거나 침착성, 명료성 집중과 같은 특정한 능력을 키우게 하기 위해서 주의와 인지 훈련에 집중하는 것" (p. 229)이라고 설명했다. 명상 훈련은 마음챙김과 주의집중이라는 두 가지의 기본적 범주로 나뉜다(Cahn & Polich, 2006). 이 저자들에 따르면, 마음챙김은 개념적이거나 감각적 단계에 표면으로 나타나는 어떤 것이든 허용하는 모든 것을 포함한다. 전문가들은 전개되는 현상적 장(現像的 場)의 개방적이고 얽매이지 않는 알아차림을 유지하는 동안, 이러한 사건들에 비판적이지 않도록 주의를 기울여야 함을 언급했다.

주의집중된 알아차림을 조정함으로써 개념적이거나 감각적인 것들을 다루는 주의집중적 접근법은 때때로 만트라의 소리, 얀트라의 시각적인 부분이나 호흡과 결부되기도 한다. 주의집중적 접근법의 또 다른 측면은 관조적 알아차림(witness awareness)의 구축이다. 자아의 관찰하는 능력(Sterba, 1934)과 유사하게, 의식적이고 중립적인 명상의 자기관찰 과정은 내적 관찰 기능을 함양한다. 만트라 암송을 예로 보면, 반복되는 소리나 경구가 정신을 채우는 것이다. 초점주의를 실천하는 사람은 관조적 알아차림의 도움을 받아 경구를 암송하는 것으로 다시 돌아온다(Franklin, 1999a). 이러한 구조화된 체계는 시시각각의 주의집중과 선택의 자유를 극대화하는 동시에 알아차림의 방해를 최소화한다. 여기서 Rubin의 인용을 다시금 생각하게 될 것이다.

다양한 전통들에 의한 모든 명상 접근법들은 근본적으로 동일한 결과를 추구하고 있다. 그 결과란 알아차림을 위한 주의집중, 알아차림을 위한 관찰, 알아차림을 위한 집중, 알아차림을 위한 통찰력, 알아차림을 위한 비판단을 구축하는 것이다. 본질적으로, 각성적 주의집중(wakeful attention)으로 돌아가는 것을 기억하기 위해 기억하는 것을 의미한다. 우리의 미술치료 프로그램은 교과과정 전반에 걸쳐 마음챙김과 주의집중적 접근법을 모두 포함하고 있다.

균형을 이루고 고요히 떠 있는 주의집중과 정보화된 직관

모든 미술치료 프로그램이 학생들로 하여금 자기관찰력을 기르도록 훈련시킨다는 점을 명시하는 것은 중요하다. 예를 들어, 표현치료 분야에서 전이와 역전이 기제를 기반으로 한 임상적 자료를 반영하여 연구하는 독특한 방식을 취하고 있다(Lewis, 1992). 반응미술(respanse art; Fish, 2012; Franklin, 2012; Moon, 1999)과 공감미술(empathy art; Franklin, 1990, 2010a) 훈련은 우리 자신을 좋은 학생으로 만들어 주는 검증된 방법들이다(Franklin, 1999a). 화가로서 우리는 미술이 자각을 키운다는 것을 알고 있다. 예를 들어, 인물화 수업에서 우리는 모델과 종이 위에 그리는 그림에 주의를 기울인다. 우리는 "나는 모델의 얼굴에서 정확한 표정을 잡아냈어."라고 말하기도 한다. 이것은 집중적 관찰 과정에 몰입하는 것을 은연중에 나타내는 것이다. 상담을 목적으로 한 미술에서, 모델과 우리 자신, 그림의 관계에서처럼 내담자, 우리 자신과 내담자의 그림에 주의를 기울이는 동안, 우리는 동시에 경험자와 관찰자가 되는 객관적인 자각 훈련(Speeth, 1982)을 이용한다.

Speeth는 전체적 시각에서 조망하는 개괄적 주의집중(panoramic attention)과 초점을 한 곳에 맞춰 집중하는 초점적 주의집중(focused attention)을 구별하였다. 만트라 암송은 초점적 주의집중 훈련이다. 전체적 시각에서 조망하는 개괄적 주의집중은 인물화의 예에서 보았듯이, 발생 사건의 분야에 동등하게 주의를 기울이려는 노력을 한다. 공평하게 분배된 이러한 알아차림은 Freud의 고요히 떠 있는 주의집중(notion of evenly suspended)이나 균형 잡힌 주의집중(hovering attention), Reik의 자유롭게 떠다니는 주의집중(freely floating attention)의 정교화와 유사하다(Epstein, 1984). 주의집중이 방해받지 않고 균형을 이루게 되었을 때, 무의식적 알아차림은 체득된 직관의 근원에 닿을 수 있게 된다.

훈련을 하는 동안, 특히 학생들이 실수에 대한 두려움과 알고자 하는 욕구 혹은 실습에서 일반적으로 나타날 수 있는 패닉으로부터 자유로워질 때, 그들의 일에 대해 정보를 습득할 수 있는 많은 임상적 경험을 쌓게 된다. 체득된 직관은 종종 많은 치료적 개입에 자연스럽게 잠재되어 있고, 집중이나 균형 잡힌 주의집중에 의해 도달할 수 있다. 또한 다양함을 수용할 때에 상담자는 예상치 못한 사건이 발생할 경우 상담 회기 때 세운 목표를 융통성 있게 풀어 나갈 수 있다. 명상과 미술의 결과인 균형 잡힌 주의집중의 기술은 임상적 훈련 과정에서 쌓아야만 하는 기술이다.

훈련 적용

임상 훈련에서 마음챙김적 알아차림 기르기

명상을 위한 집중적 접근법과 마음챙김 접근법은 프로그램 전반의 각 과정에 포함되어 있다. 첫 학기에 모든 학생들은 명상심리학에 관한 두 개의 과정을 이수하게 된다. 첫 과정에 대한 설명은 다음과 같다.

> 온전히 존재하게 하는 능력인 마음챙김은 숙련된 상담자가 필수적으로 갖춰야 할 기술이다. 이 과정은 매 순간의 자각을 발전시키기 위한 방법으로, 불교 전통에서 가져온 좌선인 깨어 있는 마음으로 호흡(지관수행)에 집중하기의 실천법을 소개한다. 일상생활 상황에서 각성을 기르는 방법을 탐구한다(Naropa University, 2012-2013).

이 과정에 참여하는 네 명의 명상 지도교수에게 다음의 두 가지 질문을 요청하고 답변을 받았다. 다음은 그들의 답변에서 발췌한 것이다.

1. 상담자나 미술치료사가 되는 교육과정에서 명상 훈련을 포함시키는 것이 왜 중요한가?
2. 이 훈련의 결과로 학생들에게서 확인할 수 있었던 결과는 무엇인가?

Acharya Dale Asrael(석사)

> 상담자나 미술치료사가 되는 교육과정에서 명상 훈련을 포함시키는 것이 왜 중요한가?

마음챙김 명상은 우리에게 신체 감각을 직접적으로 경험할 수 있도록 가르치는 심신 훈련 실천이다. 뿐만 아니라 마음챙김 명상은 현재의 감각, 생각, 정서나 분위기에서 어떤 일이 일어나고 있는지와 사람의 마음이 자기반성적인 알아차림의 특성을 가지고 있다는 것을 깨닫게 하는 능력을 훈련시킨다. 즉, 마음은 '내가 무엇을 알아차리고 있는가?'에 대한 질문을 함으로써 무엇을 알아차렸는지를 알 수 있게 한다. 이 질문에는 많은 가능성이 내포되어 있다. 또한 마음챙김 명상은 흥미로운 태도와 자신의 마음, 신체, 외부적 사건들을 포함하는 현재에 발생하는 어떤 것이라도 그것을 수용할 수 있는 태도를 길러 준다. 마음챙김 명상을 통해 반복적으로 발견되는 것은 더 정확히 말하면 불편한 상황일 때 심신에서 일어나는 일과 항상 관련이 있고 많은 정보를 준다는 것이다.

명상심리학의 첫 수업에서 Acharya Asrael은 학생에게 다음과 같은 질문을 했다. "상담에서 내담자와 마주했을 때 우리는 무엇을 할까요? 내담자에게 도움이 되는 유능한 상담자가 되기 위해서 무엇을 알고 있어야 할까요?" 학생들은 명확한 시각, 수용, 주의집중 그리고 모호함이라는 불확실성을 명료화시킬 수 있는 능력이라고 대답했다. 사람들은 마음이 무엇이고 그것이 어떻게 작용하는지를 알 필요가 있다. 이러한 목적으로, 명상심리학 수업은 직접적 훈련을 통해 무엇이 마음인가에 대한 질문에 답을 찾을 수 있게 된다.

학생들은 수업 전반부에 이런 논의를 하는 동안, 내담자를 치료하기 위해 단순히 상담실에 있지 않다는 것을 빠르게 습득한다. 즉, 정비사보다는 산파가 된다는 것을 말이다. 고유한 정신의 핵심 가치와 선한 본성은 모든 사람에게 내재된 원초적 개념으로 설명된다. 극도로 혼란스러운 심리 상태에서도 고유한 정신이 있으며 그것을 알아차려야만 한다.

또한 학생들은 마음챙김 명상이 행복하고 만족스러운 삶을 사는 것을 방해하는 행동의 양상을 알게 해 준다는 것을 배운다. 그 후의 논의는 상담자로서 일을 하기 위해 무엇을 알아야 하는가로 옮겨 갔다. 이 수업은 학기가 끝나면 개인적인 실천을 통해서 생각, 감정, 행동에 배어 있는 패턴이, 어떻게 습관적인 패턴으로 드러날 수 있는지 그 관계를 연구하게 된다. 학생들은 과정이 진전되고 좌선이 확실히 자리를 잡았을 때 마음챙김 명상을 통해 새로운 행동 패턴이 발달될 수 있음을 알게 된다.

심리 상태의 측면에서 스스로에게 친화력을 가지는 능력이나 태도는 어떠한 치유 과정에서도 필요한 부분이다. 지능의 특정 유형은 상담 관계에서 자신과 타인이 가지고 있는 것이 무엇인지 아는 순차적 방식(linear way)—열린 질문을 위한 공간을 만들어 묻고, 발견의 과정에서 혼란과 모호함을 수용해야 할 필요가 있다. 학생들은 그렇게 함으로써 스스로를 훈련하는 법에 대해 배운다—으로는 접근할 수 없다. 또 다른 중요한 인식은 판단과 의견을 혼동하지 않고 다른 사람의 문제에 전념하는 동시에 스스로의 정신을 지킬 수 있는지와 관련된다.

이 훈련의 결과로 학생들에게서 확인할 수 있었던 결과는 무엇인가?

좌선의 결과, 개인적 존중의 측면에서 향상된 모습을 볼 수 있었다. 사람의 마음, 생각, 말, 호기심이 많고 친절한 행동에 주의를 기울일 필요가 있기 때문에 이 부분은 중요한 것이다. 또한 학생들이 스스로를 어떻게 받아들이는가에 대한 변화가 있었다. 학생들은 자신의 실수에 적절하게 대처할 수 있는 지혜를 배웠다. 종합적으로, 학생들은 내담자에게 좀 더 도움이 되는 태도와 어려운 일에 대해 유연하게 대처할 수 있는 큰 힘을 가지게 된 것으로 나타났다.

Cathy Hubiak Zimmerman(석사)

상담자나 미술치료사가 되는 교육과정에서 명상 훈련을 포함시키는 것이 왜 중요한가?

무조건적인 태도는 치료사가 내담자에게 줄 수 있는 가장 도움이 되는 선물이다. 나는 마음챙김 명상 훈련이 무조건적인 태도를 위한 전형적인 훈련이 될 것이라고 생각한다. 우리가 삶의 속도를 조금씩 늦추고 마음챙김의 조건을 갖추었을 때, 우리가 언제 개입해야 하는지, 개입하지 않을지를 식별할 수 있게 된다. 이러한 유형의 명상이 기여하는 가장 중요한 부분 중 하나는, 따뜻함과 자기분별력(self-judgement)의 수용이다.

우리는 이것을 주인(maître)이라고 부르며, 이것은 우리 스스로의 복잡한 주제에 친화력을 가지는 것이다. 명상을 할 때, 우리는 자기 분별력과 마음의 관계를 보기 시작하고 발전시키기 시작한다. 시간이 흐르면서, 우리 자신의 원치 않는 부분을 수용하는 준비 과정으로, 그것이 무엇인지와 그렇게 된 원인을 파악하는 것이 이러한 분별력과 마음의 관계이다. 치료 실습이 처음이라면, 타인의 고통을 받아들이는 것은 쉽지 않은 일이 될 수도 있다. 우리는 전략 세우기, 문제 해결하기, 연관성을 잃어버린 자기 자신을 발견할지도 모른다. 마음챙김 명상은 우리가 치료적 관계를 계속 지속하게 해 준다.

이 훈련의 결과로 학생들에게서 확인할 수 있었던 결과는 무엇인가?

나는 학생들에게서 안도감과 이완을 관찰할 수 있었다. 우리 자신의 심리적인 부분과 직접 마주하는 것은 겁쟁이들이 할 수 있는 일이 아니다. 이 일은 용기가 필요한 것이다. 학생들이 스스로가 누구인지 진실하게 마주했을 때, 그들은 큰 기쁨을 누릴 수 있다. 또한 학생들은 그렇게 함으로써 조금 더 현실감을 느끼게 된다. 그로 인해, 편안함을 가질 수 있고, 어떤 결과가 나타날 수 있는지를 알 수 있다. 그것은 꼭 이론이나 기술을 강화시켜야 할 필요는 없다는 것을 의미한다. 이것은 진정한 자신감의 특별한 형태이다.

John W. Steele(박사)

상담자나 미술치료사가 되는 교육과정에서 명상 훈련을 포함시키는 것이 왜 중요한가?

균형 잡힌 주의집중과 정서적 관용

Freud는 치료사들이 치료기간 동안 '고르게 주의를 기울여야(evenly hovering attention)' 한다고 기술했다. 하지만 내담자와 정서적으로 분리된 상태를 지속시키기란 어렵다. 마찬가지로 사고 과정이 혼란스럽거나 정서를 인내하는 것이 어려운 내담자에게 맞추는 것은 쉽지 않은 일이다. 만약 우리가 스스로의 감정에 관대할 수 없다면, 문제가 되는 정서들을 나타내는 내담자를 회피하려 할 것이다. 마음챙김 훈련은 때때로 평정이라고 불리는 균형 잡힌 주의집중을 계속해서 유지시킬 수 있도록 하며, 우리 자신과 내담자의 어려운 모든 정서와 마주하고 받아들일 수 있는 능력을 기를 수 있도록 도와준다.

주의집중, 공감, 무조건적 긍정적 수용

Carl Rogers의 상담 접근법은 전적으로 주의집중, 진실된 관심, 공감, 무조건적 긍정적 수용의 치유적 요인에 중점을 두고 있다. 호기심, 비판단, 현재에 초점을 둔 인식과 연민에 집중하여 훈련함으로써, 마음챙김 명상은 무조건적 긍정적 수용과 진실된 관심의 능력을 기르도록 한다.

명료화

마음챙김 훈련은 우리의 생각, 개념, 이론적 틀에서 벗어날 수 있는 능력을 기르게 한다……. 우리는 우리의 논리에 헛점이 있음을 인지하고, 세계를 이해하는 기존의 방식에서 자유로워지려 한다……. 우리는 알려지지 않은 것을 개방함으로써 자기 한계적 신념에서 자유로워질 수 있고, 또한 내담자가 자신의 속박으로부터 자유롭게 벗어날 수 있도록 도움을 줄 수 있게 된다.

자기치유

과학적 증거는 마음챙김 명상이 스트레스와 관련된 증상을 줄여 주고, 주의집중과 관련된 전두엽 피질 부분의 기능을 강화시켜 주며, 공격/회피반응과 관련 있는 소뇌의 편도체가 위축되는 동안 공감과 긍정적 정서를 발달시킨다는 것을 입증했다. 이러한 증거로 명상이 상담자나 치료사의 자기치유에 중요한 역할을 한다는 사실이 분명해졌다.

이 훈련의 결과로 학생들에게서 확인할 수 있었던 결과는 무엇인가?

내가 가르쳐 온 대학원생들의 피드백과 개인적 관찰의 결과, 마음챙김 훈련과 심리학 연구의 결합이 학생들의 폭넓은 알아차림, 근본적 수용, 스스로와 타인을 향한 진실된 연민을 기르게 하여, 그들 자신과 문화적인 배경에 통찰력을 가지게 한다는 것을 확신하게 해 주었다.

Lisa Schaewe(LPC, ATR-BC)

상담자나 미술치료사가 되는 교육과정에서 명상 훈련을 포함시키는 것이 왜 중요한가?

우리 수업에서 사용하는 마음챙김의 정의는 '현재의 알아차림과 수용'이다. 또 다른 정의는 '복잡한 존재론적 성찰과정에 참여하는 것'이라고 할 수 있다. 깨어 있는 마음으로 호흡하기, 좌선, 걷기명상, 신체 탐색과 일상 활동의 알아차림과 같은 다양한 기술들이 명상심리학 수업에 도입되었다. 이러한 마음챙김 훈련들은 보이지 않는 것, 지금-여기, 판단하지 않고, 의도적이고, 참여적, 탐구적인 특성들을 길러 준다. 학생들은 훈련의 구성요소로 자기탐구, 각성, 내담자와 함께하는 능력을 길러 주는 규칙적인 명상 훈련을 유지해 나가야 한다. 또한 마음챙김 훈련은 소진과 연민, 피로감을 방지할 수 있는 자기치료의 방법을 제공하기도 한다. 결과적으로, 마음챙김 명상은 습관적인 인지 패턴을 알아차릴 수 있게 한다. 이것은 점차적으로 학생들에게 역전이를 깨닫게 하고, 내적 반응과 내담자가 표현하는 의사소통에 대한 객관적 관찰 사이의 차이를 식별하게 한다.

이 훈련의 결과로 학생들에게서 확인할 수 있었던 결과는 무엇인가?

나는 심각한 정신질환을 앓고 있는 성인들을 위한 치료시설에서 집단미술치료를 실시하였던 한 학생의 집단 실습을 지도감독한 적이 있었다. 집단원 중 한 내담자가 입원이 불가피할 정도로 정신병적 상태가 급격히 악화되어 구급차를 불렀다. 스마트 도시 인증 시스템(city protocol)은 이 상황에 경찰과 소방대가 필요하다고 판단하고 그들을 보냈다. 일단 경찰과 소방대가 도착했고, 혼란은 계속 되었으며 집단은 더욱 분열되었다. 위기에 빠진 내담자와 경찰, 소방대원들이 왔다 갔다 하는 동안, 그 실습생은 치료를 진행 중이던 집단으로 침착하게 돌아갔다. 이러한 혼돈 상태의 한가운데에서 그가 보여 준 평정을 통해 나머지 내담자들은 안정감과 지지받고 있다는 것을 느낄 수 있었다. 나는 그가 명상에서 받은 훈련이 이러한 혼돈의 상황에서도 뚜렷한 현존감(clear presence)을 유지할 수 있게 하는 데 도움이 되었음을 확신할 수 있었다.

이와 같이 숙련된 교사와 전문가들은 비슷한 결과들에 관심을 가졌다. 그들이 관찰한 결과들을 요약해 보면, 마음챙김은 특히 불명확한 상황에서 무조건적인 참여과 긍정적 수용을 촉진시킨다. 다르게 요약하자면, 자기연민이나 주인(maître)으로서 스스로에게 친근감을 높인다. 또 다른 결과는 자기돌봄을 위해 마음챙김 명상을 이용하는 것이다. 자기돌봄의 일부는 자기성찰적 인식을 키우는 것이다. 교육자들에 따르면, 마음챙김 명상은 학생들에게 그들의 생각을 비판 없이 관찰하도록 가르친다. 학생들과 교수들은 마음챙김을 실천하는 것이 인지적 습관과 패턴들을 풀어낸다는 것에 주목한다. 또한 내적 감각, 사고, 기분을 바라보는 것은 자기비판을 완화시키고 모호성에 대한 수용을 향상시켰다. 종합적으로 마음챙김 훈련은 균형 잡힌 주의집중을 배움으로써, 내담자와 함께하는 치료사 내면의 더 큰 가능성을 길러 준다.

명상처럼, 미술은 훈련생이 평정심을 기르고, 도발적 자극(Walsh & Shapiro, 2006)으로부터 (그를) 지키고 거부할 수 있도록 도와준다. Baer 등(2006)은 감각, 사고, 감정의 주기적 변화를 자각하는 동안, 내적 반응을 완화시키는 것과 같은 명상 훈련에서와 유사한 결과를 관찰했다. 또한 저자들은 명상 훈련생들이 어떻게 생각과 감각을 기술하고 관찰하는지, 내적 경험들을 판단하지 않는 것을 어떻게 학습하는가에 대해 서술했다.

이와 유사하게, Kabat-Zinn(1990)은 마음챙김 명상 훈련에 대한 일곱 개의 근본적인 특징들에 대해 간략히 요약했다. 그 특징들은 판단하지 않기(non-judging), 인내심(patience), 초심(beginner's mind), 믿음, 애쓰지 않음(non-striving), 수용(acceptance), 내려놓기(letting go)를 말한다(pp. 33-40). 이 일곱 가지 요인들은 미술 과정에서도 계속적으로 활용된다.

미술과 명상의 상태와 특성

특정 신체적 상태와 인지적 상태는 명상 훈련의 결과이다. 상태(States)는 명상하는 동안 감각적 · 인지적 · 자기지시적 자각의 변화가 생기는 것을 의미한다. 특성(traits)은 명상의 결과인 지속적인 변화를 의미한다. 이와 유사한 신체적 · 인지적 상태와 특성들의 결과는 미술과 명상에서도 나타난다(Cahn & Polich, 2006). Walsh와 Shapiro (2006)는 마음챙김 명상이 지각적 민감성과 함께 창의성을 높여 주고 스트레스를 감소시켜 주는 것을 관찰했다. 명상 훈련가들은 탈동일시(disidentification; Walsh & Shapiro, 2006) 기술인, 생각에 반응하는 것보다는 관찰하는 것에 더 능숙하게 된다. 명상가가 마음을 관찰하는 능숙한 관조자가 되는 것처럼, 미술가도 그들의 작품에 직접적으로 나타난 외현화된 생각들과 감정들의 세심한 관찰을 통해 능숙한 관조자가 된다. 미술은 상징과 형태라는 미학적 언어로 고정화되거나 외현화된 생각이나 경험이다. 단지 마음의 내적 스크린인 생각을 관찰하기보다 물감, 찰흙 그 외 다른 미술 매체들을 통해 외적 형태로 구체화되어 나타나는 이러한 인지들을 관찰한다. 실제적 형태로 (미술품에 나타난) 생각들을 시각화하고 수용하는 것은, 특히 생각이나 감정이 모호하고 혼란스러울 때 내면의 명상적 인식으로 다가가는 또 다른 방법을 가지게 되는 것이다.

Csikszentmihalyi(1997)의 몰입과 자기목적적인 성격에 대한 견해는 미술과 명상의 결과인, 상태와 특성 간의 부가적인 연관성에 대한 설명을 제공한다. 그는 몰입이 모든 주의를 기울이는데 힘이 들지 않는 그 자체를 위한 활동이며, 자기목적적인 성격의 본질이라고 정의를 내렸다. 미술은 자주 이러한 방식으로 묘사된다. 즉, 그 자체와 내적 보상을 위해서 지금 여기에서 작품을 창조하는 것을 말한다. 즐거움은 이러한 활동들에 완전히 몰입할 때 나타난다. 간단히 말해서, 행복은 완전히 몰입하는 행동에서 찾을 수 있다. 이러한 경우는 미술 재료, 과정과 결과물이라고 할 수 있다. 대중적인 인지에 대한 외부적 추구로 힘을 얻는 "외부 목적적(exotelic)" (p. 117) 성격과는 달리, 자기목적적 성격은 몰두의 결과로 자기충족적인 것이다.

▣ 사례 연구: 마음챙김과 미술에 대한 학생의 예

다음의 예시는 앞에서 언급한 연구들에서 설명한 명상의 조합된 요인들이 미술 과정에서 어떻게 직접적으로 드러날 수 있는지를 설명한다.

우리 프로그램에 참여한 한 학생은 짝과의 관계 문제 때문에 불안정한 상태로 스튜디오에 왔다. 그녀의 불편함을 감추기보다는 심란함을 말 그대로 마주하고 재현함으로써 이러한 새로운 감정들을 알아 가기로 결정했다. 그녀는 불편함을 거부하기보다 도발적 자극에 맞서는 것을 선택했다.

22×30인치 크기의 종이에 큰 얼굴의 그림을 그리는 것으로 시작했다([그림 19-1] 참조).

다음으로 그녀의 마음과 머리에 맴돌고 있는 생각들을 심사숙고하여 그렸다. 그녀

그림 19-1 불안한 생각을 그린 학생의 그림

는 이러한 과정을 시작하며, 불편한 생각들과 연관되는 것을 반추함으로써 자신의 내적 경험에 즉각적으로 반응하지 않도록 훈련하였다. 인상적이었던 것은 그녀가 내적으로 느낀 그대로의 충격적인 묘사를 눈앞에서 말했던 그대로 만들고 본 것이었다. 미술작품을 통해 그동안의 어려움과 다시 마주함으로써 침착함과 평정의 상태를 찾았다. 판단하지 않으면서 '초심'을 유지하는 방식은 과정을 새롭게 하고 더 진전된 탐색을 가능하게 했다.

그녀는 과정이 진행되는 동안 관찰자의 역할을 유지하면서, 변화하는 정서들을 바라보고 수용하는 것을 미술치료 과정을 통해 시각화하였다. 또한 처음에 그녀를 속상하게 했던 다양한 문제들을 그림에 표현하고 담아내었다. 그녀가 들이마시고 내쉬는 호흡과 미술작품에서 인물/배경 요소에 주목하는 동안, 그녀는 실제 미술작품에 감정을 이입함으로써 자극된 정서들을 경험한 경험자와 목격해 온 관찰자의 역할을 넘나들었다. 그녀는 이미지 형상화의 진전 과정 전반에서 자신의 감각과 반응을 받아들이고 인식했다. 판단하는 마음의 눈으로 불편함의 이미지를 만듦으로써 그 감정에 시각적인 표식을 붙였다.

그녀는 이 과정 이후 자신의 미술작품을 찬찬히 되돌아보았고, 이미지 형상화 작업으로 시작된 내면의 깊은 이야기에 귀 기울이기 시작했다. 이 일련의 과정 중 일부는 앞에서 열거했던 명상의 결과들과 또 다른 모습을 보여 주었다. 그녀가 그린 그림을 관찰하는 것과 이미지 형상화로 예기치 않게 촉발된 결과물을 보았을 때, 다시금 그녀의 생각들이 관찰되고, 미술작업을 통해 나타난 경험의 각 단계와 단면들을 받아들이기 위해 한층 진전된 인식으로 나아가는 비판단적 존재의 형식을 훈련했다.

이 하나의 그림으로 이 학생은 판단하지 않는 태도, 인내심, 초심, 내적 친밀감, 애쓰지 않음, 수용, 내려놓기를 수행했다. 그녀는 감각, 생각, 감정의 주기적인 변화를 계속해서 알아차리는 동안, 반사적인 내적 반응을 완화시킬 수 있었다. 이 예시는 상담자나 미술치료사가 앞으로 만나게 될 내담자들을 치료하기 위한 준비 과정으로, 강력한 정서를 다루고 조절하기 위해 미술 과정을 어떻게 이용해야 하는지를 부각시켜 준다. 이 학생은 자신의 신체적 감각의 관찰자였을 뿐만 아니라, 미술작품에서 드러난 다양한 생각들을 관찰하기도 했다. Trungpa Rinpoche의 말을 인용하자면, 명상은 불안정한 동물에게 드넓은 초원을 주기 위한 훈련으로, 이 예시에서 쉽게 확인할 수 있는 것과 같다. 문제가 있었던 경험들이 있는 그대로 미술작품에 표현되었을 때, 20×30인치 크기의 종이는 이 학생의 불안정한 생각과 감정이 돌아다닐 수 있고 결국 제자리를 찾아갈 수 있는 거대한 초원과 같은 장소가 되었다. 미술은 의식적 마음이 외현화된 것이다. 의식은 자기성찰적, 인식 상태의 특성을 느끼는 것으로 정의될 수 있다. Siegel (2010)에 따르면 마음과 마음의 필수적인 특성인 '관찰하기와 조절하기(monitoring and modifying)'는 '에너지와 정보의 흐름을 조절하는 형상화되고 관계적인 과정'으로 정의된다. 이 예시에서 미술은 개인의 사고, 통찰력, 정서의 정보활동을 마음챙김적으로 주관화하고 객관화하기 위한 자기조절 역할을 했다. 이러한 간략한 예시는 "개방성, 객관성, 관찰"(p. xxi)을 통해 신경통합을 발전시키는 Siegel의 심안(mindsight)에 대한 개념을 설명한다. 이 모든 것은 이 학생의 미술 과정의 일부였다.

결론: 미술치료사와 상담자로서의 입장

아마 어느 정도의 논란이 있겠지만, 마음챙김 명상의 이점을 완전히 체득하기 위해서는 훈련에 훈련을 거듭해야만 한다는 것이 내 신조이다. 이것은 좌선 훈련에도 포함된다. 나는 매년 학생들이 불안할 때 명상 자리를 벗어나 방을 박차고 나가기를 원하는 모습에서, 자리를 지키고 침착함을 유지하며 어떤 일이 일어나든 동요 없이 균형을 유지하는 모습으로 변화되는 기적과 같은 순간을 목격했다. 학생들은 그들의 유연한 마음으로 인해 시시각각의 내적이고 외적인 사건들을 관찰하는 데 편안함을 느끼게 되었다. 설거지하기, 정원 가꾸기, 그림 그리기를 하는 동안에도 마음챙김을 수행할 수 있다는 것은 사실이다. 어떤 행위를 하면서 관찰하는 대신 앉아서 몰입하는 것이 더 큰 이점이 있다는 것 또한 사실이다.

내가 두 가지 방법 모두 가치 있게 여기면, 마음챙김적 명상을 기르는 데 필요한 두 가지 접근법 모두를 알 수 있게 된다. 우리는 어떤 방법으로든 계속해서 추구할 가치가 있는 시시각각의 알아차림을 발전시킬 수 있다. 대체로 모든 사람들에게 존재하는 선한 본성인 온전한 정신을 인식할 때, 우리는 내적 친밀감과 외적 친밀감을 촉진시킬 수 있다. 궁극적으로, 이것들은 자신과 타인을 위한 무조건적 긍정적 수용 이면에 존재하는 근본적인 도덕적 · 윤리적 조건들이다.

참고문헌

Baer, R. A., Smith, G. T., Hopkins, J., Krietemeyer, J., & Toney, L. (2006). "Using self report assessment methods to explore facets of mindfulness." *Assessment 13*, 1, 27-45.

Cahn, B. R. & Polich, J. (2006 March). "Meditation states and traits: EEG, ERP, and neuro-imaging studies." *Psychological Bulletin 132*, 2, 180-211.

Csikszentmihalyi, M. (1997). *Finding Flow: The Psychology of Engagement with Everyday Life*. New York: Basic Books.

Davis, D. M., & Hayes, J. A. (2011). "What are the benefits of mindfulness? A practice review of psychotherapy-related research." *Psychotherapy 48*, 2, 198-208.

Epstein, M. D. (1984). "On the neglect of evenly suspended attention." *The Journal of Transpersonal Psychology 16*, 2, 193-205.

Fabrice, M. (2004). *Chogyam Trungpa: His Life and Vision*. Boston, MA: Shambhala.

Farrelly-Hansen, M. (2001). *Spirituality and Art Therapy: Living the Connection*. Philadelphia, PA: Jessica Kingsley Publishers.

Feuerstein, G. (2001). *The Yoga Tradition: Its History, Literature, Philosophy and Practice*. Prescott, AZ: Hohm Press.

Feuerstein, G. (2003). *The Deeper Dimension of Yoga: Theory and Practice*. Boston, MA: Shambhala.

Fish, B. J. (2012). "Response art: The art of the art therapist." Art Therapy: *The Journal of the American Art Therapy Association 29*, 3, 138-143.

Franklin, M. (1990). "Aesthetics and empathy: A point of convergence." *American Journal of Art Therapy 29*, 2, 42-47.

Franklin, M. (1999a). "Becoming a student of oneself: Activating the Witness in meditation, art, and super-vision." *The American Journal of Art Therapy 38*, 1, 2-13.

Franklin, M. (1999b). "Art practice/psychotherapy practice/meditation practice: Sitting on the dove's tail." *Guidance and Counseling 15*, 3, 18-22.

Franklin, M. A. (2010a). "Affect regulation, mirror neurons and the 3rd hand: Formulating mindful empathic art interventions." *Art Therapy: The Journal of the American Art Therapy Association 27*, 4, 160-167.

Franklin, M. A. (2010b). *Aesthetic Mind-Meditative Mind: Reflections on Art as Yoga and Contemplative Practice*. Ph.D. dissertation. Cambridge, MA: Lesley University.

Franklin, M. (2012). "Karuna-Ahimsa-and Relational Aesthetics: Empathic Art Interventions for Contemplative Approaches to Psychotherapy." In P. de Silva (ed.) *Buddhist Psychotherapy*. Ayuthaya, Thailand: Mahachulalongkornrajavidyalaya University. Available at www.undv.org/vesak2012/iabudoc/15FranklinFINAL.pdf, accessed May 9, 2013.

Franklin, M., Farrelly-Hansen, M., Marek, B., Swan-Foster, N., & Wallingford, S. (2000). "Transpersonal art therapy education." Art Therapy: *The Journal of the American Art Therapy Association 17*, 2, 101-110.

Germer, G. K., Siegel, R. D., & Fulton, R. F. (2005). *Mindfulness and Psychotherapy*. New York: Guilford Press.

Kabat-Zinn, J. (1990). *Full Catastrophe Living: Using the Wisdom of Your Body and Mind to Face Stress, Pain, and Illness*. New York: Delacorte.

Khanna, M. (1979). *Yantra: The Tantric Symbol of Cosmic Unity*. New York: Thames.

Lewis, P. P. (1992). "The creative arts in transference/countertransference relationships." *The Arts in Psychotherapy 19*, 3, 317-323.

Moon, B. L. (1999). "The tears make me paint: The role of responsive artmaking in adolescent art therapy." *Art Therapy: The Journal of the American Art Therapy Association 16*, 3, 78-82.

Naropa University (2013-2014). *Course Catalog 2013-2014*. Available at http://coursecatalog.naropa.edu, accessed October 10, 2013.

Rappaport, L. (2009). *Focusing-Oriented Art Therapy: Accessing the Body's Wisdom and Creative Intelligence*. London: Jessica Kingsley Publishers.

Rubin, J. A. (2009). *Introduction to Art Therapy: Sources and Resources*. New York: Taylor and Frances.

Siegel, D. J. (2007). *The Mindful Brain.* New York: Norton.

Siegel, D. J. (2010). *The Mindful Therapist: A Clinician's Guide to Mindsight and Neural Integration.* New York: W.W. Norton and Company.

Speeth, K. R. (1982). "On therapeutic attention." *The Journal of Transpersonal Psychology 14*, 2, 141-160.

Sterba, R. F. (1934). "The fate of the ego in analytic therapy." *International Journal of Psychoanalysis 18*, 117-126.

Trungpa, C. (1976). *The Myth of Freedom and the Way of Meditation.* Berkeley, CA and London: Shambhala.

Trungpa, C. (1996). *Dharma Art.* Boston, MA: Shambhala.

Walsh, R., & Shapiro, S. L. (2006). "The meeting of meditative disciplines and Western psychology: A mutually enriching dialogue." *American Psychologist 61*, 3, 227-239.

Wegela, K. K. (2010). *The courage to be Present: Buddhism, Psychotherapy, and the Awakening of Natural Wisdom.* Boston, MA: Shambhala.

Yogananda, P. (2003). *Autobiography of a Yogi.* Los Angeles, CA: Self Realization Fellowship.

Chapter 20

무용/동작치료사 훈련에서 관계적 마음챙김과 관계적 동작

–Nancy Beardall & Janet Surrey

무용/동작치료(dance/movement therapy: DMT)에서, 내담자와 치료사의 관계는 치료 과정에서 핵심적인 요소이다. "무용치료는 개인의 정서적 · 신체적 · 인지적 통합을 발전시키는 과정으로써 동작을 심리치료적으로 사용하는 것이다."(Levy, 2005, p. 11) 무용치료의 선구자인 Marian Chace는 "치료와 동작의 관계"를 설명했다(Chaiklin & Schmais, 1993, p, 79). 이 개념은 치료사가 내담자와 함께 동작하면서, 수용과 시각적 감각을 통해 의사소통하는 무용/동작치료(DMT)에 대한 Chace의 기여로 정리되었다(Levy, 2005, p. 22). Chace는 말 그대로 "당신의 기분이 어떤지 안다."를 동작 언어로 표현하였고, 그렇게 함으로써 정서적 상호작용과 공감적 상호작용이 가능하다는 것을 보여 주었다(Chaiklin & Schmais, 1993, p. 79). 호흡, 동작의 관계적 흐름, 정적인 동작은 내담자와 치료사 사이의 내/외적인 조화와 몰입을 가능하게 했다. Whitehouse (Pallaro, 1999), Adler(2002), Canner(1975)와 같은 다른 무용/동작치료 선구자들도 무용의 관계적 동작에 기여했다.

관계적 마음챙김(relational mindfulness)은 두 사람 이상의 지속적 관계에서 마음챙김을 실천하는 것을 의미한다(Surrey, 2005). 관계적 알아차림에 초점을 맞춘 세 가지 관점이 있다. 첫 번째 관점은 역동적 관계 속에서 일어날 수 있는 내적 경험, 감각, 정서, 생각들을 매 순간 알아차릴 수 있는 기회를 준다. 두 번째 관점에서 알아차림은 경험된 것으로, 타인과의 관계에서 공감적인 조화에 초점을 맞춘 것이다. 세 번째 관점은 경험된 동작과 관계 내에서 이루어지는 연결과 단절의 흐름이다.

이것은 처음으로 이 장을 함께 저술한 저자들의 공동 연구를 다룬 치유에 있어, 관계적 동작의 중요성에 대해 공유된 인식이었다. 무용/동작치료사들은 개인적인 내적 변화에 초점을 맞추기보다 관계의 중요성을 인식하고, 동작 속에서 관계의 치유력을 어떻게 이용할지를 배우는 것이 필요하다고 보았다. DMT의 교육자인 Beardall 박사는 관계 문화적 이론(relational cultural theory: RCT; Jordan et al., 1991)과 관계적 마음챙김 훈련(Surrey, 2005)이 무용/동작치료사가 되기 위한 기초 훈련 단계에서 필요한 중요 방법이라고 생각했다.

진 베이커 밀러 훈련재단(Jean Baker Miller Training Foundation) 창립 학자이자 명상 · 심리치료협회(Institute for Meditation and Psychotherapy) 교수진인 Janet Surrey 박사와 레슬리 대학교 DMT 프로그램 책임자인 Nancy Beardall 박사의 공동작업은 훈련 첫해에 레슬리 대학교 DMT 대학원생과 함께 3년간 이루어졌다. 학생들에게 치유관계의 기초를 이해시키기 위해 언어와 이론적 개념을 설명하는 RCT를 도입했다. 명상 수행은 학생들에게 직접적인 경험과 관계 차원의 알아차림을 갖게 하기 위해서 학습법과 통합되었다.

이 장에서는 RCT와 관계적 마음챙김에 대한 개요 및 대인관계적 신경생물학과 관계적 동작과 연관된 중요 기여도에 대해 살펴볼 것이다. 또한 DMT 과정을 듣는 대학원생들에게 적용된 관계적 마음챙김 모형과 관계적 동작에 대해서도 살펴볼 것이다. 이 과정의 기술, 적용에 대한 논의와 DMT 학생들의 응답도 함께 실었다.

이론체계

대인관계 신경생물학

사회관계적 신경과학은 우리의 사회적 · 정서적 발달(Siegel, 2007)에서 받아들여지는 관계의 중요성을 뒷받침해 준다. 또한 무용/동작치료사들의 훈련과 새로운 치료사와 전문가를 양성하는 역할에서 투영하기, 조율, 공감적 반영을 통해 관찰된다. 1990년대 이후, 신경과학 연구는 심신의 연관성, 뇌의 유연성, 상관관계에 있는 두뇌와 다른 것과의 조화를 부각하고 입증하는 데 공헌해 왔다(Siegel, 2007). 이 연구는 공감적 반영과 반응성을 돕는 거울신경 체계의 역할을 계속해서 조사했다. 목격하기, 투영하기, 공감적 반영, 관계적 마음챙김과 관계적 동작은 지식의 심신 경험적 방식 내에서 일어난다.

Siegel은 마음챙김과 뇌 통합 사이의 관계와 삶에서 건강, 탄력성을 가지기 위해 기반이 되는 안전한 관계적 조화의 역할을 연구해 왔다. 조화가 뇌에서 통합을 만들어 낸다면, 대인관계적 조화와 개인 내적 조화는 서로를 강화시켜 주고, 더 큰 신경통합을 만들게 된다. 이것들은 통합의 촉진에서 관계적이고 내적인 행복 모두를 증진시켜 주는 마음챙김 알아차림의 방식과 연결된 신경적 차원이 될 수 있다(Siegel, 2007, p. 201). Siegel은 이러한 과정을 대인관계 신경생물학이라고 설명한다.

개방적이고, 함께하며, 듣고 관찰하면서 내담자에 맞추는 감각과 함께 창조적 동작과 즉흥 반응은 무용치료사에게 요구되는 관계적 능력이다. 이러한 공감 과정은 상호연결성의 감각 및 의뢰인과 치료사 간의 심리를 발전시키는 데 중요한 요소로, DMT 전문가가 경험하고 수행해야 하는 과정이다.

관계 문화적 이론(RCT)

RCT는 임상 관계적 실천으로 최근에 부각되는 모형이며, 훈련을 받고 있는 임상의

들에게 임상시험과 목표를 전하는 데 도움이 되는 표현과 이론을 제공한다. RCT는 진 베이커 밀러 훈련협회(Jean Baker Miller Traning Institute), 스톤 센터(Stone Center), 웰슬리 대학에서 30년이 넘는 시간 동안 사람의 성장에 대해 연구해 온 심리적 체계이다. 이 이론은 심리발달을 형성하는 관계의 근본적인 힘을 설명하고, 성장과 치유에서 관계적 동작의 모양이 원호를 그리고 있음을 보여 준다. 스톤 센터의 연구원과 전문가들은 상호연관성 내에서 일어나고, 상호연관성을 지향하는 방식으로 건강한 인간 발달을 설명해 왔다. 모든 관계는 심리적 연관관계를 지향하거나 피하려 하는 동작(절대 고정되지 않는)으로 보인다. 연관성에 대한 기본적인 인간의 동경과 전 생활주기에서 건강과 신체건강을 촉진하는 연관관계의 힘은 오늘날 잘 드러나고 있다(Miller & Stiver, 1997).

성장을 촉진하는 동작은 상호 진정성, 상호 공감, 상호 강화, 상호 책임성과 같은 상호관계를 위해 계속되는 노력에서 발생한다. 이러한 과정들은 관계 증진 과정을 통해 개개인을 강화시킨다. 관계는 개개인들이 함께 만든 '삶'과 존재의 결과물로서 그들의 성장과 발달에 기여한다.

연결과 단절의 흐름에 대한 관계적 알아차림은, 발달에 필요한 측면이자 중대한 부분을 차지한다. 진 베이커 밀러 훈련협회는 성장을 촉진하는 관계의 다섯 가지 긍정적 특성을 다음과 같이 설명했다. (1) 향상된 열정(활력), (2) 실행 능력의 향상(권한 부여), (3) 향상된 명료성(자기 자신과 다른 사람의 관계가 더 명확해지는 것), (4) 향상된 가치성, (5) 특정 관계 이상의 관계를 원하는 바람이다. 이 다섯 가지 특성은 성장을 촉진하는 유대관계의 결과를 나타낸다. 그리고 이것은 분리가 아닌 더 큰 상호관계와 감정이입의 가능성을 내포한다. 치료에서 관심의 초점은 주로 내담자의 경험에 맞춰지지만, 치료사와 내담자는 관계 내에서 관계를 통해서 이러한 다섯 가지 특성을 경험하게 된다.

또한 이러한 관계의 이점을 설명하자면, RCT는 관계 맺기에서 피해 갈 수 없는 한 부분인 단절(공감 실패, 깨진 관계, 상처 등으로 생겨난)의 영향에 대해 연구한다. 단절로 인해 상처를 받은 사람이 자신의 감정을 표현할 수 있고 다른 사람이 그 감정에 공감적인 반응을 보일 때, 단절 경험은 강화된 관계와 관계적 능력이 향상되는 결과를 이끌 수 있다(즉, 관계에서 실질적으로 변화된 감정을 느낄 수 있게 되는 것이다; Jordan, 1995). 그러나 상처를 받거나 자신을 표현하는 데 상대적으로 힘이 부족한 사람이 다른 사람

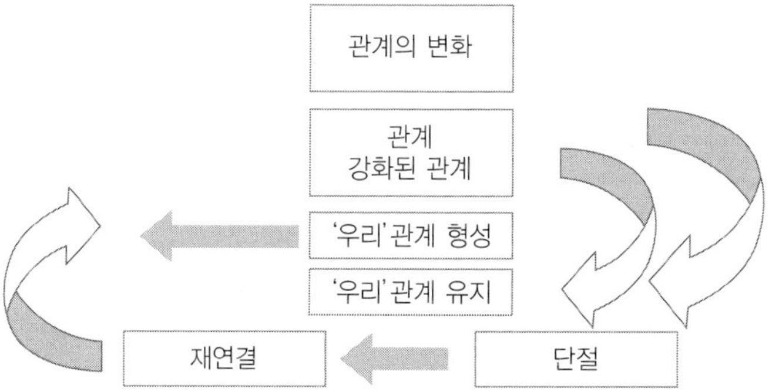

ⓒJean Baker Miller Institute

그림 20-1 관계적 동작의 도식

들로부터 외면당하고 거부당하는 상처를 경험하게 되면, 관계를 지키거나 유지하기 위해서 자신을 관계에서 멀리 두려 하기 시작할 것이다. 이 적응 전략을 '단절 전략'이라 부른다.

이것은 치료의 중심적 관계 역설에서 핵심이 되는 부분이다. 단절 전략을 받아들이는 것뿐 아니라 관계에 대한 근원적인 동경을 인식하는 것이 필요하다. RCT를 기본으로 한 치료에서, 치료사는 이러한 연관성과 단절에 있어 순간순간 관련된 동작에 연관성을 가지도록 돕는 역설의 관계를 따른다.

관계는 연관성의 심화를 통해 성장하며, 그것은 단절을 관계로 연결시킬 수 있도록 내담자의 경험을 성공적으로 잘 절충하여 좀 더 깊이 있고 포괄적인 수준으로 이끌어 내는 치료사의 능숙함에 달려 있다. 관계적 동작에 대한 도식은 [그림 20-1]에 나타내었다.

훈련 적용

관계적 마음챙김 명상에서 알아차림은 두 사람이 '함께하는 것'과 '함께 호흡하기'의 마음챙김을 수행할 때 길러진다. 관계적 동작은 관계적 마음챙김 훈련의 핵심이다. 양자 관계적 명상에서 두 명(또는 그 이상)의 참가자는 먼저 침묵 명상을 한 다음, 마음챙김 말하기와 듣기를 행한다.

관계적 마음챙김과 관계적 동작 과정

관계적 마음챙김/관계적 동작 과정([그림 20-2] 참조)은 다음의 7단계를 포함한다. (1) 호흡 마음챙김을 기본으로 한 침묵적 공동 명상, (2) 명상 짝의 반영, (3) 짝과 함께 동작하기, 관찰하기로의 전이, (4) 결합, 단절, 재결합의 무용 집단 참여, (5) 소집단, 대집단에서 관찰과 반영, (6) (5)의 결과가 이끈 더 나은 개인적 알아차림과 관계적 알아차림, (7) 통합과 치유하기, 이후 (1)의 관계적 마음챙김 명상이나 고요함의 동작으로 다시 돌아가기

이 과정은 임상가의 자아의 관계적 자기 알아차림과, 자신과 짝 내부의 순간순간의 알아차림인 관계적 동작을 향상시키고, 함께하는 사람으로서 지속적인 존재감을 느끼게 하는 능력을 향상시킨다.

짝과 하는 명상, 호흡하기 마음챙김([그림 20-2] #1)

학생들이 경험하는 첫 번째 명상은 내면에 집중하여 눈을 감고 다시 눈을 떠서 하는 호흡하기 마음챙김이다.

1. 의자나 방석 위에 앉아 짝과 적당한 거리를 두고 마주 본다. 눈을 감고, 숨을 들이쉬고 내쉬는 동작에 집중한다(2~3분). 마음이 편안해지면 다시 호흡에 집중한다.
2. 눈을 뜨고 호흡에 계속 집중한다. 짝이 호흡하는 동작을 관찰한다. 어떤 반응(아마 불편함이나 비판)이 나타나는지 알아보는 내적·외적 경험의 알아차림에 주의집중하고 다시 호흡할 때의 동작에 주의집중하기로 돌아온다(3~5분).
3. 하나에만 주의집중하지 않고 여러 가지를 본다. 여러 가지에 눈을 마주하고 자의식, 불편함, 저항 등 어떤 반응이 나타나는지 알아본다. 다시 돌아와 짝과 같이 본 것이 무엇인지를 살펴본다. 내적 연관성과 단절 그리고 관계의 흐름에 주목한다. 당신은 어떤 것에 주목하는가를 생각한다(3~5분).

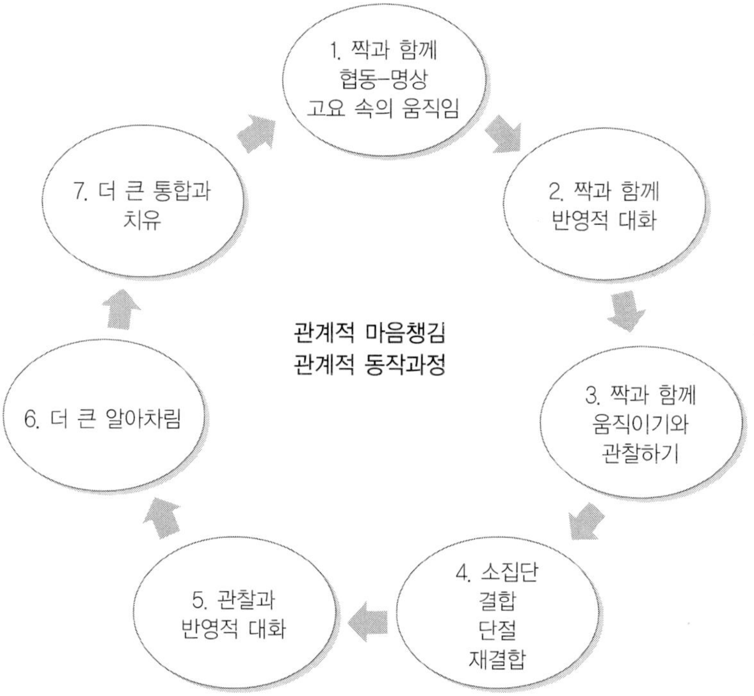

ⓒBeardall & Surrey

그림 20-2 관계적 마음챙김과 관계적 동작 과정

이 과정에서 DMT 과정을 듣는 한 학생은 "눈을 감고 시작하니 큰 안도감이 생겼다. 다른 사람의 눈을 보고 시작했다면 불편했을 겁니다. 눈을 뜨고 나서 짝과 마주보자 이상하게도 마음이 편했어요. 생각했던 것보다 불편하지 않았습니다. 곧바로 나는 호흡이 이 과정에 연계되기 시작한 것을 알아차렸습니다. 호흡이 서로에게 보완되었고 계속 호흡하는 것을 상기시켜 주었습니다."라고 응답했다.

이 훈련에서의 친밀함은 혼란과 불편함, 습관적 단절 전략뿐만 아니라, 종종 놀랄 만한 연관성의 깊이를 가져올 수 있다. 다른 사람을 보는 것과 다른 사람에게 '보이는 것'은 인간에게 간단한 발달적인 경험이다. 아기들은 이 상호 시선을 자연스럽게 행하는 편이다. 그러나 보는 것이나 보이도록 요구되는 상황에서는 이것이 불편하고 어려운 일이 될 수도 있다. 안전하고 조용한 환경에서 이러한 불안함은 정상화되며, 모든 사람은 자신과 다른 사람을 '배려'할 수 있게 되고, 관계적 마음챙김이 길러질 수 있으며, 단절 전략에 대한 알아차림도 드러날 수 있게 된다.

통찰 대화, 명상 대화([그림 20-2] #2)

관계적 명상의 두 번째 단계는 통찰 대화 명상(Kramer, 2007)을 기초로 한다. 이 명상에는 다음의 여섯 가지 지침이 있다. '멈추기, 이완하기, 개방하기, 신뢰하기, 표현하기, 귀 기울여 듣기, 진실을 말하기'이다. 진실을 말하기와 '귀 기울여' 듣기의 마음챙김이 이루어지면, 학생들은 그들의 실제 경험을 표현하고 탐색하기 위해 글과 소리를 이용해서 언어적 · 비언어적 경험의 관계적 알아차림을 훈련한다.

1. 짝과 마주 앉는다. 말하기 전, 동안, 후에 멈추는 것에 유념한다.
   말하기와 대화의 습관적 패턴 인식 범위가 넓다는 것에 유념한다. 순간 일어난 반응을 그대로 말한다(신체 감각, 생각, 이미지). 자기 자신과 짝의 이야기에 귀를 기울인다.
2. 말할 순서를 정한다. '지금 이 순간 당신은 무엇을 알아차렸는가?'를 생각한다. 첫 번째로 말을 하기로 정해진 사람은 5분 동안 말을 하고, 듣는 사람은 2분 동안 무엇을 들었는지를 되돌아본다. 그런 다음, 순서를 바꿔 두 번째 말하는 사람 역시 5분 동안 말을 하고, 듣는 사람은 2분 동안 회상해 본다.
3. 몇 분간 침묵한 후, 이 과정을 함께 나눈 것에 대해 고마움을 표현한다. 고마움과 감사를 짝에게 전하고, 행복을 빌어 준다. 짝과 같은 과정을 주고받는다(3~5분).
4. 진행자는 종을 울리고 짝끼리 이 과정에서 경험한 것을 함께 나눌 수 있도록 5분의 시간을 준다.
5. 집단 전체가 모여 함께 경험한 것을 나눈다.

비개념적인(non-conceptual) 앎(지식)과 깊이 있는 수용은 관계적 동작과의 연관성을 맺는 출구가 된다. 관계에 '머물기'와 '들어가기'의 통합으로 만들어진 아주 작은 동작인 상호적 마음챙김을 알 수 있게 되고 볼 수 있게 된다. 순간순간의 흐름이나 동작을 아는 것은 훈련이 좌선과 고요에서 관계로 체화된 동작이나 춤으로 이동하는 동안 적응된 주제가 될 수 있는 것이다.

짝과 함께 움직이기: 관계적 동작([그림 20-2] #3)

회기에서 경험한 관계적 동작활동은 마음챙김과 DMT 이론과의 연관성, RCT와 관계적 마음챙김, 관계적 동작과 무용을 수행할 수 있는 기회를 준다.

첫 번째 동작활동은 참동작(authentic movement) 과정(Adler, 2002)과 동작하는 사람과 관찰자의 무용에 기초를 두고 있다.

1. 두 학생이 짝을 이룬다. 첫 번째 학생이 동작을 취하면 다른 사람은 그것을 따라 한다. 그다음, 두 번째 학생이 춤을 추고 그것을 따라 한다. 두 사람이 먼저 하는 사람이나 따라 하는 사람의 구분 없이 동작이 긴밀하게 연결될 때까지 계속한다. 학생들은 동작을 계속하고 두 사람 사이에 관계가 계속 이어지는 동안, 그들은 스스로를 관찰하고 그 관계 속에 머무른다(4분).
2. 짝을 이룬 사람과 2분 동안 동작을 공유한다.

소집단 나누기: 결합, 단절, 재결합([그림 20-2] #4)

이 단계에서 학생들에게, 소집단으로 나누어 '결합된 동작'과 '단절의 동작' 속에서 '가까워지거나 멀어지는' 무용을 만드는 과제가 주어진다(Beardall, Bergman, & Surrey, 2007).

1. 학생들을 3~4개의 집단으로 나눈다. 한 집단은 피상적인 관계에서부터 괴로운 단절과 고립까지의 무용이나 동작으로 안무를 만들라는 과제를 받는다. 또 다른 그룹에 더 깊은 관계를 맺게 하는 결합-단절-재결합이라는 일련의 순서를 무용이나 동작으로 만들게 한다. 각 집단은 즉흥적으로 동작을 만들고, 동적으로 그것을 표현하며, 발전된 관계의 동작을 함께 공감한다(5분).
2. 이 집단들은 동작의 특징과 연습을 통해 움직이는 다른 방법들을 관찰한다. 학생

들은 그들이 흐름을 타는 것처럼 작은 동작이나 큰 동작을 알아차리게 된다. 그들은 서로의 조화를 느낄 뿐만 아니라 동작의 충돌도 감지한다. 학생들은 의사소통하고, 관계적 동작을 무용으로 담아낸다.

3. 앞선 내용들을 공유하는 것은 이러한 활동이 얼마나 서로 다르게 춤으로 표현되고, 느끼고, 경험하는지에 대한 대화를 이끌어 낸다.

DMT에 참여한 두 학생은 이 활동에 대해 다음과 같이 말하였다. "우리는 집단을 나누어 결합, 고통스러운 단절과 건전한 재결합을 신체와 동작들로 나타냈습니다. 각 집단이 활동할 때 서로 다른 접근법들을 취한 것은 아주 흥미로운 일이었고, 사람들과의 상호작용에 있어 많은 가능성이 있다는 것을 알게 되었어요. 신체는 많은 말을 하기 때문에, 인간관계를 맺고 끊을 때, 어떤 일이 일어나는 지에 주목해야 합니다."

또 다른 학생은 다음과 같이 말했다. "소집단을 만드는 과정은 순조롭게 진행되었고 우리의 동작이 어떻게 진실된 관계를 형성하는지 전형적으로 보여 줬다는 느낌이 들었습니다. 다른 집단의 과제에 대한 해석을 보는 것도 흥미로웠어요. 더 깊은 관계와 이해하기를 위한 최종 목표를 달성하는 데 있어, 여러 가지 다른 방법들이 있다는 것을 본 것도 흥미로웠습니다."

관찰과 반영적 대화([그림 20-2] #5)

학생들은 무용을 하는 동안 그들이 관찰하고 운동 감각적으로 느낀 것이 무엇인지를 (소)집단에서 나누고, 그 후 집단 간에 서로 반영적 대화를 나누었다. 또한 학생들은 결합과 단절을 표현한 무용에서 관계적 동작이 어떻게 비유되는지를 분석했다. 그에 관한 질문은 다음과 같다.

1. 무엇을 관찰했나요?
2. 어떤 것을 느꼈나요?
3. 무엇을 배웠나요?

더 큰 알아차림과 통합([그림 20-2] #6, #7)

대화 후, 학생들은 RCT와 DMT를 연결시키는 것에 대해 그들의 경험을 되짚어 보고 그것에 관해 기록했다. 학생들은 어떠한 새로운 것을 알아차렸다면 그것을 기록했고, 이 알아차림이 그들의 대인관계와 치료적 환경에서 전문적인 발달에 어떤 영향을 끼치는지도 기록했다. 이 전 과정은 몇 번이든지 반복될 수 있다. 각 경험은 이전의 경험을 바탕으로 쌓이기 때문이다.

DMT를 듣는 학생들의 관계적 마음챙김 명상에 대한 경험과 관계적 동작은, 체화된 알아차림과 각 단계에서 전개되는 존재의 통합에 기여한다. 창의적 발현을 계속 유지하는 것은 결합(그리고 단절)된 동작을 아는 것이 아니라 그 속에서 서로 신뢰하는 것이다. 이것은 향상된 자각을 순간순간 느끼는 것이 과정을 진전시키고 관계를 전개시킨다는 것이다.

무용치료의 선구자인 Norma Canner의 영상은 첫 번째 진행 과정의 마지막을 보여준다. 그녀의 삶과 일에 대한 영상에 '춤추는 시간'이라는 제목이 붙여졌다(Brownell & Wilcoxen, 1998). 자폐증이 있는 아동과 함께 하는 Norma의 작업은 '멈추기, 이완하기, 개방하기, 표현에 대한 신뢰, 귀 기울여 듣기, 진실을 말하기'(Kramer, 2007)의 통찰 대화 과정과 유사하며, 또 이를 입증해 준다. Norma는 아이가 어디에 있는지, 무엇과 관계를 맺었는지, 그리고 누구와 관계적으로 동작하거나 춤을 추는지와 아이가 관계적 단절(관계적 역설)에 있는 동안 아이를 지탱하게 했고, 결국에는 자신과 아이가 함께 결합되도록 했다. 이것은 두 사람 사이에 관계를 동작과 무용으로 창작해 낸 아름다운 예이다.

학생의 반영된 생각에서 나온 주제

관계적 명상과 동작활동의 과정을 경험한 후, 학생들의 생각이 반영된 글에서 세 가지 보편적인 주제가 나왔다. 그것은 자기와 타인과의 명상, 관찰하고 함께 동작하기와 결합, 단절 및 재결합의 동작을 춤으로 표현하기를 포함한다.

체현화의 증가(increased embodiment)

DMT 과정의 학생들은 그들의 신체에 완전히 머무르는 자신의 존재를 표현했다. 한 학생이 말했다. "수업 초기에 나는 신체를 많이 자각하고 있지 않았지만, 짝과 함께 호흡하기 시작하면서 편안하게 되고, 어깨를 이완하게 되었으며, 호흡도 편안해졌습니다. 나는 천천히 눈을 뜨고 짝의 상냥한 눈을 마주보았어요. 짝은 내가 자신을 응시하도록 해 주었으며, 나 또한 짝이 나를 응시하도록 했습니다. 이 활동은 짝과 내가 서로를 바라보는 첫 순간에 쉽게 연결되었으므로 편안하게 느껴졌어요. 나는 이 훈련이 매우 즐거웠습니다. 이 활동은 내 자신에게 집중하게 할 뿐만 아니라, 연관성을 받아들이게 해 주었기 때문입니다."

또 다른 학생은 "관계적 마음챙김과 관계적 동작을 촉진시키는 수단으로 무용/동작치료를 사용하는 것은 이점이 있습니다. 이 방법은 신체를 통해 진솔한 관계를 느끼고 내면화하게끔 해 주기 때문이에요."라고 말했다.

결합과 단절에 대한 향상된 알아차림

두 번째 주제는 연관되기를 바라지만 그것을 방해하고, 연관성을 막는 전략을 사용하는 관계적 역설이다. 세 명의 각기 다른 학생들이 다음과 같이 응답했다.

- "나는 이전에는 한 번도 관계적 역설을 생각해 본 적이 없습니다. 하지만 특히 관계적 역설을 나의 관계에서 볼 수 있었어요. 나는 사람들이 가까워지려는 것을 회피하는 경향이 있습니다. 그래서 사람들을 밀어냈을지도 몰라요. 그런 것을 깨달을 때는 오직 내가 그 사람들이 필요할 경우뿐이었어요. 이러한 상황이 불행하게도 아주 많이 일어났습니다."
- "내 삶에서 나는 어떻게 내 부모님과 단절했는지 알게 되었고 그로 인해서 고립을 만들게 되었다는 것을 깨닫게 되었습니다. 나는 이 활동으로 부모님과 더 나은 관계를 만들어야 할 필요성을 깨닫게 되었고, 그러려면 부모님과 대화를 해야만 가능한 일이며 다시 재결합을 할 수 있게 된다는 사실도 알게 되었습니다."
- "결합이나 '우리'를 만드는 것은 아주 강력한 일입니다. 나는 다른 나라에서 왔으

며, 내 생각에 이곳의 문화에 적응하는 동시에 내 문화를 따르고 있다고 생각합니다. 나의 문화와 이곳의 문화의 균형을 맞추기 위해 끊임없이 노력해야 함을 알고 있습니다."

통합, 자기, 관계와 연결

세 번째 주제는 네 가지 내면과 관련된 측면을 포함한다. 통합, 관계적 마음챙김과 관계적 동작 경험하기와 구체화하기, 깨어 있는 상태를 유지하고 자신과 내담자 조율하기, 접근에 세심한 주의를 기울이고 함께 무용을 하는 경우에 적절한 거리를 유지하는 데 주의를 기울이는 것이다. 다음은 DMT 과정을 듣는 각기 다른 세 명의 학생이 한 응답의 예이다.

- "나는 나를 위한 보편적인 연결이 있다고 느꼈습니다. DMT의 진실과 왜 그것이 효과가 있는지 머리로는 이해가 되었지만, 몸과 마음으로는 재교육이 필요했어요. 나는 내가 믿는 것이 효과가 있는지 구체화할 필요가 있었습니다. 관계적 동작 활동은 나의 믿음에 도움이 되었어요. 연결과 단절의 정신적 자극과 무용은 이것을 구체화하도록 해 주었습니다."
- "당신이 내담자와 어떻게 연결되고 단절되는지를 유념하는 것은 성공적인 집단을 위해 가장 중요한 부분입니다. 우리가 그저 짝을 쳐다보는 것은 또한 이 부분의 전형적인 예가 되는 경험적인 일이라고 생각했습니다. 때론 오랜 관계를 유지하는 것이 힘들어요. 우리는 가끔 서로에게서 눈길을 돌리거나 방의 저 너머 어딘가로 눈을 돌리고 있는 스스로를 보게 됩니다. 하지만 그런 경우에도 진실된 연결의 순간이 있다. 호흡하기와 자세가 같아지자, 하나가 움직이는 것처럼 보였습니다."
- "서로 공감하는 관계는 타인의 경험을 설명할 수 있게 되는 것이고, 타인에 의해 움직이는 것이며, 또 타인의 눈을 통해 보는 것입니다. 이것이야말로 진정한 연결입니다. 되돌아보는 순간, 나는 이것이 단순한 대화나 같이 시간을 보내는 것이 아니라는 것을 깨달았어요. 다른 사람의 말을 진실로 귀 기울여 듣는 것은 자신의 경험에서 벗어나 그 사람의 경험에 이입되는 것을 말합니다. 그것은 이입되는 것에

관한 것이며, 이입되고 자신에게로 다시 되돌아오는 것입니다. 자기 자신을 잃지 않는 것이 자유예요. 즉, 또 다른 사람의 입장에서 다른 사람의 경험을 이해하고 나서 항상 자신에게로 돌아와 자신이 누구인지를 아는 겁니다. 우리는 반드시 우리가 누구인지 알아야만 해요. 그래야 타인도 알 수 있어요."

결론

이 연구는 최근 예비 단계에서 드러난 것이며, 무용/동작치료사의 훈련을 위해 계획된 제안이다. 이 과정은 더 많이 관찰되고 평가되어야 한다. 관계적 마음챙김과 관계적 동작 과정은 응용될 수 있고, 표현예술 심리치료사의 훈련과 상담 임상가의 훈련에도 적용될 수 있다.

학생들의 평가는 DMT 훈련 경험과 개인적 과정에서 관계적 마음챙김과 관계적 동작의 힘을 보여 준다. 이 학생들은 자기, 타인 관계나 '우리'의 인식을 구체화하고 통합하기 시작했다. 이러한 관계적 마음챙김과 관계 내의 동작(Surrey, 2005) 과정에서 학생들은 내적 신뢰감을 경험했고, 정적인 동작은 그들의 마음챙김적 알아차림을 증가시켰으며, 시시각각 어떤 일이 일어나는지에 대해 알 수 있도록 통합을 향상시켰다. '멈추기, 이완하기, 개방하기, 일어나는 것의 신뢰, 귀 기울여 듣기와 진실을 말하기'는 학생들의 임상가로서의 내적, 외적 과정을 알려 준다. 예를 들어, 짝과 함께하는 관계적 마음챙김 명상은 정중동(평상심)과 그들 사이에 흐르는 연결의 동작을 민감한 방법으로 함께 움직이게 한다.

이 과정을 구체화하도록 임상가를 지도하는 것은 또한 어떻게 관계적 마음챙김, 관계적 동작 과정이 그들의 실행을 돕는지 경험하게 한다. 관계적 마음챙김, 관계적 동작, RCT, 통찰적 대화와 관계적 신경과학 연관성은 관계적 동작 과정에서 존재하는 것을 구체화하는데, 이것은 DMT 과정의 학생들과 임상가를 지도하는 효과적인 방법이다. 이것은 자기 자신과 타인, 관계 흐름의 미묘한 춤으로 자각과 존재감을 향상시키는 데 기여한다.

앞서 말한 대로 이 과정은 연구와 탐색의 초기 단계이며, 이 장에서는 관계적 마음챙김의 유명한 모형과 무용/동작치료사의 훈련과 다른 임상가들의 훈련에서 관계적 동작을 나타내는 첫 번째 시도임을 보여 주었다.

이후의 연구는 마음챙김에 대한 알아차림과 관계적 발달에서 우리가 서로 함께 동작하고 관계하면서 춤추었던 것처럼 임상 지도의 중요한 영역에서 포괄적인 계획을 더욱 발전시킬 것이다.

감사의 글

레슬리 대학교 DMT 학생들의 친절한 답변에 감사의 인사를 전한다.

참고문헌

Adler, J. (2002). *Offering from the Conscious Body*. Vermont: Inner Traditions.

Beardall, N., Bergman, S., & Surrey, J. (2007). *Making Connections: Building Community and Gender Dialogue in Secondary Schools*. Cambridge, MA: Educators for Social Responsibility.

Brownell, I., & Wilcoxen, W. (directors) (1998). *A Time to Dance: The Life and Work of Norma Canner* (Documentary/Biography). Somerville, MA: Bushy Theater.

Canner, N. (1975). *And a Time to Dance*. Boston, MA: Plays, Inc.

Chaiklin, S., & Schmais, C. (1993). "The Chace Approach to Dance Therapy." In S. Sandel, S. Chaiklin, & A. Lohn (eds) *Foundation of Dance/movement therapy: The Life and Work of Marian Chace*. Columbia, MD: American Dance Therapy Association.

Jordan, J., Kaplan, A., Miller, J., Stiver, I., & Surrey, J. (1991). *Women's Growth in Connection: Writings from the Stone Center*. New York: Guilford Press.

Jordan, J. V. (1995). "Relational Awareness: Transforming Disconnection." Work in

Progress, No. 76, Wellesley, MA: Stone Center Working Paper Series.

Kramer, G. (2007). *Insight Dialogue: The Interpersonal Path to Freedom*. Boston, MA: Shambhala Press.

Levy, F. J. (2005). *Dance/movement therapy: A Healing Art*. Reston, VA: AAHPERD.

Miller, J. B. & Stiver, I. (1997). *The Healing Connection*. Boston, MA: Beacon Press.

Pallaro, P. (ed.) (1999). *Authentic movement: Essays by Mary Starks Whitehouse, Janet Adler and Joan Chodorow*. London and Philadelphia, PA: Jessica Kingsley Publishers.

Siegel, D. (2007). *The Mindful Brain*. New York: Guilford Press.

Surrey, J. (2005). "Relational Therapy, Relational Mindfulness." In C. Germer, P. Fulton, & R. Siegal (eds) *Mindfulness and Psychotherapy*. New York: Guilford Press.

Part 6
신경과학, 마음챙김과 예술치료

Chapter 21

임상적 신경과학의 관점에서 마음챙김과 예술의 치료적 활용

-Jared D. Kass & Sidney M. Trantham

마음챙김과 예술의 치료적 사용으로 가능해진 내적 평안(internal composure)은 탄력적 대처(resilient coping)와 심리정신적 안녕감(psychospritual well-being)에 기초가 된다. 인생에서 피할 수 없는 위기, 대인 갈등, 발달장애, 실존적 불안의 순간에 내적 평안은 개개인이 불필요하게 스트레스에 반응하는 일 없이, 사람들과 사건에 대해 지혜롭게 반응하도록 해 준다. 이 장에서는 신경과학을 입증함과 동시에 스트레스에 불규칙적으로 반응하는 것을 부적응적 대처의 한 특징으로 정의하고, 정신병리와 건강을 위협하는 행동들과 반사회적 행동으로 이르게하는 경로를 살펴본다. 태풍의 눈에 비유될 수 있는 내적 평안은 인생과 자기를 신뢰하는 긍정적 세계관을 가지게 하며(Kass, 1998), 스트레스 요인으로부터 적극적으로 벗어날 방법을 찾을 수 있게 할 뿐 아니라 온정적인 사회적 네트워크를 강화시키는 역할을 한다.

따라서 우리가 설명하는 내적 평안은 반드시 길러져야만 하는 자질이다. 내적 평안은 스트레스가 많은 생활환경 속에서 인간 의식이 발전해 가는 내적 특성으로 스트레스를 이겨 내고 극복하기 위해서 계획적이고 숙련된 돌봄을 필요로 한다. 이러한 이유로, 마음챙김과 예술의 치료적 사용은 심리치료와 외상심리학 및 사회 변혁에서 대단히 중요한 수단이 되고 있다.

이 장은 이러한 중요한 생각과 방법들의 토대가 되는 신경과학에 대해 제시하였다. 우리는 먼저 애착이론과 게슈탈트 심리치료를 이용하는 내적 평안을 기능적으로 정의하는 것부터 시작할 것이다. 다음으로, Porge(2011b)의 혁신적 '다미주신경(polyvagal)' 관점에 의한 자율신경계, MacLean(1990)의 영향력 있는 삼위일체 모형(triune model), 뇌와 정서적 보호막(emotional armoring)에 대한 Reich(1980)의 선구적인 해석에 의한 신체적 기억(somatic memory)을 연구하는 신경과학의 탄력성과 파괴적 대처에 대해 알아볼 것이다. 마지막으로, 마음챙김과 예술의 치료적 사용을 통해 내적 평안이라는 새로운 능력을 기르는 데 특정한 방법과 구조가 이용될 수 있는지를 살펴볼 것이다.

내적 평안: 탄력적 대처의 기반

내적 평안이란 자기와 마음챙김적 조율을 할 수 있는 상태이다. 내적 평안은 내면적 평온뿐만 아니라 분노와 슬픔과 같은 강한 감정들도 포함할 수 있다. 그러나 이러한 정서들이 사람을 즉흥적으로 통제하지는 않는다. 오히려 내적 평안은 개개인이 그들의 정서들에 대해 계획적으로 반응하게 해 주며, 그렇게 함으로써 사람과 상황의 건설적인 만남 혹은 상황으로부터 건강한 철회를 가능하게 한다. 게슈탈트 치료의 대인관계와 관련된 관점(Woldt & Toman, 2005)에서 참여와 회피는 인생의 음양과 같은 것이다. 즉, 성장(관계적 접촉, 휴식과 반성을 위한 회피)과 방어(투쟁, 도피)를 위해 필요한 것이다. 내적 평안의 결핍(두려움/불안)은 고정화 및 성장의 촉진을 방해하거나 참여하거나 회피하려는 방어 위주의 노력을 초래한다(Perls, 1973).

애착이론에서의 관계

애착이론의 발달론적 관점(Bowlby, 1969)에서, 내적 평안은 영아-양육자 간의 관계 형성에 기본적 토대가 된다(Ainsworth, 1985; Ainsworth & Eichberg, 1991; Ainsworth et al., 1978). 안정적 애착관계에서 침착하고 애정이 많은 양육자는 우뇌에서 우뇌로의(즉, 신체적, 어린아이가 말을 시작하기 전) 공명을 통해 아이의 정서적 상태를 정확히 알고 있다. 영아는 조절할 수 있는 자기구조가 없다. 세심한 양육자는 아이가 서서히 정서적 자기조절 능력을 형성하도록 해서 자극에 과각성적 반응이나 각성저하적 반응을 조절할 수 있도록 도와준다(Schore, 2000, 2009; Schore & Schore, 2008). 시간이 흐르면서, 영아들은 자극에 적절한 반응—즉, 참여와 회피라는—을 하는 유연한 자기조절 능력을 발달시킨다(Rogers, 1961). 그렇게 함으로써 내적 평안을 강화시킨다.

최근의 연구는 불안, 회피성, 해리형/혼란형의 관계적 형식과 안정 애착을 구분 짓는다(Schore, 2009). 이러한 형식들은 사람과 상황에의 역기능적 참여와 회피라는 결과를 내는 과각성적 반응이나 각성저하적 반응을 강화시킨다. 종단적 연구는 이 모형을 뒷받침한다. 안정 애착은 영아의 정신건강과 미래의 정서조절에 기여한다(Schore, 2001). 불안정 혼란 애착은 아이들의 우뇌 자기조절 과정을 손상시키고, 특히 초기 관계적 외상과 병행되면 더욱 심해진다(Schore, 2002). 또한 청소년과 성인기에 나타나는 주기적인 폭력 성향을 강화시킨다(Schore, 2003a). 어린 시절의 안정 애착과 불안정 애착은 모두 성인 기능의 특성을 예측하게 해 준다(Siegel, 2012). 안정적 관계에 있는 사람은 더 나은 감정조절, 특히 분노를 회복하는 데 더 나은 모습을 보여 준다(Diamond & Hicks, 2005).

다행히, 내적 평안은 이후의 삶의 단계에서 길러질 수 있다. 성인들은 '획득된' 안정 애착(Siegel, 2003)을 심리적 · 영적 성장을 통해 발전시킬 수 있다. 인지적-행동적 방법은 역조절적 반응을 유발하는 애착 형식을 보여 준다. 마음챙김과 예술의 치료적 사용, 명상은 건설적 참여와 회피를 촉진하는 역조절적인 정서들을 관찰하고 수용하는 능력을 발전시킬 수 있다. 점진적으로, 내적 평안은 대인관계와 개인이 경험하는 모든 관계에서 안정적 애착을 촉진시킬 수 있다. 이러한 실존적 안정 애착은 심리적 · 영적 성장에 있어 새로이 부각되는 특성이다(Kass, 2007). 그러므로 내적 평안의 구축과 획득된 안정 애착은 주요한 치료 목표가 된다.

탄력적 · 파괴적 대처의 신경과학

신경행동적 기제는 동물의 발달—포유류, 파충류, 척추동물—에서 이러한 기능이 비교적 단순할 때 참여와 회피를 조절한다. 그러나 사람에 있어 이러한 기제는 심리적 성장과 방어의 복잡한 형태를 띠며 발달되어 왔다. 인간의 뇌는 자기와 타인 및 삶에 있어 인지적 모형을 구성할 수 있고, 관계적 경험, 자기성찰, 명상을 통해 인지적 모형을 바꿀 수 있으며 정서적 반응을 조절할 수 있다. 또한 협력적 문제 해결, 공감적 조율, 갈등 해결과 사랑이 가능한 관계능력과 보호적 계층의 유대를 위해 원시적인 기능을 변화시킬 수 있다. 그러나 최근 이러한 인지와 사회 · 정서적이고 명상적인 기술들이, 상처를 입게 되면 사람에게 발달된 대처능력들이 포유류와 파충류에서 진화시킨 방어체계로 넘어가게 된다(Porges, 1995, 1998).

좀 더 원시적인 이러한 체계는 생명을 위협하는 상황에서 여전히 유용한 것으로 남아 있다. 또한 인간의 진화는 이것을 새로운 방식으로 적응시켜 왔다. 그러나 일반적으로 사람들이 투쟁, 도피, 동결 반응을 복잡한 사회적 스트레스 요인에 엄격하게 적용할 때 그들의 행동은 역기능적일 수도 있다. 정신병리학에서 "스트레스 반응은 공통분모이거나 적어도 공유된, 사실상 모든 장애를 유발시키는 것이다"(Lambert & Kinsley, 2005, p. 78). "정신병리학의 정의된 특성은 안전한 환경에서 방어체계를 억제할 수 없거나, 위험한 환경에서 방어체계를 활성화시키지 못하는 것 중 하나이거나 아니면 이 두 가지 모두를 포함할 수도 있다."(Porges, 2011b, p. 12)

그러므로 내적 평안의 구축을 통해 길러진 탄력적 대처는 인간 진화에서 최근에 나타난 신경행동적 능력이다. 이러한 숙련된 능력의 근원이 되는 기제는 우리가 자율신경계, 뇌, 신체 기억에서 조사한 최근의 연구 증거가 될 것이다.

자율신경계: 새로운 '다미주신경 관점'

자율신경계(ANS)는 인간의 신경계에서 핵심 구성요소로, 스트레스 대처를 통제하는 중요한 대사 과정을 조절하는 곳이다([그림 21-1] 참조). ANS의 모형은 예전부터 스트레스 반응의 활성화를 강조하는 교감신경계(SNS)에 초점을 맞춰 왔다. 그러나 새로운 '다미주신경 관점(polyvagal perspective)'은 이러한 초점을 바꾸어 왔다(Porges, 2011b). 새로운 다미주신경 관점은 억제적 부교감신경계와 사회적 관여와 방어의 조절을 포함하는 대처 과정에서 그 주요 경로(미주신경)에 중점을 두었다.

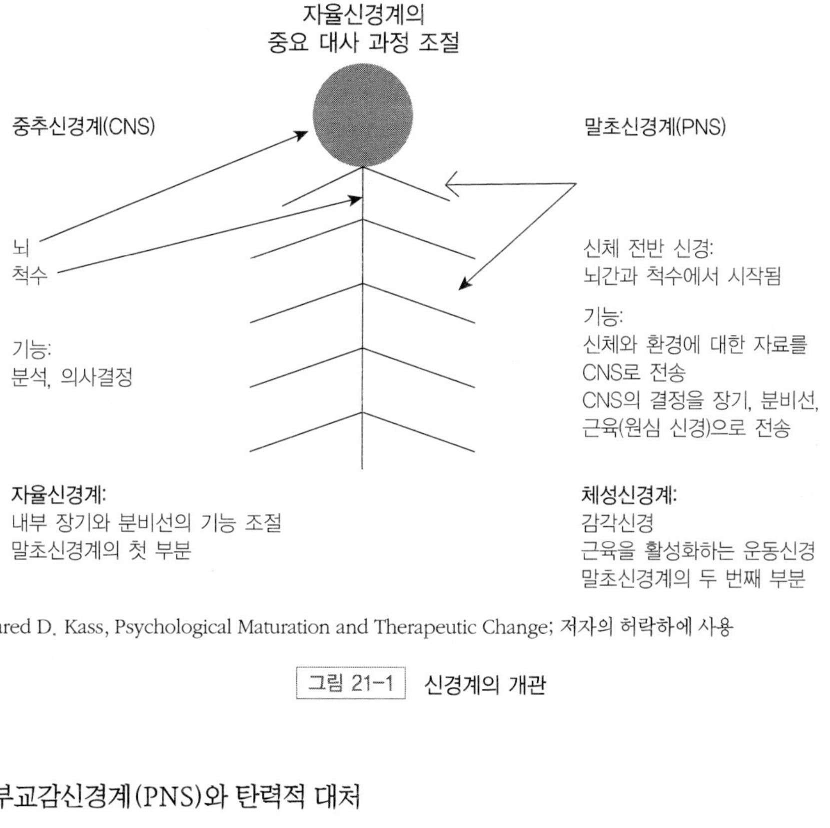

© Jared D. Kass, Psychological Maturation and Therapeutic Change; 저자의 허락하에 사용

그림 21-1 신경계의 개관

부교감신경계(PNS)와 탄력적 대처

미주신경은 배후(등)미주신경복합체(DVC)와 복부미주신경복합체(VVC)의 두 가지로 나누어진다(Porges, 1995, 1998). 에너지를 보존할 필요가 있는 파충류, 변온동물에

게 배후미주신경복합체(DVC)가 발달되었다. 신진대사를 낮추고 위장을 하기 위해서, 이 미주신경 가지의 억제 효과는 파충류의 심장박동수를 급격히 낮추고 죽은 것처럼 보이게 하는 부동화라는 결과를 만들어 낸다. 이 오래된 신진대사 전략은 파충류에게 효과적으로 작용한다. 그러나 뇌간과 심장 간의 명령 전달은 비교적 천천히 이동한다. 이 경우 자극에 대한 미묘한 단계적 차이는 가능하지 않다. 파충류는 '완전히 미주신경이 억제'되거나 '미주신경 억제가 아예 일어나지 않거나' 둘 중 하나만이 가능하다.

복부미주신경복합체(VVC)는 사회집단을 이루고 살아가는 포유류와 온혈동물에서 발달되었다(Porges, 1995, 1998). 이러한 진화를 더 진전시키기 위해서, 복부미주신경복합체는 기능적으로 더욱 복잡해졌다. 첫 번째로, 더 빨라졌다. 포유류의 말이집형성(myelinated sheathing)은 포유류가 자극에 활동적인 반응을 보이도록 미묘한 단계적 차이를 가능하게 하는 뇌간과 심장 간의 빠른 명령 전달을 할 수 있게 한다. 두 번째로, 복부미주신경복합체는 배후미주신경복합체로부터 멀어져 뇌간의 다른 부분인 의핵(nucleus ambiguous, 연수 세포)으로 이동한다. 여기서 복부미주신경복합체는 얼굴표정, 목소리, 청력을 제어하는 얼굴과 머리에 있는 횡문근(가로무늬근)을 조정하는 뇌신경과 연결된다. Porges가 기술한 바로는 이렇게 하여 복부미주신경복합체가 사회관계와 애착을 가지는 데 아주 중요한 얼굴과 머리에 있는 표현 근육조직과 함께 심장과 폐를 연결하는 집적회로와 같은 역할을 하게 된다(Porges, 1995, 1998).

복부미주신경복합체를 통해서, 심박수와 호흡에서 미묘한 단계적 차이는 얼굴표정, 목소리, 청력에서의 미묘한 차이와 관련된다(Porges, 1998, 2009). 이러한 방식으로, 조화로운 엄마와 아이의 관계에서 심장의 공명이 발달한다. 예로, 수유를 하고, 소리를 주고받는 동안 서로의 눈을 바라보는 것은 상호 간에 안정 애착을 강화시킨다(Schore, 2001). 이 미주신경가지는 또한 기쁨과 안정의 지각을 증가시키는 결합 호르몬인 옥시토신을 시상하부-뇌하수체에서 나오도록 자극하여 애착관계를 더 심화시킨다. 즉, 이 '현명한' 미주신경은 조율되고 애정 어린 의사소통을 용이하게 하여 안정 애착의 형성에 중요한 역할을 한다(Porges, 1995).

현명한 미주신경*

현명한 미주신경은 재충전을 위해 휴식을 취하고 에너지를 정상적으로 돌아가게 하는 데에 동일하게 중요한 역할을 맡고 있다(Porges, 1998). 내적 평안이 있고 개인이 안정감을 느낄 때, 현명한 미주신경은 심박수를 느리게 하고, 깊은 호흡을 하게 하며, 소화 과정이 활성화되게 유지시킨다(횡경막 아래에 있는 위와 장은 배후미주신경복합체로 조절된다. 내적 평안/안정감 인지가 이루어질 동안, 복부미주신경복합체와 배후미주신경복합체가 함께 작용한다).

심장의 조절은 현명한 미주신경으로 이해하는 것이 유용할 것 같다. 동방결절(역자 주: 심장의 한 부분, 전기 자극을 생성하고 심장 수축을 담당함)이라고 불리는 신경다발로 통제되는 심근은 자연스럽게 수축을 한다. 심장의 정상적인 속도는 분당 100~120이다. 그러나 이러한 속도가 장기간 지속되는 것은 건강하지 않은 것이다(Opthof, 2000). 재충전을 위한 휴식과 진정시키는 기능이 작용하는 동안, 현명한 미주신경은 분당 60~80번의 기준치로 심박수를 억제하면서 '미주신경 제어(vagal brake)'라는 방어적 역할을 수행한다(Porges et al., 1996). 유동성이 필요해지면, 현명한 미주신경은 제어를 완화하여 대사를 활발하게 한다. 결국 위험이 감지되면, 미주신경은 제어를 하지 않고 교감신경(SNS)에 투쟁/도피 기제를 활성화시키도록 한다. 그러나 위험이 감지되지 않았다면, 현명한 미주신경은 교감신경을 활성화하지 않고 자유롭게 에너지를 제어한다.

이것은 다음의 두 가지 이유로 인해 매우 중요하다. 첫 번째, 투쟁/도피는 신진대사적으로 많은 에너지가 소모된다. 두 번째, 투쟁/도피를 하는 동안, 사회활동 체계는 비효율적으로 작용한다. 건강과 탄력적 대처가 미치는 영향은 중요하다. 사람들이 어려움에 부딪히는 동안 내적 평안을 유지하고, 이러한 어려움을 위협으로 감지하지 않으면 투쟁/도피를 위한 신체적 노력 없이도 에너지를 동원할 수 있으며, 그러한 어려움을 구조적이고 협력적으로 해결하기 위해서 사회적 지원을 이용할 수 있다. 또한 교감신경의 활성화가 어느 정도 필요하다면 강력한 미주신경 제어가 빠르게 이 활동을 억

---

* 역자 주: 뇌에서 나오는 제10뇌신경으로 여러 개의 가지로 나누어져서 심장, 인두, 성대 내장기관 등에 분포하여 부교감신경, 감각 및 운동 신경의 역할을 한다.

제할 것이며, 그로써 심혈관의 회복을 돕는다(Porges, 1998).

미주신경 제어가 효율적으로 기능할 때, '미주신경 긴장도(vagal tone)'는 높다. 이것은 이롭고, 다양한 심박동 변화(heart rate variability: HRV, 심장이 주위 환경에 적응하는 정도)를 가능하게 한다. 현명한 미주신경이 호흡을 조절하고 HRV의 유용한 수치는 심장과 폐 사이의 미묘한 변화를 감지하기 때문이다. 숨을 들이마시는 동안, 미주신경 제어는 조금 이완되고 이로 인해 심박수는 증가한다. 숨을 내쉬는 동안에는, 미주신경 제어가 조금 강화되어 심박수가 떨어진다. 이 변화를 호흡성동성부정맥(RSA, 정상적인 부정맥 리듬)이라고 부른다. 높은 RSA는 심혈관계 건강의 지표이다(Porges, 1998, 2007).

물론, 높은 RSA는 또한 일생의 심리적 안녕감을 예측하게 한다. 영유아기의 높은 HRV는 3세 때 좀 더 사회적인 적응행동을 나타낸다(Porges & Furman, 2011; Porges et al., 1996; Porges et al., 1994). 취학 연령대 아이들의 경우, 미주신경 긴장도는 친사회적 행동(Eisenberg et al., 1995), 연민(Fabes, Eisenberg, & Eisenbud, 1993), 부부갈등에 있어서 더 나은 대처(El-Sheikh, Harger, & Whitson, 2001)와 관련된다. 대학생들의 경우, 높은 RSA는 6~8개월에 걸친 기간에서 긍정적인 기분과 낙관주의(Oveis et al., 2009) 및 자율규제의 강도(Segerstrom & Solberg-Nes, 2007)와도 관련된다. 대학생들이 부정적 자극과 마주했을 때, 높은 RSA는 얼굴 표정에서의 변화(Demaree et al., 2006)로 측정된 내적 평안과 관련이 있었다. 성인들의 경우, 낮은 HRV는 높은 단계의 근심, 우울, 적의와 관련되어 있다(Demaree et al., 2004). 일상의 개인적 경험에 대한 9주간의 자기반성에서, 높은 RSA로 시작한 성인은 낮은 RSA로 시작한 사람에 비해 긍정적 정서와 사회적 유대감이 훨씬 더 크게 증가하는 것을 보여 주었다. 또한 양방향적 관계가 나타났다. 긍정적 정서와 사회적 유대감의 증가는 시작 전에 측정한 미주신경 긴장도 수치에 관계없이, 미주신경 긴장도가 높아졌다는 것을 예측해 볼 수 있다(Kok & Fredrickson, 2010).

이러한 자료는 탄력성 있는 개개인이 높은 미주신경 긴장—내적 평정, 긍정적 정서, 투쟁/도피 동원의 많은 비용이 드는 정신생리학적 기제를 최소화하는 사회 지원과 함께 어려움을 마주하기 위한 능력을 나타냄—을 가지고 있음을 보여 준다. 그러므로

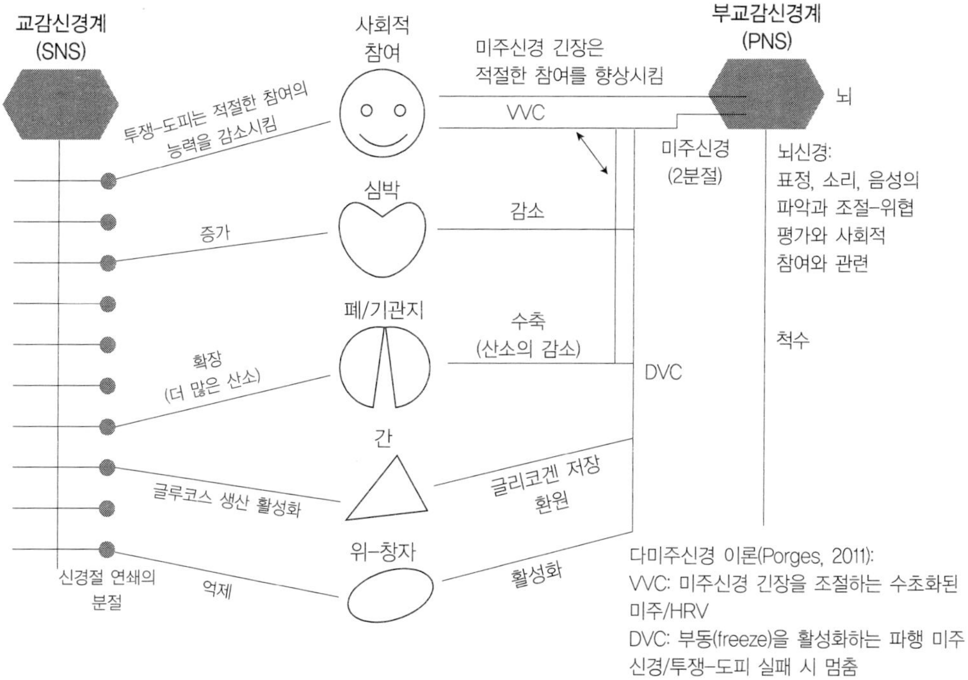

© Jared D. Kass, Psychological Maturation and Therapeutic change; 저자의 허락하에 사용

그림 21-2 자율 신경계 경로-사회 참여와 방어

다미주신경 이론은 탄력적 대처가 안정 애착, 사랑, 사회적 참여를 위한 독특한 인간의 능력을 길러 주는 인간 진화의 초기 단계를 반영한다는 것을 보여 준다(Porges, 2011b). 이 이론은 내적 평안을 도와주는 역할로써, 마음챙김과 예술의 치료적 사용의 이점을 이해하는 든든한 지지 기반을 제공하기도 한다([그림 21-2] 참조).

교감신경계(SNS)와 잠재된 파괴적 대처

생명이 위협받는 상황과 많은 에너지를 필요로 하는 어려움에 맞서는 동안, 스트레스 반응에 대한 SNS 활성화가 필요하다. 그럼에도 다미주신경 이론에서는 이것을 스트레스 대처방법으로는 잘 거론되지 않는다. 이 방법은 필요할 때만 활성화되어야 하는 것이다. 앞서 말했듯이, 정신병리학의 특징은 스트레스 반응의 역기능을 유발하는 위협에 대한 잘못된 평가이다.

SNS 활성화의 이점과 손실

SNS 스트레스 대처의 높은 자극은 심박수를 증가시킨다(평상시의 심박수보다 높게). 기관지 통로는 에너지 생산을 위해 산소 소모를 증가시키려 확장된다. 혈압은 영양소 운반을 빠르게 하기 위해 올라간다. 빠른 투쟁/도피에 필요한 엄청난 양의 에너지를 공급하는 데 너무 많은 시간이 소요되므로 소화는 억제된다. 생식 능력은 이와 유사한 이유로 억제된다. 빠른 에너지 생산을 하려고 글루코스(포도당)를 공급하기 위해, 간은 글리코겐(당원)으로 영양분을 저장하는 것(휴지기 동안의 기능인)을 멈추고 저장된 글루코겐을 글루코스(포도당)로 바꾼다. 혈류는 출혈을 최소화하기 위해서 피부에서 먼 곳으로 이동한다. 혈액은 투쟁/도피에 이용될 큰 근육계로 이동한다. 정신적 경계와 근육 긴장이 높아진다. 사회적 참여는 최소화되고, 위협을 제거하는 데 초점을 맞춘 함축어를 사용하는[거의 시제(tense) 사용] 의사소통으로 대체된다([그림 21-2] 참조).

이 대처 전략은 잠재적으로 신진대사에 심각한 문제를 가진 사람들에게 나타난다. 상승된 심박수, 높은 혈압, 소화 및 생식기능의 억제는 위협이 만성적이지 않을 때 적응적이다. 이러한 건강의 위험은 스트레스 반응을 오래 지속시키는 스트레스 호르몬을 또한 활성시키기 때문에 더욱 높아진다.

시상하부 뇌하수체 부신피질 축(HPA)*

시상하부는 뇌간 주위 뇌 안에 위치해 있다. 시상하부는 내분비계를 통제하고 SNS를 통해 부신과 직접적인 연관성을 가진다. 부신수질(부신의 중앙부를 형성하는 조직)의 급격한 SNS 자극은 에피네프린(아드레날린)과 노르에피네프린(노르아드레날린)을 혈류로 방출한다. 이러한 호르몬은 심박수와 혈압을 증가시키고, SNS의 유동화 영향을 오래 지속하도록 한다. 시상하부는 또한 뇌하수체(시상하부 아래에 있는)와 연결되어 있다. [그림 21-3]에서 볼 수 있듯이, 시상하부는 또한 뇌하수체로 CRH(부신피질자극 호르몬 방출 호르몬)를 보내며 ACTH(부신피질자극 호르몬) 방출을 자극한다. 혈액순환이

---

* 역자 주: 요 신경내분비계로서 스트레스에 대한 반응과 소화, 면역계, 감정과 기분, 성, 에너지 저장 및 소모를 포함한 다양한 신체 과정을 조절한다.

이루어지며, ACTH는 부신피질이 글루코코르티코이드(코르티코스테로이드의 하위종류 중 하나)를 방출하도록 촉발시킨다.

스트레스 호르몬인 코르티솔은 신체에 흐르는 주요 글루코코르티코이드(부신피질에서 분비되는 스테로이드 호르몬)이다. 코르티솔은 긍정적 효과와 부정적 효과를 모두 가지는 몇 가지 기능이 있다. 첫째, 코르티솔은 SNS 활성화를 장시간 유지시키며, 투쟁/도피에 사용할 에너지를 증폭시키는 글루코스(포도당)를 방출하도록 간을 자극한다. 두 번째, 코르티솔은 면역체계를 억제한다. 사실, 스트레스를 밖으로 분출하는 것은 출혈이 있는 동안 세균감염으로부터 몸을 보호하는 면역기능을 향상시킨다. 그러나 소화와 생식처럼, 병원균과 싸우는 것은 생명을 위협하는 상황에서 우선순위를 잃어버

스트레스 반응을 조절할 수 있는 코르티솔

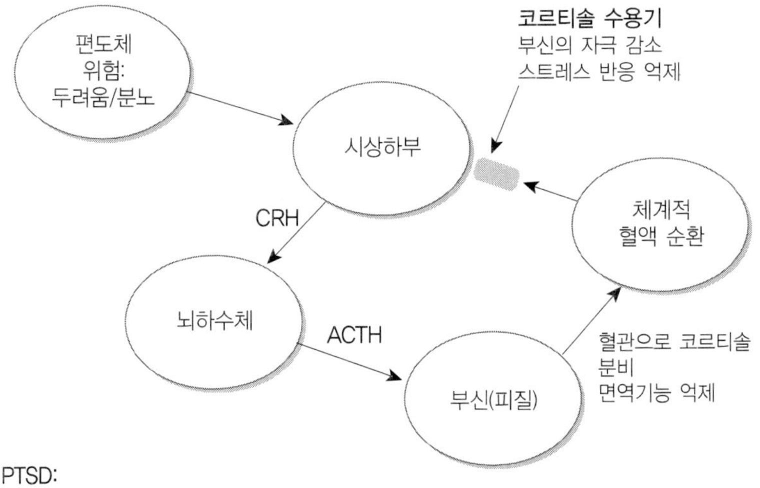

PTSD:
지각된 위험한 위협이 지속–스트레스 조절기가 비활성화되지 않음
반직관적 자료: 혈류 속 코르티솔 수준의 저하(Yehuda, 1997)

기제가 완전히 밝혀지지는 않음, 다양한 이론:
- 코르티솔 저하에 대한 유전적 성향/작은 시상하부(Stein et al., 1997)
- 외상이 부정적 HPA 피드백을 강화: 낮은 코르티솔 수준에 대한 민감성(Anisman et al., 2001)
- 동물의 포악한 적대감과 관련된 저하된 코르티솔 수준(Haller et al., 2003)

그림 21-3 스트레스 반응 조절장치: 코르티솔 수준과 외상후 스트레스 장애(PTSD)

리게 된다. 코르티솔이 포도당 생산을 늘리는 동안, 면역세포 생산에 필요한 단백질을 포함해 단백질 합성에서 에너지를 가져가도록 명령한다.

만약 스트레스 반응이 개인의 대처 전략을 방해한다면, 코르티솔의 지속된 방출은 면역기능을 크게 저하시키는 유해한 것이 된다(O'Connor, O'Halloran, & Shanahan, 2000; Sapolsky, 1998). 이 문제는 현대 생활에서 흔하게 일어난다. 사회-평가적 위협이 코르티솔을 방출하는 원인으로 작용하기 때문이다(Dickerson & Kemeny, 2004). 더 큰 문제는 지나친 코르티솔의 양은 해마를 손상시키는 해마 위축으로 이어진다는 것이다(Sapolsky, 1992). 앞으로 논의되는 것처럼, 해마는 기억 구성에 중추적 역할을 하고 있다. 그러므로 위축은 심각한 악영향을 미치게 된다. 이 문제는 손상된 해마가 코르티솔 방출을 늘리고 이것이 다시 해마를 손상시키는 파괴적 순환으로 악화된다(Sapolsky, 1996, 2003).

코르티솔은 부가적이고 직관에 반대되며 조절하는 효과를 가진다. 그렇게 해서 코르티솔은 스트레스 반응을 억제한다. [그림 21-3]에서 본 것처럼, 시상하부는 코르티솔을 수용하는 세포 내 수용체가 있다. 설정점(set-point)에 도달했을 때, 코르티솔은 CRH의 방출을 억제시킨다(O'Connor et al., 2000; Sapolsky, Romero, & Munck, 2000). 그러므로 신체의 항상성을 유지시켜 주는 음성적 피드백(negative feedback)을 제공하는 '스트레스 감지(stress thermostat)'가 중요하다. 그러나 스트레스 감지기제가 제대로 기능하지 못하는 많은 전례가 있다. 예를 들면, 우울증 환자 중 거의 50%가 시상하부 뇌하수체 부신피질 축(HPA-axis)이 계속 과다반응을 보였다. 비뇨기 코르티솔의 높은 수치는 이 감지기제가 계속해서 작용한다는 것을 나타낸다(Southwick, Vythilingam, & Charney, 2005).

PTSD에서는 역설적으로 에피네프린/노르에피네프린의 높은 수치와 과다각성의 지속적인 증상에도 불구하고 비뇨기 코르티솔의 수치가 낮다(Mason et al., 2001; McGirr et al., 2010; Yehuda et al., 1990a, 1990b). 여기에서 시상하부가 순응적으로 코르티솔 수용체를 증가시킬 가능성이 크다(Yehuda et al., 1991). 줄어든 코르티솔에도 불구하고, 설정점에는 도달하지 않는다. 그러므로 시상하부 뇌하수체 부신피질(HPA) 체계는 스트레스에 정확하게 반응하게 된다(van der Kolk, 1994).

동물을 대상으로 한 코르티솔에 대한 연구는 외상을 입히는 폭력이 반복적으로 증가하는 이유를 알려 준다. 높은 SNS 아드레날린과 낮은 HPA 코르티솔과 같은 패턴은 매우 공격적인 동물에서 나타난다(Koolhaas et al., 1991). 특히 폭력의 가장 위험한 유형으로 나타난다(Haller & Kruk, 2003). 즉, 동물에 대한 연구에서 공격성은 우위권을 차지하기 위한 정상적 행동으로 보인다. 그러나 가장 공격적인 행동은 그것을 가장한 것이다. 우두머리는 아래 서열과 실제 싸움을 피하려는 의미로 '화난' 행동(예: 소리 내기, 가슴 치기)으로 경고한다. 그러나 코르티솔 수치가 낮은 동물은 이와 다르게 싸운다. 이러한 종류의 동물은 경고 없이 공격한다. 이 공격은 사나우며, 죽기 살기로 덤벼든다(Haller & Kruk, 2003). 외상은 인간을 더 쉽게 폭력적으로 만들고, 그 이후 타인에게 외상성 상해를 입히는 것을 보아 인간에게도 이와 유사한 영향을 미치는 것으로 보인다. 이러한 신경행동적 기제는 집단 사이의 폭력과 갈등을 다루기가 매우 어려운 이유를 설명해 준다.

배후미주신경복합체(DVC)와 고정화

외상심리학이 생겨난 이후, 스트레스 대처에 관한 세 번째 관점인 고정화(immobilization)가 나타났다. 투쟁/도피가 불가능한 것으로 인지되고, 개인이 압도적인 두려움에 잠식당했을 때, 그들은 신체적으로나 정신적으로 얼어붙게 된다. 팔다리와 몸통은 감각을 잃고 인지 과정도 중단된다. 실신하거나 분열적 자기방어가 일어날 수도 있다. 이러한 사건에 대한 기억은 종종 자기위로를 위해 약물에 의존함으로써 내적으로 분열되고, 신체화 증상과 함께 삶을 방해하는 형태로 남게 된다(Herman, 1997; Rothschild, 2000; Siegel, 2003; van der Kolk, 1994).

다미주신경 이론은 위협이 압도하는 동안, SNS-HPA 스트레스 대처는 실패하고, 파충류적 스트레스 대처인 고정화로 이전되는 것을 설명한다([그림 21-2] 참조). 미주신경의 원시적 가지(DVC)는 매우 빠르게 대사 작용을 줄이고(Porges, 2001, 2011b; van der Kolk, 1994), 분열된 비의사소통적 상태를 만든다(Schore, 2009). 파충류에는 효과적으로 작용하지만, 정신적 외상을 입을 만한 사건에서는 사람을 완전하게 보호하지 못하면서 PTSD에서는 해리성 반응이 전형적인 과다각성과 과소각성을 계속 오가는 패턴을 만들어 낸다(van der Kolk, 2003). 이러한 심리적 유형에서 충격으로 얼어붙는 반응을 보이는 사람들은 사건을 수습하는 것이 불가능하게 보인다. 물론, 과거의 불안정 애착은 PTSD에서 그를 더 취약하게 만드는 반면, 안정 애착은 그를 보호해 준다(Schore, 2003a; Siegel, 2012).

요약하자면, 자율신경계의 다미주신경에 대한 이해는 세 층위로 된 신경생물학적 대처 모형을 제시하고 있다. 이 모형은 내적 평안과 탄력적 대처 사이의 관계와 위협에 대한 잘못된 평가를 강조하고 있다.

삼위일체의 뇌: 사회적 참여와 위협평가

인지적 평가와 정서적 평가는 뇌에서 이루어진다. [그림 21-4]는 뇌 구조를 단순화한 그림으로 파충류, 포유류, 인류/영장류의 구성요소를 나타낸 MacLean(1990)의 삼위일체 모형을 나타낸 것이다. 비록 이 모형이 뇌의 복잡한 특징을 모두 담아내지는 못하지만 충분히 설득력을 가진다(Cozolino, 2006). 다미주신경 관점에서의 세 층위의 대처와 같이, 뇌는 파충류의 기능에서부터 인지, 자기반성, 정서조절, 사회참여, 공감적 조절 등과 같은 우리 인간이 가진 능력에 이르며 진화해 왔다.

뇌간: '파충류'의 뇌

파충류는 사회생활이라는 것이 없다. 파충류는 고립된 냉혈동물로 기본 생존기능에 행동이 한정되어 있다. 파충류가 환경에 집중하는 능력은 예리한 반면, 인지를 반영하거나 사회적 유대를 가지는 능력은 없다. 요컨대, 파충류의 신경계는 주로 자율적이다. MacLean(1990)은 인간의 뇌간을 자율적 생존기능을 조절하고 '파충류'의 뇌처럼 외부적 자극에 주의하는 것으로 설명했다([그림 21-4] 참조).

연수를 포함해 뇌간은 자율신경계(현명한 미주신경, 교감신경계, 배후미주신경복합체)와 체성신경계가 시작되는 부분이다. 그러므로 뇌간은 모든 대사 과정의 억제와 활성을 통제한다. 또한 뇌간은 환경과 내부조직 기관들에 대한 구심성 신경(역자 주: 말초에서 얻은 정보를 신경계에 전하는 신경)의 정보(신체에서 뇌)를 받는다. 뇌간은 환경에

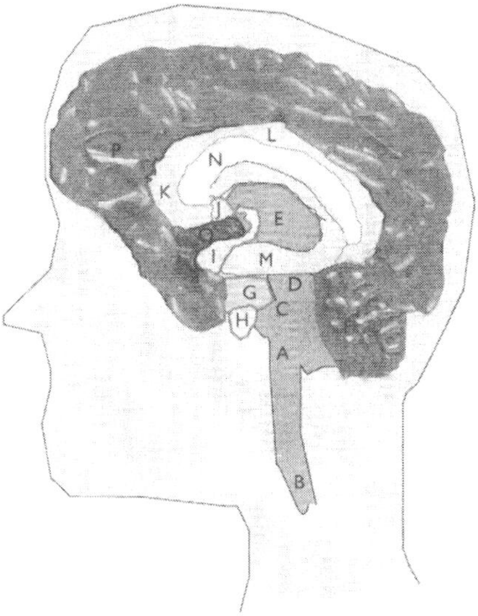

그림 21-4 뇌의 세 단계 확인: 스트레스 대처와 평가

대한 반응을 통제하는 원심성 신경(역자 주: 중추신경계의 정보를 말초기관 또는 조직에 전달하는 신경)에 명령(뇌에서 신체로)을 보낸다([그림 21-1] 참조). 뇌간의 가장 윗부분 주위의 망상활성계(역자 주: 뇌에 널리 퍼져 있는 영역으로 뇌의 각성, 흥분, 집중 등에 관여한다)는 자극, 주의, 각성, 수면을 조정한다. 망상활성계는 시상과 연결된 것으로, 감각의 투입을 뇌의 고차원적 기능을 담당하는 부분에 전달한다.

변연계: '포유류'의 뇌

포유류는 사회생활을 한다. 포유류는 새끼가 다 자랄 때까지 돌보는 정온동물이다. 이 동물은 애착, 유대, 사회 집단, 계층적 구조를 분명히 보여 준다. 포유류의 행동은 분노, 두려움, 행복, 복종, 분리로 인한 슬픔의 정서 상태를 나타낸다. 새끼는 그런 정서 상태를 가장한다. 포유류는 비언어적으로 소리를 통해서 의사소통하며 이것으로 접근-회피 행동의 많은 단계적 변화를 보여 준다. 이러한 이유로, MacLean(1990)은 변연계를 '포유류' 뇌로 표현하였다.

변연계는 뇌간 위, 시상 주위에 위치해 있다. 이것은 상황에 정서적 반응을 만들어 내는 조직적 집합체이다. 변연계는 뇌간보다 더 복잡성을 가지고 있으며, 연상 기억을 이용하여 위협과 끌림을 평가한다. 두려움, 혐오감, 분노, 끌림, 기쁨의 감정은 시상하부와 뇌간을 활성화시킴으로써 사회참여(접근-회피)와 방어(투쟁/도피/동결)를 하게 한다. 각 변연계 조직은 두 개가 하나의 조직으로 되어 있으며 피질 반구와 다소 비슷하다. 연구에서는 좌뇌와 우뇌의 활동을 구별하기 시작했으나 어느 쪽에라도 손상이 가해지면 양쪽의 기능이 모두 약화된다.

편도체

아몬드 모양의 조직은 두려움(도피/동결), 분노(투쟁), 혐오감(회피), 끌림(접근)의 정서 상태를 만들어 내는 감각정보를 처리한다. 방어적 각성은 편도체의 주요 역할이다. 편도체는 놀람 반응을 확장시키고, 신뢰성을 위해 얼굴표정을 판단하며(Adolphs, Tranel, & Damasio, 1998), 같은 집단 내(in-group)의 얼굴표정과 다른 인종 집단 대상 얼굴 표정 반응을 비교했을 때, 다른 인종이 속한 집단에 더 반응하게 된다(Hart et al., 2000). 그러나 편도체는 긍정적 자극과 행복한 표정에 반응한다. 그러므로 주요 기능은 정서적 자극을 평가하는 것이다(Luan Phan et al., 2004). 이 평가 과정을 돕기 위해 정서가 실린 기억을 다시 불러온다(Rauch et al., 1996). 그러므로 편도체는 인간관계에 정서적 에너지를 가득 불어넣는다. 그러나 전전두엽 피질로 빠른 반응이 확인되지 않고 넘어갔다면 부정확한 반응을 나타낼 수 있다.

측좌핵(NA)

도파민 경로의 중심인 이 측좌핵은 쾌락과 보상을 담당하는 뇌이다. 측좌핵은 연계되는 것과 부족한 것에 중심 역할을 맡고 있다. 어떤 신경과학자들은 측좌핵을 변연계와 분리해서 보기도 한다. 그러나 대부분은 측좌핵을 변연계 조직으로 본다. 동기부여와 정서적 행동에 영향을 끼치기 때문이다(Lambert & Kinsley, 2005). 우리가 사랑받고 사랑하는 것이나 중독행동(예: 알코올, 섹스, 도박, 비디오 게임)에 연루되었을 때, 측좌핵은 이 활동을 강화하는 긍정적 피드백을 만들어 낸다. 이 활동들의 일부가 자기파괴적인 것들이기는 하지만, 측좌핵은 접근행동과 사회참여에도 중요한 역할을 맡고 있다.

전대상피질(ACC)

대상엽(또는 이랑)은 대뇌피질의 앞부분으로, 다른 변연계 조직의 주변부에 있다. 전방 부위는 뇌의 이러한 부분들 사이에 정보를 전달하는 대뇌 피질성(인지적)과 변연계적(사회 · 정서적) 기능을 모두 가진다. 인지적 관점에서 전대상피질은 주의를 집중하도록 한다. 변연계 관점에서 전대상피질은 슬픔과 관련이 있다. 부정적인 자전적 경험(Luan Phan et al., 2004)을 기억하고, 병적 우울증(Liotti et al., 2000)을 겪는 동안 전대상피질은 활성화된다.

해마

해마는 장기기억에 중요한 역할을 맡고 있다. 기억을 '저장하는' 신경회로는 뇌의 특정 부분에 국한되지 않는다(Lashley, 1950). 그러나 해마에 가해진 극심한 손상은 손상의 전후 사고를 포함하는 기억상실을 가져온다. 그러므로 해마는 기억장치를 만들고 기억을 되불러오는 역할을 맡는다.

기억에는 암묵기억과 외현기억의 두 종류가 있다. 암묵기억의 예로, 신체적으로 체득된 기억은 아이가 과거 경험에 대한 걱정을 나타낼 때 말로는 표현하지 못하는 것을 들 수 있다. 이와 반대로, 경험을 말로 회상하고 그 전후 사정의 세부사항을 나타낼 수 있다면 그 기억은 외현기억이다. 해마는 일상의 경험을 외현기억, 특히 자서전적 기억(역자 주: 자신의 삶에 관한 개인적 기억으로, 개인의 역사적 사실에 대한 기억과 경험적 사건에 대한 기억으로 구성된다)으로 바꾼다. 그러나 스트레스가 내포된 코르티솔은 해마세포를 파괴시킨다(Sapolsky, 1996). 외상적 사건이 분열적 고정화를 유발하는 동안, 해마는 기능을 하지 않는다. 이것이 외상기억이 자주 암묵기억으로 남는 이유가 된다. 즉, 말로는 설명이 가능하지 않지만 심리생리학적으로는 불편하면서 스트레스를 받기 때문이다(van der Kolk, 2003).

요컨대, 이러한 변연계 조직들은 인간관계를 맺거나 끊어내는 정서와 기억들을 만들어 낸다. 성장과 방어의 측면에서 참여와 회피에 변연계 조직은 중대한 역할을 하고 있다. 그러나 이 '포유류의' 정서적 뇌는 자기성찰 능력이 없다. 그 결과, 부정확하고 성급한 반응에 취약하다.

신피질: 고차원적 '인간의' 뇌

정확한 평가를 하는 성찰적 능력은 피질에서 진화된 결과이다. 모든 포유류는 가장 기본적인 피질을 가지고 있다. 포유류는 경험을 통해 학습하며, 연관된 조건이나 결과로 일어난 것들을 통해서 습득하고 학습을 유지한다. 그러나 대부분의 포유류는 다른 것의 관찰을 통해 학습하지 못하며, 거울 속 자신을 인지하지 못한다. 이러한 행동은 영장류에 속한 것으로, 우리 인간은 이 능력을 가장 크게 발달시켜 왔다. 인간의 신피질은 지각을 유지시키고 자기와 타인 및, 삶에 대한 포괄적인 세계관(의미체계, meaning-system)을 구성하도록 하는 자기반영적 능력을 가진다. 그러나 인지적 능력은 정확성을 보장하지는 않는다. 정신적 상처, 외상, 사회·문화적 차별, 방치/학대의 가족 이력, 불안정 애착들은 모두 세계관 결정 과정 형성에 영향을 끼친다. 과거 경험을 일반화하는 것은 미래에 대한 기대와 현재에 대한 인식을 왜곡할 수 있다.

그러므로 우리의 자기반성적 능력은 세계관을 점검하고, 왜곡을 식별하며, 새로운 행동적 반응에 과감히 도전하도록 하는 것들이 요구된다. 내적 평정(높은 미주신경 긴장)은 학습하고 위험을 감수하는 능력을 향상시킨다. 반대로, 신피질이 교감신경계의 투쟁/도피나 배후미주신경복합체(DVC) 고정화를 유발시키는 세계관에 갇히게 되면 인식을 개선하는 능력은 축소된다.

전전두엽 피질(PFC)

전전두엽 피질은 이러한 기능을 수행하는 데 주요 역할을 맡고 있다. 위치는 전두엽의 앞부분에 위치하고 있다([그림 21-5] 참조).

전전두엽 피질은 변연계 조직과 뇌간에 직접 연결을 통해 뇌의 모든 영역의 수신정보를 통합시킨다(Siegel, 2007). 전전두엽 피질은 변연계에서 보낸 정서적 신호를 억제

자기지각, 세계관 구성, 위협평가, 사회적 참여

A: 관리기능 영역

B, C:
평가
인지적 학습
세계관
방어
사회적 참여
  애착
  표정
  표정 인식

B, C, D:
자기인식
정서적 반응
정서적 조절

B, C, D, E:
공감

F: 언어 표현
G: 언어 이해

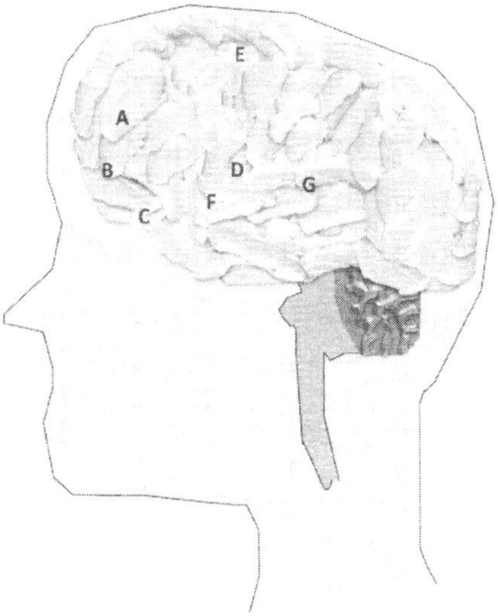

피질 영역
A = 전전두엽
B = 두정엽
C = 복내측시상하핵 전전두엽
D = 섬(안쪽)
E = 전운동 거울뉴런
  주: 피질의 복합 영역에서
  의 거울뉴런
F = 브로카 영역
G = 베르니케 영역

ⓒ Jared D. Kass, Psychological Maturation and Therapeutic change; 저자의 허락하에 사용

그림 21-5 신피질

하거나 확대하는 환경적 자극의 최종 실행 평가를 내린다. 이전의 경험에 비추어 전전두엽 피질은 특정한 상황을 평가하고 적합한 행동적 반응을 내기 위해 인지적 세계관을 이용한다. 예를 들어, 전전두엽 피질이 다양한 위협의 단계를 구분 짓고, 이전의 부정적 경험에 절대적 권한을 부여하는 것이 아니라 일부의 '목소리(견해)'에만 권한을 부여하고 새로운 도전에서 긍정적인 잠재력을 발견할 수 있는 세계관을 발달시켰다면, 전전두엽 피질은 미주신경 긴장을 유지하고 탄력적 대처를 뒷받침할 준비가 된 것이다.

뇌 스캔 연구가 진전되면서, 전두엽 피질과 전두엽의 특정 부분이 발견되기 시작했다. 최근의 발견은 확정적인 것은 아니지만, 평가, 자기조절, 사회참여 과정에 대한 이해를 돕는 데 유용하다.

뇌섬엽 피질(뇌도)

뇌도는 전전두엽 피질의 내부 깊은 곳인 변연계 근처, 전두엽과 측두엽이 만나는 곳에 있다. 뇌도는 진화적으로 새로운 라미나(Lamina)와의 관련성을 통해 자기인식에서 중대한 역할을 한다. 이것은 척수에서부터 뇌간과 시상을 통해 뇌도까지에 이르는, 신체의 생리적 상태에 대한 정보를 보내는 신경회로이다. 이 과정을 내수용기 감각이라고 한다(Craig, 2002). 이에 대한 예는 심박수 의식, 팔다리의 고통, 더부룩함, 고통을 경험하는 사랑하는 사람에 대한 감정이입을 들 수 있다.

전방 섬상세포군 피질(AIC)은 자기인식(자신의 이미지를 확인), 신체 움직임의 자기자각, 정서의 자기자각, 시간 지각, 자각의 느낌을 가지는 동안 활성화된다. 그러므로 전방 섬상세포군은 자기인식, 즉 '내가 존재하는 것'과 '내 감정이 어떠하다.'는 것을 아는 부분에서 중추적 역할을 하는 것으로 보인다(Craig, 2009). 동시에, Damasio(1999)는 정서를 기반으로 한 행동적 의사결정을 이끄는 '본능적(gut)' 반응을 내는 뇌도가 내부의 신체적 느낌과 외적 자극을 통합한다고 기술했다. 마지막으로 PTSD 환자에게, 전방 섬상세포군 피질은 외상을 재경험할 때 활성화된다. 그러나 해리성 상태에서는 활성화되지 않는다(Hopper et al., 2007). 그러므로 뇌섬엽 피질은 평가, 참여, 방어에서 핵심적인 자기반성적 역할을 수행한다.

안와전두 피질(OFC)

이마의 아래쪽, 눈의 약간 위쪽, 뒷부분에 있는 안와전두 피질은 전전두엽의 의사결정을 담당하는 부분이다. 뇌도, 변연계 및 다른 관련 있는 영역으로부터 정보를 평가하면서 안와전두 피질은 정서적 상태와 반응을 조절한다. 세계관을 구성하고 개선을 담당하는 설계자로서, 안와전두 피질은 자극과 관련된 패턴을 빨리 익히고, 또 빨리 잊을 수가 있다(Davidson, 2004). 새로운 학습과 현재의 애착 형태(attachment templats)(안정, 근심, 회피나 해리형/혼란형)을 통합시키는 것은 사람과 사건들에 대한 우리의 반응을 형성한다(Schore, 2000, 2003a, 2009).

복내측 전전두엽 피질(vmPFC)

안와전두 피질(OFC)과 복내측 전전두엽 피질(vmPFC)이라는 용어는 가끔 상호교환적으로 쓰인다. 엄밀히 따지자면, 복내측 전전두엽 피질은 안와전두 피질의 바로 아래에 있는 작은 부분으로, 정서조절과 위협을 평가하는 역할을 함께 담당하고 있다. 복내측 전전두엽 피질의 손상은 둔화된 정서 체험과 결함이 있는 사회 의사결정, 이해 부족을 유발할 수 있다(Hansel & von Kanel, 2008). 복내측 전전두엽 피질은 정신병리학의 다중 형식과도 관련되어 있다(Schore, 2012). 복내측 전전두엽 피질에서의 활동은 이전에 학습된 끔찍한 연관성을 없애는 것과도 연관되어 있다(Phelps et al., 2004). 또한 복내측 전전두엽 피질은 미주신경 제어를 조절하는 것으로도 밝혀졌다. 이것은 미주신경 긴장도가 높고, 개개인의 마음이 편안하고 정신적 각성 상태에서 활성화된다(Hansel & von Kanel, 2008). 미주신경 긴장도는 뇌도와 변연계 조직에 영향을 받는다. 그러나 복내측 전전두엽 피질의 높은 활성화는 안정된 자각, 자기조율, 타인과 조율하는 능력의 긍정적 상태를 반영하는 것으로 볼 수 있다. 그러므로 내적 평안뿐만 아니라 안정 애착(Schore 2003a, 2009)을 형성하는 일에도 복내측 전전두엽 피질이 중요한 역할을 한다.

대뇌 좌우의 기능 분화-우뇌와 좌뇌의 기능

뇌반구가 신체의 반대쪽을 통제한다는 것(대측성 기능)은, 양쪽 대뇌반구를 연결하는 신경회로인 뇌량에 손상을 입은 환자에게서 처음 확인되었다. 그 이후, 뇌전도(EEG) 연구가 또 다른 차이를 발견했다. 그러나 복합적인 활동들(예: 말하기)은 양쪽 반구 모두의 공동 활동이 필요하다. 예를 들어, 좌반구(LH)에 있는 브로카 영역(Broca's area)은 언어의 문법적인 부분을 제어하는 반면, 우반구(RH)에 있는 브로카 영역은 어조를 제어한다. 좌반구에 있는 베르니케 영역(Wernicke's area)이 언어 이해를 통제하는 반면, 우반구의 베르니케 영역은 어조를 인식한다. 그러므로 측면 비대칭에 대해 과장하기가 쉽다. 그렇더라도 이러한 활동들은 다른 기능을 반영한다. 좌반구는 언어적 표현과 개념적 사고에서 더 많은 기능을 하고, 우반구는 비언어적 표현과 신체적 경험, 공간-시각적 사고에서 우위적 기능을 한다.

이러한 차이들은 태어나 첫 3년 동안, 우반구가 우위적 기능을 한다는 발견과 일치한다(Chiron et al., 1997). 이 형성기 동안, 언어는 존재하지 않거나 가장 기본적인 부분만 갖춰져 있다. 영유아는 신체적 경험으로 학습한다. 애착은 신체적 접촉과 비언어적 조율을 통해 형성된다. 우반구와 변연계 간의 신경적 연접의 빠른 성장은 아동의 정서 균형과 비언어적 경계체계 반응성을 향상시킨다. 기억 부호화는 강력하지만 암시적이다. 4세 정도의 아동들은 좌반구 기능을 사용하여 일상 경험을 말로 설명할 수 있다. 그러나 이 아동들의 설명은 여전히 우반구의 정서기능에 영향을 많이 받는다. 그래서 아동들이 겁을 먹었을 때 좌반구의 언어적이고 개념적인 과정은 즉각 멈추게 된다.

이러한 우위성은 Schore(2009)가 어린 시절의 경험뿐만 아니라 정신적 충격으로 유발된 분열로 억압된 기억이 담긴 Freud의 무의식의 기능적 등가물로 우뇌를 설명한 것과 같다. EEG 연구가 이 모형을 뒷받침한다(Allen, 2004). 정신병리학에서 우반구 활동은 투쟁/도피 반응 및 위축행동과 관련된다. 반면, 좌반구 활동은 마음챙김, 자기성찰, 정서적 조절, 접근행동과 관련된다(Coan & Allen, 2004; Davidson, 2004). 이러한 차이들은 임상가가 우뇌로 환자들과 조율하면서 우뇌를 발전시켜야 한다는 것과, 함축된 신체적 기억을 설득력 있는 여러 이야기로 이루어진 담화와 자기조절 학습으로 바꾸기 위해 좌뇌의 기능을 사용하는 것을 나타낸다(Schore, 2009).

거울신경

최근의 연구에서 거울신경(mirror neurons)이 공감적 조율과 위협을 평가하는 능력에 기여한다고 나타났다. 거울신경은 개인이 행동을 하고, 다른 사람이 그와 같은 행동을 하는 것을 관찰할 때 반응하는 신경의 집합체이다(Gallese et al., 1996; Rizzolatii et al., 1996). 예를 들어, 거울신경은 누군가가 우는 것을 보거나 우리가 울 때 반응한다. 타인의 정서를 알게 됨으로써 우리는 본능적으로 연민을 느낄 수 있게 된다. 이와 유사하게, 거울신경은 누군가가 화내는 것을 보거나 우리가 화낼 때에도 반응을 보인다. 이러한 정서를 내적으로 인식하기에 우리는 이 사람이 위협이 될 것이라는 것을 인지한다. 이렇게 '구현된 상황(embodied simulation)'(Gallese, 2001)은 공감에 대한 신경학적 근거를 제시하는 것이다(Gallese, 2005).

공감은 복합적인 과정이다. 이 과정은 전전두엽 피질, 뇌도와 변연계의 협업된 활동을 필요로 한다(Shamay-Tsoory, 2009). 이때 거울신경은 중요한 역할을 하는 것으로 보인다. 거울신경은 유아기에 얼굴표정에 높은 반응을 보이며, 잠재적으로 아이와 양육자 간의 조율에 기여한다. 이와 동시에, 거울신경계가 얼마나 효율적으로 기능하는지는 개인에 따라 다르게 나타난다(Gallese, 2007). 예로, 거울신경 활동은 사회참여 신호를 주고 받는 능력이 손상된 자폐증의 경우에는 기능하지 않는다(Gallese, 2006). 이러한 차이들은 공감 과정에서 거울신경이 가지는 잠재적 역할을 뒷받침해 준다.

요약하자면, 신피질은 사회참여와 위협평가에서 중요한 역할을 맡고 있다. 신피질은 우리가 어떻게 환경에 반응하는지, 투쟁/도피나 동결/접근을 담당하는 피질하부와 내장계 기능의 억제나 활성화를 결정하는 세계관을 형성하도록 한다. 부정확한 평가는 정신병리학에서 형태화되고, 정확한 평가는 탄력적 대처에서 형태화된다. 이것은 왜 인지 · 행동적 방법이 환자들이 그들의 세계관을 알도록 하는지와 그 영향이 심신치료적으로 왜 효과적으로 나타나는지를 설명한다. 그러나 종래의 인지행동치료(CBT)는 복합적인 외상과 심각한 애착장애에는 효과가 적은 것으로 나타났다. 이는 혼란된 지각, 암묵기억과 신체로 체득된 정서들은 자기성찰적 능력을 제한하기 때문이다. 이러한 치료 영역에서 마음챙김과 예술의 치료적 이용은 특히 유용하다. 마음챙김과 예술의 치료적 이용 가치를 충분히 인식하는 것은 신체적 기억과 정서적 보호막의 역동을 좀 더 자세하게 이해하기 위해 필요하다.

신체적 기억: 정서적 보호막과 기억의 신경근 억제

외상 생존자들의 정서가 내포된 기억의 신체화는 하나의 현상으로 확립된 반면(Rothschild, 2000; van der Kolk, 1994), 정서 억제 과정의 신경근에 대한 연구는 아직 더 필요한 부분이다(Scherer, 2000). 유아-양육자 애착(Schore, 2001)과 현명한 미주신경 사회참여(Porges, 2011b)가 가장 중요한 부분이기 때문에 현재의 연구는 얼굴과 음성을 강조하고 있다(Ekman, 1993, 2003; Mehu et al., 2012). 그러나 최근의 연구는 모든 신체 부위가 정서적 억제와 표현을 위해 사용된다는 것을 입증했다(Dael, Mortillaro, & Scherer, 2011). 이 연구는 정서가 심리적 상태보다 더 큰 범주임을 나타낸다. 정서는 피질 조직과 변연계 조직이 신체적 움직임을 활성화하거나 억제하는 정신운동계에 원심성의 명령을 보내는 능동적 과정이다(Scherer, 2000). 이 심신의 연관성은 정서를 신체적 은유(예: 어깨가 조인다, 속이 들끓는다, 몸이 탄다)로 표현하는 환자에게서 볼 수 있다. 심신 연관성은 또한 신체적 움직임과 심리치료의 생물학적 에너지 통합(예: 긴장을 풀고 어깨 돌리기나 말하기 전 요가 스트레칭하기, 울분 해소를 위해 베개 치기)을 통해 이득을 본 환자들에게서도 볼 수 있다(Conger, 1994; Lowen, 1975; Wilner, 1999).

전신표현의 최근 분석은 특정 부분(예: 팔, 손목 운동; Dael et al., 2011)이나 동작 특질(Gross, Crane, & Fredrickson, 2010; Laban, 1988)에 대해 부호화하는 기계적인 것이다. 좀 더 유용한 접근법은 억제와 표현을 조절하는 신경근계와 대조를 보였다. 예를 들어, Scherer(2000, p. 238)는 웃음을 참는 아이들이 "입술 맞물기(lip press)"를 한다고 보고했다. Gross와 Levenson(1993)은 혐오감을 참는 성인은 눈을 더 자주 깜빡인다고 설명했다.

신체심리학의 선구자인 Reich는 이 현상을 기능적 통합 모형(Frager & Fadiman, 2005; Herskowitz, 2008; Reich, 1980)으로 설명했다. 표현이 크고 과장될 때, 정서적 에너지는 몸 전체를 순환하게 된다. 웃는 아이는 깊게 호흡한다. 이때 웃는 아이의 목근육은 확장되고, 입근육은 이완된다. 이렇게 웃음소리가 아이에게서 흘러나온다. 큰 웃음소리를 내는 아이들은 신나서 발을 구르거나 배를 잡고 '쓰러진다(collapse)'. Reich는 이렇게 건강한 신체에서 표현적 에너지가 등과 평행하는 방향성으로 상하로 이동하는 것을 관찰했다. 이와 반대로, 사람이 감정을 억누를 때는 정신운동 영역이 등을 가로지르며 감정을 숨기게 된다. 이것이 전형적인 꾹꾹 눌러 참기(stiff upper lip)이다. 이 가로지르는 영역에는 눈, 입술, 어깨, 목, 횡경막, 복부, 골반이 해당된다. Reich는 감정을 억제하고 기억을 억누르는 것은 언제나 이러한 부분의 일부나 모든 부분의 긴장을 가져온다는 것을 관찰했다. 억눌린 기억이나 정서를 탐색하기 위해 환자에게 치료적으로 접근하고자 한다면, 이러한 부분들의 긴장 이완이 정서적 표현과 구체적 사건에 대한 기억을 떠올리는 것을 가능하게 할 수 있다(Conger, 1994; Lowen, 1975; Reich, 1960a; Wilner, 1999).

진화된 관점(Porges와 MacLean과 유사하지만 차이점이 있는)을 이용하여 Reich는 이 심리생리학적 정서조절 체계를 분절된, 즉 방어체계의 척추동물 이전에서 발달된(분절된 외골격) 방어체계의 기능적응으로 설명했다. 사람의 경우, 이 적응이 주로 기능적인 것이기는 하지만(Reich, 1960b), 구조적인 흔적들은 교감신경절의 분절된 사슬과 척추에서 발견될 수 있다([그림 21-2] 참조). 척추의 분절된 부분은 웃음, 분노, 슬픔, 사회 참여, 성적 관계와 위축의 생물 에너지에 동원되는 확장과 축소의 강한 움직임을 가능하게 한다. 횡적이고 분절된 영역은 억제를 위한 신경근의 기제이다. 교감신경계가 활성화된, 근육의 긴장은 이 암묵적 기억들과 축적된 정서들이 치료적으로 접근될 때(Conger, 1994; Ogden, Minton, & Pain, 2006)까지 정서를 체내에 '그대로 가지고 있다'(때때로, 무의식적으로). 이러한 횡적 영역의 임상적 연구는 신체적 기억 속에 있는 정서적 보호막의 신경근적 역동을 설명하는, 많은 신체적 심리학을 연구하는 임상가들(Gendlin, 1982, 1998; Hazell & Perez, 2011; Keleman, 1985; Kurtz, 1990; Levine, 2005; Pesso, 1973; Pierrakos, 1987; Wilner, 1999)에게 이용된다.

마음챙김과 예술의 치료적 이용: 행동에서의 신경과학

우리가 살펴보았던 내적 평안은 탄력적 대처에 있어 중요한 요소이다. 내적 평안은 높은 미주신경 긴장과 관련된 사회적 지원과 긍정적 세계관을 유지하도록 하면서(삶과 자기에 대한 자신감, 즉 실존적 안정 애착을 가지도록) 개개인이 스트레스와 존재론적 불안에 슬기롭게 대응하게 하는 힘을 부여한다. 이와 같이 새롭게 생겨난 인간의 능력들은 반드시 길러져야만 하는 부분이다. 그렇지 않으면 대처는 원시사회의 투쟁/도피/동결 행동들로 옮아 가게 된다. 이는 주기적으로는 유용한 반면, 습관이 되거나 만성이 되면 파괴적이게 된다. 사회과학은 이렇게 진화하는 능력을 촉진시키고 원시적 방어체계를 뛰어넘는 법을 익혀야 하는 중대한 시점에 이르렀다. 심리치료, 외상심리학, 사회 변혁 연구에서 내적 평안을 구축하는 것이 구체적 목표로 드러나기 시작했다.

이 신경과학 자료는 심리적 상처, 정서적 불안, 왜곡된 인지들이 말을 하기 이전과 신체적으로 기억된 경험에 원인이 있음을 입증했다. 이러한 이유로, 마음챙김과 예술의 치료적 이용은 효과적인 임상치료를 위해 필수적인 수단이 된다. 자기노출을 시도할 만큼의 안정감을 느끼지 못하는 사람, 신체의 본능적 감각과 내적 메시지와의 접촉을 상실한 사람, 자신의 감정을 정확한 언어로 전달하지 못하는 사람, 과다각성과 과소

각성을 오가는 상태에서 생활하는 사람이나 자신을 관찰하는 반영적 능력이 부족한 사람들은 경험에 의하면 대부분이 언어적인 '하향식(top-down)' 유형보다 감각 운동적인 '상향식(bottom-up)' 유형의 심리치료가 필요하다(Fosha, 2003; Schore, 2009). 이러한 치료는 말하기 이전 신체적으로 경험한 안정감을 제공한다. 그렇게 함으로써 향상된 감각 운동적 지각, 관용을 기르는 신체적 정서조절 기술, 해리성 퇴행이 없는 신체 기억의 적절한 산출, 평정심의 내적 경험, 자기노출과 사회참여를 위한 언어적 능력을 점진적으로 기르는 것들이 가능하게 된다.

최근 이러한 의견 일치에도 불구하고 이런 임상적 접근법들은 비교적 새로운 것이다. 그러므로 언어적 · 비언어적 치료의 통합에 더 많은 연구가 필요하다. 비언어적 형태가 치료적 성과를 내는 데 기여한다는 것을 입증하기 위해 세심한 연구가 요구된다(Schore, 2003b; Wiener, 1999). 우리는 이에 관해 간략한 지침과 최근의 연구를 검토해 보기로 한다.

마음챙김과 명상

심리치료는 불안정 애착, 대인관계에 있어 정서조절장애와 파괴적 대처를 회복시킬 수 있는 관계적 과정을 제공한다(Ginot, 2012). 명상 훈련만 하는 것은 이러한 교정적 경험을 대체하지 못한다. 그러나 심리치료에 마음챙김과 명상을 결합하는 것은 이러한 목표들을 달성하는 데 실질적으로 도움을 줄 수 있다(Germer & Siegel, 2012). 앞에서 살펴본 대로 주의 깊은 관찰, 수용, 내적 침착성의 비판단적 자세를 통해 현재의 경험(신체적 · 정서적 · 인지적)을 알아차릴 수 있도록 하는 능력은 정신적 조화(Rogers, 1961)와 행복을 위한 중요한 특성이다(Davidson, 2004; Kabat-Zinn, 1990; Siegel, 2007).

Kabat-Zinn(1990)의 선구적인 마음챙김 기반 스트레스 감소(MBSR) 프로그램은 마음챙김의 활동적인 유형(마음챙김 걷기, 하타요가, 마음챙김 먹기, 신체 살피기)과 좌선을 결합했다. 특히 활동적 유형은 예술의 치료적 사용과 관련성을 가지고 있다. 행동을 바탕으로 하는 마음챙김은 개개인의 표현적 활동이나 일상의 일을 떠올릴 수 있도록 하는 것이 알아차림과 집중도를 심화시키는 데 도움이 되기 때문이다. 또한 이러한 활동들은 좌선을 좀 더 깊이 있는 과정으로 만들어 준다. 즉, 내부로 집중하는 능력, 세계관과 행동을 형성하는 적절한 생각과 정서를 관조하도록 하는 학습능력을 높여 준다.

개개인이 그들의 지각적 범주를 알아차리게 되었을 때, 명상은 그들의 왜곡된 인지적 도식, 정서적 상처, 불안정 애착을 치유할 수 있다는 믿음을 통해 치료적 과정을 심화시킨다. 또한 명상이 조절하기 힘든 상처받은 정서와 기억들을 진정시킬 수 있을 때, 자기중심의 평화롭고 침착한 핵심부가 서서히 모습을 드러내게 된다(Kass & Lennox, 2005; Kass et al., 1991; Siegel, 2007). 이것을 규칙적으로 수행할 때, 명상은 내적 평안과 탄력적 대처능력을 강화시킨다.

이러한 '간단한(simple)' 수행이 아주 유용할 수 있다는 것과 우리가 연구해 온 신경과학이 이런 현상을 설명하는 데 도움을 준다는 사실은 매우 흥미롭다. 명상을 통해 길러진 차분하고 깊은 호흡은 미주신경 긴장도를 향상시키고(Gevirtz, 2011), 교감신경계와 시상하부 뇌하수체 부신 간(SNS-HPA) 활동을 억제하며, 복부미주신경혼합체(VVC) 사회참여 체계를 활성화시킨다(Porges, 2001). 이런 경우, 복부미주신경혼합체가 내적 경험을 할 수 있도록 만들어 주고, 이완되고 조절이 가능한 주의력 상태로 만들어 주어 정신을 내부로 향하게 한다.

명상의 장기적 효과는 다미주신경 이론으로 더 해석될 수 있다. Porge는 인간이 배후미주신경혼합체(DVC) 고정화로 긍정적 적응을 발전시켜 왔다고 설명했다. 수유하는 동안 꿈이나 생각을 공유하면서, 엄마와 아이의 연결된 신체는 점점 더 고요함을 찾게 된다(Porges, 1998). 수유하는 동안, 엄마가 차분하게 아이의 신호에 주의를 기울일 때, 자유로운 생각을 하게 하고 애정 어린 마음과 함께 조화되는 안정적 애착을 가진 상태가 조성된다. 이와 같이 주의를 기울이는 적응적 기제를 사용하는 명상의 꿈이나 생각을 공유하는 과정은 주의력을 가지고, 자유로운 사고를 하며, 삶 그 자체와 애정이 담긴 조율이 가능한 조용한 상태를 점진적으로 만들어 내는 것을 가능하게 한다(Taylor, 2009). 그 결과, 명상은 안정된 실질적 애착을 만들어 낼 수 있게 된다(Kass, 2007; Kass, 2014).

연구는 이러한 생각들을 뒷받침한다. 명상은 HRV를 증가시키며(Burg, Wolf, & Michalak, 2012; Ditto, Eclache, & Goldman, 2006; Peng et al., 2004; Peng et al., 1999)

주의집중 및 각성과 관련된 전두엽과 변연 신경 조직을 활성화시킨다(Lazar et al., 2000). 명상은 접근행동과 향상된 면역기능과 관련 있는 좌뇌 전두엽을 활성화시킨다(Davidson et al., 2003). 또한 명상은 전두엽 피질과 뇌도에서 대뇌피질 두께를 향상시켰고(Lazar et al., 2005) 뇌도와 해마의 회백질을 늘리는 결과를 내었다(Holzel et al., 2008). 그러므로 명상하는 사람들에게서 보이는 스트레스 감소는 뇌편도체의 회백질 감소와 관련이 있다(Holzel et al., 2010). 명상은 잠재적으로 이완, 강화된 주의집중, 정신적 명료성과 우반구와 좌반구의 융합 과정을 특징적 조합으로 설명하는 EEG 활동에서 세타파와 알파파를 올리고(Cahn, Polich, 2006; Lagopoulos et al., 2009) 고진폭 감마 진동에서 신경동조(neural synchrony)를 올리는(Lutz et al., 2004) 결과를 가져왔다(Kass, 2014; Siegel, 2007). 마음챙김은 정신건강 임상가들의 주의집중 기술, 공감, 연민을 향상시키는 것으로 나타났다(Davis & Hayes, 2011). 더욱 깊이 있는 연구가 필요하지만(Chiesa & Serretti, 2010), 체계적인 보고들이 이러한 결론을 뒷받침한다(Cahn & Polich, 2006; Greeson, 2008; Holzel et al., 2011; Treadway & Lazar, 2009).

이러한 인상적인 결과는 내적 평안, 심리적 안녕, 탄력적 대처를 가능하게 하는 신경 구조체의 향상된 성장의 핵심 지표와 관련된다. 탁월한 자기반영적(성찰) 과정인 명상은 치료적 목표와 훈련에 상당히 기여할 수 있다. 초점 맞추기(Rappaport, 2009)와 유도 시각화(guided visualization; Kass, 1996a, 1996b)과 같은 중재방법은 좀 더 체계화된 촉진을 필요로 하는 내담자들에게 더 많은 명상적 과정을 알려 준다.

예술의 치료적 사용

이 논의에서는 두 가지 주제를 다룰 것이다. 첫째, 예술의 치료적 사용은 신체적으로 '상향식(bottom-up)' 치료방법을 지향하는 형상화 방법(figural practice)이다. 두 번째, 예술의 치료적 사용 효과를 입증하기 위해서 신경행동 표식을 이용한 증거기반 연구는 아주 미미하다. 우리의 생각에 대한 결론으로 이 문제에 대한 해결책을 제공한다.

음악

신경과학에서는 오랫동안 언어와 음악이 함께 발달하는 것으로 여겨 왔다. 민족문화 집단에서 언어의 리듬은 음악에서의 리듬 구조와 유사성을 보여 왔다(Patel, 2008). 이것은 문화적으로 동질성을 가지는 음악이 치료적 유대와 언어적 의사소통을 가능하게 할 수 있음을 나타낸다. 다미주신경 이론은 여기에 부가적 통찰을 제시한다. 청각기능과 음성기능을 조절하는 뇌신경은 복부미주신경복합체의 일부이며, 심장과 사회참여 체계의 미주신경 조절과 직접적으로 연관되어 있다. 부드럽고 리드미컬한 음악은 HRV, 안정적 지각, 관계적 유대를 높이는 말을 하기 이전의 어린아이의 신경회로를 활성화시킨다.

해리적 외상 환자에게 음악은 변연계의 과다각성을 조절할 수 있게 한다(Porges, 2011a). 이러한 접근은 사회참여에서의 기능 손상을 가진 자폐증에도 적용되었다. 자폐성 아이들이 청각적으로 정제된 소리(아이들의 중이가 배경의 소음에서 사람의 목소리를 좀 더 효과적으로 구별할 수 있게 하는)를 들을 때, 또래와 부모들과의 사회적 행동과 의사소통 기술이 향상되는 것이 관찰되었다(Porges, 2001). 따라서 다미주신경 이론은 Tomatis의 중이 기능장애의 연구와 음악의 심리학적 이점을 개념적으로 뒷받침하고 있다(Thompsom & Andrews, 2000). 체계적 분석에서 Ellis와 Thayer(2010)는 음악치료가 HRV의 향상과 관련 있다는 초기 연구를 요약했다. Mrazova와 Celec(2010)은 신경생물학의 결과를 더 연구해야 하는 필요성에 대해 강조했다.

동작과 무용

Adler(1970)의 자폐성 아이와의 전형적인 사례 연구는 무용/동작치료가 말을 잘할 수 없는 내담자들에게 상향식 치료 향상에 필요한 안전성과 감각 운동적 학습을 제공할 수 있다는 설득력 있는 증거를 제시했다(Ogden, 2009; Reich, 1960b). 처음에 아이의 유연성 없고 어색한 자기지시적 움직임은 정서적이고 신체적인 에너지의 분열과 신체적 차단을 반영한다. Adler가 아이의 움직임을 아주 정교하게 투영해 보이자 우리는 아이의 거울신경계가 반응한 것을 '볼' 수 있었다(Gallese, 2007). 점차 그들은 공감적 조화를 이루어 내면서 어느 정도 행동의 일치를 보였다(Vacharkulksemsuk &

Fredrickson, 2012). 그 후 아이는 망설이며 Adler가 침착성과 내적 평안으로 움직임의 두 유형을 미러링하면서 경험한 '접근과 철회(approach and withdraw)' 행동을 보였다. 회기가 많이 거듭된 후, 그 아이는 애착을 추구하는 접촉행동이 그녀 속에서 일어나는 불안을 받아들이기 시작했다. 결국 이 여자아이는 Adler의 무릎에 와서 앉는 모습까지 보였으며, 이것은 이 소녀의 안정된 애착의 경험이 반영된 것이었다. 이 연구는 현재의 신경과학 연구를 온전하게 보여 준 것이다. 그러나 신경생물학적 표시로 증거기반을 삼는 연구는 무용-동작치료 분야를 입증하기에는 부족하다.

시각미술

미술치료에서 광범위한 사례 연구 문헌은 신체지향적인 치료적 접근의 수많은 적용들을 보여 준다(Malchiodi, 1990, 2008; Rogers, 1993, 2011; Steele & Malchiodi, 2012). 이러한 적용들은 다음의 요소를 향상시키는 것으로 보고되고 있다. 안정성(예: 보살핌을 받고 안전함을 느낄 수 있는 장소를 그리거나 상상하는 것), 감각 운동적 경험을 해 보는 것(예: 어깨의 느낌이 어떠한지를 색과 모양으로 표현해 나타내는 것), 무의식적 감정의 상징적 표현(예: 가지가 부러진 나무), 외상을 입은 사건의 표상적 이미지(예: 무서운 남자), 그대로의 감정을 표현하기 위한 안전한 공간(예: 종이에 붉은 사선 긋기), 언어표현과 자기노출의 결합(예: 그림에 대해 글을 써 보기), 침착성 함양(예: 당신은 조금 더 차분해짐을 느끼며 이 감정이 어떤지를 그려 본다), 자기관찰하기의 함양(예: 이 강력한 그림에서 한 발 물러나서 이 그림이 당신에게 어떤 영향을 끼치는지 생각해 본다), 그리고 정서조절의 내적 소재(internal locus, 예: 당신이 놀랐을 때와 침착할 때 그린 그림을 비교해 본다) 등이다.

많은 문헌에서 현재 신경과학과 미술치료 간의 개념적 연관성을 제시하고 있다(Buk, 2009; Gantt, 2009; Hass-Cohen & Carr, 2008; Klorer, 2005; Lusebrink, 2004). 소수의 문헌이 미술적 지각이나 미술 창작에 대한 EEG 연구의 단일 사례를 보고하고 있는데, 여기에 나타난 정보는 계속해서 좌/우 양쪽의 두뇌반구 활동과 통합을 제안하고 있음에도 불구하고 어느 정도는 모순성을 보인다(Belkofer & Konopka, 2008; Bhattacharya & Petsche, 2002; Ziadel, 2005). 요약하자면, 미술치료 분야에서 신경생물학적 지표로 결과 자료를 모으는 데 더 많은 노력이 요구된다.

극적인 실행(dramatic enactment)

운동 감각적 상태, 정서, 갈등, 외상적 사건들을 신체적으로 실행하는 것은 강한 치료적 도구를 사용하는 것과 같다(Emunah, 1999; Haen, 2008). 실행은 참가자들에게 상징적 의미를 가지는 가상적 이야기(예: 신데렐라)와 설화를 표현하는 것과, 결국 감정을 풀어내고 사람 간의 유대감을 형성하는 표현적 행동(예: 용에게 함께 소리 지르기)을 모아서 정서적 깊이를 점진적으로 높이는 안정성 구축하기 활동들(예: 우리가 줄 위에서 걷고 있다고 가정해 보기)로 시작할 수 있다. 실행은 또한 관계와 사건을 위한 통합적 치료 종결을 대비할 수도 있다(예: 아버지가 돌아가셨더라도, 아버지에게 이야기를 하고 있다고 상상해 보기, 또는 당신이 맞았을 때 어떤 감정을 느꼈는지를 몸을 이용해서 표현하고 당신을 때린 사람에게 어떻게 하고 싶은지를 표현해 보기). 각 예에서, 실행은 배후미주신경복합체 고정화를 극복하는 구체적인 방법을 제공한다(Ogden, 2009; Porges, 2009). 이러한 방법들이 미주신경 긴장도에 긍정적 영향을 가져올 가능성이 높다. 이 영역의 연구는 거의 이루어지지 않았지만, 매우 중요한 것이다.

예술의 치료적 사용에서 신경행동 연구

이 부분의 연구가 부족한 구체적인 이유가 있다. 뇌주사 사진과 EEG 연구는 부동성이 필요한데, 마음챙김이나 예술의 치료적 이용에서 행동 기반적 형태를 잡아내는 것이 가능하지 않기 때문이다. 그러나 이 장에서 다룬 내용에 해결책이 있다. 휴지 상태의 HRV는 미주신경 긴장도와 내적 평안의 신경생물학적 연관성에 있어, 일반적으로 사람들에게 인정받는 지표가 되어 왔다(Porges, 2011b). 휴지 상태의 HRV는 실험 조건, 통제 조건과 비교되는 사전 중재와 사후 중재를 내는 준실험설계나 임의설계에서 사용될 수 있었다. 이 계획은 연구에 필요한 신경생물학적 근거를 줄 수 있을 것이다.

결론

내적 평안과 탄력적 대처는 인간의 진화하는 신경행동적 경로의 창의적 발현이다. 이 장은 내적 평안을 가능하게 하는 마음챙김과 예술의 치료적 사용에 대한 가치를 강조했으며, 이러한 비교적 새로운 방법들의 신경과학적 이해를 설명했다. 임상가들이 이러한 신경과학을 친숙하게 받아들인다면, 그 방법들을 좀 더 유념해서 통합하는 것을 함께 학습하는 동안 이미 이러한 원칙들을 직감적으로 활용하는 방법을 깨우치게 될 것이다.

참고문헌

Adler, J. (1970). *Looking for Me*. Berkeley, CA: University of California/Berkeley.

Adolphs, R., Tranel, D., & Damasio, A. R. (1998). "The human amygdala in social judgment." *Nature 393*, 6684, 470-474.

Ainsworth, M. D. (1985). "Attachments across the life span." *Bulletin of the New York Academy of Medicine 61*, 9, 792-812.

Ainsworth, M. D., & Eichberg, C. (1991). "Effects on Infant-Mother Attachment of Mother's Unresolved Loss of an Attachment Figure, or Other Traumatic Experience." In C. M. Parks, J. Stevenson-Hinde, & P. Marris (eds) *Attachment Across the Life Cycle*. New York: Tavistock/Routledge.

Ainsworth, M. D., Blehar, M., Waters, E., & Walls, S. (1978). *Patterns of Attachment*. Hillsdale, NJ: Lawrence Erlbaum.

Allen, J. J. B. (2004). "Frontal EEG asymmetry, emotion, and psychopathology: The first, and the next, 25 years." *Biological Psychology 67*, 1-2, 1-5.

Belkofer, C. M., & Konopka, L. M. (2008). "Conducting art therapy research using quantitative EEG measures." *Art Therapy: Journal of the American Art Therapy Association 25*, 2, 56-63.

Bhattacharya, J., & Petsche, H. (2002). "Shadows of artistry: Cortical synchrony during perception and imagery of visual art." *Cognitive Brain Research 13*, 2, 179-186.

Bowlby, J. (1969). *Attachment and Loss. Volume 1: Attachment.* New York: Basic Books.

Buk, A. (2009). "The mirror neuron system and embodied simulation: Clinical implications for art therapists working with trauma survivors." *The Arts in Psychotherapy 36*, 2, 61-74.

Burg, J. M., Wolf, O. T., & Michalak, J. (2012). "Mindfulness as self-regulated attention: Associations with heart rate variability." *Swiss Journal of Psychology 71*, 3, 135-139.

Cahn, B. R., & Polich, J. (2006). "Meditation states and traits: EEG, ERP, and neuroimaging studies." *Psychological Bulletin 132*, 2, 180-211.

Chiesa, A., & Serretti, A. (2010). "A systematic review of neurobiological and clinical features of mindfulness meditation." *Psychological Medicine 40*, 8, 1239-1252.

Chiron, C., Jambaque, I., Nabbout, R., Lounes, R., Syrota, A., & Dulac, O. (1997). "The right brain hemisphere is dominant in human infants." *Brain 120*, 6, 1057-1065.

Coan, J. A., & Allen, J. J. B. (2004). "Frontal EEG asymmetry as a moderator and mediator of emotion." *Biological Psychology 67*, 1-3, 7-50.

Conger, J. P. (1994). *The Body in Recovery: Somatic Psychotherapy and the Self.* Berkeley, CA: Frog Books.

Cozolino, L. (2006). *The Neuroscience of Human Relationships: Attachment and the Developing Social Brain.* New York: Norton.

Craig, A. D. (2002). "How do you feel? Interoception: The sense of the physiological condition of the body." *Nature Reviews Neuroscience 3*, 8, 655-666.

Craig, A. D. (2009). "How do you feel—now? The anterior insula and human awareness." *Nature Reviews Neuroscience 10*, 1, 59-70.

Dael, N., Mortillaro, M., & Scherer, K. R. (2011). "Emotion expression in body action and posture." *Emotion* (Advanced Online Publication). DOI: 10.1037/a0025737.

Damasio, A. R. (1999). *The Feeling of What Happens: Body and Emotion in the Making of Consciousness.* New York: Harcourt Brace.

Davidson, R. J. (2004). "Well-being and affective style: Neural substrates and biobehavioral correlates." *Philosophical Transactions of the Royal Society London, Biological*

Sciences 359, 1449, 1395-1411.

Davidson, R. J., Kabat-Zinn, J., Schumacher, J., Rosenkranz, M., et al. (2003). "Alterations in brain and immune function produced by mindfulness meditation." *Psychosomatic Medicine 65*, 4, 564-570.

Davis, D. M., & Hayes, J. A. (2011). "What are the benefits of mindfulness? A practice review of psychotherapy-related research." *Psychotherapy 48*, 2, 198-208.

Demaree, H. A. Pu, J., Robinson, J. L., Schmeichel, B. J., & Everhart, D. E. (2006). "Predicting facial valence to negative stimuli from resting RSA: Not a function of active emotion regulation." *Cognition and Emotion 20*, 2, 161-176.

Demaree, H. A. Robinson, J. L., Everhart, D. E., & Schmeichel, B. J. (2004). "Resting RSA is associated with natural and self-regulated responses to negative emotional stimuli." *Brain and Cognition 56*, 1, 14-23.

Diamond, L. M., & Kicks, A. M. (2005). "Attachment style, current relationship security, and negative emotions: The mediating role of physiological regulation." *Journal of Social and Personal Relationships 22*, 4, 499-518.

Dickerson, S. S., & Kemeny, M. E. (2004). "Acute stressors and cortisol reponses: A theoretical integration and synthesis of laboratory research." *Psychological Bulletin 130*, 3, 355-391.

Ditto, B., Eclache, M., & Goldman, N. (2006). "Short-term autonomic and cardiovascular effects of mindfulness body scan meditation." *Annals of Behavioral Medicine 32*, 3, 227-234.

Eisenberg, N., Fabes, R. A., Nurphy, B., Maszk, P., Smith, M., & Karbon, M. (1995). "The role of emotionality and regulation in children's social functioning: A longitudinal study." *Child Development 66*, 5, 1360-1384.

Ekman, P. (1993). "Facial expression and emotion." *American Psychologist 48*, 4, 384-392.

Ekman, P. (2003). "Darwin, Deception, and Facial Expression." In P. Ekman, J. J. Campos, R. J. Davidson, & F. B. M. de Waal (eds) *Emotions Inside Out*. New York: New York Academy of Sciences.

El-Sheikh, M., Harger, J. A., & Whitson, S. M. (2001). "Exposure to interparental conflict and children's adjustment and physical health: The moderating role of vagal tone."

Child Development 72, 6, 1617-1636.

Ellis, R. J., & Thayer, J. F. (2010). "Music and autonomic nervous system (dys)function." *Music Perception 27*, 4, 317-326.

Emunah, R. (1999). "Drama Therapy in Action." In D. J. Wiener (ed.) *Beyond Talk Therapy: Using Movement and Expressive Techniques in Clinical Practice*. Washington, DC: American Psychological Association.

Fabes, R. A., Eisenberg, N., & Eisenbud, L. (1993). "Behavioral and physiological correlates of children's reactions to others' stress." *Developmental Psychology 29*, 4, 655-663.

Fosha, D. (2003). "Dyadic Regulation and Experiential Work with Emotions and Relatedness in Trauma and Disorganized Attachment." In M. F. Solomon & D. J. Siegel (eds) *Healing Trauma: Attachment, Mind, Body, and Brain*. New York: Norton.

Frager, R., & Fadiman, J. (2005). *Personality and Personal Growth*. New York: Pearson Prentice Hall.

Gallese, V. (2001). "The 'shared manifold' hypothesis: From mirror neurons to empathy." *Journal of Consciousness Studies 8*, 5-7, 33-50.

Gallese, V. (2005). "Embodied simulation: From neurons to phenomenal experience." *Phenomenology and the Cognitive Sciences 4*, 23-48.

Gallese, V. (2006). "Intentional attunement: A neurophysiological perspective on social cognition and its disruption in autism." *Brain Research 1079*, 1, 15-24.

Gallese, V. (2007). "Intentional attunement: Mirror neurons and the neural underpinnings of interpersonal relations." *Journal of the American Psychoanalytic Association 55*, 1, 131-176.

Gallese, V., Fadiga, L., Fogassi, L., & Rizzolatti, G. (1996). "Action recognition in the premotor cortex." *Brain 119*, 593-609.

Gantt, L. (2009). "Support for a neurobiological view of trauma with implications for art therapy." *The Arts in Psychotherapy 36*, 3, 148-153.

Gendlin, E. T. (1982). *Focusing*. New York: Bantam Books.

Gendlin, E. T. (1998). *Focusing-Oriented Psychotherapy*. New York: Guilford.

Germer, C. K., & Siegel, R. D. (eds)(2012). *Wisdom and Compassion in Psychotherapy:*

Deepening Mindfulness in Clinical Practice. New York: Guilford.

Gevirtz, R. (2011). "Autonomic Nervous System Markers for Psychophyiological, Anxiety, and Physical Disorders." In E. Gordon & S. H. Koslow (eds) *Integrative Neuroscience and Personalized Medicine*. New York: Oxford University Press.

Ginot, E. (2012). "Self-narratives and dysregulated affective states: The neuropsychological links between self-narratives, attachment, affect, and cognition." *Psychoanalytic Psychology 29*, 1, 59-80.

Greeson, J. M. (2008). "Mindfulness research update." *Complementary Health Practice Review 14*, 1, 10-18.

Gross, J. J., & Levenson, R. W. (1993). "Emotional suppression: Physiology, self-report, and expressive behavior." *Journal of Personality and Social Psychology 64*, 6, 970-986.

Gross, M. M., Crane, E. A., & Fredrickson, B. L. (2010). "Methodology for assessing bodily expression of emotion." *Journal of Nonverbal Behavior 34*, 4, 223-248.

Haen, C. (2008). "Vanquishing Monsters: Drama Therapy for Treating Childhood Trauma in the Group Setting." In C. Malchiodi (ed.) *Creative Interventions with Traumatized Children*. New York: Guilford.

Haller, J., & Kruk, M. R. (2003). "Neuroendocrine Stress Responses and Aggression." In M. P. Mattson (ed.) *Neurobiology of Aggression: Understanding and Preventing Violence*. Totowa, NJ: Humana Press.

Hansel, A., & von Kanel, R. (2008). "The ventro-medial prefrontal cortex: A major link between the autonomic nervous system, regulation of emotion, and stress reactivity?" *BioPsychoSocial Medicine 2*, 21. DOI::10.1186/1751-0759-1182-1121.

Hart, A. J., Whalen, P. J., Shin, L. M., McInerny, S. C., Fischer, H., & Rauch, S. L. (2000). "Differential response in the human amygdala to racial outgroup vs ingroup face stimuli." *NeuroReport 11*, 11, 2351-2355.

Hass-Cohen, N., & Carr, R. (eds)(2008). *Art Therapy and Clinical Neuroscience*. London: Jessica Kingsley Publishers.

Hazell, C., & Perez, R. (2011). *What Happens When You Touch the Body? The Psychology of Body-Work*. Bloomington, IN: AuthorHouse.

Herman, J. (1997). *Trauma and Recovery: The Aftermath of Violence*. New York: Basic Books.

Herskowitz, M. (2008). *Emotional Armoring*. Piscataway, NJ: Rutgers University-Transactions Publishers.

Holzel, B., Carmody, J., Evans, K. C., Hoge, E. A., et al. (2010). "Stress reduction correlates with structural changes in the amygdala." *Social Cognitive and Affective Neuroscience 5*, 1, 11-17.

Holzel, B., Lazar, S. W., Gard, T., Schuman-Olivier, Z., Vago, D. R., & Ott, U. (2011). "How does mindfulness meditation work? Proposing mechanisms of action from a conceptual and neural perspective." *Perspectives on Psychological Science 6*, 6, 537-559.

Holzel, B. K., Ott, U., Gard, T., Hempel, H. et al. (2008). "Investigation of mindfulness meditation practitioners with voxel-based morphometry." *Social Cognitive and Affective Neuroscience 3*, 55-61.

Hopper, J. W., Frewen, P. A., Van der Kolk, B. A., & Lanius, R. A. (2007). "Neural correlates of re-experiencing, avoidance, and dissociation in PTSD: Symptom dimensions and emotion dysregulation in responses to script-driven trauma imagery." *Journal of Traumatic Studies 20*, 5, 713-725.

Kabat-Zinn, J. (1990). *Full Catastrophe Living*. New York: Dell Publishing.

Kass, J. (1996a). "Coping with life-threatening illnesses using a logotherapeutic approach, stage I: Health care team interventions." *International Forum for Logotherapy 19*, Spring, 15-19.

Kass, J. (1996b). "Coping with life-threatening illnesses using a logotherapeutic approach, stage II: Clinical mental health counseling." *International Forum for Logotherapy 20*, Fall, 10-14.

Kass, J. (1998). "The Inventory of Positive Psychological Attitudes: Measuring Attitudes which Buffer Stress and Facilitate Primary Prevention." In C. Zalaquette & R. Wood (eds) *Evaluating Stress: A Book of Resources*. Lanham, MD: University Press of America.

Kass, J. (2007). Spiritual maturation: A developmental resource for resilience, well-being, and peace. *Journal of Pedagogy, Pluralism, and Practice 12*, Summer, 56-64.

Kass, J., & Lennox, S. (2005). "Emerging Models of Spiritual Development: A Foundation for Mature, Moral, and Health-Promoting Behavior." In W. R. Miller & H. Delaney (eds) *Judeo-Christian Perspectives on Psychology: Human Nature, Motivation, and Change.* Washington, DC: American Psychological Association.

Kass, J. (2014). "Person-centered spiritual maturation: A multidimensional model." *Journal of Humanistic Psychology.* Accepted for publication.

Kass, J., Friedman, R., Leserman, J., Zuttermeister, P., & Benson, H. (1991). "Health outcomes and a new measure of spiritual experience." *Journal for the Scientific Study of Religion 30*, 2, 203-211.

Keleman, S. (1985). *Emotional Anatomy.* Berkeley, CA: Center Press.

Klorer, P. G. (2005). "Expressive therapy with severely maltreated children: Neuroscience contributions." *Art Therapy: Journal of the American Art Therapy Association 22*, 4, 213-220.

Kok, B. E., & Fredirckson, B. L. (2010). "Upward spirals of the heart: Autonomic flexibility, as indexed by vagal tone, reciprocally and prospectively predicts positive emotions and social connectedness." Biological Psychology 85, 3, 432-436.

Koolhaas, J. M., Korte, S. M., De Boer, S. F., Van Der Vegt, B. J., Van Reenen, V., & Hopster, H. (1991). "Coping styles in animals: Current status in behavior and stress physiology." *Neuroscience and Behavioral Reviews 23*, 7, 925-935.

Kurtz, R. (1990). *Body-Centered Psychotherapy: The Hakomi Method: The Integrated Use of Mindfulness, Nonviolence, and the Body.* Mendocino, CA: Life Rhythm.

Laban, R. (1988). *The Mastery of Movement* (Fourth edition). Plymouth: Northcote House.

Lagopoulos, J., Xu, J., Rasmussen, I., Vik, A., et al. (2009). "Increased 'heta and alpha EEG activity during nondirective meditation." *Journal of Alternative and Complementary Medicine 15*, 11, 1187-1192.

Lambert, K., & Kinsley, C. H. (2005). *Clinical Neuroscience.* New York: Worth Publishers.

Lashley, K. S. (1950). "In search of the engram." In *Physiological Mechanisms in Animal Behavior: Symposia of the Society for Experimental Biology 4*, 454-482.

Lazar, S. W., Bush, G., Gollub, R. L., Fricchione, G. L., Khalsa, G., & Benson, H. (2000).

"Functional brain mapping of the relaxation response and meditation." *NeuroReport 11*, 7, 1581-1585.

Lazar, S. W., Kerr, C. E., Wasserman, R. H., Gray, J. R., et al. (2005). "Meditation is associated with increased cortical thickness." *NeuroReport 16*, 17, 1893-1897.

Levin, P. A. (2005). *Healing Trauma: A Pioneering Program for Restoring the Wisdom of Your Body*. Boulder, CO: Sounds True.

Liotti, M., Mayberg, H. S., Brannan, S. K., McGinnis, J., Jerabek, P., & Fox, P. T. (2000). "Differential cortico-limbic correlates of sadness and anxiety in healthy subjects: Implications for affective disorders." *Biological Psychiatry 48*, 1, 30-42.

Lowen, A. (1975). *Bioenergetics*. New York: Penguin Books.

Luan Phan, K., Wagner, T. D., Taylor, S. F., & Liberzon, I. (2004). "Functional neuroimaging studies of human emotions. *CNS Spectrums 9*, 4, 258-266.

Lusebrink, V. B. (2004). "Art therapy and the brain: An attempt to understand the underlying processes of art expression in therapy." *Art Therapy: Journal of the American Art Therapy Association 21*, 3, 125-135.

Lutz, A., Greischar, L. L., Rawlings, N. B., Ricard, M., & Davidson, J. M. (2004). "Long-term meditators self-induce high amplitude gamma synchrony during mental practice." *Neuroscience 101*, 46, 16369-16373.

MacLean, P. D. (1990). *The Triune Brain in Evolution*. New York: Plenum Press.

Malchiodi, C. (1990). *Breaking the Silence: Art Therapy with Children from Violent Homes*. New York: Brunner-Mazel.

Malchiodi, C. (ed.) (2008). *Creative Interventions with Traumatized Children*. New York: Guilford.

Mason, J. W., Wang, S., Yehuda, R., Riney, S., Charney, D. S., & Southwick, S. M. (2001). "Psychogenic lowering of urinary cortisol levels linked to increased emotional numbing and a shame-depressive syndrome in combat-related posttraumatic stress disorder" *Psychosomatic Medicine 63*, 3, 387-401.

McGirr, A., Diaconu, G., Berlim, M. T., Prussner, J. C., et al. (2010). "Dysregulation of the sympathetic nervous system, hypothalmic-pituitary-adrenal axis and executive function in individuals at risk for suicide." *Journal of Psychiatry Neuroscience 35*, 6,

399-408.

Mehu, M., Mortillaro, M., Banziger, T., & Scherer, K. R. (2012). "Reliable facial muscle activation enhances recognizability and credibility of emotional expression." *Emotion 12*, 4, 701-715.

Mrazova, M., & Celec, P. (2010). "A systematic review of randomized controlled trials using music therapy for children." *Journal of Alternative and Complementary Medicine 16*, 10, 1089-1095.

O'Connor, T. M., O'Halloran, D. J., & Shanahan, F. (2000). "The stress response and the hypothalamic-pituitary-adrenal axis: From molecule to melancholia." *Quarterly Journal of Medicine 93*, 6, 323-333.

Ogden, P. (2009). "Emotion, Mindfulness, and Movement: Expanding the Regulatory Boundaries of the Window of Affect Tolerance." In D. Fosha, D. J. Siegel, & M. F. Solomon (eds) *The Healing Power of Emotion: Affective Neuroscience, Development, and Clinical Practice*. New York: Norton.

Ogden, P., Minton, K., & Pain, C. (2006). *Trauma and the Body: A Sensorimotor Approach to Psychotherapy*. New York: Norton.

Opthof, T. (2000). "The normal range and determinants of the intrinsic heart rate in man." *Cardiovascular Research, 45*, 1, 177-184.

Oveis, C., Cohen, A. B., Gruber, J., Shiota, M. N., Haidt, J., & Keltner, D. (2009). "Resting respiratory sinus arrythmia is associated with tonic positive emotionality." *Emotion 9*, 2, 265-270.

Patel, A. D. (2008). Music, Language, and the Brain. New York: Oxford University Press.

Peng, C. K., Henry, I. C., Mietus, J. E., Hausdorff, J. M., et al. (2004). "Heart rate dynamics during three forms of meditation." *International Journal of Cardiology 95*, 1, 19-27.

Peng, C. K., Mietus, J. E., Liu, Y., Khalsa, G., et al. (1999). "Exaggerated heart rate oscillations during two meditation techniques." *International Journal of Cardiology 70*, 1, 101-107.

Perls, F. (1973). *The Gestalt Approach and Eye Witness to Therapy*. New York: Science and Behavior.

Pesso, A. (1973). *Experience in Action: A Psychomotor Psychology*. New York: New York

University Press.

Phelps, E. A., Delgado, M. R., Nearing, K. I., & LeDoux, J. E. (2004). "Extinction learning in humans: Role of the amygdala and vmPFC." *Neuron 43*, 6, 897-905.

Pierrakos, J. C. (1987). *Core Energetics: Developing the Capacity to Love and Heal.* Mendocino, CA: LifeRhythm.

Porges, S. W. (1995). "Orienting in a defensive world: Mammalian modifications of our evolutionary heritage." *Psychophysiology 32*, 4, 301-318.

Porges, S. W. (1998). "Love: An emergent property of the mammalian autonomic nervous system." *Psychoneuroendocrinology 7*, 8, 837-861.

Porges, S. W. (2001). "The polyvagal theory: Phylogenetic substrates of a social nervous system." *International Journal of Psychophysiology 42*, 2, 123-146.

Porges, S. W. (2007). "The polyvagal perspective." *Biological Psychology 74*, 2, 116-143.

Porges, S. W. (2009). "The polyvagal theory: New insights into adaptive reactions of the autonomic nervous system." *Cleveland Clinic Journal of Medicine 76*, 2, 886-890.

Porges, S. W. (2011a). "Music Therapy, Trauma, and Polyvagal Theory." In S. W. Porges (ed.) *The Polyvagal Theory: Neurophysiological Foundations of Emotions, Attachment, Communication, Self-Regulation.* New York: Norton.

Porges, S. W. (2011b). *The Polyvagal Theory: Neurophysiological Foundations of Emotions, Attachment, Communication, Self-regulation.* New York, NY: Norton.

Porges, S. W., & Furman, S. A. (2011). "The early development of the autonomic nervous system provides a neural platform for social behavior: A polyvagal perspective." *Infant Child Development 20*, 1, 106-118.

Porges, S. W., Doussard-Roosevelt, J. A., Portales, A. L., & Greenspan, S. I. (1996). "Infant regulation of the vagal 'brake' predicts child behavior problems: A psychobiological model of social behavior." *Developmental Psychobiology 29*, 8, 697-712.

Porges, S. W., Doussard-Roosevelt, J. A., Portales, A. L., & Suess, P. E. (1994). "Cardiac vagal tone: Stability and relation to difficultness in infants and 3-year-olds." *Developmental Psychobiology 27*, 5, 289-300.

Rappaport, L. (2009). *Focusing-Oriented Art Therapy: Accessing the Body's Wisdom and Creative Intelligence.* London: Jessica Kingsley Publishers.

Rauch, S. L., Van der Kolk, B. A., Fisler, R. E., Alpert, N. M., et al. (1996). "A symptom provocation study of posttraumatic stress disorder using positron emission tomography and script-driven imagery." *Archives of General Psychiatry 53*, 5, 380-387.

Reich, W. (1960a) (First published 1942) "Therapy: Breakthrough into the Vegetative Realm." In *Wilhelm Reich: Selected Writings*. New York, NY: Farrar, Straus, and Giroux.

Reich, W. (1960b) (First published 1942) "Therapy: The Expressive Language of the Living." In *Wilhelm Reich: Selected Writings*. NY: Farrar, Straus, and Giroux.

Reich, W. (1980) (First published 1933) *Character Analysis* (Third edition) New York, NY: Farrar, Straus, and Giroux.

Rizzolatti, G., Fadiga, L., Gallese, V., & Fogassi, L. (1996). "Premotor cortex and the recognition of motor actions." *Cognitive Brain Research 3*, 2, 131-141.

Rogers, C. R. (1961). *On Becoming a Person*. Boston, MA: Houghton-Miffin.

Rogers, N. (1993). *The Creative Connection*. Palo Alto, CA: Science and Behavior.

Rogers, N. (2011). *The Creative Connection for Groups: Person-Centered Expressive Arts for Healing and Social Change*. Palo Alto, CA: Science and Behavior.

Rothschild, B. (2000). *The Body Remembers: The Psychophysiology of Trauma and Trauma Treatment*. New York: Norton.

Sapolsky, R. M. (1992). *Stress, Aging, and the Mechanisms of Neuron Death*. Cambridge, MA: MIT Press.

Sapolsky, R. M. (1996). "Stress, glucocorticoids, and damage to the nervous system: The current state of confusion." *Stress 1*, 1, 1-19.

Sapolsky, R. M. (1998). *Why Zebras Don't Get Ulcers: An Updated Guide to Stress, Stress-Related Diseases, and Coping*. New York: W.H. Freeman.

Sapolsky, R. M. (2003). "Stress and plasticity in the limbic system." *Neurochemical Research 28*, 11, 1735-1742.

Sapolsky, R. M., Romero, L. M., & Munck, A. M. (2000). "How do glucocorticoids influence stress responses? Integrating permissive, suppressive, stimulatory, and preparative actions." *Endocrine Review 21*, 1, 55-89.

Scherer, K. R. (2000). "Emotional Expression: A Royal Road for the Study of Behavior

Control." In A. Grob & W. Perrig (eds) *Control of Human Behavior, Mental Processes, and Awareness*. Hillsdale, NJ: Lawrence Erlbaum.

Schore, A. N. (2000). "Attachment and the regulation of the right brain." *Attachment and Human Development 2*, 1, 23-47.

Schore, A. N. (2001). "Effects of secure attachment relationship on right brain development, affect regulation, and infant mental health." *Infant Mental Health Journal 22*, 1-2, 7-66.

Schore, A. N. (2002). "Dysregulation of the right brain: A fundamental mechanism of traumatic attachment and the psychopathogenesis of posttraumatic stress disorder." *Australian and New Zealand Journal of Psychiatry 36*, 1, 9-30.

Schore, A. N. (2003a). "Early Relational Trauma, Disorganized Attachment, and Development of a Predisposition to Violence." In M. F. Solomon & D. J. Siegel (eds) *Healing Trauma: Attachment, Mind, Body, and Brain*. New York: Norton.

Schore, A. N. (2003b). *Affect Regulation and the Repair of the Self*. New York: Norton.

Schore, A. N. (2009). "Right-brain affect regulation: An essential mechanism of development, trauma, dissociation, and psychotherapy." In D. Fosha, D. J. Siegel, & M.F. Solomon (eds) *The Healing Power of Emotion: Affective Neuroscience, Development, and Clinical Practice*. New York: Norton.

Schore, A. N. (2012). *The Science of the Art of Psychotherapy*. New York: Norton.

Schore, J. R., & Schore, A. N. (2008). "Modern attachment theory: The central role of emotional regulation in development and treatment." *Clinical Social Work Journal 36*, 9-20.

Segerstrom, S. C., & Solberg-Nes, L. (2007). "Heart rate variability reflects self-regulatory strength, effort, and fatigue." *Psychological Science 18*, 3, 275-281.

Shamay-Tsoory, S. G. (2009). "Empathic Processing: Its Cognitive and Affective Dimensions and Neuroanatomical Basis." In J. Decety & W.Ickes (eds) *The Social Neuroscience of Empathy*. Cambridge, MA: MIT Press.

Siegel, D. J. (2003). "An Interpersonal Neurobiology of Psychotherapy: The Developing Mind and the Resolution of Trauma." In M. F. Solomon & D. J. Siegel (eds) *Healing Trauma: Attachment, Mind, Body, and Brain*. New York: Norton.

Siegel, D. J. (2007). *The Mindful Brain: Reflection and Attunement in the Cultivation of Well-Being*. New York: Norton.

Siegel, D. J. (2012). *The Developing Mind: How Relationships and the Brain Interact to Shape Who We Are* (Second edition). New York: Guilford.

Southwick, S. M., Vythilingam, M., & Charney, D. S. (2005). "The psychobiology of depression and resilience to stress: Implications for prevention and treatment." *Annual Review of Clinical Psychology 1*, 1, 255-291.

Steele, W., & Malchiodi, C. (2012). *Trauma-Informed Practices with Children and Adolescents*. New York: Taylor and Francis.

Taylor, J. B. (2009). *My Stroke of Insight: A Brain Scientist's Personal Journey*. New York, NY: Plume/Penguin.

Thompson, B. T., & Andrews, S. R. (2000). "An historical commentary on the physiological effects of music: Tomatis, Mozart, and neuropsychology." *Integrative Physiological and Behavioral Science 35*, 3, 174-188.

Treadway, M. T., & Lazar, S. W. (2009). "The Neurobiology of Mindfulness." In D. Fabrizio (ed.) *Clinical Handbook of Mindfulness*. New York: Springer.

Vacharkulksemsuk, T., & Fredrickson, B. L. (2012). "Strangers in synch: Achieving embodied rapport through shared movements." *Journal of Experimental Social Psychology 48*, 1, 399-402.

van der Kolk, B. A. (1994). "The body keeps the score: Memory and the evolving psychobiology of posttraumatic stress disorder." *Harvard Review of Psychiatry 1*, 5, 253-365.

van der Kolk, B. A. (2003). "Post-Traumatic Stress Disorder and the Nature of Trauma." In M. F. Solomon & D. J. Siegel (eds) *Healing Trauma: Attachment, Mind, Body, and Brain*. New York: Norton.

Wiener, D. J. (ed.) (1999). *Beyond Talk Therapy: Using Movement and Expressive Techniques in Clinical Practice*. Washington, DC: American Psychological Association.

Wilner, K. B. (1999). "Core Energetics: A Therapy of Bodily Energy and Consciousness." In D. J. Wiener (ed.) *Beyond Talk Therapy: Using Movement and Expressive Techniques in Clinical Practice*. Washington, DC: American Psychological Association.

Woldt, A., & Toman, S. (2005). *Gestalt Therapy: History, Theory, and Practice.* Thousand Oaks, CA: Sage.

Yehuda, R. Giller, E. L., Southwick, S. M., Lowy, M. T., & Mason, J. W. (1991). "Hypo-thalamic-pituitary-adrenal dysfunction in post-traumatic stress disorder." *Biological Psychiatry 30*, 1031-1048.

Yehuda, R., Southwick, S. M., Mason, J. W., & Giller, E. L. (1990a). "Interactions of the Hypothalamic-Pituitary-Adrenal Axis and the Catecholaminergic System in Post-Traumatic Stress Disorder." In E. L. Giller (ed.) *Biological Assessment and Treatment of PTSD.* Washington, DC: American Psychological Association.

Yehuda, R., Southwick, S. M., Mason, J. W., & Giller, E. L. (1990b). "Low urinary cortisol secretion in patients with post-traumatic stress disorder." *Journal of Nervous and Mental Disease 178*, 6, 366-369.

Ziadel, D. W. (2005). *Neuropsychology of Art: Neurogical, Cognitive, and Evolutionary Perspectives.* New York: Psychology Press.

[부록 1]

자원

마음챙김 기초 훈련

통찰명상

이 내용은 Joel Gluck의 Theravada 불교 강의를 참조한 것이다. 네 단계의 과정으로 이루어진 본 명상의 전체 내용을 알고 싶은 경우, 다음 웹 사이트를 방문할 수 있다. www.insightimprov.org/Resource.html.

1. 명상에 도달하기–이완–현재 지각하기

조용한 방에서, 편안하게 앉을 수 있는 자리를 찾습니다. 신체를 이완합니다. 만약 도움이 된다고 생각된다면, 눈을 감습니다. 현재의 순간에 도달하기 위해 몇 분간 가만히 있습니다.

아무것도 바꾸지 말고, 거기에 존재하는 것을 알아차려 봅니다. 신체를 알아차리고, 쿠션이나 의자와 맞닿아 있는 부분을 느껴 봅니다. 신체의 에너지를 알아차리고, '감정의 고조' 또는 기분을 느껴 봅니다. 지금 현재, 오늘의 기분은 어떻습니까? 긴장과 이완을 알아차립니다. 의도적으로 호흡을 긴장의 영역으로 보내고 날숨과 함께 빠져나가도록 합니다. 모든 불필요한 짐과 경직된 생각을 내보냅니다. 이완되면서도 흐트러지지 않은 태도로 앉아 있도록 합니다.

2. 호흡(Anapanasati)을 활용한 하나의 대상에 대한 마음챙김 기르기(Samadhi)

준비가 되면, 당신의 호흡을 알아차립니다. 호흡에 따라 배가 들어가고 나오고 하는 것을 알아차릴 수 있을 것이며, 또는 콧구멍을 통해 호흡이 들어가고 나오는 감각을 알아차릴 수 있을 것입니다. 집중할 영역 하나를 고릅니다. 호흡을 통제하거나 바꾸려고 하지 말고 단지 알아차리기만 합니다.

만약 당신이 과거, 미래, 판단, 계획, 환상 등과 같이 무엇이든지 생각하는 것을 발견한다면, 단지 당신이 생각하고 있다는 것을 알아차리고(마음속으로 "생각하기."라고 말할 수 있다), 여기에 대해 자신을 판단하지 않도록 합니다. 다만, 다시 호흡에 대한 알아차림으로 돌아가도록 합니다. 이러한 명상 대상(여기에서는 호흡)을 일정하게 반복하는 것을 '마음챙김'이라고 부릅니다. 각 들숨과 날숨에서 세부적인 것을 알아차립니다. 신체가 어떻게 느끼는지, 어떤 변화가 있는지, 호흡은 깊은지, 얕은지, 거친지, 부드러운지, 빠른지, 느린지, 호흡에 마음을 빼앗겨 봅니다.

위빠사나(3번째 단계)로 들어가기 전에, 이러한 방법으로 5~15분간 명상을 합니다.

3. 비선택적 알아차림으로 들어가기(Vipassana)

이제, 명상에서 하나의 대상을 선택하는 대신, 우리는 의식의 모든 경로를 열어놓고, 대상이 우리를 선택하도록 합니다. 명상하는 동안—만약 당신이 혼란스럽거나 압도된다면—당신은 호흡을 닻처럼 사용해서 언제든 호흡으로 돌아갈 수도 있습니다.

위빠사나(Vipassana)를 준비하면서, 여섯 개의 '감각의 문'을 방문해 보는 것이 도움이 됩니다. 첫 단계는 모든 신체의 알아차림을 개방하는 것입니다. 드러나는 모든 신체적 감각을 알아차립니다. 또한 신체의 모든 에너지와 감각의 고조를 알아차리도록 합니다. 다음은 다른 감각을 동시에 개방합니다. 소리, 냄새, 맛, 그리고 시각적 감각. 만약 당신이 감각에 대해 생각하고 생각 안에서 길을 잃고 있다는 것을 발견한다면, 다시 현재의 순간으로 돌아와서 다음 감각이 무엇이든 간에 즉각적으로 두드러지는 점을 알아차립니다. 예를 들어, 소리는 소리 그 자체로 받아들입니다(고조, 음량, 음색 등). 마지막으로, 여섯 개의 감각의 문(마음의 대상)을 열기 위해 잠시 시간을 갖습니다. 머릿속의 생각과 목소리, 마음속의 심상을 알아차립니다.

이제 스스로를 위빠사나를 향해 개방합니다. 의식적으로 주의를 기울이기보다는 의식의 영역에 떠오르는 모든 것을 알아차립니다. 이는 소리, 냄새, 고통, 가려움, 생각, 감정 등이 될 수 있습니다. 떠오르는 이러한 대상을 알아차리고, 어떻게 변하는지 알아차립니다, 만약 전혀 변하지 않으면, 그 대상이 어떻게 지나가는지 알아차립니다.

만약 도움이 된다면, 대상이 나타나는 의식의 경로에 이름을 붙여 두는 것도 자유롭게 할 수 있습니다. '소리' '신체 감각' '냄새' '마음 대상' 등. 이는 당신이 순간순간의 의식을 유지할 수 있도록 돕고 생각 안에서 길을 잃지 않도록 합니다.

연습으로 위빠사나가 심화되면, 당신은 의식의 영역에 나타나는 대상만이 아니라 그 자체로서 의식의 본질까지 점점 더 알아차릴 수 있게 될 것입니다.

당신이 원하는 만큼 길게 이러한 방법으로 명상을 합니다. 만약 명상을 처음 해 본다면 5~10분 동안 할 수 있고, 숙달된 명상자라면 더 길게 할 수 있습니다.

4. 자애명상(Lovingkindness, Metta) 연습하기

메따(Metta)의 목적은 우리 명상의 초반부에서 수련한 마음챙김과 개방성의 자질을 습득하고, 그러한 자질을 우리의 사랑, 자비심, 공감적 기쁨, 평정심과 같은 우리 자신과 타인을 위한, 우리의 능력 개발에 사용하는 것입니다.

스스로에게 메따를 보내면서 시작합니다. 당신의 마음을 이러한 메시지를 향해 개방하고, 당신은 이 메시지들을 향해 마음속으로 조용히 말을 합니다(또한 다음 문구들이 당신에게 효력이 없다면 당신 자신만의 말을 찾아도 무방합니다). 다음 문구들이 온전히 느껴지고 습득될 수 있을 때까지 최대한 많이 반복하도록 합니다.

- 나는 편안하고 행복하다.
- 내 몸과 마음은 편안해진다.
- 내 마음은 사랑과 친절함의 자비심으로 가득 차 있다.
- 나는 자유롭고 내려놓을 수 있다.
- 나는 평화롭다.

그 뒤 잠시 동안 당신 스스로에게 보내고 싶은 메따의 다른 어떤 메시지가 있다면 자신에게 보내도록 합니다. 이러한 메시지는 당신이 지금 현재 또는 오늘 필요하다고 느끼는 특정한 것이 될 수도 있습니다.

다음으로, 우리는 다른 사람이나 존재에게 메따를 보냅니다(만약 당신이 앉아서 충분한 시간을 보냈다면, 메따 명상의 이 부분은 전통적으로 세 단계—사랑하는 사람, 중립적인 사람 그리고 도전적인 사람에게 자비심 보내기—로 수행될 수 있습니다. 만약 당신이 메따 실습에 초심자라면, 보내기 쉬운 사람에게 메따를 보내는 것으로 시작하는 것이 도움이 됩니다).

마음의 눈으로 한 사람을 떠올리고, 개방된 마음으로 그가 당신의 자비심을 받는 것에 대한 그림을 그려 봅니다.

- 당신은 편안하고 행복합니다.
- 당신의 몸과 마음은 편안해집니다.
- 당신의 마음은 사랑과 친절함의 자비심으로 가득 찹니다.
- 당신은 자유롭고 내려놓을 수 있습니다.
- 당신은 평화롭습니다.

잠시 동안 그 사람에게 보내고 싶은 메따의 다른 메시지가 있다면 보낼 수 있는 시간을 가지도록 합니다.

마지막으로, 우리는 모든 존재에게 메따를 보냅니다. 우리가 우리의 자비심을 세상 곳곳, 모든 사람, 동물, 식물에게 또한 우주 모든 존재에게 보낼 수 있다고 상상해 봅니다. 특히 세계적으로 질병, 가난, 굶주림, 불의 또는 무관심으로 고통받고 있는 사람들을 떠올립니다.

- 모든 존재는 편안하고 행복합니다.
- 모든 존재는 그들의 몸과 마음이 편안해집니다.
- 모든 존재의 마음은 사랑과 친절함의 자비심으로 가득 찹니다.
- 모든 존재는 자유롭고 내려놓을 수 있습니다.
- 모든 존재는 평화롭습니다.
- 평화롭고, 평화롭고, 평화롭습니다.

잠시 동안 모든 존재들에게 보내고 싶은 메따의 다른 메시지가 있다면 보낼 수 있는 시간을 가지면서 오늘을 마무리합니다. 그 뒤 부드럽게 명상에서 일상으로 전환합니다. 다른 존재와 당신의 상호작용 속에서 마음챙김, 개방성, 자비심과 같은 자질을 습득합니다.

기타 마음챙김 훈련

연습 5, 6, 7은 Thich Nhat Hanh의 가르침을 기초로 한다. 이러한 가르침은 Laury Rappaport에 의해 개정된 바 있다[Rappaport (2009). *Focusing-Oriented Art Therapy: Accessing the Body's Wisdom and Creative Intelligence*. London: Jessica Kingsley Publishers에서 발췌. Guided audio CD: Focusing for Wellbeing available at: www.focusingarts.com].

5. 마음챙김 호흡

종소리: 당신이 종소리를 들으면, 스스로 호흡을 즐기도록 합니다.

몸속으로 깊은 호흡을 받아들이는 것으로 시작하고, 의자, 땅, 그리고 하늘이 몸을 지지하는 것을 느낍니다. 당신이 호흡과 함께 이러한 짧은 구절에 고요하게 반응하면서 들숨과 날숨을 알아차립니다.

"숨을 들이쉬며, 나는 내가 숨을 들이쉰다는 것을 알고 있습니다.
숨을 내쉬며, 나는 내가 숨을 내쉰다는 것을 알고 있습니다."

이를 몇 번 반복합니다.

"마음속에 떠오르는 생각이 무엇이든, 단지 알아차리기만 하고 마치 하늘의 구름처럼 그대로 지나가도록 합니다."

몇 차례 반복한다면, '안'과 '밖'이라는 단어로 내적 문장을 더 짧게 할 수도 있습니다. 추가적인 단어 또는 문장은 '고요한 들숨, 평화로운 날숨'과 같은 단어로 대체될 수도 있습니다. Thich Nhat Hanh(2001)은 또한 어려운 감정들을 다루는 방법에 대해서도 가르쳤습니다. "들숨, 나는 내 안의 분노를 알아차립니다. 날숨, 분노가 나를 떠납니다." 나는 내담자의 요구에 맞게 가타(gathas, 짧은 문장)를 조정합니다.

6. 걷기명상

몸속으로 깊은 호흡을 받아들이며 시작하고, 들숨과 날숨을 알아차립니다. 당신의 호흡을 알아차리면서, 들어 올리는 한 발 한 발과 움직이는 공간을 알아차리며 땅과 접촉합니다. 속도는 느리게 합니다. 짧은 가타 또는 문구는 조용하게 반복되며 호흡과 특정 발걸음에 맞추도록 합니다.

왼발: 숨을 들이쉽니다. 나는 들어오는 숨을 알아차립니다.
오른발: 숨을 내쉽니다. 나는 나가는 숨을 알아차립니다.

몇 번의 반복 후에 당신은 문장을 더 짧게 할 수 있습니다.

왼발: 안, 들숨 알아차림
오른발: 밖, 날숨 알아차림

다른 문장으로 대체될 수도 있습니다. 예를 들면, 어려운 감정을 변화시키기 위해 다음 가타를 활용할 수 있습니다.

왼발: 숨을 들이쉽니다. 나는 내 안의 분노를 알아차립니다.
오른발: 숨을 내쉽니다. 나는 분노가 나를 떠나는 것을 알아차립니다.

(감정을 불안, 두려움, 외로움 등으로 변경시킵니다.) 이러한 가타를 몇 차례 반복하면, 평화와 고요한 감정을 가져오는 자연스러운 감정을 느낄 수 있습니다.

왼발: 숨을 들이쉽니다. 나는 고요합니다.
오른발: 숨을 내쉽니다. 나는 평화롭습니다.

7. 조약돌 명상

돌이나 조약돌은 원 중앙에 위치시킵니다.

종소리: 종소리가 울립니다. 그리고 내담자들은 이 소리를 들으면서 스스로의 호흡을 즐기도록 합니다.

각 개인들은 네 개의 돌을 갖습니다. 각 돌들은 서로 다른 요소를 대표합니다. 꽃, 산, 물, 우주. 치료사는 집단원들이 한 번에 하나의 돌만 집어 들고, 주의 깊게 호흡합니다. 치료사는 다음 문구를 두세 번 크게 낭독하고, 내담자는 스스로 그 문구를 조용히 따라 합니다.

첫 번째 돌: 숨을 들이쉽니다. 나는 나를 꽃으로 봅니다.

숨을 내쉽니다. 나는 상쾌함을 느낍니다(돌을 옆에 둡니다).

두 번째 돌: 숨을 들이쉽니다. 나는 나를 산으로 봅니다.

숨을 내쉽니다. 나는 단단함을 느낍니다(돌을 옆에 둡니다).

세 번째 돌: 숨을 들이쉽니다. 나는 나를 연못 속의 잔잔한 물로 봅니다.

숨을 내쉽니다. 나는 투명함을 느낍니다(돌을 옆에 둡니다).

네 번째 돌: 숨을 들이쉽니다. 나는 나를 우주로 봅니다.

숨을 내쉽니다. 나는 자유로움을 느낍니다(돌을 옆에 둡니다).

선택: 명상 후에, 당신이 어떻게 느꼈는지 알아차리고 미술을 통해 느낀 감각을 표현한다.

8. 바디스캔 수행

이 내용은 Kabat-Zinn(1991, pp. 92-93)의 연구를 Patricia D. Isis가 수정한 것입니다(www.MiamiArtTherapy.com에서 CD를 참조할 수 있음).

조용하고 편안하게 누울 수 있는 곳을 찾은 후 발을 중앙에서 멀어지는 방향으로 두고, 팔은 이완해서 양옆으로 두며, 손은 바닥에 평평하게 두거나 배 위에 교차되지 않게 올려 둡니다. 이 자세를 고요함과 깨어 있음의 자세로 합니다. 당신이 숨 쉬고 있는 것을 알아차립니다. 가만히 호흡하도록 내버려 둡니다. 변화시키려고 하거나 옮기려고 하지 않습니다. 호흡의 리듬을 바꾸지 않고 완전한 호기(exhalation)와 완전한 흡기(inhalation)에 대한 알아차림에 머무릅니다.

준비가 되었다면, 호흡을 닻처럼 사용하여 양쪽 발에 집중합니다. 호흡이 들어와서 발끝과 양 발끝 사이, 발바닥, 양 발등을 포함한 양쪽 발로 나가도록 합니다. 호흡이 당신의 신발, 양말 또는 스타킹 안으로 들어오는 그림을 그려 봅니다. 당신의 발을 구성하는 피부 안쪽 혈류, 뼈, 인대, 힘줄, 관절 안으로 호흡을 불러들입니다. 좋든 나쁘든 중립적이든 당신의 의식에 떠오르는 모든 감각을 수용합니다.

당신의 초점을 다리로 옮겨 가고, 호흡을 발목으로 불러들인 후에 아래쪽 다리, 무릎, 슬개골 그리고 위쪽 다리의 근육, 뼈, 혈류를 통해 위로 끌어올리고, 다시 발목으로 돌려보냅니다. 따뜻함, 차가움, 가려움, 마름, 습기, 긴장, 저림, 고통, 또는 무감각과 같은 모든 감각을 알아차립니다. 단지 호흡을 닻으로 삼아 유순한 당신의 의식이 다리로 향하도록 하며, 당신은 현재를 완전하게 경험하도록 합니다.

이제 부드럽게 당신의 주의를 당신의 신체 중 골반 부위로 옮겨 갑니다. 당신의 호흡을 골반과 생식기, 대둔근과 항문 주변과의 옷과 피부, 뼈로 들어가고 나오도록 합니다. 모든 감정과 감각의 환영을 알아차리고, 소중하고도 거친 당신의 몸에 그러한 감각이 부족한 부분은 없는지 알아차립니다. 놀라움, 두려움 또는 범상함에 관계없이 모든 의식을 개방하고 수용합니다.

준비가 되었다면, 당신의 호흡과 주의를 척추와 등으로 가져갑니다. 호흡이 척추에 배어들며 아랫부분을 통해 올라오고 당신의 등 전체를 통해 빠져나가는 것을 느낍니다. 당신의 안내에 따라 호흡에서 알아차리게 되는 모든 것을 환영하는 마음을 가집니다. 당신의 초점을 배 쪽으로 옮겨 갑니다. 당신의 호흡을 배로 불러들였다가 나가도록 하고, 좋든 싫든 지금 여기에서 당신의 삶과 몸이 흡수하고 소화하고 있는 모든 것에 접촉하도록 합니다. 단순히 지금 순간에 당신의 몸에 이러한 것이 있기 때문에, 그저 모든 것을 수용합니다. 이제 당신의 몸 중 가슴 부위에 집중하고, 호흡이 중요한 장기를 품고 있는 늑골뼈 주변의 옷과 피부를 통해 들어오고 나가도록 합니다. 당신은 아마도 당신의 심장박동을 느낄 수 있고, 판단 없이 폐가 꽉 차고 다시 비워지는 경험에 주의를 기울일 수도 있습니다.

준비가 되었다고 느끼면, 이제 당신의 초점을 손과 팔로 향하도록 합니다. 당신의 생명력을 하나하나의 손가락과 손가락 사이의 공간, 전체 손과 손목, 팔, 팔꿈치에서 팔의 가장 윗

부분에 이르기까지 모든 곳으로 보냅니다. 호흡이 마치 피부와 관절, 뼈와 크고 작은 근육들, 혈류, 인대, 힘줄, 동맥과 정맥을 떠돌아다니는 것을 경험합니다. 거기에 존재하거나 존재하지 않는 모든 것에 대해 온화함과 자비심을 알아차립니다.

숨을 내쉴 준비를 하고, 당신의 호흡을 어깨에 안착시키고, 전체 어깨와 날개뼈로 호흡을 들이쉬고 내쉽니다. 사랑과 평정심으로 떠오르는 모든 것에 주의를 기울입니다. 다시 준비가 되면, 목으로 호흡이 들어가고 나가도록 합니다. 모든 따뜻함, 긴장, 고통, 어두움, 밝음, 개방성과 폐쇄성에 주의를 기울입니다. 발견한 것이 무엇이든, 그것은 그대로 존재하는 것이기 때문에 그대로 수용하도록 합니다.

준비가 되면, 호흡을 얼굴과 두개골로 옮깁니다. 호흡이 피부와 전두, 관자놀이, 안와, 눈, 광대뼈, 비강과 구강을 통해 전체 얼굴로 흘러들도록 합니다. 호흡이 모낭을 통하고 뇌로 들어가고 나오도록 하면서 전체 두개골로 확산되도록 합니다. 당신의 신체 중 이 영역에서의 모든 경험과 즐거움, 불쾌함, 중립적인 자극에 주의를 기울이고 모든 것을 당신의 의식 안에 부드럽게 파지하도록 합니다.

준비가 되면, 당신의 머리 위에 마치 고래처럼 분수 구멍이 하나 있는 것처럼 상상합니다. 머리 위의 상상된 구멍으로 호흡을 들이쉬고 이 호흡을 당신과 하나의 완전한 구멍을 연결하고 있는 신체의 모든 부위로 보냅니다. 호흡을 두개골, 얼굴로 보내고, 목과 어깨, 팔, 손가락으로 내려 보내며, 가슴과 배, 등, 척추, 골반, 다리, 발로 보내고 발끝으로 내보냅니다. 그리고 다시 발끝으로 불러들여서 발, 다리, 골반, 등, 척추, 위, 가슴, 손, 팔, 어깨, 목, 얼굴, 두개골을 거쳐서 머리 위의 상상된 분수구멍으로 내보냅니다. 지금 현재의 당신이 가진 전체성과 완전성을 강화합니다. 다시 호흡이 들어오고 나가는 것을 자연스럽게 합니다. 부드럽게 당신의 발과 발끝을 흔들어 주기 시작합니다. 준비가 되면, 옆으로 돌아서 당신의 경험을 공유할 수 있는 자세로 부드럽게 전환합니다.

음악 자원(Van Dort & Grocke, © 2013)

다음 음악들은 음악과 심상 회기에 적합하게 선택된 음악들로, 초기 회기에는 짧은 선곡이 있으며, 집단이 음악과 심상 과정에 익숙해지면 긴 노래를 선곡한다(주의: 지속시간은 레코딩의 차이에 따라 다를 수 있음).

작곡자	제목	지속시간
Bach	Suite No.3–Air	5:15
Bach	Brandenburg Concerto #6–Adagio	5:29
Bach	Christmas Oratorio–Shepherd's Song	5:55
Beethoven	Piano Concerto No.#5–Adagio	7:45
Beethoven	Romance #2 in F major	9:47
Bizet	Carmen Suite #1–Intermezzo	2:32
버터워스	On the Banks of Green Willow	6:07
Dvorak	Czech Suite–Romance	4:32
Elgar	Serenade for Strings–Larghetto	5:49
Elgar	Sospiri Op.70	4:31
Faure	Pavane	7:44
Faure	Requiem–In paradissum	3:17
Gluck	Orfeo and Euridice–Dance of the blessed spirits	2:44
Grieg	Peer Gynt Suite–Morning Peer Gynt Suite #2–Solveig's song	4:00 5:00
Grieg	Holberg Suite–Air	5:44
Grieg	Cradle Song	4:07
Grieg	Two Elegiac Melodies Op.34–Last Spring	5:55
Holst	Planets Suite–Venus –Neptune	8:07 7:01
Korngold	Much Ado bout Nothing–Garden Scene	4:38
Liado	The Enchanted Lake	7:58
Mascagni	Cavelleria Rusticana–Intermezzo	2:59
Massenet	Thais–Meditation	5:47
Massenet	The Virgin–The Last Sleep	3:55
Mozart	Eine Kleine Nachtmusik–Romance	6:03
Pachelbel	Canon in D	7:07

Puccini	Madame Butterfly−Humming Chorus	2:46
Rachmaninov	Songs Op. 34−Vocalise	6:51
Ravel	Pavane	6:16
Respighi	The Bird Suite−The Nightingale −The Dove	4:30 4:30
Respighi	The Fountains of Rome Villa Guilia at Dawn Villa Medici at Sunset	4:28 5:45
Saint-saens	Carnival of the Animals−The Swan	3:07
Stamitz	Cello Concerto No. 2 in A−Romance	6:51
Tchaikovsky	Romance in F minor	5:46
Tchaikovsky	Andante Cantabile Op. 11	6:44
Vaughan-Williams	Rhosymedre	3:58
긴 선곡(약 10분 또는 그 이상)		
Albinoni	Adagio for Strings and Organ	11:46
Debussy	Afternoon of a Faun	10:30
Dvorak	Romance in F minor	12:46
Chopin	Piano Concerto 1 in E minor−Romance Larghetto	9:19
Haydn	Cello Concerto in C−Adagio	9:45
Mozart	Concerto for Flute and Harp−Andantino	9:40
Mozart	Piano Concerto 20 in D minor−Romance	9:00
Mozart	Piano Concerto 21−Andante	7:15
Part	Spiegel im Spiegel	10:41
Ravel	Introduction and Allegro for Harp and Orchestra	10:17
Vaughan-Wiliams	Serenade to Music	11:40

[부록 2]

기고자 명단과 인물 정보

Pat B. Allen, Ph.D., ATR, HLM

Pat B. Allen은 미술과 글쓰기를 통해 창조적 자원을 연결시키는 저자, 예술가 그리고 미술치료사로 알려져 있다. 그녀의 두 권의 저서 『미술은 자신을 알아가는 방법이다(Art is a Way of Knowing)』(Shambhala, 1995)와 『미술은 영적으로 나아가는 길이다(Art is a Spiritual Path)』(Shambhala, 2005)는 미술, 심리, 영성 그리고 사회적 행동 간의 경계를 탐색한다. 현재 그녀는 캘리포니아 오자이에서 책을 쓰면서 미술을 통하여 자연세계를 탐색하는 일을 한다. 그녀는 퍼머컬처(permaculture)와 신체를 기본으로 하는 연구 분야에서 훈련을 받았고 그것이 이 책에 영향을 미쳤다. Allen 박사는 시카고에서 오픈 스튜디오 프로젝트의 공동 창시자이며 현재 오픈 스튜디오 과정 지도자 자격과정 훈련을 돕고 있다. 그녀는 창조적인 과정을 통하여 이중성을 분해하는 것(dissolving dualities via the creative process)에 대한 책을 저술 중이다.

Zoë Avstreih, MS, LPC, BC-DMT, NCC

Zoë Avstreih는 참동작 연구를 위한 센터의 창시자이자 책임자이며 무용/동작치료사협회의 이사이다. 그리고 콜로라도 주에서 전문자격증을 가지고 있는 상담사이며 뉴욕 주에서 심리분석가와 미술치료사 자격증을 가지고 있다. Zoë는 콜로라도 볼더에 있는 나로파 대학교의 신체상담심리(Somatic Counseling Psychology) 프로그램에서 무용/동작치료 집중 코스를 담당하는 코디네이터이며 나로파 대학교의 대학원 심리학부 교수이다. 그녀는 Pratt 연구소에 있는 무용/동작치료 프로그램의 창시자이자 최초의 지도자이다. 참동작 개발의 창시자로서 Zoë는 국제적으로 강의와 교육을 하고 있으며 치료 및 신체기반 알아차림 훈련(body-based awareness practice)의 두 가지 형태로 참동작에 초점을 둔 광범위한 책들을 출판하고 있다.

Nancy Beardall, Ph.D., BC-DMT, LMHC, CMA.

Nancy Beardall은 예술과 과학 대학원과 매사추세츠, 케임브리지에 있는 레슬리 대학교의 표현치료학과 부교수이다. 무용/동작치료사, 컨설턴트, 공인된 동작분석가 그리고 교육자로서 Beardall 박사의 작업은 공립학교에서 무용/동작 및 표현예술을 통해 인지적 · 사회적 · 정서적 · 관계적 개발에 집중한다. Beardall 박사는 중학교와 고등학교 학생들을 위한 커리큘럼을 개발해 왔다. 괴롭힘, 성적 괴롭힘, 10대의 데이트 폭력을 예방하고 성 존중, 의사결정 기술, 건강한 관계 형성을 증진시키는 커리큘럼이나 예술을 통한 지역 공동체 세우기 프로그램은 학생, 학부모, 그리고 지역 공동체 구성원들을 대상으로 한다.

Fiona Chang, REAT, RSW, M Soc Sc.

Fiona Chang은 홍콩 대학교 행동건강 센터에서 주최된 표현예술치료 훈련 프로그램의 창시자이자 3년째 프로그램 지도자이다. 그녀는 '병원 내 미술(Art in Hospital)'의 부위원장이며 홍콩 표현예술치료협회 회장이며 홍콩 미술치료사협회의 최초 실행위원이다. 그녀는 '경계 없는 미술치료(Art Therapy Without Borders)', 산타페에 있는 사우스웨스턴 대학, 캘리포니아 5개 분과대학의 심신학과, 그리고 캄보디아의 Ragamuffin 프로젝트를 포함하여 몇몇 기관의 조언자로 도움을 주고 있다. 그녀는 국제표현예술치료협회 지역위원회 공동의장이다. 그녀는 거의 18년 동안 다양한 환경에서 상담과 집단치료에 다양한 표현예술 과정을 통합해 왔다. 그녀는 국제 훈련가이자 아마추어 예술가이고 사진작가이며 전업주부이다. 그녀는 온전한 행복감(holistic wellness)은 각 개인의 자기치유 잠재성을 실현시키는 것으로 보고, 이를 위해 심신을 연결시키고자 서구의 표현예술치료 모델에 중국의 은유들을 통합하는 데 관심을 가졌다.

John Fox, CPT.

John Fox는 시인이며 시치료사 자격증을 가지고 있다. 그는 샌프란시스코에 있는 캘리포니아 통합연구소 교수이다. 그는 버클리에 있는 존 F. 케네디 대학, 팰러앨토에 있는 초월심리학 연구소, 그리고 오클랜드에 있는 홀리 네임스 대학에서 가르친다. John은 『시 의학: 시 창작을 통한 치유 미술(Poetic Medicine: The Healing Art of Poem-Making)』 그리고 『잃어

버리지 말아야 할 것들을 찾아가기: 시 창작을 통해 당신의 진실과 창의성 표현하기(Finding What You Didn't Lose: Expressing Your Truth and Creativity Through Poem-Making)』의 저자이며 교육, 글쓰기, 의학, 치유 등 광범위한 영역의 책 속에 수많은 에세이를 쓴 사람이다. 그의 일은 PBS 다큐멘터리 〈치유의 단어들: 시와 의학(Healing Words: Poetry and Medicine)〉에 잘 나타나 있다. 그는 Praeger/Greenwood에 의해 출판된 세 권짜리 작품인 『온전한 사랑의 건강 돌보기(Whole Person Health Care)』에 두 챕터를 기고했다. John은 미국 전역의 다양한 종류의 환경—스탠퍼드, 하버드와 같은 의과학교와 병원들, 게인즈빌에 있는 Shands 병원, 오하이오, 콜리브랜드에 있는 대학병원, 워싱턴 시애틀에 있는 Fred Hutchinson 암 센터—에 참석했다. 그는 아일랜드, 영국, 이스라엘, 쿠웨이트, 한국과 캐나다에서도 강연을 해 왔다. John은 시의학을 위한 연구소 대표이다. 그에 대해서 더 알기를 원한다면 www.poeticmedicine.org를 방문해 보라.

Michael A. Franklin, Ph.D., ATR-BC

Michael A. Franklin은 나로파 대학교 대학원 초자아 미술치료 프로그램의 협력자이다. 그는 또한 사회참여 예술가의 역할과 영적 훈련 및 문화적 공감대를 지원할 수 있는 연구 및 조사를 위해 의도된 학습 환경을 만들어 주는 나로파 커뮤니티 아트 스튜디오의 감독이다. Naropa의 창시자인 Michael은 임상가로서 훈련을 받고, 성 테레사 컬리지와 볼링 그린 주립대학에서 미술치료 프로그램을 지도하였다. Michael은 세계적 명강사이자 미학, 자아존중감, AIDs 도상학, 해석적 전략, 지역 공동체 기반 미술치료 그리고 요가, 명상, 응용된 공감 방법들을 포함하는 명상적 접근법들을 포괄하는 다양한 주제들로 수많은 논문들을 발표했다. 예술가이자 저자로서 Michael의 최근 연구는 미술치료, 사회참여, 요가철학 그리고 명상(artisyoga.com을 보라) 간의 관계를 통합하는 것에 집중한다.

Jürgen Fritsche

Jürgen Fritsche는 독일 뮌스터에서 태어났다. 그는 현재 뮌헨 대학교에 있는 미술교육에서 박사학위 과정 중에 있다. 그는 뮌스터, 모스크바, 그리고 함부르크에서 미술역사, 일본에 대한 연구 및 슬라브족에 대한 연구를 하였다. 그리고 Karlsruhe 순수예술 공립학교에서

순수미술과 뮌헨 순수예술(MA와 동등한)학교에서 미술치료에 대한 연구를 했다. 그는 독일, 미국, 브라질, 스위스, 룩셈부르크 그리고 스페인을 포함한 여러 다른 나라들에서 일도 하고 전시회도 개최하였다. 미술치료사로서 그는 정신과 의사와 정신신체 환자, HIV/AIDS에 감염된 사람들, 암 환자들, 만성적 질병을 가진 환자들, 어린이들과 보호자가 없는 소아 피난민들과 함께 하는 미술치료를 경험하였다. 그는 뮌헨 순수예술학교, 뮌헨 LMU 대학교, 뮌헨 IKT 미술과 치료 연구소, 스페인에 있는 그라나다 대학교 순수예술학부 그리고 오스트레일리아에 있는 비엔나 지그문트 프로이트 사립대학교에서 미술치료 훈련을 받았다.

Jürgen은 20여년에 걸쳐서 Joseph Goldstein과 Sharon Salzberg 지도자와 함께 위빠사나 통찰명상을 훈련해 왔다. 1996년 이래로 그는 S. N. Goenka에 의해 가르침을 받은 전통적인 위빠사나를 따라 하고 있다. 태국에서의 Monastic 수련은 그의 훈련을 깊이 있게 해 주었다.

Bonnie Gabriel

Bonnie Gabriel은 뉴욕 브루클린에 있는 Pratt 연구소에서 석사학위를 취득한 후 지난 13년 동안 미술치료 전문가로 일해 왔다. 그녀는 메모리얼 Sloan-Kettering 암 센터에서 Paola Luzzatto 박사 보조로 암 진단을 받은 환자들과 10년 동안 일했다. 그녀는 이탈리아에서 암을 다루는 사람들을 위한 '창조적 예술 수행(Creative Arts Retreat)'을 조직하고 활성화시킨 전문팀의 구성원이었다. 그녀는 또한 심각한 정신질환을 가진 사람들과도 작업을 하고 있다.

Joel Gluck, M.Ed., RDT

Joel Gluck는 드라마치료사이며 명상가이고 무대예술가이다. 또한 개인 및 부부 치료, 워크숍, 임상 훈련, 그리고 세계 도처에 연기자와 전문가들을 코칭하는 최고의 코치이다. 드라마치료에 대한 그의 저서들로는 곧 출간 예정인 Saphira Linden(Trafford)의 편저서 『심리치료의 마음과 영혼(The Heart and Soul of Psychotherapy)』에서 '태국에서 즉흥통찰: 드라마치료가 위빠사나 명상을 만나다', 그리고 Adam Blatner와 Daniel Wiener(iUniverse, 2007)의 편저서 『상호적이며 즉흥적 드라마(Interactive and Improvisational Drama)』에서 '즉흥 통찰' 등이 있다. Joel은 북미드라마치료협회(NADTA)에서 인증받은 공인 드라마치료사이다. 그는 전과자, 도시 빈민가 학생들, 태국의 쓰나미 생존자들, 인도 시골 지역의 학교 교사들, 경계선 성격장애를 가지고 있는 사람들, 그리고 노인들과의 작업에서 연극 및 드라마 치료를 사용해 왔다. Joel은 하버드 비즈니스 스쿨과 최고경영진 교육 프로그램, 세계 대기업의 몇몇 지도자들과 폭넓게 일하면서 경영진 코치 및 리더십 훈련가로 20년 동안 일해 왔다. Joel은 레슬리 대학교로부터 불교심리와 평화 창설(peace-building)에 특별히 초점을 둔 드라마치료 연구로 석사학위를 받았다. 그는 아내 Orapin과 두 아이와 함께 매사추세츠, 케임브리지에 살고 있다.

Denise Grocke, Ph.D., RMT, MT-BC, FAMI

Denise Grocke는 멜버른 대학교의 유도된 심상(Guided Imagery)과 음악훈련(Music Training)의 감독자이다. 그녀는 『음악치료에서의 수용방법(Receptive Methods in Music Therapy)』(2007)의 공저자이며, 『유도 심상과 음악: Bonny의 방법과 그 외(Guided Imagery and Music: The Bonny Method and Beyond)』(2002)의 공동 편집자이다. 그녀는 음악치료와 안내된 이미지 및 음악과 관련 있는 학술지에 여러 논문들을 발표해 왔다. 그녀는 오스트리아 음악치료협회(1975)와 음악과 이미지 협회(1994)의 공동 창시자이다.

Daniel Herring, MA, LMHC

Daniel Herring은 에머슨 대학교에서 연기를 전공할 때인 1977년에 Larry Rosenberg (Larry Rosenberg & David Guy, *Breath by Breath: The Liberating Practice of Insight Meditation*, Boston, MA: Shambhala Publications, 2004)를 만나 그때부터 마음챙김을 해 오고 있다. 그 이후로 통찰명상협회와 다른 센터에서 많은 집중 침묵 수행(intensive silent retreats)을 해 왔다. 레슬리 대학교에서 표현치료를 졸업하고 1982년부터 5명의 자녀들을 키우면서 매일 명상 훈련을 지속하면서 심각하고 만성 정신 질환을 가진 사람들을 대상으로 치료해 왔다. 그의 미션은 마음챙김과 표현치료를 정신건강복지(care)의 주류로 통합하는 것이다. Daniel은 현재 매사추세츠 하버빌에서 독자적으로 훈련하고, 매사추세츠 케임브리지의 레슬리 대학교에서 슈퍼비전과 정신병리를 가르친다. 그는 뉴햄프셔에서 아내와 막내아들과 함께 살고 있다.

Patricia D. Isis, Ph.D., LMHC, ATR-BC, ATCS

Patricia D. Isis는 미술치료를 강조하는 표현치료로 박사학위를 취득했다. Isis 박사는 에플로리다에서 정신건강상담사 자격증을 가진 상담사이며 공인 미술치료사이자 LMHC 슈퍼바이저이다. 1980년 이래로 Patricia는 사우스 플로리다에서 마음챙김 명상과 미술심리치료를 훈련해 왔다. 현재 그녀는 공립학교에서 전일제 미술치료 서비스를 제공하고 있으며 시간제로 개인센터(private practice)를 운영하고 있다. 그리고 MBSR 교실과 마음챙김 훈련을 실시하고 있다. Patricia는 그 지역과 국가 및 국제적으로도 인기 있는 강연자이다. 그녀에 대한 좀 더 많은 정보는 www.MiamiArtTherapy.com에서 알 수 있다.

Debra Kalmanowitz, MA, RATh BAAT, HPCReg

Debra Kalmanowitz는 지역적 갈등, 국제적 갈등 및 국가적 분쟁 중에 있는 나라들에서 외상, 정치적 폭력, 사회 변화라는 맥락에서 광범위하게 일해 왔다. 현재 홍콩에 살면서 Debra는 사회복지와 사회행정학과 연구 대학원생이며 홍콩 대학교 행동건강 센터의 명예연구원이기도 하다. Debra는 난민이나 망명 신청자들을 대상으로 일을 하고 ATI(Art Therapy Initiative, www.atinitiative.org)의 공동 감독자를 계속 하며 자신의 스튜디오를 운영하고 있다. Debra는 편저서 『미술치료와 정치적 폭력: 미술과 함께 환상 밖으로(Art Therapy and Political Violence: With Art, Without illusion)』『아시아 미술치료: 실크로 감싸인 시체(Art Therapy in Asia: To the Bone or Wrapped in Silk)』의 공저자이며, 『이동 스튜디오: 미술치료와 정치적 갈등: 전 유고슬라비아와 남아프리카의 개혁(The Portable Studio: Art Therapy and Political Conflict: Initiatives in the Former Yugoslavia and South Africa)』의 공저자이기도 하다.

Jared D. Kass, Ph.D.

Jared D. Kass는 매사추세츠 케임브리지의 레슬리 대학교 예술과 사회과학 대학원에서 상담과 심리 파트를 담당하고 있는 교수이다. Kass 박사는 회복탄력성의 원인과 결과에 관한 연구를 수행하면서 안녕감에 관한 연구 프로젝트를 지도한다. 그의 강좌들은 회복탄력성과 파괴적 대처에 대한 신경과학, 외상 심리, 마음챙김, 예술의 치료적 이용, 다문화적 사회 정의 관점을 임상 현장에 통합한다. 그는 인간중심 접근 프로젝트(Person-Centered Approach Project, 1975~1981)의 핵심 구성원이며, Carl Rogers 박사와 함께 일했으며, 하버드 의과대학의 객원 강사(1985~1991)이자 Herbert Benson 박사와 함께 명상의 건강효과에 대해 조사하였다. 그는 알코올, 다른 약물 남용 그리고 폭력예방을 위한 미국 고등교육기관 교육학 부서의 정회원(1999~2001)으로 봉사해 왔다. 최근에 그는 고등교육에서 사회 · 정서 학습과 심리영성 발달을 조언해 주는 커리큘럼을 개발하였다. 그는 고등교육기관의 명상하는 마음 협회와 파이베타카파회(Phi Beta Kappa Society, 역자 주: 미국 대학교 우등생들로 구성된 친목단체)의 회원이다.

Anna Lagomaggiore

Anna Lagomaggiore는 무용/동작치료사이며, 심리학자, 미술심리치료사, 공인 동작분석가(뉴욕 Laban 연구소), 이탈리아 미술치료 슈퍼바이저이자 교사, APID (이탈리아 무용/동작치료전문협회)의 부원장, EADMT(무용동작치료 유럽협회)의 부이사(데퓨티), 무용/동작치료와 미술치료를 위한 INDACO와 LO STUDIO VERDE 협회(이탈리아 제노바)의 창시자이다. 1990년 이래로 그녀는 유전자 질환을 가진 환자들(제노바 세핌)과 작업해 왔으며, 개인적으로 섭식장애, 불안, 학습 문제, 난독증을 가진 아동과 성인들을 위해 일해 왔다. Anna는 'Il terreno che non c'é. Il Contributo della Danza Movimento Terapia al disagio infantile contemporaneo' (APID Conference Proceeding, 2011), 'Uovo dentro: sono io! La Danza Movimento Terapia con bambini e adoleiscenti affetti da Sindrome di Down', A. Di Quirico, ed., *Lasciar parlare il corpo*, Magi, 2012, 'Sul filo dell'acqua: modulazon corporea e immagini controtransferali nelle fasi iniziali del processo terapeutico in Danza Movimento Terapia' (I. Bolech & C. Macagno, eds, *Trent' Anni di Arte Terapia e di Danza Movemento Terapia*, Ananke, 2012)를 포함하는 장들과 전문 학술지에 수많은 논문들을 게재해 왔다.

Paola Luzzatto, Ph.D.

Paola Luzzatto는 공인 미술치료사(U.K., U.S., 이탈리아), 미술치료 교사, 그리고 런던

대학교 골드스미스 컬리지에서 훈련받고, 심리분석적 심리치료(런던 Tavistock 연구소)와 슈퍼비전 기법(런던 웨스트민스터 패스트롤 재단)을 전공한 슈퍼바이저이다. 그녀는 런던 Thomas 병원에서 약물남용과 섭식장애에 특별히 관심을 갖고 정신의학 분야에서 10년 동안 일해 왔고, 뉴욕에 있는 메모리얼 Sloan-Kettering Cancer 센터에서 사이코옹콜로지(psycho-oncology, 역자 주: 암 환자에 대한 정신적 측면의 간호를 시도하는 새로운 의학 영역) 분야에서 10년 동안 일했다. Paola Luzzatto는 2004년 미국미술치료협회로부터 임상 미술치료 분야 상을 받았다. 그녀는 아동들을 위한 두 권의 책을 썼고 전문 저널지에 수많은 논문들을 게재했으며, 두 권의 책 *Arte Therapia: una guida al lavoro simbolico per l'espressione e l'elaborazione del mondo interno*(Assisi: La Cittadella, 2009)와 *Susanne Wenger, Artist and Priestess*(Firenze: Maremmi, 2009)을 썼다. 그녀는 이탈리아 플로렌스에 살고 있다.

Shaun McNiff, Ph.D., ATR

Shaun McNiff는 매사추세츠 케임브리지의 레슬리 대학교 대학원 프로그램에서 처음으로 예술을 치료에 접목한 창시자이다. 그는 화가이자 『미술치료: 영혼을 창의적으로 치유하는 방법(Art Heals: How Creativity Cures the Soul)』『진실된 과정: 해방으로 안내하는 예술가의 지침(Trust the Process: An Artist's Guide to Letting Go)』『의료로서의 미술: 치료적 심상 창조하기(Art as Medicine: Creating a Therapy of the Imagination)』『미술기반 연구(Art-Based Research)』『미술의 심층심리학(Depth Psychology of Art)』『치료에 예술 통합하기(Integrating the Arts in Therapy)』『연구로서의 미술: 기회와 변화(Art as Research: Opportunities and Challenges)』 그리고 많은 다른 책들과 저서들이 중국어, 일본어, 스페인어, 포르투갈어, 러시아어, 독일어 그리고 다른 언어로 번역되었다. 미국미술치료협회 전 회장이었던 McNiff는 협회의 평생 명예회원상과 표현예술치료 전문 분야를 창설한 대표라는 것을 인정받아 매사추세츠 주 의회로부터 표창장을 포함한 다양한 훈장과 상을 받았다. 그는 2002년에 레슬리 대학교의 교수로 임명되었다.

Lucia Minerbi

Lucia Minerbi는 훈련된 건축가이며 후에 프랑스 디종에 있는 INFIPP(Institude National de Formation du Personel Psychiatriques)에서 미술치료로 학위를 받았다. 그녀는 이탈리아 국립건강보험에서 약물중독자들의 회복을 위한 전문 반주거 센터(semi-residential center)에서 매주 미술치료 집단을 운영하면서 약 15년 동안 미술치료사로 일해 왔다. 그녀는 이탈리아 Lecco 미술치료훈련학교에서 미술치료를 가르쳤다. 2002년에 그녀는 뉴욕의 메모리얼 Kettering 암 센터에서 하는 'The Creative Journey and other art-therapy interventions'의 집중훈련 과정에 참석했다. 그녀는 종양 환자들과 그들의 친인척들을 위해 아시지에서 조직된 창의적 침묵 수행(Silent Creative Retreats)의 정규팀 구성원이 되었다. 그녀는 이탈리아 전문 저널지에 몇 개의 논문을 발표했고 Carola Palazzi Trivelli와 Alberto Taverna(Stampatori s.a.s., Torino, 1998)의 편저서 *Arteterapie: I fondamenti*에서 'Arte-Terapie e tossicodipendenza' 장을 집필했다.

Ellen Mullin

Ellen Mullin은 태국에 있는 절에서 침묵 수행 참석 후 런던에서 미술치료사로 훈련을 받았다. 이 경험을 통해 그녀는 침묵이 치료 과정의 한 부분이 된다는 것에 관심을 가지게 됐다. 이 수행에서 서로 다른 전문직의 동료들과 함께한 경험은 그를 매우 풍부하고 충만하게 했다. 그녀는 집단 침묵에 저항하기도 했지만 결국은 시간이 흘러도 변함 없는 사명감을 가진 다른 사람들과의 강한 연결감뿐만 아니라 깊이 생각해 보는 아주 귀중한 시간임을 알게 했다. 그녀는 수행 참가자들이 참여하는 데 관심을 표현하는 그 시점부터 그들을 환영하기 위해 그들과 관계를 갖게 되었다.

Gemma Oldrini

Gemma Oldrini는 이탈리아 제노바 대학교에서 수학과 물리학으로 졸업했다. 그녀는 제노바 명문 고등학교 중의 한 학교에서 평생교육 수학교사가 되었다. 그녀는 걸스카우트 단체에서 국내 및 국제적으로 활발히 참여해 왔다. Oldrini 박사는 이탈리아의 교육부와 외무부를 대표하여 미국, 인디아, 아프리카에 있는 이탈리아 학교 시험위원으로 봉사해 왔다. 거기에서 그녀는 혼자서 폭넓게 여행을 다녔다. Oldrini 박사는 이제 교사로 은퇴를 했지만 여전히 자원봉사와 수많은 교육활동을 하면서 매우 활동적으로 일하고 있다. Oldrini 박사는 2001년부터 2010년까지 아시지 수행(Assisi Retreats) 모임의 주요 관리자이다.

David K. Payne., Ph.D.

David K. Payne은 앨러배마 주 도탄에 있는 월러스 커뮤니티 컬리지에서 심리학을 가르치는 강사이다. 2004년까지 10년 이상 메모리얼 Sloan-Kettering 암 센터(뉴욕)에서 보조 임상심리학자(정신병리와 행동과학부와 통합 약학부의 이중 임무)로서 암 환자들의 심리적 요구를 다루는 일을 하며 보냈다. 그리고 뉴욕 코넬 대학교의 Weill 의과대학에서 조교수로 일해 왔다. 이 학교 의료환경에서 그는 인생 말기에 직면한 환자들에게 임상적 돌봄을 제공했을 뿐만 아니라 삶을 위협받는 질병과 관련된 심리적 고통을 진단하고 다루는 심리학과 정신의학을 공부하는 대학원생들을 슈퍼비전하고 훈련하는 일도 담당했다. 그는 루이즈빌 대학교 임상심리학 석사학위와 박사학위를 소지하고 있다. 현재 그는 월러스 커뮤니티 대학에서 심리학을 강의하면서 간호사들을 훈련하고 학생들에게 스트레스 관리 기법을 가르치고 있다.

Caroline Peterson, MA, ATR-BC, LPC

Caroline Peterson은 공인 미술치료사이며 자격을 갖춘 전문상담사이다. 그리고 필라델피아에서 개인훈련을 실시하고 있는 스프링보드 스튜디오의 창시자이다. 거기서 그녀는 마음챙김 기반 스트레스 감소 프로그램(MBSR)을 가르친다. 그리고 요가나 비영리적 Springboard Meditation Sangha와 같은 지역기반 프로그램을 제공한다. 마음챙김 기반 미술치료로 작업하는 그녀의 혁신 작업은 2000년에 시작되어 2003년에서 2010까지 국립보건원(NIH)으로부터 연구자금을 받아 종양학에서 두 가지 연구에 초점을 두었다. Caroline은 현재 필라델피아 병원 Joan Karnell 암 센터에서 지지적 치료팀과 함께하는 임상가이다. 그곳에서 그녀는 암 환자와 그들을 돌보는 사람들을 위해 새로운 마음챙김 기반 미술치료 프로그램으로 걷기명상(Walkabout)을 포함하는 프로그램을 개발했다. Walkabout은 지금-현재를 염두에 두면서(mindful presence) 야외 산책에서 경험한 것을 디지털카메라에 담아 콜라주 작업을 하는 것으로 마음챙김 훈련의 기본적 태도를 강조한다. 가장 최근에 Caroline은 미국에서 시가 소유한 가장 큰 단체인 필라델피아 가스 공장 노동자들을 위한 마음챙김 기술훈련 프로그램을 개발했다. Caroline은 메사추세츠 의과대학 의학 및 의료 서비스와 협회의 마음챙김을 위한 센터에서 MBSR을 훈련하기 위한 보다 발전된 훈련을 받았다. 그녀는 필라델피아에 있는 드렉셀 대학교에 미술치료사로 석사학위를 받았다.

Laury Rappaport, Ph.D., REAT, ATR-BC, MFT

Laury Rappaport는 1987년도에 심리학과 영성으로 박사학위를 받았다. 그리고 30년 이상 표현예술치료를 가르치고 있다. 그녀는 심신학과를 만든 5개 분과 대학교(Branches University)에서 교수로, 노트르담 드 나무르 대학교에서 조교수로, 국제적 표현예술치료의 학문적 코디네이터로 있는 레슬리 대학교에서 전일제 교수로 활동해 오고 있다. Laury는 뉴욕에 있는 포커싱 연구소의 자격증이 있는 포커싱 코디네이터이며 훈련가이다. 그리고 캘리포니아 산타로사에 있는 포커싱과 표현예술 연구소의 창시자이자 감독자이다. 그녀는 『포커싱 기반 미술치료: 신체의 지혜와 지적 창의력의 관계(Focusing-Oriented Art Therapy: Accessing the Body's Wisdom and Creative Intelligence)』의 저자이며, 수많은 논문들을 게재했고, 오디오 CD인 안녕감을 위한 포커싱(Focusing for Wellbeing)을 작업했다. 현재 Laury는 소노마 주립 대학교의 교수(faculty)로 있고, 건강과 치유를 위한 Sutter 건강연구소의 통합심리치료사이며 포커싱 기반 표현예술(Focusing-Oriented Expressive Arts)에 있어서 국내외적으로 사람들을 가르치는 일을 하고 있다. 그녀는 40년 이상 힌두교와 불교에 뿌리를 둔 명상을 실천해 오고 있다. 현재 그녀의 스승은 Thich Nhat Hanh과 Jakusho Kwong-roshi이다.

Merryl E. Rothaus, LPC, LMHC, ART-BC.

Merryl E. Rothaus는 자격을 갖춘 심리치료사이며 콜로라도, 볼더에서 개업한 공인 자격증을 가진 미술치료사이다. 자아초월적(transpersonal), 신체적(somatic) 미술치료사로서 Merryl은 다양한 환자들과 작업을 했으며 창조적 치유와 성장을 위한 혁신적인 방법들을 개발했으며, 마음챙김 기반 하코미 경험적 방법, 신체중심 심리치료(Body-Centered

Psychotherapy)와 미술치료를 통합하였다. Merryl은 시애틀의 앤티오크 대학교의 핵심객원교수, 콜로라도 볼더의 나로파 대학교 부교수로 활동을 해오고 있는 미술치료 교육자이기도 하다. 그녀는 또한 미술치료사들과 정신건강 상담사들을 위한 임상 슈퍼바이저이다. Merryl에 대한 정보는 www.merrylrothaus.com에서 더 많이 알 수 있다.

Lori Schwanbeck, MFT

Lori Schwanbeck은 마음챙김 기반 심리치료사이다. 그의 작업은 변증법적 행동치료(DBT), Hakomi Body Oriented Psychotherapy, 그리고 자연 치유의 힘에 근거하고 있다. Lori는 정서조절을 위한 감각에 집중된 마음챙김 훈련인 감각과 감수성(sense and sensibility)을 개발했고 이를 국제적으로 가르치고 있다. Lori는 J.F.K. 대학교의 부교수이며, 캘리포니아 연구소의 필수과목으로 마음챙김과 자비 프로그램을 가르치며 에살렌에서 워크숍을 진행한다. 그녀는 샌프란시스코 마음챙김 기반 치료협회의 공동 창시자이다.

Janet L. Surrey, Ph.D.

Janet L. Surrey는 임상심리학자이자 웰슬리 단과대학 Stone 센터의 Jean Baker Miller 훈련연구소의 창립학자이다. 그녀는 앤도버-뉴턴 신학교 교수이다. Surrey 박사는 20년 동안 국내외적으로 관계문화이론(relational cultural theory)에 대해 조언도 하고 가르치고 있다. 그리고 불교와 관계심리학을 통합하는 일을 해 오고 있다. 그녀는 『관계 속에서 성장하는 여성(Women's Growth in Connection)』(Guilford Press), 『다양성 속에서 성장하는 여성, 역경에 맞서는 모성: 명상하는 엄마들의 다양한 목소리(Women's Growth in Diversity, Mothering Against the Odds: Diverse Voices of Contemporary Mothers)』(Guilford Press), 『우리는 말할 권리가 있다: 여성과 남성의 건강한 대화(We Have to Talk: Healing Dialogue Between Women and Men)』(Basic Books), 『연결고리 만들기: 공동체 형성과 중등학교 성역할 대화(Making Connections: Building Community and Gender Dialogue in Secondary Schools)』(Educators for Social Responsibility), 『Bill W.와 Bob 박사: 익명의 알코올 중독자들의 창단사(Bill W. and Dr. Bob: The Story of the Founding of Alcoholics Anonymous)』(Samuel French) 등을 포함하는 수많은 책의 공저자이자 공동

편집자이다.

Jennifer Frank Tantia, Ph.D., BC-DMT, LCAT

Jennifer Frank Tantia는 뉴욕에서 무용/동작치료사이며 신체심리치료사이다. 그녀는 Pratt 연구소에서 연구고문으로 일하고 있고, 아델피 대학교에서 발달신체심리학(developmental and somatic psychology)을 가르친다. 이전에 미국무용치료협회의 뉴욕 주 프로그램 지도자였던 Jennifer는 현재 USABP를 위한 연구 의장으로 일하고 있다. 그리고 동작심리치료를 위한 유럽협회의 U.S. 대표이다. Jennifer는 참동작 집단을 이끌고 있으며 브루클린과 맨해튼에서 개업해 운영하고 있다. 그곳에서 그녀는 위빠사나 명상을 치료 장면에 통합한다. 참동작과 자동신경 시스템에 대한 그녀의 연구는 미국과 유럽에서 출간되었다.

Sidney M. Trantham, Ph.D.

Sidney M. Trantham은 매사추세츠 케임브리지의 레슬리 대학교 예술과 사회과학 대학원에서 상담과 심리분과의 협회 교수요원이다. Trantham 박사는 1999년에 게인즈빌의 플로리다 대학교에서 임상심리학으로 박사학위를 받았다. 그의 박사 연구는 초기 어린 시절 성적 경험이 성인 남자의 심리적 기능에 미치는 영향을 탐색하는 것이었다. 그는 하버드 임상연구원(Fellow)(1996~2000)이었으며 그곳에서 그는 임상심리 인턴십과 신경심리학으로 박사후 과정을 마무리했다. 뿐만 아니라 HIV와 관련된 치매의 초기 인지표식(markers)을 밝히는 연구에 참여하기도 했다. 현재 Trantham 박사는 개인 사무실을 운영하고 있으며 그곳에서 그는 통합심리학적, 신경심리학적 그리고 성(gender) 평가, 그리고 아동, 청소년, 성인, 가족들을 위한 심리치료를 제공하고 있다. 그 외 전문 영역은 성적 변형(gender variant)이 있는 아동과 청소년들을 치료하는 것이다.

Carolyn Van Dort, MA(Creative Arts Therapies), Grad Dip Guided Imagery and Music, Grad Dip Music Therapy, B Mus

Carolyn Van Dort는 개인 센터를 운영하고 있는 음악심리치료사이다. 그녀의 치료작업은 음악치료 실습에 마음챙김 원리를 접목하는 것이다. Carolyn은 오스트레일리아 음악과 심상협회 후원으로 유도 심상과 음악(Guided Imagery and Music: GIM) 훈련 과정을 위한 공인 훈련가이다. 그리고 그녀는 심리치료와 상담협회(PACFA)에 등록된 임상가이기도 하다. Carolyn은 정규적으로 음악기반 마음챙김 지역공동체 워크숍을 수행한다. 그녀에 대한 정보는 www.musicpsychotherapy.com.au를 접속하면 알 수 있다.

Karin von Daler, Psychologist, MA, MFT, REAT

Karin von Daler는 코펜하겐에 개업한 표현예술심리치료사, 슈퍼바이저 그리고 예술가이다. 미국과 스위스 그리고 인도에서 교육받고 훈련받은 그녀는 세계 곳곳을 다니면서 교육한다. Karin은 창조적 마음챙김(Creative Mindfulness) 방법의 공동 창업자이다. 창조적 마음챙김은 명상, 예술, 변증법적 행동치료를 기반으로 개발한 프로그램이다.

Gabriella Ventrella

Gabriella Ventrella은 나폴리 대학교(이탈리아)에서 인문학으로 학위를 받았다. 그리고 나폴리에서 15년 동안 중등학교 교사로 일을 했다. 이 기간 동안 그녀는 동화와 수필(에세이) 그리고 단편소설 전집(Papadon, Marotta, 1984)을 집필했다. 그녀는 기호학 연구(semiotic studies)의 Neapolitan 센터의 정회원이다. 그 후에 그녀는 인간중심의 로저스식 적극적 경청 방법(Person-Centered Rogerian Approach to Listening)을 위한 연구소에서 훈련을 받았다. 1996년에서 2001년 사이 Gabriella은 파리에 있었고, 알레프 아틀리에 있는 창조적 글쓰기에서 보수교육을 받은 후에 엘리자베스 빙 학교에서 창조적 글쓰기(Creative Writing)라는 정규교육을 개설했다. 2001년에서 2010년 사이 그녀는 종양 환자들과 그들의 친인척을 위한 창의적 침묵 수행 팀의 구성원이었다. 2002년 이래로 현재까지 Gabriella는 그녀가 살고 있는 나폴리의 공공도서관과 문화협회에서 창조적 글쓰기 워크숍과 세미나를 진행해 오고 있다.

Emily Tara Weiner, MA, MFTI

Emily Tara Weiner는 결혼과 가족 치료 분야에서 인정받은 인턴이며 캘리포니아, 벨몬트에 있는 노트르담 드 나무르 대학교에서 결혼과 가족 치료 및 미술치료로 석사학위를 받았다. Emily는 Laury Rappaport의 포커싱 기반 예술치료(FOAT)에서 레벨 1에서 4까지 훈련을 받았다. Emily는 2004년부터 주로 한국의 전통 선종(zen tradition)으로 명상 훈련을 받았으며 1년 반 동안(2006~2007) 한국에 살면서 몇몇 명상 훈련소에서 집중적으로 훈련을 받았다. Emily는 마음챙김 학교 공인 지도자이며, 마음챙김 학교와 함께 교육 공인 과정에서 1년 동안 마음챙김을 완성하고 지도해 왔다. Emily는 청년들을 위한 마음챙김적 미술 프로그램(Mindful Art Program)의 창시자이며 아동 및 청소년들과 작업하는 것을 전문적으로 한다. Emily는 뉴욕 라인벡 근처 오메가 연구소의 오메가 틴 캠프에서 2012년 여름에 마음챙김 미술 워크숍을 개최했다. 그 이후 Inward Bound Mindfulness 기관에서 마음챙김 미술 워크숍을 진행하고 있다.

찾아보기

인명

내용

편저자 소개

Laury Rappaport(REAT, ATR-BC, MFT)는 표현예술치료 분야의 선구자이다. 그녀는 현재 Sonoma 주립대학교 교수로서 국제적 훈련자이며, Lesley 대학교, Notre Dame de Namur 대학교, Five Branches 대학교에서 학생들을 가르친 경력이 있다. 그녀는 『포커싱 기반 미술치료(Focusing-Oriented Art Therapy)』의 저자이자 포커싱·표현예술치료학회 창시자이며 학회장이다. 또한 캘리포니아 Sutter 건강병원 건강과치유연구소의 통합심리치료사이다.

역자 소개

최은영(Choi, Eun-yeong)
대구대학교 재활심리학과/재활과학대학원 미술치료전공 교수
대구대학교 미술치료연구소 소장
한국미술치료학회 회장

공마리아(Kong, Maria)
대구대학교 재활심리학과/재활과학대학원 미술치료전공 조교수
대구대학교 미술치료연구소 부소장
한국미술치료사협회 부회장

권옥순(Kwon, Ok-soon)
부산보훈병원 간호부장

권재희(Kwon, Jae-hee)
아이트리심리상담센터 센터장
대구대학교 재활심리학과 겸임교수

김수진(Kim, Soo-jin)
대구대학교, 한세대학교 외 출강

박지순(Park, Ji-soon)
부산대학교 교육학과 BK21 사업단 연구교수

서정훈(Seo, Jung-hun)
서정심리상담센터 센터장

손은경(Sohn, Eun-kyung)
대구대학교, 계명대학교 출강

윤현주(Yoon, Hyun-ju)
마산대학교 영유아보육과 조교수

이영숙(Lee, Young-suk)
청주시건강가정지원센터 전문상담원
헬로스마일 미술치료사

이은혜(Lee, Eun-hye)
이은미술치료연구소 소장

장희은(Jang, Hee-eun)
대구대학교, 대구가톨릭대학교 출강

정명선(Chung, Myung-sun)
중부대학교 교육대학원 상담심리교육전공/
중부대학교 원격대학원 교육상담심리학과 조교수

정미영(Chung, Mi-young)
대구대학교, 대구사이버대학교 출강

황은진(Hwang, Eun-jin)
행복한마음심리상담센터 센터장

마음챙김과 예술치료
-이론과 실제-
Mindfulness and the Arts Therapies: Theory and Practice

2018년 1월 15일 1판 1쇄 발행
2021년 10월 20일 1판 2쇄 발행

엮은이 • Laury Rappaport
옮긴이 • 최은영 · 공마리아 · 권옥순 · 권재희 · 김수진 · 박지순 · 서정훈
손은경 · 윤현주 · 이영숙 · 이은혜 · 장희은 · 정명선 · 정미영 · 황은진
펴낸이 • 김 진 환
펴낸곳 • (주) 학지사
04031 서울특별시 마포구 양화로 15길 20 마인드월드빌딩 5층
대표전화 • 02) 330-5114 팩스 • 02) 324-2345
등록번호 • 제313-2006-000265호
홈페이지 • http://www.hakjisa.co.kr
페이스북 • https://www.facebook.com/hakjisabook

ISBN 978-89-997-1440-5 93180

정가 **23,000**원

역자와의 협약으로 인지는 생략합니다.
파본은 구입처에서 교환하여 드립니다.

이 도서의 국립중앙도서관 출판시도서목록(CIP)은 서지정보유통지원시스템 홈페이지(http://seoji.nl.go.kr)와 국가자료공동목록시스템(http://www.nl.go.kr/kolisnet)에서 이용하실 수 있습니다.
(CIP제어번호: CIP2017033448)